Andreas Sebastian Grammling

Ansprüche bei Verlust eines GmbH-Anteils aufgrund gutgläubigen Erwerbs

PL ACADEMIC RESEARCH

Bibliografische Information der Deutschen Nationalbibliothek
Die Deutsche Nationalbibliothek verzeichnet diese Publikation in der Deutschen Nationalbibliografie; detaillierte bibliografische Daten sind im Internet über http://dnb.d-nb.de abrufbar.

Zugl.: Mannheim, Univ., Diss., 2017

D 180
ISSN 0531-7312
ISBN 978-3-631-73213-7 (Print)
E-ISBN 978-3-631-73214-4 (E-PDF)
E-ISBN 978-3-631-73215-1 (EPUB)
E-ISBN 978-3-631-73216-8 (MOBI)
DOI 10.3726/b11634

PL Academic Research ist ein Imprint der Peter Lang GmbH.
Peter Lang – Frankfurt am Main · Bern · Bruxelles · New York · Oxford · Warszawa · Wien

Diese Publikation wurde begutachtet.

www.peterlang.com

Ansprüche bei Verlust eines GmbH-Anteils aufgrund gutgläubigen Erwerbs

Europäische Hochschulschriften

European University Studies

Publications Universitaires Européennes

Reihe II **Rechtswissenschaft**

Series II Law

Série II Droit

Band/Volume **5951**

Die vorliegende Arbeit wurde im Mai 2015 bei der Abteilung Rechtswissenschaft der Fakultät für Rechtswissenschaft und Volkswirtschaftslehre der Universität Mannheim eingereicht und im Frühjahrs-/Sommersemester 2017 als Dissertation angenommen. Rechtsprechung und Literatur sind bis zur Einreichung umfassend berücksichtigt. Für die Drucklegung ist die Arbeit punktuell aktualisiert worden.

In besonderem Maße möchte ich zunächst meinem Doktorvater, Herrn Prof. Dr. Oliver Brand LL.M. (Cambridge), danken, der mich in meiner Idee und meinem Vorhaben von Anfang an unterstützt hat und diese Promotion mit wertvollen Impulsen beförderte. Herrn Prof. Dr. Carsten Schäfer danke ich für die zügige Zweitkorrektur, Herrn Prof. Dr. Andreas Maurer für den Vorsitz in der Prüfungskommission.

Bedanken möchte ich mich auch bei meinen Kollegen, insbesondere Herrn Dr. Uwe Jäger und Herrn Dr. Philipp M. Kuhn, die mein Promotionsvorhaben stets wohlwollend unterstützt und es mir ermöglicht haben, promotionsbegleitend als Rechtsanwalt tätig sein zu können.

Ein besonderer Dank gebührt meinen lieben Eltern Arnold und Marianne Grammling für ihren Zuspruch und ihre stets vorbehaltlose Unterstützung auf meinem bisherigen Lebensweg. Danken möchte ich des Weiteren meiner Schwester Jessica Großkamp und Constanze Lauer für das sorgfältige Korrekturlesen meiner Arbeit.

Last but not least gilt mein großer Dank meiner wunderbaren Ehefrau Stella Grammling für ihren liebevollen Rückhalt, ihre bedingungslose Unterstützung und Motivation auch an langen Abenden und Wochenenden, ohne die die Vollendung meiner Promotion vermutlich nicht möglich gewesen wäre. Ihr ist daher dieses Buch gewidmet.

Heidelberg, im Juli 2017 Andreas S. Grammling

Gliederung

Literaturverzeichnis

Adolff, Johannes, Unternehmensbewertung im Recht der börsennotierten AG, München 2007 (zitiert: *Adolff,* Unternehmensbewertung im Recht der börsennotierten AG)

Altgen, Christian, Gutgläubiger Erwerb von GmbH-Geschäftsanteilen, Baden-Baden 2010 (zitiert: *Altgen,* Gutgläubiger Erwerb von GmbH-Geschäftsanteilen)

Altmeppen, Holger, Abschied von der „unwiderlegbar vermuteten" Mitgliedschaft des Scheingesellschafters in der Kapitalgesellschaft, in: ZIP 2009, 345 – 354 (zitiert: *Altmeppen,* in: ZIP 2009, 345)

Apfelbaum, Sebastian, Das Merkmal der Zurechenbarkeit beim gutgläubigen Erwerb von GmbH-Anteilen, in: BB 2008, 2470 – 2477 (zitiert: *Apfelbaum,* in: BB 2008, 2470)

Ballwieser, Wolfang / Hachmeister, Dirk, Unternehmensbewertung – Prozess, Methoden und Probleme, 5. Auflage, Stuttgart 2016 (zitiert: *Ballwieser/Hachmeister,* Unternehmensbewertung)

Bamberger, Georg / Roth, Herbert (Hrsg.), Beck'scher Online-Kommentar BGB, 42. Edition, München, Februar 2017 (zitiert: *Bearbeiter,* in: BeckOK-BGB)

Bartl, Harald / Bartl, Angela / Fichtelmann, Helmar / Koch, Detlef / Schlarb, Eberhard / Schmitt, Michaela C., GmbH-Recht, Heidelberger Kommentar, 7. Auflage, Heidelberg 2014 (zitiert: *Bearbeiter,* in: HK-GmbHR)

Baumbach, Adolf / Hopt, Klaus J., Handelsgesetzbuch, 37. Auflage, München 2016 (zitiert: *Bearbeiter,* in: Baumbach/Hopt, HGB)

Baumbach, Adolf / Hueck, Alfred (Begr.), Gesetz betreffend die Gesellschaften mit beschränkter Haftung GmbHG, 21. Auflage, München 2017 (zitiert: *Bearbeiter,* in: Baumbach/Hueck, GmbHG)

Bayer, Walter, Kein gutgläubiger Erwerb bei aufschiebend bedingter Abtretung eines GmbH-Geschäftsanteils?, in: GmbHR 2011, 1254 – 1258 (zitiert: *Bayer,* in: GmbHR 2011, 1254)

Bayer, Walter, Gesellschafterliste: Einreichungspflichtige Veränderungen der Beteiligungsverhältnisse, in: GmbHR 2012, 1 – 7 (zitiert: *Bayer,* in: GmbHR 2012, 1)

Bayer, Walter, Kommentar zu BGH, Urteil vom 17.12.2013 – II ZR 21/12, in: GmbHR 2014, 202 – 204 (zitiert: *Bayer,* in: GmbHR 2014, 202)

Bednarz, Liane, Die Gesellschafterliste als Rechtsscheinträger für einen gutgläubigen Erwerb von GmbH-Geschäftsanteilen – Eine kritische Betrachtung von §§ 16 Abs. 3, 40 GmbHG i. d. F. des MoMiG, in: BB 2008, 1854 – 1862 (zitiert: *Bednarz,* in: BB 2008, 1854)

Begemann, Arndt / Galla, Stefan, Praxisfragen zur Gesellschafterliste der GmbH nach dem MoMiG, in: GmbHR 2009, 1065 – 1071 (zitiert: *Begemann/Galla,* in: GmbHR 2009, 1065)

Beisel, Wilhelm / Klumpp, Hans-Hermann (Begr.), Der Unternehmenskauf, Gesamtdarstellung der zivil- und steuerrechtlichen Vorgänge einschließlich gesellschafts-, arbeits- und kartellrechtlicher Fragen bei der Übertragung eines Unternehmens, 7. Auflage, München 2016 (zitiert: *Bearbeiter,* in: Beisel/Klumpp, Der Unternehmenskauf)

Huneke, Maike, Die Eintragung von Gesellschaften bürgerlichen Rechts in die GmbH-Gesellschafterliste, in: GmbHR 2016, 1186 – 1191 (zitiert: *Huneke,* in: GmbHR 2016, 1186)

Berninger, Axel, Gesellschafterliste und Übergangsproblematik der Einreichungsverantwortlichkeit bei nachträglicher Berichtigung, in: GmbHR 2009, 679 – 684 (zitiert: *Berninger,* in: GmbHR 2009, 679)

Berninger, Axel, Zuständigkeit des Notars zur Einreichung einer aktualisierten Gesellschafterliste bei sog. „mittelbarer Mitwirkung"? – Zugleich eine Anmerkung zum Beschluss des OLG Hamm vom 1.12.2009, Aktenzeichen 15 W 304/09, in: DStR 2010, 1292 – 1297 (zitiert: *Berninger,* in: DStR 2010, 1292)

Berninger, Axel, Pflicht zur Einreichung mehrerer Gesellschafterlisten bei unmittelbar aufeinanderfolgenden Änderungen, die sich aus ein und derselben notariellen Urkunde ergeben?, in: GmbHR 2014, 449 – 458 (zitiert: *Berninger,* in: GmbHR 2014, 449)

Birkholz, Matthias, Untreuestrafbarkeit als strafrechtlicher „Preis" der beschränkten Haftung, Berlin 1998 (zitiert: *Birkholz,* Untreuestrafbarkeit als strafrechtlicher „Preis" der beschränkten Haftung)

Bitter, Georg, Rechtsträgerschaft für fremde Rechnung – Außenrecht der Verwaltungstreuhand, Tübingen 2006 (zitiert: *Bitter,* Rechtsträgerschaft für fremde Rechnung)

Blasche, Sebastian, Aktuelle Praxisfragen zur Gesellschafterliste, in: RNotZ 2014, 34 – 39 (zitiert: *Blasche,* in: RNotZ 2014, 34)

Bohrer, Michael, Fehlerquellen und gutgläubiger Erwerb im Geschäftsanteilsverkehr – Das Vertrauensschutzkonzept im Regierungsentwurf des MoMiG, in: DStR 2007, 995 – 1003 (zitiert: *Bohrer,* in: DStR 2007, 995)

Bohrer, Michael, Geschäftsanteilsverkehr, Beschlussfassungskompetenz und Gesellschafterliste – Überlegungen im Anschluss an OLG München, Beschluss vom 27.5.2009, 31 Wx 38 / 09 –, in: MittBayNot 2010, 17 – 22 (zitiert: *Bohrer,* in: MittBayNot 2010, 17)

Böhringer, Walter, Das neue GmbH-Recht in der Notarpraxis, in: BWNotZ 2008, 104 – 113 (zitiert: *Böhringer,* in: BWNotZ 2008, 104)

Bork, Reinhard, Aktuelle Probleme des Aktienrechts – zugleich eine Besprechung der 2. Auflage des Kölner Kommentars zum Aktiengesetz –, in: ZIP 1990, 1037 – 1044 (zitiert: *Bork,* in: ZIP 1990, 1037)

Bork, Reinhard / Schäfer, Carsten (Hrsg.), GmbHG, Kommentar zum GmbH-Gesetz, 3. Auflage, Köln 2015 (zitiert: *Bearbeiter,* in: Bork/Schäfer, GmbHG)

Bormann, Michael / Kauka, Ralf / Ockelmann, Jan (Hrsg.), Handbuch GmbH-Recht, Das neue Recht der Gesellschaft mit beschränkter Haftung: Gestaltungspraxis, Rechtsgrundlagen, Steuern, 3. Auflage, Münster 2015 (zitiert: *Bearbeiter,* in: Bormann/Kauka/Ockelmann, Handbuch GmbHR)

Böttcher, Lars / Blasche, Sebastian, Gutgläubiger Erwerb von Geschäftsanteilen entsprechend der in der Gesellschafterliste eingetragenen Stückelung nach dem MoMiG, in: NZG 2007, 565 – 569 (zitiert: *Böttcher/Blasche,* in: NZG 2007, 565)

Brambring, Günter / Jerschke, Hans-Ulrich (Hrsg.), Beck'sches Notar-Handbuch, 6. Auflage, München 2015 (zitiert: *Bearbeiter,* in: Beck'sches Notar-Handbuch)

Brand, Oliver, Schadensersatzrecht, 2. Auflage, München 2015 (zitiert: *Brand,* Schadensersatzrecht)

Brandes, Stephan, Gutgläubiger Erwerb bei bedingter Abtretung von GmbH-Geschäftsanteilen, in: GmbHR 2012, 545 – 551 (zitiert: *Brandes,* in: GmbHR 2012, 545)

Breithaupt, Joachim / Ottersbach, Jörg (Hrsg.), Kompendium Gesellschaftsrecht – Formwahl, Gestaltung, Muster für die Praxis, München 2010 (zitiert: *Bearbeiter,* in: Breithaupt/Ottersbach, Kompendium Gesellschaftsrecht)

Brox, Hans / Walker, Wolf-Dietrich, Allgemeines Schuldrecht, 41. Auflage, München 2017 (zitiert: *Brox/Walker,* Schuldrecht AT)

Brox, Hans / Walker, Wolf-Dietrich, Besonderes Schuldrecht, 41. Auflage, München 2017 (zitiert: *Brox/Walker,* Schuldrecht BT)

Bunnemann, Jan / Zirngibl, Nikolas, Die Gesellschaft mit beschränkter Haftung in der Praxis, 2. Auflage, München 2011 (zitiert: *Bearbeiter,* in: Bunnemann/Zirngibl, Die GmbH in der Praxis)

Burgard, Ulrich, Das Gesetz zur Begrenzung der Haftung von ehrenamtlich tätigen Vereinsvorständen, in: ZIP 2010, 358 – 365 (zitiert: *Burgard,* in: ZIP 2010, 358)

Bussian, Wolf R. / Achenbach, Matthias, Haftung des GmbH-Geschäftsführers trotz Mitwirkung des Notars?, in: BB 2010, 778 – 781 (zitiert: *Bussian/Achenbach,* in: BB 2010, 778)

Cramer, Peter, Vermögensbegriff und Vermögensschaden im Strafrecht, Bad Homburg 1968 (zitiert: *Cramer,* Vermögensbegriff und Vermögensschaden im Strafrecht)

Desch, Catharina, Der Erwerb von GmbH-Geschäftsanteilen zwei Jahre nach der Reform, in: BB 2010, 3104 – 3111 (zitiert: *Desch,* in: BB 2010, 3104)

Deutsch, Erwin, Das „sonstige Recht" des Sportlers aus der Vereinsmitgliedschaft, in: VersR 1991, 837 – 842 (zitiert: *Deutsch,* in: VersR 1991, 837)

Deutsch, Erwin / Ahrens, Hans – Jürgen, Deliktsrecht, 6. Auflage, München 2014 (zitiert: *Deutsch/Ahrens,* Deliktsrecht)

Dompke, Julian / Spiller, Marco, Der Gutgläubige Erwerb von GmbH-Geschäftsanteilen kraft Inhalts der Gesellschafterliste gemäß § 16 Abs. 3 GmbHG – ein Überblick, in: BRJ 2009, 125 – 130 (zitiert: *Dompke/Spiller,* in: BRJ 2009, 125)

Drukarczyk, Jochen / Schüler, Andreas, Unternehmensbewertung, 7. Auflage, München 2016 (zitiert: *Drukarczyk/Schüler,* Unternehmensbewertung)

Drygala, Tim / Staake, Marco / Szalai, Stephan, Kapitalgesellschaftsrecht – Mit Grundzügen des Konzern- und Umwandlungsrechts, Berlin, Heidelberg 2012 (zitiert: *Drygala/Staake/Szalai,* Kapitalgesellschaftsrecht)

Ebenroth, Carsten Thomas / Boujong, Karlheinz / Joost, Detlev / Strohn, Lutz, Handelsgesetzbuch

Band 1: §§ 1 – 342e, 3. Auflage, München 2014 (zitiert: *Bearbeiter,* in: Ebenroth/Boujong/Joost/Strohn, HGB)

Erman, Walter (Begr.), Bürgerliches Gesetzbuch, Handkommentar mit AGG, EGBGB (Auszug), ErbbauRG, HausratsVO, LPartG, ProdHaftG, UKlaG, VAHRG und WEG

Band I: §§ 1 – 758, AGG, 14. Auflage, Köln 2014 (zitiert: *Bearbeiter,* in: Erman, BGB)

Band II: §§ 758 – 2385, ProdHaftG, ErbbauRG, VersAusglG, VBVG, LPartG, WEG, EGBGB, 14. Auflage, Köln 2014 (zitiert: *Bearbeiter,* in: Erman, BGB)

Ensthaler, Jürgen / Füller, Thomas / Schmidt, Burkhard, Kommentar zum GmbH-Gesetz, 2. Auflage, Köln 2010 (zitiert: *Bearbeiter,* in: Ensthaler/Füller/Schmidt, GmbHG)

Ettinger, Jochen / Reiff, Gunter, Die Auswirkungen der Entscheidung des BGH vom 7. 7. 2003 (NZG 2003, 867) auf zukünftige und bereits vollzogene Heilungen verdeckter Sacheinlagen bei der GmbH, in: NZG 2004, 258 – 265 (zitiert: *Ettinger/Reiff,* in: NZG 2004, 258)

Ettinger, Jochen / Jaques, Henning, Beck'sches Handbuch Unternehmenskauf im Mittelstand – Vertragsgestaltung, Steuerliche Strukturierung für Käufer und Verkäufer, 2. Auflage, München 2017 (zitiert: *Ettinger/Jaques,* Beck'sches Handbuch Unternehmenskauf im Mittelstand)

Fischer, Thomas, Strafgesetzbuch und Nebengesetze, 64. Auflage, München 2017 (zitiert: *Fischer,* StGB)

Fleischer, Holger, Informationsasymmetrie im Vertragsrecht, München 2001 (zitiert: *Fleischer,* Informationsasymmetrie im Vertragsrecht)

Fleischer, Holger / Goette, Wulf (Hrsg.), Münchener Kommentar zum Gesetz betreffend die Gesellschaften mit beschränkter Haftung – GmbHG

Band 1: §§ 1 – 34, 2. Auflage, München 2015 (zitiert: *Bearbeiter,* in: MünchKomm-GmbHG)

Band 2: §§ 35 – 52, 2. Auflage, München 2016 (zitiert: *Bearbeiter,* in: MünchKomm-GmbHG)

Flick, Martin, Anmerkung zum Beschluss des OLG Hamm vom 01.12.2009 – 15 W 304/09, in: GWR 2010, 33 (zitiert: *Flick,* in: GWR 2010, 33)

Flum, Joachim, Der strafrechtliche Schutz der GmbH gegen Schädigungen mit Zustimmung der Gesellschafter, Konstanz 1990 (zitiert: *Flum,* Der strafrechtliche Schutz der GmbH gegen Schädigungen mit Zustimmung der Gesellschafter)

Flume, Werner, Allgemeiner Teil des Bürgerlichen Rechts, Erster Band, Zweiter Teil: Die juristische Person, Heidelberg u.a. 1983 (zitiert: *Flume,* Die juristische Person)

Frenzel, Ralf, Aufschiebend bedingter Erwerb von GmbH-Geschäftsanteilen – Bedarf es zum Schutz vor einem gutgläubigen Zweiterwerb eines Widerspruchs zur Gesellschafterliste?, in: NotBZ 2010, 129 – 136 (zitiert: *Frenzel,* in: NotBZ 2010, 129)

Fuchs, Maximilian / Pauker, Werner, Delikts- und Schadensersatzrecht, 8. Auflage, Heidelberg 2012 (zitiert: *Fuchs/Pauker,* Delikts- und Schadensersatzrecht)

Gebke, Jens, Die Treuhand im Gesellschaftsrecht – ein Überblick vertieft anhand von Einzelfällen, in: GmbHR 2014, 1128 – 1137 (zitiert: *Gebke,* in: GmbHR 2014, 1128)

Gehrlein, Markus, Der aktuelle Stand des neuen GmbH-Rechts, in: Der Konzern 2007, 771 – 797 (zitiert: *Gehrlein,* in: DK 2007, 771)

Gehrlein, Markus / Ekkenga, Jens / Simon, Stefan (Hrsg.), GmbHG, Gesetz betreffend die Gesellschaften mit beschränkter Haftung, Kommentar, 2. Auflage, Köln 2015 (zitiert: *Bearbeiter,* in: Gehrlein/Ekkenga/Simon, GmbHG)

Goette, Wulf / Habersack, Mathias (Hrsg.), Das MoMiG in Wissenschaft und Praxis, Köln 2009 (zitiert: *Bearbeiter,* in: Goette/Habersack, Das MoMiG in Wissenschaft und Praxis)

Goette, Wulf / Habersack, Mathias (Hrsg.), Münchener Kommentar zum Aktiengesetz

Band 4: §§ 179 – 277, 4. Auflage, München 2016 (zitiert: *Bearbeiter,* in: MünchKomm-AktG)

Goette, Constantin / Goette, Maximilian, Markante Wendepunkte und Wegmarken im GmbH-Recht, in: Festschrift für Wulf Goette zum 65. Geburtstag, München 2011, 97 – 112 (zitiert: *Goette/Goette,* in: FS Goette, 97)

Gottschalk, Eckart, Neue Regelungen für die Gesellschafterliste und die Geschäftsanteile sowie der gutgläubige Erwerb von Geschäftsanteilen nach dem MoMiG – Folgen für die GmbH-Beratung –, in: DZWiR 2009, 45 – 52 (zitiert: *Gottschalk,* in: DZWiR 2009, 45)

Gottschalk, Eckart, Geteilte Einreichungszuständigkeit für die Gesellschafterliste und Anforderungen an die Notarbescheinigung (Besprechung von OLG München, Beschluss vom 27. 5. 2009 – 31 Wx 38/09), in: NZG 2009, 896 – 898 (zitiert: *Gottschalk,* in: NZG 2009, 896)

Götze, Cornelius / Bressler, Stefan, Praxisfragen der Gesellschafterliste und des gutgläubigen Erwerbs von Geschäftsanteilen nach dem MoMiG, in: NZG 2007, 894 – 899 (zitiert: *Götze/Bressler*, in: NZG 2007, 894)

Götze, Cornelius / Mörtel, Markus, Zulässigkeit der Einreichung der GmbH-Gesellschafterliste durch einen ausländischen Notar, in: NZG 2014, 369 – 372 (zitiert: *Götze/Mörtel*, in: NZG 2014, 369)

Gribbohm, Günter, Untreue zum Nachteil der GmbH – Zur Harmonisierung zivil- und strafrechtlicher Pflichten des GmbH-Geschäftsführers und -Gesellschafters, in: ZGR 1990, 1 – 30 (zitiert: *Gribbohm*, in: ZGR 1990, 1)

Grigoleit, Hans-Christoph / Rieder, Markus, GmbH-Recht nach dem MoMiG, Analyse – Strategie – Gestaltung, mit Bezügen zum Aktienrecht und zum Insolvenzrecht, München 2009 (zitiert: *Grigoleit/Rieder*, GmbH-Recht nach dem MoMiG)

Großfeld, Bernhard / Stöver, Rüdiger, Ermittlung des Betafaktors in der Unternehmensbewertung: Anleitung zum „Do it yourself", in: BB 2004, 2799 – 2808 (zitiert: *Großfeld/Stöver*, in: BB 2004, 2799)

Großfeld, Bernhard / Egger, Ulrich / Tönnes, Achim, Recht der Unternehmensbewertung, 8. Auflage, Köln 2016 (zitiert: *Großfeld/Egger/Tönnes*, Recht der Unternehmensbewertung)

Grunewald, Barbara, Die Gesellschafterklage in der Personengesellschaft und der GmbH, Tübingen 1990 (zitiert: *Grunewald*, Die Gesellschafterklage)

Grunewald, Barbara / Gehling, Christian / Rodewig, Désirée, Gutgläubiger Erwerb von GmbH-Anteilen, in: ZIP 2006, 685 – 692 (zitiert: *Grunewald/Gehling/Rodewig*, in: ZIP 2006, 685)

Grunsky, Wolfang, Bereicherungsansprüche bei rechtsgrundloser Verfügung eines Nichtberechtigten, in: JZ 1962, 207 – 209 (zitiert: *Grunsky*, in: JZ 1962, 207)

Habersack, Mathias, Die Mitgliedschaft – subjektives und „sonstiges" Recht, Tübingen 1996 (zitiert: *Habersack*, Die Mitgliedschaft)

Habersack, Mathias / Lüssow, Björn, Vorbelastungshaftung, Vorbelastungsbilanz und Unternehmensbewertung – Plädoyer für ein zweistufiges Vorbelastungskonzept –, in: NZG 1999, 629 – 634 (zitiert: *Habersack/Lüssow*, in: NZG 1999, 629)

Hachenburg, Max (Begr.), Gesetz betreffend die Gesellschaften mit beschränkter Haftung (GmbHG), Großkommentar

Zweiter Band: §§ 35 – 52, 8. Auflage, Berlin u.a. 1997 (zitiert: *Bearbeiter*, in: Hachenburg, GmbHG)

Hadding, Walther, Ergibt die Vereinsmitgliedschaft „quasi-vertragliche" Ansprüche, „erhöhte Treue- und Fürsorgepflichten" sowie ein „sonstiges Recht" im Sinne des § 823 Abs. 1 BGB? – Besprechung der Entscheidung BGHZ 110, 323, in: Festschrift für Alfred Kellermann zum 70. Geburtstag, Berlin u.a. 1991, 91 – 113 (zitiert: *Hadding*, in: FS Kellermann, 91)

Hamann, Hanjo, GmbH-Anteilserwerb vom Nichtberechtigten – Die Mischung verschiedener Gutglaubenstatbestände im MoMiG-Regierungsentwurf, in: NZG 2007, 492 – 494 (zitiert: *Hamann,* in: NZG 2007, 492)

Harbarth, Stephan, Gutgläubiger Erwerb von GmbH-Geschäftsanteilen nach dem MoMiG-RegE, in: ZIP 2008, 57 – 64 (zitiert: *Harbarth,* in: ZIP 2008, 57)

Hasselmann, Cord-Georg, Die Gesellschafterliste nach dem MoMiG – Überblick und Gesellschaftsgründung –, in: NZG 2009, 409 – 415 (zitiert: *Hasselmann,* in: NZG 2009, 409)

Hasselmann, Cord-Georg, Die Gesellschafterliste nach § 40 GmbHG: Erstellung und Einreichung durch Geschäftsführer und Notare, in: NZG 2009, 486 – 493 (zitiert: *Hasselmann,* in: NZG 2009, 486 – 493)

Hasselmann, Cord-Georg, Die Zuordnung des Widerspruchs zur Gesellschafterliste, in: NZG 2010, 207 – 210 (zitiert: *Hasselmann,* in: NZG 2010, 207)

Hasselmann, Cord-Georg, Keine Einreichung einer Gesellschafterliste durch ausländischen Notar – Anmerkungen zum Beschluss des OLG München vom 6.2.2013, in: NZG 2013, 325 – 329 (zitiert: *Hasselmann,* in: NZG 2013, 325)

Hauschild, Armin, Die Pflichten des Notars bei Erstellung der Gesellschafterliste: Mittelbare Verschärfung der Formerfordernisse?, in: ZIP 2012, 660 – 665 (zitiert: *Hauschild,* in: ZIP 2012, 660)

Heckschen, Heribert, Auswirkungen des MoMiG auf die Übertragung von GmbH-Anteilen von Todes wegen und im Wege der vorweggenommenen Erbfolge, in: ZErb 2008, 246 – 293 (zitiert: *Heckschen,* in: ZErb 2008, 246)

Heckschen, Heribert, Das MoMiG in der notariellen Praxis, München 2009 (zitiert: *Heckschen,* Das MoMiG in der notariellen Praxis)

Heckschen, Heribert / Heidinger, Andreas, Die GmbH in der Gestaltungs- und Beratungspraxis, 3. Auflage, Köln 2014 (zitiert: *Bearbeiter,* in: Heckschen/Heidinger, Die GmbH in der Gestaltungs- und Beratungspraxis)

Heckschen, Heribert, „Auslandsbeurkundung: Ausländischer Notar kann unter eingeschränkten Voraussetzungen Gesellschafterliste einreichen" – Kommentar zum Beschluss des BGH vom 17.12.2013 – II ZB 6/13, in: BB 2014, 462 – 466 (zitiert: *Heckschen,* in: BB 2014, 462)

Heilemann, Fabian, Der gutgläubige Erwerb von Geschäftsanteilen einer GmbH, Baden-Baden 2014 (zitiert: *Heilemann,* Der gutgläubige Erwerb von Geschäftsanteilen einer GmbH)

Heintschel-Heinegg, Bernd von, Beck'scher Online – Kommentar StGB, 33. Edition, München, Dezember 2016 (zitiert: *Bearbeiter,* in: BeckOK-StGB)

Hellfeld, Christian, Ausschluss des gutgläubigen Zwischenerwerbs bei GmbH-Anteilen, in: NJW 2010, 411 – 414 (zitiert: *Hellfeld,* in: NJW 2010, 411)

Helms, Arne, Schadensersatzansprüche wegen Beeinträchtigung der Vereinsmitgliedschaft, München 1998 (zitiert: *Helms,* Schadensersatzansprüche wegen Beeinträchtigung der Vereinsmitgliedschaft)

Henssler, Martin / Strohn, Lutz (Hrsg.), Gesellschaftsrecht, 3. Auflage, München 2016 (zitiert: *Bearbeiter,* in: Henssler/Strohn, Gesellschaftsrecht)

Herberger, Maximilian / Martinek, Michael / Rüßmann, Helmut / Weth, Stephan, juris Praxiskommentar BGB

Band 1: Allgemeiner Teil, 8. Auflage, Saarbrücken 2017 (zitiert: *Bearbeiter,* in: jurisPK-BGB)

Band 2: Schuldrecht, 8. Auflage, Saarbrücken 2017 (zitiert: *Bearbeiter,* in: jurisPK-BGB)

Hermanns, Marc, Basel II für Anteilsabtretungen – Neues aus Karlsruhe?, in: RNotZ 2014, 229 – 232 (zitiert: *Hermanns,* in: RNotZ 2014, 229)

Herrler, Sebastian, Gutgläubiger Erwerb bei aufschiebend bedingter GmbH-Geschäftsanteilsabtretung – Sicherung durch Vermerk in Gesellschafterliste, in: BB 2009, 2272 – 2277 (zitiert: *Herrler,* in: BB 2009, 2272)

Herrler, Sebastian / Blath, Simon, Anmerkung zum Beschluss des OLG Hamm vom 01.12.2009 (15 W 304/09) – Zuständigkeit des Notars zur Einreichung der Gesellschafterliste auch bei bloß mittelbarer Beteiligung an der Veränderung des Gesellschafterbestandes?, in: ZIP 2010, 129 – 131 (zitiert: *Herrler/Blath,* in: ZIP 2010, 129)

Herrler, Sebastian, Anmerkung zum Beschluss des OLG Hamm vom 16.02.2010 (15 W 322/09) – Gesellschafterliste: Keine Verweigerung der Einstellung bei Unterzeichnung durch Geschäftsführer und Notar, in: GmbHR 2010, 431 – 432 (zitiert: *Herrler,* in: GmbHR 2010, 431)

Herrler, Sebastian, Offene Fragen rund um die Gesellschafterliste: Einreichungszuständigkeit, registerrechtliches Prüfungsrecht und Publizitätswirkungen – zugleich Besprechung des Beschlusses des OLG München vom 06.02.2013 – 31 Wx 8/13 –, in: GmbHR 2013, 617 – 630 (zitiert: *Herrler,* in: GmbHR 2013, 617)

Herrler, Sebastian, Zuständigkeit des ausländischen Notars zur Einreichung der Gesellschafterliste – (k)ein Vehikel zur Klärung der Zulässigkeit der Auslandsbeurkundung – Zugleich Anmerkung zu dem Beschluss des BGH vom 17.12.2013 – II ZB 6/13, in: GmbHR 2014, 225 – 232 (zitiert: *Herrler,* in: GmbHR 2014, 225)

Hirte, Heribert, Kapitalgesellschaftsrecht, 8. Auflage, Köln 2016 (zitiert: *Hirte,* Kapitalgesellschaftsrecht)

Hölters, Wolfgang, Handbuch Unternehmenskauf, 8. Auflage, Köln 2015 (zitiert: *Bearbeiter,* in: Hölters, Handbuch Unternehmenskauf)

Homann, Stefan, Typische Probleme des Schadensersatzrechts und ihre systematische Einordnung, in: JuS 2002, 554 – 557 (zitiert: *Homann,* in: JuS 2002, 554)

Hüffer, Uwe, Aktiengesetz, 12. Auflage, München 2016 (zitiert: *Hüffer,* AktG)

Hüttemann, Rainer, Die angemessene Barabfindung im Aktienrecht, in: Festschrift für Michael Hoffmann-Becking zum 70. Geburtstag, München 2013, 603 – 616 (zitiert: *Hüttemann,* in: FS Hoffmann-Becking, 603)

Ising, Peter, Anmerkung zum Beschluss des OLG Hamm vom 01.12.2009 (15 W 304/09) – Zuständigkeit des Notars zur Listeneinreichung bei mittelbarer Mitwirkung, in: DNotZ 2010, 214 – 218 (zitiert: *Ising,* in DNotZ 2010, 216)

Ising, Peter, Anmerkung zum Beschluss des OLG Hamm vom 02.11.2011 (27 W 100/11) – Zur Einreichung einer aktualisierten Gesellschafterliste bei lediglicher Beurkundung von Veränderungen der Firma des Gesellschafters, in: DNotZ 2012, 382 – 388 (zitiert: *Ising,* in: DNotZ 2012, 384)

Jauernig, Othmar (Hrsg.), Bürgerliches Gesetzbuch mit Allgemeinem Gleichbehandlungsgesetz (Auszug), Kommentar, 16. Auflage, München 2015 (zitiert: *Bearbeiter,* in: Jauernig, BGB)

Jeep, Jens, Die ungenutzte Chance des BGH zur Aufwertung der GmbH-Gesellschafterliste, Oder: Heute wissen müssen, was morgen entschieden wird, in: NJW 2012, 658 – 661 (zitiert: *Jeep,* in: NJW 2012, 658)

Jocher, Martin, Treuhandvereinbarungen über GmbH-Geschäftsanteile Änderungsbedarf bei der bisherigen Gestaltung durch das MoMiG?, in: BWNotZ 2009, 190 – 193 (zitiert: *Jocher,* in: NWNotZ 2009, 190)

Joecks, Wolfgang / Miebach, Klaus (Hrsg.), Münchener Kommentar zum StGB

Band 5: §§ 263 – 358 StGB, 2. Auflage, München 2014 (zitiert: *Bearbeiter,* in: MünchKomm-StGB)

Kanzleiter, Rainer, Die Zuordnung von Verantwortung und Risiko aufgrund der Vorschriften über den gutgläubigen Erwerb von Geschäftsanteilen an einer GmbH nach deutschem Recht, in: Festschrift für Günther H. Roth zum 70. Geburtstag, München 2011, 355 – 365 (zitiert: *Kanzleiter,* in: FS Roth, 355)

Katschinski, Ralf / Rawert, Peter, Stangenware versus Maßanzug: Vertragsgestaltung im GmbHR-Recht nach Inkraftreten des MoMiG, in: ZIP 2008, 1993 – 2002 (zitiert: *Katschinski/Rawert,* in: ZIP 2008, 1993)

Kindhäuser, Urs / Neumann, Ulfrid / Paeffgen, Hans-Ullrich (Hrsg.), Strafgesetzbuch, 4. Auflage, Baden-Baden 2013 (zitiert: *Bearbeiter,* in: Kindhäuser/Neumann/Paeffgen, StGB)

Klink, Heinz G., Die Mitgliedschaft als „sonstiges Recht“ im Sinne des § 823 I BGB?, 1983 (zitiert: *Klink,* Die Mitgliedschaft als „sonstiges Recht“ i.S.d. § 823 I BGB?)

Klöckner, Stefan, Praxisprobleme beim gutgläubigen Erwerb von GmbH-Geschäftsanteilen, in: NZG 2008, 841 – 846 (zitiert: *Klöckner,* in: NZG 2008, 841)

König, David / Götte, Tilman / Bormann, Jens, Das Formstatut für die dingliche Abtretung von GmbH-Geschäftsanteilen nach geltendem und künftigem Recht, in: NZG 2009, 881 – 887 (zitiert: *König/Götte/Bormann,* in: NZG 2009, 881)

König, David / Bormann, Jens, Zum Schutz vor Zwischenverfügungen beim aufschiebend bedingten Erwerb eines GmbH-Geschäftsanteils, in: ZIP 2009, 1913 – 1915 (zitiert: *König/Bormann,* in: ZIP 2009, 1913)

Koppensteiner, Hans-Georg, Probleme des bereicherungsrechtlichen Wertersatzes, in: NJW 1971, 588 – 595 (zitiert: *Koppensteiner,* in: NJW 1971, 588)

Koppensteiner, Hans-Georg / Kramer, Ernst A., Ungerechtfertigte Bereicherung, 2. Auflage, Berlin u.a. 1988 (zitiert: *Koppensteiner/Kramer,* Ungerechtfertigte Bereicherung)

Kort, Michael, Offene Fragen zu Gesellschafterliste, Gesellschafterstellung und gutgläubigen Anteilserwerb (§§ 40 und 16 GmbHG n.F.), in: GmbHR 2009, 169 – 176 (zitiert: *Kort,* in: GmbHR 2009, 169)

Kroiß, Ludwig / Everts, Arne / Poller, Stefan, GmbH-Registerrecht, Baden-Baden 2009 (zitiert: *Bearbeiter,* in: Kroiß/Everts/Poller, GmbH-Registerrecht)

Lackner, Karl / Kühl, Christian, Strafgesetzbuch Kommentar, 28. Auflage, München 2014 (zitiert: *Bearbeiter,* in: Lackner/Kühl, StGB)

Laier, Matthias, Beurkundung der Abtretung von GmbH-Geschäftsanteilen durch Schweizer Notar in Basel-Stadt ist wirksam, in: GWR 2011, 133 (zitiert: *Laier,* in: GWR 2011, 133)

Lange, Hermann / Schiemann, Gottfried, Schadensersatz, 3. Auflage, Tübingen 2003 (zitiert: *Lange/Schiemann,* Schadensersatz)

Larenz, Karl, Lehrbuch des Schuldrechts, Erster Band: Allgemeiner Teil, 14. Auflage, München 1987 (zitiert: *Larenz,* Schuldrecht I)

Laufhütte, Heinrich Wilhelm / Rissing-van Saan, Ruth / Tiedemann, Klaus (Hrsg.), Leipziger Kommentar Strafgesetzbuch, Großkommentar

Neunter Band, §§ 263 bis 283d, 1. Teilband: §§ 263 bis 266b, 12. Auflage, Berlin 2012 (zitiert: *Bearbeiter,* in: LK-StGB)

Leeser, Marcel, Gutgläubiger Erwerb von GmbH-Geschäftsanteilen nach dem MoMiG, Saarbrücken 2009 (zitiert: *Leeser,* Gutgläubiger Erwerb von GmbH-Geschäftsanteilen nach dem MoMiG)

Liebscher, Thomas / Goette, Constantin, Korrektur einer von einem Notar eingereichten Gesellschafterliste, in: DStR 2010, 2038 – 2044 (zitiert: *Liebscher/Goette,* in: DStR 2010, 2038)

Lieder, Jan, Teilung und Listenkorrektur im GmbH-Recht, in: NZG 2014, 329 – 332 (zitiert: *Lieder,* in: NZG 2014, 329)

Link, Jan, Gesellschafterliste und gutgläubiger Erwerb von GmbH-Anteilen aus Sicht der Notarpraxis, in: RNotZ 2009, 193 – 221 (zitiert: *Link,* in: RNotZ 2009, 193)

Link, Sandra, Formerfordernisse des § 15 GmbHG bei internationalen Transaktionen, in: BB 2014, 579 – 585 (zitiert: *Link,* in: BB 2014, 579)

Löbbe, Marc, Zuständigkeit von Geschäftsführer und Notar für Inhalt und Einreichung der GmbH-Gesellschafterliste, in: GmbHR 2012, 7 – 17 (zitiert: *Löbbe,* in: GmbHR 2012, 7)

Löhnig, Martin, Treuhand – Interessenwahrnehmung und Interessenkonflikte, Tübingen 2006 (zitiert: *Löhnig,* Treuhand)

Lutter, Marcus, Theorie der Mitgliedschaft – Prolegomena zu einem allgemeinen Teil des Korporationsrechts –, in: AcP 1980, 84 – 159 (zitiert: *Lutter,* in: AcP 1980, 84)

Lutter, Marcus / Hommelhoff, Peter, GmbH-Gesetz, Kommentar, 19. Auflage, Köln 2016 (zitiert: *Bearbeiter,* in: Lutter/Hommelhoff, GmbHG)

Lutter, Marcus (Begr.), Umwandlungsgesetz, Kommentar mit systematischer Darstellung des Umwandlungssteuerrechts und Kommentierung des SpruchG

Band I: §§ 1 – 122 l, 5. Auflage, Köln 2014 (zitiert: *Bearbeiter,* in: Lutter, UmwG)

Maier-Reimer, Georg, Gutgläubiger Anteilserwerb und Bedingung, in: Festschrift für Friedrich Graf von Westphalen zum 70. Geburtstag, Köln 2010, 489 – 506 (zitiert: *Maier-Reimer,* in: FS Westphalen, 489)

Manger, Robert, Keine Anteilsübertragung in der Vor-GmbH ohne die Zustimmung aller Gesellschafter – Kommentar zur Entscheidung des BGH vom 13.12.2004 – II ZR 409/02, in: GmbHR 2009, 355 – 357 (zitiert: *Manger,* in: GmbHR 2009, 355)

Mankowski, Peter, Änderungen bei der Auslandsbeurkundung von Anteilsübertragungen durch das MoMiG oder durch die Rom I-VO?, in: NZG 2010, 201 – 207 (zitiert: *Mankowski,* in: NZG 2010, 201)

Mayer, Dieter, Der Erwerb einer GmbH nach den Änderungen durch das MoMiG, in: DNotZ 2008, 403 – 433 (zitiert: *Mayer,* in: DNotZ 2008, 403)

Mayer, Dieter, Aufwertung der Gesellschafterliste durch das MoMiG – Fluch oder Segen?, in: ZIP 2009, 1037 – 1051 (zitiert: *Mayer,* in: ZIP 2009, 1037)

Mayer, Dieter, Probleme rund um die Gesellschafterliste (Teil I), in: MittBayNot 2014, 24 – 35 (zitiert: *Mayer,* in: MittBayNot 2014, 24)

Mayer, Dieter, Probleme rund um die Gesellschafterliste (Teil II), in: MittBayNot 2014, 114 – 128 (zitiert: *Mayer,* in: MittBayNot 2014, 114)

Medicus, Dieter / Lorenz, Stephan, Schuldrecht I Allgemeiner Teil – Ein Studienbuch, 20. Auflage, München 2012 (zitiert: *Medicus/Lorenz,* Schuldrecht I)

Medicus, Dieter / Petersen, Jens, Bürgerliches Recht, 24. Auflage, München 2013 (zitiert: *Medicus/Petersen,* Bürgerliches Recht)

Melchior, Robin, Die GmbH-Gesellschafterliste – ein Zwischenstand, in: GmbHR 2010, 418 – 421 (zitiert: *Melchior,* in: GmbHR 2010, 418)

Mertens, Hans-Joachim, Die Geschäftsführerhaftung in der GmbH und das ITT-Urteil, in: Festschrift für Robert Fischer, Berlin u.a. 1979, 461 – 475 (zitiert: *Mertens,* in: FS Fischer, 461)

Michalski, Lutz (Hrsg.), Kommentar zum Gesetz betreffend die Gesellschaften mit beschränkter Haftung (GmbH-Gesetz)

Band I: Systematische Darstellungen, §§ 1 – 34 GmbHG, 2. Auflage, München 2010 (zitiert: *Bearbeiter*, in: Michalski, GmbHG)

Band II: §§ 35 – 85 GmbHG, §§ 1 – 4 EGGmbHG, 2. Auflage, München 2010 (zitiert: *Bearbeiter*, in: Michalski, GmbHG)

Mitsch, Wolfgang, Strafrecht Besonderer Teil 2 – Vermögensdelikte (Kernbereich) / Teilband 1, Berlin u.a. 1998 (zitiert: *Mitsch*, Strafrecht BT II/1)

Moxter, Adolf, Grundsätze der ordnungsgemäßen Unternehmensbewertung, 2. Auflage, Wiesbaden 1983 (zitiert: *Moxter*, Grundsätze der ordnungsgemäßen Unternehmensbewertung)

Müller, Alexander / Federmann, Bernd, Praktische Hinweise zum Erwerb einer Vorrats-GmbH nach dem MoMiG, in: BB 2008, 1375, 1381 (zitiert: *Müller/Federmann*, in: BB 2008, 1375)

Nipperdey, Hans Carl, Rechtswidrigkeit, Sozialadäquanz, Fahrlässigkeit, Schuld im Zivilrecht, in: NJW 1957, 1777 – 1782 (zitiert: *Nipperdey*, in: NJW 1957, 1777)

Noack, Ulrich, Die Gesellschafterliste nach dem MoMiG, in: Festschrift für Uwe Hüffer zum 70. Geburtstag, München 2010, 723 – 734 (zitiert: *Noack*, in: FS Hüffer, 723)

Noack, Ulrich, Besprechung zum Beschluss des BGH vom 20.09.2011 – II ZB 17/10, in: LMK 2012, 326790 (zitiert: *Noack*, in: LMK 2012, 326790)

Oetker, Hartmut, Unverhältnismäßige Herstellungskosten und das Affektionsinteresse im Schadensersatzrecht, in: NJW 1985, 345 – 351 (zitiert: *Oetker*, in: NJW 1985, 345)

Olk, Sebastian, OLG Düsseldorf erkennt Zulässigkeit der Auslandsbeurkundung durch Notare aus dem Kanton Basel bei Abtretung von GmbH-Geschäftsanteilen an, in: NZG 2011, 381 – 383 (zitiert: *Olk*, in: NZG 2011, 381)

Omlor, Sebastian, Verkehrsschutz im Kapitalgesellschaftsrecht – das System des gutgläubigen Erwerbs von GmbH-Geschäftsanteilen, in: WM 2009, 2105 – 2112 (zitiert: *Omlor*, in: WM 2009, 2105)

Omlor, Sebastian, Verkehrsschutz im Kapitalgesellschaftsrecht – Ein Beitrag de lege lata et ferenda zum System des gutgläubigen Erwerbs von GmbH-Geschäftsanteilen, Berlin 2010 (zitiert: *Omlor*, Verkehrsschutz im Kapitalgesellschaftsrecht)

Omlor, Sebastian, Verkehrsschutzfragen zum Anwartschaftsrecht am GmbH-Geschäftsanteil, in: DNotZ 2012, 179 –192 (zitiert: *Omlor*, in: DNotZ 2012, 179)

Oppenländer, Frank / Trölitzsch, Thomas (Hrsg.), Praxishandbuch der GmbH-Geschäftsführung, 2. Auflage, München 2011 (zitiert: *Bearbeiter*, in: Oppenländer/Trölitzsch, GmbH-Geschäftsführung)

Oppermann, Rainer, Praktische Gestaltung der bedingten Abtretung von GmbH-Anteilen – Risiken durch gutgläubigen bedingungsfreien Erwerb Dritter, in: ZIP 2009, 651 – 655 (zitiert: *Oppermann,* in: ZIP 2009, 651)

Paefgen, Walter G. / Franke, Daniela, Korrektur einer vom Notar eingereichten unrichtigen Gesellschafterliste durch Geschäftsführer, in: EWiR 2014, 205 – 206 (zitiert: *Paefgen/Franke,* in: EWiR 2014, 205)

Palandt, Otto (Begr.), Bürgerliches Gesetzbuch, Kommentar, 76. Auflage, München 2017 (zitiert: *Bearbeiter,* in: Palandt)

Petrovicki, Kolja, Geschäftsführer darf unrichtige Gesellschafterliste durch Einreichung einer richtigen Liste korrigieren (Anmerkung zu BGH, Urteil vom 17.12.2013 – II ZR 21/12), in: GWR 2014, 56 (zitiert: *Petrovicki,* in: GWR 2014, 56)

Piltz, Detlev J., Die Unternehmensbewertung in der Rechtsprechung, 3. Auflage, Düsseldorf 1994 (zitiert: *Piltz,* Die Unternehmensbewertung in der Rechtsprechung)

Piper, Bernd, Die Haftung von ehrenamtlich tätigen Organen und § 31a BGB, in: WM 2011, 2211 – 2216 (zitiert: *Piper,* in: WM 2011, 2211)

Preuß, Nicola, Gesellschafterliste, Legitimation gegenüber der Gesellschaft und gutgläubiger Erwerb von GmbH-Anteilen, in: ZGR 2008, 676 – 702 (zitiert: *Preuß,* in: ZGR 2008, 676)

Preuß, Nicola, Die Mitwirkung des Notars bei Veränderungen des Gesellschafterbestandes nach dem MoMiG, in: Festschrift für Sebastian Spiegelberger zum 70. Geburtstag, Bonn 2009, 876 – 889 (zitiert: *Preuß,* in: FS Spiegelberger, 876)

Priester, Hans-Joachim / Mayer, Dieter (Hrsg.), Münchener Handbuch des Gesellschaftsrechts

Band 3: Gesellschaft mit beschränkter Haftung, 4. Auflage, München 2012 (zitiert: *Bearbeiter,* in: Münchener Handbuch des Gesellschaftsrechts, Band 3)

Rau, Stephan, Der Erwerb einer GmbH nach In-Kraft-Treten des MoMiG – Höhere Transparenz des Gesellschafterkreises, gutgläubiger Erwerb und vereinfachte Stückelung, in: DStR 2006, 1892 – 1900 (zitiert: *Rau,* in: DStR 2006, 1892)

Reese, Jürgen, Die Haftung von „Managern" im Innenverhältnis, in: DStR 1995, 532 – 537 (zitiert: *Reese,* in: DStR 1995, 532)

Reymann, Christoph, Gutgläubiger Erwerb und Rechte an GmbH-Geschäftsanteilen, in: WM 2008, 2095 – 2107 (zitiert: *Reymann,* in: WM 2008, 2095)

Reymann, Christoph, Zurechnungssystem und Regelungsebenen der GmbH-Gesellschafterliste, in: BB 2009, 506 – 513 (zitiert: *Reymann,* in: BB 2009, 506)

Reymann, Christoph, Aufschiebend bedingte Geschäftsanteilsabtretungen und Zwischenverfügungen bei der GmbH, in: GmbHR 2009, 343 – 349 (zitiert: *Reymann,* in: GmbHR 2009, 343)

Rieg, Jürgen, Erwerb vom Nichtberechtigten und Liste der Gesellschafter. Eine Abhandlung über den gutgläubigen Erwerb von Geschäftsanteilen einer GmbH nach §§ 16 Abs 3, 40 GmbHG, Baden-Baden 2012 (zitiert: *Rieg,* Erwerb vom Nichtberechtigten und Liste der Gesellschafter)

Riegger, Bodo / Wasmann, Dirk, Das Stichtagsprinzip in der Unternehmensbewertung, in: Festschrift für Wulf Goette zum 65. Geburtstag, München 2011, 433 – 441 (zitiert: *Riegger/Wasmann,* in: FS Goette, 433)

Ries, Peter, Never ending story, die Gesellschafterliste, in: NZG 2011, 135 – 136 (zitiert: *Ries,* in: NZG 2011, 135)

Ring, Gerhard / Grziwotz, Herbert (Hrsg.), Systematischer Praxiskommentar GmbH-Recht für Unternehmer und Berater, 2. Auflage, Köln 2013 (zitiert: *Bearbeiter,* in: Ring/Grziwotz, GmbHG)

Rodewald, Jörg, Gutgläubiger Erwerb von Geschäftsanteilen nach MoMiG – drei Fragen zum Umfang der Legal Due Diligence, in: GmbHR 2009, 196 – 199 (zitiert: *Rodewald,* in: GmbHR 2009, 196)

Römermann, Volker (Hrsg.), Münchener Anwaltshandbuch GmbH-Recht, 3. Auflage, München 2014 (zitiert: *Bearbeiter,* in: MAH, GmbH-Recht)

Roth, Holger / Altmeppen, Günter H., Gesetz betreffend die Gesellschaften mit beschränkter Haftung (GmbHG), 8. Auflage, München 2015 (zitiert: *Bearbeiter,* in: Roth/Altmeppen GmbHG)

Rowedder, Heinz (Begr.) / Schmidt-Leithoff, Christian (Hrsg.), Gesetz betreffend die Gesellschaften mit beschränkter Haftung (GmbHG), Kommentar, 5. Auflage, München 2013 (zitiert: *Bearbeiter,* in: Rowedder/Schmidt-Leithoff, GmbHG)

Ruthardt, Frederik / Hachmeister, Dirk, Der Verkehrswert des Unternehmens als rechtliche Wertkategorie – Typisierungskonsequenzen und grundsätzliche Kritik, in: NZG 2014, 885 – 892 (zitiert: *Ruthardt/Hachmeister,* in: NZG 2014, 885)

Säcker, Franz / Rixecker, Roland (Hrsg.), Münchener Kommentar zum Bürgerlichen Gesetzbuch

Band 1: Allgemeiner Teil, §§ 1 – 240 BGB, ProstG, AGG, 7. Auflage, München 2015 (zitiert: *Bearbeiter,* in: MünchKomm-BGB)

Band 2: Schuldrecht – Allgemeiner Teil, §§ 241 – 432, 7. Auflage, München 2016 (zitiert: *Bearbeiter,* in: MünchKomm-BGB)

Band 3: Schuldrecht – Besonderer Teil, §§ 433 – 534, Finanzierungsleasing, CISG, 7. Auflage, München 2016 (zitiert: *Bearbeiter,* in: MünchKomm-BGB)

Band 6: Schuldrecht – Besonderer Teil IV, §§ 705 – 853, Partnerschaftsgesellschaftsgesetz, Produkthaftungsgesetz, 7. Auflage, München 2017 (zitiert: *Bearbeiter,* in: MünchKomm-BGB)

Band 7: Sachenrecht, §§ 854 – 1296, WEG, ErbbauRG, 7. Auflage, München 2017 (zitiert: *Bearbeiter,* in: MünchKomm-BGB)

Saenger, Ingo / Scheuch, Alexander, Auslandsbeurkundung bei der GmbH – Konsequenzen aus MoMiG und Reform des Schweizer Obligationenrechts, in: BB 2008, 65 – 69 (zitiert: *Saenger/Scheuch,* in: BB 2008, 65)

Saenger, Ingo / Inhester, Michael (Hrsg.), GmbHG Handkommentar, 3. Auflage, Baden-Baden 2016 (zitier: *Bearbeiter*, in: Saenger/Inhester, GmbHG)

Schäfer, Carsten, Gesellschaftsrecht, 4. Auflage, München 2015 (zitiert: *Schäfer*, Gesellschaftsrecht)

Scheuch, Alexander, Der Scheingesellschafter der Gesellschaft bürgerlichen Rechts – Unter besonderer Berücksichtigung fehlerhafter Eintragungen in der GmbH-Gesellschafterliste, Baden-Baden 2014 (zitiert: *Scheuch*, Der Scheingesellschafter der Gesellschaft bürgerlichen Rechts)

Scheuch, Alexander, Die Pflicht zur Eintragung der Gesellschafter einer GbR in die GmbH-Gesellschafterliste, in: GmbHR 2014, 568 – 574 (zitiert: *Scheuch*, in: GmbHR 2014, 568)

Schippel, Helmut / Bracker, Ulrich (Hrsg.), Bundesnotarordnung, Kommentar, 9. Auflage, München 2011 (zitiert: *Bearbeiter*, in: Schippel/Bracker, BNotO)

Schmidt, Holger, Gesellschafterliste i.S.v. § 40 GmbHG – Unendliches Thema, in: RNotZ 2011, 148 – 151 (zitiert: *Schmidt*, in: RNotZ 2011, 148)

Schmidt, Karsten, Die Vereinsmitgliedschaft als Grundlage von Schadensersatzansprüchen – „Positive Vertragsverletzung" und „sonstiges Recht" im Innenrecht des Vereins, in: JZ 1991, 157 – 162 (zitiert: *Karsten Schmidt*, in: JZ 1991, 157)

Schmidt, Karsten, Zur Übertragung von Vor-Gesellschaftsanteilen, in: GmbHR 1997, 869 – 875 (zitiert: *Karsten Schmidt*, in: GmbHR 1997, 869)

Schmidt, Karsten, Gesellschaftsrecht, 4. Auflage, Köln u.a. 2002 (zitiert: *Karsten Schmidt*, Gesellschaftsrecht)

Schmidt, Karsten (Hrsg.), Münchener Kommentar zum Handelsgesetzbuch

Band 2: §§ 105 – 160, 4. Auflage, München 2016 (zitiert: *Bearbeiter*, in: Münch-Komm-HGB)

Band 3: §§ 161 – 237, 3. Auflage, München 2012 (zitiert: *Bearbeiter*, in: Münch-Komm-HGB)

Schmitt, Joachim / Hörtnagel, Robert / Stratz, Rolf-Christian, Umwandlungsgesetz, Umwandlungssteuergesetz: UmwG, UmwStG, 7. Auflage, München 2016 (zitiert: *Bearbeiter*, in: Schmitt/Hörtnagel/Stratz, UmwG)

Schneider, Uwe H., Neue Haftungsrisiken für GmbH-Geschäftsführer bei Erstellung und Einreichung der Gesellschafterliste, in: GmbHR 2009, 393 – 396 (zitiert: *Schneider*, in: GmbHR 2009, 393)

Scholz, Franz (Begr.), Kommentar zum GmbH-Gesetz mit Anhang Konzernrecht

I. Band: §§ 1 – 34, Anh. § 13 Konzernrecht, Anh. § 34 Austritt und Ausschließung eines Gesellschafters, 11. Auflage, Köln 2012 (zitiert: *Bearbeiter*, in: Scholz, GmbHG)

II. Band: §§ 35 – 52, Anh. § 45 Gesellschafterversammlung und Gesellschafterkompetenzen in der GmbH & Co. KG, 11. Auflage, Köln 2014 (zitiert: *Bearbeiter*, in: Scholz, GmbHG)

Schönke, Adolf (Begr.) / Schröder, Horst, Strafgesetzbuch, 29. Auflage, München 2014 (zitiert: *Bearbeiter,* in: Schönke/Schröder, StGB)

Schulte, Christian, Zwei Jahre MoMiG – aktuelle Problemfelder im Handelsregisterverfahren, in: GmbHR 2010, 1128 – 1132 (zitiert: *Schulte,* in: GmbHR 2010, 1128)

Schulze, Reiner, Bürgerliches Gesetzbuch, Handkommentar, 9. Auflage, Baden-Baden 2017 (zitiert: *Bearbeiter,* in: HK-BGB)

Schünemann, Wolfang / Betghe, Maxie, Übungsklausur – Zivilrecht: Gutgläubiger Grundstückserwerb und dessen Folgen – Der missratene Enkel, in: JuS 2009, 331 – 335 (zitiert: *Schünemann/Betghe,* in: JuS 2009, 331)

Schüßler, Johannes, Der gutgläubige Erwerb von GmbH-Geschäftsanteilen, Jena 2011 (zitiert: *Schüßler,* Der gutgläubige Erwerb von GmbH-Geschäftsanteilen)

Sikora, Karl, Die Gesellschafterliste bei der GmbH – Aktualisierungspflichten und Haftungsrisiken des GmbH-Geschäftsführers, in: NWB 2010, 992 – 1000 (zitiert: *Sikora,* in: NWB 2010, 992)

Soergel, Hans-Theodor (Begr.), Bürgerliches Gesetzbuch mit Einführungsgesetz und Nebengesetzen

Band 2: Schuldrecht (§§ 241 – 432), 12. Auflage, Stuttgart u.a. 1990 (zitiert: *Bearbeiter,* in: Soergel, BGB)

Band 12: Schuldrecht 10, §§ 823 – 853, ProdHG, UmweltHG, 13. Auflage, Stuttgart u.a. 2005 (zitiert: *Bearbeiter,* in: Soergel, BGB)

Spancken, Stefanie / Schneidenbach, Robert, Die Berechnung des zu ersetzenden Schadens anhand der §§ 249 ff. BGB – Ein Leitfaden, in: JuS 2012, 298 – 303 (zitiert: *Spancken/Schneidenbach,* in: JuS 2012, 298)

Staub, Hermann (Begr.) / Canaris, Claus-Wilhelm / Schilling, Wolfgang / Ulmer, Peter (Hrsg.), Handelsgesetzbuch, Großkommentar

Band 3: §§ 105 – 160, 5. Auflage, Berlin 2009 (zitiert: *Bearbeiter,* in: Staub, HGB)

Staudinger, Julius von (Begr.), Kommentar zum Bürgerlichen Gesetzbuch mit Einführungsgesetz und Nebengesetzen

Buch 2: Recht der Schuldverhältnisse, §§ 249 – 254 (Schadensersatzrecht), 14. Bearbeitung, Berlin 2005 (zitiert: *Bearbeiter,* in: Staudinger, BGB)

Buch 2: Recht der Schuldverhältnisse, §§ 657 – 704 (Geschäftsbesorgung), Berlin, Bearbeitung 2006 (zitiert: *Bearbeiter,* in: Staudinger, BGB)

Buch 2: Recht der Schuldverhältnisse, §§ 812 – 822 (Ungerechtfertigte Bereicherung), Berlin, Bearbeitung 2007 (zitiert: *Bearbeiter,* in: Staudinger, BGB)

Buch 2: Recht der Schuldverhältnisse, § 823 A – D, Berlin, Bearbeitung 2017 (zitiert: *Bearbeiter,* in: Staudinger, BGB)

Buch 3: Sachenrecht, §§ 883 – 902 (Allgemeines Liegenschaftsrecht 2), Berlin, Bearbeitung 2013 (zitiert: *Bearbeiter,* in: Staudinger, BGB)

Stenzel, Igor, Prüfung der Anteilskette nach dem MoMiG, in: BB 2012, 337 - 343 (zitiert: *Stenzel,* in: BB 2012, 337)

Stilz, Eberhard, Unternehmensbewertung und angemessene Abfindung – Zur vorrangigen Maßgeblichkeit des Börsenkurses –, in: Festschrift für Wulf Goette zum 65. Geburtstag, München 2011, 529 – 544 (zitiert: *Stilz,* in: FS Goette, 529)

Tebben, Joachim, Die Reform der GmbH – das MoMiG in der notariellen Praxis, in: RNotZ 2008, 441 – 462 (zitiert: *Tebben,* in: RNotZ 2008, 441)

Teichmann, Arndt, Strukturüberlegungen zum Streit zwischen Organen in der Aktiengesellschaft, in: Festschrift für Otto Mühl zum 70. Geburtstag, 10. Oktober 1981, Stuttgart u.a. 1981, 663 – 686 (zitiert: *Teichmann,* in: FS Mühl, 663)

Thommen, Jean-Paul / Achleitner, Ann-Kristin, Allgemeine Betriebswirtschaftslehre – Umfassende Einführung aus managementorientierter Sicht, 8. Auflage, Wiesbaden 2012 (zitiert: *Thommen/Achleitner,* Allgemeine Betriebswirtschaftslehre)

Thümmel, Roderich C., Haftungsrisiken von Vorständen und Aufsichtsräten bei der Abwehr von Übernahmeversuchen, in: DB 2010, 461 – 465 (zitiert: *Thümmel,* in: DB 2010, 461)

Tiedemann, Klaus, GmbH-Strafrecht, §§ 82 – 85 GmbHG und ergänzende Straftatbestände (zitiert: *Tiedemann,* GmbH-Strafrecht)

Ulmer, Peter / Habersack, Mathias / Löbbe, Marc (Hrsg.), Gesetz betreffend die Gesellschaften mit beschränkter Haftung (GmbHG), Großkommentar

Band I: Einleitung; §§ 1 bis 18, 2. Auflage, Tübingen 2013 (zitiert: *Bearbeiter,* in: Ulmer/Habersack/Löbbe, GmbHG)

Band II: §§ 29 bis 52, 2. Auflage, Tübingen 2014 (zitiert: *Bearbeiter,* in: Ulmer/ Habersack/Löbbe, GmbHG)

Ulrich, Stephan / Böhle, Jens, Die Auslandsbeurkundung im M&A-Geschäft, in: GmbHR 2007, 566 – 573 (zitiert: *Ulrich/Böhle,* in: GmbHR 2007, 566)

Ulrich, Stephan, Noch immer kein Erwerb eines (Geschäfts-) Anteils an der Vor-GmbH, in: GmbHR 2013, R 117 (zitiert: *Ulrich,* in: GmbHR 2013, R 117)

Vossius, Oliver, Gutgläubiger Erwerb von GmbH-Anteilen nach MoMiG, in: DB 2007, 2299 – 2304 (zitiert: *Vossius,* in: DB 2007, 2299)

Wachter, Thomas, GmbH-Reform: Auswirkungen auf die Übertragung von GmbH-Geschäftsanteilen, in: ZNotP 2008, 378 – 400 (zitiert: *Wachter,* in: ZNotP 2008, 378)

Wachter, Thomas, Unternehmensnachfolge bei der GmbH und GmbH & Co. KG nach dem MoMiG, in: DB 2009, 159 – 167 (zitiert: *Wachter,* in: DB 2009, 159)

Wachter, Thomas, Aktuelle Rechtsprechung zum MoMiG, in: GmbHR 2009, 785 – 794 (zitiert: *Wachter,* in: GmbHR 2009, 785)

Wächter, Gerhard H., M&A Litigation, M&A-Recht im Streit, 2. Auflage, Köln 2014 (zitiert: *Wächter,* M&A Litigation)

Wackerbardt, Ulrich / Eisenhardt, Ulrich, Gesellschaftsrecht II – Recht der Kapitalgesellschaften – Mit Bezügen zum Bilanz-, Insolvenz- und Kapitalmarktrecht, Heidelberg 2013 (zitiert: *Wackerbardt/Eisenhardt,* Gesellschaftsrecht II)

Wälzholz, Eckhard, Die Reform des GmbH-Rechts, in: MittBayNot 2008, 425 – 437 (zitiert: *Wälzholz,* in: MittBayNot 2008, 425)

Wälzholz, Eckhard, Hinweis auf aufschiebend bedingte Abtretung in Gesellschafterliste (Anmerkung zu OLG München, Beschluss vom 08.09.2009 – 31 Wx 82/09), in: MittBayNot 2010, 68 – 70 (zitiert: *Wälzholz,* in: MittBayNot 2010, 68)

Wandt, Manfred, Gesetzliche Schuldverhältnisse, Deliktsrecht – Schadensrecht – Bereicherungsrecht – GoA, 6. Auflage, München 2014 (zitiert: *Wandt,* Gesetzliche Schuldverhältnisse)

Wegen, Gerhard, Gutgläubiger Erwerb von GmbH-Geschäftsanteilen? Eine vorläufige Bewertung aus der Praxis, in: Festschrift für Jans-Jochem Lüer zum 70. Geburtstag, München 2008, 321 – 335 (zitiert: *Wegen,* in: FS Lüer, 321)

Weigl, Gerald, Gesellschafterliste und Gutglaubenserwerb bei aufschiebend bedingten Geschäftsanteilsabtretungen, in: NZG 2009, 1173 – 1176 (zitiert: *Weigl,* in: NZG 2009, 1173)

Wessels, Johannes (Begr.) / Hillenkamp, Thomas, Strafrecht Besonderer Teil 2, Straftaten gegen Vermögenswerte, 37. Auflage, Heidelberg 2014 (zitiert: *Wessels/ Hillenkamp,* Strafrecht BT II)

Westermann, Harm-Peter / Bydlinski, Peter / Weber, Ralph, BGB – Schuldrecht Allgemeiner Teil, 8. Auflage, Heidelberg 2013 (zitiert: *Westermann/Bydlinski/Weber,* Schuldrecht AT)

Wicke, Hartmut, Gründung, Satzungsgestaltung und Anteilsabtretung nach der GmbH-Reform, in: NotBZ 2009, 1 – 18 (zitiert: *Wicke,* in: NotBZ 2009, 1)

Wicke, Hartmut, Gesellschafterliste mit Vermerk über aufschiebend bedingte Abtretung eines Geschäftsanteils (Anmerkung zu OLG München, Beschluss vom 08.09.2009 – 31 Wx 82/09), in: DNotZ 2009, 871 – 875 (zitiert: *Wicke,* in: DNotZ 2009, 871)

Wicke, Hartmut, Gesetz betreffend die Gesellschaften mit beschränkter Haftung (GmbHG), 3. Auflage, München 2016 (zitiert: *Wicke,* GmbHG)

Wiedemann, Herbert, Gedanken zur Mitgliedschaft und zu den mitgliedschaftlichen Rechtsverhältnissen, in: Festschrift für Wulf Goette zum 65. Geburtstag, München 2011, 617 – 627 (zitiert: *Wiedemann,* in: FS Goette, 617)

Wilhelm, Jan, „Duplizität von Rechten" und Rechtsschein – Zu den Gesellschafterlisten des Kapitalgesellschaftsrechts, in: Festschrift für Eduard Picker zum 70. Geburtstag, Tübingen 2010, 837 – 857 (zitiert: *Wilhelm,* in: FS Picker, 837)

Windbichler, Christine, Gesellschaftsrecht, 23. Auflage, München 2013 (zitiert: *Windbichler,* Gesellschaftsrecht)

Wodicka, Josef Maria, Die Untreue zum Nachteil der GmbH bei vorheriger Zustimmung aller Gesellschafter, Frankfurt am Main 1993 (zitiert: *Wodicka,* Die Untreue zum Nachteil der GmbH bei vorheriger Zustimmung aller Gesellschafter)

Wollny, Christoph, Der objektivierte Unternehmenswert – Unternehmensberwertung bei gesetzlichen und vertraglichen Bewertungsanlässen, Hamm 2008 (zitiert: *Wollny,* Der objektivierte Unternehmenswert)

Wollny, Christoph, Wer den Schaden hat, muss für die Bewertung sorgen – Unternehmensbewertung zur Ermittlung von Schadensersatzansprüchen, in: DStR 2013, 2132 – 2139 (zitiert: *Wollny,* in: DStR 2013, 2132)

Ziemons, Hildegard / Jaeger, Carsten (Hrsg.), Beck'scher Online-Kommentar GmbHG, 30. Edition, Februar 2017 (zitiert: *Bearbeiter,* in: BeckOK-GmbHG)

Zippelius, Reinhold, Juristische Methodenlehre, 10. Auflage, München 2006 (zitiert: *Zippelius,* Juristische Methodenlehre)

Zöllner, Wolfgang, Die sogenannten Gesellschafterklagen im Kapitalgesellschaftsrecht – Referat –, in: ZGR 1998, 392 – 440 (zitiert: *Zöllner,* in: ZGR 1998, 392)

Abkürzungsverzeichnis

a.A.	anderer Auffassung
a.E.	am Ende
a.a.O.	am angeführten / angegebenen Ort
Abs.	Absatz
a.F.	alte Fassung
AG	Aktiengesellschaft
AktG	Aktiengesetz
Begr.	Begründer
Beschl. v.	Beschluss vom
BGB	Bürgerliches Gesetzbuch
BGH	Bundesgerichtshof
BGHZ	Amtliche Sammlung der Entscheidungen des Bundesgerichtshofs in Zivilsachen
BNotO	Bundesnotarordnung
BRD	Bundesrepublik Deutschland
BT-Drucks.	Bundestagsdrucksache
BVerfG	Bundesverfassungsgericht
bzw.	beziehungsweise
ca.	circa
DCF-Verfahren	Discounted Cashflow-Verfahren
Ders.	Derselbe
d.h.	das heißt
EGBGB	Einführungsgesetz zum Bürgerlichen Gesetzbuche
EBV	Eigentümer-Besitzer-Verhältnis
etc.	et cetera
FamFG	Gesetz über das Verfahren in Familiensachen und in den Angelegenheiten der freiwilligen Gerichtsbarkeit
ff.	fortfolgende
Fn.	Fußnote
GbR	Gesellschaft bürgerlichen Rechts
Gem.	Gemäß
GG	Grundgesetz
Ggf.	Gegebenenfalls
g.h.L.	ganz herrschende Literatur
g.h.M.	ganz herrschende Meinung
GmbH	Gesellschaft mit beschränkter Haftung
GmbHG	Gesetz betreffend die Gesellschaften mit beschränkter Haftung
GNotKG	Gesetz über Kosten der freiwilligen Gerichtsbarkeit für Gerichte und Notare
HGB	Handelsgesetzbuch

h.M.	herrschende Meinung
h.L.	herrschende Literatur
Hrsg.	Herausgeber
HRV	Verordnung über die Einrichtung und Führung des Handelsregisters (Handelsregisterverordnung)
Hs.	Halbsatz
IDW	Institut der Wirtschaftsprüfer
i.S.d.	im Sinne des
i.S.v.	im Sinne von
i.V.m.	in Verbindung mit
InsO	Insolvenzordnung
KG	Kommanditgesellschaft
LG	Landgericht
M & A	Mergers & Acquisitions
MoMiG	Gesetz zur Modernisierung des GmbH-Rechts und zur Bekämpfung von Missbräuchen
m.w.N.	mit weiteren Nachweisen
n.F.	neue Fassung
o.g.	oben genannt
OHG	Offene Handelsgesellschaft
OLG	Oberlandesgericht
Rn.	Randnummer
Rspr.	Rechtsprechung
S.	Seite, Satz
SignaturG	Gesetz über Rahmenbedingungen für elektronische Signaturen
S.o.	Siehe oben
sog.	so genannte(n)
StGB	Strafgesetzbuch
Str.	Streitig
Urt. v.	Urteil vom
Var.	Variante
Vgl.	Vergleiche
Vorb.	Vorbemerkung(en)
z.T.	Zum Teil

§ 1 Einleitung

A. Einführung in die Thematik

Das Gesetz zur Modernisierung des GmbH-Rechts und Bekämpfung von Missbräuchen (kurz: „MoMiG“) vom 23. Oktober 2008 erneuerte das GmbHG weitreichend und führte zu teilweise erheblichen Veränderungen für die Praxis. Nicht zu Unrecht wird das MoMiG als die *„einschneidendste Änderung des GmbH-Rechts seit 1980“* bezeichnet.[1] Insbesondere konnten bei der GmbH nach alter Rechtslage Geschäftsanteile als nicht verbriefte Rechte bis zur Einführung des neuen § 16 Abs. 3 GmbHG durch das MoMiG – mit Ausnahme der Möglichkeit eines gutgläubigen Erwerbs vom Scheinerben gem. § 2366 BGB[2] – nicht gutgläubig erworben werden.

Die nunmehr gesetzlich zugelassene Möglichkeit eines gutgläubigen Erwerbs von Geschäftsanteilen an einer GmbH stellt einen der wichtigsten rechtsfortbildenden Schwerpunkte des MoMiG dar und wurde von dessen Bestandteilen in der Gesetzgebungsphase besonders intensiv diskutiert, stellt sie doch eine einschneidende Neuerung im Kapitalgesellschaftsrecht dar[3]. Nach der Diskussion und Evaluierung verschiedener Möglichkeiten der Ausgestaltung einigte man sich schließlich auf die aktuelle Regelung des § 16 Abs. 3 GmbHG, wonach nunmehr die Gesellschafterliste u.a. die Funktion eines Rechtsscheinträgers für einen gutgläubigen Erwerb von GmbH-Geschäftsanteilen innehat. Zusammengefasst darf danach der Erwerber eines Geschäftsanteils auf die Richtigkeit der zum Handelsregister aufgenommenen Gesellschafterliste vertrauen, es sei denn, die Gesellschafterliste ist bezüglich der entsprechenden Eintragung des Veräußerers seit weniger als drei Jahren unrichtig und die Unrichtigkeit ist dem wahren Inhaber des gegenständlichen Geschäftsanteils nicht zuzurechnen. Des Weiteren scheidet ein gutgläubiger Erwerb aus, wenn ein Widerspruch gegen die Gesellschafterliste beim Handelsregister liegt oder dem Erwerber die Nichtberechtigung des Veräußerers bekannt oder in Folge grober Fahrlässigkeit unbekannt geblieben ist.

Die Einführung eines Gutglaubenstatbestandes im Recht der GmbH sollte nach der Intention des Gesetzgebers in erster Linie für mehr Transparenz und Rechtssicherheit über längere Zeiträume sorgen.[4] Den an der Abtretung von Geschäftsanteilen einer GmbH beteiligten Personen sollten die Mühen, Kosten und Unsicherheiten der Rückverfolgung, insbesondere bei langen Abtretungsketten,

---

1 So etwa *Götze/Bressler*, in: NZG 2007, 894 und *Mayer*, in: DNotZ 2008, 403.

2 Vgl. *Löbbe*, in: Ulmer/Habersack/Löbbe, GmbHG, § 16 Rn. 122; *Verse*, in: Henssler/Strohn, Gesellschaftsrecht, GmbHG, § 16 Rn. 50; *Wilhelmi*, in: BeckOK-GmbHG, § 16 Rn. 72.

3 Vgl. etwa *Bednarz*, in: BB 2008, 1854; *Götze/Bressler*, in: NZG 2007, 894, 896; *Hamann*, in: NZG 2007, 492; *Wälzholz*, in: MittBayNot 2008, 425, 436.

4 Vgl. BT-Drucks. 16/6140, 38; *Böttcher/Blasche*, in: NZG 2007, 565.

erspart werden.[5] Denn der Nachweis der Gesellschafterstellung durch eine Erwerbskette gestaltete sich in der Praxis im Einzelfall äußerst schwierig und stets verblieben Unsicherheiten hinsichtlich etwaiger Wirksamkeitshindernisse vorheriger Übertragungen. Der Käufer eines Geschäftsanteils hatte nämlich keine andere Wahl, als im Rahmen einer im Vorfeld durchgeführten Due Diligence Prüfung jedwede Inhaberwechsel bis zur Entstehung des betreffenden Geschäftsanteils zurückzuverfolgen. Da auch nur ein Fehler bei einer Abtretung eines Geschäftsanteils auf alle nachfolgenden Abtretungen durchschlug und zu deren (in der Regel unerkannten) Unwirksamkeit führte[6], konnte er nur so eine wirksame Übertragung des Geschäftsanteils sicherstellen. Hierfür war ein lückenloser Nachweis sämtlicher Abtretungsurkunden, Kapitalmaßnahmen, Gründungsurkunden und nicht zuletzt auch die Prüfung der Wirksamkeit der einzelnen Abtretungen erforderlich. Dass dies gerade bei älteren, womöglich seit Generationen bestehenden Gesellschaften mit häufigen Anteilswechseln teilweise nicht nur schwierig, sondern nahezu unmöglich war, ist immanent. Doch auch bei Vorliegen sämtlicher Dokumente konnte nie sicher geschlossen werden, dass sämtliche Glieder der Abtretungskette auch wirksam waren. Fehlerquellen können sowohl im Rahmen der allgemeinen Wirksamkeitsvoraussetzungen des Allgemeinen Teils des BGB oder des Familienrechts (z.B. §§ 1365, 1822 BGB) bis hin zu Wirksamkeitshindernissen des Geschäftsanteilsrechts bestehen.[7] Auch die Rechtsmängelhaftung sowie die in der Praxis häufig verwendeten Garantien konnten dem Erwerber keine Sicherheit bezüglich der dinglichen Bestandskraft der Übertragung gegenüber Dritten verschaffen, sondern allenfalls Ersatzansprüche begründen. Die Notwendigkeit der Durchführung umfassender, aufwendiger und dadurch kostenintensiver Due Diligence Prüfungen und die dennoch nicht auszuschließenden Unklarheiten und Risiken schreckten mehr und mehr inländische und ausländische Investoren ab.[8] Vor diesem Hintergrund ist auch die wirtschaftliche Bedeutung des gutgläubigen Erwerbs von Geschäftsanteilen nicht von der Hand zu weisen.[9] Gerade die dingliche Bestandskraft auch im Falle einer Nichtberechtigung des Veräußerers an dem Geschäftsanteil soll nunmehr durch den gutgläubigen Erwerb von Geschäftsanteilen ermöglicht werden.[10] Der Erwerber soll, so der Wille des Gesetzgebers, nicht mehr gezwungen sein, die Wirksamkeit der gesamten Gesellschafterkette vom Gründungsgesellschafter bis zum jeweiligen Veräußerer zu überprüfen und umfassende Garantien vom Veräußerer zu verlangen.[11]

---

5 Vgl. BT-Drucks. 16/6140, 38.
6 Vgl. *Omlor,* in: WM 2009, 2105.
7 Vgl. a.a.O.
8 Vgl. *Grunewald/Gebling/Rodewig,* in: ZIP 2006, 695; *Heidinger,* in: Heckschen/Heidinger, Die GmbH in der Gestaltungs- und Beratungspraxis, § 13 Rn. 76a.
9 Vgl. hierzu anschaulich *Rieg,* Erwerb vom Nichtberechtigten und Liste der Gesellschafter, S. 77 ff.
10 Vgl. etwa *Grigoleit/Rieder,* GmbH-Recht nach dem MoMiG, C. Rn. 153.
11 Vgl. BT-Drucks. 16/6140, 38.

B. Untersuchungsgegenstand / Ziel der Untersuchung

Die nachfolgende Untersuchung widmet sich einer bis dato nur wenig beachteten Folgefrage im Zusammenhang mit dem gutgläubigen Erwerb von GmbH-Geschäftsanteilen, nämlich den möglichen Ansprüchen desjenigen, der seinen Geschäftsanteil aufgrund eines gutgläubigen Erwerbs an einen gutgläubigen Erwerber verloren hat.

Vor der Einführung des § 16 Abs. 3 GmbHG bestand für den Veräußerer eines Geschäftsanteils, sofern er nicht Gründungsmitglied der Gesellschaft gewesen ist, eine erhebliche Rechtsunsicherheit hinsichtlich seiner materiellen Berechtigung. Die Reduzierung des Risikos des Veräußerers, sich bei Veräußerungen gegenüber dem Erwerber, der den Geschäftsanteil schlussendlich aufgrund der fehlenden Berechtigung des Veräußerers nicht erwerben konnte, ersatzpflichtig zu machen, war auch eine Intention des Gesetzgebers bei der Einführung des § 16 Abs. 3 GmbHG.[12] Dieses Haftungsrisiko des Veräußerers gegenüber einem Erwerber besteht aufgrund der nun gegebenen Möglichkeit eines gutgläubigen Erwerbs und damit der Überwindung der Nichtberechtigung des Veräußerers grundsätzlich in diesem Ausmaße nicht mehr. Stattdessen führt der nun mögliche gutgläubige Erwerb zu einem anderen Geschädigten: dem bis dahin wahren Inhaber, d.h. dem materiell berechtigten Gesellschafter, der aus welchen Gründen auch immer nicht als solcher in der zum Handelsregister aufgenommenen Gesellschafterliste eingetragen war. Denn dieser verliert durch den gutgläubigen Erwerb gem. § 16 Abs. 3 GmbHG „seinen" Geschäftsanteil und alle hiermit verbundenen Rechte an den gutgläubigen Erwerber. Die Folgen auf Seiten des ehemals wahren Inhabers des gutgläubig (weg-) erworbenen Geschäftsanteils sind also gravierend und können je nach Ausgestaltung des Geschäftsanteils zu Vermögensschäden erheblichen und ggf. sogar existenzvernichtenden Ausmaßes führen.

Eine zusammenfassende und dezidierte Auseinandersetzung mit der Thematik um die in Betracht kommenden Anspruchsgegner sowie die Ausgestaltung und den Inhalt möglicher Ansprüche des Altgesellschafters nach Verlust eines Geschäftsanteils aufgrund eines gutgläubigen Erwerbs gem. § 16 Abs. 3 GmbHG existiert – soweit ersichtlich – bislang nicht. Diese Lücke soll durch die vorliegende Arbeit geschlossen werden. Die folgende Untersuchung widmet sich daher im Schwerpunkt der Frage nach den Handlungs- und Anspruchsmöglichkeiten des Altgesellschafters in dieser Situation. Zu klären ist insbesondere, ob sich der Altgesellschafter den aufgrund eines gutgläubigen Erwerbs verlorenen Geschäftsanteil „zurückholen" kann und wenn nicht, von wem und unter welchen Voraussetzungen er ggf. eine Entschädigung in welcher Höhe verlangen und (ggf. prozessual) durchsetzen kann. Des Weiteren sollen offene und streitige Fragen bezüglich der Thematik rund um den gutgläubigen Erwerb von Geschäftsanteilen sowie die Aktualisierung der Gesellschafterliste behandelt werden, soweit sie jedenfalls mittelbar mit dem oben genannten primären Fragenkomplex um die Ansprüche des Altgesellschafters nach

12 Vgl. *Wegen*, in: FS Lüer, 321.

Verlust eines Geschäftsanteils aufgrund gutgläubigen Erwerbs zusammenhängen. So ist hierfür etwa von Bedeutung, unter welchen Umständen überhaupt ein gutgläubiger Erwerb und damit ein Verlust eines Geschäftsanteils in Betracht kommt. Von großer Relevanz sind darüber hinaus insbesondere die Fragen bezüglich Zuständigkeit und Pflichten der für die Aktualisierung der Gesellschafterliste zuständigen Personen – zum einen weil die Gesellschafterliste als Rechtsscheinträger für einen gutgläubigen Erwerb eine zentrale Rolle für die vorliegende Untersuchung einnimmt, zum anderen weil im Falle eines auf die Unrichtigkeit der Gesellschafterliste zurückzuführenden Verlusts eines Geschäftsanteils möglicherweise eine Inanspruchnahme der für die Gewährung der Richtigkeit der Gesellschafterliste zuständigen, aber pflichtwidrig handelnden Personen in Betracht kommt. Die Behandlung dieser Fragen bildet somit eine notwendige Basis weiterer Überlegungen bezüglich der Möglichkeit von Ausgleichsansprüchen.

C. Gang der Untersuchung

Der Gang der Untersuchung gestaltet sich wie folgt:

Im Rahmen eines vorangestellten, allgemeinen Grundlagenteils soll unter § 2 zunächst auf die GmbH und deren Bedeutung und Besonderheiten eingegangen werden. Zudem ist auf den Geschäftsanteil, um den sich letztlich die vorliegende Untersuchung dreht, einzugehen und dessen Begriff, Wesen, Rechtsnatur und Merkmale zu erläutern.

§ 3 widmet sich der Thematik rund um den Verlust des Geschäftsanteils aufgrund eines gutgläubigen Erwerbs. Hier wird einleitend erläutert, unter welchen Umständen allgemein der Verlust eines Geschäftsanteils erfolgen kann. Da es sich bei dem gutgläubigen Erwerb um einen rechtsgeschäftlichen Erwerb des Geschäftsanteils unter besonderen Vorzeichen handelt, ist sodann zunächst allgemein auf die Übertragbarkeit von Geschäftsanteilen, die Voraussetzungen und die Wirkung einer Übertragung von Geschäftsanteilen einzugehen. Anschließend wird unter einem gesonderten Punkt näher auf die Funktionen der Gesellschafterliste gem. § 16 GmbHG sowie auf die Modalitäten der Aktualisierung und Einreichung der Gesellschafterliste gem. § 40 GmbHG eingegangen. Die vormals nur stiefmütterlich beachtete und gepflegte Gesellschafterliste hat durch das MoMiG eine große Aufwertung erfahren und stellt nun insbesondere gem. § 16 Abs. 3 GmbHG den Rechtsscheinträger für einen gutgläubigen Erwerb von Geschäftsanteilen dar. Zugleich und in diesem Zusammenhang erfuhr die die Aktualisierung der Gesellschafterliste betreffende Norm des § 40 GmbHG entscheidende und einschneidende Veränderungen. Die bis dato nahezu unbedeutende Geschäftsführerhaftung wurde erweitert und die vormalige bloße Anzeigepflicht des Notars wurde zu einer Listeneinreichungspflicht verändert und als neuer Abs. 2 eingefügt. Das Zusammenspiel der neuen §§ 16 und 40 GmbHG wirft jedoch neue Fragen und Rechtsunsicherheiten, etwa bzgl. des Umfangs der Einreichungspflicht des Notars gem. § 40 Abs. 2 S. 1 GmbHG, auf, die in der Folge auch die Frage einer möglichen Haftung im Falle einer Pflichtverletzung betreffen und gerade bei Verlust eines Geschäftsanteils aufgrund eines gutgläubigen Erwerbs gem. § 16 Abs. 3 GmbHG gravierende Auswirkungen haben können. Zu klären ist dabei insbesondere, wer für die Aktualisierung und Einreichung der Gesellschafterliste im Einzelfall zuständig ist und welche Pflichten der zuständigen Personen hiermit jeweils verbunden sind. Diese Fragen sind im weiteren Verlauf der Untersuchung noch aufzugreifen, nämlich dann, wenn es um mögliche Ansprüche gegen die zuständigen Personen bei Verletzung der mit der Zuständigkeit verbundenen Pflichten geht. Den Abschluss dieses Teils der Untersuchung bilden schließlich die Erörterungen zu den Voraussetzungen und den Rechtsfolgen des gutgläubigen Erwerbs gem. § 16 Abs. 3 GmbHG selbst.

§ 4 beinhaltet die Untersuchung und Darstellung der möglichen Anspruchsgegner und Anspruchsgrundlagen des Altgesellschafters nach Verlust eines Geschäftsanteils aufgrund eines gutgläubigen Erwerbs. Es wird der Frage nachgegangen, gegen welche in Betracht kommenden Anspruchsgegner dem Altgesellschafter welche möglichen Ansprüche zustehen und wie diese ggf. prozessual durchgesetzt werden können. Den Schwerpunkt bilden dabei mögliche Schadensersatzansprüche, eingegangen wird aber auch auf weitere in Betracht kommende Ansprüche, insbesondere aus dem Bereicherungsrecht. Nach der Darstellung der möglichen Anspruchsgegner und Anspruchsgrundlagen erfolgt eine Zusammenschau der Ergebnisse, die bereits eine erste Zweckmäßigkeitsempfehlung für den Altgesellschafter bezüglich der Vorgehensweise bei Verlust eines Geschäftsanteils aufgrund gutgläubigen Erwerbs erkennen lassen soll.

Im Anschluss an die Darstellung der Anspruchsbegründung ist in § 5 das Augenmerk auf die Rechtsfolgen der unter § 4 dargestellten Ansprüche zu legen. Entsprechend der Schwerpunktsetzung im Rahmen der Anspruchsbegründung ist dabei in erster Linie auf die Rechtsfolgen der in Betracht kommenden Schadensersatzansprüche einzugehen, mithin insbesondere auf Art, Inhalt und Umfang des durch den Verlust des Geschäftsanteils beim Altgesellschafter entstandenen Schadens. Zuvor ist angesichts der vielfältigen in Betracht kommenden Schadensersatzansprüche gegen unterschiedliche Anspruchsgegner aber der jeweils anzuwendende Schadensbegriff zu klären. Des Weiteren ist zu untersuchen, ob und in welchen Fällen dem Altgesellschafter ein Mitverschulden zur Last gelegt werden kann, welches ggf. zu einer Kürzung seines Schadensersatzanspruches führen kann. Schließlich ist auch noch auf die Rechtsfolgen der sonstigen, in Betracht kommenden Ansprüche einzugehen.

§ 6 bildet den Abschluss dieser Untersuchung. Hier sollen zunächst die wesentlichen Kritikpunkte, die sich im Laufe der Untersuchung ergeben, zusammenfassend aufgeführt werden. Daran anschließend erfolgen ein Fazit hinsichtlich der Stellung und Möglichkeiten des Altgesellschafters in der Situation nach Verlust eines Geschäftsanteils sowie Handlungsempfehlungen für den Altgesellschafter, in denen die Möglichkeiten des Altgesellschafters nach Verlust eines Geschäftsanteils aufgrund eines gutgläubigen Erwerbs und die aus Sicht des Verfassers anzustellenden, taktischen Überlegungen noch einmal zusammenführend dargestellt werden.

§ 2 Grundlagen

Zur Einführung sind zwecks einer besseren Einordnung und Gewichtung der Thematik um den Verlust von Geschäftsanteilen aufgrund gutgläubigen Erwerbs zunächst allgemeine Grundsätze bezüglich der Gesellschaft mit beschränkter Haftung (A.) sowie des Begriffs des Geschäftsanteils (B.) aufzuzeigen.[13]

A. Die Gesellschaft mit beschränkter Haftung (GmbH) im System des Gesellschaftsrechts

Im Folgenden werden überblickartig die Unterschiede der verschiedenen, in Deutschland existierenden Gesellschaftsformen beschrieben und eine Einordnung der GmbH in das Gefüge des deutschen Gesellschaftsrechts vorgenommen. Auf diese Weise sollen die rechtlichen Eigenarten der GmbH sowie ihre Bedeutung im Wirtschaftsverkehr veranschaulicht werden.

I. Der Begriff der Kapitalgesellschaft

Die GmbH gilt gem. § 13 Abs. 3 GmbHG als Handelsgesellschaft i.S.d. HGB und ist gem. § 6 HGB Formkaufmann. Die GmbH ist eine Kapitalgesellschaft.[14] Der Begriff der Kapitalgesellschaft ist in § 3 Abs. 1 Nr. 2 UmwG legaldefiniert. Danach fasst man unter diesem Begriff Gesellschaften mit beschränkter Haftung (GmbH), Aktiengesellschaften (AG) und Kommanditgesellschaften auf Aktien (KGaA) zusammen. Aber auch die Societas Europaea (SE) sowie die durch das MoMiG eingeführte Unternehmergesellschaft (UG) zählen zu der Gruppe der Kapitalgesellschaften. Die Kapitalgesellschaft ist die bedeutsamste Rechtsform für das deutsche Unternehmertum.[15] Die im Rahmen dieser Untersuchung behandelte GmbH stellt wiederum noch vor der AG die wohl praktisch bedeutsamste und insbesondere am weitesten verbreitete Kapitalgesellschaft in Deutschland dar.[16] Zusammen mit den nichtkapitalistischen Körperschaften (Vereine, Genossenschaften und Versicherungsvereine auf Gegenseitigkeit) repräsentieren die Kapitalgesellschaften den Gesellschaftstyp der Körperschaft im Unterschied zur Personengesellschaft. Sämtliche nach dem Gesetz vorgesehenen Gesellschaftstypen lassen sich in diese beiden Grundtypen der Gesellschaft, Personengesellschaften und Körperschaften, einordnen.[17]

---

13 Die folgende Darstellung dient dabei ausschließlich der Erleichterung des Einstiegs in die Thematik und erhebt keinen Anspruch auf Vollständigkeit.

14 Vgl. *Fleischer,* in: MünchKomm-GmbHG, Einleitung Rn. 8.

15 Vgl. *Hirte,* Kapitalgesellschaftsrecht, § 1 Rn. 1.83.

16 Vgl. *Hirte,* Kapitalgesellschaftsrecht, § 1 Rn. 1.84.

17 Vgl. z.B. *Schäfer,* Gesellschaftsrecht, § 3 Rn. 5.

1. Personengesellschaften und Körperschaften

Zwischen Personengesellschaften und Körperschaften bestehen grundlegend strukturelle Unterschiede – sowohl im Innen- als auch im Außenverhältnis. Zu beachten ist allerdings, dass diese Unterschiede zumeist so eindeutig nur bei der vom Gesetz vorgesehenen „Idealstruktur", nicht aber stets bei der in der Praxis dann tatsächlich vorgefundenen „Realstruktur" der jeweiligen Gesellschaft vorzufinden sind.[18] Aufgrund der im Gesellschaftsrecht geltenden Gestaltungsfreiheit[19] lassen sich die Unterschiede durch entsprechende Gestaltung der Gesellschaftsverträge nämlich teilweise in großem Maße relativieren, wodurch letztlich das Entstehen sowohl „kapitalistischer Personengesellschaften" als auch „personalistischer Kapitalgesellschaften" möglich wird.[20] Ein praxisrelevantes Beispiel ist insbesondere die dem Gesetz nach als Kapitalgesellschaft konzipierte GmbH, in deren Gesellschaftsvertrag allerdings mannigfaltige, personenbezogene Regelungen getroffen werden können und die GmbH so dem Grundtypus der Personengesellschaft angenähert werden kann und tatsächlich – gerade bei familiengeführten Unternehmen – auch häufig angenähert wird.[21] Die hohe Gestaltungsfreiheit bei der GmbH wirkt sich auch unmittelbar auf die Übertragung von Geschäftsanteilen aus, da der Gesellschaftsvertrag hier, wie später noch im Einzelnen aufzuzeigen sein wird, erhebliche Hürden, etwa die Zustimmung aller übrigen Gesellschafter, aufstellen kann. Wie ebenfalls noch im Einzelnen aufzuzeigen sein wird, wirkt sich dies auch unmittelbar auf einen gutgläubigen Erwerb von Geschäftsanteilen aus.

a) Personengesellschaften

Personengesellschaften werden vielfach auch als *„Gesellschaften im engeren Sinne"* bezeichnet.[22] Dies hängt damit zusammen, dass sie typischerweise auf eine kleine Mitgliederzahl hin angelegt sind. Der Zusammenschluss basiert auf dem persönlichen Vertrauen der (nicht beliebig auswechselbaren) Gesellschafter untereinander und ist im Wesentlichen abhängig von deren Individualität.[23] Dies drückt sich u.a. in der Höchstpersönlichkeit der Mitgliedschaftsrechte aus. Gesellschaftsanteile an einer Personengesellschaft sind insbesondere stets nur mit der Zustimmung

---

18 Vgl. *Karsten Schmidt,* Gesellschaftsrecht, § 3 I. 2. c).

19 Vgl. hierzu im Einzelnen etwa *Karsten Schmidt,* Gesellschaftsrecht, § 5 II. und III. (S. 96 ff.); *Schäfer,* Gesellschaftsrecht, § 3 Rn. 1 ff.

20 Vgl. *Hirte,* Kapitalgesellschaftsrecht, § 1 Rn. 1.15–1.17; *Karsten Schmidt,* Gesellschaftsrecht, § 3 I. 2. c); *Büsching,* in: MAH, GmbH-Recht, § 1 Rn. 21.

21 Vgl. *Büsching,* in: MAH, GmbH-Recht, § 1 Rn. 21; *Drygala/Staake/Szalai,* Kapitalgesellschaftsrecht, § 3 Rn. 9; *Karsten Schmidt,* Gesellschaftsrecht, § 3 I. 2. c); *Windbichler,* Gesellschaftsrecht, § 2 Rn. 20.

22 Vgl. z.B. *Karsten Schmidt,* Gesellschaftsrecht, § 3 I. 1.

23 Vgl. *Karsten Schmidt,* Gesellschaftsrecht, § 3 I. 1, 2. a); *Schäfer,* Gesellschaftsrecht, § 3 Rn. 5; *Schäfer,* in: MünchKomm-BGB, Vorb. vor § 705 Rn. 2.

der Mitgesellschafter übertragbar und vererblich.[24] Charakteristisch sind der persönliche Einsatz sowie die persönliche Haftung der Gesellschafter für Verbindlichkeiten.[25] Dem gesetzlichen Leitbild nach ist die Personengesellschaft ein gegenüber ihren Mitgliedern nur im Ansatz verselbständigter Personenverband. Sie ist also keine juristische Person, sondern eine rechtsfähige Personengesellschaft.[26] Zu den Personengesellschaften zählen beispielsweise die Gesellschaft bürgerlichen Rechts (GbR), die offene Handelsgesellschaft (OHG) und die Kommanditgesellschaft (KG).[27] Grundtypus aller Personengesellschaften ist die GbR (§§ 705 ff. BGB).

b) Körperschaften

Körperschaften, die teilweise auch als *„Gesellschaften im weiteren Sinne"* bezeichnet werden,[28] sind hingegen typischerweise auf eine große Mitgliederzahl hin angelegt. Im Unterschied zur Personengesellschaft stellt die Körperschaft ein rechtlich verselbständigtes Subjekt und daher eine eigenständige Rechtspersönlichkeit (juristische Person) dar.[29] Typisch für Körperschaften ist die *„überindividuelle Verselbstständigung des Verbandes"*[30], d.h. ihre Öffnung gegenüber einem in der Theorie unbegrenzten Kreis von Mitgliedern.[31] Die Körperschaft ist von ihren Mitgliedern grundsätzlich unabhängig.[32] Grundtypus aller Körperschaften ist der eingetragene Verein mit nichtwirtschaftlicher Zielsetzung („Idealverein").[33]

2. Kapitalgesellschaften und nichtkapitalistische Körperschaften

Das entscheidende Abgrenzungskriterium zur Differenzierung zwischen Kapitalgesellschaften wie der GmbH und nichtkapitalistischen Körperschaften wie dem eingetragenen BGB-Verein ist das gesetzliche Erfordernis eines bestimmten, von den Gesellschaftern aufzubringenden Mindestkapitals, das nur unter bestimmten

---

24 Vgl. *Schäfer*, Gesellschaftsrecht, § 3 Rn. 5; *Windbichler*, Gesellschaftsrecht, § 2 Rn. 16.
25 *Windbichler*, Gesellschaftsrecht, § 2 Rn. 16.
26 Vgl. *Büsching*, in: MAH, GmbH-Recht, § 1 Rn. 23; *Schäfer*, Gesellschaftsrecht, § 3 Rn. 5.
27 Weitere in Deutschland existierende Personengesellschaften sind die stille Gesellschaft, die Partenreederei, die Partnerschaftsgesellschaft und die Europäische Wirtschaftliche Interessenvereinigung (EWIV).
28 Vgl. z.B. *Karsten Schmidt*, Gesellschaftsrecht, § 3 I. 1.
29 Vgl. *Breithaupt*, in: Breithaupt/Ottersbach, Kompendium Gesellschaftsrecht, Teil 1, A., § 1 Rn. 8.
30 So treffend *Karsten Schmidt*, Gesellschaftsrecht, § 3 I 2. a).
31 Vgl. *Schäfer*, Gesellschaftsrecht, § 3 Rn. 5.
32 Vgl. *Hirte*, Kapitalgesellschaftsrecht, § 1 Rn. 1.4; *Windbichler*, Gesellschaftsrecht, § 2 Rn. 11.
33 Vgl. *Hirte*, Kapitalgesellschaftsrecht, § 1 Rn. 1.5.

Vorkehrungen wieder ausgeschüttet werden kann.[34] Dieses Mindestkapital wird bei der GmbH als Stammkapital bezeichnet, § 5 Abs. 1 GmbHG.[35] Die strengen Kapitalaufbringungs- und Kapitalerhaltungsvorschriften der Kapitalgesellschaften begründen sich insbesondere darauf, dass hier im Gegensatz zu den Personengesellschaften grundsätzlich nicht die Gesellschafter persönlich, sondern ausschließlich das Vermögen der Kapitalgesellschaft haftet.[36] Zusammenfassend sind Kapitalgesellschaften dem Gesagten nach zu definieren als Gesellschaften mit eigener Rechtspersönlichkeit (juristische Person), die aus einem oder mehreren Gesellschaftern bestehen, über ein in Geschäftsanteile (GmbH) bzw. Aktien (AG) zerlegtes Stammkapital (GmbH) bzw. Grundkapital (AG) verfügen und zu jedem gesetzlich zulässigen Zweck errichtet werden können.[37]

II. Bedeutung und Besonderheiten der GmbH

Die deutsche Gesellschaft mit beschränkter Haftung (GmbH) wurde durch das GmbHG aus dem Jahre 1892 geschaffen. Zu diesem Zeitpunkt existierte kein historisches Vorbild für diese Gesellschaftsform. Auslöser für die Schaffung dieser neuen Gesellschaftsform war insbesondere die Aktienrechtsnovelle aus dem Jahre 1884, die zu erheblich strengeren Anforderungen an eine Neugründung einer Aktiengesellschaft führte, welche hierdurch für personalistisch geprägte Zusammenschlüsse, also für kleine und mittlere Unternehmen, nur noch bedingt geeignet war.[38] Die GmbH war demnach von Anfang an auf einen relativ geringen, personalistisch geprägten Gesellschafterkreis mit nur geringer Fluktuation im Gesellschafterbestand angelegt. Im Gegensatz zur AG ging es nicht primär um die reine Sammlung von Kapital. Mit der GmbH sollte nach der Intention des Gesetzgebers mithin ein zwischen den Personenhandelsgesellschaften und der AG positionierter Gesellschaftstypus geschaffen werden.[39] Aus diesem Grunde war und ist die Rechtsform der GmbH insbesondere für mittelständische Unternehmen besonders geeignet. So war die GmbH auch von Anfang an ein Erfolgsmodell und entwickelte sich im Laufe der Jahre zum Grundstock der deutschen Wirtschaft. Bereits 1911 existierten 20.000, in den 1920er Jahren teilweise über 70.000 GmbHs, was für damalige Verhältnisse eine bemerkenswert große Zahl darstellte.[40] Nach einem Einbruch während der Zeit des 2. Weltkriegs wuchs die Zahl der registrierten GmbHs in der

34 Vgl. *Fleischer,* in: MünchKomm-GmbHG, Einleitung Rn. 9; *Hirte,* Kapitalgesellschaftsrecht, § 1 Rn. 1.1.

35 Bei der AG (§ 1 Abs. 2 AktG) und der KGaA (§ 278 Abs. 1 AktG) wird das Mindestkapital hingegen als Grundkapital bezeichnet.

36 *Windbichler,* Gesellschaftsrecht, § 2 Rn. 18.

37 Vgl. *Schäfer,* Gesellschaftsrecht, § 31 Rn. 1.

38 Vgl. *Schäfer,* Gesellschaftsrecht, § 31 Rn. 2.

39 Vgl. *Fleischer,* in: MünchKomm-GmbHG, Einleitung Rn. 74; *Schäfer,* Gesellschaftsrecht, § 31 Rn. 2.

40 Vgl. *Fastrich,* in: Baumbach/Hueck, GmbHG, Einleitung Rn. 16 m.w.N.

Nachkriegszeit und der Zeit des sog. deutschen Wirtschaftswunders unaufhaltsam: Zählte man 1953 in der BRD noch knapp 30.000 GmbHs, so waren es 1973 bereits über 100.000, 1979 über 200.000 GmbHs.[41] Nach der Wiedervereinigung zählte man 1992 mehr als 500.000 und 1998 bereits mehr als 800.000 GmbHs.[42] Anfang 2012 waren einschließlich der in der Handelsregisterstatistik nicht gesondert geführten UG insgesamt 1.071.908 GmbHs registriert; Ende 2010 hat allein die „klassische" GmbH bereits die Millionengrenze überschritten.[43] Diese Zahl an GmbHs bleibt bis heute relativ konstant.[44] Bereits seit den 1970er Jahren hat der Betrag des Gesamtstammkapitals aller GmbHs den Betrag des Grundkapitals aller AGs übertroffen.[45] Diese Zahlen verdeutlichen die große Bedeutung der GmbH für die deutsche Wirtschaft. Gerade die für die deutsche Wirtschaft so immens wichtigen, mittelständischen Unternehmen, die in ihren teils hochspezialisierten Tätigkeitsbereichen häufig zu den Weltmarktführern zählen, sind zumeist in der Rechtsform der GmbH organisiert. Teilweise, insbesondere bei kleineren Unternehmen, hat ihr allerdings die rechtliche Konstruktion der GmbH & Co. KG etwas den Rang abgelaufen. Hier betreiben die GmbHs nicht selbst operativ ein Unternehmen, sondern fungieren allein als Komplementär der GmbH & Co. KG. Konkurrenz hat die GmbH aber auch von ausländischen Gesellschaftsformen bekommen, insbesondere von der britischen Limited. Allerdings wurde dieser Konkurrenz durch die im Rahmen des MoMiG eingeführte und insbesondere bei Gründern sehr beliebte, neue Variante der GmbH, der UG, sehr erfolgreich begegnet. Die wirtschaftliche Bedeutung und Wettbewerbsfähigkeit der GmbH dürfte damit auch in Zukunft bestehen bleiben.

Im Gegensatz zu der AG (§ 1 Abs. 1 AktG) ist die GmbH nicht gesetzlich definiert. Doch ergibt die systematische Zusammenschau ihrer gesetzlichen Regelungen, dass die GmbH eine Kapitalgesellschaft (s.o.) mit körperschaftlicher Organisation und eigener Rechtspersönlichkeit ist, die zu jedem zulässigen, auch nichtgewerblichen, Zweck gegründet werden kann.[46] Die GmbH hat ein durch den Gesellschaftsvertrag bestimmtes Stammkapital, welches gem. § 5 Abs. 1 GmbHG mindestens EUR 25.000,00 zu betragen hat und das der Summe der von den Gesellschaftern zu leistenden Einlagen auf die Geschäftsanteile entspricht; für die Verbindlichkeiten der GmbH haftet gegenüber den Gläubigern grundsätzlich nur die GmbH als eigenständige juristische Person selbst.[47]

41 Vgl. a.a.O.
42 Vgl. *Fastrich,* in: Baumbach/Hueck, GmbHG, Einleitung Rn. 16 m.w.N., vgl. auch Drygala/Staake/Szalai, Kapitalgesellschaftsrecht, § 3 Rn. 9.
43 Vgl. *Fastrich,* in: Baumbach/Hueck, GmbHG, Einleitung Rn. 16 m.w.N.
44 Vgl. a.a.O.
45 Vgl. *Fastrich,* in: Baumbach/Hueck, GmbHG, Einleitung Rn. 16 m.w.N., vgl. auch Drygala/Staake/Szalai, Kapitalgesellschaftsrecht, § 3 Rn. 9.
46 Vgl. *Fastrich,* in: Baumbach/Hueck, GmbHG, Einleitung Rn. 1.
47 Vgl. a.a.O.

B. Der GmbH-Geschäftsanteil

Im Folgenden erfolgt eine kurze Darstellung des Begriffs, des Wesens und der Rechtsnatur des GmbH-Geschäftsanteils. Dabei wird zunächst der Begriff des Gesellschaftsanteils im Allgemeinen erörtert (I.). Im Anschluss und darauf aufbauend werden die Merkmale des GmbH-Geschäftsanteils, d.h. insbesondere die Besonderheiten sowie die genaue Ausgestaltung des Geschäftsanteils dargestellt (II.).

I. Begriff, Wesen und Rechtsnatur des Gesellschaftsanteils im Allgemeinen

Der Begriff des Gesellschaftsanteils bezeichnet allgemein die Mitgliedschaft in einer Gesellschaft.[48] Hierunter versteht man – ganz unabhängig von der jeweiligen Gesellschaftsform – im Allgemeinen die Stellung eines Gesellschafters in einer Gesellschaft im Ganzen, d.h. die Gesamtheit der aus der Gesellschafterstellung erwachsenden Rechte und Pflichten; die Mitgliedschaft stellt die durch den Gesellschaftsvertrag begründete Zugehörigkeit einer Person zur Gesellschaft beruhende Rechtsstellung dar.[49] Dabei begründet die Mitgliedschaft nicht nur ein Rechtsverhältnis, aus dem sich wiederum einzelne subjektive Rechte und Pflichten ergeben, sondern sie begründet zugleich selbst ein subjektives Recht.[50] Demnach ist die Mitgliedschaft in erster Linie als *„Teilhabe an einer rechtlich geordneten Gruppe von Personen“*[51] zu verstehen, aus welcher sich wiederum sowohl das mitgliedschaftliche Rechtsverhältnis als Dauerrechtsbeziehung als auch ein subjektives Recht des einzelnen Gesellschafters ergeben.[52] Aus der Dauerrechtsbeziehung folgen Rechte und Pflichten des Gesellschafters und der Gesellschaft; die Mitgliedschaft als subjektives Recht hingegen stellt ein *„Herrschaftsrecht“* und ein *„absolutes Recht“* dar, über welches der einzelne Gesellschafter grundsätzlich verfügen kann und das deliktsrechtlich geschützt ist.[53]

Letztlich ist zu beachten, dass der Inhalt der einzelnen Mitgliedschaftsrechte und -pflichten sowie die Bedeutung derselben für den Bestand der Gesellschaft

48 Vgl. *Schäfer*, Gesellschaftsrecht, § 9 Rn. 1; *Schäfer*, in: MünchKomm-BGB, § 705 Rn. 179.

49 Vgl. *Karsten Schmidt*, Gesellschaftsrecht, § 19 I 1. b); *Schäfer*, Gesellschaftsrecht, § 9 Rn. 1, § 16 Rn. 1, § 36 Rn. 1, § 43 Rn. 1.; *Sprau*, in: Palandt, § 717 Rn. 1.

50 Vgl. *Habersack*, Die Mitgliedschaft, S. 66 ff.; *Hirte*, Kapitalgesellschaftsrecht, § 4 Rn. 4.1; *Karsten Schmidt*, Gesellschaftsrecht, § 19 I. 3. a); *Schäfer*, Gesellschaftsrecht, § 9 Rn. 1, § 16 Rn. 1, § 36 Rn. 1, § 43 Rn. 1.

51 *Lutter, in: AcP 1980, 84, 88/89;* vgl. auch *Karsten Schmidt*, Gesellschaftsrecht, § 19 I. 3. a).

52 Vgl. *Karsten Schmidt*, Gesellschaftsrecht, § 19 I. 3. a).

53 Vgl. *Karsten Schmidt*, Gesellschaftsrecht, § 19 I. 3. a); *Arnold*, in: MünchKomm-BGB, § 38 Rn. 11; auf die Verkehrsfähigkeit sowie den deliktsrechtlichen Schutz von Geschäftsanteilen wird im Laufe der Untersuchung noch näher und spezifisch bezüglich der GmbH einzugehen sein, vgl. § 3 und § 4.

bereits aufgrund der möglichen rechtlichen (Körperschaften auf der einen Seite, Personengesellschaften auf der anderen Seite) und auch faktischen (Gesellschaft mit großer Mitgliederzahl auf der einen Seite, Gesellschaft mit nur geringer Mitgliederzahl auf der anderen Seite) Unterschiede im Einzelnen höchst unterschiedlich sein kann.[54] Dies ändert jedoch nichts an der grundsätzlichen Gemeinsamkeit aller Gesellschaftsanteile, nämlich dass sie stets zugleich Rechtsverhältnis und subjektives Recht darstellen.[55]

II. Merkmale des GmbH-Geschäftsanteils

1. Begriff / Grundprinzipien

Der Begriff des Geschäftsanteils ist im GmbHG nicht definiert. Nach allgemeiner Ansicht wird er aber angesichts seiner Verwendung im GmbHG als Umschreibung der Mitgliedschaft des Gesellschafters in der GmbH, d.h. des Gesellschaftsanteils an einer GmbH verwendet.[56] Der Geschäftsanteil bündelt sämtliche aufgrund der Mitgliedschaft bestehenden Rechte und Pflichten des Gesellschafters und steht folglich für die Mitgliedschaft in der GmbH als Ganzes.[57] Geschäftsanteil und Mitgliedschaft sind mithin untrennbar miteinander verbunden.[58] Es gelten für den Geschäftsanteil an einer GmbH daher grundsätzlich die oben unter I. erläuterten Grundprinzipien.[59]

2. Mögliche Inhaber von Geschäftsanteilen

Nach § 1 GmbHG kann eine GmbH durch eine oder mehrere Personen errichtet werden. Wer als „Person" i.S.d. GmbHG anzusehen ist, wird im Gesetz aber nicht näher erläutert. Nach allgemeiner Ansicht folgt aus dem Begriff „Person" keine Beschränkung auf natürliche oder juristische Personen.[60] Demnach kann jede (inländische oder ausländische) natürliche[61] oder juristische Person (des Privatrechts

---

54 Vgl. *Karsten Schmidt*, Gesellschaftsrecht, § 19 I. 3. b).

55 Vgl. a.a.O.

56 Vgl. etwa *Raiser*, in: Ulmer/Habersack/Löbbe, GmbHG, § 14 Rn. 1; *Reichert/Weller*, in: MünchKomm-GmbHG, § 14 Rn. 7 unter Verweis auf BT-Drucks. 16/6140, 28.

57 Allgemeine Meinung, vgl. etwa *Ebbing*, in: Michalski, GmbHG, § 14 Rn. 2; *Reichert/Weller*, in: MünchKomm-GmbHG, § 14 Rn. 7; *Verse*, in: Henssler/Strohn, Gesellschaftsrecht, GmbHG, § 14 Rn. 33; *Weller/Discher*, in: Bork/Schäfer, GmbHG, § 14 Rn. 2.

58 *Drygala/Staake/Szalai*, Kapitalgesellschaftsrecht, § 12 Rn. 1.

59 S.o. § 2 B. I.

60 Vgl. *Fastrich*, in: Baumbach/Hueck, GmbHG, § 1 Rn. 22 ff.; *Jaeger*, in: BeckOK-GmbHG, § 2 Rn. 39.

61 Vgl. etwa *Jaeger*, in: BeckOK-GmbHG, § 2 Rn. 40 – 45 m.w.N. und näheren Erläuterungen bezüglich der zu beachtenden Besonderheiten, z.B. hinsichtlich der Beteiligung Minderjähriger etc.

oder des öffentlichen Rechts)[62] (Gründungs-) Gesellschafter, d.h. Inhaber von Geschäftsanteilen sein. Dies gilt ebenso für die Vor-GmbH.[63] Auch Personenhandelsgesellschaften (OHG und KG), freiberufliche Partnerschaftsgesellschaften und Europäische Wirtschaftliche Interessenvereinigungen (EWIV) können (Gründungs-) Gesellschafter einer GmbH sein.[64] Auch die (Außen-) GbR kann nach spätestens nach der Grundsatzentscheidung des BGH vom 29. Januar 2001[65] inzwischen wohl einhelligen Ansicht (Gründungs-) Gesellschafterin einer GmbH sein.[66] Nach inzwischen h.M. können (Gründungs-) Gesellschafter zudem auch eine Erbengemeinschaft[67], eine eheliche Gütergemeinschaft[68] sowie ein nichtrechtsfähiger Verein[69] sein.

3. *Der Nennbetrag des Geschäftsanteils*

Wie bei sämtlichen Kapitalgesellschaften bestimmt sich der Geschäftsanteil an einer GmbH gem. § 14 GmbHG nach dem Nennbetrag der jeweiligen Einlage.[70] Der Maßstab für die Beteiligung an den Rechten und Pflichten richtet sich nach dem Verhältnis zwischen diesem Nennbetrag und dem Stammkapital. Gem. § 5 Abs. 3 S. 1 GmbHG kann die Höhe der Nennbeträge der einzelnen Geschäftsanteile verschieden bestimmt werden, was in der Praxis auch häufig so gehandhabt wird.[71] Gem. § 5 Abs. 3 S. 2 GmbH muss die Summe der Nennbeträge aller Geschäftsanteile mit dem Stammkapital übereinstimmen. Aufgrund dieser Übereinstimmung der Summe der Nennbeträge aller Geschäftsanteile mit dem Stammkapital definiert der Geschäftsanteil mit seinem Nennbetrag letztlich zugleich den Maßstab für die Beteiligungsquote des jeweiligen Gesellschafters an der GmbH in Form eines bestimmten Bruchteils des Stammkapitals.[72]

Von diesem Nennwert streng zu unterscheiden ist aber der eigentliche, der tatsächliche Wert des Geschäftsanteils.[73] Dessen Berechnung ist vielmehr hochkomplex

62 Vgl. *Jaeger*, in: BeckOK-GmbHG, § 2 Rn. 46 m.w.N.
63 Vgl. *Fastrich*, in: Baumbach/Hueck, GmbHG, § 1 Rn. 31.
64 Vgl. etwa *Fleischer*, in: MünchKomm-GmbHG, § 1 Rn. 56 m.w.N.
65 BGH, Urt. v. 29.01.2001 – II ZR 331/00, NJW 2001, 1056.
66 Vgl. nur *Jaeger*, in: BeckOK-GmbHG, § 2 Rn. 48 m.w.N.
67 Vgl. *Fastrich*, in: Baumbach/Hueck, GmbHG, § 1 Rn. 36; *Fleischer*, in: MünchKomm-GmbHG, § 1 Rn. 58; *Jaeger*, in: BeckOK-GmbHG, § 2 Rn. 50.
68 Vgl. *Fastrich*, in: Baumbach/Hueck, GmbHG, § 1 Rn. 37; *Fleischer*, in: MünchKomm-GmbHG, § 1 Rn. 58; *Jaeger*, in: BeckOK-GmbHG, § 2 Rn. 52.
69 Vgl. *Fastrich*, in: Baumbach/Hueck, GmbHG, § 1 Rn. 35; *Fleischer*, in: MünchKomm-GmbHG, § 1 Rn. 58.
70 Vgl. etwa *Jasper/Wollbrink*, in: Münchener Handbuch des Gesellschaftsrechts, Band 3, § 23 Rn. 1.
71 Vgl. *Verse*, in: Henssler/Strohn, Gesellschaftsrecht, GmbHG, § 14 Rn. 37.
72 Vgl. *Reichert/Weller*, in: MünchKomm-GmbHG, § 14 Rn. 8; *Weller/Discher*, in: Bork/Schäfer, GmbHG, § 14 Rn. 5.
73 Vgl. etwa *Jasper/Wollbrink*, in: Münchener Handbuch des Gesellschaftsrechts, Band 3, § 23 Rn. 1; *Weller/Discher*, in: Bork/Schäfer, GmbHG, § 14 Rn. 6.

und spielt insbesondere bei der Bestimmung der Höhe des Wertersatzes gem. § 251 BGB im Rahmen eines etwaigen Schadensersatzanspruches bei Verlust eines Geschäftsanteils eine entscheidende Rolle. Hierauf wird im späteren Verlauf der Untersuchung noch ausführlich einzugehen sein, weshalb an dieser Stelle auf die diesbezüglichen Ausführungen verwiesen wird.[74]

4. Halten mehrerer Geschäftsanteile und Teilung von Geschäftsanteilen

Bei der GmbH ist nunmehr seit dem MoMiG wie bei der Aktiengesellschaft nach §§ 5 Abs. 2, 55 Abs. 4 GmbHG das Halten mehrerer Geschäftsanteile durch einen einzelnen Gesellschafter möglich[75] – ganz im Gegensatz zu den Personengesellschaften: Hier gilt nach g.h.M. der Grundsatz der Einheitlichkeit der Mitgliedschaft, wonach mehrere erworbene Gesellschaftsanteile in der Hand des Erwerbers lediglich einen einheitlichen Gesellschaftsanteil bilden können[76]. Das Halten mehrerer Geschäftsanteile durch einen Gesellschafter kommt etwa dann in Betracht, wenn ein Gesellschafter bei der Gründung der GmbH zwei oder mehr Geschäftsanteile übernommen oder, z.B. im Rahmen einer Kapitalerhöhung, einen weiteren Anteil erworben hat. Dieser weitere Geschäftsanteil verliert in diesem Falle bei der GmbH, anders als bei Gesellschaftsanteilen an Personengesellschaften (Grundsatz der Einheitlichkeit der Mitgliedschaft), nicht seine Selbstständigkeit. Vielmehr ergeben sich die jeweilige Mitgliedschaft sowie die hieraus folgenden Rechte und Pflichten in diesem Falle aus der Summe der dem Gesellschafter zustehenden, weiterhin selbstständigen Geschäftsanteile[77], die im Übrigen auch separat übertragen werden können[78]. Dies stellt einen der wesentlichen Unterschiede zwischen Gesellschaftsanteilen an Personengesellschaften und Kapitalgesellschaften dar.[79]

Auch ist nach dem MoMiG eine spätere Teilung, d.h. eine Aufspaltung eines Geschäftsanteils in mehrere neue und selbstständige Geschäftsanteile unter Veränderung des Nennbetrages unproblematisch möglich.[80] Dabei müssen die Geschäftsanteile gem. § 5 Abs. 2 S. 1 GmbHG lediglich auf volle Euro lauten und in der Summe aller Nennbeträgen dem Nennbetrag des geteilten Geschäftsanteils entsprechen.[81] Im Gegensatz zur alten Rechtslage kann auch grundsätzlich eine Teilung auf Vorrat erfolgen.[82]

---

74 Vgl. die Ausführungen unter § 5 B. II. 2. c).

75 Vgl. *Schäfer*, Gesellschaftsrecht, § 9 Rn. 1; *Wackerbarth/Eisenhardt*, Gesellschaftsrecht II, Rn. 372.

76 Vgl. hierzu etwa *Schäfer*, Gesellschaftsrecht, § 9 Rn. 1; *Schäfer*, in: MünchKomm-BGB, § 705 Rn. 181 ff.

77 Vgl. *Fastrich*, in: Baumbach/Hueck, GmbHG, § 14 Rn. 4.

78 Vgl. zur Übertragung von Geschäftsanteilen nachfolgend § 3 B.

79 Vgl. *Schäfer*, Gesellschaftsrecht, § 9 Rn. 1.

80 Vgl. etwa *Bayer*, in: Lutter/Hommelhoff, GmbHG, § 46 Rn. 17 ff. m.w.N.

81 Vgl. a.a.O.

82 Vgl. a.a.O.

5. *Entstehen und Erlöschen des Geschäftsanteils*

a) *Entstehen des Geschäftsanteils*

Die Mitgliedschaft entsteht nach allgemeiner Ansicht bereits mit Errichtung der Vorgesellschaft, d.h. mit wirksamem Abschluss des Gesellschaftsvertrags.[83] Der Erwerb der Mitgliedschaft kann originär, d.h. durch die Übernahme eines neuen, vorher nicht bestehenden Geschäftsanteils gegen Einlage auf das Stammkapital bei Gründung der Gesellschaft (§ 3 Abs. 1 Nr. 4 GmbHG) oder im Rahmen einer Kapitalerhöhung (§ 55 GmbHG), und derivativ, d.h. durch nachträglichen Erwerb eines bereits bestehenden Geschäftsanteils durch Einzelrechtsnachfolge im Wege einer Übertragung gem. § 15 GmbHG[84] oder durch Gesamtrechtsnachfolge (etwa im Erbfall oder im Rahmen einer Umwandlung), erfolgen.[85]

Obwohl der Geschäftsanteil letztlich die Mitgliedschaft in der GmbH verkörpert, ist der Entstehungszeitpunkt des Geschäftsanteils umstritten. Der Entstehungszeitpunkt des Geschäftsanteils ist insbesondere auch im Hinblick auf die mögliche Übertragung der Mitgliedschaft durch Abtretung des Geschäftsanteils von Bedeutung, da die Abtretung des Geschäftsanteils auch nach neuer Rechtslage stets einen existierenden, also bestehenden Geschäftsanteil voraussetzt.[86]

Die noch h.L. differenziert zwischen den Entstehungszeitpunkten der Mitgliedschaft und des Geschäftsanteils.[87] Das war auch der Standpunkt des BGH vor dem Inkrafttreten des MoMiG.[88] Demnach entstehe der Geschäftsanteil im Gegensatz zur Mitgliedschaft erst mit der Eintragung der GmbH im Handelsregister.[89] Dies wurde von den Befürwortern dieser Ansicht insbesondere stets damit begründet, dass nach altem Recht in den Gründungsvorschriften ausschließlich von der *„Stammeinlage"* die Rede war und der Begriff des *„Geschäftsanteils"* erstmalig in § 14 GmbHG a.F. und damit noch nicht in den Vorschriften betreffend die Gründungsphase der Gesellschaft erwähnt wurde. Hieraus wurde geschlussfolgert, dass die Entstehung

---

83 Vgl. *Ebbing,* in: Michalski, GmbHG, § 14 Rn. 40; *Wicke,* GmbHG, § 14 Rn. 3.

84 Vgl. hierzu näher die nachfolgenden Ausführungen unter § 3 B.

85 Vgl. *Koch,* in: Bormann/Kauka/Ockelmann, Handbuch GmbHR, Kap. 6 Rn. 1; *Winter,* in: Gehrlein/Ekkenga/Simon, GmbHG, § 14 Rn. 8.

86 Vgl. *Reichert/Wellert,* in: MünchKomm-GmbHG, § 14 Rn. 9.

87 Vgl. *Altmeppen,* in: Roth/Altmeppen, GmbHG, § 14 Rn. 8; *Ebbing,* in: Michalski, GmbHG, § 14 Rn. 40; *Jasper/Wollbrink,* in: Münchener Handbuch des Gesellschaftsrechts, Band 3, § 23 Rn. 10; *Saenger,* in: Saenger/Inhester, GmbHG, § 14 Rn. 3; *Seibt,* in: Scholz, GmbHG, § 14 Rn. 4; *Wicke,* GmbHG, § 14 Rn. 3; *Winter,* in: Gehrlein/Ekkenga/Simon, GmbHG, § 14 Rn. 8.

88 Vgl. etwa BGH, Urt. v. 13.12.2004 – II ZR 409/02, NZG 2005, 263.

89 Vgl. *Altmeppen,* in: Roth/Altmeppen, GmbHG, § 14 Rn. 8; *Ebbing,* in: Michalski, GmbHG, § 14 Rn. 40; *Jasper/Wollbrink,* in: Münchener Handbuch des Gesellschaftsrechts, Band 3, § 23 Rn. 10; *Saenger,* in: Saenger/Inhester, GmbHG, § 14 Rn. 3; *Seibt,* in: Scholz, GmbHG, § 14 Rn. 4; *Wicke,* GmbHG, § 14 Rn. 3; *Winter,* in: Gehrlein/Ekkenga/Simon, GmbHG, § 14 Rn. 8.

des Geschäftsanteils erst mit der Entstehung der Gesellschaft als juristischer Person – mithin durch ihre Eintragung in das Handelsregister (§ 11 Abs. 1 GmbHG) – einhergehe.[90] Die Vertreter dieser Ansicht stellen meist die nicht weiter begründete Behauptung auf, nach dem MoMiG habe sich hieran nichts geändert. Die Formulierung *„Geschäftsanteil"* in den neuen §§ 3, 5 GmbHG wird teilweise nun dahingehend ausgelegt, dass der Gesetzgeber lediglich Bezug auf künftige Geschäftsanteile habe nehmen wollen.[91]

Dies kann nicht überzeugen. Mit der vorzugswürdigen Gegenansicht ist spätestens nach dem MoMiG bereits auf den Zeitpunkt der Errichtung der Gesellschaft durch notarielle Beurkundung des Gesellschaftsvertrags abzustellen.[92] Denn nunmehr verwendet das Gesetz den Begriff des *„Geschäftsanteils"* bereits im Gründungsstadium, konkret in den §§ 3, 5, 7 und 8 GmbHG. Angesichts des klaren Wortlautes ist eine Auslegung, wie sie die h.L. teilweise vornimmt, nicht angezeigt. Hinzu kommt, und dies wurde der h.L. bereits früher entgegengehalten, dass durch die Anerkennung der Teilrechtsfähigkeit der Vor-GmbH in der Konsequenz auch das Bestehen einer Mitgliedschaft der Gesellschafter in dieser Vor-GmbH anerkannt werden muss.[93] Demnach muss die Mitgliedschaft in der Vor-GmbH und der späteren GmbH identisch sein. Dies wiederum wird konsequenterweise von der h.M. denn auch so gesehen.[94] Da der Geschäftsanteil aber letztlich die Mitgliedschaft verkörpert und diese bereits mit der Errichtung der Vorgesellschaft durch den Abschluss des Gesellschaftsvertrages entsteht, ist richtigerweise auch hinsichtlich des Geschäftsanteils auf eben diesen Zeitpunkt der Entstehung der Mitgliedschaft abzustellen.[95] Demgemäß stellt nunmehr auch der Gesetzgeber die einheitliche Mitgliedschaft in der Gesellschaft, auch bereits im Gründungsstadium, in den Vordergrund.[96]

Rechtsprechung des BGH zu dieser Frage nach dem Inkrafttreten des MoMiG existiert bislang nicht. Das OLG Jena nahm auch nach Inkrafttreten des MoMiG weiterhin das Entstehen des Geschäftsanteils erst durch Eintragung der GmbH im Handelsregister an und verwies diesbezüglich auf die Rechtsprechung des BGH vor dem Inkrafttreten des MoMiG sowie die noch h.L., ohne sich näher mit den eingetretenen Änderungen des GmbHG und den vorzugswürdigen Argumenten der Gegenmeinung überhaupt auseinanderzusetzen.[97] Fälschlicherweise wurde deshalb

---

90 Vgl. hierzu etwa *Reichert/Wellert,* in: MünchKomm-GmbHG, § 14 Rn. 9.

91 So *Seibt,* in: Scholz, GmbHG, § 14 Rn. 4.

92 So insbesondere *Raiser,* in: Ulmer/Habersack/Löbbe, GmbHG, § 14 Rn. 8; *Reichert/Wellert,* in: MünchKomm-GmbHG, § 14 Rn. 9 ff.; *Weller/Discher,* in: Bork/Schäfer, GmbHG, § 14 Rn. 2.

93 Vgl. *Raiser,* in: Ulmer/Habersack/Löbbe, GmbHG, § 14 Rn. 4.

94 S.o.; vgl. statt aller *Ebbing,* in: Michalski, GmbHG, § 14 Rn. 40 m.w.N.

95 So auch *Raiser,* in: Ulmer/Habersack/Löbbe, GmbHG, § 14 Rn. 1, 4–8; *Reichert/Wellert,* in: MünchKomm-GmbHG, § 14 Rn. 10.

96 Vgl. *Raiser,* in: Ulmer/Habersack/Löbbe, GmbHG, § 14 Rn. 3, 4.

97 Vgl. OLG Jena, Urt. v. 05.12.2012 – 2 U 557/12, BeckRS 2013, 02129.

die Übertragung eines Geschäftsanteils vor Eintragung der GmbH im Handelsregister gem. § 15 GmbHG (analog) mit der Begründung abgelehnt, für die Übertragung bedürfe es insoweit einer Änderung des Gesellschaftsvertrags.[98]

Die Entstehung des Geschäftsanteils bereits mit wirksamem Abschluss des Gesellschaftsvertrags führt aber richtigerweise in der Konsequenz u.a. dazu, dass ein Mitgliederwechsel in der Vor-GmbH nicht mehr durch eine entsprechende Änderung des Gesellschaftsvertrags, sondern vielmehr durch Übertragung des Geschäftsanteils gem. § 15 GmbHG[99] vollzogen wird.[100] Die Mitgründer können sich durch entsprechende Vinkulierungsklauseln im Gesellschaftsvertrag[101], welche für die Übertragung eines Geschäftsanteils die Zustimmung sämtlicher Gesellschafter erfordern, vor ungewollten Gesellschafterwechseln schützen.[102] Allerdings ist eine ausdrückliche Vinkulierung im Rahmen der Vor-GmbH nach richtiger Ansicht nicht einmal erforderlich. Da die Gründer vor Entstehung der GmbH eine persönliche Haftung für die Gesellschaftsschulden trifft und sie für die Ausfälle der übrigen Gesellschafter nach § 24 GmbHG haften, ist in diesem Stadium zum Schutz der Gesellschafter die Wirksamkeit der Abtretung der Geschäftsanteile nach richtiger Ansicht im Gründungsstadium ohnehin von der Zustimmung sämtlicher Gesellschafter abhängig, sofern nicht eine Übertragung im Gesellschaftsvertrag ausdrücklich zugelassen ist.[103] Jedenfalls gibt es aber bei Zustimmung sämtlicher Gesellschafter keine nachvollziehbaren Gründe (mehr), die Übertragbarkeit der Anteile an der Vor-GmbH abzulehnen.[104] Im Falle eines Gesellschafterwechsels vor Eintragung der GmbH im Handelsregister ist in der Konsequenz des Umstandes, dass die Gründungsgesellschafterliste gem. § 8 Abs. 1 Nr. 3 GmbHG den Mitgliederstand im Zeitpunkt der Anmeldung zu enthalten hat[105], die Einreichung einer aktualisierten Gesellschafterliste gem. den Anforderungen des § 40 GmbHG[106] vonnöten.[107] Hierdurch wird letztlich Transparenz in Folge der Möglichkeit einer lückenlosen Feststellung des Gesellschafterbestandes seit Gründung der Gesellschaft geschaffen.

---

98 Vgl. a.a.O.

99 Vgl. zur Übertragung von Geschäftsanteilen im Einzelnen nachfolgend § 3 B.

100 Vgl. *Reichert/Wellert,* in: MünchKomm-GmbHG, § 14 Rn. 11; *Karsten Schmidt,* in: Scholz, GmbH, § 11 Rn. 50.

101 Vgl. hierzu näher die Ausführungen unter § 3 B. II. 3.

102 Vgl. *Manger*, in: GmbHR 2005, 355, 356.

103 Vgl. *Karsten Schmidt,* in: Scholz, GmbHG, § 11 Rn. 50; *ders.* in: *GmbHR 1997, 869, 870 m.w.N*; vgl. auch *Merkt,* in: MünchKomm-GmbHG, § 11 Rn. 40.

104 So auch *Ulrich,* in: GmbHR 2013, R 117.

105 *Fastrich,* in: Baumbach/Hueck, GmbHG, § 8 Rn. 7.

106 Vgl. hierzu näher § 3 C.

107 Vgl. *Fastrich,* in: Baumbach/Hueck, GmbHG, § 8 Rn. 7; *Wicke,* GmbHG, § 8 Rn. 4.

b) *Erlöschen des Geschäftsanteils*

Der Geschäftsanteil erlischt mit der Vollbeendigung der GmbH i.S.v. § 74 Abs. 1 S. 2 GmbHG (nicht aber bereits durch ihre Auflösung)[108], durch wirksame Einziehung gem. § 34 GmbHG[109] und durch Beseitigung im Rahmen einer Kapitalherabsetzung gem. § 58 GmbHG[110]. Der Geschäftsanteil erlischt hingegen nach allgemeiner Ansicht nicht im Fall des Erwerbs durch die Gesellschaft, § 33 GmbHG, oder bei Kaduzierung, § 21 GmbHG.[111] Entsprechendes gilt auch bei Verkauf oder Abtretung des Geschäftsanteils[112] sowie grundsätzlich auch bei Austritt oder bei Ausschließung eines Gesellschafters aus wichtigem Grund, wenn nicht zugleich mit der Ausschließung auch eine Einziehung des entsprechenden Geschäftsanteils erfolgt[113].

6. *Mitgliedschaftsrechte und Mitgliedschaftspflichten*

Aus jedem Geschäftsanteil folgen sowohl mitgliedschaftliche Rechte als auch mitgliedschaftliche Pflichten. Die mitgliedschaftlichen Rechte und Pflichten bestehen als Einheit und haben ihre Grundlage teilweise unmittelbar im Gesetz, teilweise im Gesellschaftsvertrag, welcher sowohl gesetzliche Rechte und Pflichten konkretisieren als auch weitere Rechte und Pflichten begründen kann.[114] Diese mitgliedschaftlichen Rechte und Pflichten sind in der Regel abhängig von der Höhe der Gesamtbeteiligung am Stammkapital der GmbH[115] und können nach dem sog. – auch bei Personengesellschaften geltenden – Abspaltungsverbot grundsätzlich nicht vom Geschäftsanteil gelöst, verselbstständigt oder einzeln übertragen werden[116].

---

108 Vgl. *Altmeppen,* in: Roth/Altmeppen, GmbHG, § 14 Rn. 8; *Ebbing,* in: Michalski, GmbHG, § 14 Rn. 41; *Jasper/Wollbrink,* in: Münchener Handbuch des Gesellschaftsrechts, Band 3, § 23 Rn. 11.

109 Vgl. *Altmeppen,* in: Roth/Altmeppen, GmbHG, § 14 Rn. 8; *Ebbing,* in: Michalski, GmbHG, § 14 Rn. 41; *Jasper/Wollbrink,* in: Münchener Handbuch des Gesellschaftsrechts, Band 3, § 23 Rn. 11.

110 Vgl. *Altmeppen,* in: Roth/Altmeppen, GmbHG, § 14 Rn. 8; *Ebbing,* in: Michalski, GmbHG, § 14 Rn. 41; *Jasper/Wollbrink,* in: Münchener Handbuch des Gesellschaftsrechts, Band 3, § 23 Rn. 11.

111 Vgl. *Altmeppen,* in: Roth/Altmeppen, GmbHG, § 14 Rn. 8; *Ebbing,* in: Michalski, GmbHG, § 14 Rn. 41.

112 Vgl. *Jasper/Wollbrink,* in: Münchener Handbuch des Gesellschaftsrechts, Band 3, § 23 Rn. 11; vgl. hierzu auch nachfolgend § 3.

113 Vgl. *Jasper/Wollbrink,* in: Münchener Handbuch des Gesellschaftsrechts, Band 3, § 23 Rn. 11.

114 Vgl. *Fastrich,* in: Baumbach/Hueck, GmbHG, § 14 Rn. 11; *Verse,* in: Henssler/Strohn, Gesellschaftsrecht, GmbHG, § 14 Rn. 43.

115 Vgl. *Fastrich,* in: Baumbach/Hueck, GmbHG, § 14 Rn. 5.

116 Vgl. *Altmeppen,* in: Roth/Altmeppen, GmbHG, § 14 Rn. 13.

a) Mitgliedschaftsrechte

Mitgliedschaftliche Rechte werden üblicherweise in Vermögensrechte, (Mit-) Verwaltungs- oder Teilhaberechte und sonstige Rechte unterteilt.[117]

Zu den gesetzlichen Vermögensrechten zählen insbesondere das Gewinnbezugsrecht nach § 29 GmbHG, das Recht auf Teilhabe am Liquidationserlös nach § 72 GmbHG sowie im Zusammenhang mit einer effektiven Kapitalerhöhung stehende Bezugsrechte.

Zu den Verwaltungsrechten zählen insbesondere das Teilnahme- und Rederecht in der Gesellschafterversammlung gem. § 48 GmbHG, das Stimmrecht gem. § 47 GmbHG sowie Informationsrechte (Einsichts- und Auskunftsrechte) nach § 51 a, b GmbHG.

Daneben existieren weitere, sonstige Mitgliedschaftsrechte, welche sich keiner der beiden genannten Gruppen zuordnen lassen. Zu nennen sind in diesem Zusammenhang etwa das Recht zum Austritt aus wichtigem Grund oder das Recht auf gleichmäßige Behandlung.[118] Des Weiteren können einzelnen Gesellschaftern im Gesellschaftsvertrag Sonderrechte eingeräumt werden, etwa ein Recht auf Geschäftsführung, Gewinn-, Liquidationsvorzug, Mehrfachstimmrechte oder Vorkaufsrechte.[119]

b) Mitgliedschaftspflichten

Entsprechend der Unterteilung der Mitgliedschaftsrechte kann hinsichtlich der mitgliedschaftlichen Pflichten grob zwischen vermögensrechtlichen und personenrechtlichen Pflichten differenziert werden.[120] Allgemein sind die Pflichten der Gesellschafter an dem Grundtypus der GmbH als kleine Kapitalgesellschaft mit nur wenigen Gesellschaftern ausgerichtet und daher weitergehend als etwa im Aktienrecht.[121] Die Mitgliedschaftspflichten können grundsätzlich im Gesellschaftsvertrag erweitert, aber regelmäßig nicht eingeschränkt werden.[122]

Zu den unabdingbaren vermögensrechtlichen Pflichten zählen insbesondere die Pflicht zur Leistung der Einlage, §§ 7 Abs. 1, 19 Abs. 1, 2 GmbHG, die Rückzahlungspflicht gem. § 31 GmbHG nach Auszahlung unter Verstoß gegen die Stammkapitalbindung in § 30 GmbHG, die Differenz- und Ausfallhaftung (§§ 9, 24, 31 Abs. 3 GmbHG) sowie die Vorbelastungs- und Verlustdeckungshaftung.[123]

---

117 Vgl. z.B. *Verse,* in: Henssler/Strohn, Gesellschaftsrecht, GmbHG, § 14 Rn. 43; *Wicke,* GmbHG, § 14 Rn. 5.

118 Vgl. *Verse,* in: Henssler/Strohn, Gesellschaftsrecht, GmbHG, § 14 Rn. 43.

119 Vgl. hierzu näher *Ebbing,* in: Michalski, GmbHG, § 14 Rn. 76 ff.

120 Vgl. *Fastrich,* in: Baumbach/Hueck, GmbHG, § 14 Rn. 13; *Reichert/Wellert,* in: MünchKomm-GmbHG, § 14 Rn. 129.

121 Vgl. *Windbichler,* Gesellschaftsrecht, § 22 Rn. 38.

122 Vgl. a.a.O.

123 Vgl. *Fastrich,* in: Baumbach/Hueck, GmbHG, § 14 Rn. 14; *Reichert/Wellert,* in: MünchKomm-GmbHG, § 14 Rn. 130.

Hinsichtlich der Verwaltungspflichten besteht im Gegensatz zu Personengesellschaften grundsätzlich keine allgemeine Mitwirkungspflicht, d.h. das Halten eines Geschäftsanteils ist nicht zwingend mit Pflichten zur Geschäftsführung, Rechnungslegung, Ausübung von Rechten im Interesse der Gesellschaft, Teilnahme an Gesellschafterversammlungen oder einem bestimmten Abstimmungsverhalten verbunden.[124] Der überwiegend passive (Minderheits-) Gesellschafter ist daher in der Praxis keine unübliche Erscheinung. Dieser Umstand ist insbesondere noch im Hinblick auf die Dreijahresfrist des § 16 Abs. 3 S. 2 GmbHG von Bedeutung[125], da vornehmlich solche Gesellschafter von einem gutgläubigen Erwerb ihres Geschäftsanteils nach Ablauf der Dreijahresfrist, d.h. nach dreijähriger Unrichtigkeit der Gesellschafterliste, betroffen sein dürften. Der Gesellschaftsvertrag kann allerdings beliebige weitere Verpflichtungen und damit auch Verwaltungs- und Mitwirkungspflichten vorsehen (§ 3 Abs. 2 GmbHG).[126] Gerade bei personalistisch geprägten Gesellschaften ist dies in der Praxis auch nicht selten der Fall.[127]

Des Weiteren können sich Verpflichtungen der Gesellschafter, unabhängig von gesellschaftsvertraglichen Regelungen, auch im Einzelfall aus der sog. allgemeinen gesellschaftsrechtlichen Treuepflicht ergeben. Diese ungeschriebene, allgemeine Treuepflicht der Gesellschafter gegenüber der Gesellschaft, die häufig auch als *„allgemeine Loyalitäts- und Förderpflicht"* umschrieben wird[128], gilt als die wichtigste Verhaltenspflicht des Gesellschafters.[129] Die Treuepflicht stellt eine mitgliedschaftliche Hauptpflicht eines jeden Gesellschafters dar und geht weit über den Verhaltensstandard der §§ 242, 826 BGB hinaus.[130] Danach ist jeder Gesellschafter zur Rücksichtnahme auf die Interessen der Gesellschaft verpflichtet und hat ihre Zwecke zu fördern und Schaden von ihr abzuwenden.[131] Nach inzwischen nahezu einhelliger Meinung besteht darüber hinaus eine entsprechende Treuepflicht auch im Verhältnis der Gesellschafter untereinander.[132] Demnach haben die Gesellschafter

124 Vgl. *Reichert/Wellert,* in: MünchKomm-GmbHG, § 14 Rn. 131.

125 Vgl. hierzu § 3 D. II. 3. a) bb).

126 Vgl. *Reichert/Wellert,* in: MünchKomm-GmbHG, § 14 Rn. 130; *Schäfer,* Gesellschaftsrecht, § 36 Rn. 20.

127 Vgl. *Schäfer,* Gesellschaftsrecht, § 36 Rn. 20.

128 Vgl. *Fastrich,* in: Baumbach/Hueck, GmbHG, § 13 Rn. 21.

129 Vgl. *Schiessl/Böhm,* in: Münchener Handbuch des Gesellschaftsrechts, Band 3, § 32 Rn. 18.

130 Vgl. *Koch,* in: Bormann/Kauka/Ockelmann, Handbuch GmbHR, Kap. 6 Rn. 45; *Schiessl/Böhm,* in: Münchener Handbuch des Gesellschaftsrechts, Band 3, § 32 Rn. 18.

131 Vgl. *Schiessl/Böhm,* in: Münchener Handbuch des Gesellschaftsrechts, Band 3, § 32 Rn. 18.

132 Vgl. BGH, Urt. v. 05.06.1975 – II ZR 23/74, BGHZ 65, 15, 18 ff.; vgl. auch *Fastrich,* in: Baumbach/Hueck, GmbHG, § 13 Rn. 20; *Verse,* in: Henssler/Strohn, Gesellschaftsrecht, GmbHG, § 14 Rn. 98; *Windbichler,* Gesellschaftsrecht, § 22 Rn. 42; *Winter,* in: Gehrlein/Ekkenga/Simon, GmbHG, § 14 Rn. 40.

auch auf die mitgliedschaftlichen, grundsätzlich aber nicht auf die sonstigen privaten Interessen ihrer Mitgesellschafter Rücksicht zu nehmen.[133] Dieses Rücksichtnahmegebot stellt eine Begrenzung der formalen Rechtsposition dar und kann im Einzelfall ein Rechtsausübungsverbot begründen.[134] Insgesamt handelt es sich bei der allgemeinen Treuepflicht um eine Art Generalklausel, die im jeweiligen Einzelfall unter Berücksichtigung der gegebenen Umstände zu konkretisieren ist.[135] Inhalt und Ausmaß der Treuepflicht richten sich dabei insbesondere nach der vorgefundenen Struktur der Gesellschaft; die Intensität der Treuepflicht ist umso stärker, je personalistischer die Gesellschaft ausgestaltet ist.[136] Verletzt ein Gesellschafter schuldhaft seine Treuepflicht, kann dies nach einhelliger Ansicht im Einzelfall u.a. einen Schadensersatzanspruch nicht nur gegenüber der Gesellschaft, sondern im Falle eines zusätzlichen individuellen Schadens ggf. auch gegenüber den Mitgesellschaftern begründen.[137] Hierauf wird im weiteren Verlauf der Untersuchung noch näher einzugehen sein.

---

133 Vgl. *Fastrich,* in: Baumbach/Hueck, GmbHG, § 13 Rn. 21.

134 Vgl. *Wackerbarth/Eisenhardt,* Gesellschaftsrecht II, Rn. 397.

135 Vgl. *Schäfer,* Gesellschaftsrecht, § 36 Rn. 23.

136 Vgl. *Hirte,* Kapitalgesellschaftsrecht, § 4 Rn. 4.44; *Liebscher/Goette,* in: DStR 2010, 2038, 2043.

137 Vgl. BGH, Urt. v. 05.06.1975 – II ZR 23/74, BGHZ 65, 15, 21; BGH, Urt. v. 16.09.1985 – II ZR 275/84, BGHZ 95, 340; *Fastrich,* in: Baumbach/Hueck, GmbHG, § 13 Rn. 30 m.w.N.

§ 3 Verlust eines Geschäftsanteils aufgrund gutgläubigen Erwerbs

Das nachfolgende Kapitel widmet sich dem Verlust des Geschäftsanteils aufgrund eines gutgläubigen Erwerbs gem. § 16 Abs. 3 GmbHG. Dabei ist auf den Verlustvorgang selbst als auch auf die vorhergehenden Umstände, die letztlich dazu führen, einzugehen. Zur besseren Einordnung dieser Konstellation wird zunächst einleitend aufgezeigt, welche Möglichkeiten generell für einen Verlust von Geschäftsanteilen in Betracht kommen (A.). Im Anschluss werden in einem weiteren Schritt die Verkehrsfähigkeit von Geschäftsanteilen im rechtsgeschäftlichen Verkehr sowie die Voraussetzungen für eine wirksame Übertragung von Geschäftsanteilen dargelegt (B.). Sodann ist unter C. auf Fragen rund um die Gesellschafterliste einzugehen – bereits an dieser Stelle, da die Gesellschafterliste als Rechtsscheinträger erst die Grundlage für den gutgläubigen Erwerb bildet. Hierbei ist insbesondere auf Fragen um die Aktualisierung und Einreichung der Gesellschafterliste zum Handelsregister sowie die diesbezüglichen Zuständigkeiten und die sich hieraus ergebenden Pflichten der Beteiligten einzugehen. Diese Fragen werden auch und insbesondere noch für die im Anschluss an § 3 folgenden Untersuchungen im Rahmen der Haftungsbegründung (§ 4) von großer Bedeutung sein. Unter D. wird schließlich untersucht, wie und unter welchen Voraussetzungen im Einzelnen ein Geschäftsanteil wirksam durch einen Dritten gutgläubig erworben werden kann und in der Folge zu einem Verlust des Geschäftsanteils beim Altgesellschafter führt.

A. Grundsätze

Ein „Verlust" von Anteilen an einer Gesellschaft ist auf unterschiedliche Art und Weise möglich. Im Grundsatz kommen für den Verlust von Gesellschaftsanteilen vier Varianten, namentlich die Vollbeendigung der Gesellschaft, der Austritt aus der Gesellschaft, die Ausschließung aus der Gesellschaft und ein Verlust durch Rechtsnachfolge in Betracht.[138]

Bezogen auf GmbH-Geschäftsanteile gilt Folgendes:

Mit der Vollbeendigung der Gesellschaft, d.h. mit dem Erlöschen der GmbH durch Löschung aus dem Handelsregister (§ 74 Abs. 1 S. 2 GmbHG), erlischt auch der Geschäftsanteil und wird gegenstandslos.[139] Das bedeutet, dass nicht nur der jeweilige Gesellschafter seinen Geschäftsanteil verliert, sondern dass der Geschäftsanteil auch insgesamt erlischt, d.h. nicht mehr existiert. Auch im Rahmen einer gezielten

---

138 Vgl. etwa *Karsten Schmidt*, Gesellschaftsrecht, § 19 II. 2. a).

139 Vgl. *Bayer*, in: Lutter/Hommelhoff, GmbHG, § 14 Rn. 6; *Wilhelmi*, in: BeckOK-GmbHG, § 14 Rn. 7; allgemein: *Karsten Schmidt*, Gesellschaftsrecht, § 19 II. 2. a).

Kapitalherabsetzung können Geschäftsanteile insgesamt vernichtet werden.[140] Gleiches gilt grundsätzlich bei einer wirksamen Einziehung eines Geschäftsanteils gem. § 34 GmbHG, d.h. auch in diesem Falle erlischt der Geschäftsanteil insgesamt.[141]

Eine Vernichtung des Geschäftsanteils erfolgt allerdings nicht bei einem Erwerb des Geschäftsanteils durch die Gesellschaft nach § 33 GmbHG.[142] Auch bei der Kaduzierung gem. § 21 GmbHG verliert zwar der betroffene Gesellschafter mit Wirkung ex nunc seinen Geschäftsanteil[143], dieser existiert jedoch nach nahezu allgemeiner Auffassung weiter[144] und verfällt zugunsten der Gesellschaft[145]. Im Falle des Abandons gemäß § 27 GmbHG wird der Geschäftsanteil ebenfalls nicht vernichtet, der bisherige Gesellschafter verliert seinen Geschäftsanteil aber mit Verwertung des Geschäftsanteils.[146] Sowohl im Falle eines Austritts als auch im Falle einer Ausschließung verliert zwar der Gesellschafter seinen Geschäftsanteil. Der Geschäftsanteil selbst erlischt jedoch grundsätzlich nicht insgesamt, sondern bleibt bestehen, es sei denn, mit dem Ausschluss erfolgt zugleich die Einziehung des Geschäftsanteils.[147] Austritt und Ausschließung unterscheiden sich lediglich dadurch, dass der Gesellschafter beim Austritt freiwillig aus der Gesellschaft ausscheidet,

---

140 Vgl. *Altmeppen,* in: Roth/Altmeppen, GmbHG, § 14 Rn. 8; *Bayer,* in: Lutter/Hommelhoff, GmbHG, § 14 Rn. 6; *Weller/Discher,* in: Bork/Schäfer, GmbHG, § 14 Rn. 2; *Wilhelmi,* in: BeckOK-GmbHG, § 14 Rn. 7.

141 Vgl. *Altmeppen,* in: Roth/Altmeppen, GmbHG, § 14 Rn. 8; *Bayer,* in: Lutter/Hommelhoff, GmbHG, § 14 Rn. 6; *Weller/Discher,* in: Bork/Schäfer, GmbHG, § 14 Rn. 2; *Wilhelmi,* in: BeckOK-GmbHG, § 14 Rn. 7.

142 Einhellige Auffassung, vgl. etwa *Reichert/Weller,* in: MünchKomm-GmbHG, § 14 Rn. 13; *Verse,* in: Henssler/Strohn, Gesellschaftsrecht, GmbHG, § 14 Rn. 36; *Wilhelmi,* in: BeckOK-GmbHG, § 14 Rn. 7.

143 Einhellige Auffassung, vgl. etwa *Fastrich,* in: Baumbach/Hueck, GmbHG, § 21 Rn. 11; *Karsten Schmidt,* Gesellschaftsrecht, § 37 II 5. a); *Verse,* in: Henssler/Strohn, Gesellschaftsrecht, GmbHG, § 21 Rn. 27.

144 Heute g.h.M., vgl. etwa *Bartels,* in: Bork/Schäfer, GmbHG, § 21 Rn. 13; *Bayer,* in: Lutter/Hommelhoff, GmbHG, § 14 Rn. 6; *Fastrich,* in: Baumbach/Hueck, GmbHG, § 21 Rn. 12; *Wilhelmi,* in: BeckOK-GmbHG, § 14 Rn. 7.

145 G.h.M., genaue Ausgestaltung allerdings streitig. Die h.M. tendiert zu einer treuhänderischen Haltung durch die Gesellschaft. Vgl. hierzu im Einzelnen *Bartels,* in: Bork/Schäfer, GmbHG, § 21 Rn. 13; *Fastrich,* in: Baumbach/Hueck, GmbHG, § 21 Rn. 12; *Gummert,* in: Münchener Handbuch des Gesellschaftsrechts, Band 3, § 50 Rn. 169; *Müller,* in: Ulmer/Habersack/Löbbe, GmbHG, § 21 Rn. 61; *Verse,* in: Henssler/Strohn, Gesellschaftsrecht, GmbHG, § 21 Rn. 27; jeweils m.w.N.

146 Vgl. etwa *Ebbing,* in: Michalski, GmbHG, § 14 Rn. 41; *Reichert/Weller,* in: MünchKomm-GmbHG, § 14 Rn. 13.

147 G.h.M., vgl. etwa *Ebbing,* in: Michalski, GmbHG, § 14 Rn. 41; *Reichert/Weller,* in: MünchKomm-GmbHG, § 14 Rn. 13; *Verse,* in: Henssler/Strohn, Gesellschaftsrecht, GmbHG, § 14 Rn. 36.

wohingegen er bei der Ausschließung aus der Gesellschaft (zwangsweise aus wichtigem Grund) entfernt wird.[148]

Vorweggenommen werden kann an dieser Stelle bereits das Folgende: In den o.g. Fällen, in denen ein Verlust des Geschäftsanteils, nicht aber dessen insgesamte Vernichtung erfolgt, kommt grundsätzlich immer auch ein sich anschließender gutgläubiger Erwerb dieses Geschäftsanteils in Betracht, sofern der Verlust nicht rechtmäßig gewesen ist.

Die Rechtsnachfolge in einen Geschäftsanteil schließlich stellt einen derivativen Erwerb dar.[149] Hierfür bestehen mehrere Möglichkeiten. Im Wesentlichen kommen ein Verlust und Erwerb des Geschäftsanteil von Todes wegen und ein Verlust und Erwerb des Geschäftsanteils unter Lebenden, namentlich durch und aufgrund einer rechtsgeschäftlichen Veräußerung und Übertragung, in Betracht. Neben der rechtsgeschäftlichen Einzelrechtsnachfolge ist auch eine Gesamtrechtsnachfolge in die Mitgliedschaft, etwa durch gesetzlichen Erbfall (§ 1922 BGB) oder aufgrund Verschmelzung und Spaltung auf der Ebene eines Gesellschafters (§§ 20, 131 UmwG), möglich.

Die für den weiteren Gang der Untersuchung relevante Variante der rechtsgeschäftlichen Übertragung eines Geschäftsanteils stellt die wohl praktisch bedeutsamste und zugleich wohl auch problematischste Konstellation für den Verlust eines Geschäftsanteils dar. Bei der rechtsgeschäftlichen Anteilsübertragung handelt es sich um die Übertragung des Geschäftsanteils als subjektives Recht eines Gesellschafters an einen Erwerber. Sie ist in rechtlicher Hinsicht insbesondere vom Eintritt und Austritt aus der Gesellschaft streng zu unterscheiden. Die Anteilsübertragung stellt keinen Gesellschaftsvertrag mit den vorhandenen Gesellschaftern dar. Es liegt vielmehr ein Verfügungsgeschäft allein zwischen dem übertragenden Altgesellschafter und dem erwerbenden Neugesellschafter vor, durch welches der Altgesellschafter seinen Geschäftsanteil auf den Neugesellschafter überträgt. Rechtsfolge der Anteilsübertragung ist eine Einzelrechtsnachfolge des Erwerbers in die Mitgliedschaft des Veräußerers, d.h. es bleiben sowohl die Gesellschaft als auch der Geschäftsanteil in ihrer Identität erhalten.[150] Bezogen auf einen gutgläubigen Erwerb eines Geschäftsanteils bedeutet dies, dass der eigentlich berechtigte Gesellschafter seinen Geschäftsanteil verliert, dieser aber nach wie vor existiert, d.h. nicht insgesamt vernichtet wird.

B. Die rechtsgeschäftliche Übertragung von Geschäftsanteilen

Bevor im Anschluss ausführlich auf den gutgläubigen Erwerb von Geschäftsanteilen eingegangen wird, ist zunächst kurz die generelle Verkehrsfähigkeit von

---

148 Vgl. *Karsten Schmidt*, Gesellschaftsrecht, § 19 II. 2. a).

149 Vgl. zur Verkehrsfähigkeit von Gesellschaftsanteilen nachfolgend § 3 B.

150 Vgl. *Karsten Schmidt*, in: MünchKomm-HGB, § 105 Rn. 210; *Schäfer*, in: MünchKomm-BGB, § 719 Rn. 25.

Geschäftsanteilen im Rechtsverkehr, d.h. die Möglichkeit der rechtsgeschäftlichen Übertragung von Geschäftsanteilen und deren Voraussetzungen zu betrachten. Im Folgenden werden deshalb die Möglichkeit und die genaue Ausgestaltung der Übertragung von Geschäftsanteilen durch unmittelbares Übertragungsgeschäft zwischen dem veräußernden Altgesellschafter und dem erwerbenden Neugesellschafter dargestellt. Dabei werden ausschließlich die für das Thema dieser Untersuchung relevanten Fragen der Übertragung von Geschäftsanteilen, namentlich die generelle Möglichkeit der Übertragung (Übertragbarkeit) (I.), die Voraussetzungen (II.) und die Wirkung der Übertragung auf den Geschäftsanteil (III.) erörtert.[151]

I. Übertragbarkeit

Nach § 15 Abs. 1 GmbHG sind Geschäftsanteile veräußerlich und damit übertragbar. Die rechtsgeschäftliche Übertragung eines Geschäftsanteils richtet sich dabei grundsätzlich nach § 15 GmbHG; nur für Fragen, die von dieser Regelung nicht umfasst sind, gelten ergänzend die §§ 398, 413 BGB.[152] Da die Übertragbarkeit von Geschäftsanteilen damit bereits kraft Gesetzes möglich ist, ist grundsätzlich (im Gegensatz zu den Personengesellschaften) keine diesbezügliche Regelung im Gesellschaftsvertrag bzw. die Zustimmung der Mitgesellschafter erforderlich; es gilt vielmehr der Grundsatz der freien Übertragbarkeit.[153] Dieser Grundsatz wird allerdings zum einen durch das Formerfordernis der notariellen Beurkundung sowohl an die Abtretung des Geschäftsanteils als auch an das zu Grunde liegende Verpflichtungsgeschäft nach § 15 Abs. 3 und 4 GmbHG sowie durch die Möglichkeit weiterer gesellschaftsvertraglicher Erschwerungen der Übertragung nach § 15 Abs. 5 GmbHG (sog. „Vinkulierungen") wieder eingeschränkt. Zum anderen kann ein Geschäftsanteil zwar in einem Anteilsschein verbrieft werden; eine Verbriefung als Wertpapier ist aber – anders als im Aktienrecht – nicht möglich.[154] Dies folgt bereits aus dem für die Abtretung zwingenden Formerfordernis nach § 15 Abs. 3 GmbHG.[155] Dadurch stellt sich für die Veräußerung eines Geschäftsanteils oftmals das praktische Problem der geeigneten Käufersuche; zumal kein mit dem Börsenhandel für Aktien

---

151 Insbesondere die Folgen für die Haftung von Alt- und Neugesellschafter gegenüber Gläubigern der GmbH, der Gesellschaft und den übrigen Gesellschaftern werden mangels unmittelbarer Bedeutung für das dieser Untersuchung zugrunde liegende Thema bewusst ausgeklammert.

152 Vgl. *Schäfer*, Gesellschaftsrecht, § 36 Rn. 25.

153 Vgl. *Jasper*, in: Münchener Handbuch des Gesellschaftsrechts, Band 3, § 24 Rn. 1; *Reichert/Wellert*, in: MünchKomm-GmbHG, § 15 Rn. 1; *Schäfer*, Gesellschaftsrecht, § 36 Rn. 24.

154 Vgl. *Ebbing*, in: Michalski, GmbHG, § 15 Rn. 2; *Schäfer*, Gesellschaftsrecht, § 36 Rn. 24.

155 Vgl. *Omlor*, in: WM 2009, 2105.

vergleichbarer, organisierter Markt für Geschäftsanteile an einer GmbH existiert.[156] Dies wiederum hat auch Auswirkungen auf die Wertbestimmung eines Geschäftsanteils, worauf im späteren Verlauf der Untersuchung noch einzugehen sein wird.

II. Voraussetzungen

1. Übertragungsvereinbarung

Die Übertragung eines Geschäftsanteils stellt ein einheitliches Verkehrsgeschäft allein zwischen dem übertragenden Altgesellschafter und dem erwerbenden Neugesellschafter dar, d.h. die Abwicklung erfolgt ausschließlich zwischen diesen beiden Parteien. Bei der Anteilsübertragung selbst handelt es sich um ein Verfügungsgeschäft i.S.d. §§ 398, 413 BGB; als Verpflichtungsgeschäft kann neben einem Kaufvertrag (Anteils- und Unternehmenskauf) z.B. auch ein Tausch- oder ein Schenkungsvertrag oder die Einbringung von Geschäftsanteilen in ein anderes Unternehmen zugrunde liegen.[157] Übertragungsgegenstand ist der Geschäftsanteil und die mit dem Geschäftsanteil untrennbar verbundenen mitgliedschaftlichen Rechte und Pflichten.

2. Formerfordernisse

Gem. § 15 Abs. 3 und Abs. 4 S. 1 GmbHG unterliegen sowohl die dingliche Übertragung des Geschäftsanteils (Abs. 3), d.h. die Abtretung, als auch das schuldrechtliche Grundgeschäft (Abs. 4) der notariellen Form, wobei beide Geschäfte in einer einheitlichen notariellen Urkunde vorgenommen werden können.[158] § 15 Abs. 3 und 4 GmbHG sind zwingendes Recht und insbesondere nicht durch Regelungen im Gesellschaftsvertrag abdingbar.[159]

Ein Verstoß gegen § 15 Abs. 4 S. 1 GmbHG zieht grundsätzlich gem. § 125 BGB die Nichtigkeit des schuldrechtlichen Grundgeschäfts nach sich.[160] Nach § 15 Abs. 4 S. 2 GmbHG wird der Formmangel des Verpflichtungsgeschäfts aber mit ex-nunc Wirkung geheilt, sofern es erfüllt, d.h. wenn ein formgültiger und auch ansonsten wirksamer, dinglicher Abtretungsvertrag geschlossen wird.[161]

Ein Verstoß gegen § 15 Abs. 3 GmbH hingegen führt gem. § 125 BGB stets zur Nichtigkeit der Abtretung; dies gilt auch dann, wenn das Verpflichtungsgeschäft

---

156 Vgl. *Ebbing,* in: Michalski, GmbHG, § 15 Rn. 2; *Schäfer,* Gesellschaftsrecht, § 36 Rn. 24.

157 Vgl. *Reichert/Weller,* in: MünchKomm-GmbHG, § 15 Rn. 12.

158 Vgl. *Hirte,* Kapitalgesellschaftsrecht, § 4 Rn. 4.55.

159 Vgl. nur *Ebbing,* in: Michalski, GmbHG, § 15 Rn. 112; *Fastrich,* in: Baumbach/Hueck, GmbHG, § 15 Rn. 21, 30; *Schäfer,* Gesellschaftsrecht, § 36 Rn. 25.

160 Vgl. *Fastrich,* in: Baumbach/Hueck, GmbHG, § 15 Rn. 36.

161 Vgl. *Altmeppen,* in: Roth/Altmeppen, GmbHG, § 15 Rn. 83; *Fastrich,* in: Baumbach/Hueck, GmbHG, § 15 Rn. 36.

wirksam ist.[162] Eine Heilung des Formverstoßes ist (im Gegensatz zu § 15 Abs. 4 GmbHG) gerade nicht möglich; in Betracht kommt lediglich eine formgerechte, in Anwendung von § 141 BGB ex-nunc wirkende Nachholung der Übertragung.[163]

3. Weitere Voraussetzungen i.S.d. § 15 Abs. 5 GmbHG

Nach § 15 Abs. 5 GmbHG kann die Abtretung der Geschäftsanteile durch den Gesellschaftsvertrag an weitere Voraussetzungen geknüpft und insbesondere von der Genehmigung der Gesellschaft abhängig gemacht werden. Derartige weitere Voraussetzungen, sog. „Vinkulierungen", führen de facto zu einer gewissen Annäherung an die personalistisch geprägte Gesellschaftsstruktur einer Personengesellschaft und machen es den Mitgesellschaftern einer GmbH wie bei einer Personengesellschaft möglich, Einfluss auf die Person des Rechtsnachfolgers des veräußernden Gesellschafters zu nehmen. Dies gewährt einerseits einen Schutz vor nicht von dem Willen der Mitgesellschafter getragenen Veränderungen im Gesellschafterkreis und andererseits auch vor möglichen, nicht gewünschten Beteiligungsveränderungen.[164] Den in der Praxis häufigsten und wichtigsten Anwendungsfall der Vinkulierung bilden gesellschaftsvertragliche Regelungen, welche die Abtretung eines Geschäftsanteils von der Zustimmung der Gesellschaft oder der Mitgesellschafter abhängig machen, etwa durch Beschluss einer im Gesellschaftsvertrag näher definierten Mehrheit der Stimmen. *„Genehmigung"* i.S.d. § 15 Abs. 5 GmbHG bedeutet dabei nach allgemeiner Ansicht *„Zustimmung"* im Sinne der §§ 182 ff. BGB.[165] Die Zustimmung kann mithin vor, während oder nach der Abtretung des Geschäftsanteils erfolgen.[166] Erfolgt eine Abtretung unter Verstoß gegen die gesellschaftsvertraglichen Voraussetzungen, so ist diese grundsätzlich unwirksam, es sei denn, sie erfolgte mit Zustimmung sämtlicher Gesellschafter.[167] In diesem Falle gelten die Grundsätze der sog. satzungsdurchbrechenden Gesellschafterbeschlüsse.[168]

---

162 Vgl. *Ebbing,* in: Michalski, GmbHG, § 15 Rn. 128; *Fastrich,* in: Baumbach/Hueck, GmbHG, § 15 Rn. 29.

163 Vgl. a.a.O.

164 Vgl. *Ebbing,* in: Michalski, GmbHG, § 15 Rn. 130; *Wilhelmi,* in: BeckOK-GmbHG, § 15 Rn. 138.

165 Vgl. BGH, Urt. v. 28.04.1954 – II ZR 8/53, BGHZ 13, 179, 184; *Ebbing,* in: Michalski, GmbHG, § 15 Rn. 140; *Fastrich,* in: Baumbach/Hueck, GmbHG, § 15 Rn. 41.

166 Vgl. *Fastrich,* in: Baumbach/Hueck, GmbHG, § 15 Rn. 41; *Seibt,* in: Scholz,GmbHG, § 15 Rn. 132.

167 Vgl. *Ebbing,* in: Michalski, GmbHG, § 15 Rn. 131; *Fastrich,* in: Baumbach/Hueck, GmbHG, § 15 Rn. 37.

168 Vgl. a.a.O.

III. Wirkung

Mit (formwirksamen) Abschluss des Verfügungsgeschäftes, also der Abtretung, geht der Geschäftsanteil, so wie er gem. Gesellschaftsvertrag besteht, sowie grundsätzlich alle damit verbundenen mitgliedschaftlichen Rechte und Pflichten (nach h.M. aber mit Ausnahme der höchstpersönlichen Rechte und Pflichten) auf den erwerbenden Neugesellschafter über.[169] Im Innenverhältnis der Gesellschaft gilt der Erwerber des Geschäftsanteils allerdings erst dann als Gesellschafter und kann mithin erst dann seine mitgliedschaftlichen Rechte ausüben, sobald er in die zum Handelsregister aufgenommene Gesellschafterliste als Gesellschafter eingetragen ist, § 16 Abs. 1 GmbHG.[170]

C. Die Gesellschafterliste

Bevor im Einzelnen auf den gutgläubigen Erwerb eingegangen wird, sind im Folgenden zunächst die für die nachfolgenden Untersuchungen wesentlichen Gesichtspunkte bezüglich der Gesellschafterliste zu erläutern. Denn die Gesellschafterliste nimmt für die weitere Untersuchung eine Schlüsselrolle ein, ist sie doch der Rechtsscheinträger, der den gutgläubigen Erwerb eines Geschäftsanteils gem. § 16 Abs. 3 GmbHG erst ermöglicht. Des Weiteren spielt die Gesellschafterliste bzw. die Fragen um die Einreichung der aktualisierten Gesellschafterliste zum Handelsregister auch für die später unter § 4 erfolgende Untersuchung der möglichen Inanspruchnahme der Geschäftsführer und auch ggf. des mitwirkenden Notars[171], die beide je nach Konstellation für die Aktualisierung und Einreichung der Gesellschafterliste zuständig sein können, eine tragende Rolle.

I. Aufwertung der Gesellschafterliste durch das MoMiG

Die Gesellschafterliste beinhaltet die wesentlichen Informationen zu den Gesellschaftern der GmbH und ihren Beteiligungsverhältnissen. Sie ist für jedermann frei im Handelsregister einsehbar (§ 9 HGB).

Vor dem MoMiG hielt sich die praktische Bedeutung der Gesellschafterliste in Grenzen, diente sie bis dahin doch lediglich und ausschließlich der Information des Rechtsverkehrs über die Gesellschafter der GmbH.[172] Da aus einer unrichtigen Gesellschafterliste aber keine entsprechenden Rechtsnachteile oder Sanktionen für die Gesellschaft und deren Organe oder die Gesellschafter folgten, wurden die Gesellschafterlisten durch die hierfür allein verantwortlichen Geschäftsführer in

169 Vgl. *Ebbing*, in: Michalski, GmbHG, § 15 Rn. 171; *Reichert/Weller*, in: MünchKomm-GmbHG, § 15 Rn. 65 ff.

170 Vgl. hierzu näher nachfolgend § 3 C. II.1.

171 Vgl. die diesbezüglichen Ausführungen unter § 4 D. und E.

172 Vgl. *Hasselmann*, in: NZG 2009, 409; *Sikora*, in: NWB 2010, 992.

der Praxis häufig nicht aktualisiert, so dass die Gesellschafterlisten oftmals veraltet oder schlicht falsch waren.[173]

Ganz anders stellt sich die Lage aber seit dem Inkrafttreten des MoMiG dar. Nach dem MoMiG löst der Eintrag in die Gesellschafterliste zum einen nunmehr die Anmeldung bei der Gesellschaft ab (§ 16 Abs. 1 GmbHG a.F.).[174] Nach § 16 Abs. 1 GmbHG gilt im Verhältnis zur Gesellschaft als Gesellschafter fortan nur derjenige, der in die zum Handelsregister aufgenommene Gesellschafterliste eingetragen ist. Auch richtet sich die Haftung eines Anteilserwerbers für rückständige Leistungen gem. § 16 Abs. 2 GmbHG danach, wer als Gesellschafter in der Gesellschafterliste eingetragen ist. Des Weiteren und insbesondere ist die Gesellschafterliste die Grundlage für den im Rahmen des MoMiG neu eingeführten gutgläubigen Erwerb von Geschäftsanteilen gem. § 16 Abs. 3 GmbHG. Die Gesellschafterliste hat durch das MoMiG also eine Aufwertung als nunmehr allgemeine Legitimations- und Rechtsscheingrundlage erfahren.[175] Diese Aufwertung der Gesellschafterliste erfolgte bewusst und entspricht ausdrücklich der Intention des Gesetzgebers.[176] Der Gesellschafterbestand soll nunmehr stets aktuell, lückenlos und unproblematisch nachvollziehbar sein, was zu einer weitgehenden Transparenz über die Beteiligungsverhältnisse führen soll.[177] Die Führung, Einreichung und Kontrolle der Gesellschafterliste hat durch die im Rahmen des MoMiG eingeführten Neuerungen bezüglich der Gesellschafterliste deshalb an Bedeutung gewonnen. Zu Recht wird die Gesellschafterliste deshalb von etlichen Stimmen in der Literatur nunmehr neben dem Gesellschaftsvertrag als das *„wichtigste GmbH-Dokument“*[178] und deren Aufwertung als *„wichtiger Meilenstein in der Entwicklung des GmbH-Rechts“*[179] angesehen. Wer die Pflege der Gesellschafterliste wie bisher vernachlässigt, dem drohen erhebliche Konsequenzen, die, wie im Verlauf der Untersuchung noch aufzuzeigen sein wird, je nach Stellung der jeweiligen Beteiligten bis zum Verlust des Geschäftsanteils aufgrund gutgläubigen Erwerbs oder aber zur persönlichen Inanspruchnahme auf Schadensersatzleistung eben wegen eines solchen Verlusts reichen können. Je nach Wert eines oder mehrerer Geschäftsanteile können so Schäden und Haftungen in Millionenhöhe entstehen und ganze wirtschaftliche Existenzen hiervon abhängen.

---

173 Vgl. *Hasselmann,* in: NZG 2009, 409; *Jeep,* in: NJW 2012, 658; *Sikora,* in: NWB 2010, 992, 993.

174 Vgl. *Altmeppen,* in: Roth/Altmeppen, GmbHG, § 40 Rn. 3.

175 Vgl. *Katschinski/Rawert,* in: ZIP 2008, 1993, 2000; *Sikora,* in: NWB 2010, 992 ff.; *Wachter,* in: Bork/Schäfer, GmbHG, § 40 Rn. 1.

176 Vgl. BT-Drucks. 16/6140, 26: *„Aufwertung der zum Handelsregister einzureichenden Gesellschafterliste“.*

177 Vgl. BT-Drucks. 16/6140, 26, 37/38; vgl. auch *Dompke/Spiller,* in: BRJ 2009, 125, 126.

178 So etwa *Bayer,* in: Lutter/Hommelhoff, GmbHG, § 40 Rn. 1; *Bussian/Achenbach,* in: BB 2010, 778; *Schneider,* in: GmbHR 2009, 393; *Löbbe,* in: GmbHR 2012, 7.

179 So *Goette/Goette,* in: FS Goette, 97, 107.

II. Funktionen der Gesellschafterliste

Im Folgenden werden die bereits unter I. angesprochenen Funktionen der Gesellschafterliste seit dem Inkrafttreten des MoMiG im Einzelnen dargestellt.

1. *Legitimationswirkung (§ 16 Abs. 1 GmbHG)*

Nach § 16 Abs. 1 GmbHG gilt im Verhältnis zur Gesellschaft nur derjenige als Inhaber des Geschäftsanteils, wer auch als solcher in der Gesellschafterliste eingetragen ist (sog. „formale Gesellschafterstellung"). Dies gilt unabhängig von der materiellen Berechtigung.[180] Nach allgemeiner Ansicht stellt die Eintragung in die zum Handelsregister aufgenommene Gesellschafterliste grundsätzlich keine Wirksamkeitsvoraussetzung für den Erwerb eines Geschäftsanteils dar.[181] Dieser richtet sich vielmehr allein nach den oben unter B. erörterten Grundsätzen. Gegenüber Dritten ist zudem ebenfalls allein der materiell berechtigte Inhaber des Geschäftsanteils legitimiert, d.h. nur er kann über den Geschäftsanteil verfügen[182], nur seine Gläubiger können den Geschäftsanteil pfänden etc.[183] Im Innenverhältnis der Gesellschaft gilt jedoch der noch nicht in die Gesellschafterliste eingetragene Inhaber eines Geschäftsanteils formal noch nicht als Gesellschafter. Diese Legitimationswirkung hat insbesondere zur Folge, dass die mitgliedschaftlichen Rechte erst nach der Aufnahme des Gesellschafters in die Gesellschafterliste und damit ggf. erst erhebliche Zeit nach dem Erwerb des Geschäftsanteils ausgeübt werden können.[184] Die Eintragung in die Gesellschafterliste ist mithin die Voraussetzung für die Ausübung der Gesellschafterrechte.[185] So bestimmt sich nach dem Inhalt der Gesellschafterliste etwa, wer zu Gesellschafterversammlungen einzuladen ist. An Beschlüssen können und dürfen nur in der Gesellschafterliste eingetragene Gesellschafter teilnehmen.[186]

Der maßgebliche Zeitpunkt für die Legitimationswirkung ist nach allgemeiner Ansicht die Aufnahme der jeweiligen Gesellschafterliste in das Handelsregister (Ausnahme: § 16 Abs. 1 S. 2 GmbHG).[187] Erst zu diesem Zeitpunkt tritt der neue Inhaber eines Geschäftsanteils (z.B. der Erwerber des betroffenen Geschäftsanteils) als neuer Gesellschafter auch gegenüber der Gesellschaft an die Stelle des bisherigen

---

180 Vgl. *Ebbing,* in: Michalski, GmbHG, § 16 Rn. 23; *Wilhelmi,* in: BeckOK-GmbHG, § 16 Rn. 16.

181 BT-Drucks. 16/6140, 37; vgl. hierzu auch *Drygala/Staake/Szalai,* Kapitalgesellschaftsrecht, § 22 Rn. 11; *Verse,* in: Henssler/Strohn, Gesellschaftsrecht, GmbHG, § 16 Rn. 10.

182 Allerdings ist nach § 16 Abs. 3 GmbHG ein gutgläubiger Erwerb von dem in der Gesellschafterliste Eingetragenen möglich, vgl. hierzu nachfolgend § 3 D.

183 Vgl. *Wicke,* GmbHG, § 16 Rn. 2.

184 Vgl. *Schäfer,* Gesellschaftsrecht, § 36 Rn. 25.

185 Vgl. *Löbbe,* in: GmbHR 2012, 7.

186 Vgl. *Schneider,* in: GmbHR 2009, 393.

187 Vgl. statt aller *Wilhelmi,* in: BeckOK-GmbHG, § 16 Rn. 18 m.w.N.

Inhabers (z.B. des Veräußerers des Geschäftsanteils).[188] Auf die Anmeldung bei der Gesellschaft (so noch § 16 Abs. 1 GmbHG a.F.) aber auch auf eine sonstige Kenntnisnahme oder die Einreichung beim Handelsregister kommt es nicht an.[189] „Aufnahme" bedeutet registerrechtlich die Aufnahme der Gesellschafterliste in den für das entsprechende Registerblatt bestimmten Registerordner, § 9 Abs. 1 HRV.[190] Entscheidend ist also die rein formale Position als in die Gesellschafterliste eingetragener Gesellschafter.

Die Legitimationswirkung des § 16 Abs. 1 GmbHG hat u.a. auch zur Folge, dass der noch nicht in die Gesellschafterliste eingetragene Erwerber eines Geschäftsanteils Rechtshandlungen durch oder gegenüber dem Veräußerer, der noch in die Gesellschafterliste eingetragen ist, gegen sich gelten lassen muss.[191] Zu nennen sind hier z.B. die Gewinnauszahlung und die Ausübung des Stimmrechts einschließlich der Zustimmung zu einer Satzungsänderung nach § 53 Abs. 3 GmbHG[192], aber auch ein Ausschluss aus der Gesellschaft aus wichtigem Grund oder die Einziehung des Geschäftsanteils nach § 34 GmbHG.

Wegen der großen Bedeutung der Gesellschafterliste steht dem Erwerber bzw. dem neuen Gesellschafter ein einklagbarer Rechtsanspruch auf die Einreichung der aktualisierten Gesellschafterliste zum Handelsregister zu, der auch im Rahmen des einstweiligen Rechtsschutzes geltend gemacht werden kann.[193]

2. (Mit-) Haftung für rückständige Einlagen (§ 16 Abs. 2 GmbHG)

Gem. § 16 Abs. 2 GmbHG haftet der Erwerber neben dem Veräußerer für Einlageverpflichtungen, die in dem Zeitpunkt rückständig sind, ab dem der Erwerber gem. § 16 Abs. 1 GmbHG im Verhältnis zur Gesellschaft als Inhaber des Geschäftsanteils gilt. Folglich richtet sich auch die Haftung eines Anteilserwerbers für rückständige Leistungen nach der Eintragung in der Gesellschafterliste.

3. Rechtsscheinträger (§ 16 Abs. 3 GmbHG)

Wie bereits angesprochen dient die Gesellschafterliste darüber hinaus seit dem Inkrafttreten des MoMiG als Rechtsscheinträger für einen gutgläubigen Erwerb gem. § 16 Abs. 3 GmbHG.[194]

---

188 Vgl. *Fastrich,* in: Baumbach/Hueck, GmbHG, § 16 Rn. 16.
189 Vgl. OLG Bremen, Urt. v. 21.10.2011 – 2 U 43/11, GmbHR 2012, 687, 689; *Blasche,* in: RNotZ 2014, 34; *Brandes,* in: Bork/Schäfer, GmbHG, § 16 Rn. 5.
190 Vgl. *Brandes,* in: Bork/Schäfer, GmbHG, § 16 Rn. 5.
191 Vgl. *Fastrich,* in: Baumbach/Hueck, GmbHG, § 16 Rn. 14; *Wilhelmi,* in: BeckOK-GmbHG, § 16 Rn. 18.
192 Vgl. a.a.O.
193 Vgl. hierzu näher die nachfolgenden Ausführungen unter § 3 C. III. 4. b) (cc).
194 Vgl. hierzu im Einzelnen § 3 D.

III. Aktualisierung und Einreichung der Gesellschafterliste zum Handelsregister (§ 40 Abs. 1 und 2 GmbHG)

Im Folgenden wird die Regelungssystematik der § 40 Abs. 1 und 2 GmbHG, welche die Aktualisierung und Einreichung der Gesellschafterliste zum Handelsregister zum Gegenstand haben, dargestellt. Nach einigen grundlegenden Anmerkungen zum Hintergrund der Regelungen (1.) wird insbesondere auf die Fragen eingegangen, welche Veränderungen überhaupt von § 40 Abs. 1 und Abs. 2 GmbHG erfasst sind (2.), wie und wann die Aktualisierung und Einreichung im Allgemeinen zu erfolgen hat (3.), wer in welchen Konstellationen für die Aktualisierung und Einreichung der Gesellschafterliste zum Handelsregister zuständig ist sowie welche Pflichten hiermit für die jeweils zuständigen Personen im Einzelnen verbunden sind (4.), welche Prüfpflichten und Prüfrechte das Registergericht bezüglich der eingereichten Gesellschafterliste hat (5.), wie die Aufnahme zum Handelsregister erfolgt (6.) und schließlich welche Folgen sich ggf. aus entsprechenden Versäumnissen und / oder Kompetenzüberschreitungen der beteiligten Personen ergeben können (7.).

1. Allgemeines / Hintergrund

In Anbetracht der Aufwertung der Gesellschafterliste wurden im Rahmen des MoMiG auch die mit der Erstellung, Aktualisierung und Einreichung der Gesellschafterliste zusammenhängenden Pflichten ausdrücklich geregelt und deutlich verschärft.[195] Infolge der Aufwertung der Gesellschafterliste kommt nunmehr auch denjenigen, die für die Führung und die Aktualisierung der Gesellschafterliste zuständig sind, eine merklich gesteigerte Verantwortung zu.[196] Das Ziel des Gesetzgebers, durch die neue Konzeption und Bedeutung der Gesellschafterliste mehr Transparenz und Sicherheit im Rechtsverkehr zu gewährleisten, soll unmittelbar durch die (haftungsbewährte) Pflicht der jeweils zuständigen Personen erreicht werden, unverzüglich nach Wirksamwerden jeder Veränderung in den Personen der Gesellschafter oder des Umfangs ihrer Beteiligung eine neue Gesellschafterliste zu erstellen und beim Handelsregister einzureichen, § 40 Abs. 1 und 2 GmbHG.[197]

Gem. § 40 Abs. 1 und 2 GmbHG besteht diesbezüglich nunmehr eine zwischen den Geschäftsführern und dem mitwirkenden Notar aufgeteilte *„(zweigleisige) Aktualisierungszuständigkeit“*.[198] Nach § 40 Abs. 1 S. 1 GmbHG haben die Geschäftsführer *„unverzüglich nach Wirksamwerden jeder Veränderung in den Personen der Gesellschafter oder des Umfangs ihrer Beteiligung eine von ihnen unterschriebene Liste der Gesellschafter zum Handelsregister einzureichen, aus welcher Name, Vorname, Geburtsdatum und Wohnort der letzteren sowie die Nennbeträge und die laufenden Nummern der von einem jeden derselben übernommenen Geschäftsanteile zu entnehmen*

195 Vgl. *Liebscher/Goette*, in: DStR 2010, 2038.
196 Vgl. *Löbbe*, in: GmbHR 2012, 7.
197 Vgl. *Bayer*, in: GmbHR 2012, 1.
198 *Sikora*, in: NWB 2010, 992, 993.

sind". Hat ein Notar an Veränderungen nach § 40 Abs. 1 S. 1 GmbHG *„mitgewirkt"*, was insbesondere bei der rechtsgeschäftlichen Übertragung eines Geschäftsanteils gem. § 15 Abs. 3, 4 GmbHG zwingend der Fall ist[199], so hat er gem. § 40 Abs. 2 S. 1 GmbHG *„unverzüglich nach deren Wirksamwerden ohne Rücksicht auf etwaige später eintretende Unwirksamkeitsgründe die Gesellschafterliste anstelle der Geschäftsführer zu unterschreiben, zum Handelsregister einzureichen und eine Abschrift der geänderten Liste an die Gesellschaft zu übermitteln"*. Aus dem Verweis in § 40 Abs. 2 S. 1 GmbHG auf § 40 Abs. 1 S. 1 GmbHG ergibt sich, dass inhaltlich in beiden Fällen identische Vorgaben für die Gesellschafterliste gelten.[200]

Die Regelungen des § 40 Abs. 1 und 2 GmbHG schließen an § 8 Abs. 1 Nr. 3 GmbHG an und sollen dafür Sorge tragen, dass die Gesellschafterliste ständig und regelmäßig aktualisiert wird.[201] Sämtliche Veränderungen seit der Gesellschafterliste der Gründungsgesellschafter müssen nachvollzogen werden können.[202] So soll sichergestellt werden, dass die im Handelsregister einsehbare Gesellschafterliste die Beteiligungsverhältnisse stets vollständig, richtig und lückenlos wiedergibt.[203] Elektronische Verfahren sollen die Aktualisierungen innerhalb kürzester Zeit gewährleisten.[204]

2. Mitzuteilende Veränderungen i.S.d. § 40 GmbHG

Eine *„Veränderung"* i.S.d. § 40 Abs. 1 S. 1 GmbHG bedeutet zunächst jedwede Abweichung im Vergleich zu der aktuellen, zum Handelsregister aufgenommenen Gesellschafterliste.[205] Nach § 40 Abs. 1 S. 1 GmbHG beziehen sich die mitzuteilenden Veränderungen auf den Geschäftsanteil selbst und erfassen den Umfang der Beteiligung oder Änderungen in der Person des Anteilsinhabers. Da die Regelungen des § 40 Abs. 1 und Abs. 2 GmbHG an § 8 Abs. 1 Nr. 3 GmbHG anschließen, hat bezüglich der zu aktualisierenden Veränderungen ein Abgleich mit den in der Gesellschafterliste der Gründungsgesellschafter geforderten Angaben zu erfolgen.[206] Die Liste der Gründungsgesellschafter enthält gem. § 8 Abs. 1 Nr. 3 GmbHG Name, Geburtsdatum und Wohnort der Gesellschafter sowie die Nennbeträge und die laufenden Nummern der von ihnen übernommenen Geschäftsanteile. Eben diese Angaben sind auch im Rahmen des § 40 GmbHG im Falle einer diesbezüglichen Veränderung erforderlich.[207]

Im Einzelnen gilt das Folgende:

199 S.o. § 3 B. II. 2.
200 Vgl. *Paefgen*, in: Ulmer/Habersack/Löbbe, GmbHG, § 40 Rn. 27.
201 Vgl. *Altmeppen*, in: Roth/Altmeppen, GmbHG, § 40 Rn. 1.
202 Vgl. *Bayer*, in: GmbHR 2012, 1.
203 Vgl. *Wachter*, in: Bork/Schäfer, GmbHG, § 40 Rn. 2.
204 Vgl. *Windbichler*, Gesellschaftsrecht, § 22 Rn. 23.
205 Vgl. *Bayer*, in: GmbHR 2012, 1.
206 Vgl. a.a.O.
207 Vgl. a.a.O.

a) *Veränderungen des Umfangs der Beteiligung*

Zu den Veränderungen des Umfangs der Beteiligung zählen insbesondere der Hinzuerwerb eines weiteren, neuen Geschäftsanteils durch einen Gesellschafter[208], wobei die verschiedenen Geschäftsanteile gesondert anzupassen bleiben[209], die Aufstockung oder Herabsetzung eines Geschäftsanteils[210] und dessen Teilung oder Zusammenlegung[211] sowie eine Kapitalerhöhung oder Kapitalherabsetzung.[212]

b) *Veränderungen in der Person des Gesellschafters*

Hinsichtlich der Veränderung in der Person des Gesellschafters kann zwischen einfachen Veränderungen ohne Rechtsnachfolge und solchen mit Rechtsnachfolge differenziert werden.[213]

aa) Einfache Veränderungen ohne Rechtsnachfolge

Veränderungen in der Person des Gesellschafters sind zunächst stets dann gegeben, wenn sich in der Person eines aktuellen Gesellschafters etwas ändert, etwa sein Name (z.B. durch Heirat) bzw. bei kaufmännischen Unternehmen die Firma[214]. Zu nennen ist auch der (identitätswahrende) Formwechsel eines Gesellschafters.[215] Maßstab ist dabei stets, wie der Gesellschafter in der aktuell im Handelsregister einsehbaren Gesellschafterliste eingetragen ist bzw. wie er eingetragen sein müsste.[216]

bb) Veränderungen mit Rechtsnachfolge

Eine Veränderung in den Personen der Gesellschafter i.S.v. § 40 Abs. 1 S. 1 GmbHG liegt des Weiteren aber auch in den für die weitere Untersuchung relevanten Fällen vor, in denen sich die Person des Gesellschafters selbst in Folge eines

---

208 Vgl. *Oetker*, in: Henssler/Strohn, Gesellschaftsrecht, GmbHG, § 40 Rn. 3; *Noack*, in: Baumbach/Hueck, GmbHG, § 40 Rn. 5.

209 Vgl. KG Berlin NZG 2012, 587, 588; *Oetker*, in: Henssler/Strohn, Gesellschaftsrecht, GmbHG, § 40 Rn. 3.

210 Vgl. *Oetker*, in: Henssler/Strohn, Gesellschaftsrecht, GmbHG, § 40 Rn. 3; *Wachter*, in: Bork/Schäfer, GmbHG, § 40 Rn. 8; *Noack*, in: Baumbach/Hueck, GmbHG, § 40 Rn. 5.

211 Vgl. a.a.O.

212 Vgl. OLG München, Beschl. v. 07.07.2010 – 31 Wx 73/10, GmbHR 2010, 921, 922; *Oetker*, in: Henssler/Strohn, Gesellschaftsrecht, GmbHG, § 40 Rn. 3; *Wachter*, in: Bork/Schäfer, GmbHG, § 40 Rn. 8; *Noack*, in: Baumbach/Hueck, GmbHG, § 40 Rn. 5.

213 Vgl. *Bayer*, in: GmbHR 2012, 1.

214 Vgl. *Wachter*, in: Bork/Schäfer, GmbHG, § 40 Rn. 6; *Noack*, in: Baumbach/Hueck, GmbHG, § 40 Rn. 6.

215 Vgl. *Bayer*, in: GmbHR 2012, 1; *Wachter*, in: Bork/Schäfer, GmbHG, § 40 Rn. 6.

216 Vgl. *Wachter*, in: Bork/Schäfer, GmbHG, § 40 Rn. 6.

Rechtsträgerwechsels aufgrund einer rechtsgeschäftlichen oder kraft Gesetzes erfolgenden Einzel- oder Gesamtrechtsnachfolge ändert.[217]

Bezüglich eines rechtsgeschäftlichen Erwerbs ist in erster Linie an die Veräußerung und Übertragung von Geschäftsanteilen zu denken. Mit erfasst ist auch die treuhänderische Übertragung, da der Treuhänder, nicht aber der Treugeber rechtlich Inhaber des Geschäftsanteils ist.[218] Der Treugeber ist daher auch erst gar nicht in die Gesellschafterliste aufzunehmen, gleiches gilt für bloße Unterbeteiligte.[219] Nicht aufzunehmen in die Gesellschafterliste ist zudem die bloße Vereinbarungstreuhand, in deren Rahmen sich der bisherige Gesellschafter verpflichtet, den betroffenen Geschäftsanteil in der Zukunft treuhänderisch für einen anderen zu halten, da sich hier nichts an der Rechtsinhaberschaft ändert.[220]

Weitere Veränderungen in Folge eines Rechtsgeschäfts sind etwa die Übertragung aufgrund eines Vermächtnisses und im Rahmen der Erbauseinandersetzung[221], der Erwerb eines Geschäftsanteils durch einen Neugesellschafter im Rahmen einer Kapitalerhöhung[222], der Erwerb eigener Geschäftsanteile durch die Gesellschaft[223], die Realteilung eines gemeinschaftlichen Geschäftsanteils[224] oder die Veräußerung einer Mitberechtigung nach Bruchteilen gem. §§ 741, 747 S. 1 BGB[225].

Sofern der Gesellschafter der GmbH selbst eine Personen- oder Kapitalgesellschaft ist, stellt ein Wechsel der diesbezüglichen Anteilsinhaber jedenfalls im Falle einer AG, GmbH, OHG oder KG nach einhelliger Ansicht keine Veränderung hinsichtlich der Gesellschafterstellung der GmbH i.S.d. § 40 Abs. 1 S. 1 GmbHG dar.[226] Anders ist dies nach richtiger Auffassung bei der GbR zu beurteilen, obwohl die Rechtsfähigkeit der Außen-GbR inzwischen anerkannt ist.[227] Denn die Gesellschafter

---

217 Vgl. *Bayer,* in: GmbHR 2012, 1, 2; *Wachter,* in: Bork/Schäfer, GmbHG, § 40 Rn. 7.

218 Vgl. *Bayer,* in: GmbHR 2012, 1, 2; *Löbbe,* in: Ulmer/Habersack/Löbbe, GmbHG, § 16 Rn. 25; vgl. zu dieser Thematik auch die Ausführungen unter § 4 B. I. 1. a) bb) und b) bb).

219 Vgl. a.a.O.

220 Vgl. *Bayer,* in: GmbHR 2012, 1, 2; *Löbbe,* in: Ulmer/Habersack/Löbbe, GmbHG, § 16 Rn. 27.

221 Vgl. *Fastrich,* in: Baumbach/Hueck, GmbHG, § 16 Rn. 9; *Seibt,* in: Scholz, GmbHG, § 16 Rn. 18.

222 Vgl. *Bayer,* in: GmbHR 2012, 1, 2; *Fastrich,* in: Baumbach/Hueck, GmbHG, § 16 Rn. 9.

223 Vgl. *Fastrich,* in: Baumbach/Hueck, GmbHG, § 16 Rn. 9; *Seibt,* in: Scholz, GmbHG, § 16 Rn. 18.

224 Vgl. *Bayer,* in: Lutter/Hommelhoff, GmbHG, § 40 Rn. 6; *Heidinger,* in: MünchKomm-GmbHG, § 16 Rn. 87.

225 Vgl. *Löbbe,* in: Ulmer/Habersack/Löbbe, GmbHG, § 16 Rn. 27; *Seibt,* in: Scholz, GmbHG, § 16 Rn. 18.

226 Vgl. etwa *Oetker,* in: Henssler/Strohn, Gesellschaftsrecht, GmbHG, § 40 Rn. 5.

227 Str., wie hier auch OLG Hamm, Beschl. v. 24.05.2016 – 27 W 27/16, RNotZ 2017, 51; *Bayer,* in: GmbHR 2012, 1, 2-3; *ders.,* in: Lutter/Hommelhoff, GmbHG, § 40 Rn. 13, § 8 Rn. 4; *Hasselmann,* in: NZG 2009, 409, 412 f; *Oetker,* in: Henssler/Strohn,

der GbR werden gerade nicht in ein Register eingetragen und sind somit für den Rechtsverkehr nicht ohne weiteres ermittelbar. Die Gesellschafter der GbR sind daher, ähnlich wie auch bei § 47 Abs. 2 GBO oder § 162 Abs. 1 S. 2 HGB, zusätzlich zur GbR selbst in der Gesellschafterliste der GmbH namentlich aufzulisten.[228] Folglich machen auch Änderungen im Gesellschafterbestand der GbR, die ihrerseits Gesellschafter einer GmbH ist, eine Korrektur der entsprechenden Gesellschafterliste dieser GmbH erforderlich.[229] Dies gilt – insoweit wieder unstreitig – auch für entsprechende Veränderungen bei einer Erbengemeinschaft oder einer Gütergemeinschaft, zu deren Vermögen ein Geschäftsanteil gehört.[230]

Hinsichtlich Veränderungen in den Personen des Gesellschafters kraft Gesetzes sind etwa die Kaduzierung (§ 21 GmbHG), die Versteigerung (§ 23 GmbHG) und die Einziehung (§ 34 GmbHG) eines Geschäftsanteils sowie die Gesamtrechtsnachfolge durch gesetzliche oder gewillkürte Erbfolge oder im Wege der übertragenden Umwandlung nach dem UmwG (Verschmelzung, Spaltung) zu nennen.[231]

c) *Keine Veränderungen*

Keine Veränderungen i.S.v. § 40 Abs. 1 S. 1 GmbHG sind hingegen nach zutreffender und nahezu einhelliger Ansicht Belastungen von Geschäftsanteilen, z.B. durch Pfändung, Verpfändung oder Nießbrauch.[232] Ebenfalls besteht keine Pflicht zur Angabe

---

Gesellschaftsrecht, GmbHG, § 40 Rn. 5; *Scheuch,* Der Scheingesellschafter der Gesellschaft bürgerlichen Rechts, S. 317 ff. (sehr umfassende Darstellung, Herleitung über § 162 Abs. 1 S. 2 HGB, nicht § 47 Abs. 2 GBO); *ders.,* in: GmbHR 2014, 568 ff.; *Wachter,* in: Bork/Schäfer, GmbHG, § 40 Rn. 6; *Winter,* in: Gehrlein/Ekkenga/Simon, GmbHG, § 40 Rn. 8; wohl auch *Paefgen,* in: Ulmer/Habersack/Löbbe, GmbHG, § 40 Rn. 30; **a.A.**: *Altmeppen,* in: Roth/Altmeppen, GmbHG, § 40 Rn. 9; *Heidinger,* in: MünchKomm-GmbHG, § 16 Rn. 89; *Huneke,* in: GmbHR 2016, 1186 ff.; *Link,* in: RNotZ 2009, 193, 203; *Löbbe,* in: Ulmer/Habersack/Löbbe, GmbHG, § 16 Rn. 27; *Lücke/Simon,* in: Saenger/Inhester, GmbHG, § 40 Rn. 5; *Noack,* in: Baumbach/Hueck, GmbHG, § 40 Rn. 10.

228 Vgl. *Bayer,* in: GmbHR 2012, 1, 2-3; *ders.,* in: Lutter/Hommelhoff, GmbHG, § 40 Rn. 13, § 8 Rn. 4; *Hasselmann,* in: NZG 2009, 409, 412 f; *Oetker,* in: Henssler/Strohn, Gesellschaftsrecht, GmbHG, § 40 Rn. 5; *Wachter,* in: Bork/Schäfer, GmbHG, § 40 Rn. 6; *Winter,* in: Gehrlein/Ekkenga/Simon, GmbHG, § 40 Rn. 8.

229 Vgl. *Bayer,* in: GmbHR 2012, 1, 3.

230 Vgl. etwa *Bayer,* in: GmbHR 2012, 1, 3; *Heidinger,* in: MünchKomm-GmbHG, § 16 Rn. 89; *Terlau,* in: Michalski, GmbHG, § 40 Rn. 8.

231 Vgl. *Bayer,* in: GmbHR 2012, 1, 3 ; *Drygala/Staake/Szalai,* Kapitalgesellschaftsrecht, § 12 Rn. 7; *Noack,* in: Baumbach/Hueck, GmbHG, § 40 Rn. 6; *Oetker,* in: Henssler/Strohn, Gesellschaftsrecht, GmbHG, § 40 Rn. 4; *Wachter,* in: Bork/Schäfer, GmbHG, § 40 Rn. 7.

232 Vgl. BGH, Beschl. v. 20.9.2011 – II ZB 17/10, BB 2011, 2832.; OLG München, Beschl. v. 08.09.2009 – 31 Wx 82/09, GmbHR 2009, 1211, 1212; *Altmeppen,* in: Roth/Altmeppen, GmbHG, § 40 Rn. 9; *Bayer,* in: GmbHR 2012, 1, 5 ff. (mit der Forderung, derlei Eintragungen zu ermöglichen); *Lücke/Simon,* in: Saenger/Inhester, GmbHG,

von Verfügungsbeschränkungen (z.B. Testamentsvollstreckung, Nacherbenvermerk) sowie über die Eröffnung des Insolvenzverfahrens über das Vermögen eines Gesellschafters.[233]

3. *Einreichung der aktualisierten Gesellschafterliste*

Die Gesellschafterliste ist stets im Anschluss an jede Veränderung i.S.v. § 40 Abs. 1 S. 1 GmbHG insgesamt neu mit den aktuellen Angaben zu erstellen, d.h. Veränderungen sind nicht etwa durch chronologische Streichungen oder Einfügungen in der „alten" Gesellschafterliste zu vermerken.[234] Fanden seit Einreichung der letzten Gesellschafterliste mehrere Veränderungen statt, so ist – auch bei unmittelbarer zeitlicher Abfolge der Veränderungen – für jede Veränderung eine gesonderte, geänderte Gesellschafterliste („*Zwischenliste*") einzureichen.[235] Denn aus der Gesellschafterliste muss ersichtlich sein, wie sich die Geschäftsanteile entwickelt haben und woher sie „stammen".[236] Daher sollte in derartigen Konstellationen die Reihenfolge des Wirksamwerdens der Veränderungen aus den Gesellschafterlisten ersichtlich sein.[237]

Beispiel 1:[238]

A ist Inhaber eines Geschäftsanteils, den er je zur Hälfte an E und F übertragen möchte. Daher wird der Geschäftsanteil zunächst geteilt und sodann an E und F zu notarieller Urkunde übertragen.

Es reicht in diesem Falle nicht aus, dass der zuständige Notar nur eine Gesellschafterliste zum Handelsregister einreicht, die den letzten Stand der Beteiligungsverhältnisse ausweist. Vielmehr hat er zusätzlich eine Zwischenliste einzureichen, aus der sich der Zustand nach der Aufteilung des Geschäftsanteils, aber vor Abtretung der beiden nach der Teilung entstandenen Geschäftsanteile an die beiden neuen Gesellschafter ergibt. Denn ansonsten lässt sich nicht ersehen, ob es sich bei den beiden Geschäftsanteilen, die E und F halten,

---

§ 40 Rn. 10; *Noack,* in: Baumbach/Hueck, GmbHG, § 40 Rn. 7; *Schneider,* in: GmbHR 2009, 393, 394; *Paefgen,* in: Ulmer/Habersack/Löbbe, GmbHG, § 40 Rn. 27; *Wachter,* in: Bork/Schäfer, GmbHG, § 40 Rn. 9; *Winter,* in: Gehrlein/Ekkenga/Simon, GmbHG, § 40 Rn. 12; **a.A.:** *Heidinger,* in: MünchKomm-GmbHG, § 40 Rn. 22, § 16 Rn. 94 ff.; *Reymann,* in: WM 2008, 2095, 2100 ff.

233 Vgl. *Noack,* in: Baumbach/Hueck, GmbHG, § 40 Rn. 7; *Wachter,* in: Bork/Schäfer, GmbHG, § 40 Rn. 9.

234 Vgl. *Oetker,* in: Henssler/Strohn, Gesellschaftsrecht, GmbHG, § 40 Rn. 6.

235 Vgl. OLG Köln, Beschl. v. 19.07.2013 – 2 Wx 170/13, NZG 2013, 1431, 1432; DNotI-Report 2011, 25, 26; *Hasselmann,* in: NZG 2009, 449, 450; *Heilmeier,* in: BeckOK-GmbHG, § 40 Rn. 49; *Melchior,* in: GmbHR 2010, 418, 420.

236 Vgl. OLG Köln, Beschl. v. 19.07.2013 – 2 Wx 170/13, NZG 2013, 1431, 1432; OLG Jena, Beschl. v. 22.03.2010 – 6 W 110/10, NZG 2010, 591.

237 Vgl. *Blasche,* in: RNotZ 2014, 34, 37.

238 Vgl. OLG Köln, Beschl. v. 19.07.2013 – 2 Wx 170/13, NZG 2013, 1431.

auch um den geteilten Anteil des A handelt. Der Rechtszustand der Zwischenliste war für eine „logische Sekunde" gegeben, da der Geschäftsanteil zunächst geteilt werden musste, bevor die hieraus entstandenen neuen Geschäftsanteile auf E und F übertragen werden konnten. Etwas anderes kann nach h.M. nur dann gelten, wenn die eingereichte Gesellschafterliste Veränderungsspalten enthält, anhand derer sich erkennen lässt, aus welchen früheren Anteilen die aktuellen Anteile entstanden sind.[239]

Hiervon zu unterscheiden ist die gleichzeitige Abtretung verschiedener Geschäftsanteile. In diesem Falle können die Veränderungen problemlos in einer Gesellschafterliste zusammengefasst werden.[240] Dies gilt aber freilich nicht, wenn die Abtretungen zu verschiedenen Zeitpunkten wirksam werden; in diesem Falle sind vielmehr ebenfalls jeweils gesonderte, aktualisierte Gesellschafterlisten einzureichen.[241]

Die Veränderungen selbst sowie der Grund hierfür müssen hingegen nicht zwingend aus der Gesellschafterliste ersichtlich sein, denn anders als das Grundbuch kennt die Gesellschafterliste keine Veränderungsspalte.[242] Da das Gesetz eine solche allerdings auch nicht verbietet, kann eine entsprechende Erweiterung der Gesellschafterliste in der Praxis durchaus empfehlenswert sein[243] (vgl. auch das obige *Beispiel 1*).

4. *Zuständigkeit / Einreichungspflicht*

Im Folgenden wird dargestellt, wer unter welchen Umständen für die Aktualisierung und Einreichung der Gesellschafterliste zum Handelsregister zuständig ist. Des Weiteren wird aufgezeigt, welche Pflichten dem oder den jeweils zuständigen Personen in diesem Zusammenhang obliegen. Letzteres wird insbesondere noch im Rahmen der Untersuchung der Anspruchsbegründung eine tragende Rolle spielen.[244]

a) Allgemeines zur Zuständigkeitsabgrenzung

Aus den Regelungen des § 40 Abs. 1 und Abs. 2 GmbHG ergibt sich, dass die Geschäftsführer grundsätzlich für die Aktualisierung der Gesellschafterliste und deren

239 Vgl. OLG Köln, Beschl. v. 19.07.2013 – 2 Wx 170/13, NZG 2013, 1431, 1432; OLG Jena, Beschl. v. 22.03.2010 – 6 W 110/10, NZG 2010, 591.

240 Vgl. etwa *Altmeppen,* in: Roth/Altmeppen, GmbHG, § 40 Rn. 8; *Blasche,* in: RNotZ 2014, 34, 37.

241 Vgl. a.a.O.

242 Vgl. *Oetker,* in: Henssler/Strohn, Gesellschaftsrecht, GmbHG, § 40 Rn. 6; *Wachter,* in: Bork/Schäfer, GmbHG, § 40 Rn. 23.

243 Vgl. *Noack,* in: Baumbach/Hueck, GmbHG, § 40 Rn. 8; *Tebben,* in: RNotZ 2008, 441, 455; *Terlau,* in: Michalski, GmbH, § 40 Rn. 11; *Wachter,* in: Bork/Schäfer, GmbHG, § 40 Rn. 23.

244 Vgl. die diesbezüglichen Ausführungen unter § 4 zur möglichen Inanspruchnahme der Geschäftsführer (D.) und des Notars (E.).

Einreichung zum Handelsregister zuständig sind (§ 40 Abs. 1 S. 1 GmbHG), es sei denn, ein Notar hat an den Veränderungen mitgewirkt. In diesem Falle ist der Notar verpflichtet, anstelle der Geschäftsführer die aktualisierte Gesellschafterliste zum Handelsregister einzureichen (§ 40 Abs. 2 S. 1 GmbHG). Nach der Systematik des § 40 Abs. 1 und Abs. 2 GmbHG liegt die Zuständigkeit für die Aktualisierung der Gesellschafterliste folglich grundsätzlich bei den Geschäftsführern, deren Zuständigkeit nur dann entfällt, wenn ein Notar mitgewirkt hat.[245] Nach richtiger und bislang h.L. trifft den Notar dabei in exklusiver Verdrängung der Geschäftsführer die ausschließliche Aktualisierungszuständigkeit, sofern er an den Veränderungen i.S.d. § 40 Abs. 2 S. 1 GmbHG mitgewirkt hat.[246] Dies ergibt sich bereits aus der klaren Formulierung *„anstelle der Geschäftsführer"* in § 40 Abs. 2 S. 1 GmbHG.[247] Auch in der Gesetzesbegründung heißt es hierzu deutlich: *„Die Formulierung „anstelle" in § 40 Abs. 2 Satz 1 stellt klar, dass die Erstellung und die Einreichung der Liste allein im Verantwortungsbereich des Notars liegen. Hat ein Notar an einer Veränderung mitgewirkt, entfällt die Verpflichtung der Geschäftsführer zur Erstellung und Einreichung einer Liste, die diese Veränderung umsetzt."*[248] Eine gleichzeitige bzw. kumulative Zuständigkeit von Geschäftsführern und Notar ist durch die klare Formulierung des § 40 Abs. 2 S. 1 GmbHG mithin ausgeschlossen[249], d.h. bei jeder Veränderung in den Beteiligungsverhältnissen ist entweder von den Geschäftsführern oder vom Notar eine neue Gesellschafterliste zum Handelsregister einzureichen.[250] Die Verantwortlichkeit für die Einreichung der aktualisierten Gesellschafterliste richtet sich dabei gem. § 40 Abs. 2 S. 1 GmbHG stets danach, ob an der Veränderung der Beteiligungsverhältnisse ein Notar *„mitgewirkt"* hat oder nicht.[251] Der Notar handelt bei der Einreichung der Gesellschafterliste gerade nicht als bloßer Vertreter der

---

245 Vgl. *Hasselmann,* in: NZG 2013. 325, 327.

246 Vgl. etwa OLG München, Beschl. v. 06.02.2013 – 31 Wx 8/13, NZG 2013, 340; OLG Hamm, Beschl. v. 16.02.2010 – 15 W 322/09, GmbHR 2010, 430; *Bussian/Achenbach* BB 2010, 778, 779; *Hasselmann,* in: NZG 2009, 486, 490; *Heilemann,* Der gutgläubige Erwerb von Geschäftsanteilen einer GmbH, S. 148/149; *Herrler,* in: GmbhR 2013, 617, 620; *Kort,* in: GmbHR 2009, 169, 171; *Löbbe,* in: GmbHR 2012, 7, 8; *Mayer,* in: DNotZ 2008, 403, 408; *Paefgen,* in: Ulmer/Habersack/Löbbe, GmbHG, § 40 Rn. 107; *Sikora,* in: NWB 2010, 992, 993, 999; *Wachter,* in: Bork/Schäfer, GmbHG, § 40 Rn. 30 ff.; *Wicke,* GmbhG, § 40 Rn. 11; *Windbichler,* Gesellschaftsrecht, § 22 Rn. 23; vgl. auch *Bayer,* in: Lutter/Hommelhoff, GmbHG, § 40 Rn. 23 ff., der jedoch unter Berücksichtigung der BGH-Rechtsprechung einen Mittelweg/Kompromiss vorschlägt.

247 Vgl. etwa *Löbbe,* in: GmbHR 2012, 7, 8.

248 BT-Drucks. 16/6140, 44.

249 Vgl. OLG München, Beschl. v. 06.02.2013 – 31 Wx 8/13, NZG 2013, 340; *Hasselmann,* in: NZG 2013, 325, 327; *Herrler,* in: GmbhR 2013, 617, 620; *Löbbe,* in: GmbHR 2012, 7, 8.

250 Vgl. nur *Wachter,* in: Bork/Schäfer, GmbH, § 40 Rn. 14.

251 Vgl. *Wachter,* in: Bork/Schäfer, GmbHG, § 40 Rn. 11.

Geschäftsführer[252] oder der Gesellschaft, sondern alleinverantwortlich und kraft seines Amtes.[253] Etwas untergegangen in der Diskussion um eine Entscheidung des BGH zur Auslandsbeurkundung von Gesellschafterlisten[254] ist die in dieser Entscheidung vom BGH ebenfalls angenommene Parallelzuständigkeit von Geschäftsführern und Notar gem. § 40 Abs. 1 und Abs. 2 GmbHG, wonach die Geschäftsführer nach Auffassung des BGH auch dann befugt seien, eine Gesellschafterliste einzureichen, wenn ein Notar mitgewirkt habe und gem. § 40 Abs. 2 S. 1 GmbHG zuständig sei.[255] Dieses Verständnis des BGH von der Zuständigkeitsabgrenzung von Geschäftsführern und Notar verwundert sehr, widerspricht es doch klar der aufgezeigten gesetzlichen Konzeption und dem Willen des Gesetzgebers und ist unabhängig von den damit zusätzlich einhergehenden Rechtsunsicherheiten als systemwidrig abzulehnen. Die Verpflichtung der Geschäftsführer zur nachfolgenden Kontrolle und zur Korrektur einer aus anderen Gründen unrichtigen Liste soll nach dem Willen des Gesetzgebers aber unberührt bleiben.[256] Es ist vielmehr im Gegenteil *„Daueraufgabe"* der Geschäftsführer, die Gesellschafterliste stetig auf ihre Richtigkeit zu überwachen und diese bei Unrichtigkeit zu aktualisieren.[257]

Diese durch § 40 Abs. 1 und Abs. 2 GmbHG vorgegebene Zuständigkeitsverteilung zwischen Geschäftsführern und Notar ist zwingendes Recht und unterliegt folglich nicht der Disposition der Parteien.[258] Die verstärkte Einbindung des Notars soll nach der Intention des Gesetzgebers gleichzeitig die *„Richtigkeitsgewähr"* der Gesellschafterliste, die durch das MoMiG insbesondere durch ihre Legitimationswirkung und ihre Funktion als Rechtsscheinträger für einen gutgläubigen Erwerb eine Aufwertung erfahren hat, erhöhen und das Verfahren *„besonders einfach und unbürokratisch"* machen.[259] Wie nachfolgend unter d) noch näher auszuführen sein wird, bereitet die Bestimmung der Zuständigkeit und damit auch der Pflichten in einigen Fällen aber durchaus Probleme, was in der Praxis bereits zu erheblicher Rechtsunsicherheit geführt hat und wohl auch weiterhin noch führen wird. Hier besteht, wie noch aufzuzeigen sein wird, aus Sicht des Verfassers noch Regelungsbedarf auf Seiten des Gesetzgebers.

---

252 So noch der Referentenentwurf, vgl. *Wachter,* in: Bork/Schäfer, GmbHG, § 40 Rn. 31.

253 Vgl. BT-Drucks. 16/6140, 44; *Wachter,* in: Bork/Schäfer, GmbHG, § 40 Rn. 31.

254 Vgl. zu der problematischen Konstellation der Auslandsbeurkundung die gesonderten Ausführungen unter § 3 C. III. 4. d) gg).

255 Vgl. BGH, Urt. v. 17.12.2013 – II ZR 21/12, GmbHR 2014, 198.

256 Vgl. BT-Drucks. 16/6140, 44.

257 Vgl. *Mayer,* in: MittBayNot 2014, 24, 34.

258 Vgl. *Löbbe,* in: GmbHR 2012, 7, 8; *Mayer,* in: MittBayNot 2014, 114; *Seibt,* in: Scholz, GmbHG, § 40 Rn. 55; *Terlau,* in: Michalski, GmbHG, § 40 Rn. 25; *Wachter,* in: Bork/Schäfer, GmbHG, § 40 Rn. 14, 31.

259 Vgl. BT-Drucks. 16/6140, 44.

b) Gesellschafterliste der Geschäftsführer

aa) Allgemeines / Unproblematische Fälle der Zuständigkeit

Wie bereits aufgezeigt wurde, sind die Geschäftsführer stets nur dann für die Aktualisierung und Einreichung der Gesellschafterliste zum Handelsregister zuständig, sofern kein Notar an den Veränderungen im Gesellschafterkreis mitgewirkt hat. Der Gesetzgeber geht dabei davon aus, dass *„in den meisten Fällen der Veränderung der Personen oder der Beteiligungshöhe [...] ein Notar in amtlicher Eigenschaft mit[wirkt]"*.[260] Durch die Neufassung des § 40 Abs. 2 GmbHG sollte der Notar *„verstärkt in die Aktualisierung der Gesellschafterliste einbezogen werden"*.[261]

Originär zuständig sind die Geschäftsführer zunächst aufgrund § 8 Abs. 1 Nr. 3 GmbHG für die Erstellung und Einreichung der Gründergesellschafterliste, die von sämtlichen Geschäftsführern zu unterzeichnen ist.[262] Des Weiteren sind die Geschäftsführer unproblematisch zuständig bei Veränderungen durch (gesetzliche oder gewillkürte) Erbfolge sowie bei der Zusammenlegung, Teilung, Einziehung, Kaduzierung und Versteigerung von Geschäftsanteilen und Namens- und Wohnortänderungen.[263]

bb) Mitteilung und Nachweis der Veränderung / Prüfpflicht der Geschäftsführer

Gem. § 40 Abs. 1 S. 2 GmbHG erfolgt *„die Änderung der Liste durch die Geschäftsführer [...] auf Mitteilung und Nachweis"*. Die Regelung ist an § 67 Abs. 3 AktG angelehnt und soll jedenfalls nach der Intention des Gesetzgebers den Geschäftsführern eine Prüfpflicht auferlegen, wodurch im Regelfall die gebotene Sorgfalt bei Abgabe der Liste gewährleistet sein solle.[264] Nähere Angaben zu Inhalt, Form und Umfang der erforderlichen Mitteilungen und Nachweise macht das Gesetz allerdings nicht. Auch auf wessen Mitteilung und Nachweis die Änderung der Gesellschafterliste erfolgt, wird nicht erwähnt. Und auch das Bestehen und der etwaige Umfang einer inhaltlichen Prüfpflicht der Geschäftsführer werden im Gesetz nicht spezifiziert. Fraglich ist zudem, ob die Geschäftsführer gem. § 40 Abs. 1 S. 2 GmbHG die Gesellschafterliste nur auf Mitteilung und Nachweis oder auch bei sonstiger Kenntniserlangung von Änderungen tätig werden können oder ggf. sogar müssen. Diese Regelung hinterlässt mithin einige klärungsbedürftige Fragen, die im Folgenden aufgearbeitet und geklärt werden sollen.

---

260 Vgl. a.a.O.

261 Vgl. a.a.O.

262 Vgl. etwa *Link,* in: RNotZ 2009, 193, 196; *Winter,* in: Gehrlein/Ekkenga/Simon, GmbHG, § 40 Rn. 22.

263 Vgl. etwa *Löbbe,* in: GmbHR 2012, 7, 10; *Noack,* in: Baumbach/Hueck, GmbHG, § 40 Rn. 17; *Paefgen,* in: Ulmer/Habersack/Löbbe, GmbHG, § 40 Rn. 68.

264 Vgl. BT-Drucks. 16/6140, 44.

(1) Mitteilung

(a) Rechtsnatur, Form und Inhalt der Mitteilung

Die Mitteilung i.S.d. § 40 Abs. 1 S. 2 GmbHG stellt nach einhelliger Ansicht eine geschäftsähnliche Handlung dar, auf die die Vorschriften des BGB über Willenserklärungen entsprechende Anwendung finden.[265]

Das Gesetz stellt an die Mitteilung keine besonderen Anforderungen. Die Mitteilung ist nach dem Gesetz insbesondere nicht formbedürftig[266] und kann folglich nach g.h.M. grundsätzlich mündlich, schriftlich, elektronisch oder – sofern verständlich – sogar konkludent erfolgen[267]. Hierbei sollte aber die nunmehr große Bedeutung der Gesellschafterliste von den Geschäftsführern ebenso berücksichtigt werden wie der Umstand, dass sie im Falle einer Verletzung der ihnen obliegenden Pflichten gem. § 40 Abs. 3 GmbHG persönlich haftbar gemacht werden können.[268] Schon aus Gründen der Nachweisbarkeit empfiehlt sich deshalb die Schriftform.[269] Zudem kann der Gesellschaftsvertrag, anders als bei der AG, eine bestimmte Form der Mitteilung ausdrücklich vorgeben[270], was auch aus den genannten Gründen empfehlenswert erscheint.

Die Mitteilung selbst muss die Veränderung hinreichend bestimmen, d.h. klar, eindeutig und verständlich bezeichnen.[271] Maßgeblich ist, dass die Mitteilung ihrem Zweck entsprechend so verfasst ist, dass die Geschäftsführer sie verstehen können.[272]

(b) Mitteilungsbefugnis

Auch die Person des Mitteilenden bzw. des ggf. zur Mitteilung Befugten konkretisiert § 40 Abs. 1 S. 2 GmbHG nicht.

Unstreitig mitteilungsbefugt ist der Gesellschafter, der von Veränderungen des Umfangs seiner Beteiligung oder in seiner Person betroffen ist, d.h. der aktuell in

---

265 G.h.M., vgl. etwa *Altmeppen,* in: Roth/Altmeppen, GmbHG, § 40 Rn. 10; *Hasselmann,* in: NZG 2009, 486, 488; *Noack,* in: Baumbach/Hueck, GmbHG, § 40 Rn. 22; *Paefgen,* in: Ulmer/Habersack/Löbbe, GmbHG, § 40 Rn. 79.

266 Vgl. *Noack,* in: Baumbach/Hueck, GmbHG, § 40 Rn. 23; *Wachter,* in: Bork/Schäfer, GmbHG, § 40 Rn. 18;.

267 Vgl. *Heidinger,* in: MünchKomm-GmbHG, § 40 Rn. 93; *Kort,* in: GmbHR 2009, 169; *Link,* in: RNotZ 2009, 193, 199; *Paefgen,* in: Ulmer/Habersack/Löbbe, GmbHG, § 40 Rn. 81; **a.A.:** *Wachter,* in: ZNotP 2008, 378, 383, der ohne entsprechende Grundlage im Gesetz eine schriftliche Erklärung zumindest auch in deutscher Sprache fordert.

268 Vgl. hierzu noch ausführlich § 4 D. I. 1.

269 So etwa auch *Heidinger,* in: MünchKomm-GmbHG, § 40 Rn. 93; *Wachter,* in: Bork/Schäfer, GmbHG, § 40 Rn. 18.

270 Vgl. *Hasselmann,* in: NZG 2009, 486, 488; *Heidinger,* in: MünchKomm-GmbHG, § 40 Rn. 93; *Noack,* in: Baumbach/Hueck, GmbHG, § 40 Rn. 23.

271 Vgl. *Wachter,* in: Bork/Schäfer, GmbHG, § 40 Rn. 18.

272 Vgl. *Hasselmann,* in: NZG 2009, 486, 488.

der Gesellschafterliste Eingetragene (sog. „formal Befugter").[273] Auch kann die Mitteilung entsprechend §§ 174, 180 BGB durch einen von einem solchen betroffenen Gesellschafter bevollmächtigten Dritten erfolgen.[274] Ist der betroffene Gesellschafter insolvent, ist der Insolvenzverwalter nach § 80 Abs. 1 InsO mitteilungsbefugt, sofern nicht lediglich persönliche Verhältnisse gegenständlich sind.[275]

Umstritten ist, ob darüber hinaus auch Dritte, etwa das zuständige Registergericht bei Wirksamwerden von Verschmelzungen und Kapitalerhöhungen oder Notare, sofern diese nicht selbst gem. § 40 Abs. 2 S. 1 GmbHG zuständig sind, zur Mitteilung befugt sind.

Die wohl h.M. lehnt dies ab und schränkt den Kreis der Mitteilungsberechtigten auf die betroffenen Gesellschafter ein.[276] Zur Begründung wird eine Parallele zu § 67 Abs. 3 AktG gezogen[277], an dessen Formulierung sich der Gesetzgeber bei § 40 Abs. 1 S. 2 GmbHG unstreitig orientiert hat (s.o.). So seien bei einer Veräußerung etwa beide Parteien, d.h. Veräußerer und Erwerber mitteilungsbefugt[278], im Rahmen einer Erbfolge kämen als Mitteilender nur der oder die Erben nach der in der Gesellschafterliste als bisheriger Inhaber eingetragenen Person in Betracht[279], bei Zusammenlegung oder Teilung von Geschäftsanteilen nur der bisher in der Gesellschafterliste Eingetragene[280]. Eine Streichung des bisher in der Gesellschafterliste Eingetragenen (d.h. des „formal Befugten") sei ohne dessen Zustimmung nicht zulässig.[281] Der vermittelnde und wohl größte Teil dieser Stimmen macht aber eine Ausnahme für den Erwerber, indem sich die „Zustimmung" des „formal Befugten" auch aus dem vorzulegenden Nachweis ergeben könne (z.B. Urkunde eines ausländischen Notars).[282]

---

273 Vgl. etwa *Noack,* in: Baumbach/Hueck, GmbHG, § 40 Rn. 19; *Oetker,* in: Henssler/Strohn, Gesellschaftsrecht, GmbHG, § 40 Rn. 15; *Paefgen,* in: Ulmer/Habersack/Löbbe, GmbHG, § 40 Rn. 83; *Terlau,* in: Michalski, GmbHG, § 40 Rn. 15.

274 Vgl. *Noack,* in: Baumbach/Hueck, GmbHG, § 40 Rn. 19.

275 Vgl. *Heidinger,* in: MünchKomm-GmbHG, § 40 Rn. 100; *Noack,* in: Baumbach/Hueck, GmbHG, § 40 Rn. 19.

276 Vgl. *Kort,* in: GmbHR 20009, 169, 170; *Heidinger,* in: MünchKomm-GmbHG, § 40 Rn. 94 ff.; *Mayer,* in: MittBayNot 2014, 24, 33; *Noack,* in: Baumbach/Hueck, GmbHG, § 40 Rn. 20; *Oetker,* in: Henssler/Strohn, Gesellschaftsrecht, GmbHG, § 40 Rn. 15; *Terlau,* in: Michalski, GmbHG, § 40 Rn. 15; *Winter,* in: Gehrlein/Ekkenga/Simon, GmbHG, § 40 Rn. 27.

277 Vgl. *Heidinger,* in: MünchKomm-GmbHG, § 40 Rn. 94 ff.; *Kort,* in: GmbHR 20009, 169, 170.

278 Vgl. *Noack,* in: Baumbach/Hueck, GmbHG, § 40 Rn. 20; *Terlau,* in: Michalski, GmbHG, § 40 Rn. 15.

279 Vgl. *Terlau,* in: Michalski, GmbHG, § 40 Rn. 15.

280 Vgl. a.a.O.

281 So ausdrücklich *Noack,* in: Baumbach/Hueck, GmbHG, § 40 Rn. 20; *Oetker,* in: Henssler/Strohn, Gesellschaftsrecht, GmbHG, § 40 Rn. 15.

282 Vgl. *Noack,* in: Baumbach/Hueck, GmbHG, § 40 Rn. 20.

Nach einer anderen Ansicht sollen auch Dritte mitteilungsbefugt sein.[283] Dies wird zum Teil damit begründet, dass das Gesetz schlicht keine Eingrenzungen vorsehe[284], zum Teil auch damit, dass ansonsten die vom Gesetzgeber vorgesehene Möglichkeit des Registergerichts ins Leere laufen würde, gem. § 14 HGB i.V.m. § 388 FamFG die Geschäftsführer mittels eines Zwangsgeldes zur Einreichung einer aktualisierten Liste anzuhalten, wenn es von einer Veränderung erfahren habe, die ihm nicht durch die betroffenen Gesellschafter zugetragen worden sei.[285] Eine zu restriktive Auslegung des § 40 Abs. 1 S. 2 GmbHG verhindere zudem die vom Gesetzgeber mit dem MoMiG intendierte Transparenz über die Beteiligungsverhältnisse.[286] Des Weiteren wird angeführt, durch die Übernahme der Formulierung des § 67 Abs. 3 GmbHG habe man eine Prüfpflicht der Geschäftsführer[287] impliziert, weshalb es nicht darauf ankomme, von wem die Mitteilung letztlich stamme.[288]

Die Frage hinsichtlich des Erfordernisses einer Mitteilungsbefugnis ist in der Tat nicht ganz einfach zu beantworten. Zwar ergibt sich eine solche nicht direkt aus dem Gesetz. Zu beachten ist aber, dass die Eintragung in der Gesellschafterliste aus mehreren Gesichtspunkten von gravierender Bedeutung ist. Allein sie legitimiert den Eingetragenen gegenüber der Gesellschaft als Gesellschafter (Legitimationswirkung des § 16 Abs. 1 GmbHG), von ihr hängt die Möglichkeit eines gutgläubigen Erwerbs gem. § 16 Abs. 3 GmbHG ab und sie berührt durch diese Wirkungen zugleich auch das Verhältnis aller Gesellschafter zueinander.[289] Eine Entscheidung der Geschäftsführer, ohne den bisher „formal Befugten" auch nur anzuhören, mutet vor diesem Hintergrund doch schwierig an. Es sei aber auch angemerkt, dass der Streit nur in wenigen Fällen überhaupt zum Tragen kommen dürfte. Denn bei der Übertragung eines Geschäftsanteils ist im Regelfall ohnehin gem. § 40 Abs. 2 S. 1 GmbHG der Notar und nicht die Geschäftsführer für die Aktualisierung der Gesellschafterliste zuständig (s.o.). Hier dürften mithin nur Auslandsbeurkundungen[290] relevant werden. Dies wird aber noch dadurch weitgehend relativiert, dass auch die h.M. lückenlose Nachweise des Erwerbers als Zustimmung des Veräußerers wertet (s.o.). Aus diesem Grunde relativiert sich auch die Problematik eines gar nicht mehr vorhandenen (da gestorbenen) „formal Befugten" in Erbfällen.[291] Des Weiteren sind

---

283 Vgl. *Hasselmann,* in: NZG 2009, 486, 488; *Heilmeier,* in: BeckOK-GmbHG, § 40 Rn. 128; *Sikora,* in: NWB 2010, 992, 995.

284 So *Sikora,* in: NWB 2010, 992, 995.

285 So *Heilmeier,* in: BeckOK-GmbHG, § 40 Rn. 128 unter Verweis auf BT-Drucks. 16/6140, 44.

286 Vgl. a.a.O.

287 Vgl. zur Prüfpflicht der Geschäftsführer nachfolgend § 3 C. III. 4. b) bb) (3).

288 Vgl. *Hasselmann,* in: NZG 2009, 486, 488.

289 Vgl. *Schneider,* in: GmbHR 2009, 393, 395; vgl. allgemein zu den Funktionen der Gesellschafterliste oben § 3 C. II.

290 Vgl. hierzu gesondert die nachfolgenden Ausführungen unter § 3 C. III. 4. d) gg).

291 Vgl. zu dieser Konstellation ausdrücklich *Heidinger,* in: MünchKomm-GmbHG, § 40 Rn. 96 ff.

die Folgen einer nicht vorhandenen Mitteilungsbefugnis und einer ggf. trotzdem vorgenommen Aktualisierung der Gesellschafterliste durch die Geschäftsführer zu bedenken. Denn auch wenn man mit der wohl h.M. eine Mitteilungsbefugnis für erforderlich hält, kann hieraus nicht folgen, dass eine dennoch vorgenommene Einreichung einer aktualisierten Gesellschafterliste zum Handelsregister durch die Geschäftsführer keine Auswirkungen hat. Auch diese Gesellschafterliste muss vielmehr die Rechtswirkungen des § 16 GmbHG entfalten.[292] Eine ganz andere Frage ist in diesem Falle, ob sich die Geschäftsführer im Falle der Aktualisierung der Gesellschafterliste aufgrund der Mitteilung einer nicht mitteilungsbefugten Person ggf. wegen Verletzung ihrer Pflichten gem. § 40 Abs. 3 GmbHG schadensersatzpflichtig gemacht haben.[293] Gerade die Existenz dieser Norm spricht aber gegen die Annahme einer strengen Mitteilungsbefugnis. Letztere kann lediglich als Indiz oder Grund für eine etwaige Pflichtverletzung der Geschäftsführer angeführt werden. Eine andere Frage ist auch, ob die Geschäftsführer ggf. widersprüchliche Mitteilungen beachten müssen oder gar zur Aktualisierung verpflichtet sind.[294]

(c) Mitteilungspflicht der Gesellschafter

Fraglich und umstritten ist, ob die Gesellschafter von sich aus an der Aktualisierung der Gesellschafterliste mitzuwirken haben, also ob eine Pflicht der Gesellschafter zur Mitteilung von Veränderungen i.S.d. § 40 Abs. 1 S. 1 GmbHG besteht. Im Aktienrecht ist eine diesbezügliche Pflicht der Gesellschafter in § 67 Abs. 1 S. 2 AktG normiert. Im GmbHG findet sich keine entsprechende Regelung. Aus eben diesem Grunde verneint ein Teil der Literatur eine Mitteilungspflicht der Gesellschafter.[295] Andere Stimmen in der Literatur bejahen hingegen eine Mitteilungspflicht der Gesellschafter als Ausfluss der allgemeinen Treuepflicht[296].[297] Diese Treuebindung soll auch noch nach Ausscheiden eines Gesellschafters fortwirken.[298]

Der letzteren Ansicht ist zuzustimmen. Ebenso wie das Mitgliedschaftsverhältnis ein Recht auf Aktualisierung der Gesellschafterliste begründet[299], begründet es auch eine entsprechende Pflicht gegenüber der Gesellschaft, relevante Veränderungen

292 Vgl. auch *Hasselmann*, in: NZG 2009, 486, 488.
293 Vgl. a.a.O.
294 Vgl. hierzu nachfolgend § 3 C. III. 4. b) bb) (3) (b).
295 Vgl. *Noack*, in: Baumbach/Hueck, GmbHG, § 40 Rn. 24.
296 Vgl. zur allgemeinen Treuepflicht bereits die Ausführungen unter § 2 B. II. 6. b).
297 Vgl. *Altmeppen*, in: Roth/Altmeppen, GmbHG, § 40 Rn. 12; *Bayer*, in: Lutter/Hommelhoff, GmbHG, § 40 Rn. 54; *Brandes*, in: Bork/Schäfer, GmbHG, §16 Rn. 6; *Heidinger*, in: MünchKomm-GmbHG, § 40 Rn. 101; *Heilmeier*, in: BeckOK-GmbHG, § 40 Rn. 133; *Paefgen*, in: Ulmer/Habersack/Löbbe, GmbHG, § 40 Rn. 96; *Reymann*, in: BB 2009, 506, 509; *Wicke*, GmbHG, § 40 Rn. 8.
298 Vgl. *Heilmeier*, in: BeckOK-GmbHG, § 40 Rn. 133; *Paefgen*, in: Ulmer/Habersack/Löbbe, GmbHG, § 40 Rn. 96.
299 Vgl. hierzu näher die nachfolgenden Ausführungen unter § 3 C. III. 4. b) cc).

mitzuteilen und ggf. nachzuweisen.[300] Verneint man eine Mitteilungspflicht, könnten die Beteiligten durch ihre Mitwirkungsverweigerung zudem die Eintragungs- und Einreichungspflichten nach § 40 Abs. 1 und Abs. 2 GmbHG weitgehend ins Leere laufen lassen.[301] Unabhängig davon erscheint es zur Vermeidung von Rechtsunsicherheiten aber ratsam, eine entsprechende Mitteilungspflicht der Gesellschafter in den Gesellschaftsvertrag aufzunehmen.[302]

(2) Nachweis

Nach § 40 Abs. 1 S. 2 GmbHG ist den Geschäftsführern die jeweilige Veränderung auch nachzuweisen. Besondere Anforderungen an den Nachweis stellt das Gesetz nicht. § 40 Abs. 1 S. 2 GmbHG enthält diesbezüglich – ebenso wie die Gesetzesbegründung – keine Hinweise, verlangt insbesondere nicht die Vorlage qualifizierter Nachweise (z.B. eines Erbscheins). Besondere Anforderungen an den Nachweis können aber im Gesellschaftsvertrag bestimmt werden und dürften zur künftigen Streitvermeidung auch zweckmäßig sein.[303]

Fraglich sind die Anforderungen an den Nachweis, sofern keine solche besondere gesellschaftsvertragliche Regelung besteht. Nach alter Rechtslage musste der Nachweis gem. ständiger Rechtsprechung des BGH und g.h.M. schlüssig sein und den Geschäftsführern eine *„überzeugende Unterrichtung"* über die Veränderung verschaffen.[304] Diese Kriterien werden grundsätzlich auch im Rahmen des § 40 Abs. 1 S. 2 GmbHG zur Anwendung gebracht.[305] Umstritten ist, ob darüber hinaus nicht angesichts der mit dem Inkrafttreten des MoMiG gestiegenen Bedeutung der Gesellschafterliste, die nunmehr insbesondere auch die Rechtscheingrundlage für einen gutgläubigen Erwerb gem. § 16 Abs. 3 GmbHG darstellt, darüber hinaus gehende, strengere Anforderungen an die Form und den Inhalt des Nachweises zu stellen sind. Hierzu existieren zahlreiche Meinungen in der Literatur, die teilweise nur in Nuancen, teilweise aber doch erheblich voneinander abweichen.

---

300 Vgl. auch *Altmeppen,* in: Roth/Altmeppen, GmbHG, § 40 Rn. 12.

301 Vgl. *Reymann,* in: BB 2009, 506, 509.

302 So auch *Hasselmann,* in: NZG 2009, 486, 489; *Katschinski/Rawert,* in: ZIP 2008, 1993, 1996 (inklusive Formulierungsvorschlag); *Noack,* in: Baumbach/Hueck, GmbHG, § 40 Rn. 24; *Wachter,* in: ZNotP 2008, 378, 384 (inklusive Formulierungsvorschlag).

303 Vgl. *Bayer,* in: Lutter/Hommelhoff, GmbHG, § 40 Rn. 50; *Heckschen,* in: ZErb 2008, 246, 251; *Wachter,* in: DB 2009, 159, 160; *Wachter,* in: ZNotP 2008, 378, 384 (inklusive Formulierungsvorschlag).

304 So die ständige Rspr. zur ähnlichen Rechtslage nach § 16 Abs. 1 GmbHG a.FF., vgl. BGH, Urt. v. 24.06.1996 – II ZR 56/95, NJW-RR 1996, 1377 f; BGH, Urt. v. 13.10.2008 – II ZR 76/07, NJW 2009, 229 ff.

305 Vgl. etwa *Heidinger,* in: MünchKomm-GmbHG, § 40 Rn. 103; *Heilmeier,* in: BeckOK-GmbHG, § 40 Rn. 136; *Noack,* in: Baumbach/Hueck, GmbHG, § 40 Rn. 25; *Oetker,* in: Henssler/Strohn, Gesellschaftsrecht, GmbHG, § 40 Rn. 16.

Ein Teil der Literatur lehnt strengere Anforderungen, die über die bisherigen Kriterien des BGH zur alten Rechtslage hinausgehen, insgesamt ab.[306] Es bestehe trotz der gestiegenen Bedeutung der Gesellschafterliste kein Anlass, von dem zu § 16 Abs. 1 GmbHG a.F. entwickeltem Kriterium der *„überzeugenden Unterrichtung"* abzuweichen oder dessen Anforderungen weiter zu verschärfen. Es stehe allein im pflichtgemäßen Ermessen der Geschäftsführer, ob der Nachweis als geführt anzusehen sei.[307] Die Gesellschaft könne daher im Einzelfall nach pflichtgemäßem Ermessen der Geschäftsführer auf einen förmlichen Nachweis auch völlig verzichten, etwa wenn die Geschäftsführer am Veränderungsvorgang beteiligt gewesen seien und sie dadurch ihrer Prüfungspflicht auch ohne förmlichen Nachweis nachkommen könnten.[308]

Andere Stimmen in der Literatur wollen zwar ebenfalls grundsätzlich an dem bisherigen Kriterium der *„überzeugenden Unterrichtung"* festhalten, halten aber zumindest einen völligen Nachweisverzicht, wie er früher nach g.h.M. möglich war[309], aufgrund des neuen Gesetzeswortlauts nicht mehr für zulässig.[310]

Eine weitere Ansicht in der Literatur stellt angesichts der gestiegenen Bedeutung der Gesellschafterliste hingegen strengere Anforderungen an den Nachweis.[311] Ein Teil dieser Stimmen betont dabei den nach wie vor bestehenden Ermessensspielraum der Geschäftsführer bei der Beurteilung, ob die vorgelegten Nachweise für ausreichend erachtet werden können und erachtet daher auch die Vorlage einfacher

---

306 Vgl. *Altmeppen,* in: Roth/Altmeppen, GmbHG, § 40 Rn. 11; *Bednarz,* in: BB 2008, 1854, 1858; wohl auch *Noack,* in: Baumbach/Hueck, GmbHG, § 40 Rn. 25, 26; *Schmidt,* in: Ensthaler/Füller/Schmidt, GmbHG, § 40 Rn. 8; *Schneider,* in: GmbR 2009, 393, 395 und *Winter,* in: Gehrlein/Ekkenga/Simon, GmbHG, § 40 Rn. 28.

307 Vgl. *Schneider,* in: GmbR 2009, 393, 395.

308 Vgl. *Altmeppen,* in: Roth/Altmeppen, GmbHG, § 40 Rn. 11; *Schmidt,* in: Ensthaler/Füller/Schmidt, GmbHG, § 40 Rn. 8.

309 Vgl. zu § 16 Abs 1 GmbHG a.F. etwa BGH, Urt. v. 13.10.2008 – II ZR 76/07, NJW 2009, 229.

310 So *Hasselmann,* in: NZG 2009, 486, 488; *Heilmeier,* in: BeckOK-GmbHG, § 40 Rn. 136; *Seibt,* in: Scholz, GmbHG, § 40 Rn. 44 ff.; wohl auch *Heilemann,* Der gutgläubige Erwerb von Geschäftsanteilen einer GmbH, S. 133/134.

311 Vgl. insbesondere *Bayer,* in: Lutter/Hommelhoff, GmbHG, § 40 Rn. 51; *Heidinger,* in: MünchKomm-GmbHG, § 40 Rn. 103 ff.; *Koppensteiner/Gruber,* in: Rowedder/Schmidt-Leithoff, GmbHG, § 40 Rn. 6; *Lücke/Simon,* in: Saenger/Inhester, GmbHG, § 40 Rn. 18; *Paefgen,* in: Ulmer/Habersack/Löbbe, GmbHG, § 40 Rn. 87 ff.; *Mayer,* in: MittBayNot 2014, 24, 33/34; *Rieg,* Erwerb vom Nichtberechtigten und Liste der Gesellschafter, S. 198 ff.; *Schüßler,* Der gutgläubige Erwerb von GmbH-Geschäftsanteilen, S. 91; *Wachter,* in: Bork/Schäfer, GmbHG, § 40 Rn. 19; *ders.,* in: ZNotP 2008, 378, 383; *Wicke,* GmbHG, § 40 Rn. 10a; vgl. auch grundsätzlich *Götze/Bressler,* in: NZG 2007, 894, 895, die aber ausnahmsweise einen Nachweis in den Fällen für entbehrlich halten, in denen die Geschäftsführung bereits ex officio über nachweisgeeignete Unterlagen verfügt (z.B. bei der Ausgabe neuer Geschäftsanteile im Rahmen einer Verschmelzung).

Kopien und pdf-Kopien für ausreichend.[312] Teilweise wird hingegen verlangt, die Nachweise müssten stets in Ur- oder beglaubigter Abschrift sowie in deutscher Sprache vorgelegt werden.[313]

Insgesamt ist der letztgenannten Ansicht darin zuzustimmen, dass die Geschäftsführer angesichts der deutlich gestiegenen Bedeutung der Gesellschafterliste bei der Bewertung der Nachweise einen strengen Maßstab anzulegen haben. Ein vollständiger Verzicht auf einen Nachweis ist nach neuer Rechtslage nicht mehr haltbar. Auch der Gesetzgeber betont die *„gebotene Sorgfalt bei Abgabe"* der Gesellschafterliste durch die Geschäftsführer.[314] Zwar enthält das Gesetz keine genaueren Angaben. Schon angesichts der Gefahr des Verlusts eines Geschäftsanteils durch gutgläubigen Erwerb gem. § 16 Abs. 3 GmbHG[315] stellt das fehlende Erfordernis zur Vorlage qualifizierter Nachweise aber eine erhebliche Belastung für den wahren Berechtigten und letztlich – angesichts der drohenden Haftung gem. § 40 Abs. 3 GmbHG[316] – auch für die Geschäftsführer selbst dar. Stellt man an die zu erbringenden Nachweise zu geringe Anforderungen, dürften Fehler in der Beurteilung der Geschäftsführer (noch) wahrscheinlicher und *„geradezu vorprogrammiert"* sein.[317] Die von der Gegenansicht gezogene Parallele zum Aktienrecht kann nicht überzeugen, stellt doch das Aktienregister im Gegensatz zu der Gesellschafterliste bereits keinen Rechtsscheinträger für einen gutgläubigen Erwerb dar.[318] Die Folgen einer Falscheintragung können im GmbH-Recht ungleich schwerer wiegen (Legitimationsfunktion gegenüber der Gesellschaft, Gutglaubenstatbestand, Haftungsgrundlage für ausstehende Einlagen), weshalb die Anforderungen an die Richtigkeit der Gesellschafterliste deutlich höher anzusetzen sind als im Aktienrecht und eine 1:1 Übertragung der Anforderungen gem. § 67 Abs. 3 AktG auf die Gesellschafterliste somit nicht in Betracht kommt.[319] Eine bloße Abschrift der betreffenden Urkunden wird als Nachweis deshalb regelmäßig nicht ausreichen. Als Nachweise sind vielmehr im Regelfall Urkunden in Urschrift oder beglaubigter Abschrift vorzulegen.[320] Daraus folgt, dass bei Zusammenlegungen oder Teilungen von Geschäftsanteilen regelmäßig die betreffenden Beschlussfassungen in Urschrift oder beglaubigter Kopie vorzulegen

---

312 So etwa *Link,* in: RNotZ 2009, 193, 200.

313 So *Lücke/Simon,* in: Saenger/Inhester, GmbHG, § 40 Rn. 18; *Mayer,* in: MittBayNot 2014, 24, 34; *Wachter,* in: Bork/Schäfer, GmbHG, § 40 Rn. 19; *ders.,* in: ZNotP 2008, 378, 383.

314 BT-Drucks. 16/6140, 44.

315 Vgl. hierzu im Einzelnen die Ausführungen unter § 3 D.

316 Vgl. hierzu im Einzelnen die Ausführungen unter § 4 D. I. 1.

317 Vgl. *Bednarz,* in: BB 2008, 1854, 1858.

318 So auch *Bednarz,* in: BB 2008, 1854, 1858.

319 Vgl. auch *Bednarz,* in: BB 2008, 1854, 1858.

320 Vgl. *Bayer,* in: Lutter/Hommelhoff, GmbHG, § 40 Rn. 53; *Gottschalk,* in: DZWiR 2009, 45, 47; *Wachter,* in: Bork/Schäfer, GmbHG, § 40 Rn. 19 (der zusätzlich aber noch die Abschrift in deutscher Sprache verlangt.); *ders.,* in: ZNotP 2008, 378, 383; *Wicke,* GmbHG, § 40 Rn. 10a.

sind.[321] Erfolgte eine öffentliche Versteigerung, ist das zugrunde liegende Protokoll vorzulegen.[322] Im Erbfall ist die Vorlage eines Erbscheins oder die notarielle Verfügung von Todes wegen mit Eröffnungsniederschrift erforderlich[323], wohingegen ein privatschriftliches Testament ebenso wenig wie ein ausländisches Erbzeugnis ohne weiteres ausreicht[324]. Die Anforderungen an die Nachweise sind zudem in engem Zusammenhang mit der Prüfpflicht der Geschäftsführer[325] zu sehen. Die Geschäftsführer müssen nicht zuletzt aufgrund des bestehenden Haftungsrisikos gem. § 40 Abs. 3 GmbHG stets die Möglichkeit aber auch die Verpflichtung haben, bei verbleibenden Zweifeln weitergehende Nachweise zu verlangen.[326]

(3) Prüfpflicht

(a) Bestehen einer Prüfpflicht

Nach ganz herrschender und zutreffender Ansicht sind die Geschäftsführer dazu verpflichtet, die vorgelegten Nachweise auch inhaltlich zu überprüfen.[327] Dies folgt bereits daraus, dass die Aktualisierung der Gesellschafterliste durch die Geschäftsführer nach dem Gesetzeswortlaut gerade *„auf Mitteilung und Nachweis“* erfolgt (§ 40 Abs. 1 S. 2 GmbHG). Von einer inhaltlichen Prüfpflicht der Geschäftsführer ging ausweislich der Gesetzesbegründung folgerichtig auch der Gesetzgeber aus. So heißt es in der Gesetzesbegründung unmissverständlich: *„Den Geschäftsführern obliegt daher eine Prüfpflicht“*.[328] Das bedeutet, dass die Geschäftsführer dazu angehalten sind, die Wirksamkeit der Veränderungen im Gesellschafterbestand auf Basis der Mitteilungen und vorgelegten Nachweise der Gesellschafter zu prüfen.

---

321 Vgl. a.a.O.

322 Vgl. *Wicke,* GmbHG, § 40 Rn. 10a.

323 Vgl. *Bayer,* in: Lutter/Hommelhoff, GmbHG, § 40 Rn. 53; *Gottschalk,* in: DZWiR 2009, 45, 47; *Heidinger,* in: MünchKomm-GmbHG, § 40 Rn. 105; *Wachter,* in: Bork/Schäfer, GmbHG, § 40 Rn. 19; *Wicke,* GmbHG, § 40 Rn. 10a.

324 Vgl. *Bayer,* in: Lutter/Hommelhoff, GmbHG, § 40 Rn. 53; *Wachter,* in: DB 2009, 159, 160.

325 Vgl. hierzu nachfolgend § 3 C. III. 4. b) bb) (3).

326 Vgl. *Bayer,* in: Lutter/Hommelhoff, GmbHG, § 40 Rn. 53 *Mayer,* in: DNotZ 2008, 403, 413.

327 Vgl. etwa *Altmeppen,* in: Roth/Altmeppen, GmbHG, § 40 Rn. 11; *Bayer,* in: Lutter/Hommelhoff, GmbHG, § 40 Rn. 51; *Gehrlein,* in: DK 2007, 771, 790; *Götze/Bressler,* in: NZG 2007, 894, 895: *Heidinger,* in: MünchKomm-GmbHG, § 40 Rn. 91; *Heilmeier,* in: BeckOK-GmbHG, § 40 Rn. 142; *Kort,* in: GmbHG 2009, 169, 171; *Link,* in: RNotZ 2009, 193, 200; *Oetker,* in: Henssler/Strohn, Gesellschaftsrecht, GmbHG, § 40 Rn. 16; *Wachter,* in: DB 2009, 159, 160.

328 BT-Drucks. 16/6140, 44.

(b) Umfang und Ausgestaltung der Prüfpflicht

Fraglich ist aber der Umfang bzw. die genaue Ausgestaltung dieser inhaltlichen Prüfpflicht der Geschäftsführer. Das Gesetz liefert hierfür keine Anhaltspunkte. Auch in der Gesetzesbegründung ist lediglich davon die Rede, dass durch die den Geschäftsführern obliegende Prüfpflicht *„im Regelfall die gebotene Sorgfalt bei Abgabe der Liste gewährleistet sein [sollte]"*.[329] Die nicht vom Gesetzgeber vorgenommene Konkretisierung / Spezifizierung der Prüfpflicht der Geschäftsführer wird insbesondere angesichts der Bedeutung der Gesellschafterliste als Rechtsscheinträger für einen gutgläubigen Erwerb (§ 16 Abs. 3 GmbHG) in der Literatur im Ergebnis zu Recht kritisiert und teilweise als *„rechtsstaatlich geradezu defizitär"* bezeichnet.[330]

Es ist deshalb an der Rechtspraxis, den Pflichtenumfang der Geschäftsführer näher zu umreißen. Zu beachten ist in diesem Zusammenhang zunächst, dass die Geschäftsführer oftmals nicht über den Sachverstand und die notwendigen juristischen Kenntnisse für die Prüfung der Wirksamkeit einer Veränderung verfügen. Zu beachten ist des Weiteren die drohende Haftung der Geschäftsführer gem. § 40 Abs. 3 GmbHG im Falle einer Pflichtverletzung, welche in der nicht sorgfältigen inhaltlichen Prüfung gesehen werden könnte. Aus diesen gegebenen Vorzeichen werden von der einschlägigen Literatur unterschiedliche Schlüsse hinsichtlich des Umfangs der Prüfpflicht der Geschäftsführer gezogen.

Nach einer Ansicht in der Literatur soll man von den Geschäftsführern vor diesem Hintergrund nicht mehr als eine reine *„Plausibilitäts- bzw. Schlüssigkeitskontrolle"* abverlangen können, die insbesondere in rechtlicher Hinsicht beschränkt sei.[331] Demnach müssten die Geschäftsführer nur prüfen, ob die Veränderungen plausibel gemacht worden seien.[332]

Andere Stimmen in der Literatur halten eine reine Plausibilitätskontrolle hingegen nicht für ausreichend und stellen strengere Anforderungen an die Prüfungspflichten der Geschäftsführer.[333]

---

329 BT-Drucks. 16/6140, 44.

330 So etwa *Bohrer,* in: MittBayNot 2010, 17, 19.

331 Vgl. *Koppensteiner/Gruber,* in: Rowedder/Schmidt-Leithoff, GmbHG, § 40 Rn. 6; *Kort,* in: GmbHR 2009, 169, 171; *Noack,* in: Baumbach/Hueck, GmbHG, § 40 Rn. 25; *Paefgen,* in: Ulmer/Habersack/Löbbe, GmbHG, § 40 Rn. 89; *Schneider,* in: GmbHR 2009, 393, 395; *ders.,* in: Scholz, GmbHG, § 40 Rn. 35, 44; *Schüßler,* Der gutgläubige Erwerb von GmbH-Geschäftsanteilen, S. 91; wohl auch *Altmeppen,* in: Roth/Altmeppen, GmbHG, § 40 Rn. 11 und *Winter,* in: Gehrlein/Ekkenga/Simon, GmbHG, § 40 Rn. 29, wobei letzterer aber die Einholung von Rechtsrat bei begründeten Zweifeln für erforderlich hält.

332 Vgl. *Schneider,* in: GmbHR 2009, 393, 395.

333 So *Gehrlein,* in: DK 2007, 771, 790; *Gottschalk,* in: DZWiR 2009, 45, 48; *Götze/Bressler,* in: NZG 2007, 894, 895; *Heilmeier,* in: BeckOK-GmbHG, § 40 Rn. 145; *Link,* in: RNotZ 2009, 193, 200; *Rieg,* Erwerb vom Nichtberechtigten und Liste der Gesellschafter, S. 200/201; *Wachter,* in: DB 2009, 159, 160; wohl auch *Bayer,* in: Lutter/Hommelhoff, GmbHG, § 40 Rn. 51 und *Bednarz,* in: BB 2008, 1854, 1858.

Letzterem ist zuzustimmen. Es ist zwar richtig, dass die Geschäftsführer oftmals oder sogar in der Regel nicht über den juristischen Sachverstand verfügen, die Wirksamkeit der Veränderungen im Gesellschafterbestand auf Basis der Mitteilungen und vorgelegten Nachweise der Gesellschafter zu prüfen. Dies kann aber nicht zur Folge haben, dass die Geschäftsführer die Prüfung lediglich nach eigenem Gutdünken durchzuführen bzw. nur auf Plausibilität zu überprüfen haben. Die Gegenansicht konkretisiert bereits nicht die Anforderungen an eine solche reine Plausibilitäts- bzw. Schlüssigkeitskontrolle. So legt sie bereits nicht dar, ab wann die Geschäftsführer von einer plausiblen Darlegung der Veränderungen ausgehen können und welche Kriterien hierfür anzusetzen sind. So kann die Vorlage identischer Dokumente für den einen Geschäftsführer plausibel und ausreichend sein, für den anderen aber nicht. Kommt es bei der späteren Beurteilung, ob die Geschäftsführer die Dokumentation für plausibel halten durften auf das Urteilsvermögen eines durchschnittlichen Geschäftsführers an und wenn ja, was zeichnet einen solchen aus? Ist eine Differenzierung hinsichtlich der Größe der jeweiligen Gesellschaft oder der Branche, in der sie tätig ist, vorzunehmen? Oder ist konkret darauf abzustellen, ob die jeweiligen Geschäftsführer unter Berücksichtigung ihres Vorwissens und Sachverstandes von einer Plausibilität ausgehen konnten und durften? Wie stellt man aber ihr Vorwissen und ihren Sachverstand im Einzelfall fest? In der Praxis würden allein diese Fragen zu erheblicher Rechtsunsicherheit führen. Schon aus Gründen der Rechtssicherheit und im Interesse des Verkehrsschutzes sind deshalb klare und objektive Kriterien heranzuziehen und folgerichtig strenge Anforderungen an die Prüfpflicht der Geschäftsführer zu stellen.[334] Gerade im Hinblick auf die gestiegene Bedeutung der Gesellschafterliste und das aus § 40 Abs. 3 GmbHG folgende Haftungsrisiko der Geschäftsführer und gerade weil eine große Fehleranfälligkeit besteht, werden die Geschäftsführer im Zweifel dazu verpflichtet sein müssen, (auf Kosten der Gesellschaft) entsprechenden fachkundigen Rat, etwa durch Rechtsanwälte, Notare oder auch (soweit vorhanden) die eigene Rechtsabteilung, einzuholen, um die Wirksamkeit der Veränderungen im Gesellschafterbestand auf Basis der Mitteilungen und vorgelegten Nachweise der Gesellschafter verlässlich zu prüfen.[335] Diese Vorgehensweise war im Übrigen auch bislang durchaus üblich und sinnvoll.[336] Durch die Haftungsvorschrift des § 40 Abs. 3 GmbHG hat der Gesetzgeber ein klares Signal an die Geschäftsführer gegeben, ihren Pflichten gewissenhaft nachzukommen und diese auch ernst zu nehmen. Hieraus aber eine nur äußerst oberflächliche Prüfpflicht in Gestalt einer bloßen Plausibilitätskontrolle der Geschäftsführer zu folgern, kann nicht überzeugen und entspricht gewiss nicht dem Willen des Gesetzgebers. Vielmehr wurde die drohende Haftung der

334 Ähnlich auch *Heilmeier*, in: BeckOK-GmbHG, § 40 Rn. 145.

335 Vgl. auch *Gottschalk*, in: DZWiR 2009, 45, 48; *Heilmeier*, in: BeckOK-GmbHG, § 40 Rn. 145; *Link*, in: RNotZ 2009, 193, 200; *Rieg*, Erwerb vom Nichtberechtigten und Liste der Gesellschafter, S. 201.

336 Vgl. *Wachter*, in: Bork/Schäfer, GmbHG, § 40 Rn. 21.

Geschäftsführer im Falle einer Pflichtverletzung vom Gesetzgeber bewusst normiert, liegt es doch in der menschlichen Natur, dass die Gefahr einer drohenden Haftung im Falle einer Verletzung der auferlegten Pflichten für eine gewisse Disziplinierung sorgen kann.[337] Das im Zweifel nicht vorhandene juristische Wissen entbindet die Geschäftsführer folglich gerade nicht von der Einschaltung von Fachleuten wie Rechtsanwälten oder Notaren. Dies entspricht im Übrigen auch der Rechtslage bei anderweitigen Organpflichten, die bestimmte Spezialkenntnisse verlangen (etwa bei der Buchführungs- und Bilanzierungspflicht).[338]

Hiervon zu unterscheiden ist die Konstellation, in der Streit zwischen vermeintlichem Alt- und Neugesellschafter über die Wirksamkeit einer Veränderung besteht. Bestreitet etwa der Veräußerer eines Geschäftsanteils den Eintritt einer aufschiebenden Bedingung (im Regelfall die Kaufpreiszahlung) oder erklärt der Erwerber, er habe das Geschäft angefochten, können die Geschäftsführer auch mit Rechtsrat nicht verpflichtet sein, sich für eine Seite zu entscheiden[339], es sei denn, eine Seite ist ganz offenkundig im Unrecht. Ansonsten kann ein derartiger Prätendentenstreit nicht *„auf dem Rücken der Geschäftsführer"* ausgetragen werden.[340] Vielmehr ist die Frage zunächst unter den Parteien des Veräußerungsgeschäfts rechtsverbindlich zu klären, z.B. durch Klage auf Zustimmung zu der Mitteilung oder durch Feststellungsklage.[341] Entsprechendes muss auch bei sonstigen widersprüchlichen Erklärungen gelten, etwa wenn nach einem Erbfall mehrere Personen den betreffenden Geschäftsanteil für sich beanspruchen aber kein Erbschein vorliegt oder bei streitigen Auseinandersetzungen innerhalb einer Miterbengemeinschaft.[342]

Es versteht sich im Übrigen von selbst, dass die Geschäftsführer die geänderte Gesellschafterliste nach wieder nahezu einhelliger Ansicht bei verbleibenden Zweifeln nicht zum Handelsregister einreichen dürfen.[343] Zu beachten ist aber, dass auch eine Verletzung der Prüfpflicht durch die Geschäftsführer und auch ggf. hieraus folgende materiell unrichtige Angaben in der Gesellschafterliste keinerlei Auswirkungen auf die Rechtswirkungen der dennoch von den Geschäftsführern zum Handelsregister eingereichten und aufgenommen Gesellschafterliste (insbesondere Legitimationswirkung nach § 16 Abs. 1 GmbHG und Rechtsscheingrundlage für den gutgläubigen Erwerb nach § 16 Abs. 3 GmbHG) haben.[344] Eine trotz Zweifeln bzw. trotz Verletzung der Prüfpflicht eingereichte Gesellschafterliste begründet mithin zwar ggf. eine Pflichtverletzung der Geschäftsführer und hieraus folgende

---

337 Vgl. *Preuss,* in: ZGR 2008, 676, 699.
338 Vgl. *Link,* in: RNotZ 2009, 193, 200.
339 Vgl. *Noack,* in: Baumbach/Hueck, GmbHG, § 40 Rn. 20.
340 Vgl. a.a.O.
341 Vgl. a.a.O.
342 Vgl. *Noack,* in: Baumbach/Hueck, GmbHG, § 40 Rn. 21.
343 Vgl. *Paefgen,* in: Ulmer/Habersack/Löbbe, GmbHG, § 40 Rn. 91; *Schneider,* in: GmbHR 2009, 393, 395.
344 Vgl. *Bayer,* in: Lutter/Hommelhoff, GmbHG, § 40 Rn. 51.

Schadensersatzansprüche gegen diese, lässt aber die rechtlichen Wirkungen der Gesellschafterliste unberührt.[345]

(4) Tätigwerden der Geschäftsführer ohne Mitteilung und Nachweis

Nach wohl allgemeiner Ansicht folgt aus einem Umkehrschluss aus § 40 Abs. 1 S. 2 GmbHG, dass die Geschäftsführer nicht zu Nachforschungen bezüglich der Richtigkeit der aktuellen Gesellschafterliste verpflichtet sind.[346] Nicht gesetzlich geregelt und daher fraglich und auch umstritten ist aber, ob die Geschäftsführer von sich aus, d.h. ohne Mitteilung und Nachweis, tätig werden können oder ggf. sogar müssen, wenn sie auf andere Weise als durch Mitteilung und Nachweis Kenntnis von der Unrichtigkeit der Gesellschafterliste erlangen.[347] Dies kann in der Praxis durchaus vorkommen, etwa durch Routinekontrollen der Gesellschafterlisten, die nun womöglich erstmals aufgrund der gestiegenen Bedeutung der Gesellschafterliste vorgenommen werden, oder weil die materielle Rechtsänderung, die zur Aktualisierung der Gesellschafterliste geführt hat, nach Überzeugung der Geschäftsführer nicht erfolgt ist, unwirksam war oder nachträglich vernichtet worden ist.[348]

*Zur Veranschaulichung seien die folgenden **Beispiele** genannt:*

Beispiel 2:

Der alleinige Geschäftsführer F der X-GmbH hat von einem befreundeten Rechtsanwalt erfahren, dass durch eine Gesetzesänderung nunmehr viel mehr Wert auf eine aktualisierte und korrekte Gesellschafterliste zu legen ist und im Falle der Unrichtigkeiten Haftungsrisiken für die Geschäftsführer bestehen. Dies nimmt F zum Anlass, die Gesellschafterliste der X-GmbH, die seit Jahren nicht mehr aktualisiert wurde, zu überprüfen und stellt dabei fest, dass eine der drei Gesellschafterinnen noch immer mit ihrem Mädchennamen C vermerkt ist, obwohl sie seit ihrer Heirat vor drei Jahren nunmehr den Namen ihres Mannes B angenommen hat.

Beispiel 3:

Die X-GmbH zieht per Beschluss ihrer Gesellschafterversammlung den Geschäftsanteil des A ein. Die Geschäftsführer G und F reichen nach vermeintlicher Vernichtung des Geschäftsanteils des A eine aktualisierte Gesellschafterliste zum Handelsregister ein. Im Rahmen des von A angestrengten Anfechtungsverfahrens stellt sich heraus, dass die Einziehung

---

345 Vgl. hierzu auch nachfolgend § 3 C. III. 7.

346 Vgl. etwa *Bayer*, in: Lutter/Hommelhoff, GmbHG, § 40 Rn. 48; *Heidinger*, in: Münch-Komm-GmbHG, § 40 Rn. 91; *Paefgen*, in: Ulmer/Habersack/Löbbe, GmbHG, § 40 Rn. 99; *Wachter*, in: ZNotP 2008, 378, 383.

347 Eng hiermit zusammen hängt die (Folge-) Frage, ob die Geschäftsführer zur Korrektur einer durch einen Notar zum Handelsregister eingereichten Gesellschafterliste befugt sind. Vgl. hierzu nachfolgend § 3 C. III. 4. d) dd).

348 Vgl. *Bayer*, in: GmbHR 2014, 202, 203.

unwirksam war, da sich der als Einziehungsgrund zugrundeliegende Sachverhalt als nicht zutreffend erwiesen hat.

Beispiel 4:

V ist als Erbe des vermeintlich bei einem Flugzeugabsturz in Südamerika verstorbenen Gesellschafters A aufgrund gesetzlicher Erbfolge in dessen Gesellschafterstellung bei der Y-GmbH gerückt und auch als Inhaber des Geschäftsanteils in der Gesellschafterliste eingetragen. Die beiden Geschäftsführer der Y-GmbH G und F bekommen drei Jahre nach diesen Vorgängen überraschend Besuch von dem tot geglaubten A, der ihnen mitteilt, dass er im Koma lag, die letzten Monate in einem Krankenhaus in Brasilien verbracht hat und erst jetzt wieder genesen ist.

Nach einer Ansicht in der Literatur sollen die Geschäftsführer in diesem Falle grundsätzlich weder berechtigt noch verpflichtet sein, eine von ihnen für unrichtig gehaltene Gesellschafterliste zu ändern.[349]

Die inzwischen wohl h.M. sieht dies anders und nimmt im Falle der Kenntniserlangung von der Unrichtigkeit der aktuellen, d.h. der zuletzt beim Handelsregister eingereichten Gesellschafterliste eine Berichtigungspflicht der Geschäftsführer oder jedenfalls eine Pflicht der Geschäftsführer zum Tätigwerden an.[350]

Innerhalb der h.M. besteht allerdings Uneinigkeit darüber, wie die Geschäftsführer tätig werden müssen und ggf. eine Korrektur der Gesellschafterliste umzusetzen haben.

Nach den bisher vorherrschenden Stimmen in der Literatur soll das Verfahren gem. § 67 Abs. 5 AktG mit einer Benachrichtigung des Betroffenen und Aufforderung zur Stellungnahme zu einer beabsichtigten Listenänderung entsprechend

---

349 Vgl. *Altgen,* Gutgläubiger Erwerb von GmbH-Geschäftsanteilen, S. 120/121; *Bartl,* in: HK-GmbHR, § 16 Rn. 7; *Bednarz,* in: BB 2008, 1854, 1858/1859.; *Bressler/Götze,* in: NZG 2007, 894, 895; *Hasselmann,* in: NZG 2009, 486, 489 (nur „Überwachungspflicht"); *Link,* in: RNotZ 2009, 193, 200; *Mayer,* in: DNotZ 2008, 403, 412; *Oetker,* in: Henssler/Strohn, Gesellschaftsrecht, GmbHG, § 40 Rn. 14; *Koppensteiner/Gruber,* in: Rowedder/Schmidt-Leithoff, GmbHG, § 40 Rn. 6; *Schneider,* in: GmbHR 2009, 393, 395; *Schmidt,* in: Ensthaler/Füller/Schmidt, GmbHG, § 40 Rn. 8.

350 Vgl. BGH, Urt. v. 17.12.2013 – II ZR 21/12, GmbHR 2014, 198; *Altmeppen,* in: Roth/Altmeppen, GmbHG, § 40 Rn. 7 und § 16 Rn. 46; *ders.;* in: ZIP 2009, 345, 353; *Bayer,* in: Lutter/Hommelhoff, GmbHG, § 40 Rn. 68; *Ebbing,* in: Michalski, GmbHG, § 16 Rn. 42; *Heilmeier,* in: BeckOK-GmbHG, § 40 Rn. 197, 199 ff.; *Kort,* in: GmbHR 2009, 169, 171; *Noack,* in: Baumbach/Hueck, GmbHG, § 40 Rn. 38 (anders noch *Zöllner/Noack,* in: Baumbach/Hueck, GmbHG, § 40 Rn. 38 in der Vorauflage); *Paefgen,* in: Ulmer/Habersack/Löbbe, GmbHG, § 40 Rn. 99; *Lieder,* in: NZG 2014, 329, 311; *Preuß,* in: ZGR 2008, 678, 679; *Verse,* in: Henssler/Strohn, Gesellschaftsrecht, GmbHG, § 16 Rn. 39; *Wicke,* GmbHG, § 16 Rn. 5 und § 10a; *Winter,* in: Gehrlein/Ekkenga/Simon, GmbHG, § 40 Rn. 30; wohl auch *Heidinger,* in: MünchKomm-GmbHG, § 40 Rn. 119; *Lücke/Simon,* in: Saenger/Inhester, GmbHG, § 40 Rn. 15.

anzuwenden sein.[351] Demnach seien die Geschäftsführer dazu verpflichtet, den oder die Betroffenen hinsichtlich der (vermeintlichen) Unrichtigkeit der Gesellschafterliste zu unterrichten und zur Stellungnahme aufzufordern. Ein Recht zur eigenmächtigen Korrektur der Gesellschafterliste bestehe aber nicht. Im Falle eines Widerspruchs des Betroffenen scheide eine Korrektur der Gesellschafterliste aus. Der Streit sei dann zwischen den Betroffenen auszutragen oder die GmbH müsse den Betroffenen auf Rücknahme des Widerspruchs oder Zustimmung zur Änderung der Liste verklagen.

Nach einer anderen Ansicht soll bei Versagung der Zustimmung eine erfolgreiche Klage gegen den Betroffenen auf Zustimmung zur Korrektur erforderlich sein.[352]

Der BGH hingegen verlangt in einer neuen Entscheidung zwar ebenfalls, dem betroffenen Gesellschafter vor Einreichung der geänderten Gesellschafterliste die Gelegenheit zur Stellungnahme zu gewähren, hält die Geschäftsführer aber auch im Falle eines Widerspruchs für berechtigt, *„bei Fehlern für eine Berichtigung der Gesellschafterliste zu sorgen, solange nicht der Betroffene im Wege des einstweiligen Rechtsschutzes erreicht, dass dem Geschäftsführer die Einreichung einer geänderten Gesellschafterliste untersagt wird“*.[353] Der Gesetzgeber habe sich bewusst gegen ein Verfahren entsprechend § 67 Abs. 5 AktG entschieden. Teile in der Literatur haben bereits mit Zustimmung auf diese Entscheidung des BGH reagiert.[354] In eine ähnliche Richtung gingen auch schon vor dieser Entscheidung des BGH vereinzelte Stimmen in der Literatur, die ebenfalls lediglich fordern, dem Betroffenen vor der Einreichung einer geänderten Gesellschafterliste die Gelegenheit zur Stellungnahme zu gewähren.[355]

Der h.M. ist zunächst im Ergebnis zuzustimmen. Erlangen die Geschäftsführer Kenntnis von der Unrichtigkeit der Gesellschafterliste, können sie nicht einfach untätig bleiben. Im Gegenteil: Sie müssen auf eine Korrektur der Gesellschafterliste hinwirken. Dies entspricht bereits dem Willen des Gesetzgebers.[356] So heißt es in der Gesetzesbegründung: *„§ 40* [GmbHG] *enthält keine ausdrückliche Regelung für den Fall, dass ein Geschäftsführer eine Änderung der Liste vornehmen möchte, weil er der Ansicht ist, eine Eintragung sei zu Unrecht erfolgt. Bereits aus den allgemeinen Sorgfaltspflichten der Geschäftsführer folgt, dass in diesem Fall – wie in § 67 Abs. 5 AktG für das Aktienregister ausdrücklich ausformuliert – den*

---

351 So etwa *Altmeppen,* in: Roth/Altmeppen, GmbHG, § 40 Rn. 7 und § 16 Rn. 46; *Bayer,* in: GmbHR 2014, 202, 203/204 (anders aber nun *ders.,* in: Lutter/Hommelhoff, GmbHG, § 40 Rn. 71); *Wihelm,* in: FS Picker, 837, 847; *Seibt,* in: Scholz, GmbHG, § 40 Rn. 39; ähnlich auch *Terlau,* in: Michalski, GmbHG, § 40 Rn. 47.

352 Vgl. *Brandes,* in: Bork/Schäfer, GmbHG, § 16 Rn. 6.

353 Vgl. BGH, Urt. v. 17.12.2013 – II ZR 21/12, GmbHR 2014, 198, 201.

354 Vgl. etwa *Paefgen/Franke,* in: EWiR 2014, 205, 206.

355 Vgl. *Heilmeier,* in: BeckOK-GmbHG, § 40 Rn. 199; *Liebscher/Goette,* in: DStR 2010, 2038, 2042; *Lieder,* in: NZG 2014, 329, 311; *Winter,* in: Gehrlein/Ekkenga/Simon, GmbHG, § 40 Rn. 30.

356 Vgl. auch BGH, Urt. v. 17.12.2013 – II ZR 21/12, GmbHR 2014, 198.

Betroffenen vor Veranlassung der Berichtigung die Möglichkeit zur Stellungnahme zu geben ist.“[357] Die Gesetzesbegründung setzt demnach eine Pflicht der Geschäftsführer zum Tätigwerden als Ausfluss ihrer allgemeinen Sorgfaltspflichten voraus. Aus dem obigen Zitat aus der Gesetzesbegründung ergibt sich aber auch, dass dem Betroffenen vor Einreichung einer korrigierten Gesellschafterliste zumindest die Gelegenheit zur Stellungnahme gegeben werden muss. Des Weiteren ist dem BGH darin zuzustimmen, dass ein Widerspruch des Betroffenen im Falle einer unrichtigen Gesellschafterliste zunächst nichts an der Berechtigung der Geschäftsführer ändern darf, die Gesellschafterliste zu korrigieren, solange nicht der Betroffene im Wege des einstweiligen Rechtsschutzes erreicht, dass dem Geschäftsführer die Einreichung einer geänderten Gesellschafterliste untersagt wird. Das GmbHG enthält nämlich gerade kein entsprechendes Korrekturverfahren, obwohl der Gesetzgeber die vermeintliche Regelungslücke ausweislich der Gesetzesbegründung offenkundig erkannt hat. Der Gesetzgeber hat auch die entsprechenden Anregungen des Handelsrechtsausschusses des DAV[358] nicht übernommen. Unabhängig von einer fehlenden gesetzlichen Regelung weicht zudem die oben zitierte Passage in der Gesetzesbegründung von dem Wortlaut des § 67 Abs. 5 AktG in einem entscheidenden Punkt ab. Denn nach der Intention des Gesetzgebers soll dem Gesellschafter lediglich *„vor Veranlassung der Berichtigung die Möglichkeit zur Stellungnahme“* gegeben werden.[359] Nicht die Rede ist aber wie in § 67 Abs. 5 S. 2 AktG davon, dass bei einem Widerspruch des Betroffenen die Korrektur zu unterbleiben hat.[360] Auch eine analoge Anwendung des § 67 Abs. 5 AktG scheidet daher bereits mangels Vorliegen einer planwidrigen Regelungslücke aus, da der Gesetzgeber sich bewusst gegen eine entsprechende Regelung entschieden hat.[361] Die Pflicht der Geschäftsführer, den betroffenen Gesellschafter zu informieren und zur Stellungnahme aufzufordern, folgt bereits nach der oben zitierten Gesetzesbegründung aus deren allgemeinen Sorgfaltspflichten und nicht etwa aus einer (analogen) Anwendung von § 67 Abs. 5 AktG.[362] Der Gesetzgeber ist das Risiko, dass die Geschäftsführer eine falsche Gesellschafterliste einreichen könnten, bewusst eingegangen.[363] Der Verzicht auf ein langwieriges förmliches Verfahren ist auch sachgerecht. Vor drohenden Nachteilen, insbesondere vor dem Verlust des Geschäftsanteils im Falle einer zu Unrecht erfolgten Änderung der Gesellschafterliste durch eine weitere Verfügung des nun formal berechtigten Gesellschafters, kann sich der Betroffene im Einzelfall durch einen Widerspruch gem. § 16 Abs. 3 S. 3

---

357 BT-Drucks. 16/6140, 44.
358 Vgl. *Handelsrechtsausschuss des DAV*, in: NZG 2007, 211, 214.
359 BT-Drucks. 16/6140, 44.
360 Vgl. BGH, Urt. v. 17.12.2013 – II ZR 21/12, GmbHR 2014, 198, 201.
361 So auch *Liebscher*, in: DStR 2010, 2038, 2042.
362 Vgl. *Liebscher*, in: DStR 2010, 2038, 2042.
363 Vgl. *Paefgen/Franke*, in: EWiR 2014, 205, 206.

– 5 GmbHG schützen.[364] Da ihm zudem vor Einreichung einer geänderten Gesellschafterliste die Möglichkeit einer Stellungnahme gewährt werden muss, kann der Betroffene ggf. im Wege des einstweiligen Rechtsschutzes erreichen, dass den Geschäftsführern die Einreichung der aktualisierten Gesellschafterliste vorläufig untersagt wird.[365] Die Geschäftsführer haben den Betroffenen vor diesem Hintergrund eine angemessene, d.h. ausreichend lange Frist für eine Stellungnahme zu setzen. Als angemessen ist in Anlehnung an § 246 Abs. 1 AktG, der auch als Richtlinie im GmbH-Beschlussmängelrecht herangezogen wird, eine Zeitspanne von mindestens einem Monat zu werten.[366]

*In den **Beispielen 2 – 4** hat der jeweilige Geschäftsführer bzw. haben die jeweiligen Geschäftsführer den Betroffenen vor Änderung der Gesellschafterliste die Gelegenheit zur Stellungnahme innerhalb eines Monats zu geben. Nach Ablauf der gesetzten Monatsfrist sind die Geschäftsführer berechtigt und auch verpflichtet, die aktualisierte Gesellschafterliste unabhängig von einem etwaigen Widerspruch der Betroffenen zum Handelsregister einzureichen, solange nicht die jeweiligen Betroffenen im Wege des einstweiligen Rechtsschutzes erreichen, dass den Geschäftsführern die Einreichung der aktualisierten Gesellschafterliste untersagt wird.*

Wird die Gesellschafterliste aber ohne Anhörung oder nach zu kurzer Stellungnahmefrist zum Handelsregister aufgenommen, so kann nichts anderes als bei einer Verletzung der Prüfpflicht gelten.[367] Auch in diesem Falle entfaltet die Gesellschafterliste also ihre gesetzlichen Wirkungen (insbesondere Legitimationswirkung nach § 16 Abs. 1 GmbHG und Rechtsscheingrundlage für den gutgläubigen Erwerb nach § 16 Abs. 3 GmbHG).[368] Die Einreichung der Gesellschafterliste unter Nichteinholung einer (fristgerechten) Stellungnahme des Betroffenen begründet aber eine Pflichtverletzung der Geschäftsführer und ggf. Schadensersatzansprüche, insbesondere gem. § 40 Abs. 3 GmbHG.[369] Daneben steht dem Betroffenen ein einklagbarer Anspruch auf Berichtigung der unrichtigen Gesellschafterliste zu.[370]

---

364 Vgl. BGH, Urt. v. 17.12.2013 – II ZR 21/12, GmbHR 2014, 198, 202; vgl. zum Widerspruch auch nachfolgend § 3 D. II. 3. c).

365 Vgl. a.a.O.

366 Dies entspricht der nicht vom BGH beanstandeten Fristdauer, BGH, Urt. v. 17.12.2013 – II ZR 21/12, GmbHR 2014, 198; vgl. auch *Lieder*, in: NZG 2014, 329, 331.

367 Vgl. hierzu § 3 C. III. 4. b) bb) (3).

368 **A.A.**: *Lieder*, in: NZG 2014, 329, 331, der die zum Handelsregister aufgenommene Gesellschafterliste in Anlehnung an die Rechtslage im Aktienrecht für unwirksam befindet, sofern der Gelöschte der wahre Gesellschafter ist.

369 Vgl. hierzu § 4 D. I. 1.

370 Vgl. *Paefgen/Franke*, in: EWiR 2014, 205, 206; vgl. hierzu im Einzelnen die Ausführungen unter § 3 C. III. 4. b) cc).

cc) Einreichungspflicht / Einreichungsanspruch

(1) Einreichungspflicht der Geschäftsführer

Nach einhelliger Ansicht besteht eine Pflicht der Geschäftsführer, nach Wirksamwerden jeder Veränderung eine neue Gesellschafterliste zu erstellen, zu unterschreiben und zum Handelsregister einzureichen.[371] Die Einreichung der aktualisierten Gesellschafterliste hat unverzüglich, d.h. ohne schuldhaftes Zögern (§ 121 Abs. 1 S. 1 BGB), nach Wirksamwerden jeder Veränderung i.S.d. § 40 Abs. 1 S. 1 GmbHG zu erfolgen.[372] Die Einreichungspflicht der Geschäftsführer stellt eine ihnen kraft Gesetzes auferlegte, höchstpersönliche Verpflichtung dar[373] und bleibt auch in der Insolvenz der Gesellschaft bestehen[374]. Die Erstellung der Gesellschafterliste kann, wie auch bisher in der Praxis meist üblich, durch einen beauftragten Rechtsanwalt oder Notar erfolgen, welche dann aber nur einen Entwurf fertigen, den sich die Geschäftsführer durch ihre Unterschrift im Folgenden zu eigen machen.[375]

Umstritten ist, in welcher Zahl die Unterzeichnung der Gesellschafterliste im Falle späterer Veränderungen zu erfolgen hat.[376] Eine Ansicht in der Literatur fordert wie bei der Gründungsgesellschafterliste auch bei der aktualisierten Gesellschafterliste die Unterzeichnung durch sämtliche Geschäftsführer.[377] Das vermag allerdings nicht zu überzeugen. Vielmehr genügt nach richtiger und vorherrschender Ansicht die Unterzeichnung durch eine vertretungsberechtigte Anzahl von Geschäftsführern.[378] Dies ergibt sich bereits aus § 78 GmbHG.[379] Nicht zulässig bzw. ausreichend ist aber die Unterzeichnung durch rechtsgeschäftliche Stellvertreter

---

371 Vgl. etwa *Heidinger,* in: MünchKomm-GmbHG, § 40 Rn. 87; *Noack,* in: Baumbach/Hueck, GmbHG, § 40 Rn. 29.

372 Vgl. *Heilmeier,* in: BeckOK-GmbHG, § 40 Rn. 148; *Mayer,* in: MittBayNot 2014, 24, 34; *Wachter,* in: Bork/Schäfer, GmbHG, § 40 Rn. 26.

373 Vgl. OLG Brandenburg, Beschl. v. 12.02.2013 – 7 W 72/12, NZG 2013, 507, 508; *Oetker,* in: Henssler/Strohn, Gesellschaftsrecht, GmbHG, § 40 Rn. 7.

374 Vgl. *Heidinger,* in: MünchKomm-GmbHG, § 40 Rn. 87; *Noack,* in: Baumbach/Hueck, GmbHG, § 40 Rn. 29; *Oetker,* in: Henssler/Strohn, Gesellschaftsrecht, GmbHG, § 40 Rn. 8.

375 Vgl. *Wachter,* in: ZNotP 2008, 378, 386.

376 Die Gründungsgesellschafterliste ist unstreitig durch sämtliche Geschäftsführer zu unterzeichnen, s.o. § 3 C. III. 4. b) aa).

377 So etwa *Hasselmann,* in: NZG 2009, 486, 487; *Oetker,* in: Henssler/Strohn, Gesellschaftsrecht, GmbHG, § 40 Rn. 11.

378 Vgl. etwa OLG Jena, Beschl. v. 05.07.2011 – 6 W 82/11, NZG 2011, 909, 910; *Altmeppen,* in: Roth/Altmeppen, GmbHG, § 40 Rn. 13; *Heidinger,* in: MünchKomm-GmbHG, § 40 Rn. 116; *Mayer,* in: DNotZ 2008, 403, 413; *Noack,* in: Baumbach/Hueck, GmbHG, § 40 Rn. 35; *Paefgen,* in: Ulmer/Habersack/Löbbe, GmbHG, § 40 Rn. 69; *Terlau,* in: Michalski, GmbHG, § 40 Rn. 21; *Wachter,* in: Bork/Schäfer, GmbHG, § 40 Rn. 20; *Winter,* in: Gehrlein/Ekkenga/Simon, GmbHG, § 40 Rn. 22.

379 Vgl. a.a.O.

sowie die Unterzeichnung durch einen Geschäftsführer mit einem Prokuristen im Rahmen einer unechten Gesamtvertretung.[380]

Die von den Geschäftsführern aktualisierte und in vertretungsberechtigter Anzahl unterschriebene Gesellschafterliste ist gem. § 12 Abs. 2 HGB elektronisch zum Handelsregister einzureichen.[381] Dem Registergericht ist das Original oder eine beglaubigte Abschrift der aktualisierten Gesellschafterliste zu übermitteln.[382] Die Übermittlung kann durch einen Notar unter Verwendung eines Vorstrukturierungsprogramms oder von den Geschäftsführern selbst in eingescannter Form über das elektronische Gerichts- und Verwaltungspostfach (EGVP) erfolgen.[383] Eine Übersendung als bloßer E-Mail Anhang ist hingegen unzulässig.[384]

(2) Einreichungsanspruch des Gesellschafters

Die Pflicht der Geschäftsführer zur Einreichung der aktualisierten Gesellschafterliste kann von demjenigen Gesellschafter, dessen Geschäftsanteil die Änderung betrifft, gerichtlich, auch im Wege des einstweiligen Rechtsschutzes, durchgesetzt werden.[385] Es handelt sich hierbei nach dem Willen des Gesetzgebers und nahezu einhelliger Auffassung um einen (unausgesprochenen) primären Erfüllungsanspruch, der unabhängig von der Schadensersatzpflicht nach § 40 Abs. 3 GmbHG besteht.[386] Der Gesetzgeber wollte diesbezüglich erneut eine Parallele zu § 67 Abs. 2 AktG ziehen; auch im Aktienrecht besteht eine entsprechende – ebenfalls ungeschriebene – einklagbare Verpflichtung der Gesellschaft gegenüber dem Neugesellschafter.[387]

Umstritten ist allerdings, wem gegenüber dieser primäre Erfüllungsanspruch im GmbH-Recht besteht.

---

380 Vgl. etwa OLG Jena, Beschl. v. 05.07.2011 – 6 W 82/11, NZG 2011, 909, 910; *Heidinger,* in: MünchKomm-GmbHG, § 40 Rn. 116; *Mayer,* in: DNotZ 2008, 403, 413; *Terlau,* in: Michalski, GmbHG, § 40 Rn. 21; *Wachter,* in: Bork/Schäfer, GmbHG, § 40 Rn. 20; zweifelnd aber: *Noack,* in: Baumbach/Hueck, GmbHG, § 40 Rn. 35; **a.A.** insbesondere *Paefgen,* in: Ulmer/Habersack/Löbbe, GmbHG, § 40 Rn. 70; gegen die Zulässigkeit der Stellvertretung aber für die Zulässigkeit einer unechten Gesamtvertretung ist etwa *Winter,* in: Gehrlein/Ekkenga/Simon, GmbHG, § 40 Rn. 22.

381 Vgl. *Altmeppen,* in: Roth/Altmeppen, GmbHG, § 40 Rn. 13.

382 Vgl. LG Gera, Beschl. v. 18.06.2009 – 2 HK T 16/09, NotBZ 2009, 332; *Wachter,* in: Bork/Schäfer, GmbHG, § 40 Rn. 25.

383 Vgl. *Winter,* in: Gehrlein/Ekkenga/Simon, GmbHG, § 40 Rn. 31.

384 Vgl. a.a.O.

385 Vgl. BT-Drucks. 16/6140, 38; OLG Brandenburg, Beschl. v. 12.02.2013 – 7 W 72/12, NZG 2013, 507, 508; LG Neuruppin, Beschl. v. 10.08.2012 – 6 O 90/11, GmbHR 2012, 1007; *Bartl,* in: HK-GmbHR, § 16 Rn. 7; *Bayer,* in: Lutter/Hommelhoff, GmbHG, § 40 Rn. 36; *Gehrlein,* in: DK 2007, 771, 791; *Hasselmann,* in: NZG 2009, 486, 489; *Noack,* in: Baumbach/Hueck, GmbHG, § 40 Rn. 30; *Oetker,* in: Henssler/Strohn, Gesellschaftsrecht, GmbHG, § 40 Rn. 9.

386 Vgl. a.a.O.

387 Vgl. ausdrücklich BT-Drucks. 16/6140, 38.

Nach einer Ansicht soll sich der Anspruch – anders als im Aktienrecht – nicht gegen die Gesellschaft, sondern allein gegen die Geschäftsführer richten, die zur Einreichung der neuen Gesellschafterliste höchstpersönlich verpflichtet seien.[388]

Nach der der wohl h.M. soll der Primäranspruch hingegen wie im Aktienrecht allein gegenüber der Gesellschaft bestehen; die Geschäftsführer könnten nicht persönlich auf die Vornahme einer Organhandlung verklagt werden.[389]

Beide Auffassungen berufen sich dabei unter anderem auch auf den Willen des Gesetzgebers und die entsprechende Gesetzesbegründung. Letztlich ist der herrschenden Ansicht zu folgen. Zwar ist es richtig, dass die Geschäftsführer zur Einreichung der aktualisierten Gesellschafterliste verpflichtet sind und ihnen im Falle einer Verletzung dieser Pflicht eine Haftung gem. § 40 Abs. 3 GmbHG droht. Ein Primäranspruch des Gesellschafters gegen die Geschäftsführer ist jedoch schon mit dem organschaftlichen Charakter der Gesellschafterlistenerstellungspflicht nicht vereinbar.[390] Ein derartiger Berichtigungsanspruch kommt vielmehr nur gegen die Gesellschaft selbst in Betracht. Auch nach der Gesetzesbegründung ist gerade eine *„einklagbare Verpflichtung der Gesellschaft“* beabsichtigt.[391] Zudem heißt es in der Gesetzesbegründung, *„dass mit dem Anteilserwerb ein gesetzliches Schuldverhältnis zwischen dem jeweiligen Gesellschafter und der Gesellschaft entsteht, aufgrund dessen dem ausscheidenden wie dem eintretenden Gesellschafter ein Anspruch auf unverzügliche Aktualisierung der Gesellschafterliste zusteht“*.[392] Dies zeigt, dass sich der Anspruch auf Aktualisierung nach der Intention des Gesetzgebers gerade gegen die Gesellschaft selbst richtet, weshalb sich die Gegenauffassung zu Unrecht auf die Gesetzesbegründung beruft. Die Rechtslage sollte in dieser Hinsicht derjenigen im Aktienrecht im Rahmen des § 67 Abs. 3 AktG entsprechen, wo Mitteilung und Nachweis der Veränderung nach allgemeiner Ansicht eine einklagbare Verpflichtung der AG zur Löschung des bisherigen und Neueintragung des jetzigen Namensaktionärs

---

388 Vgl. OLG Brandenburg, Beschl. v. 12.02.2013 – 7 W 72/12, NZG 2013, 507, 508; *Hasselmann,* in: NZG 2009, 486, 489; *Heidinger,* in: Heckschen/Heidinger, Die GmbH in der Gestaltungs- und Beratungspraxis, § 13 Rn. 266 (anders *ders.,* in: MünchKomm-GmbHG, § 40 Rn. 88, wonach ein Anspruch gegen die Gesellschaft und die Geschäftsführer bestehen soll); *Preuß,* in: ZGR 2008, 676, 679.

389 Vgl. OLG München, Urt. v. 29.07.2010 – 23 U 1997/10, GmbHR 2011, 429 ff.; *Bayer,* in: Lutter/Hommelhoff, GmbHG, § 40 Rn. 36; *Heilmeier,* in: BeckOK-GmbHG, § 40 Rn. 196; *Kort,* in: GmbHR 2009, 169, 172 ff.; *Mayer,* in: DNotZ 2008, 403, 414; *Noack,* in: Baumbach/Hueck, GmbHG, § 40 Rn. 30, 84; *Oetker,* in: Henssler/Strohn, Gesellschaftsrecht, GmbHG, § 40 Rn. 9; *Paefgen,* in: Ulmer/Habersack/Löbbe, GmbHG, § 40 Rn. 104 ff.; *Pentz,* in: Rowedder/Schmidt-Leithoff, GmbHG, § 16 Rn. 11; *Roth,* in: Roth/Altmeppen, GmbHG, § 40 Rn. 12; *Schmidt,* in: Ensthaler/Füller/Schmidt, GmbHG, § 40 Rn. 9; *Schneider,* in: GmbHR 2009, 393, 395; *Wicke,* GmbHG, § 40 Rn. 8.

390 Vgl. etwa *Paefgen,* in: Ulmer/Habersack/Löbbe, GmbHG, § 40 Rn. 105.

391 Vgl. BT-Drucks. 16/6140, 38.

392 BT-Drucks. 16/6140, 38.

begründen.[393] Auch die Schadensersatzpflicht der Geschäftsführer gem. § 40 Abs. 3 GmbHG vermag daran nichts zu ändern. Diese Vorschrift *„sieht für Gesellschafter nicht anders als für außenstehende Dritte nur Schadensersatzansprüche als Sanktion gegen den Geschäftsführer vor"*.[394] Meinungsverschiedenheiten in Geschäftsführerfragen sind ohne anderweitige Regelung grundsätzlich zwischen dem betroffenen Gesellschafter und der Gesellschaft auszutragen.[395] Auch widerspricht die Gegenauffassung der sog. *„Holzmüller"*-Entscheidung des BGH, wonach ein Aktionär wegen Eingriffen durch den Vorstand in seine Mitgliedschaftsrechte die Gesellschaft und nicht den Vorstand selbst zu verklagen hat.[396]

dd) Stellungnahme / Kritik zu der Pflichtenausgestaltung der Geschäftsführer

Nach dem Vorgesagten unterliegen die Geschäftsführer der Pflicht, die Wirksamkeit der Veränderungen im Gesellschafterbestand auf Basis der Mitteilungen und vorgelegten Nachweise der Gesellschafter sorgfältig zu prüfen, § 40 Abs. 1 S. 2 GmbHG. Das im Zweifel nicht vorhandene juristische Wissen entbindet die Geschäftsführer gerade nicht von der Einschaltung von Fachleuten wie Rechtsanwälten oder Notaren. Erlangen die Geschäftsführer Kenntnis von der Unrichtigkeit der aktuellen, d.h. der zuletzt zum Handelsregister eingereichten Gesellschafterliste, sind sie zudem dazu verpflichtet, die Unrichtigkeit der Gesellschafterliste zu beseitigen, d.h. die Gesellschafterliste zu korrigieren.

Eine Gefahr besteht darin, dass Geschäftsführer mit schwacher Position innerhalb der Gesellschaft nach dieser neuen Rechtslage sprichwörtlich „zwischen den Stühlen sitzen" können; etwa dann, wenn ein neuer Gesellschafter die Geschäftsführer unter Druck setzt, die Gesellschafterliste trotz etwaiger Zweifel bezüglich der Wirksamkeit einer Veränderung unverzüglich einzureichen. Dies ist angesichts des Umstandes, dass der neue Gesellschafter erst mit Eintragung in der Gesellschafterliste gegenüber der Gesellschaft legitimiert ist (§ 16 Abs. 1 GmbHG), in der Praxis nicht fernliegend und aus Sicht des betroffenen Gesellschafters sogar nachvollziehbar. Schließlich haben die Geschäftsführer sogar die höchstpersönliche Pflicht, die aktualisierte Gesellschafterliste unverzüglich nach Wirksamwerden jeder Veränderung i.S.d. § 40 Abs. 1 S. 1 GmbHG zum Handelsregister einzureichen. Im Falle einer verspäteten Einreichung kann gar eine Haftung gem. § 40 Abs. 3 GmbHG drohen.[397] Denn eine zu spät eingereichte Gesellschafterliste kann aufgrund der Legitimationswirkung gem. § 16 Abs. 1 GmbHG stets Schadensrisiken und erhebliche Folgeprobleme bergen.[398] Auf der anderen Seite unterliegen die Geschäftsführer

393 Vgl. etwa *Hüffer*, AktG, § 67 Rn. 20 m.w.N.
394 OLG München, Urt. v. 29.07.2010 – 23 U 1997/10, GmbHR 2011, 429 ff.
395 Vgl. a.a.O.
396 Vgl. BGH, Urt. v. 25.02.1982 – II ZR 174/80, BGHZ 83, 122, 134ff.; *Paefgen*, in: Ulmer/Habersack/Löbbe, GmbHG, § 40 Rn. 105.
397 Vgl. hierzu § 4 D. I. 1.
398 S.o. § 3 C. II.

einer strengen Prüfpflicht, welche die Wirksamkeit der Veränderung und damit die Richtigkeit der eingereichten Gesellschafterliste gewährleisten soll und die Geschäftsführer erst nach einer solchen Prüfung und der Überzeugung von der Wirksamkeit der Veränderung zur Einreichung der aktualisierten Gesellschafterliste berechtigen, zumal auch das Einreichen einer fehlerhaften Gesellschafterliste eine Haftung gem. § 40 Abs. 3 GmbHG begründen kann[399].

Es ist zudem zu beachten, dass die Geschäftsführer einer GmbH – anders als etwa die Vorstände einer AG – einem Weisungsrecht der Gesellschafter unterliegen (§ 37 Abs. 1 GmbHG) und auch ohne ausdrückliche Weisung stets den mutmaßlichen Willen der Gesellschafter zu beachten und im Zweifel Geschäftsführungsmaßnahmen der Gesellschafterversammlung zur Entscheidung vorzulegen haben.[400] Dies birgt im Zusammenhang mit der vorgenannten Konstellation weiteres Konfliktpotential. Hinzu kommt, dass die Geschäftsführer häufig selbst Gesellschafter oder mit dem oder den Mehrheitsgesellschaftern eng verbunden sind – die Gefahr parteibezogenen Handelns und von Konfliktherden zwischen Mehrheits- und Minderheitsgesellschaftern im Zusammenhang mit der Aktualisierung von Gesellschafterlisten drängt sich vor diesem Hintergrund in derartigen Fällen mitunter auf.[401] Aber auch wenn die Geschäftsführer womöglich gänzlich unvoreingenommen sind, haben sie in einer solchen Konstellation oftmals die wenig reizvolle Wahl zwischen dem Druck des oder der Gesellschafter, die womöglich über ihre weitere berufliche Zukunft entscheiden (insbesondere sofern die Geschäftsführer nicht selbst Gesellschafter sind), und einer möglichen Haftung gem. § 40 Abs. 3 GmbHG.[402]

Abschließend ist den Geschäftsführern wegen der weitaus gravierenderen Folgen – zu nennen ist hier insbesondere ein gutgläubiger Erwerb gem. § 16 Abs. 3 GmbHG und eine sich anschließende Inanspruchnahme der Geschäftsführer durch den Altgesellschafter auf Schadensersatzzahlung wegen Verlusts seines Geschäftsanteils[403] – nur zu raten, die sorgfältige Prüfung der Wirksamkeit der Veränderung einer möglichst raschen Aktualisierung der Gesellschafterliste vorzuziehen.[404]

c) Gesellschafterliste vom Notar

aa) Allgemeines / Unproblematische Fälle der Zuständigkeit

Eine Zuständigkeit des Notars für die Einreichung der Gesellschafterliste gem. § 40 Abs. 2 S. 1 GmbHG liegt stets dann vor, wenn er an Veränderungen i.S.d. § 40 Abs. 1 S. 1 GmbHG *„mitgewirkt“* hat.

---

399 Vgl. hierzu § 4 D. I. 1.

400 Vgl. *Bednarz,* in: BB 2008, 1854, 1857 m.w.N.

401 Vgl. auch *Bednarz,* in: BB 2008, 1854, 1857; *Harbarth,* in: ZIP 2008, 57, 61.

402 Vgl. *Hasselmann,* in: NZG 2009, 486, 488.

403 Vgl. hierzu § 4 D.

404 Ähnlich auch *Hauschild,* in: ZIP 2012, 660, 661 bzgl. des sich in einer vergleichbaren Situation befindenden mitwirkenden Notars.

Der Begriff der Mitwirkung wird allerdings weder im Gesetz noch in der Gesetzesbegründung, in der lediglich ausdrücklich der Fall einer notariellen Mitwirkung im Falle einer Anteilsabtretung benannt wird[405], näher konkretisiert. Zu bejahen ist die Zuständigkeit des Notars jedenfalls dann, wenn er unmittelbar und final an einer Veränderung i.S.d. § 40 Abs. 1 S. 1 GmbHG in amtlicher Eigenschaft beteiligt ist. Eine Mitwirkung und damit eine Zuständigkeit des Notars besteht nach einhelliger Ansicht daher insbesondere bei Abtretungen eines Geschäftsanteils, Kapitalerhöhungen und Kapitalherabsetzungen sowie umwandlungsrechtlichen Vorgängen, die unmittelbar zu einer Veränderung im Gesellschafterkreis der betroffenen GmbH führen.[406] Alle weiteren Fallkonstellationen sind problematisch und auch in (in verschiedener Intensität) streitig. Dies hängt maßgeblich mit dem grundsätzlich weiten und unbestimmten Wortlaut des § 40 Abs. 2 S. 1 GmbHG zusammen („*mitgewirkt*"), der zu der Frage führt, ob tatsächlich jede auch nur geringe oder mittelbare Beteiligung eines Notars an einer Veränderung auch eine Zuständigkeit des Notars begründen kann. Hierbei ist insbesondere fraglich, ob tatsächlich jedwede Mitwirkungshandlung eines Notars im weiteren Sinne die Verfahrensabläufe vereinfachen und die Richtigkeitsgewähr erhöhen kann, wie dies vom Gesetzgeber bei gegebener Zuständigkeit des Notars intendiert war.[407] Hinsichtlich dieser Konstellationen, in denen eine Mitwirkung und damit eine Zuständigkeit des Notars problematisch ist, wird an dieser Stelle auf die nachfolgenden Ausführungen unter d) zu den problematischen Fallkonstellationen verwiesen.

Nach wohl einhelliger und richtiger Ansicht liegt eine Mitwirkung des Notars i.S.d. § 40 Abs. 2 S. 1 GmbHG im Übrigen nicht nur bei beurkundungspflichtigen Vorgängen vor, sondern auch dann, wenn der Notar in amtlicher Eigenschaft als Protokollant nicht beurkundungspflichtiger Beschlüsse (z.B. Zusammenlegungen, Teilungen, Einziehung von Geschäftsanteilen) oder als Verfasser und Unterschriftenbeglaubiger von zu Veränderungen führenden, privatschriftlich getroffenen Gesellschafterbeschlüssen beteiligt ist.[408] Auch bei Einreichung einer Anmeldung zur Durchführung einer Kapitalerhöhung aus genehmigtem Kapital (§ 55a GmbHG) hat der Notar an der Veränderung mitgewirkt, wenn er zuvor die Unterschrift beglaubigt hat.[409] Im Falle einer bloßen Unterschriftsbeglaubigung ist hingegen nicht von einer Mitwirkung des Notars auszugehen.[410]

405 Vgl. BT-Drucks. 16/6140, 44.

406 Vgl. *Hasselmann,* in: NZG 2009, 486, 490; *Löbbe,* in: GmbHR 2012, 7, 10.

407 Vgl. auch *Winter,* in: Gehrlein/Ekkenga/Simon, GmbHG, § 40 Rn. 34.

408 Vgl. *Altmeppen,* in: Roth/Altmeppen, GmbHG, § 40 Rn. 22; *Bayer,* in: Lutter/Hommelhoff, GmbHG, § 40 Rn. 55; *Löbbe,* in: GmbHR 2012, 7, 12; *Mayer,* in: DNotZ 2008, 403, 408; *Reymann,* in: BB 2009, 506, 508; *Vossius,* in: DB 2007, 2299, 2304; *Wälzholz,* in: MittBayNot 2008, 425, 435; *Wicke,* GmbHG, § 40 Rn. 13.

409 Vgl. *Altmeppen,* in: Roth/Altmeppen, GmbHG, § 40 Rn. 22; *Bayer,* in: Lutter/Hommelhoff, GmbHG, § 40 Rn. 55; *Wicke,* GmbHG, § 40 Rn. 13.

410 Vgl. *Altmeppen,* in: Roth/Altmeppen, GmbHG, § 40 Rn. 22; *Bayer,* in: Lutter/Hommelhoff, GmbHG, § 40 Rn. 55.

Da es sich bei § 40 Abs. 2 S. 1 GmbHG um eine Amtspflicht handelt, fallen nicht in den Zuständigkeitsbereich des Notars Konstellationen, in denen der Notar lediglich privat an einer Anteilsübertragung, etwa als Gesellschafter einer GmbH, beteiligt ist[411] bzw. ein sonstiges Beurkundungsverbot des § 3 Abs. 1 BeurkG einschlägig ist[412].

bb) Pflichten des Notars

Ist der Notar gem. § 40 Abs. 2 S. 1 GmbHG aufgrund seiner Mitwirkung für die Aktualisierung der Gesellschafterliste zuständig, zieht dies eine Reihe von Verpflichtungen nach sich. Dem Gesetzeswortlaut nach hat der Notar *„unverzüglich nach [...] Wirksamwerden“* der Veränderungen i.S.d. § 40 Abs. 1 S. 1 GmbHG *„ohne Rücksicht auf etwaige später eintretende Unwirksamkeitsgründe die Liste anstelle der Geschäftsführer zu unterschreiben, zum Handelsregister einzureichen und eine Abschrift der geänderten Liste an die Gesellschaft zu übermitteln“* (§ 40 Abs. 2 S. 1 GmbHG). Des Weiteren muss *„die Liste [...] mit der Bescheinigung des Notars versehen sein, dass die geänderten Eintragungen den Veränderungen entsprechen, an denen er mitgewirkt hat, und die übrigen Eintragungen mit dem Inhalt der zuletzt im Handelsregister aufgenommenen Liste übereinstimmen“* (§ 40 Abs. 2 S. 2 GmbHG).

Im Einzelnen ergeben sich damit im Zusammenhang mit der Aktualisierung und Einreichung der Gesellschafterliste die folgenden Pflichten für den mitwirkenden Notar:

(1) Einreichungspflicht

§ 40 Abs. 2 S. 1 GmbHG begründet nach inzwischen g.h.M. eine Amtspflicht des mitwirkenden Notars, die aktualisierte Gesellschafterliste zu erstellen, zu unterschreiben und zum Handelsregister einzureichen.[413] Dieser Umstand wird auch später noch im Rahmen der möglichen Inanspruchnahme des Notars eine gewichtige Rolle spielen.[414]

Die Einreichungspflicht des Notars ist zwingend und steht insbesondere nicht zur Disposition der Gesellschafter.[415] Die Einreichung der Gesellschafterliste liegt im Falle seiner Zuständigkeit gem. § 40 Abs. 2 S. 1 GmbHG *„allein im Verantwortungsbereich des Notars“*, der nicht als Vertreter der Geschäftsführer oder der Gesellschaft,

---

411 Vgl. BT-Drucks. 16/6140, 44; *Löbbe,* in: GmbHR 2012, 7, 10.

412 Vgl. *Heilmeier,* in: BeckOK-GmbH, § 40 Rn. 59.

413 Vgl. nur BGH, Beschl. v. 01.03.2011 – II ZB 6/10, BGH NZG 2011, 516; OLG München, Beschl. v. 06.02.2013 – 31 Wx 8/13, NZG 2013, 340, 341; OLG Köln, Beschl. v. 19.07.2013 – 2 Wx 170/13, RNotz 2013, 556, 560; *Bayer,* in: Lutter/Hommelhoff, GmbHG, § 40 Rn. 55; *Heilmeier,* in: BeckOK-GmbH, § 40 Rn. 163; *Löbbe,* in: GmbHR 2012, 7, 10; *Oetker,* in: Henssler/Strohn, Gesellschaftsrecht, GmbHG, § 40 Rn. 23; *Vossius,* in: DB 2007, 2299, 2304.

414 Vgl. zur Notarhaftung § 4 E.

415 s.o. § 3 C. III. 4. a).

sondern von Amts wegen tätig wird.[416] Hieraus folgt insbesondere, dass der Notar nicht den Weisungen der Gesellschaft oder der Beteiligten in Bezug auf die Gesellschafterliste unterliegt oder diese zu beachten hat.[417] Die Parteien können den Notar auch nicht von seinen Pflichten gem. § 40 Abs. 2 GmbHG befreien und diese selbst übernehmen oder dem Notar die Einreichung der Gesellschafterliste untersagen.[418] Der Notar kann seine Pflichten seinerseits auch nicht delegieren.[419] Zusammenfassend ist aufgrund der Rechtsnatur der Erstellungs- und Einreichungspflicht mithin kein weiterer Auftrag der Beteiligung für die Einreichung der aktualisierten Gesellschafterliste zum Handelsregister erforderlich.[420]

Der Notar hat die aktualisierte Gesellschafterliste unverzüglich nach Wirksamwerden der Veränderung einzureichen, § 40 Abs. 2 S. 1 GmbHG. Das bedeutet, dass der Notar ohne schuldhaftes Zögern i.S.v. § 121 Abs. 1 S. 1 BGB handeln muss.[421] Für die Einreichungspflicht des Notars ist dabei nach dem Gesetzeswortlaut und nach der klaren Intention des Gesetzgebers aber unerheblich, ob anschließend Unwirksamkeitsgründe eintreten können.[422] Die Geschäftsführer oder der Notar (je nach gegebener Zuständigkeit im Einzelfall) müssen vielmehr ggf. eine neue Gesellschafterliste einreichen, wenn erneut eine Veränderung i.S.d. § 40 Abs. 1 S. 1 GmbHG eintritt.[423]

(2) Prüfpflicht

(a) Bestehen einer Prüfpflicht

Der mitwirkende Notar ist nach allgemeiner Ansicht verpflichtet, die Wirksamkeit der Veränderung i.S.d. § 40 Abs. 1 S. 1 GmbHG vor Unterzeichnung und Einreichung der aktualisierten Gesellschafterliste auch inhaltlich zu prüfen.[424] Hierfür ist dem Notar vor Einreichung der Gesellschafterliste eine nach den Umständen des jeweiligen Einzelfalles zu bemessende Frist einzuräumen.[425] Das Bestehen

416 Vgl. BT-Drucks. 16/6140, 44; DNotI-Report 2010, 53; *Wachter,* in: Bork/Schäfer, GmbHG, § 40 Rn. 31.

417 Vgl. *Heidinger,* in: Heckschen/Heidinger, Die GmbH in der Gestaltungs- und Beratungspraxis, § 13 Rn. 314; *Mayer,* in: MittBayNot 2014, 114; *Wachter,* in: Bork/Schäfer, GmbHG, § 40 Rn. 31.

418 Vgl. a.a.O.

419 Vgl. a.a.O.

420 Vgl. *Seibt,* in: Scholz, GmbHG, § 40 Rn. 74.

421 Vgl. *Wachter,* in: Bork/Schäfer, GmbHG, § 40 Rn. 48.

422 Vgl. BT-Drucks. 16/6140, 44.

423 Vgl. *Altmeppen,* in: Roth/Altmeppen, GmbHG, § 40 Rn. 19.

424 Vgl. etwa *Bayer,* in: Lutter/Hommelhoff, GmbHG, § 40 Rn. 60 ff.; *Hauschild,* in: ZIP 2012, 660; *Hasselmann,* in: NZG 2009, 486, 490 ff.; *Heidinger,* in: MünchKomm-GmbHG, § 40 Rn. 151 ff.; *Heilmeier,* in: BeckOK-GmbH, § 40 Rn. 164; *Link,* in: RNotZ 2009, 193, 201; *Paefgen,* in: Ulmer/Habersack/Löbbe, GmbHG, § 40 Rn. 140 ff.; *Schmidt,* in: RNotZ 2011, 148; *Terlau,* in: Michalski, GmbHG, § 40 Rn. 29.

425 Vgl. *Wachter,* in: Bork/Schäfer, GmbHG, § 40 Rn. 48.

einer Prüfpflicht folgt bereits aus der Intention des Gesetzgebers, durch die gem. § 40 Abs. 2 S. 1 GmbHG begründete Zuständigkeit des Notars in der Mehrzahl der Fallkonstellationen eine höhere Richtigkeitsgewähr der Gesellschafterliste aufgrund des juristischen Sachverstands des Notars im Vergleich zu einer von Geschäftsführern eingereichten Gesellschafterliste zu erzielen.[426] Diese Intention ist denn auch aus dem Wortlaut des § 40 Abs. 2 S. 1 GmbHG ersichtlich, der klar eine Prüfpflicht indiziert. Eine inhaltliche Prüfpflicht des Notars ist auch nur folgerichtig. Denn wenn bereits die Geschäftsführer zu einer inhaltlichen Prüfung verpflichtet sind[427], so muss dies erst recht für den rechtskundigen Notar gelten.[428]

Da die Prüfpflicht in unmittelbarem Zusammenhang mit der Einreichungspflicht steht, bzw. letztere nicht pflichtgemäß ohne erstere erfüllt werden kann, handelt es sich auch bei der Prüfpflicht des Notars denklogisch um eine Amtspflicht.[429]

(b) Umfang und Ausgestaltung der Prüfpflicht

Zu klären sind auch beim Notar der Umfang und die Ausgestaltung seiner Prüfpflicht. Denn das Gesetz bietet hier – wie auch bei den Geschäftsführern – ebenso wie die Gesetzesbegründung keine konkreten Angaben bzw. Anhaltspunkte.

Allgemein anerkannt ist zunächst, dass der Notar – wie auch die Geschäftsführer – die aktualisierte Gesellschafterliste erst dann zum Handelsregister einreichen darf, wenn er von der Wirksamkeit der Veränderungen, an denen er mitgewirkt hat, sicher überzeugt ist.[430] Dies ergibt sich auch bereits aus der Gesetzesbegründung.[431] Bei berechtigten Zweifeln an der Wirksamkeit der Veränderung besteht ein hinreichender Grund für die Verweigerung der Vollzugstätigkeit gem. § 15 Abs. 1 BNotO hinsichtlich der Einreichung der Gesellschafterliste.[432] Zu beachten ist dabei, dass die Beteiligten dem Notar gegenüber zwar nicht zur Auskunft und ggf. auch zur Nachweisführung verpflichtet sind.[433] Bei bestehenden Zweifeln des Notars kann er es hierbei allerdings nicht einfach belassen, sondern er hat die Beteiligten darauf hinzuweisen, dass er die aktualisierte Gesellschafterliste erst dann zum Handelsregister einreichen kann und darf, wenn ihm die von ihm benötigten Informationen

---

426 Vgl. BT-Drucks. 16/6140, 44; *Heidinger,* in: MünchKomm-GmbHG, § 40 Rn. 152; *Heilmeier,* in: BeckOK-GmbH, § 40 Rn. 164.

427 S.o. § 3 C. III. 4. b) bb) (3).

428 Vgl. *Heilmeier,* in: BeckOK-GmbH, § 40 Rn. 164.

429 Ähnlich *Seibt,* in: Scholz, GmbHG, § 40 Rn. 55.

430 Vgl. etwa *Altmeppen,* in: Roth/Altmeppen, GmbHG, § 40 Rn. 19; *Bayer,* in: Lutter/Hommelhoff, GmbHG, § 40 Rn. 60; *Link,* in: RNotZ 2009, 193, 201; *Mayer,* in: DNotZ 2008, 403, 409.

431 Vgl. BT-Drucks. 16/6140, 44.

432 Vgl. DNotI-Report 2010, 53, 54; *Preuß,* in: ZGR 2008, 676, 681.

433 Vgl. *Bayer,* in: Lutter/Hommelhoff, GmbHG, § 40 Rn. 62; *Götze/Bressler,* in: NZG 2007, 894, 896; *Preuß,* in: ZGR 2008, 676, 681; *Vossius,* in: DB 2007, 2299, 2304; *Wicke,* GmbHG, § 40 Rn. 15.

und Nachweise vorgelegt werden.[434] Alles andere würde die vom Gesetzgeber beabsichtigte erhöhte Richtigkeitsgewähr der Gesellschafterliste durch die stärkere Einbindung des Notars[435] konterkarieren. Nicht zu Unrecht wird deshalb in der Literatur zum Teil gefordert, dem Notar gleich einen entsprechenden Auskunftsanspruch zuzugestehen.[436] Zu beachten ist aber ohnehin, dass die Verweigerung einer vom Notar geforderten Mitwirkung durch einen Neu- oder Altgesellschafter einen Verstoß gegen die allgemeine gesellschaftsrechtliche Treuepflicht[437] darstellen würde und eine entsprechende Haftung der Betroffenen nach sich zöge.[438]

Unklar ist mangels gesetzlicher Vorgaben, wann von einer sicheren Überzeugung des Notars von der Wirksamkeit der Veränderung auszugehen ist und welche Kriterien hierfür ggf. in Streitfällen anzusetzen sind. Aus den fehlenden gesetzlichen Vorgaben kann nur folgen, dass hierbei letztlich auf die persönliche Überzeugung des Notars, d.h. die Ausübung pflichtgemäßen Ermessens abzustellen ist.[439] Der Gesetzgeber wollte sich offenbar bewusst auf die in der Gesetzesbegründung mehrfach positiv erwähnten Fachkenntnisse der Notare[440] verlassen. Wie auch bei den Geschäftsführern sind aber auch an den Grad der Überzeugungsbildung des Notars angesichts der nunmehrigen Bedeutung der Gesellschafterliste strenge Anforderungen zu stellen.[441] Inzwischen weitgehend anerkannt ist allerdings, dass den Notar keine dahingehende Prüfpflicht trifft, ob die bisherige, d.h. die bis dato noch aktuelle Gesellschafterliste zutreffend ist.[442] Das bedeutet, dass der Notar grundsätzlich von der

---

434 Vgl. *Bayer,* in: Lutter/Hommelhoff, GmbHG, § 40 Rn. 62; *Götze/Bressler,* in: NZG 2007, 894, 896; *Kort,* in: GmbHR 2009, 169, 172; *Mayer,* in: DNotZ 2008, 403, 409; ähnlich auch *Link,* in: RNotZ 2009, 193, 201.

435 Vgl. BT-Drucks. 16/6140, 44.

436 So etwa ausdrücklich *Terlau,* in: Michalski, GmbHG, § 40 Rn. 29; in diese Richtung wohl auch *Wachter,* in: Bork/Schäfer, GmbHG, § 40 Rn. 44.

437 Vgl. hierzu allgemein bereits die Ausführungen unter § 2 B. II. 6. b).

438 Vgl. *Bayer,* in: Lutter/Hommelhoff, GmbHG, § 40 Rn. 62; *Reymann,* in: BB 2009, 506, 509; *Schmidt,* in: RNotZ 2011, 148, 149.

439 Vgl. DNotI-Report 2010, 53, 54; *Bayer,* in: Lutter/Hommelhoff, GmbHG, § 40 Rn. 60; *Hauschild,* in: ZIP 2012, 660, 664/665; *Heidinger,* in: MünchKomm-GmbHG, § 40 Rn. 153; *Heidinger,* in: Heckschen/Heidinger, Die GmbH in der Gestaltungs- und Beratungspraxis, § 13 Rn. 318c; *Link,* in: RNotZ 2009, 193, 201; *Mayer,* in: ZIP 2009, 1037, 1047; *ders.,* in: MittBayNot 2014, 114, 119.

440 Vgl. BT-Drucks. 16/6140, 44.

441 Vgl. auch *Mayer,* in: MittBayNot 2014, 114, 119.

442 Vgl. etwa OLG München, Beschl. v. 27.05.2009 – 31 Wx 38/09, NZG 2009, 797, 798; *Bayer,* in: Lutter/Hommelhoff, GmbHG, § 40 Rn. 61; *Bednarz,* in: BB 2008, 1854, 1861; *Blasche,* in: RNotZ 2014, 34, 38; *Harbarth,* in: ZIP 2008, 57, 59; *Hasselmann,* in: NZG 2009, 486, 492; *Heilmeier,* in: BeckOK-GmbH, § 40 Rn. 166; *Katschinski/Rawert,* in: ZIP 2008, 1993, 2002; *Mayer,* in: DNotZ 2008, 403, 411; *Schneider,* in: GmbHR 2009, 393, 396; *Terlau,* in: Michalski, GmbHG, § 40 Rn. 30; *Vossius,* in: DB 2007, 2299, 2304; *Wachter,* in: Bork/Schäfer, GmbHG, § 40 Rn. 52; *Wicke,* GmbHG, § 40 Rn. 17a.

Richtigkeit der aktuell im Handelsregister aufgenommenen, bisherigen Gesellschafterliste ausgehen kann und diese vorgefundene Gesellschafterliste nicht inhaltlich auf ihre rechtliche Wirksamkeit zu überprüfen hat. Der Notar hat also „lediglich" die Veränderungen, an denen er selbst mitgewirkt hat, in der Gesellschafterliste zutreffend abzubilden und diese inhaltlich auf ihre Wirksamkeit zu prüfen; er hat aber darüber hinaus keine Prüfpflicht, ob die Gesellschafterliste bis dahin inhaltlich zutreffend ist bzw. war.[443] Eine bis dato inhaltlich falsche Gesellschafterliste bleibt mithin auch in Zukunft falsch, sofern nicht die nun vorgenommene Veränderung gerade diesen Fehler beseitigt. Folglich gewährleistet auch die Prüfung durch einen Notar und die entsprechende Bescheinigung gem. § 40 Abs. 2 S. 2 GmbHG gerade nicht, dass die Gesellschafterliste insgesamt richtig ist, sondern nur die Richtigkeit genau der Veränderung der Gesellschafterliste, an der der Notar mitgewirkt hat.[444] Viele Stimmen sprechen vor diesem Hintergrund von einer nur *„begrenzten Prüfpflicht"* des Notars.[445] Die noch im ursprünglichen Referentenentwurf zum MoMiG enthaltene, weitergehende Regelung, wonach der Notar hätte bescheinigen müssen, dass ihm aus seinen Unterlagen nichts ersichtlich ist, was der Richtigkeit der Gesellschafterliste entgegensteht, fand gerade keinen Einzug in die gesetzliche Regelung des § 40 Abs. 2 GmbHG.[446] Liegen dem Notar Anhaltspunkte für eine Unrichtigkeit der derzeitigen Gesellschafterliste vor, so darf er diese freilich nicht ignorieren, sondern hat die Geschäftsführer auf diese Unrichtigkeit(en) hinzuweisen und die Gesellschafterliste vor der Beurkundung korrigieren zu lassen.[447] Dies sollte mit einem Hinweis auf die nunmehrige große Bedeutung der Gesellschafterliste und die drohende Haftung bei fehlerhaften Gesellschafterlisten, insbesondere der Geschäftsführer gem. § 40 Abs. 3 GmbHG, verbunden werden.[448] Verbleiben bei dem Notar Zweifel und ist dieser daher nicht bereit, die aktualisierte Gesellschafterliste zum Handelsregister einzureichen, kann er dies den Beteiligten durch einen Vorbescheid ankündigen, wogegen wiederum Beschwerde beim zuständigen Landgericht (§ 15 BNotO) eingelegt werden kann.[449]

Wie bereits ausgeführt, hat der Notar die aktualisierte Gesellschafterliste ansonsten unabhängig von der Möglichkeit sich anschließender Unwirksamkeitsgründe

---

443 Vgl. OLG München, Beschl. v. 27.05.2009 – 31 Wx 38/09, NZG 2009, 797, 798; *Katschinski/Rawert,* in: ZIP 2008, 1993, 2002; *Mayer,* in: DNotZ 2008, 403, 411; *Schneider,* in: GmbHR 2009, 393, 396.

444 Vgl. *Wachter,* in: Bork/Schäfer, GmbHG, § 40 Rn. 52; DNotI-Report 2010, 53, 57.

445 Vgl. etwa DNotI-Report 2010, 53, 56; *Schneider,* in: GmbHR 2009, 393, 396.

446 Vgl. OLG München, Beschl. v. 27.05.2009 – 31 Wx 38/09, NZG 2009, 797, 798; DNotI- Report 2010, 53, 56.

447 Vgl. DNotI-Report 2010, 53, 55; *Bayer,* in: Lutter/Hommelhoff, GmbHG, § 40 Rn. 61; *Blasche,* in: RNotZ 2014, 34, 38; *Heilmeier,* in: BeckOK-GmbH, § 40 Rn. 167; *Link,* in: RNotZ 2009, 193, 205 ff.

448 Vgl. auch DNotI-Report 2010, 53, 57.

449 Vgl. *Heidinger,* in: Heckschen/Heidinger, Die GmbH in der Gestaltungs- und Beratungspraxis, § 13 Rn. 318f; *Tebben,* in: RNotZ 2008, 441, 453.

unverzüglich nach Wirksamwerden der Veränderung einzureichen (§ 40 Abs. 2 S. 1 GmbHG). Das bedeutet auch, dass den Notar insoweit auch keine Pflicht trifft, den Vertrag im Hinblick auf den Eintritt der für das Wirksambleiben maßgeblichen Umstände zu überwachen.[450] *„Bei Eintritt entsprechender Ereignisse besteht vielmehr eine Pflicht der Geschäftsführer zur Einreichung einer weiteren Gesellschafterliste nach § 40 Abs. 1 S. 1 GmbHG oder es entsteht, wenn der Notar bei dem Ereignis mitwirkt, eine neue Pflicht des Notars aus § 40 Abs. 2 S. 1 GmbHG"*.[451]

Es existieren diverse problematische Fallkonstellationen, in denen die Zuständigkeit und Pflichten von Notar bzw. Geschäftsführern problematisch und umstritten sind. Diesbezüglich wird auf die nachfolgenden Ausführungen unter d) verwiesen.[452] Im Übrigen gilt das bereits zur Prüfpflicht der Geschäftsführer Gesagte[453] entsprechend. Insbesondere besteht kein Grund, bei einem Notar geringere Anforderungen an die vorgelegten Nachweise zu stellen als bei den Geschäftsführern.[454] Alles andere würde die vom Gesetzgeber beabsichtigte Richtigkeitsgewähr durch die Miteinbeziehung des Notars ad absurdum führen.

(3) Listenbescheinigung

Gem. § 40 Abs. 2 S. 2 GmbHG ist die vom Notar eingereichte Gesellschafterliste zusätzlich mit der Bescheinigung des Notars zu versehen, *„dass die geänderten Eintragungen den Veränderungen entsprechen, an denen er mitgewirkt hat, und die übrigen Eintragungen mit dem Inhalt der zuletzt im Handelsregister aufgenommenen Liste übereinstimmen"*. Diese Bescheinigung hat den Zweck, zusammen mit der vorangehenden Mitwirkung des Notars an der Veränderung die Richtigkeitsgewähr der Gesellschafterliste zu erhöhen.[455] Vorbild der Regelung ist die Satzungsbescheinigung nach § 54 Abs. 1 S. 2 GmbHG.[456] Die Listenbescheinigung gem. § 40 Abs. 2 S. 2 GmbHG stellt eine in der Form des Vermerks i.S.d. § 39 BeurkG errichtete öffentliche Urkunde dar.[457] Inzwischen weitgehend anerkannt ist, dass die Listenbescheinigung

450 So ausdrücklich BT-Drucks. 16/6140, 44; vgl. auch OLG Brandenburg, Beschl. v. 12.02.2013 – 7 W 72/12, GmbHR 2013, 309, 310; *Bayer*, in: Lutter/Hommelhoff, GmbHG, § 40 Rn. 63; *Bednarz*, in: BB 2008, 1854, 1860; *Hauschild*, in: ZIP 2012, 660, 661; *Mayer*, in: DNotZ 2008, 403, 410.

451 BT-Drucks. 16/6140, 44.

452 Vgl. § 3 C. III. 4. d).

453 Vgl. hierzu oben § 3 C. III. 4. b) bb) (3) (b).

454 So auch *Götze/Bressler*, in: NZG 2007, 894, 896.

455 So ausdrücklich BT-Drucks. 16/6140, 44; vgl. auch *Bayer*, in: Lutter/Hommelhoff, GmbHG, § 40 Rn. 67; *Mayer*, in: DNotZ 2008, 403, 410 ff.; *Wicke*, in: BNotZ 2009, 1, 14; *Wachter*, in: ZNotP 2008, 378, 391 ff.

456 Vgl. BT-Drucks. 16/6140, 44; *Bayer*, in: Lutter/Hommelhoff, GmbHG, § 40 Rn. 67; *Noack*, in: Baumbach/Hueck, GmbHG, § 40 Rn. 63.

457 Vgl. OLG Jena, Beschl. v. 25.05.2010 – 6 W 39/10, DNotZ 2010, 793 mit Anmerkung von *Bettendorf/Mödl*; *Bayer*, in: Lutter/Hommelhoff, GmbHG, § 40 Rn. 67;

der Formulierung in § 40 Abs. 2 S. 2 GmbHG zwar nicht wortgenau, aber zumindest ihrem Sinngehalt nach, entsprechen muss.[458]

Hinsichtlich der Prüfpflicht des Notars gilt auch im Hinblick auf die Bescheinigung nach § 40 Abs. 2 S. 2 GmbHG das bereits unter (2) Gesagte.[459] Die Basis für die Bescheinigung ist die zuletzt in das Handelsregister aufgenommene Gesellschafterliste. Wie bereits ausgeführt, darf sich der Notar also grundsätzlich auf die Richtigkeit der bisherigen Gesellschafterliste verlassen, muss die Geschäftsführer aber auf evidente Unrichtigkeiten hinweisen und diese vor Einreichung der aktualisierten Gesellschafterliste korrigieren lassen.[460]

(4) Einreichung zum Handelsregister

Zur formellen Umsetzung der Einreichungspflicht des Notars hat er die selbst erstellte und im Rahmen seiner oben dargestellten Pflichten geprüfte und hiernach aktualisierte Gesellschafterliste zu unterschreiben und zusammen mit der Listenbescheinigung elektronisch an das Handelsregister zu übermitteln.[461] Eingereicht und übermittelt an das Handelsregister wird die Notarbescheinigung in der Form des § 39a BeurkG (elektronische Signatur).[462] Eine zusätzliche Unterschrift der Geschäftsführer ist nicht erforderlich, kann aber insbesondere im Falle einer unklaren Zuständigkeitsabgrenzung sinnvoll und empfehlenswert sein.[463] Werden dabei die Listenbescheinigung als öffentliche Urkunde in der Form eines Vermerks gem. § 39 BeurkG und die aktualisierte Gesellschafterliste in einem Dokument zusammengefasst, reicht eine Unterschrift des Notars unter der Bescheinigung aus, wenn diese unmittelbar mit der Gesellschafterliste verbunden ist.[464] Das Dokument ist dann gem. § 39a BeurkG zum Handelsregister einzureichen, wobei neben der elektronischen Signatur ein elektronischer Beglaubigungsvermerk erforderlich ist.[465] Werden eine allein in elektronischer Form erstellte Gesellschafterliste und eine elektronisch erstellte Listenbescheinigung eingereicht, reicht eine qualifizierte

---

Hasselmann, in: NZG 2009, 486, 492; *Link*, in: RNotZ 2009, 193, 207; *Tebben*, in: RNotZ 2008, 441, 458.

458 Vgl. OLG Stuttgart, Beschl. v. 07.04.2011 – 8 W 120/11, NZG 2011, 752; vgl. auch DNotI-Report 2011, 86 ff.; *Bayer*, in: Lutter/Hommelhoff, GmbHG, § 40 Rn. 67; *Blasche*, in: RNotZ 2014, 34, 39.

459 S.o. § 3 C. III. 4. c) bb) (2) (b).

460 S.o. § 3 C. III. 4. c) bb) (2) (b).

461 Vgl. *Wachter*, in: Bork/Schäfer, GmbHG, § 40 Rn. 56.

462 Vgl. OLG Jena, Beschl. v. 25.05.2010 – 6 W 39/10, DNotZ 2010, 793 mit Anmerkung von *Bettendorf/Mödl*; *Bayer*, in: Lutter/Hommelhoff, GmbHG, § 40 Rn. 38.

463 Vgl. hierzu auch die nachfolgenden Ausführungen unter § 3 C. III. 4. e).

464 Vgl. LG Dresden, Beschl. v. 08.04.2009 – 42 HK T 10/09, ZIP 2009, 1765; *Bayer*, in: Lutter/Hommelhoff, GmbHG, § 40 Rn. 38; *Wachter*, in: ZNotP 2008, 378, 392.

465 Vgl. OLG Jena, Beschl. v. 25.05.2010 – 6 W 39/10, DNotZ 2010, 793 mit Anmerkung von *Bettendorf/Mödl; Heilmeier*, in: BeckOK-GmbHG, § 40 Rn. 168.

elektronische Signatur gem. § 2 Nr. 3 SignaturG zur wirksamen Einreichung aus, ohne dass es eines gesonderten elektronischen Beglaubigungsvermerks bedarf.[466]

Der Notar muss nachprüfen, ob die Übermittlung erfolgt ist, nicht aber, ob und wann die Aufnahme in das elektronische Register durch das Registergericht erfolgt.[467] Gegen eine Nichtaufnahme der Gesellschafterliste zum Handelsregister (Zurückweisung) ist nicht nur die Gesellschaft, sondern auch der Notar selbst beschwerdebefugt.[468] Zu beachten ist dabei, dass dem nach § 40 Abs. 2 S. 1 GmbHG zuständigen und zur Einreichung verpflichteten Notar nach der neueren Rechtsprechung des BGH eine umfassende Beschwerdebefugnis gem. § 59 Abs. 1 FamFG zusteht, wenn er an der Erfüllung seiner Amtspflicht nach § 40 Abs. 2 S. 1 GmbHG gehindert wird.[469] Da eine Einreichung im Falle einer Zurückweisung durch das Registergericht rechtlich nicht erfolgt ist[470], sehen einige Stimmen in der Literatur den Notar wohl zu Recht in der Pflicht, die Aufnahme der Gesellschafterliste zum Handelsregister auf diesem Wege voranzutreiben.[471] Technische Probleme im Rahmen der Übermittlung der Gesellschafterliste oder bei der Aufnahme in das Handelsregister hat der Notar allerdings nicht zu verantworten.[472]

(5) Übermittlung an die Gesellschaft

Der Notar ist neben der Einreichung der aktualisierten Gesellschafterliste zum Handelsregister gem. § 40 Abs. 2 S. 1 GmbHG auch dazu verpflichtet, eine Abschrift der geänderten Gesellschafterliste an die Gesellschaft zu übermitteln. Dies soll nach der Intention des Gesetzgebers der *„Information der Gesellschafter“* im Hinblick auf § 16 Abs. 1 GmbHG dienen und ist zudem auch *„wegen der Pflicht der Geschäftsführer zur Erstellung künftiger Gesellschafterlisten gem. § 40 Abs. 1 GmbHG notwendig“*.[473] Die Übermittlung kann per Fax oder E-Mail erfolgen, auch reicht eine (schriftliche) Übermittlung an die im Handelsregister eingetragene Geschäftsanschrift aus; § 35 GmbHG gilt entsprechend.[474] *„Alternativ kann die Liste einer empfangsberechtigten Person nach § 10 Abs. 2 S. 2 GmbHG zugestellt werden“*.[475] *„Im Fall der Führungslosigkeit ist die Übermittlung an einen Gesellschafter bzw. ein Aufsichtsratsmitglied möglich“*.[476]

---

466 Vgl. KG Berlin DNotZ 2011, 911; *Heilmeier,* in: BeckOK-GmbHG, § 40 Rn. 168.
467 Vgl. *Noack,* in: Baumbach/Hueck, GmbHG, § 40 Rn. 67.
468 Vgl. a.a.O.
469 Vgl. BGH, Beschl. v. 01.03.2011 – II ZB 6/10, NZG 2011, 516; BGH, Beschl. v. 20.9.2011 – II ZB 17/10, BB 2011, 2832.
470 Vgl. BGH, Beschl. v. 01.03.2011 – II ZB 6/10, NZG 2011, 516.
471 So etwa ausdrücklich *Heilmeier,* in: BeckOK-GmbHG, § 40 Rn. 188.
472 Vgl. a.a.O.
473 BT-Drucks. 16/6140, 44.
474 Vgl. BT-Drucks. 16/6140, 44; *Heilmeier,* in: BeckOK-GmbHG, § 40 Rn. 170.
475 BT-Drucks. 16/6140, 44.
476 BT-Drucks. 16/6140, 44.

Nicht gesetzlich vorgesehen ist die Unterrichtung der von der Veränderung betroffenen Gesellschafter oder anderer Beteiligter selbst. Dies kann aber mit dem Notar vereinbart werden[477] und erscheint auch äußerst empfehlenswert. In diesem Zusammenhang ist noch einmal auf die Empfehlung hinzuweisen, die Geschäftsführer durch eine entsprechende gesellschaftsvertragliche Regelung dazu zu verpflichten, die von den Änderungen in der Gesellschafterliste betroffenen Personen stets über erfolgte Aktualisierungen der Gesellschafterliste in Kenntnis zu setzen.[478] Bei Mitwirkung eines Notars sollten die Geschäftsführer demnach ebenfalls auf eine Unterrichtung der betroffenen Personen hinwirken.

(6) Stellungnahme / Kritik zu der Pflichtenausgestaltung des Notars

Wie auch bei den Geschäftsführern[479] besteht auch bei dem gem. § 40 Abs. 2 S. 1 GmbHG einreichungspflichtigen Notar die Gefahr, dass er im Einzelfall unter Druck gerät, wenn eine Partei auf eine möglichst rasche Einreichung der aktualisierten Gesellschafterliste zum Handelsregister drängt. Denn einerseits hat der Notar die Gesellschafterliste zwar unverzüglich nach Wirksamwerden der Veränderung zum Handelsregister einzureichen, wobei bei verspäteter Einreichung ggf. Schadensersatzansprüche gem. § 19 BNotO drohen.[480] Denn eine zu spät eingereichte Gesellschafterliste kann aufgrund der Legitimationswirkung gem. § 16 Abs. 1 GmbHG stets Risiken von Schadenseintritten und erheblicher Folgeprobleme bergen.[481] Auf der anderen Seite muss der Notar von Amts wegen aufgrund seiner Prüfpflicht die Wirksamkeit der Veränderung gewährleisten und ist gerade erst nach Wirksamwerden der Veränderung überhaupt zur Einreichung der aktualisierten Gesellschafterliste berechtigt, wodurch er sich bei Einreichen einer fehlerhaften Gesellschafterliste ebenfalls schadensersatzpflichtig[482] machen kann.[483] Wie *Hauschild* es vielleicht etwas überspitzt aber doch einprägsam mit einem Vergleich zur griechischen Mythologie ausdrückt, hat der Notar hier die *„Wahl zwischen Scylla und Charybdis“*.[484]

Aufgrund der weitaus gravierenderen Folgen ist dem Notar – wie auch den Geschäftsführern[485] – anzuraten, einer sorgfältigen Wirksamkeitsprüfung den höheren Stellenwert gegenüber einer möglichst schnellen Einreichung der aktualisierten Gesellschafterliste zum Handelsregister einzuräumen.[486] Empfehlenswert erscheint

---

477 Vgl. *Heilmeier,* in: BeckOK-GmbHG, § 40 Rn. 170; *Terlau,* in: Michalski, GmbHG, § 40 Rn. 34.

478 S.o. § 3 C. III. 4. b) dd).

479 S.o. § 3 C. III. 4. b) dd).

480 Vgl. *Hauschild,* in: ZIP 2012, 660, 661.

481 S.o. § 3 C. II.

482 Vgl. zu den Schadensersatzansprüchen des Altgesellschafters gegen den Notar § 4 E.

483 Vgl. *Hauschild,* in: ZIP 2012, 660, 661.

484 *Hauschild,* in: ZIP 2012, 660, 661.

485 S.o. § 3 III. 4. b) dd).

486 So auch *Hauschild,* in: ZIP 2012, 660, 661.

vor diesem Hintergrund in jedem Falle eine vertragliche Regelung zwischen den Beteiligten (insbesondere im Abtretungsvertrag), die alle Parteien zur Information des Notars und zur Vorlage sämtlicher vom Notar benötigten Nachweise verpflichtet.[487] Zum Teil wird sogar empfohlen, die Information des Notars zur Bedingung für die Wirksamkeit der Abtretung zu machen.[488]

d) Zuständigkeits- und Pflichtenabgrenzung in problematischen Konstellationen

Wie bereits mehrfach angedeutet wurde, bereiten die oben dargestellten Zuständigkeitsregelungen des § 40 Abs. 1 und Abs. 2 GmbHG in der Praxis in verschiedenen Konstellationen teilweise erhebliche Abgrenzungsschwierigkeiten. In diesen problematischen und überdies praxisrelevanten Konstellationen ist unklar, ob die Geschäftsführer oder aber der Notar für die Aktualisierung der Gesellschafterliste zuständig sind und ihnen die entsprechenden Pflichten gem. § 40 Abs. 1 bzw. Abs. 2 GmbHG obliegen. Diese Fragen sind auch für eine mögliche spätere Haftung von großer Bedeutung, weshalb im Folgenden die (aus Sicht des Verfassers) wichtigsten dieser Konstellationen dargestellt und einer Zuständigkeitsprüfung unterzogen werden.

aa) „Mittelbare Mitwirkung“ eines Notars

An erster Stelle zu nennen sind zunächst die Konstellationen einer sog. „mittelbaren Mitwirkung“ des Notars an einer Anteilsveränderung. Gemeint sind Fälle, in denen die mitzuteilende Beteiligungsveränderung nur eine mittelbare Folge der notariellen Urkunde darstellt. Fraglich ist, ob auch hier eine „Mitwirkung“ des Notars i.S.v. § 40 Abs. 2 S. 1 GmbHG vorliegt und der Notar in der Folge für die Aktualisierung der Gesellschafterliste zuständig ist. Bereits angedeutet wurde, dass weder Gesetz noch Gesetzesbegründung den Begriff der Mitwirkung näher konkretisieren. Die Zuständigkeitsfrage in diesen Konstellationen einer „mittelbaren Mitwirkung“ des Notars ist nicht zuletzt deshalb hoch umstritten. Im Folgenden werden zunächst beispielhaft die wichtigsten, betroffenen Konstellationen dargestellt (1). Sodann erfolgen eine Abbildung des Meinungsstandes in Literatur (2) und Rechtsprechung (3), eine Stellungnahme des Verfassers zu der Problematik (4) sowie ein zusammenfassendes Fazit und eine Aussicht in die Zukunft (5).

(1) Betroffene Konstellationen

Zu denken ist insbesondere an Konstellationen, in welchen die Veränderung i.S.d. § 40 Abs. 1 S. 1 GmbHG kraft Gesetzes im Wege der Gesamtrechtsnachfolge eintritt. Zu nennen sind hier in erster Linie umwandlungsrechtliche Vorgänge wie die

---

487 Vgl. *Bayer,* in: Lutter/Hommelhoff, GmbHG, § 40 Rn. 62; *Bednarz,* in: BB 2008, 1854, 1860; *Klöckner,* in: NZG 2008, 841, 842; *Mayer,* in: DNotZ 2008, 403, 409; *Wachter,* in: ZNotP 2008, 378, 391 ff.

488 Vgl. *Heckschen,* Das MoMiG in der notariellen Praxis, Rn. 509.

Beurkundung einer Verschmelzung, bei der zum Aktivvermögen des übertragenden Rechtsträgers ein Geschäftsanteil gehört.[489] In dieser in der Praxis häufig anzutreffenden Konstellation[490] wird der übernehmende bzw. neue Rechtsträger aufgrund der umwandlungsrechtlich bestimmten Gesamtrechtsnachfolge nach § 20 Abs. 1 Nr. 1 UmwG neuer Inhaber des Geschäftsanteils. Unstreitig ist, dass aufgrund dieser Änderung im Gesellschafterbestand zu diesem Zeitpunkt auch eine aktualisierte Gesellschafterliste zum Handelsregister einzureichen ist.

Fraglich ist aber, ob der die Verschmelzung beurkundende Notar auch zugleich an der Beteiligungsveränderung in der mittelbar betroffenen GmbH i.S.v. § 40 Abs. 2 S. 1 GmbHG *„mitgewirkt"* hat und deshalb auch für die Aktualisierung der diesbezüglichen Gesellschafterliste zuständig ist oder aber, ob die Zuständigkeit hierfür bei der Geschäftsführung liegt.

Beispiel 5[491]***:***

Notar N beurkundet den Verschmelzungsvertrag und die Verschmelzungsbeschlüsse, durch die die X-GmbH auf die Y-GmbH verschmolzen wird. Zum Aktivvermögen der X-GmbH gehört eine Beteiligung an der A-GmbH.

Variante 1:

N hat nach Durchsicht der Unterlagen bzw. entsprechender Hinweise der Beteiligten Kenntnis von der Beteiligung der X-GmbH an der A-GmbH.

Variante 2:

N hat keine Kenntnis von der Beteiligung der X-GmbH an der A-GmbH.

Als weitere problematische Fälle zu nennen sind eine Erbauseinandersetzung, bei der zum Nachlass Geschäftsanteile gehören, und ein Ehevertrag, mit dem der Güterstand der Gütergemeinschaft begründet oder aufgehoben wird, sofern zum Vermögen eines Ehepartners ein Geschäftsanteil gehört.[492] Weitere Beispiele sind die Übertragung des Gesellschaftsanteils einer GbR, zu deren Vermögen eine GmbH-Beteiligung gehört und die Beurkundung von Firmenänderungen oder Sitzverlegungen eines Gesellschafters.[493] Die genannten Fälle haben gemeinsam, dass die Veränderung der Beteiligungsverhältnisse jeweils nicht unmittelbarer Gegenstand

---

489 Vgl. etwa *Heidinger,* in: MünchKomm-GmbHG, § 40 Rn. 171; *Löbbe,* in: GmbHR 2012, 7, 10; *Mayer,* in: DNotZ 2008, 403, 408; *Vossius,* in: DB 2007, 2299, 2304; *Wachter,* in: Bork/Schäfer, GmbHG, § 40 Rn. 38.

490 Vgl. etwa *Berninger,* in: GmbhR 2014, 449, 455.

491 Vgl. zum Grundfall das Beispiel von *Vossius,* in: DB 2007, 2299, 2304.

492 Vgl. *Bayer,* in: Lutter/Hommelhoff, GmbHG, § 40 Rn. 56; *Heidinger,* in: MünchKomm-GmbHG, § 40 Rn. 171; *Wachter,* in: Bork/Schäfer, GmbHG, § 40 Rn. 38.

493 Vgl. *Link,* in: RNotZ 2011, 193, 196.

der notariellen Beurkundung, sondern eine zwingend kraft Gesetzes eintretende, mittelbare Folge des beurkundeten Rechtsgeschäfts ist.[494]

(2) Ansichten in der Literatur

In der Literatur lassen sich bezüglich der Zuständigkeitsbestimmung grob die nachfolgenden drei Ansichten unterscheiden, die zu jeweils unterschiedlichen Rechtsfolgen führen.

(a) Ansicht 1: Stets gegebene Zuständigkeit des Notars

Eine Ansicht in der Literatur nimmt auch in den Konstellationen einer nur mittelbaren Mitwirkung des Notars stets die Zuständigkeit und eine Einreichungspflicht des Notars gem. § 40 Abs. 2 S. 1 GmbHG an.[495]

*Im **Beispiel 5** wäre der Notar N damit gem. § 40 Abs. 2 S. 1 GmbHG dazu verpflichtet, eine bescheinigte Gesellschafterliste bzgl. der A-GmbH zum Handelsregister einzureichen. Dies gilt unabhängig davon, ob der Notar von der Veränderung Kenntnis hat oder nicht, weshalb er nach dieser Ansicht auch in **beiden Varianten** zuständig und verpflichtet gem. § 40 Abs. 2 GmbHG wäre.*

(b) Ansicht 2: Zuständigkeit des Notars bei Kenntnis / Kennenmüssen der Veränderung

Eine weitere Ansicht differenziert nach der Kenntnis (bzw. Erkenntnismöglichkeiten) des Notars und bejaht eine Einreichungspflicht des Notars gem. § 40 Abs. 2 S. 1 GmbHG (nur) dann, sofern die Veränderung für den Notar erkennbar ist[496], wobei hier teilweise Uneinigkeit besteht, in welchen Fällen dies im Einzelnen anzunehmen sein soll.

---

494 Vgl. *Wachter,* in: Bork/Schäfer, GmbHG, § 40 Rn. 39.

495 Vgl. *Bednarz,* in: BB 2008, 1854, 1859; *Herrler,* in: GmbHR 2010, 431, 432; *Götze/Bressler,* in: NZG 2007, 894, 895; *Harbarth,* in: ZIP 2008, 57, 59; *Heidinger,* in: Heckschen/Heidinger, Die GmbH in der Gestaltungs- und Beratungspraxis, § 13 Rn. 325 ff.; *Herrler/Blath,* in: ZIP 2010, 129, 131; *Link,* in: RNotZ 2009, 193, 196 ff.; *Rau,* in: DStR 2006, 1892, 1895; *Schmidt,* in: RNotZ 2011, 148, 149; *Tebben,* in: RNotZ 2008, 441, 452; *Wälzholz,* in: MittBayNot 2008, 425, 435; wohl auch *Ising,* in: DNotZ 2012, 384 ff.

496 Vgl. *Berninger,* in: GmbHR 2014, 449, 455; *ders.,* in: GmbHR 2009, 679, 681 ff.; *Hasselmann,* in: NZG 2009, 449, 454; *Heilemann,* Der gutgläubige Erwerb von Geschäftsanteilen einer GmbH, S. 138 ff.; *Katschinski/Rawert,* in: ZIP 2008, 1993, 2001; *Lücke/Simon,* in: Saenger/Inhester, GmbHG, § 40 Rn. 23; *Mayer,* in: DNotZ 2008, 403, 408 ff.; *Ries,* in: NZG 2010, 135, 136; *Schulte,* in: GmbHR 2010, 1128, 1131; *Wachter,* in: GmbHR 2010, 206; *ders.,* in: Bork/Schäfer, GmbHG, § 40 Rn. 39; *Winter/Vetter,* in: Lutter, UmwG, § 52 Rn. 37.

*Nach dieser Ansicht wäre im **Beispiel 5** der Notar N nur in **Variante 1** gem. § 40 Abs. 2 S. 1 GmbHG dazu verpflichtet, eine bescheinigte Gesellschafterliste bzgl. der A-GmbH zum Handelsregister einzureichen. In **Variante 2** wären mangels Kenntnis des Notars hingegen die Geschäftsführer zuständig und verpflichtet, die Gesellschafterliste zu aktualisieren.*

(c) Ansicht 3: Stets gegebene Zuständigkeit der Geschäftsführer

Eine dritte Ansicht in der Literatur hält hingegen stets die Geschäftsführer für zuständig und verneint generell eine Einreichungspflicht des Notars gem. § 40 Abs. 2 S. 1 GmbHG.[497]

*Im **Beispiel 5** wären die Geschäftsführer nach dieser Ansicht in **beiden Varianten** mangels Mitwirkung des Notars an der Veränderung gem. § 40 Abs. 1 S. 1 GmbHG dazu verpflichtet, eine aktualisierte Gesellschafterliste bzgl. der A-GmbH zum Handelsregister einzureichen.*

(3) Ansichten in der Rechtsprechung

Rechtsprechung des BGH zu dieser Frage existiert (bislang noch) nicht, doch hat sich das OLG Hamm in drei Entscheidungen hiermit beschäftigt.

So hat der 15. Zivilsenat des OLG Hamm zunächst für den Fall der Umwandlung die Zuständigkeit des Notars für die Einreichung der aktualisierten Gesellschafterliste zum Handelsregister bejaht.[498] Zur Begründung führte das OLG Hamm an, es bestehe kein Grund, abweichend von dem umfassenden Wortlaut des § 40 Abs. 2 GmbHG von der Pflicht des Notars zur Erstellung der Gesellschafterliste abzusehen und stattdessen eine Pflicht der Geschäftsführer anzunehmen, wenn der Notar durch seine mittelbare Mitwirkung über interne Vorgänge der Beteiligten bestens informiert sei.[499] Im konkreten Fall hatte der Notar Kenntnis von der Beteiligung des umgewandelten Rechtsträgers an einer GmbH.

*Bezogen auf das **Beispiel 5** entspräche dies der Rechtsfolge der Literaturmeinung 2, d.h. der Notar N wäre nur in **Variante 1** gem. § 40 Abs. 2 S. 1 GmbHG dazu verpflichtet, eine bescheinigte Gesellschafterliste bzgl. der A-GmbH zum Handelsregister einzureichen. In*

---

497 Vgl. *Altgen,* Gutgläubiger Erwerb von GmbH-Geschäftsanteilen, S. 99; *Altmeppen,* in: Roth/Altmeppen, GmbHG, § 40 Rn. 23; *Everts,* in: Kroiß/Everts/Poller, GmbH-Registerrecht, § 1 Rn. 108; *Heilmeier,* in: NZG 2012, 217, 219/220; *Kanzleiter,* in: FS Roth, 355, 357; *Löbbe,* in: GmbHR 2012, 7, 11/12; *Preuß,* in: FS Spielberger, S. 876, 883; *Reichert/Weller,* in: Goette/Habersack, Das MoMiG in Wissenschaft und Praxis, Rn. 3.54; *Terlau,* in: Michalski, GmbHG, § 40 Rn. 26; wohl auch *Bayer,* in: Lutter/Hommelhoff, GmbHG, § 40 Rn. 56; *Paefgen,* in: Ulmer/Habersack/Löbbe, GmbHG, § 40 Rn. 123 ff.; *Schüßler,* Der gutgläubige Erwerb von GmbH-Geschäftsanteilen, S. 75 ff. und *Vossius,* in: DB 2007, 2299, 2304.

498 Vgl. OLG Hamm, Beschl. v. 01.12.2009 – 15 W 304/09, NJW-RR 2010, 390.

499 Vgl. a.a.O.

__Variante 2__ wären mangels Kenntnis des Notars N hingegen die Geschäftsführer gem. § 40 Abs. 1 S. 1 GmbHG zuständig und verpflichtet.

In einer weiteren Entscheidung, welche die Beurkundung einer Firmenänderungen bei einer GmbH, die ihrerseits eine Beteiligung an einer anderen GmbH hielt, zum Gegenstand hatte, lehnte der nun zuständige 27. Zivilsenat des OLG Hamm eine Einreichungspflicht des Notars ab – dies bereits deshalb, weil der Notar keine Kenntnis von der Beteiligung an der anderen GmbH hatte.[500]

Bezüglich des __Beispiels 5__ ist unklar, ob auch der 27. Zivilsenat des OLG Hamm hier noch wie der 15. Zivilsenat wiederum nur auf die Kenntnis abstellte oder eine Einreichungspflicht des Notars auch bei Kenntnis verneint hätte. Zumindest in __Variante 2__ wären auch hiernach die Geschäftsführer und nicht der Notar zuständig und verpflichtet, die Gesellschafterliste zu aktualisieren.

In seiner neuesten Entscheidung hat der 27. Zivilsenat des OLG Hamm nunmehr aber angeführt, dass der Notar im Falle einer nur mittelbaren Mitwirkung an Veränderungen in den Personen der Gesellschafter oder im Umfang ihrer Beteiligung die Einreichung der Gesellschafterliste zwar gem. § 40 Abs. 2 GmbHG vornehmen könne aber nicht hierzu verpflichtet sei.[501]

Bezogen auf __Beispiel 5__ bedeutet das, dass der Notar N in __beiden Varianten__ nicht zur Einreichung einer aktualisierten Gesellschafterliste zum Handelsregister gem. § 40 Abs. 2 S. 1 GmbHG verpflichtet wäre, er diese aber dennoch vornehmen könnte.

Dies widerspricht klar der o.g. Entscheidung des 15. Zivilsenates des OLG Hamm, welcher noch grundsätzlich von einer Zuständigkeit des Notars ausging (s.o.). Zusätzlich stellte der 27. Zivilsenat des OLG Hamm aber wiederum auf das Merkmal der Kenntnis des Notars ab, das vorliegend nicht gegeben war und deshalb auch zur Ablehnung einer Einreichungspflicht des Notars führte.[502] Insgesamt wirft diese Rechtsprechung somit mehr Fragen auf als sie beantwortet und vermag nicht der Praxis die dringend benötigte Rechtssicherheit zu geben.

(4) Stellungnahme

Da das Gesetz keine befriedigende Antwort auf diese Problemstellung bietet, bedarf die Zuständigkeitsregelung des § 40 Abs. 2 S. 1 GmbHG diesbezüglich der Auslegung.

Die Auslegung der Regelung nach dem Wortlaut führt zunächst zu keinen befriedigenden Erkenntnissen. Denn möglich erscheinen sowohl eine enge Auslegung, wonach eine unmittelbare Mitwirkung am Veränderungsvorgang erforderlich ist, als

500 Vgl. OLG Hamm, Beschl. v. 02.11.2011 – 27 W 100/11, GmbHR 2012, 38.
501 Vgl. OLG Hamm, Beschl. v. 25.09.2013 – 27 W 72/13, GmbHR 2014, 424.
502 Vgl. OLG Hamm, Beschl. v. 25.09.2013 – 27 W 72/13, GmbHR 2014, 424, 426.

auch eine weite Auslegung, die eine bloß mittelbare Mitwirkung genügen lässt.[503] So kann aus dem Begriff „Mitwirkung" isoliert und für sich noch nicht hinreichend geschlossen werden, ob hiervon die unter dem Begriff „mittelbare Mitwirkung" fallenden Konstellationen mit erfasst sind oder nicht. Die Stimmen, die eine Zuständigkeit des Notars annehmen, kommen zu dem Schluss, dass der Gesetzgeber bewusst den weiten Begriff „Mitwirkung" in § 40 Abs. 2 S. 1 GmbHG gewählt habe, der eben Abstufungen zwischen unmittelbarer und mittelbarer Mitwirkung bereits gar nicht gestatte.[504] Diese Schlussfolgerung nur aus dem Umstand, dass das Gesetz eine Einschränkung auf eine unmittelbare Mitwirkung nicht ausdrücklich vornimmt, dürfte allerdings zu weit gehen. Es erscheint umgekehrt genauso möglich, dass der Begriff „Mitwirkung" eben nur final auf Veränderungen in den Personen der Gesellschafter oder des Umfangs ihrer Beteiligung gerichtete Handlungen des Notars, also nur die Fälle einer unmittelbaren Mitwirkung des Notars erfasst und entsprechend eng auszulegen ist.[505]

Die historische Auslegung, d.h. die Heranziehung der Materialien des MoMiG, insbesondere der Gesetzesbegründung, ergibt, wie bereits angedeutet, ebenfalls kein klares Bild. So wird zwar teilweise aus der Intention des Gesetzgebers, den Notar verstärkt in die Aktualisierung der Gesellschafterliste einzubinden[506], sowie aus einigen negativen Formulierungen in der Gesetzesbegründung[507] eine weite Auslegung des Begriffs „Mitwirkung" geschlossen.[508] Diese Auslegung dürfte aber zu weit gehen. Dagegen kann zudem wiederum angeführt werden, dass der Notar ausweislich der Gesetzesbegründung in *„amtlicher Eigenschaft"* an der Veränderung mitgewirkt haben muss.[509] Des Weiteren ergibt sich aus der Gesetzesbegründung, dass den Notar jedenfalls keine Überwachungspflicht hinsichtlich Veränderungen treffen soll, an denen er nicht mitgewirkt hat.[510] Darüber hinaus betont die Gesetzesbegründung auch deutlich die Verpflichtung der Geschäftsführer zur *„Kontrolle"* und *„Korrektur"* der Gesellschafterliste.[511]

---

503 Vgl. *Omlor*, Verkehrsschutz im Kapitalgesellschaftsrecht, S. 278.

504 Vgl. etwa *Link*, in: RNotZ 2009, 193, 197.

505 Vgl. *Berninger*, in: DStR 2010, 1292, 1294; *Löbbe*, in: GmbHR 2012, 7, 11; *Preuß*, in: FS Spiegelberger, 876, 883; *Flick*, in: GWR 2010, 33.

506 Vgl. BT-Drucks. 16/6140, 44.

507 BT-Drucks. 16/6140, 44: *„Nicht gemeint sind Fälle, in denen ein Notar selbst Gesellschafter war oder wird, also Beteiligter ist"* und *„In Fällen, in denen der Notar an einer Veränderung nicht mitwirkt (Gesamtrechtsnachfolge, Zusammenlegung oder Teilung von Geschäftsanteilen), bleibt die Einreichungspflicht mit Haftungsdrohung allein bei den Geschäftsführern"*.

508 So *Rieg*, Erwerb vom Nichtberechtigten und Liste der Gesellschafter, S. 154 unter Bezugnahme auf *Berninger*, in: DStR 2010, 1292, 1295.

509 Vgl. BT-Drucks. 16/6140, 44.

510 Vgl. a.a.O.

511 Vgl. a.a.O.

Auch eine gesetzessystematische Auslegung führt zu keinen klaren Ergebnissen. Allerdings spricht das vom Gesetz in § 40 Abs.1 und Abs. 2 GmbHG vorgesehene Regel-Ausnahme-Verhältnis, das eine Primärverantwortlichkeit der Geschäftsführer und eine nur verdrängende Spezialzuständigkeit des Notars vorsieht, im Zweifel eher für eine enge Auslegung der Norm und damit für eine Zuständigkeit der Geschäftsführer.[512]

Entscheidend ist somit die Auslegung der Norm nach ihrem Sinn und Zweck (teleologische Auslegung).

Für die Annahme einer Zuständigkeit des Notars unter teleologischen Gesichtspunkten spricht zwar, dass der Notar im Zweifel über das größere Fachwissen als die Geschäftsführer verfügt und komplexe rechtliche Vorgänge, bei denen es sich in der Regel in den relevanten Konstellationen handelt (insbesondere Umwandlungsmaßnahmen), grundsätzlich besser zu beurteilen in der Lage ist.[513]

Gegen eine Mitwirkung i.S.d. § 40 Abs. 2 S. 1 GmbHG und damit eine Zuständigkeit des Notars sprechen allerdings gleich mehrere Gesichtspunkte.

In erster Linie anzuführen ist hier die zwischen Notar und Geschäftsführern vorliegende Informationsasymmetrie. Der Notar wird in aller Regel keine Kenntnis von der Veränderung haben, die nur die mittelbare Folge seiner Beurkundung darstellt.[514] Nachforschungspflichten des Notars hat der Gesetzgeber weder normiert noch in der Gesetzesbegründung angesprochen oder auch nur angedeutet.[515] Der Notar müsste sich in der Konsequenz auf die Angaben und Nachweise der Parteien, etwa der am Umwandlungsvorgang beteiligten Rechtsträger hinsichtlich ihres Aktivvermögens, verlassen. Nach Sinn und Zweck des § 40 Abs. 2 S. 1 GmbHG muss aber entscheidend sein, ob dem Notar überhaupt eine Prüfung der von ihm beurkundeten Veränderung möglich ist.[516] Die vom Gesetzgeber mit der gestiegenen Verantwortung des Notars bezweckte höhere Richtigkeitsgewähr der Gesellschafterliste wäre ansonsten gerade nicht gewährleistet.[517] Des Weiteren widerspricht dies gerade der Konzeption des Gesetzgebers, dass der Notar im Rahmen von § 40 Abs. 2 GmbHG von Amts wegen agiert und nur die Geschäftsführer gem. § 40 Abs. 1 S. 2 GmbHG auf Mitteilung und Nachweis tätig werden.[518] Dem Notar wird es zudem im Zweifel – wenn überhaupt – nur mit großem Aufwand möglich sein, die mittelbare Veränderung von Beteiligungsverhältnissen (etwa des übertragenden Rechtsträgers bei einer Verschmelzung) seriös zu prüfen. Die Annahme einer Mitwirkung

---

512 Ähnlich *Löbbe,* in: GmbHR 2012, 7, 8, 16; vgl. allgemein auch *Hasselmann,* in: NZG 2013, 325, 327.
513 Vgl. *Löbbe,* in: GmbHR 2012, 7, 11; *Rieg,* Erwerb vom Nichtberechtigten und Liste der Gesellschafter, S. 155.
514 Vgl. *Löbbe,* in: GmbHR 2012, 7, 11.
515 Vgl. *Heilmeier,* in: NZG 2012, 217, 219; *Löbbe,* in: GmbHR 2012, 7, 11.
516 Vgl. auch *Altgen,* Gutgläubiger Erwerb von GmbH-Geschäftsanteilen, S. 99.
517 So auch *Altgen,* Gutgläubiger Erwerb von GmbH-Geschäftsanteilen, S. 99; *Löbbe,* in: GmbHR 2012, 7, 11.
518 Vgl. a.a.O.

i.S.d. § 40 Abs. 2 S. 1 GmbHG auch bei einer bloß mittelbaren Beteiligung und damit die Annahme einer Zuständigkeit des Notars in diesen Fällen würde in der Konsequenz zu einer ganz erheblichen Ausweitung der Prüfpflichten des Notars führen.[519] Die vom Gesetzgeber intendierte Verfahrensvereinfachung[520] wäre infolgedessen ebenfalls nicht gegeben. Die Geschäftsführer hingegen sind in den relevanten Konstellationen über die Veränderungen informiert bzw. sind aufgrund der Mitteilungspflichten der Gesellschafter hierüber zu informieren.[521] So sind etwa bei einer Verschmelzung (vgl. *Beispiel 5*) die Geschäftsführer der Muttergesellschaft im Regelfall besser über deren Beteiligungen an anderen Gesellschaften informiert als ein Notar, der typischerweise ansonsten keinerlei Verbindungen zu der Gesellschaft hat. Die Geschäftsführer der Muttergesellschaft haben als organschaftliche Vertreter der Gesellschafterin eine Mitteilungspflicht[522] gegenüber den Geschäftsführern der Tochtergesellschaft(en), d.h. sie müssen diese über die erfolgte Änderung in Kenntnis setzen und lösen somit deren Einreichungspflicht gem. § 40 Abs. 1 S. 1 GmbHG aus.[523] In der Praxis werden die einzelnen Konzerngesellschaften und deren Organe aber ohnehin über anstehende umwandlungsrechtliche Vorgänge im Bilde sein, zumal die Geschäftsführer der Muttergesellschaft häufig ohnehin zugleich auch Geschäftsführer der Tochtergesellschaft(en) sind.[524] Insgesamt hat der Gesetzgeber die Geschäftsführer durch § 40 Abs. 1 GmbHG bewusst in die Pflicht genommen, da sie grundsätzlich am besten über die Zusammensetzung des Gesellschafterkreises seiner Gesellschaft informiert sind.[525]

Aber auch die Annahme einer Zuständigkeit des Notars im Falle einer Kenntnis bzw. eines Kennenmüssens des Notars von der Veränderung ist nicht überzeugend und schon gar nicht praktikabel.[526] In den Konstellationen einer bloß mittelbaren Mitwirkung auf eine Kenntnis des Notars abzustellen, führte vielmehr auch aus Sicht der eigentlich zu entlastenden Geschäftsführer zu einer äußerst unklaren Zuständigkeitsordnung, da diese im Einzelfall gar nicht verlässlich erkennen könnten, ob sie zuständig sind oder nicht.[527] Dieses Modell würde vielmehr zu großer Verunsicherung auf Seiten sämtlicher Beteiligten führen, insbesondere dann, wenn die Konstellationen mittelbarer Mitwirkung auch noch künstlich in unterschiedlich

---

519 Vgl. *Terlau*, in: Michalski, GmbHG, § 40 Rn. 26.

520 Vgl. BT-Drucks. 16/6140, 44.

521 S.o. § 3 C. III. 4. b) bb) (c); vgl. allgemein zu Informationsasymmetrien innerhalb einer Gesellschaft instruktiv *Fleischer*, Informationsasymmetrie im Vertragsrecht, S. 520 ff.

522 S.o. § 3 C. III. 4. b) bb) (1) (c).

523 Ähnlich auch *Heilmeier*, in: NZG 2012, 217, 219.

524 Vgl. *Heilmeier*, in: NZG 2012, 217, 219.

525 Vgl. auch *Goette/Goette*, in: FS Goette, 97, 107.

526 Vgl. auch *Herrler/Barth*, in: ZIP 2010, 129, 130; *Ising*, in: DNotZ 2010, 214, 218; *Löbbe*, in: GmbHR 2012, 7, 11.

527 Vgl. auch *Terlau*, in: Michalski, GmbHG, § 40 Rn. 26.

zu beurteilende Einzelfälle aufgespalten werden[528]. Stellt aber bereits die Frage der Zuständigkeitsabgrenzung oder gar die Bildung einzelner Unterfallgruppen im Einzelfall eine Fehlerquelle dar, über die sich selbst Rechtskundige nicht einig sind, widerspricht dies ebenfalls der vom Gesetzgeber bezweckten erhöhten Richtigkeitsgewähr der Gesellschafterliste.[529] Das Abgrenzungskriterium der „Kenntnis des Notars" ist überdies in der Praxis nur schwer umsetzbar. Wie soll etwa das Registergericht – ganz unabhängig von der Problematik der Prüfungskompetenz des Registergerichts[530] –, bei dem die aktualisierte Gesellschafterliste einzureichen ist, überprüfen, ob der Notar Kenntnis oder Unkenntnis einer Veränderung i.S.d. § 40 Abs. 1 S. 1 GmbHG hat? Dies ist – jedenfalls im Regelfall – schlicht nicht erkennbar. Es würde vielmehr zu erheblicher Rechtsunsicherheit führen, im Einzelfall darauf abzustellen, ob der Notar die gegenständliche Veränderung erkannt hat oder hätte erkennen können / müssen bzw. welche Kriterien für letzteres anzusetzen sind. Das vorwiegend vom Zufall abhängige, subjektive Kriterium der „Erkennbarkeit" kann – wenn überhaupt – allenfalls für die Frage relevant sein, ob der Notar seine Einreichungspflicht im konkreten Fall verletzt hat, nicht aber als Abgrenzungsmerkmal für die Einreichungszuständigkeit von Geschäftsführern und Notar dienen.[531] Überdies wird es in der Praxis nur schwer nachweisbar sein, ob ein Notar im Einzelfall Kenntnis von der Veränderung hatte oder diese hätte erkennen müssen.

Diejenigen, die zum Teil in den Verschmelzungskonstellationen (vgl. *Beispiel 5*) eine Erkennbarkeit und daraus folgend eine Zuständigkeit des Notars annehmen, sofern es sich bei der Beteiligung an der Tochtergesellschaft um eine 100 %-ige Beteiligung handelt[532], verkennen, dass es sich weder mit dem Wortlaut des § 40 GmbHG noch mit der Intention des Gesetzgebers vereinbaren lässt, die Einreichungszuständigkeit von der Höhe der Beteiligung abhängig zu machen.[533] Unabhängig davon, kann auch hier von einer Verfahrensvereinfachung, wie sie der Gesetzgeber im Sinne hatte, kaum eine Rede mehr sein.

---

528 Dafür etwa *Rieg*, Erwerb vom Nichtberechtigten und Liste der Gesellschafter, S. 156 ff.; *Seibt*, in: Scholz, GmbHG, § 40 Rn. 63 ff.

529 In diese Richtung auch *Altgen*, Gutgläubiger Erwerb von GmbH-Geschäftsanteilen, S. 99.

530 Vgl. hierzu nachfolgend § 3 C. III. 5.

531 Vgl. auch *Heidinger*, in: Heckschen/Heidinger, Die GmbH in der Gestaltungs- und Beratungspraxis, § 13 Rn. 327, der hieraus allerdings eine stets gegebene Zuständigkeit des Notars herleitet.

532 Vgl. *Berninger*, in: GmbHR 2014, 449, 455; *Gottschalk*, in: DZWIR 2009, 45, 47; *Vossius*, in: DB 2007, 2299, 2304 („allenfalls").

533 Vgl. *Hasselmann*, in: NZG 2009, 449, 454; *Heilmeier*, in: BeckOK-GmbHG, § 40 Rn. 117.

Abzulehnen sind auch die (eine Zuständigkeit des Notars zwar grundsätzlich ablehnenden) Stimmen in der Literatur[534] und Rechtsprechung[535], die eine Zuständigkeit des Notars auch bei bloß mittelbarer Mitwirkung zumindest dann annehmen, wenn ihm von den Beteiligten ein entsprechender Vollzugsauftrag gem. § 24 Abs. 1 BNotO erteilt wurde, der ihn etwa zu weitergehenden Nachforschungen verpflichtet. Dagegen spricht bereits, dass die von Amts wegen bestehende Einreichungspflicht des Notars gem. § 40 Abs. 2 S. 1 GmbHG zwingend ist und nach dem Willen des Gesetzgebers gerade nicht zur Disposition der Beteiligten steht[536].[537] Der Notar unterliegt mithin gerade nicht den Weisungen der Beteiligten oder der Gesellschaft und hat diese auch nicht zu beachten.[538] Geht man also richtigerweise davon aus, dass eine Mitwirkung des Notars i.S.d. § 40 Abs. 2 S. 1 GmbHG in den Fällen der sog. mittelbaren Mitwirkung bereits nicht vorliegt, kann in der Konsequenz aber auch über eine nicht bestehende Amtspflicht beliebig durch eine entsprechende Beauftragung disponiert oder ein solche begründet werden.[539]

Im Ergebnis ist in den Fällen einer sog. mittelbaren Mitwirkung unabhängig von einer etwaigen Kenntnis des Notars folglich gerade nicht von einer Mitwirkung des Notars i.S.d. § 40 Abs 2 S. 1 GmbHG auszugehen, weshalb stets die Geschäftsführer gem. § 40 Abs. 1 S. 1 GmbHG für die Aktualisierung der Gesellschafterliste zuständig und entsprechend verpflichtet sind. Auf diese Weise kann eine klare und praktikable Zuständigkeitsbestimmung und damit Rechtsklarheit und Rechtssicherheit für alle Beteiligten gewährleistet werden.

*Im **Beispiel** 5 sind demnach richtigerweise in beiden Varianten, jeweils mangels Mitwirkung des Notars N an der Veränderung im Gesellschafterbestand der A-GmbH, die Geschäftsführer gem. § 40 Abs. 1 S. 1 GmbHG zuständig für die Aktualisierung der Gesellschafterliste.*

(5) Fazit / Aussicht

Richtigerweise unterliegt der Notar folglich nur einer Prüfpflicht hinsichtlich der Veränderungen, an denen er unmittelbar mitgewirkt hat. In allen Konstellationen, in denen der Notar nicht unmittelbar an einer Veränderung i.S.d. § 40 Abs. 1 S. 1 GmbHG mitgewirkt hat (Fälle der sog. mittelbaren Mitwirkung) sind stets die Geschäftsführer gem. § 40 Abs. 1 S. 1 GmbHG für die Aktualisierung der Gesellschafterliste

---

534 Vgl. *Bayer,* in: Lutter/Hommelhoff, GmbHG, § 40 Rn. 57; *Mayer,* in: DNotZ 2008, 403, 408; *Reichert/Weller,* in: Goette/Habersack, Das MoMiG in Wissenschaft und Praxis, Rn. 3.57; *Wicke,* in: NotBZ 2009, 1, 14.

535 Vgl. OLG Hamm, Beschl. v. 25.09.2013 – 27 W 72/13, GmbHR 2014, 424, 426 (27. Zivilsenat, Ansicht geäußert in einem obiter dictum).

536 Generell g.h.M., s.o. § 3 C. III. 4. a) und c) bb) (1).

537 So auch *Heilmeier,* in: NZG 2012, 217, 219; *Löbbe,* in: GmbHR 2012, 7, 12; *Preuß,* in: FS Spiegelberger, 876, 879, 881; *Terlau,* in: Michalski, GmbHG, § 40 Rn. 25.

538 Vgl. a.a.O.

539 So auch *Löbbe,* in: GmbHR 2012, 7, 12; *Heilmeier,* in: NZG 2012, 217, 219.

zuständig. Es besteht aufgrund der im Einzelfall nur schwer vorzunehmenden Abgrenzungen im Interesse aller Beteiligten kein Bedürfnis, die Notare in den Fällen einer „mittelbaren Mitwirkung“ zur Einreichung der aktualisierten Gesellschafterliste zu verpflichten.[540] Der Gesetzgeber hat gerade die Geschäftsführer als diejenigen, die den besten Informationsstand über den aktuellen Gesellschafterbestand haben, bewusst in die Pflicht genommen und die Verantwortung vieler kritischer Stimmen zum Trotz nicht insgesamt dem Notar überlassen[541]. Letztlich bestehen im Falle einer mittelbaren Mitwirkung eines Notars aber nach wie vor erhebliche Unsicherheiten für die Praxis. Dem Notar ist bis zu einer gesicherten Klärung dieser Streitfrage aus Gründen der Vorsicht daher anzuraten, gerade in Umwandlungsfällen nachzuprüfen und auch bei den Beteiligten ausdrücklich nachzufragen bzw. eine entsprechende Erklärung der Beteiligten aufzunehmen, ob der übertragende Rechtsträger Geschäftsanteile hält.[542] Darüber hinaus sollte – wie bei allen anderen problematischen Konstellationen auch – wie zusammenfassend unter e) vorgeschlagen verfahren werden.[543]

bb) Auflösend bedingte Anteilsabtretungen

Bereits erläutert wurde, dass spätere Unwirksamkeitsgründe einer Geschäftsanteilsübertragung für die Einreichungspflicht des Notars nicht beachtlich sind; vielmehr ist ggf. eine neue Gesellschafterliste einzureichen, wenn erneut eine Veränderung i.S.d. § 40 Abs. 1 S. 1 GmbHG eintritt.[544] Der Eintritt einer auflösenden Bedingung betrifft genau diesen Fall. Nach der ganz vorherrschenden und zutreffenden Ansicht sind für die spätere Aktualisierung der Gesellschafterliste aufgrund der durch den späteren Eintritt der auflösenden Bedingung eingetretenen Veränderung die Geschäftsführer gem. § 40 Abs. 1 S. 1 GmbHG und nicht der Notar gem. § 40 Abs. 2 S. 1 GmbHG zuständig, da diesen keine Überwachungspflicht hinsichtlich des Eintritts der auflösenden Bedingung trifft.[545] Es liegt – wie auch in den Konstellationen der

---

540 Vgl. auch *Heilmeier,* in: NZG 2012, 217, 219.

541 Vgl. *Goette/Goette,* in: FS Goette, 97, 107.

542 So etwa auch *Berninger,* in: GmbHR 2014, 449, 455/456; *Blasche,* in: RNotZ 2014, 34, 37/38; *Link,* in: RnotZ 2009, 193, 197; *Stratz,* in: Schmitt/Hörtnagel/Stratz, UmwG, § 6 Rn. 11.

543 Vgl. die zusammenfassenden Ausführungen unter § 3 C. III. 4. e).

544 S.o. § 3 C. III. 4. c) bb) (1).

545 Vgl. etwa *Bayer,* in: Lutter/Hommelhoff, GmbHG, § 40 Rn. 65; *Bednarz,* in: BB 2008, 1854, 1860; *Hasselmann,* in: NZG 2009, 486, 491; *Kort,* in: GmbHR 2009, 169, 172; *Link,* in: RNotZ 2009, 193, 198; *Mayer,* in: MittBayNot 2014, 114, 118; *Noack,* in: Baumbach/Hueck, GmbHG, § 40 Rn. 61; *Paefgen,* in: Ulmer/Habersack/Löbbe, GmbHG Ergänzungsband MoMiG, § 40 Rn. 77; *Reichert/Weller,* in: Goette/Habersack, Das MoMiG in Wissenschaft und Praxis, Rn. 3.55; *Seibt,* in: Scholz, GmbHG, § 40 Rn. 72; *Wachter,* in: ZNotP 2008, 373, 391; **a.A.**: *Rieg,* Erwerb vom Nichtberechtigten und Liste der Gesellschafter, S. 204.

mittelbaren Mitwirkung[546] – eine Informationsasymmetrie zwischen Geschäftsführern und Notar vor, die folgerichtig eine Zuständigkeit der Geschäftsführer begründet. Gegen eine Zuständigkeit des Notars und für eine Zuständigkeit der Geschäftsführer spricht auch die insoweit eindeutige Intention des Gesetzgebers. Denn in der Gesetzesbegründung heißt es wörtlich[547]: *„Der Notar hat die Liste also auch dann unverzüglich nach Wirksamwerden einer Anteilsübertragung einzureichen, wenn die Beteiligten eine auflösende Bedingung oder eine Rückübertragungsklausel vereinbart haben. Ihn trifft auch keine Pflicht, den Vertrag im Hinblick auf den Eintritt der für das Wirksambleiben maßgeblichen Umstände zu überwachen. Bei Eintritt entsprechender Ereignisse besteht vielmehr eine Pflicht der Geschäftsführer zur Einreichung einer weiteren Liste nach § 40 Abs. 1 Satz 1 oder es entsteht, wenn der Notar bei dem Ereignis mitwirkt, eine neue Pflicht des Notars aus § 40 Abs. 2 Satz 1.“*

cc) Aufschiebend bedingte Anteilsabtretungen

Besonderes Konfliktpotential in mehrerer Hinsicht[548] bergen Konstellationen aufschiebend bedingter Übertragungen von Geschäftsanteilen, die in der Praxis weit verbreitet sind[549]. Die Abtretung des Geschäftsanteils wird in diesen Konstellationen erst mit der Erfüllung der vereinbarten Bedingung(en) ohne weiteres Zutun wirksam, § 158 Abs. 1 BGB. Es handelt sich um einen sog. „ipso jure Erwerb“.[550] Derartige Bedingungen dienen insbesondere der Absicherung des Anspruchs des Verkäufers auf Zahlung des Kaufpreises. Aber auch ggf. erforderliche, noch ausstehende kartellrechtliche Genehmigungen oder der zwischenzeitliche Abschluss weiterer Verträge sind mögliche und verbreitete aufschiebende Bedingungen.[551] Bei treuhänderischen Anteilsübertragungen wird der Rückerwerb vom Treuhänder häufig durch eine aufschiebend bedingte Anteilsabtretung des Treuhänders an den Treugeber abgesichert.[552] In all diesen Konstellationen besteht das Problem, dass der Notar von dem Eintritt der aufschiebenden Bedingung (z.B. Zahlung des Kaufpreises) oftmals ohne weiteres Zutun gar nichts erfahren wird.[553] Der Eintritt der Bedingung ist aber Voraussetzung für die Einreichung der aktualisierten Gesellschafterliste. Denn § 40 Abs. 2 S. 1 GmbHG setzt nach seinem ausdrücklichen Wortlaut das *„Wirksamwerden“* der Veränderung für die Einreichung der aktualisierten

546 S.o. § 3 C. III. 4. d) aa).
547 BT-Drucks. 16/6140, 44.
548 Vgl. zu der umstrittenen Frage, ob ein gutgläubiger Zwischenerwerb in der Zeitspanne bis zum Eintritt der aufschiebenden Bedingung(en) möglich ist, nachfolgend § 3 D. II. 3. b) cc).
549 Vgl. z.B. *Jeep*, in: NJW 2012, 658; *Oppermann*, in: ZIP 2009, 651.
550 Vgl. *Bayer*, in: GmbHR 2011, 1254, 1255; *Ellenberger*, in: Palandt, § 158 Rn. 2.
551 Vgl. *Heidinger*, in: Heckschen/Heidinger, Die GmbH in der Gestaltungs- und Beratungspraxis, § 13 Rn. 141.
552 Vgl. *Bayer*, in: Lutter/Hommelhoff, GmbHG, § 16 Rn. 79; vgl. zu Treuhandverhältnissen auch die Ausführungen unter § 4 B. I. 1. a) bb) und b) bb).
553 Vgl. *Götze/Bressler*, in: NZG 2007, 894, 895.

Gesellschafterliste voraus. Die Einreichung kann damit frühestens bei oder direkt nach Bedingungseintritt erfolgen, da sie für die Wirksamkeit des Überganges des Geschäftsanteils bzw. seiner Veränderung erforderlich ist.[554]

Fraglich ist, ob der Notar dennoch für die nach Eintritt der Bedingung aufgrund der dann eingetretenen Veränderung gem. § 40 Abs. 2 S. 1 GmbHG für die Aktualisierung der Gesellschafterliste zuständig ist.

Eine Ansicht verneint dies und nimmt in diesen Konstellationen vielmehr eine Zuständigkeit der Geschäftsführer an.[555] Dies wird maßgeblich damit begründet, dass der Notar an dem späteren Bedingungseintritt nicht mehr mitwirke und ihn auch keine entsprechende Überwachungspflicht treffe.[556] Hier könne nichts anderes gelten als bei auflösenden Bedingungen.[557]

Die herrschende Ansicht in Literatur[558] und Rechtsprechung[559] bejaht hingegen in den Konstellationen aufschiebender Bedingungen die Zuständigkeit des Notars.

Richtig ist zunächst, dass die Aktualisierung der Gesellschafterliste erst bei Eintritt der Bedingung und damit der Veränderung zu erfolgen hat. Ansonsten wäre die Gesellschafterliste bis zum Eintritt der Bedingung falsch.[560] Es ist ebenfalls zutreffend, dass sich der Notar bei der Beurkundung darüber vergewissern muss, ob aufschiebende Bedingungen eingetreten sind. Dies ergibt sich bereits aus seiner von Amts wegen bestehenden Prüfpflicht.[561] Mit der wohl herrschenden Ansicht ist in diesen Konstellationen von einer Zuständigkeit des Notars gem. § 40 Abs. 2 S. 1 GmbHG auszugehen. Entgegen der erstgenannten Ansicht unterscheiden sich nämlich die Konstellationen auflösend und aufschiebend bedingter Abtretungen.

---

554 Vgl. BGH, Beschl. v. 20.9.2011 – II ZB 17/10, BB 2011, 2832; *Heidinger,* in: MünchKomm-GmbHG, § 40 Rn. 212.

555 Vgl. insbesondere OLG Brandenburg, Beschl. v. 12.02.2013 – 7 W 72/12, NZG 2013, 507; *Bednarz,* in: BB 2008, 1854, 1860; *Heilmeier,* in: BeckOK-GmbHG, § 40 Rn. 64 ff.

556 Vgl. a.a.O.

557 Vgl. OLG Brandenburg, Beschl. v. 12.02.2013 – 7 W 72/12, NZG 2013, 507; *Harbarth,* in: ZIP 2008, 57, 59; *Heilmeier,* in: BeckOK-GmbHG, § 40 Rn. 64 ff.

558 Vgl. etwa *Altmeppen,* in: Roth/Altmeppen, GmbHG, § 40 Rn. 19; *Götze/Bressler,* in: NZG 2007, 894, 896; *Hasselmann,* in: NZG 2009, 486, 491; *Hauschild,* in: ZIP 2012, 660; *Heidinger,* in: Heckschen/Heidinger, Die GmbH in der Gestaltungs- und Beratungspraxis, § 13 Rn. 346ff.; *König/Bormann,* in: ZIP 2009, 1913; *Mayer,* in: DNotZ 2008, 403, 409; *Paefgen,* in: Ulmer/Habersack/Löbbe, GmbHG Ergänzungsband MoMiG, § 40 Rn. 76; *Reymann,* in: NJW 2010, 305; *Rieg,* Erwerb vom Nichtberechtigten und Liste der Gesellschafter, S. 205/206; *Seibt,* in: Scholz, GmbHG, § 40 Rn. 71; *Wälzholz,* in: MittBayNot 2010, 68; *Weigl,* in: NZG 2009, 1173; *Wicke,* GmbHG, § 40 Rn. 15.

559 Vgl. BGH, Beschl. v. 20.9.2011 – II ZB 17/10, BB 2011, 2832; OLG München, Beschl. v. 08.09.2009 – 31 W x 82/09, NZG 2009, 1192.

560 Vgl. zu der umstrittenen Frage der Möglichkeit der Einreichung einer die Veränderung lediglich ankündigenden Gesellschafterliste, um einen gutgläubigen Zwischenerwerb zu verhindern, die Ausführungen unter § 3 D. II. 3. b) cc).

561 S.o. § 3 C. III. 4. c) bb) (2).

Denn im Falle einer aufschiebenden Bedingung handelt es sich gerade um diejenige Veränderung, an der der Notar mitgewirkt hat. Der Eintritt der aufschiebenden Bedingung führt eben erst zur Wirksamkeit der von ihm beurkundeten Anteilsabtretung. Eine auflösende Bedingung führt hingegen zu einer weiteren Veränderung, die sich nicht mit der zuvor beurkundeten Übertragung deckt. So heißt es auch in der Gesetzesbegründung: „*Hat ein Notar an einer Veränderung mitgewirkt, entfällt die Verpflichtung der Geschäftsführer zur Erstellung und Einreichung einer Liste, die diese Veränderung umsetzt.*"[562] Damit hat der Gesetzgeber klar zum Ausdruck gebracht, dass er zwischen auflösender und aufschiebender Bedingung differenziert und eine Einreichungspflicht der Geschäftsführer gerade nur bei auflösenden Bedingungen, nicht aber bei aufschiebenden Bedingungen statuiert.[563] Diese Differenzierung in der Gesetzesbegründung wird von der Gegenansicht außer Acht gelassen.[564] Da in der Praxis zudem ein sehr großer Teil der Geschäftsanteilsabtretungen unter der aufschiebenden Bedingung der Kaufpreiszahlung erfolgt, würde faktisch nahezu eine Allein- oder jedenfalls eine Hauptzuständigkeit der Geschäftsführer zur Aktualisierung der Gesellschafterliste auch im Falle von Anteilsabtretungen begründet, was den Willen des Gesetzgebers ebenfalls konterkariert.[565]

Mangels bestehender Auskunftsrechte kann den Notar allerdings richtigerweise dennoch keine Pflicht zur Überwachung hinsichtlich des Eintritts der aufschiebenden Bedingung treffen, sofern er nicht gesondert hierzu beauftragt worden ist.[566] Das bedeutet, dass der Notar seine Einreichungspflicht erst dann erfüllen kann, wenn ihn die Parteien über die entsprechende Veränderung hinreichend durch die Vorlage der jeweiligen Nachweise informieren.[567] Hieraus folgt eine Verpflichtung des Notars, die Parteien darauf hinzuweisen, dass er eine aktualisierte Gesellschafterliste erst dann zum Handelsregister einreichen kann, wenn ihm der Eintritt der Bedingungen bzw. ein Verzicht hierauf mitgeteilt wird.[568]

---

562 BT-Drucks. 16/6140, 44.

563 Vgl. BT-Drucks. 16/6140, 44; s.o. § 3 C. III. 4. d) bb).

564 Vgl. auch *Heidinger*, in: Heckschen/Heidinger, Die GmbH in der Gestaltungs- und Beratungspraxis, § 13 Rn. 346d.

565 Vgl. *Mayer*, in: MittBayNot 2014, 114, 118.

566 Vgl. auch *Altgen*, Gutgläubiger Erwerb von GmbH-Geschäftsanteilen, S. 100; *Bayer*, in: Lutter/Hommelhoff, GmbHG, § 40 Rn. 63; *Heidinger*, in: Heckschen/Heidinger, Die GmbH in der Gestaltungs- und Beratungspraxis, § 13 Rn. 346 ff.; *Mayer*, in: DNotZ 2008, 403, 409; *Schüßler*, Der gutgläubige Erwerb von GmbH-Geschäftsanteilen, S. 80; für ein Informationsrecht des Notars: *Kort*, in: GmbHR 2009, 169, 172; *Preuß*, in: ZGR 2008, 676, 681; für ein Nachweisrecht des Notars: *Götze/Bressler*, in: NZG 2007, 894, 896; ähnlich *Terlau*, in: Michalski, GmbHG, § 40 Rn. 29; **a.A.**: OLG München, Beschl. v. 08.09.2009 – 31 Wx 82/09NJW 2010, 305; *Rieg*, Erwerb vom Nichtberechtigten und Liste der Gesellschafter, S. 204 und *Wicke*, GmbHG, § 40 Rn. 15, die eine Überwachungspflicht des Notars bejahen.

567 Vgl. auch *Altgen*, Gutgläubiger Erwerb von GmbH-Geschäftsanteilen, S. 100.

568 So etwa auch *Götze/Bressler*, in: NZG 2007, 894, 896; *Hasselmann*, in: NZG 2009, 486, 491; *Heidinger*, in: Heckschen/Heidinger, Die GmbH in der Gestaltungs- und

Dies sollte mit einem Hinweis auf die nunmehrige Bedeutung und Wirkung der Gesellschafterliste verbunden werden.[569] Die Parteien sollten zudem durch eine entsprechend verpflichtende Klausel im Abtretungsvertrag dafür Sorge tragen, den Notar über das Wirksamwerden der Veränderung im Gesellschafterbestand zu informieren.[570] Teilweise wird auch empfohlen, den Nachweis des Bedingungseintritts, z.B. der Kaufpreiszahlung, beim Notar selbst zur Bedingung zu machen.[571] Zum Nachweis der Kaufpreiszahlung reicht etwa im Rahmen von Unternehmensverkäufen die Vorlage des Closing Memorandums aus.[572] Dabei kann sich der Notar grundsätzlich auf die ihm für den Nachweis des Bedingungseintritts vorgelegten Informationen verlassen, weshalb das Risiko einer Falschinformation bei den Parteien liegt[573].

dd) Korrektur einer vom Notar eingereichten, unrichtigen Gesellschafterliste

Fraglich ist auch, wer für die Kontrolle sowie ggf. für die Korrektur einer von einem Notar zum Handelsregister eingereichten Gesellschafterliste zuständig ist.

Beispiel 6:

Der bis dato unerkannt geisteskranke A verkauft und überträgt dem E seinen Geschäftsanteil an der Z-GmbH zu notarieller Urkunde. Die Gesellschafterliste wird entsprechend durch den beurkundenden Notar N aktualisiert. Wenig später offenbart sich die Geisteskrankheit des A im Rahmen einer ärztlichen Routineuntersuchung durch den Hausarzt des A. A informiert umgehend sein Umfeld, darunter auch seinen Bruder F, der seinerseits ebenfalls Gesellschafter und zudem alleiniger Geschäftsführer der Z-GmbH ist. F fragt sich, ob er nun die Gesellschafterliste korrigieren darf und muss oder sich diesbezüglich an N zu wenden hat.

Beratungspraxis, § 13 Rn. 346 ff.; *Mayer,* in: DNotZ 2008, 403, 409; *Schüßler,* Der gutgläubige Erwerb von GmbH-Geschäftsanteilen, S. 80.

569 Vgl. *Heidinger,* in: Heckschen/Heidinger, Die GmbH in der Gestaltungs- und Beratungspraxis, § 13 Rn. 346 ff.; *Mayer,* in: MittBayNot 2014, 114, 120 (mit Formulierungsvorschlag).

570 Vgl. a.a.O.

571 Vgl. *Heckschen,* Das MoMiG in der notariellen Praxis, Rn. 498 ff. (mit Formulierungsbeispiel in Rn. 510); *Heidinger,* in: Heckschen/Heidinger, Die GmbH in der Gestaltungs- und Beratungspraxis, § 13 Rn. 346b.

572 Vgl. *Götze/Bressler,* in: NZG 2007, 894, 896; *Heidinger,* in: Heckschen/Heidinger, Die GmbH in der Gestaltungs- und Beratungspraxis, § 13 Rn. 346 ff.; *Mayer,* in: DNotZ 2008, 403, 409; *Schüßler,* Der gutgläubige Erwerb von GmbH-Geschäftsanteilen, S. 80.

573 Vgl. *Götze/Bressler,* in: NZG 2007, 894, 896; *Hauschild,* in: ZIP 2012, 660; *Kort,* in: GmbHR 2009, 169, 172; *Mayer,* in: ZIP 2009, 1037, 1047 ff.; *Paefgen,* in: Ulmer/Habersack/Löbbe, GmbHG, § 40 Rn. 141; *Schüßler,* Der gutgläubige Erwerb von GmbH-Geschäftsanteilen, S. 80; *Wachter,* in: ZNotP 2008, 378, 391; *Wicke,* GmbHG, § 40 Rn. 15.

Beispiel 7:

A überträgt seinen Geschäftsanteil an der X-GmbH zu notarieller Urkunde an V. Der beurkundende Notar N reicht im Anschluss eine entsprechend aktualisierte Gesellschafterliste zum Handelsregister ein. Später stellt A fest, dass er von V bei Abschluss des Vertrages arglistig getäuscht wurde und erklärt erfolgreich bezüglich Kaufvertrag und Übertragung die Anfechtung wegen arglistiger Täuschung. Sodann fordert er die Geschäftsführer G und F zur Korrektur der Gesellschafterliste auf.

Die Frage der Korrektur einer nach Auffassung der Gesellschaft bzw. der Geschäftsführer der Gesellschaft unrichtigen Gesellschafterliste nach Einreichung einer aktualisierten Gesellschafterliste durch einen Notar ist gesetzlich nicht geregelt und in Rechtsprechung und Literatur umstritten.

(1) Zuständigkeit für die Korrektur der Gesellschafterliste

Nach einigen Stimmen in der Literatur soll zur Korrektur ausschließlich der Notar befugt sein.[574]

*In den **Beispielen 6 und 7** wären die Geschäftsführer hiernach jeweils nicht zur Korrektur der Gesellschafterliste befugt und müssten sich diesbezüglich an den Notar wenden.*

Andere Stimmen in der Literatur erachten hingegen die Geschäftsführer in verschiedenen Nuancen daneben[575] oder auch ausschließlich[576] für zuständig. Auch der BGH hat sich inzwischen für eine Korrekturzuständigkeit der Geschäftsführer ausgesprochen.[577]

Letzterer Ansicht ist aus mehreren Gründen zuzustimmen. § 40 Abs. 2 S. 1 GmbHG begründet zwar eine alleinige Zuständigkeit des mitwirkenden Notars für die Einreichung der Gesellschafterliste, regelt aber gerade nicht die Zuständigkeit für eine spätere Korrektur.[578] Nach der Systematik des § 40 GmbHG besteht eine zwingende Auffangzuständigkeit der Geschäftsführer, die auch für die Korrektur einer falschen Gesellschafterliste gelten muss.[579] Die fortdauernde Überwachung der Richtigkeit der Gesellschafterliste sowie die Korrektur der Gesellschafterliste fällt, unabhängig davon, von wem diese zuletzt zum Handelsregister eingereicht worden

574 Vgl. *Heidinger*, in: MünchKomm-GmbHG, § 40 Rn. 124 ff.; *Herrler*, in: GmbHR 2013, 617, 620.

575 Vgl. *Altmeppen*, in: Roth/Altmeppen, GmbHG, § 40 Rn. 16; *Preuß*, in: ZGR 2008, 676, 681; *Wicke*, GmbHG, § 40 Rn. 16.

576 Vgl. *Liebscher/Goette*, in: DStR 2010, 2038 ff.; *Winter*, in: Gehrlein/Ekkenga/Simon, GmbHG, § 40 Rn. 30.

577 Vgl. BGH, Urt. v. 17.12.2013 – II ZR 21/12, GmbHR 2014, 198.

578 Vgl. zutreffend BGH, Urt. v. 17.12.2013 – II ZR 21/12, GmbHR 2014, 198, 200 ff.

579 Vgl. auch *Liebscher/Goette*, in: DStR 2010, 2038, 2039 ff.; *Paefgen/Franke*, in: EWiR 2014, 205, 206.

ist, grundsätzlich in den Zuständigkeitsbereich der Geschäftsführer.[580] Hinsichtlich vom Notar eingereichter Gesellschafterlisten ermöglicht die von diesem an die Gesellschaft stets zu übersendende Abschrift der geänderten Gesellschafterliste[581] eine Überprüfung und Korrektur durch die Geschäftsführer.[582] Die Korrektur durch den Notar würde einen unnötigen und zeitraubenden Umweg bedeuten, da dieser erst in Kenntnis gesetzt und zur Einreichung der korrigierten Gesellschafterliste veranlasst werden müsste.[583] Dies würde wiederum der vom Gesetzgeber intendierten Verfahrensvereinfachung[584] widerstreben. Vielmehr ging auch der Gesetzgeber offensichtlich von einer Korrekturzuständigkeit der Geschäftsführer aus[585] und ist das Risiko, dass die Geschäftsführer aufgrund der ihnen gegebenen Auffangzuständigkeit eine falsche Gesellschafterliste einreichen könnten, bewusst eingegangen.[586] Dass die Geschäftsführer bei Kenntniserlangung der Unrichtigkeit der Gesellschafterliste auch ohne Mitteilung und Nachweis tätig werden können und sogar müssen, wurde bereits an anderer Stelle erläutert.[587] Im Übrigen gilt hier im Grunde das bereits zu den Konstellationen einer nur mittelbaren Mitwirkung[588] und auflösend bedingter Anteilsabtretungen[589] Gesagte. Denn auch hier liegt eine Informationsasymmetrie zwischen dem Notar und den Geschäftsführern vor, die aufgrund der vom Gesetzgeber nicht vorgesehenen Nachforschungspflichten des Notars für eine Zuständigkeit der Geschäftsführer in derartigen Fällen spricht. Eine parallele Einreichungszuständigkeit von Notar und Geschäftsführern ist ebenfalls abzulehnen, da dies bereits mit der gesetzlichen Konzeption, die eine gleichzeitige bzw. kumulative Zuständigkeit von Geschäftsführern und Notar gerade ausschließt[590], nicht vereinbar ist.

*In den **Beispielen 6 und** 7 ist die Gesellschafterliste daher richtigerweise jeweils durch die Geschäftsführer zu aktualisieren. Eine Einbindung des Notars ist hingegen jeweils nicht angezeigt.*

(2) Korrektur der Gesellschafterliste durch die Geschäftsführer

Nachdem eine Korrekturzuständigkeit der Geschäftsführer bejaht wurde, ist noch kurz darauf einzugehen, wie diese Korrektur zu erfolgen hat. Dieses Problem hängt indessen eng mit der bereits erörterten Fragestellung zusammen, ob die

580 Vgl. *Paefgen/Franke,* in: EWiR 2014, 205, 206.
581 S.o. § 3 C. III. 4. c) bb) (5).
582 Vgl. BGH, Urt. v. 17.12.2013 – II ZR 21/12, GmbHR 2014, 198, 200 ff.
583 Vgl. a.a.O.
584 Vgl. BT-Drucks. 16/6140, 44.
585 Vgl. BGH, Urt. v. 17.12.2013 – II ZR 21/12, GmbHR 2014, 198, 200 ff.
586 Vgl. *Paefgen/Franke,* in: EWiR 2014, 205, 206.
587 S.o. § 3 C. III. 4. b) bb) (4).
588 S.o. § 3 C. III. 4. d) aa).
589 S.o. § 3 C. III. 4. d) bb).
590 S.o. § 3 C. III. 4. a).

Geschäftsführer generell auch ohne Mitteilung und Nachweis zur Korrektur einer fehlerhaften Gesellschafterliste befugt sind.[591] Diesbezüglich kann daher im Einzelnen auf die hierzu erfolgten Ausführungen verwiesen werden.[592] Zusammenfassend haben die Geschäftsführer folglich vor Einreichung einer aktualisierten Gesellschafterliste den von der Veränderung betroffenen Gesellschaftern innerhalb einer angemessen Frist von mindestens einem Monat die Gelegenheit zur Stellungnahme zu gewähren. Hierbei ändert ein Widerspruch aber nichts an der Berechtigung der Geschäftsführer zur Aktualisierung der Gesellschafterliste, solange nicht der Betroffene im Wege des einstweiligen Rechtsschutzes erreicht, dass den Geschäftsführern die Einreichung einer geänderten Gesellschafterliste untersagt wird.

*In den **Beispielen 6 und** 7 hat der jeweilige Geschäftsführer bzw. haben die jeweiligen Geschäftsführer die Betroffenen vor Änderung der Gesellschafterliste die Gelegenheit zur Stellungnahme innerhalb eines Monats zu geben. Nach Ablauf der gesetzten Monatsfrist sind die Geschäftsführer berechtigt und verpflichtet, die aktualisierte Gesellschafterliste unabhängig von einem etwaigen Widerspruch der Betroffenen zum Handelsregister einzureichen, solange nicht die jeweiligen Betroffenen im Wege des einstweiligen Rechtsschutzes erreichen, dass den Geschäftsführern die Einreichung der aktualisierten Gesellschafterliste untersagt wird.*

ee) Beteiligung mehrerer Notare

Probleme können auch entstehen, wenn mehrere Notare an einem Vorgang mitgewirkt haben. Als Beispiel ist hier insbesondere die Beurkundung von Angebot und Annahme einer Anteilsübertragung durch verschiedene Notare zu nennen, was sich in der Praxis insbesondere bei großer räumlicher Distanz zwischen den Parteien anbietet.

Beispiel 8:

Der in München lebende V möchte seinen Geschäftsanteil an der X-GmbH auf den im Hamburg lebenden A übertragen. Da beide zeitlich stark eingebunden sind, beschließen sie, von einem gemeinsamen Notartermin abzusehen und das entsprechende Angebot des V von einem Notar in München und die Annahme des A von einem Notar in Hamburg beurkunden zu lassen.

In diesen Konstellationen ist es fraglich und umstritten, wer für die Erstellung und Einreichung der aktualisierten Gesellschafterliste zum Handelsregister gem. § 40 Abs. 2 S. 1 GmbHG verpflichtet bzw. berechtigt ist.

591 S.o. § 3 C. III. 4. b) bb) (4).
592 Vgl. auch BGH, Urt. v. 17.12.2013 – II ZR 21/12, GmbHR 2014, 198, 200 ff.

Nach einer Ansicht soll die Zuständigkeit zur Disposition der Parteien stehen und daher der Notar zuständig sein, dem der Vollzugsauftrag erteilt werde.[593]

Eine weitere Ansicht in der Literatur[594], der sich auch das OLG München angeschlossen hat[595], hält grundsätzlich bzw. jedenfalls bei fehlendem Vollzugsauftrag beide Notare für zuständig, da sich weder aus dem Wortlaut noch aus dem Sinn und Zweck des § 40 Abs. 2 GmbHG eine Beschränkung auf nur einen der Notare ergebe.

Wiederum eine andere Ansicht hält dagegen bei Beteiligung mehrerer Notare aus Gründen der Rechtssicherheit keinen der beteiligten Notare, sondern die Geschäftsführer für zuständig.[596]

Nach der wohl herrschenden Literatur ist in diesen Konstellationen hingegen an das Wirksamwerden der Veränderung durch die Beurkundung der Annahmeerklärung anzuknüpfen, weshalb stets der zuletzt mit dem Geschäft befasste Notar, in der Regel also der die Annahme beurkundende Notar, gem. § 40 Abs. 2 S. 1 GmbHG zuständig und verpflichtet sei.[597] Dies wird damit begründet, dass erst hierdurch die dingliche Wirkung einer Veränderung im Gesellschafterbestand unmittelbar eintrete.[598] Eine Dispositionsbefugnis der Parteien, etwa durch entsprechende vertragliche Vereinbarungen, stehe diesen nicht zu, da es sich bei der Erstellungs- und Einreichungspflicht um eine Amtspflicht des Notars handele, die dieser kraft öffentlichen Rechts und nicht in Vertretung der Parteien zu erfüllen habe.[599]

Letzterer Ansicht ist zuzustimmen. Bereits aus dem Sinn und Zweck des § 40 Abs. 2 S. 1 GmbH ergibt sich, dass der Notar zuständig sein soll, der aufgrund seiner Mitwirkung bestmöglich sowie uno actu schnell und unbürokratisch die Aktualisierung

593 Vgl. *Bayer,* in: Lutter/Hommelhoff, GmbHG, § 40 Rn. 58 (nur hilfsweise der Notar, der den letzten maßgeblichen Akt beurkundet); *Herrler,* in: DNotZ 2008, 903, 915; *Klöckner,* in: NZG 2008, 841, 842; *Mayer,* in: DNotZ 2008, 403, 408; *Vossius,* in: DB 2007, 2299, 2304; *Wachter,* in: ZNotP 2008, 378, 388 (*ders.* hält aber neuerdings in Bork/Schäfer, GmbHG, § 40 Rn. 36 „*im Allgemeinen*" den die Annahme beurkundenden Notar für zuständig); *Wicke,* GmbHG, § 40 Rn. 14a.

594 Vgl. *Noack,* in: Baumbach/Hueck, GmbHG, § 40 Rn. 53; *Seibt,* in: Scholz, GmbHG, § 40 Rn. 60; *Wälzholz,* in: MittBayNot 2008, 425, 435; *Winter,* in: Gehrlein/Ekkenga/Simon, GmbHG, § 40 Rn. 40.

595 Vgl. OLG München, Beschl. v. 24.10.2012 – 31 Wx 400/12, NZG 2013, 822.

596 So *Heilmeier,* in: BeckOK-GmbHG, § 40 Rn. 100 ff.

597 Vgl. etwa *Altgen,* Gutgläubiger Erwerb von GmbH-Geschäftsanteilen, S. 99; *Hasselmann,* in: NZG 2009, 449, 455; *Heidinger,* in: Heckschen/Heidinger, Die GmbH in der Gestaltungs- und Beratungspraxis, § 13 Rn. 321; *Heilemann,* Der gutgläubige Erwerb von Geschäftsanteilen einer GmbH, S. 140; *Paefgen,* in: Ulmer/Habersack/Löbbe, GmbHG, § 40 Rn. 133; *Tebben,* in: RNotZ 2008, 441, 452; *Terlau,* in: Michalski, GmbHG, § 40 Rn. 25.

598 Vgl. *Paefgen,* in: Ulmer/Habersack/Löbbe, GmbHG, § 40 Rn. 133.

599 Vgl. a.a.O.

der Gesellschafterliste bewerkstelligen kann.[600] Diese Voraussetzungen erfüllt in aller Regel der Notar, der den letzten für die Wirksamkeit der Veränderung entscheidenden Vorgang beurkundet hat. Im Falle einer Geschäftsanteilsabtretung ist das z.B. der die Annahme beurkundende Notar, da erst durch die Annahme die Abtretung eines Geschäftsanteils wirksam wird. Der das Angebot beurkundende Notar müsste sich hingegen erst nach der Annahme erkundigen und weitere Nachforschungen anstellen, was wiederum der Intention des Gesetzgebers widerspricht, dem Notar keine Nachforschungs- und Überwachungspflichten aufzuerlegen[601].[602] Des Weiteren ist der h.L. darin zuzustimmen, dass die Bestimmung des zuständigen Notars gerade nicht zur Disposition der Parteien stehen darf, da es sich bei der Einreichungspflicht des Notars um eine indisponible Amtspflicht des Notars handelt.[603]

*Im obigen **Beispiel 8** ist daher richtigerweise der die Annahme beurkundende Hamburger Notar für die Aktualisierung der Gesellschafterliste gem. § 40 Abs. 2 S. 1 GmbHG zuständig.*

ff) Sich kreuzende Gesellschafterlisten

Die Problematik sich kreuzender Gesellschafterlisten kann sich ergeben, wenn von unterschiedlichen Notaren oder am selben Tage bzw. in kurzem zeitlichen Abstand Veränderungen im Bestand der Gesellschafter beurkundet und von verschiedenen Notaren bzw. von einem Notar und den Geschäftsführern bzw. von verschiedenen, jeweils einzelvertretungsberechtigten Geschäftsführern neue Gesellschafterlisten eingereicht werden.[604] Dabei ergibt sich die Gefahr, dass die jeweils eingereichte Gesellschafterliste, obwohl aus isolierter Sicht des jeweils Einreichenden richtig, die jeweils andere, ggf. (zeitlich) vorrangige Veränderung nicht enthält.[605] In der Folge kann es hier zur Aufnahme beider Gesellschafterlisten in zufälliger Reihenfolge beim Handelsregister kommen. Eine inhaltliche Prüfpflicht des Registergerichts besteht insofern nicht.[606]

Richtigerweise liegt es in diesen Konstellationen an den Geschäftsführern, eine Berichtigung der Gesellschafterliste zu veranlassen.[607] Dies folgt bereits aus den

---

600 Vgl. BT-Drucks. 16/6140, 44; vgl. auch *Hasselmann,* in: NZG 2009, 449, 455; *Paefgen,* in: Ulmer/Habersack/Löbbe, GmbHG, § 40 Rn. 105.

601 Vgl. BT-Drucks. 16/6140, 44.

602 Vgl. auch *Hasselmann,* in: NZG 2009, 449, 455; *Paefgen,* in: Ulmer/Habersack/Löbbe, GmbHG, § 40 Rn. 105.

603 Vgl. hierzu auch die obigen Ausführungen unter § 3 C. III. 4. a) und c) bb) (1).

604 Vgl. *Heidinger,* in: Heckschen/Heidinger, Die GmbH in der Gestaltungs- und Beratungspraxis, § 13 Rn. 362.

605 Vgl. a.a.O.

606 Vgl. hierzu im Einzelnen § 3 C. III. 5. a).

607 Vgl. etwa *Altmeppen,* in: Roth/Altmeppen, GmbHG, § 40 Rn. 16; *Bussian/Achenbach,* in: BB 2010, 778, 780/781; *Götze/Bressler,* in: NZG 2009, 894, 896; *Hasselmann,* in: NZG 2009, 449, 455; *Heidinger,* in: Heckschen/Heidinger, Die GmbH in der

allgemeinen Sorgfaltspflichten der Geschäftsführer.[608] Die entsprechenden Informationen bezüglich der von einem Notar eingereichten Gesellschafterliste erhalten die Geschäftsführer durch die vom Notar stets an die Gesellschaft zu übermittelnde Abschrift der von ihm zum Handelsregister eingereichten Gesellschafterliste (§ 40 Abs. 2 S. 1 Hs. 2 GmbHG).[609] Vor einer Korrektur der Gesellschafterliste haben die Geschäftsführer aber die Betroffenen zu informieren und ihnen in einem angemessenen Zeitrahmen die Gelegenheit zur Stellungnahme einzuräumen.[610]

gg) Auslandsbeurkundung

Ein streitiges Thema in mehrfacher Hinsicht stellen Auslandsbeurkundungen von Veränderungen, insbesondere von Geschäftsanteilsabtretungen, dar.

Beispiel 9:

V und A sind sich einig über die Übertragung der Geschäftsanteile des V an der X-GmbH. Um Notarkosten zu sparen, reisen beide nach Basel, wo V dem A unter Beurkundung vor dem Baseler Notar CH seine Geschäftsanteile überträgt. Anschließend unterrichten V und A den alleinigen Geschäftsführer G der X-GmbH unter Vorlage sämtlicher relevanter Unterlagen über die stattgefundene Übertragung.

In den Konstellationen einer Auslandsbeurkundung ergeben sich insbesondere zwei Probleme[611]: Zum einen ist bereits unklar, ob und ggf. unter welchen Umständen die Beurkundung durch einen ausländischen Notar überhaupt einer Beurkundung durch einen deutschen Notar gleichwertig und damit wirksam ist. Eine Unwirksamkeit und damit eine Nichteinhaltung der gesetzlichen Formvorschriften des § 15 Abs. 3 GmbHG zöge die Nichtigkeit der Anteilsübertragung gem. § 125 BGB nach sich[612], was freilich zu erheblichen Folgeproblemen führte.[613] Dieser Frage soll im Rahmen dieser Untersuchung nicht näher nachgegangen werden.[614] Ein weiteres, damit zusammenhängendes Problem – und hierum soll es im Folgenden vornehmlich gehen – ist die sich anschließende Frage, ob bei unterstellter

---

Gestaltungs- und Beratungspraxis, § 13 Rn. 362; *ders.*, in: MünchKomm-GmbHG, § 40 Rn. 244; *Link*, in: RNotZ 2009, 193, 198; *Mayer*, in: DNotZ 2008, 403, 412.

608 Vgl. hierzu BT-Drucks. 16/6140, 44.

609 S.o. § 3 C. III. 4. c) bb) (5).

610 S.o. § 3 C. III 4. b) bb) (4).

611 Vgl. *Herrler*, in: GmbHR 2014, 225.

612 S.o. § 3 B. II. 2.

613 Vgl. etwa *Bauer/Anders*, in: BB 2012, 593, 596 ff.

614 Vgl. zu dieser Thematik etwa *Hermanns*, in: RNotZ 2014, 229 ff. und *Link*, in: BB 2014, 579 ff., jeweils m.w.N.; vgl. hierzu auch zuletzt die Entscheidung des AG Charlottenburg, Beschl. v. 22.01.2016 – 99 AR 9466/15, GmbHR 2016, 223 mit Anmerkung von *Wösthoff*, wonach das AG Charlottenburg die Anmeldung einer deutschen GmbH zum Handelsregister durch einen schweizerischen Notar aus dem Kanton Bern mangels Gleichwertigkeit der Beurkundung ablehnte.

Zulässigkeit der Auslandsbeurkundung der beurkundende ausländische Notar wie ein deutscher Notar gem. § 40 Abs. 2 S. 1 GmbHG zur Einreichung einer aktualisierten Gesellschafterliste zum Handelsregister verpflichtet bzw. berechtigt ist oder ob hierfür eine Zuständigkeit und Verpflichtung der Geschäftsführer gem. § 40 Abs. 1 S. 1 GmbHG besteht.

*Im **Beispiel 9** ist mithin fraglich, ob G oder CH oder eventuell sogar beide zur Aktualisierung der Gesellschafterliste verpflichtet oder ggf. auch nur berechtigt sind.*

Die Beurkundung von Geschäftsanteilsübertragungen im Ausland (von Relevanz ist hier insbesondere die Schweiz) ist in der Praxis vornehmlich aus wirtschaftlichen Gründen interessant. Schweizer Notare „locken" mit vergleichsweise geringen Notargebühren und können ihre Gebührensätze freier verhandeln als ihre deutschen Kollegen, die gem. § 17 Abs. 1 S. 1 BNotO zwingend verpflichtet sind, für ihre Tätigkeiten die nach dem GNotKG vorgeschriebenen Gebühren zu erheben.[615] Teilweise wird daher in der Wirtschaftspresse von einem regelrechten *„Beurkundungstourismus"* in die Schweiz gesprochen.[616]

(1) Einreichungspflicht des ausländischen Notars

Fraglich ist zunächst, ob ein eine Geschäftsanteilsabtretung beurkundender ausländischer Notar an der hierdurch eingetretenen Veränderung im Gesellschafterbestand i.S.d. § 40 Abs. 2 S. 1 GmbHG mitgewirkt hat und in der Folge zur Einreichung einer aktualisierten Gesellschafterliste zum Handelsregister verpflichtet ist. Eine derartige Einreichungspflicht des ausländischen Notars gem. § 40 Abs. 2 S. 1 GmbHG wird von der inzwischen nahezu einhelligen Meinung zu Recht abgelehnt, da diese öffentlich-rechtliche Verpflichtung allein deutsche Notare treffen kann (Territorialitätsprinzip).[617]

*Im **Beispiel 9** ist CH folglich nicht zur Erstellung und Einreichung einer aktualisierten Gesellschafterliste zum Handelsregister verpflichtet.*

(2) Einreichungsrecht des ausländischen Notars

Umstritten ist hingegen, ob ausländische Notare trotz fehlender Verpflichtung zur Einreichung der aktualisierten Gesellschafterliste berechtigt sind.

---

615 Vgl. *Herrler,* in: GmbHR 2014, 225, 226.

616 Vgl. etwa Handelsblatt vom 03. Juni 2014, S. 15: *„Und ewig lockt die Schweiz".*

617 Vgl. exemplarisch nur BGH, Beschl. v. 17.12.2013 – II ZB 6/13, NZG 2014, 219; *Altmeppen,* in: Roth/Altmeppen, GmbHG, § 40 Rn. 20; *Bayer,* in: Lutter/Hommelhoff, GmbHG, § 40 Rn. 29; *Heidinger,* in: Heckschen/Heidinger, Die GmbH in der Gestaltungs- und Beratungspraxis, § 13 Rn. 363a; *Mayer,* in: ZIP 2009, 1037, 1046; *Saenger/Scheuch,* in: BB 2008, 65, 68; *Wachter,* in: Bork/Schäfer, GmbHG, § 40 Rn. 33.

(a) Ansicht 1: kumulative Einreichungsberechtigung von ausländischem Notar und Geschäftsführern

Nach einer Ansicht in Rechtsprechung[618] und Literatur[619], der sich nun auch der BGH[620] angeschlossen hat, soll der ausländische Notar, der an einer Veränderung mitgewirkt hat, zwar nicht zur Einreichung einer aktualisierten Gesellschafterliste verpflichtet, jedoch hierzu berechtigt sein, sofern die Beurkundung der deutschen Beurkundung gleichwertig und deshalb im Inland wirksam sei. Die Einreichungskompetenz des ausländischen Notars ergebe sich dann als Annex aus seiner Beurkundungskompetenz.[621] Der Annahme einer Annexkompetenz stehe dabei nicht entgegen, dass der ausländische Notar in der Regel keine vertieften Kenntnisse des deutschen Gesellschaftsrechts besitze, da es nicht Aufgabe des Notars sei, die inhaltliche Richtigkeit der Gesellschafterliste zu gewährleisten.[622] Vielmehr beruhe seine Einbindung in den Einreichungsvorgang der Gesellschafterliste nach den Intentionen des Gesetzgebers vorwiegend auf verfahrensökonomischen Gründen und gerade nicht auf dem Streben einer höheren Richtigkeitsgewähr.[623] Eine offensichtliche Ungleichwertigkeit der Beurkundung einer Anteilsübertragung vor einem Schweizer Notar sei auch nach dem MoMiG nicht erkennbar.[624] Dass der ausländische Notar die in § 17 Abs. 1 BeurkG normierten Prüfungs- und Belehrungsfunktion gewährleisten könne, sei unerheblich, da die Beteiligten hierauf verzichten könnten.[625] Auch die Gefahr, dass Geschäftsführer und ausländischer Notar divergierende Gesellschafterlisten einreichten, stehe nicht entgegen, da solche Gesellschafterlisten den Gesellschaftern und Geschäftsführern Anlass böten, die Richtigkeit der Gesellschafterliste zu prüfen und ggf. zu korrigieren.[626]

---

618 Vgl. OLG Düsseldorf, Beschl. v. 02.03.2011 – 3 Wx 236/10, NZG 2011, 388.

619 Vgl. *Altmeppen*, in: Roth/Altmeppen, GmbHG, § 40 Rn. 21 (anders noch in der Vorauflage); *Bednarz*, in: BB 2008, 1854, 1859; *Berninger*, in: GmbHR 2009, 679, 682; *Desch*, in: BB 2010, 3104, 3107/3108; *Gottschalk*, in: DZWIR 2009, 45, 47; *Götze/Bressler*, in: NZG 2007, 894, 896; *Götze/Mörtel*, in: NZG 2014, 369, 370; *König/Götte/Bormann*, in: NZG 2009, 881, 885 ff.; *Laier*, in: GWR 2011, 133; *Link*, in: RNotZ 2009, 193, 199; *Mankowski*, in: NZG 2010, 201 ff.; *Müller/Federmann*, in: BB 2009, 1375, 1378; *Reichert/Weller*, Das MoMiG in Wissenschaft und Praxis, Rn. 3.95; *Schneider*, in: GmbHR 2009, 393, 396; *Ulrich/Böhle*, in: GmbHR 2007, 566; *Vossius*, in: DB 2007, 2299, 2304; *Wachter*, in: Bork/Schäfer, GmbHG, § 40 Rn. 33; *Wälzholz*, in: MittBayNot 2008, 425, 435; *Winter*, in: Gehrlein/Ekkenga/Simon, GmbHG, § 40 Rn. 38; vgl. auch *Link*, in: RNotZ 2009, 193, 199, der dies allerdings aus tatsächlichen Gründen derzeit für nicht praktikabel erachtet.

620 Vgl. BGH, Beschl. v. 17.12.2013 – II ZB 6/13, NZG 2014, 219.

621 Vgl. a.a.O.

622 Vgl. a.a.O.

623 Vgl. a.a.O.

624 Vgl. a.a.O.

625 Vgl. a.a.O.

626 Vgl. a.a.O.

*Nach dieser Ansicht wären im **Beispiel 9** sowohl CH als auch G zur Aktualisierung der Gesellschafterliste berechtigt.*

(b) Ansicht 2: Kein Einreichungsrecht des ausländischen Notars

Die insbesondere von der neueren Literatur[627] und dem OLG München[628] vertretene Gegenansicht hält hingegen den ausländischen Notar weder für verpflichtet noch für berechtigt, eine aktualisierte Gesellschafterliste zum Handelsregister einzureichen. Vielmehr seien ausschließlich die Geschäftsführer gem. § 40 Abs. 1 S. 1 GmbHG zuständig. Dies wird insbesondere mit der Systematik der § 40 Abs. 1 und Abs. 2 GmbHG begründet, die bei alleiniger Verpflichtung der Geschäftsführer zwingend zu einer alleinigen Berechtigung der Geschäftsführer führen müsse.

*Nach dieser Ansicht wäre im **Beispiel 9** folglich nur G zur Aktualisierung der Gesellschafterliste verpflichtet und berechtigt.*

(c) Stellungnahme

Die erstgenannte Ansicht, die nunmehr insbesondere auch der BGH vertritt, kann aus verschiedenen Gründen nicht überzeugen.

Bereits unter dogmatischen Gesichtspunkten muss es bei einer fehlenden Verpflichtung des Notars gem. § 40 Abs. 2 S. 1 GmbHG, wie sie nach insoweit noch einhelliger Ansicht für einen ausländischen Notar besteht[629], bei der Primärzuständigkeit der Geschäftsführer gem. § 40 Abs. 1 S. 1 GmbHG verbleiben.[630] Denn da § 40 Abs. 1 und Abs. 2 GmbHG von einer alternativen Zuständigkeitsverteilung zwischen Geschäftsführern und Notar ausgehen[631], kann der ausländische Notar folgerichtig bei nicht gegebener Verpflichtung nicht (neben den Geschäftsführern)

---

627 Vgl. *Altgen*, Gutgläubiger Erwerb von GmbH-Geschäftsanteilen S. 106 ff.; *Bayer*, in: Lutter/Hommelhoff, GmbHG, § 40 Rn. 30, 31; *Begemann/Galla*, in: GmbHR 2009, 1065, 1069; *Böhringer*, in: BWNotZ 2008, 104, 110; *Everts*, in: Kroiß/Everts/Poller, GmbH-Registerrecht, § 1 Rn. 109; *Hasselmann*, in: NZG 2009, 449; 453/454; *ders.*, in NZG 2013, 325, 327 ff.; *Heckschen*, in: BB 2014, 462, 465; *Heidinger*, in: Heckschen/Heidinger, Die GmbH in der Gestaltungs- und Beratungspraxis, § 13 Rn. 363 ff.; *ders.*, in: MünchKomm-GmbHG, § 40 Rn. 255 ff.; *Heilmeier*, in: BeckOK-GmbHG, § 40 Rn. 160 ff.; *Löbbe*, in: GmbHR 2012, 7, 13/14; *Lücke/Simon*, in: Saenger/Inhester, GmbHG, § 40 Rn. 22; *Noack*, in: Baumbach/Hueck, GmbHG, § 40 Rn. 69 ff.; *ders.*, in: FS Hüffer, 723, 726; *Olk*, in: NZG 2011, 381, 383; *Paefgen*, in: Ulmer/Habersack/Löbbe, GmbHG, § 40 Rn. 109 ff.; *Preuß*, in: FS Spiegelberger, 876, 888; *Seibt*, in: Scholz, GmbHG, § 40 Rn. 90; *Sikora*, in: NWB 2010, 992, 994; *Terlau*, in: Michalski, GmbHG, § 40 Rn. 27; ebenso jetzt *Mayer*, in: MittBayNot 2014, 114, 117 ff. und in: ZIP 2009, 1037, 1046 (anders noch *ders.*, in: DNotZ 2008, 403, 411).

628 Vgl. OLG München, Beschl. v. 06.02.2013 – 31 Wx 8/13, NZG 2013, 340.

629 S.o. § 3 C. III. 4. d) (gg) (1).

630 Vgl. zutreffend *Noack*, in: Baumbach/Hueck, GmbHG, § 40 Rn. 70.

631 S.o. § 3 C. III. 4. a) und b) bb) (1).

zur Einreichung der Gesellschafterliste zum Handelsregister berechtigt sein.[632] Die konsequente „Kehrseite" der fehlenden Verpflichtung muss vielmehr die fehlende Berechtigung ausländischer Notare sein, kraft Amtes eine aktualisierte Gesellschafterliste zum Handelsregister einzureichen.[633] Zu beachten ist in diesem Zusammenhang zudem, dass den ausländischen Notar auch die aus dem System höchstpersönlicher, exklusiver und nicht delegierbarer Pflichten folgenden Haftungsregelungen (insbesondere § 40 Abs. 3 GmbHG für die Geschäftsführer und § 19 Abs. 1 BNotO für den Notar)[634] nicht treffen.[635] Diese Haftungsregelungen untermauern die vom Gesetzgeber intendierte erhöhte Richtigkeitsgewähr der Gesellschafterliste, für die die zuständigen Personen nach dem Willen des Gesetzgebers einstehen sollen.

Auf eine ggf. bestehende oder auch nicht bestehende Gleichwertigkeit der Beurkundung durch ausländische Notare kommt es vor diesem Hintergrund gar nicht an, da es vorliegend allein um die Frage geht, ob neben der gegebenen Regelzuständigkeit der Geschäftsführer gem. § 40 Abs. 1 S. 1 GmbHG auch ein daneben bestehendes Einreichungsrecht des ausländischen Notars besteht.[636] Die vom BGH diesbezüglich angenommene kumulative Zuständigkeit von Geschäftsführern und (ausländischem) Notar verstößt aber – wie bereits ausgeführt – klar gegen das vom Gesetzgeber vorgesehene Zuständigkeits- und Kompetenzabgrenzungssystem des § 40 GmbHG und den eindeutigen Wortlaut des § 40 Abs. 2 S. 1 GmbHG („*anstelle*"). Der Gesetzgeber ging vielmehr offensichtlich davon aus, dass im Falle der Auslandsbeurkundung infolge der Systematik des § 40 Abs. 1 und Abs. 2 GmbHG ausschließlich die Geschäftsführer zuständig sein sollten. In der Gesetzesbegründung heißt es denn auch: *„Es bestehen jedoch weiterhin Lücken, z.B. bei der Auslandsbeurkundung, die nunmehr geschlossen werden"*[637]. Dieser Wille des Gesetzgebers wird vom BGH und den weiteren Anhängern der erstgenannten Ansicht außer Acht gelassen.[638]

Die vom BGH propagierte kumulative Zuständigkeit führt zudem zu erheblicher Rechtsunsicherheit und legt den Geschäftsführern zusätzliche Pflichten auf, die vom Gesetzgeber so nicht vorgesehen waren.[639] Damit einhergehend bestünde bei Annahme einer kumulativen Zuständigkeit auch ein deutlich erhöhtes Haftungsrisiko für die Geschäftsführer, etwa für den Fall einer verzögerten Einreichung der Gesellschafterliste zum Handelsregister, müssten sie ihr Tätigwerden davon abhängig machen, ob der ausländische Notar kraft seiner vermeintlichen Berechtigung

---

632 Vgl. zutreffend OLG München, Beschl. v. 06.02.2013 – 31 Wx 8/13, NZG 2013, 340; *Hasselmann,* in: NZG 2013, 325, 327.
633 Vgl. *Paefgen,* in: Ulmer/Habersack/Löbbe, GmbHG, § 40 Rn. 110.
634 Vgl. zur Haftung von Geschäftsführern und Notar eingehend § 4 D. und E.
635 Vgl. *Bayer,* in: Lutter/Hommelhoff, GmbHG, § 40 Rn. 30.
636 Vgl. treffend *Hasselmann,* in NZG 2013, 325, 327.
637 BT-Drucks. 16/6140, 37.
638 Vgl. auch *Heidinger,* in: Die GmbH in der Gestaltungs- und Beratungspraxis, § 13 Rn. 364d.
639 Vgl. *Heckschen,* in: BB 2014, 462, 465.

eine aktualisierte Gesellschafterliste erstellt und einreicht oder nicht.[640] Daneben besteht das Risiko, dass die Geschäftsführer und der ausländische Notar parallel aktualisierte, womöglich aber nicht identische Gesellschafterlisten zum Handelsregister einreichen könnten.[641]

An der Intention des Gesetzgebers vorbei geht auch die Annahme des BGH, die Einbindung des Notars gem. § 40 Abs. 2 S. 1 GmbHG beruhe nicht auf dem Streben einer höheren Richtigkeitsgewähr, sondern vornehmlich auf verfahrensökonomischen Gründen[642]. In der Gesetzesbegründung heißt es hierzu deutlich: *„Die nach § 40 Abs. 2 Satz 2 vorgesehene Bescheinigung des Notars, die an die bereits bisher übliche Bescheinigung nach § 54 angelehnt ist, erhöht zusammen mit seiner vorangehenden Mitwirkung an der Veränderung die Richtigkeitsgewähr, welche neben der mehrjährigen Widerspruchsmöglichkeit den Rechtsverlust des wahren Berechtigten rechtfertigt"*[643]. Der Gesetzgeber spricht folglich deutlich an, dass die Einbindung des Notars bei dessen Mitwirkung gem. § 40 Abs. 2 S. 1 GmbHG gerade die infolge der gestiegenen Bedeutung der Gesellschafterliste, die insbesondere gem. § 16 Abs. 3 GmbHG zu einem Rechtsverlust aufgrund eines gutgläubigen Erwerbs führen kann[644], durch eine erhöhte Richtigkeitsgewähr der Gesellschafterliste rechtfertigen soll. Der ausländische Notar kann infolge seiner in der Regel fehlenden Kenntnisse des deutschen (Gesellschafts-) Rechts weder eine erhöhte Richtigkeit der Gesellschafterliste gewährleisten, noch unterliegt er zwingenden Haftungsregelungen. Dies spricht klar gegen ein Einreichungsrecht des ausländischen Notars. Nach der Rechtsprechung des BGH wären in der Konsequenz zwar viele Personen nebeneinander zur Aktualisierung der Gesellschafterliste berechtigt, jedoch wäre niemand hierzu verpflichtet oder würde für die Folgen einer Nicht- oder Falscheinreichung haften. Die vom BGH ohne entsprechenden Anhaltspunkt im Gesetz konstruierte Annexkompetenz für jeden, der beurkundet, führte des Weiteren in der Konsequenz zu dem fragwürdigen Ergebnis, dass u.a. auch Gerichte für die Einreichung der aktualisierten Gesellschafterliste zuständig wären, wenn sie einen Vergleich beurkunden.[645]

Ein weiteres Risiko und damit verbundene weitere Rechtsunsicherheiten liegen in dem von den Befürwortern einer Berechtigung aufgestellten zwingenden Erfordernis einer Gleichwertigkeit des ausländischen Notars mit einem deutschen Notar. Aus dem Urteil des BGH lässt sich bereits nicht eindeutig entnehmen, ob es die Auslandsbeurkundung eines Schweizer Notars für wirksam erachtet oder nicht. Der BGH hat lediglich festgestellt, dass die Einreichung der aktualisierten Gesellschafterliste durch einen Schweizer Notar nicht offensichtlich unwirksam

640 Vgl. *Hasselmann,* in NZG 2013, 325, 328.

641 Vgl. a.a.O.

642 Vgl. BGH, Beschl. v. 17.12.2013 – II ZB 6/13, NZG 2014, 219.

643 BT-Drucks. 16/6140, 44.

644 Vgl. hierzu nachfolgend § 3 D.

645 Vgl. *Heckschen,* in: BB 2014, 462, 465.

sei, weshalb das Registergericht aufgrund seines nur eingeschränkten Prüfrechts[646] wegen nicht vorliegender, offensichtlicher Unwirksamkeit die Aufnahme der Gesellschafterliste zum Handelsregister nicht habe verweigern dürfen.

Gegen eine Zuständigkeit des ausländischen Notars spricht schließlich auch ein vergleichender Blick auf weitere Vorschriften des GmbHG. So ist in § 40 Abs. 2 S. 1 GmbHG nur vom *„Notar"* die Rede, wohingegen § 8 Abs. 3 S. 2 Hs. 2 GmbHG ausdrücklich neben dem *„Notar"* auch den *„im Ausland bestellten Notar"* nennt und berechtigt, die Belehrung nach § 53 Abs. 2 BZRG durchzuführen. Dies spricht im Umkehrschluss ebenfalls dafür, dass der Gesetzgeber im Rahmen von § 40 Abs. 2 S. 1 GmbHG ausschließlich deutschen Notaren die Zuständigkeit zur Aktualisierung der Gesellschafterliste übertragen wollte.[647]

Zusammenfassend sind folglich auch bei unterstellter wirksamer Auslandsbeurkundung einer Veränderung stets allein die Geschäftsführer gem. § 40 Abs. 1 S. 1 GmbHG für die Aktualisierung der Gesellschafterliste zuständig. Dabei können die Geschäftsführer zwar den ausländischen Notar als Gehilfen mit der Erstellung der Gesellschafterliste betrauen. Sie werden hierdurch jedoch nicht von ihrer persönlichen Verpflichtung befreit und haben sich insbesondere den erstellten Entwurf der Gesellschafterliste durch ihre Unterschrift im Folgenden zu eigen zu machen[648]. Diese von den Geschäftsführern unterschriebene Gesellschafterliste kann sodann durchaus von einem ausländischen Notar in der Funktion eines Boten eingereicht werden. Im Übrigen ist auch bei entsprechender späterer Beauftragung ein deutscher Notar zur Erstellung und Einreichung der aktualisierten Gesellschafterliste weder verpflichtet noch berechtigt, da er an der eigentlichen Veränderung nicht i.S.d. § 40 Abs. 2 S. 1 GmbHG mitgewirkt hat.[649]

e) Fazit und Kritik

Die oben beschriebenen Konstellationen verdeutlichen, dass in Wissenschaft und Praxis nach wie vor erhebliche Unsicherheiten im Zusammenhang mit der Aktualisierung der Gesellschafterliste bestehen. Der MoMiG-Gesetzgeber wollte die Geschäftsführer und den Notar durch die Regelung des § 40 GmbHG in die Pflicht nehmen, für die Richtigkeit der Gesellschafterliste Sorge zu tragen. Die an für sich wohl nur gut gemeinte differente Ausgestaltung der Zuständigkeiten und Pflichten zwischen Geschäftsführern und Notar nach § 40 Abs. 1 und Abs. 2 GmbHG führt in der Folge zu erheblichen, durch die im Einzelfall oftmals unklare und schwierige

---

646 Vgl. hierzu auch die Ausführungen unter § 3 C. III. 5.

647 Vgl. *Heidinger,* in: Die GmbH in der Gestaltungs- und Beratungspraxis, § 13 Rn. 364; *Heilmeier,* in: BeckOK-GmbHG, § 40 Rn. 160; *Mayer,* in: MittBayNot 2014, 114, 117; *Paefgen,* in: Ulmer/Habersack/Löbbe, GmbHG, § 40 Rn. 110.

648 Vgl. hierzu bereits die Ausführungen unter § 3 C. III. 4. b) cc) hinsichtlich der Beauftragung inländischer Rechtsanwälte und Notare (außerhalb deren Zuständigkeitsbereich).

649 Vgl. etwa *Löbbe,* in: GmbHR 2012, 7, 13.

Zuständigkeitsabgrenzung entstehenden Rechtsunsicherheiten und Problemen, die der Gesetzgeber eigentlich beseitigen wollte. Das „Mehr“ an Rechtssicherheit und Richtigkeitsgewähr durch die stärkere Einbindung und Verpflichtung des Notars wird durch die Abgrenzungsprobleme – insbesondere aufgrund des vagen Begriffs der „Mitwirkung“ in § 40 Abs. 2 S. 1 GmbHG – relativiert, wenn nicht sogar konterkariert. Gerade in unklaren und rechtlich schwierigen Konstellationen werden die Geschäftsführer häufig überfordert sein[650] und die Tragweite ihrer Prüfpflicht und die Folgen einer Verletzung dieser Prüfpflicht nicht ersehen können. Der Gesetzgeber muss sich hier die Kritik gefallen lassen, diese Problematik nicht gesehen oder jedenfalls unterschätzt zu haben.[651] Die Zuständigkeit des Notars (und die hieraus folgende Nichtzuständigkeit der Geschäftsführer) in den Fällen des § 40 Abs. 2 S. 1 GmbHG löst zwar einen Teil dieser Probleme, schafft aber – nicht zuletzt wegen der gem. § 40 Abs. 1, 2 GmbHG vorgesehenen partiellen Zuständigkeit der Geschäftsführer und der hieraus resultierenden, häufig schwierigen Zuständigkeitsabgrenzung – auch neue Probleme. Hier besteht Nachbesserungsbedarf auf Seiten des Gesetzgebers. Wünschenswert wären zumindest klare Regelungen und Anforderungen. Alternativ käme eine in der Literatur häufig vorgeschlagene, ausschließliche Kompetenzzuweisung an den Notar in Betracht.[652] Dieser Lösung wäre zuzugestehen, dass die oben genannten Interessenkonflikte und Haftungsrisiken der Geschäftsführer und auch die oftmals schwierigen Zuständigkeitsabgrenzungen zwischen Geschäftsführern und Notar beseitigt würden. Allerdings müsste bei einer solchen Regelung eine Lösung für die gegebene Informationsasymmetrie zwischen Geschäftsführern und Notar gefunden werden. Die Pflichten der Geschäftsführer könnte man etwa dahingehend ausgestalten, dass sie aufgrund ihrer Informationshoheit im Falle einer Aktualisierungsnotwendigkeit der Gesellschafterliste einen Notar einschalten und diesem sämtliche benötigten Informationen und Nachweise zur Verfügung stellen. Auf diese Weise könnte eine qualifizierte Prüfung durch einen Notar erfolgen, der somit auf Mitteilung und Nachweis tätig wird[653] und nicht unerfüllbaren Nachforschungspflichten und unsicheren Anforderungen an eigeninitiativen Maßnahmen unterliegt. So wäre eine Verknüpfung zwischen der Rechtskompetenz und der damit einhergehenden Sicherheit eines Notars mit der Informationshoheit der Geschäftsführer und damit in der Folge die bestmögliche Gewähr für eine Richtigkeit der Gesellschafterliste gegeben.

---

650 Vgl. auch *Bayer,* in: Lutter/Hommelhoff, GmbHG, § 40 Rn. 51; *Bednarz,* in: BB 2008, 1854, 1858; *Heidinger,* in: MünchKomm-GmbHG, § 40 Rn. 140; *Kort,* in: GmbHR 2009, 169, 171.

651 Vgl. auch *Bayer,* in: Lutter/Hommelhoff, GmbHG, § 40 Rn. 51; *Bednarz,* in: BB 2008, 1854, 1858; *Kort,* in: GmbHR 2009, 169, 171.

652 Dies fordern etwa *Bednarz,* in: BB 2008, 1854, 1859 und *Heidinger,* in: MünchKomm-GmbHG, § 40 Rn. 140.

653 Ähnlich auch *Heidinger,* in: Heckschen/Heidinger, Die GmbH in der Gestaltungs- und Beratungspraxis, § 13 Rn. 150.

Den Geschäftsführern ist bis dahin in der Praxis – schon zur Vermeidung einer Haftung gem. § 40 Abs. 3 GmbHG – anzuraten, die von den Änderungen in der Gesellschafterliste betroffenen Personen stets über die Veränderungen in Kenntnis zu setzen, so dass diesen ggf. die Möglichkeit eines Widerspruchs i.S.v. § 16 Abs. 3 S. 3 GmbHG[654] offensteht.[655] Es empfiehlt sich, die Geschäftsführer dazu zu verpflichten, die jeweils aktualisierte Gesellschafterliste in Kopie an sämtliche Gesellschafter zu versenden. Diese Verpflichtung der Geschäftsführer kann etwa Bestandteil des Geschäftsführerdienstvertrages sein.[656] Es empfiehlt sich aber auch, die Geschäftsführer durch eine entsprechende gesellschaftsvertragliche Regelung hierzu zu verpflichten.[657] Im Falle eines selbstständigen Tätigwerdens aufgrund Kenntniserlangung von der Unrichtigkeit der Gesellschafterliste müssen die Geschäftsführer ohnehin zwingend darauf achten, dem Betroffenen vor Einreichung einer korrigierten Gesellschafterliste eine ausreichende Frist von mindestens einem Monat zur Stellungnahme zu gewähren.

In der Praxis empfiehlt es sich zudem bei bestehenden Zweifeln hinsichtlich der Zuständigkeit die aktualisierte Gesellschafterliste stets sowohl durch den Notar als auch durch die Geschäftsführer unterzeichnen zu lassen.[658] So kann sichergestellt werden, dass zumindest auch die zuständige Person tätig geworden ist. Diese Handhabung wird auch in der obergerichtlichen Rechtsprechung für zulässig erachtet.[659] Das ist auch folgerichtig, da hier nicht etwa zwei (verschiedene) Gesellschafterlisten, sondern eine (einheitliche) Gesellschafterliste zum Handelsregister eingereicht wird, die in jedem Falle zumindest auch von der gem. § 40 GmbHG zuständigen Person unterschrieben wurde.[660] Auf diese Weise wird – unabhängig vom Umfang dessen Prüfrechts[661] – kein zusätzlicher Prüfungsaufwand beim Registergericht generiert. Das Registergericht darf die Aufnahme einer so eingereichten Gesellschafterliste

---

654 Vgl. hierzu nachfolgend § 3 D.

655 Ähnlich auch *Bayer,* in: Lutter/Hommelhoff, GmbHG, § 40 Rn. 51; *Bednarz,* in: BB 2008, 1854, 1858.

656 Vgl. *Heidinger,* in: Heckschen/Heidinger, Die GmbH in der Gestaltungs- und Beratungspraxis, § 13 Rn. 267.

657 So auch *Heckschen,* Das MoMiG in der notariellen Praxis, Rn. 488; *Heidinger,* in: Heckschen/Heidinger, Die GmbH in der Gestaltungs- und Beratungspraxis, § 13 Rn. 267 ff. (mit Formulierungsbeispiel); *Heilmeier,* in: BeckOK-GmbHG, § 40 Rn. 154, 171.

658 Vgl. auch *Altmeppen,* in: Roth/Altmeppen, GmbHG, § 40 Rn. 24; *Blasche,* in: RNotZ 2014, 34, 38; *Herrler/Blath,* in: ZIP 2010, 129, 131; *Herrler,* in: GmbHR 2010, 431, 432; *Heidinger,* in: Heckschen/Heidinger, Die GmbH in der Gestaltungs- und Beratungspraxis, § 13 Rn. 314; *Mayer,* in: MittBayNot 2014, 114, 116; alle jeweils für den Fall der mittelbaren Mitwirkung; *Wachter,* in: Bork/Schäfer, GmbHG, § 40 Rn. 47; *Winter,* in: Gehrlein/Ekkenga/Simon, GmbHG, § 40 Rn. 24.

659 Vgl. OLG Hamm, Beschl. v. 16.02.2010 – 15 W 322/09, NZG 2010, 475.

660 Vgl. *Rieg,* Erwerb vom Nichtberechtigten und Liste der Gesellschafter, S. 142.

661 Vgl. zum ohnehin nur begrenzt bestehenden Prüfrecht des Registergerichts nachfolgend § 3 C. III. 5. b).

nicht verweigern. Zu beachten ist aber in diesem Zusammenhang, dass eine von den Geschäftsführern kompetenzwidrig erstellte sowie unterschriebene und vom Notar lediglich eingereichte Gesellschafterliste nicht zulässig ist.[662]

5. *Prüfpflicht / Prüfrecht des Registergerichts*

Fraglich ist, ob das Registergericht ein Prüfrecht oder gar eine Prüfpflicht in Bezug auf die zum Handelsregister eingereichte, aktualisierte Gesellschafterliste hat. Anders als im Rahmen der Gründung einer GmbH (§ 9 c GmbHG) und bei einer Kapitalerhöhung (§ 57 a GmbHG), wo jeweils ein umfassender Prüfungsumfang des Registergerichts anerkannt ist, ist das Ausmaß des Prüfungsumfangs des Registergerichts bei eingereichten aktualisierten Gesellschafterlisten in Literatur und Rechtsprechung umstritten.

a) Prüfpflicht

Zunächst ist zu untersuchen, ob das Registergericht eine Prüfpflicht hinsichtlich der formellen und materiellen Richtigkeit der eingereichten Gesellschafterliste hat.

Das Gesetz enthält hierzu keine Hinweise. Auch die Gesetzesbegründung ist bezüglich dieser Frage nicht eindeutig.[663] So heißt es zwar, *„das Registergericht nimmt die Listen lediglich entgegen und hat keine inhaltliche Prüfpflicht“*[664] und dass es an einer *„strengen, objektiven und vorgelagerten Richtigkeitsprüfung der Liste“*[665] fehle. An anderer Stelle ist allerdings von einer Minimierung des Prüfungsaufwands des Registergerichts die Rede[666], was zumindest denklogisch auch eine Prüfpflicht in dem genannten Prüfungsaufwand voraussetzen müsste.[667] Dafür könnte auch die in der Gesetzesbegründung in diesem Zusammenhang erwähnte Sanktionsmöglichkeit des Registergerichts gem. § 132 FGG bei Kenntniserlangung von einer Nichtwahrnehmung der Geschäftsführer von ihrer Einreichungspflicht[668] sprechen.

Die g.h.M. in Literatur und Rechtsprechung[669] nimmt daran anschließend im Ergebnis zu Recht eine bloß formale Prüfpflicht des Registergerichts an, verneint aber eine materielle Prüfpflicht.[670] Das Registergericht hat demnach die eingereichte

---

662 Vgl. OLG München, Beschl. v. 27.05.2009 – 31 Wx 38/09, NZG 2009, 797; *Gottschalk*, in: NZG 2009, 896 ff.

663 Vgl. hierzu eingängig *Rieg*, in: Erwerb vom Nichtberechtigten und Liste der Gesellschafter, S. 235.

664 BT-Drucks. 16/6140, 44.

665 BT-Drucks. 16/6140, 38.

666 Vgl. BT-Drucks. 16/6140, 43.

667 Vgl. *Rieg*, in: Erwerb vom Nichtberechtigten und Liste der Gesellschafter, S. 235.

668 Vgl. BT-Drucks. 16/6140, 43.

669 Vgl. die ausführliche Darstellung von *Rieg*, Erwerb vom Nichtberechtigten und Liste der Gesellschafter, S. 234 ff.

670 Vgl. etwa BGH, Beschl. v. 17.12.2013 – II ZB 6/13, NZG 2014, 219; BGH, Beschl. v. 20.9.2011 – II ZB 17/10, BB 2011, 2832; OLG München, Beschl. v. 08.09.2009 – 31

Gesellschafterliste zumindest darauf zu prüfen, ob sie den formalen Anforderungen des § 40 GmbHG entspricht.[671] Eine inhaltliche Prüfpflicht des Registergerichts wäre nicht mit den durch das MoMiG eingeführten Wirkungen der Gesellschafterliste (insbesondere der Legitimationswirkung gem. § 16 Abs. 1 GmbHG und der Gefahr eines gutgläubigen Erwerbs gem. § 16 Abs. 3 GmbHG) zu vereinbaren, die gerade eine zügige Aufnahme der aktualisierten Gesellschafterliste zum Handelsregister nach Einreichung erfordern.[672]

b) Prüfrecht

Fraglich ist, ob dem Registergericht trotz fehlender materieller Prüfpflicht dennoch ein materielles Prüfrecht zusteht.

Der BGH[673] hat sich mit der bis dahin wohl bereits h.M.[674] gegen ein materielles Prüfrecht des Registergerichts ausgesprochen und hierzu im Wesentlichen die o.g. Begründung gegen eine materielle Prüfpflicht herangezogen. Die obergerichtliche Rechtsprechung bestätigt in jüngeren Entscheidungen diese Leitlinie.[675] Das Prüfrecht des Registergerichts sei demnach auf die Prüfung beschränkt, ob die Gesellschafterliste den formalen Anforderungen des § 40 GmbHG entspreche, insbesondere ob es sich bei der Person, die eine geänderte Gesellschafterliste zur Aufnahme in das Handelsregister einreiche, um eine der in § 40 Abs. 1 und Abs. 2 GmbHG genannten Personen, d.h. um einen Geschäftsführer der Gesellschaft oder einen Notar handele, der an den Veränderungen mitgewirkt habe, denen die geänderten Eintragungen entsprächen.[676] Nur wenn dies offensichtlich nicht der Fall

---

Wx 82/09, NZG 2009, 1192; OLG München, Beschl. v. 27.05.2009 – 31 Wx 38/09, NZG 2009, 797; OLG Jena, Beschl. v. 22.03.2010 – 6 W 110/10, NZG 2009, 591; *Altgen,* Gutgläubiger Erwerb von GmbH-Geschäftsanteilen, S. 108; *Altmeppen,* in: Roth/Altmeppen, GmbHG, § 40 Rn. 14; *Götze/Mörtel,* in: NZG 2014, 369; *Heidinger,* in: MünchKomm-GmbHG, § 40 Rn. 277 ff.; *ders.*, in: Heckschen/Heidinger, Die GmbH in der Gestaltungs- und Beratungspraxis, § 13 Rn. 366h; *Heilmeier,* in: BeckOK-GmbHG, § 40 Rn. 180; *Herrler,* in: GmbHR 2014, 225 ff.; *Noack*, in: FS Hüffer, 723, 726 / 727; *Oetker,* in: Henssler/Strohn, Gesellschaftsrecht, GmbHG, § 40 Rn. 13; *Rieg,* Erwerb vom Nichtberechtigten und Liste der Gesellschafter, S. 242; *Terlau,* in: Michalski, GmbHG, § 40 Rn. 22, 41; **a.A.:** *Löbbe,* in: GmbHR 2012, 7, 14 (Verpflichtung des Registergerichts, Zuständigkeit des die Liste Einreichenden zu prüfen).

671 Vgl. BGH, Beschl. v. 17.12.2013 – II ZB 6/13, NZG 2014, 219.

672 Vgl. a.a.O.

673 Vgl. a.a.O.

674 Vgl. *Heilmeier,* in: BeckOK-GmbHG, § 40 Rn. 180 ff.; *Mayer,* in: MittBayNot 2014, 24, 27; *Noack,* in: Baumbach/Hueck, GmbHG, § 40 Rn. 75; **a.A.:** *Löbbe,* in: GmbHR 2012, 7, 14, der sogar von einer materiellen Prüfpflicht des Registergerichts ausgeht.

675 Vgl. etwa OLG Hamburg, Beschl. v. 24.09.2014 – 11 W 47/14, ZIP 2014, 2296 ff.

676 Vgl. BGH, Beschl. v. 17.12.2013 – II ZB 6/13, NZG 2014, 219.

sei, etwa weil die Gesellschafterliste von einem (unbefugten) Dritten eingereicht worden sei, könne das Registergericht die eingereichte Gesellschafterliste bemängeln bzw. zurückweisen.[677] Etwaige Zweifel, ob nun Geschäftsführer oder Notar zur Einreichung der Gesellschafterliste befugt seien, könnten dagegen im Registerverfahren nicht ohne Weiteres geklärt werden, sondern erforderten eine eingehende (materielle) Prüfung des der neuen Gesellschafterliste zu Grunde liegenden Veränderungsvorgangs.[678] Zum Teil wird in der Literatur noch als Begründung vorgebracht, das Registergericht dürfe zudem (im Falle einer von einem Notar gem. § 40 Abs. 2 S. 1 GmbHG zum Handelsregister eingereichten Gesellschafterliste) seine eigene Auffassung nicht an die Stelle des Notars als unabhängigen Träger eines öffentlichen Amtes setzen.[679]

Den obigen Begründungsansätzen der h.M. ist zuzustimmen. Ein formelles Prüfrecht des Registergerichts am Maßstab des § 40 GmbHG ist zwar erforderlich, um zu verhindern, dass gänzlich unbefugte Personen Gesellschafterlisten zum Handelsregister einreichen. Eine im Einzelfall durchzuführende Überprüfung, ob gem. § 40 GmbHG eine Zuständigkeit der Geschäftsführer oder des Notars besteht, geht allerdings in vielen Fällen weit über eine Überprüfung lediglich formaler Voraussetzungen hinaus. Denn die Klärung der Zuständigkeit hängt zumeist maßgeblich davon ab, ob ein Notar an der Veränderung i.S.d. § 40 Abs. 2 S. 1 GmbHG mitgewirkt hat oder nicht. Die Klärung dieser Frage ist, wie bereits aufgezeigt[680], häufig aber hochkomplex und würde, von unproblematischen Konstellationen abgesehen[681], zu signifikanten Verzögerungen bei der Aufnahme der Gesellschafterliste zum Handelsregister führen.[682] Dies widerspricht der Absicht des Gesetzgebers, eine möglichst rasche Aktualisierung der Gesellschafterliste und damit deren stetige Aktualität zu gewährleisten[683] und führte angesichts der Wirkungen der Gesellschafterliste gem. § 16 GmbHG (insbesondere Legitimationswirkung gem. § 16 Abs. 1 GmbHG und Rechtsscheinträger für einen gutgläubigen Erwerb gem. § 16 Abs. 3 GmbHG)[684] zu erheblicher Rechtsunsicherheit in der Praxis. In der Praxis war es so nicht selten der Fall, dass die Aufnahme der Gesellschafterliste zum Handelsregister teilweise erst nach mehreren Monaten erfolgte, da das Registergericht unter Überschreitung seiner Befugnisse umfassende, auch materielle Prüfungen vornahm.[685] Angesichts

677 Vgl. a.a.O.

678 Vgl. BGH, Beschl. v. 17.12.2013 – II ZB 6/13, NZG 2014, 219; OLG Frankfurt, Beschl. v. 22.11.2010 – 20 W 333/10, GmbHR 2011, 198.

679 So *Blasche,* in: RNotZ 2014, 34, 39; *Wachter,* in: GmbHR 2009, 785, 793.

680 Vgl. zu den problematischen Abgrenzungskonstellationen die obigen Ausführungen unter § 3 C. III. 4. d).

681 Vgl. hierzu hinsichtlich der Geschäftsführer § 3 C. III. 4. b) aa) und hinsichtlich des Notars § 3 C. III. 4. c) aa).

682 Vgl. auch *Hasselmann,* in: NZG 2013, 325, 326.

683 Vgl. BT-Drucks. 16/6140, 44.

684 S.o. § 3 C. II.

685 Vgl. etwa *Heckschen,* in: BB 2014, 462, 465.

der besonderen Bedeutung der Aufnahme der Gesellschafterliste zum Handelsregister dürfen aber gerade keine Verzögerungen bei der Aufnahme der Gesellschafterliste entstehen.[686]

Im Ergebnis kann das dem Registergericht zuzugestehende, eingeschränkte Prüfrecht nur dazu führen, dass es die Aufnahme der Gesellschafterliste zum Handelsregister nur bei offensichtlichen Unwirksamkeitsgründen verweigern darf.

6. *Aufnahme der Gesellschafterliste zum Handelsregister*

Die Gesellschafterliste entfaltet ihre Rechtswirkungen gem. § 16 GmbHG erst, sobald sie zum Handelsregister aufgenommen worden ist.[687] Aufgenommen ist die Gesellschafterliste, sobald sie in den für das entsprechende Registerblatt bestimmten (elektronisch geführten und online zugänglichen) Registerordner (§ 9 Abs. 1 HRV) aufgenommen ist.[688]

7. *Folgen*

Wie bereits angedeutet, entfaltet eine einmal zum Handelsregister aufgenommene Gesellschafterliste auch dann ihre Wirkungen gem. § 16 GmbHG, wenn sie unter Verstoß gegen die formellen Vorgaben des § 40 GmbHG eingereicht worden ist.[689] Insbesondere entfaltet die Gesellschafterliste dennoch ihre Rechtsscheinwirkung gem. § 16 Abs. 3 GmbHG.[690] Denn dem Rechtsverkehr kann nicht das Risiko auferlegt werden, dass die Gesellschafterliste ggf. von einer nicht berechtigten Person eingereicht wurde.[691] Zu nennen sind insbesondere die Einreichung der Gesellschafterliste durch die Geschäftsführer ohne Mitteilung und / oder Nachweis sowie ohne vorherige Anhörung des betroffenen Gesellschafters sowie die Einreichung der Gesellschafterliste durch eine unzuständige Person (Einreichung durch Notar trotz Zuständigkeit der Geschäftsführer und vice versa). Führen in diesem Zusammenhang erfolgte Fehler und Pflichtverletzungen in der Folge zu einem Verlust des Geschäftsanteils, ist der Altgesellschafter auf Sekundäransprüche verwiesen[692], auf die nachfolgend unter § 4 noch umfassend eingegangen wird.

---

686 S.o. § 3 C. III. 4. e).

687 Vgl. näher hierzu etwa *Heidinger,* in: MünchKomm-GmbHG, § 40 Rn. 265; *Mayer,* in: MittBayNot 2014, 24, 26.

688 Vgl. *Mayer,* in: MittBayNot 2014, 24, 26.

689 Vgl. auch *Altgen,* Gutgläubiger Erwerb von GmbH-Geschäftsanteilen, S. 101; *Gottschalk,* in: NZG 2009, 896, 897; *Hasselmann,* in: NZG 2009, 449, 456; *ders.,* in: NZG 2009, 486, 488; *Herrler,* in: GmbHR 2013, 617, 625 ff.; *Mayer,* in: ZIP 2009, 1037, 1044; *Reymann,* in: BB 2009, 506, 510; *Tebben,* in: RNotZ 2008, 441, 454.

690 Vgl. hierzu näher auch die Ausführungen unter § 3 D. II. 2. b).

691 Vgl. *Bunnemann,* in: Bunnemann/Zirngibl, Die GmbH in der Praxis, § 3 Rn. 133.

692 Vgl. auch *Altgen,* Gutgläubiger Erwerb von GmbH-Geschäftsanteilen, S. 102; *Hasselmann,* in: NZG 2009, 449, 456; *Tebben,* in: RNotZ 2008, 441, 454; Hasselmann, in: NZG 2009, 449, 456.

D. Gutgläubiger Erwerb gemäß § 16 Abs. 3 GmbHG

I. Einführung

Wie bereits einleitend erläutert, soll die durch das MoMiG im Rahmen von § 16 Abs. 3 GmbHG geschaffene Möglichkeit eines gutgläubigen Erwerbs von Geschäftsanteilen primär größere Transparenz und Rechtssicherheit über längere Zeiträume schaffen, um den an der Abtretung von Geschäftsanteilen einer GmbH beteiligten Personen die Mühen, Kosten und Unsicherheiten der Rückverfolgung, insbesondere bei langen Abtretungsketten, zu ersparen.[693] Die Regelung des § 16 Abs. 3 GmbHG orientiert sich dabei eng am gutgläubigen Erwerb von Immobiliarsachenrechten nach § 892 BGB[694], wobei als Rechtsscheinträger statt der Grundbucheintragung die im Handelsregister aufgenommene Gesellschafterliste fungiert[695], der durch diese neue Funktion nunmehr eine große Bedeutung zukommt[696].

II. Voraussetzungen

Für einen rechtswirksamen gutgläubigen Erwerb eines Geschäftsanteils gem. § 16 Abs. 3 GmbHG müssen im Einzelnen die folgenden Voraussetzungen erfüllt sein:

1. *Rechtsgeschäft im Sinne eines Verkehrsgeschäftes*

§ 16 Abs. 3 GmbHG setzt zunächst voraus, dass der Erwerb des Geschäftsanteils durch ein Rechtsgeschäft erfolgt. Da ein rechtsgeschäftlicher Erwerb vorausgesetzt wird, sind Gesamtrechtsnachfolgen nicht von § 16 Abs. 3 GmbHG erfasst, d.h. z.B. der Erbe eines zu Unrecht in der Gesellschafterliste Eingetragenen wird nicht aufgrund gutgläubigen Erwerbs Inhaber des Geschäftsanteils bzw. Gesellschafter.[697]

Die Gesetzesbegründung verweist auf die Regelung des § 892 BGB als Vorbild[698], weshalb die zu dieser Norm entwickelten Grundsätze grundsätzlich entsprechend gelten.[699] Nach wohl einhelliger Ansicht ist deshalb für einen gutgläubigen Erwerb eine wirksame Abtretung des betreffenden Geschäftsanteils erforderlich, wobei aber die Nichtberechtigung des Veräußerers bzw. dessen falsche Eintragung in der Gesellschafterliste keines wirksamen rechtsgeschäftlichen Erwerbs bedarf.[700]

---

693 S.o. § 1 A.

694 Vgl. BT-Drucks. 16/6140, 38.

695 Vgl. *Schäfer,* Gesellschaftsrecht, § 36 Rn. 26; *Verse,* in: Henssler/Strohn, Gesellschaftsrecht, GmbHG, § 16 Rn. 50.

696 Vgl. hierzu bereits die Ausführungen unter § 3 C.

697 Vgl. *Drygala/Staake/Szalai,* Kapitalgesellschaftsrecht, § 12 Rn. 32.

698 Vgl. BT-Drucks. 16/6140, 38.

699 Vgl. *Heidinger,* in: Heckschen/Heidinger, Die GmbH in der Gestaltungs- und Beratungspraxis, § 13 Rn. 142.

700 Vgl. etwa *Heidinger,* in: Heckschen/Heidinger, Die GmbH in der Gestaltungs- und Beratungspraxis, § 13 Rn. 142 m.w.N.

Abgesehen von der fehlenden materiellen Berechtigung des Veräußerers muss das Rechtsgeschäft sämtliche sonstige Wirksamkeitsvoraussetzungen erfüllen; es muss insbesondere in der gem. § 15 Abs. 3 GmbHG erforderlichen Form geschlossen worden sein.[701]

Des Weiteren ist ein sog. Verkehrsgeschäft erforderlich. Das bedeutet insbesondere, dass Veräußerer und Erwerber nicht persönlich oder wirtschaftlich identisch sein dürfen, d. h. auf beiden Seiten des Rechtsgeschäfts darf nicht dieselbe Person stehen.[702]

2. *Unrichtigkeit der Gesellschafterliste*

a) *Allgemeines*

Der Veräußerer muss gem. § 16 Abs. 3 S. 1 GmbHG als Inhaber des Geschäftsanteils in die zum Handelsregister aufgenommene Gesellschafterliste[703] eingetragen sein.[704] Die Gesellschaftsliste ist der Rechtsscheinträger und damit Dreh- und Angelpunkt des gutgläubigen Erwerbs. Der Erwerber eines Geschäftsanteils soll darauf vertrauen dürfen, dass die in der Gesellschafterliste als Inhaber eines Geschäftsanteils eingetragene Person auch tatsächlich Gesellschafter ist.[705] Die somit deutlich gestiegene Bedeutung der Gesellschafterliste kann daher gar nicht oft genug betont werden.[706]

b) *Anforderungen an die Gesellschafterliste als tauglicher Rechtsscheinträger*

Fraglich ist aber, unter welchen Umständen die Gesellschafterliste ggf. nicht mehr als tauglicher Rechtsscheinträger für den gutgläubigen Erwerb dienen kann. Kleinere Unstimmigkeiten und Fehler bezüglich einzelner Angaben wie das Fehlen des Geburtsdatums sind nach allgemeiner Ansicht unbeachtlich, sofern der in der Gesellschafterliste eingetragene „Inhaber" des Geschäftsanteils zweifelsfrei und ohne außerhalb der Gesellschafterliste verfügbarer Informationen identifizierbar ist.[707]

---

701 Vgl. *Drygala/Staake/Szalai*, Kapitalgesellschaftsrecht, § 12 Rn. 32.

702 Vgl. *Altmeppen*, in: Roth/Altmeppen, GmbHG, § 16 Rn. 73; *Mayer*, in: DNotZ 2008, 403, 419/420; *Mayer/Weiler*, in: Beck'sches Notar-Handbuch, D.I. GmbH Rn. 469; *Schäfer*, Gesellschaftsrecht, § 36 Rn. 27.

703 Vgl. zur Gesellschafterliste bereits die Ausführungen unter § 3 C.

704 Vgl. *Mayer/Weiler*, in: Beck'sches Notar-Handbuch, D.I. GmbH Rn. 470; *Schäfer*, Gesellschaftsrecht, § 36 Rn. 27.

705 Vgl. *Heidinger*, in: Heckschen/Heidinger, Die GmbH in der Gestaltungs- und Beratungspraxis, § 13 Rn. 84.

706 S.o. § 3 C.

707 Vgl. z.B. *Brandes*, in: Bork/Schäfer, GmbHG, § 16 Rn. 43; *Fastrich*, in: Baumbach/Hueck, GmbHG, § 16 Rn. 29; Mayer, in: DNotZ 2008, 403, 418 ff.; *Vossius*, in: DB 2007, 2299, 2300 ff.; Wicke, GmbHG, § 16 Rn. 14.

Bereits angeklungen ist im Rahmen der Ausführungen zur Gesellschafterliste die Frage, ob eine von einem Unzuständigen zum Handelsregister eingereichte und dort aufgenommene Gesellschafterliste Rechtswirkungen entfalten kann. In der Literatur wird dabei zumeist zwischen der Legitimationswirkung gem. § 16 Abs. 1 GmbHG[708] und der Rechtsscheinwirkung gem. § 16 Abs. 3 GmbHG[709] differenziert.[710] Für die vorliegende Untersuchung relevant ist allein, ob eine von einem Unzuständigen eingereichte Gesellschafterliste die Rechtsscheinwirkung für einen gutgläubigen Anteilserwerb gem. § 16 Abs. 3 GmbHG entfalten kann.[711] Dies wird zu Recht von der g.h.M. bejaht.[712]

Problematisch ist in diesem Zusammenhang zudem die Beurteilung einer gefälschten Gesellschafterliste. Hiermit ist eine Gesellschafterliste gemeint, welche nur dem äußeren Anschein nach den Mindestanforderungen des § 40 Abs. 1, Abs. 2 GmbHG entspricht und den Eindruck erweckt, als sei sie von den Geschäftsführern oder einem Notar erstellt worden.

Zur Verdeutlichung dieser Konstellation sei das folgende ***Beispiel 10***[713] *genannt („GmbH-Diebstahl"):*

V reicht ohne Wissen der Gesellschafter und Geschäftsführer der A-GmbH eine Gesellschafterliste mit der gefälschten Unterschrift des Geschäftsführers G ein, die ihn als Alleingesellschafter der A-GmbH ausweist. Die Gesellschafterliste wird vom Registergericht zum Handelsregister aufgenommen. Vier Jahre später überträgt V den Geschäftsanteil zu notarieller Urkunde an den gutgläubigen E.

Nach einer Ansicht in der Literatur stellt eine gefälschte Gesellschafterliste keinen tauglichen Rechtsscheinträger für einen gutgläubigen Erwerb dar.[714] Die Gesellschafterliste müsse von einer „befugten Person", d.h. von der Geschäftsführung oder dem von ihr beauftragten Notar, unterzeichnet und dem Gericht auf Veranlassung der Gesellschaft zugegangen sein. Dies gelte gerade deshalb, weil das Registergericht weder die Richtigkeit der Gesellschafterliste überprüfe noch die öffentliche Beglaubigung der Unterschriften verlange. Die aus der elektronischen Übermittlung

---

708 S.o. § 3 C. II. 1.
709 S.o. § 3 C. II. 3.
710 Vgl. *Herrler,* in: GmbHR 2013, 617, 625 ff.
711 Vgl. hinsichtlich der Legitimationswirkung etwa *Herrler,* in: GmbHR 2013, 617, 625 ff. m.w.N.
712 Vgl. etwa *Hasselmann,* in: NZG 2009, 486, 487; *Heidinger,* in: MünchKomm-GmbHG, § 16 Rn. 247 ff.; *Herrler,* in: GmbHR 2013, 617, 626/627; *Reymann,* in: BB 2009, 506, 509 ff.; *Tebben,* in: RNotZ 2008, 441, 454 ff.
713 Vgl. *Vossius,* in: DB 2007, 2299, 2301.
714 Vgl. *Altgen,* Gutgläubiger Erwerb von GmbH-Geschäftsanteilen, S. 116 ff.; *Altmeppen,* in: Roth/Altmeppen, GmbHG, § 16 Rn. 57, 58; *Bohrer,* in: DStR 2007, 995, 998; *Heckschen,* Das MoMiG in der notariellen Praxis, Rn. 549; *Link,* in: RNotZ 2009, 193, 216; *Mayer,* in: DNotZ 2008, 403, 418; *Wicke,* GmbHG, § 16 Rn. 14.

der Gesellschafterliste in das (elektronische) Gerichts- und Verwaltungspostfach (EGVP) resultierende Manipulationsgefahr sei erheblich.[715]

Nach zutreffender und herrschender Ansicht in der Literatur stellt auch eine gefälschte Gesellschafterliste einen tauglichen Rechtsscheinträger dar.[716] Hierfür sprechen bereits Gründe des Verkehrsschutzes. Denn der (gutgläubige) Erwerber eines Geschäftsanteils hat nicht wie die Gesellschafter und die Gesellschaft die Möglichkeit festzustellen, ob die Gesellschafterliste auch tatsächlich von der zuständigen Person erstellt und eingereicht worden ist.[717] Die höhere Gewichtung des Vertrauensschutzes des Erwerbers vor dem Schutzinteresse des materiell Berechtigten entsprach offensichtlich auch der Intention des Gesetzgebers. Bereits vor Verabschiedung des MoMiG wurde von einigen Stimmen vorgebracht, dass ein gutgläubiger Erwerb in dieser Konstellation mit den sonstigen Gutglaubenstatbeständen im deutschen Recht nicht vereinbar sei.[718] Ein gutgläubiger Erwerb war bisher nur dann möglich, wenn entweder die Angaben, auf die sich der gute Glaube bezieht, registerrechtlich oder anderweitig öffentlich geprüft und verifiziert wurden („reines Rechtsscheinprinzip") oder der Berechtigte selbst den Verlust seiner Rechtsposition veranlasst hat („Veranlasserprinzip").[719] Ein gutgläubiger Erwerb vom Nichtberechtigten aufgrund eines manipulierten Listeneintrags lässt sich aber in keine dieser Varianten einordnen.[720] Auch der Bundesrat wies seinerzeit ausdrücklich auf die Gefahr einer Fälschung der Gesellschafterliste hin.[721] Der Gesetzgeber hat die im Rahmen des Gesetzgebungsverfahrens vorgebrachten Bedenken aber zurückgewiesen und nicht aufgenommen.[722] Dies begründete er im Wesentlichen damit, dass der materiell Berechtigte, dessen Rechtstellung in der Gesellschafterliste falsch wiedergegeben sei, nach § 16 Abs. 3 S. 2 GmbHG drei Jahre Zeit habe, um eine Korrektur der Gesellschafterliste zu erwirken.[723] Ein gutgläubiger Erwerb vor Ablauf dieser Frist kommt in diesen Fällen mangels

---

715 Vgl. *Altmeppen,* in: Roth/Altmeppen, GmbHG, § 16 Rn. 58.

716 Vgl. etwa *Apfelbaum,* in: BB 2008, 2470, 2472; *Bayer,* in: Lutter/Hommelhoff, GmbHG, § 16 Rn. 68; *Brandes,* in: Bork/Schäfer, GmbHG, § 16 Rn. 48; *Bednarz,* in: BB 2008, 1854, 1856; *Ebbing,* in: Michalski, GmbHG, § 16 Rn. 197, 198; *Gehrlein,* in: DK 2007, 771, 793; *Hasselmann,* in: NZG 2009, 486, 487; *Heidinger,* in: MünchKomm-GmbHG, § 16 Rn. 255 ff.; *ders.,* in: Heckschen/Heidinger, Die GmbH in der Gestaltungs- und Beratungspraxis, § 13 Rn. 99; *Preuß,* in: ZGR 2008, 676, 700; *Reymann,* in: BB 2009, 506, 510; *Ries,* in: NZG 2009, 654, 655; *Tebben,* in: RNotZ 2008, 441, 455; *Verse,* in: Henssler/Strohn, Gesellschaftsrecht, GmbHG, § 16 Rn. 52; *Vossius,* in: DB 2007, 2299, 2301; *Wachter,* in: ZNotP 2008, 378, 386.

717 Vgl. *Ebbing,* in: Michalski, GmbHG, § 16 Rn. 197.

718 Vgl. insbesondere *Harbarth,* in: ZIP 2008, 57 ff.

719 *Brandes,* in: Bork/Schäfer, GmbHG, § 16 Rn. 45 m.w.N.

720 Vgl. *Bednarz,* in: BB 2008, 1854, 1856; *Brandes,* in Bork/Schäfer, GmbHG, § 16 Rn. 45; *Harbarth,* in: ZIP 2008, 57, 60.

721 Vgl. BT-Drucks. 16/6140, 66/67.

722 Vgl. BT-Drucks. 16/6140, 76.

723 Vgl. a.a.O.

Zurechenbarkeit in der Regel ohnehin nicht in Betracht.[724] Es entsprach damit offensichtlich der Intention des Gesetzgebers, dass das Unterlassen einer Kontrolle der Gesellschafterliste innerhalb eines Zeitraums von drei Jahren mit der (aktiven) Veranlassung bei anderen Gutglaubenstatbeständen gleichzusetzen ist.[725] Der Gesetzgeber hat mithin das Fälschungsrisiko bei der Gesellschafterliste bewusst in Kauf genommen.[726] Eine gefälschte Gesellschafterliste ist damit im Rahmen eines gutgläubigen Erwerbs nach Ablauf der Dreijahresfrist nur dann beachtlich, wenn dies für den Erwerber dergestalt erkennbar ist, dass hierdurch sein guter Glaube[727] zerstört wird.[728]

3. *Kein Ausschlussgrund*

Des Weiteren darf keiner der in § 16 Abs. 3 S. 2 und 3 GmbHG genannten Ausschlussgründe vorliegen.

a) Drei Jahre Unrichtigkeit bei fehlender Zurechenbarkeit

Ein gutgläubiger Erwerb ist gem. § 16 Abs. 3 S. 2 GmbHG ausgeschlossen, wenn die Liste zum Zeitpunkt des Erwerbs hinsichtlich des Geschäftsanteils weniger als drei Jahre unrichtig und die Unrichtigkeit dem wahren Berechtigten nicht zuzurechnen ist. Dies bedeutet zum einen, dass ein gutgläubiger Erwerb bereits vor dem Ablauf von drei Jahren dann möglich ist, wenn die Unrichtigkeit der Gesellschafterliste dem materiell Berechtigten zuzurechnen ist.[729] Zum anderen ist der Verlust eines Geschäftsanteils aufgrund gutgläubigen Erwerbs auch ohne jedes Zutun des materiell Berechtigten möglich, wenn ein Nichtberechtigter in der Gesellschafterliste eingetragen ist und seitdem drei Jahre vergangen sind.[730] Ist dem Berechtigten die Unrichtigkeit der Liste also nicht zuzurechnen, scheidet ein redlicher Erwerb stets aus, wenn die Liste weniger als drei Jahre unrichtig ist[731], d.h. erst nach Ablauf der Dreijahresfrist gilt das reine Rechtsscheinprinzip. Die Beweislast trifft insofern jeweils den materiell berechtigten Inhaber des Geschäftsanteils.[732]

---

724 Vgl. *Ebbing*, in: Michalski, GmbHG, § 16 Rn. 198; *Verse*, in: Henssler/Strohn, Gesellschaftsrecht, GmbHG, § 16 Rn. 52.

725 Vgl. *Brandes*, in: Bork/Schäfer, GmbHG, § 16 Rn. 48; *Harbarth*, in: ZIP 2008, 57, 60.

726 So auch *Bednarz*, in: BB 2008, 1854, 1858; *Verse*, in: Henssler/Strohn, Gesellschaftsrecht, GmbHG, § 16 Rn. 52.

727 Vgl. hierzu im Folgenden § 3 D. II. 3. b).

728 Vgl. *Heidinger*, in: MünchKomm-GmbHG, § 16 Rn. 257 ff.

729 Vgl. *Bayer*, in: GmbHR 2011, 1254.

730 Vgl. a.a.O.

731 Vgl. BT-Drucks. 16/6140, 39.

732 Vgl. nur *Verse*, in: Henssler/Strohn, Gesellschaftsrecht, GmbHG, § 16 Rn. 68; *Wicke*, GmbHG, § 16 Rn. 21.

aa) Zurechenbarkeit

Unter welchen Voraussetzungen die Unrichtigkeit dem Berechtigten zuzurechnen ist, ist im Gesetz nicht geregelt und im Einzelnen umstritten. Einigkeit besteht aber darin, dass ein Verschulden i.S.v. § 276 Abs. 1 BGB nicht erforderlich ist, da es nicht um den Vorwurf der Unrichtigkeit der Gesellschafterliste, sondern um Zurechnungsfragen, d.h. die Abgrenzung von Risikosphären geht.[733]

Nach der Gesetzesbegründung soll die Unrichtigkeit dem materiell Berechtigten dann zurechenbar sein, wenn der Erwerber eines Geschäftsanteils sich nicht darum gekümmert hat, dass die Gesellschafterliste aktualisiert wird.[734]

*Zur Verdeutlichung werden in der Gesetzesbegründung die folgenden **Beispiele** angeführt*[735]*:*

Beispiel 11:

Der Scheinerbe des früheren Gesellschafters wird in die Gesellschafterliste eingetragen. Der wahre Erbe, der sich seiner Erbenstellung bewusst ist, unterlässt es, die Geschäftsführer zur Einreichung einer korrigierten Gesellschafterliste zu veranlassen.

In diesem Falle soll dem wahren Erben gem. der Gesetzesbegründung die Unrichtigkeit der Gesellschafterliste zuzurechnen sein, weshalb ein gutgläubiger Erwerb durch einen Dritten bereits vor Ablauf der Dreijahresfrist möglich ist.

Beispiel 12:

Die Geschäftsführer der X-GmbH reichen ohne Wissen des Gesellschafters A eine falsche Gesellschafterliste zum Handelsregister ein, die diesen nicht mehr als Berechtigten ausweist.

In derartigen Konstellationen soll eine Zurechenbarkeit laut der Gesetzesbegründung zu verneinen sein, weshalb ein gutgläubiger Erwerb durch einen Dritten erst dann erfolgen kann, wenn die Gesellschafterliste mindestens drei Jahre lang unrichtig ist.

In erbrechtlichen Konstellationen (vgl. *Beispiel 11*) ist die Besonderheit zu beachten, dass die Möglichkeit der Eintragung eines Scheinerben in die Gesellschafterliste aufgrund eines Erbscheins besteht. In diesem Falle kommt wegen § 2366 BGB ein gutgläubiger Erwerb bereits vor Ablauf der Dreijahresfrist auch dann in Betracht, wenn der wahre Berechtigte die Unrichtigkeit der Gesellschafterliste nicht zu verantworten hat.[736]

---

733 Vgl. nur *Fastrich,* in: Baumbach/Hueck, GmbHG, § 16 Rn. 33; *Götze/Bressler,* in: NZG 2007, 894, 897; *Heilemann,* Der gutgläubige Erwerb von Geschäftsanteilen einer GmbH, S. 197; *Mayer,* in: DNotZ 2997, 403, 421; *Wicke,* GmbHG, § 16 Rn. 22.

734 Vgl. BT-Drucks. 16/6140, 39; vgl. auch *Verse,* in: Henssler/Strohn, Gesellschaftsrecht, GmbHG, § 16 Rn. 68.

735 Vgl. zu beiden Beispielen BT-Drucks. 16/6140, 39.

736 Vgl. *Brandes,* in: Bork/Schäfer, GmbHG, § 16 Rn. 56; *Vossius,* in: DB 2007, 2299, 2302; *Wicke,* GmbHG, § 16 Rn. 22.

Nach den Wertungen des Gesetzgebers besteht keine generelle Obliegenheit des Gesellschafters, die Gesellschafterliste ständig auf ihre Richtigkeit zu überprüfen. Andernfalls wäre auch die Dreijahresfrist des § 16 Abs. 3 S. 2 GmbHG überflüssig, da ansonsten stets eine Zurechnung bejaht werden müsste.[737] Es muss mithin jedenfalls irgendein Anlass zur Kontrolle der Gesellschafterliste bestehen.[738]

Eine Zurechnung i.S.v. § 16 Abs. 3 S. 2 GmbHG ist nach einer gängigen Formel der h.M. allgemein jedenfalls dann zu bejahen, wenn der materiell Berechtigte die Unrichtigkeit (mit-) veranlasst oder sonst (mit-) zu verantworten hat.[739] Dies ist vor allem dann anzunehmen, wenn der materiell Berechtigte an der tatsächlichen oder vermeintlichen Veränderung der Gesellschafterstellung selbst mitgewirkt und sich im Anschluss nicht um die Richtigkeit der durch die Gesellschafterliste abgebildeten Verhältnisse gekümmert hat.[740] Zu nennen ist hier etwa der im *Beispiel 11* dargestellte Fall.

Einige andere Stimmen in der Literatur gehen zwar in eine ähnliche Richtung, halten diese Formel aber für zu vage. Sie sei bezüglich der (Mit-) Verantwortung *„tautologisch"* und auch *„unvollständig"*, da etwa die fehlende Geschäftsfähigkeit des Berechtigten als Zurechnungsausschlussgrund nicht berücksichtigt werde.[741] Maßgebend sei, ob die Unrichtigkeit im Risikobereich des Berechtigten lag und ob dieser insbesondere Anlass und Möglichkeit hatte, die Richtigkeit der Gesellschafterliste rechtzeitig zu initiieren oder die im Handelsregister aufgenommene Liste zu überprüfen und die Unrichtigkeit als Rechtsscheingrundlage zu verhindern.[742]

Letztlich ist eine Kombination dieser grundsätzlich in die gleiche Richtung gehenden Formeln zu befürworten; d.h. eine Zurechnung ist richtigerweise dann zu bejahen, wenn der materiell Berechtigte die Unrichtigkeit (mit-) veranlasst oder sonst (mit-) zu verantworten hat und sie im Risikobereich des Berechtigten lag. Voraussetzung ist damit auch, dass der Berechtigte die Unrichtigkeit der Gesellschafterliste zumindest kennen musste.[743] Sobald der Berechtigte von der Unrichtigkeit der Gesellschafterliste Kenntnis erlangt, hat er sich vor einem Verlust des Geschäftsanteils durch Eintragung eines Widerspruchs zu schützen und sich um die Korrektur der Gesellschafterliste zu bemühen. Bei bloßem Nichtstun trotz Kenntniserlangung ist ihm die Unrichtigkeit der Gesellschafterliste ansonsten gem.

---

737 Vgl. *Löbbe*, in: Ulmer/Habersack/Löbbe, GmbHG, § 16 Rn. 161.

738 Vgl. a.a.O.

739 Vgl. *Altmeppen*, in: Roth/Altmeppen, GmbHG, § 16 Rn. 75; *Ebbing*, in: Michalski, GmbHG, § 16 Rn. 214; *Götze/Bressler*, in: NZG 2007, 894, 897; *Schäfer*, Gesellschaftsrecht, § 36 Rn. 27; *Wicke*, GmbHG, § 16 Rn. 22; *Wilhelmi*, in: BeckOK-GmbHG, § 16 Rn. 95.

740 Vgl. etwa *Brandes*, in Bork/Schäfer, GmbHG, § 16 Rn. 55 sowie *Löbbe*, in: Ulmer/Habersack/Löbbe, GmbHG, § 16 Rn. 161, jeweils m.w.N.

741 So *Fastrich*, in: Baumbach/Hueck, GmbHG, § 16 Rn. 33; ähnlich kritisch auch *Heidinger*, in: MünchKomm-GmbHG, § 16 Rn. 273 ff.

742 Vgl. *Fastrich*, in: Baumbach/Hueck, GmbHG, § 16 Rn. 33.

743 Vgl. auch *Löbbe*, in: Ulmer/Habersack/Löbbe, GmbHG, § 16 Rn. 163.

§ 16 Abs. 3 S. 2 GmbHG zurechenbar.[744] Voraussetzung hierfür ist wiederum, dass für ihn eine Möglichkeit bestand, dies entweder durch einen Hinweis gegenüber den Geschäftsführern zu veranlassen oder selbst die Zuordnung eines Widerspruchs im Eilverfahren durchzusetzen.[745] Nicht zurechenbar dürften dem Berechtigten daher Verzögerungen im registerrechtlichen Verfahren oder eine nur verzögerte Einreichung der aktualisierten Gesellschafterliste durch die Geschäftsführer oder, sofern dieser zuständig ist, den Notar sein, sofern sich diese noch im Rahmen halten.[746]

bb) Dreijahresfrist

Für die Dreijahresfrist kommt es nach einhelliger Meinung darauf an, ob die hinsichtlich des gegenständlichen Geschäftsanteils eingetragenen Personen durchgehend nicht die Berechtigten gewesen sind.[747] Dabei werden sämtliche in das Handelsregister aufgenommene Gesellschafterlisten als eine einzige, fortgeschriebene Gesellschafterliste behandelt. D.h. es ist ohne Belang, ob nacheinander mehrere Gesellschafterlisten eingereicht worden sind, die den Geschäftsanteil verschiedenen Personen zuweisen.[748] Es ist mithin nicht erforderlich, dass der nichtberechtigte Veräußerer selbst drei Jahre als Inhaber des gegenständlichen Geschäftsanteils in der Gesellschafterliste eingetragen war.[749]

Hinsichtlich des Beginns der Dreijahresfrist ist auf die Aufnahme einer Gesellschafterliste in das Handelsregister abzustellen, die erstmalig einen Nichtberechtigten als Gesellschafter ausweist.[750] Nach allgemeiner Ansicht beginnt die Frist aber mit jedem wirksamen Erwerb des Geschäftsanteils neu zu laufen, um jedem Erwerber, der aus ihm nicht zuzurechnenden Gründen (noch) nicht eingetragen wurde, jeweils drei Jahre Zeit zu geben, gegen die Unrichtigkeit vorzugehen.[751]

Zum besseren Verständnis sei als veranschaulichendes ***Beispiel*** *die folgende Konstellation genannt* ***(Beispiel 13)***[752]*:*

Wenn seit inzwischen vier Jahren der Nichtberechtigte V statt des ursprünglich Berechtigten A eingetragen ist und dieser den Anteil an den gutgläubigen E zu notarieller Urkunde

---

744 Vgl. *Handelsrechtsausschuss des DAV*, in: NZG 2007, 735, 738; *Drygala/Staake/Szalai*, Kapitalgesellschaftsrecht, § 12 Rn. 39; *Fastrich*, in: Baumbach/Hueck, GmbHG, § 16 Rn. 35; *Wilhelmi*, in: BeckOK-GmbHG, § 16 Rn. 96 ff.

745 Vgl. *Löbbe*, in: Ulmer/Habersack/Löbbe, GmbHG, § 16 Rn. 163.

746 So auch *Brandes*, in: Bork/Schäfer, GmbHG, § 16 Rn. 54; *Heidinger*, in: Münch-Komm-GmbHG, § 16 Rn. 275; *Löbbe*, in: Ulmer/Habersack/Löbbe, GmbHG, § 16 Rn. 162; *Mayer*, in: DNotZ 2008, 403, 421; *Wicke*, GmbHG, § 16 Rn. 22.

747 Vgl. nur *Altmeppen*, in: Roth/Altmeppen, GmbHG, § 16 Rn. 78.

748 Vgl. *Altmeppen*, in: Roth/Altmeppen, GmbHG, § 16 Rn. 78; *Fastrich*, in: Baumbach/Hueck, GmbHG, § 16 Rn. 36 m.w.N.

749 Vgl. *Brandes*, in: Bork/Schäfer, GmbHG, § 16 Rn. 49.

750 Vgl. *Altmeppen*, in: Roth/Altmeppen, GmbHG, § 16 Rn. 78.

751 Vgl. *Verse*, in: Henssler/Strohn, Gesellschaftsrecht, GmbHG, § 16 Rn. 76.

752 Vgl. a.a.O.

abtritt, so beginnt die Dreijahresfrist bezüglich des nunmehr berechtigten E neu zu laufen. Demnach ist ein gutgläubiger Erwerb des Dritten D von dem weiterhin eingetragenen V erst nach Ablauf von weiteren drei Jahren möglich, sofern die Eintragung des E aus diesem nicht zuzurechnenden Gründen unterbleibt.

Ein besonderes Problem ergibt sich in der Konstellation, in der die Unrichtigkeit einer Gesellschafterliste auf der wirksamen Anfechtung der Erstübertragung eines Geschäftsanteils gem. § 123 BGB beruht. Wegen der ex tunc Wirkung der Anfechtung (§ 142 Abs. 1 BGB) hat der (gutgläubige) Zweiterwerber in diesem Falle den Geschäftsanteil nicht vom Nichtberechtigten erworben. Die Anfechtung des Kaufvertrags dürfte sich in diesen Fällen regelmäßig auch auf die Abtretung, also das dingliche Erfüllungsgeschäft, erstrecken.[753]

Beispiel 14:

A tritt seinen Geschäftsanteil zu notarieller Urkunde an V ab. Der beurkundende Notar reicht unverzüglich eine neue Gesellschafterliste zum Handelsregister ein. Später erhält A davon Kenntnis, dass V ihn durch eine arglistige Täuschung zur Abtretung veranlasst hat. A ficht deshalb den Vertrag nach § 123 BGB an. V, der noch in der Gesellschafterliste als Inhaber des Geschäftsanteils ausgewiesen ist, tritt den Geschäftsanteil zu notarieller Urkunde an den gutgläubigen E ab.

Fraglich ist, auf welchen Zeitpunkt in dieser Konstellation bezüglich des Beginns der Dreijahresfrist abzustellen ist: Rückwirkend auf die Aufnahme der Gesellschafterliste zum Handelsregister, die den Nichtberechtigten als Inhaber des Geschäftsanteils ausweist, oder aber auf den Zugang der Anfechtungserklärung beim Nichtberechtigten.[754] Unter konsequenter Anwendung des § 142 Abs. 1 BGB muss richtigerweise rückwirkend auf die Aufnahme der Gesellschafterliste abgestellt werden.[755] Sofern zum Zeitpunkt der Anfechtung bereits drei Jahre verstrichen sind, ist ein gutgläubiger Erwerb damit allerdings möglich, obwohl der materiell Berechtigte keine Möglichkeit hatte, eine rechtzeitige Korrektur der Gesellschafterliste zu erwirken.[756] Dies ist aber aus Gründen der Rechtssicherheit und zum Schutze des gutgläubigen Erwerbers hinzunehmen. Der Gesetzgeber wählte die Dreijahresfrist bewusst als zeitliche Grenze, ab der ein Erwerber (unter Wahrung der übrigen Voraussetzungen des § 16 Abs. 3 GmbHG) auf die Richtigkeit der Gesellschafterliste ausnahmslos vertrauen kann. Der Altgesellschafter ist in derartigen Fällen daher auf die Geltendmachung von Sekundäransprüchen zu verweisen.[757]

---

753 Vgl. *Vossius,* in: DB 2007, 2299, 2302; so wohl auch *Brandes,* in Bork/Schäfer, GmbHG, § 16 Rn. 52.

754 Vgl. *Brandes,* in: Bork/Schäfer, GmbHG, § 16 Rn. 52.

755 So auch *Brandes,* in: Bork/Schäfer, GmbHG, § 16 Rn. 52; *Vossius,* in: DB 2007, 2299, 2302.

756 Vgl. *Brandes,* in: Bork/Schäfer, GmbHG, § 16 Rn. 52.

757 Vgl. hierzu die Ausführungen unter § 4.

Ganz allgemein ist allen Gesellschaftern einer GmbH in Zukunft anzuraten, stets jeweils regelmäßig vor Ablauf von drei Jahren die Gesellschafterliste im Handelsregister einzusehen, um einen gutgläubigen Erwerb ihres Geschäftsanteils aufgrund einer etwaigen Eintragung eines Nichtberechtigten zu vermeiden.[758]

b) Gutgläubigkeit des Erwerbers

Ein gutgläubiger Erwerb ist gem. § 16 Abs. 3 S. 3 Var. 1 GmbHG des Weiteren ausgeschlossen, wenn der Erwerber nicht gutgläubig ist.

aa) Begriff der Gutgläubigkeit

An einer Gutgläubigkeit des Erwerbers fehlt es gem. § 16 Abs. 3 S. 3 Var. 1 GmbHG, wenn er weiß oder grob fahrlässig nicht weiß, dass der Veräußerer nicht berechtigter Inhaber des betroffenen Geschäftsanteils ist.[759]

Nach allgemeiner Ansicht liegt Kenntnis – wie im Rahmen des gutgläubigen Erwerbs gem. § 932 BGB – jedenfalls dann vor, wenn der Erwerber positiv weiß, dass ein anderer als der eingetragene Veräußerer Inhaber des gegenständlichen Geschäftsanteils ist.[760]

Grobfahrlässige Unkenntnis ist nach allgemeiner Ansicht – ebenfalls wie bei § 932 BGB – nur dann gegeben, wenn die im Verkehr erforderliche Sorgfalt in besonderem Maße außer Acht gelassen wird, also nicht beachtet wird, was unter gegebenen Umständen jedermann hätte einleuchten müssen.[761]

bb) Umfang, Maßstäbe und Reichweite des Gutglaubenstatbestandes

Der Erwerber darf grundsätzlich auf die Richtigkeit der zum Handelsregister aufgenommenen Gesellschafterliste vertrauen und ist daher nach zutreffender und ganz herrschender Ansicht ohne besonderen Anlass zu Nachforschungen nicht verpflichtet.[762] Dies gilt insbesondere auch für die Durchführung einer Due Diligence Prüfung.[763]

---

758 So auch *Bednarz,* in: BB 2008, 1854, 1858.

759 Vgl. etwa *Schäfer,* Gesellschaftsrecht, § 36 Rn. 27.

760 Vgl. nur *Ebbing,* in: Michalski, GmbHG, § 16 Rn. 221; *Fastrich,* in: Baumbach/Hueck, GmbHG, § 16 Rn. 38.

761 Vgl. nur *Ebbing,* in: Michalski, GmbHG, § 16 Rn. 222; *Fastrich,* in: Baumbach/Hueck, GmbHG, § 16 Rn. 38.

762 Vgl. z.B. *Altmeppen,* in: Roth/Altmeppen, GmbHG, § 16 Rn. 79; *Fastrich,* in: Baumbach/Hueck, GmbHG, § 16 Rn. 38; *Götze/Bressler,* in: NZG 2007, 894, 898; *Heidinger,* in: MünchKomm-GmbHG, § 16 Rn. 277; *Verse,* in: Henssler/Strohn, Gesellschaftsrecht, GmbHG, § 16 Rn. 79; zweifelnd *Harbarth*; in: ZIP 2008, 57, 60; **a.A.**: *Rodewald,* in: GmbHR 2009, 196, 198.

763 Vgl. z.B. *Altmeppen,* in: Roth/Altmeppen, GmbHG, § 16 Rn. 79; *Brandes,* in: Bork/Schäfer, GmbHG, § 16 Rn. 60; *Ebbing,* in: Michalski, GmbHG, § 16 Rn. 223; *Heidinger,* in: MünchKomm-GmbHG; § 16 Rn. 277; *Heilemann,* Der gutgläubige Erwerb von Geschäftsanteilen einer GmbH, S. 224 ff.; *Löbbe,* in: Ulmer/Habersack/Löbbe,

Dafür spricht bereits die Intention des Gesetzgebers, durch die Einführung eines Gutglaubenstatbestandes aufwendige Prüfungen solcher Art gerade überflüssig zu machen.[764] Darüber hinaus führt der Verzicht auf die Durchführung einer Due Diligence Prüfung beim Unternehmenskauf anerkanntermaßen auch nicht ohne weiteres zu einer grob fahrlässigen Unkenntnis des Käufers i.S.v. § 442 Abs. 1 BGB, da es dem Käufer nach der gesetzlichen Risikoverteilung gerade nicht obliegt, ohne Anhaltspunkte Nachforschungen über den Zustand der Kaufsache durchzuführen.[765] Diese Maßstäbe sind auf § 16 Abs. 3 S. 3 GmbHG übertragbar.[766] Eine nicht durchgeführte Due Diligence Prüfung kann demnach nur dann eine grob fahrlässige Unkenntnis des Erwerbers begründen, sofern ohne nähere Untersuchung bereits Hinweise auf eine fehlende Berechtigung des Veräußerers hinweisen. Ein konkreter Anlass zur Durchführung einer Due Diligence Prüfung kann z.B. dann vorliegen, wenn bestimmte Geschäftsanteile in derselben Gesellschafterliste zugleich verschiedenen Personen zugewiesen sind oder die im Handelsregister eingereichte Gesellschafterliste Widersprüche / Unvollständigkeiten aufweist oder Unstimmigkeiten in der historischen Listenentwicklung oder erhebliche formelle Fehler der Gesellschafterliste (z.B. fehlende Unterschrift) vorliegen.[767] Führt der Erwerber eine Due Diligence Prüfung durch, erkennt die fehlende Berechtigung des Veräußerers aber trotzdem nicht, ist im Einzelfall zu prüfen, ob die vom Veräußerer offengelegten Informationen und Unterlagen die fehlende Berechtigung offenbaren konnten.[768] Hinsichtlich der Beurteilung einer groben Fahrlässigkeit des Erwerbers sollte dabei differenziert werden, ob dem Erwerber ein konkreter Anlass zu einer Due Diligence Prüfung gegeben wurde oder er diese routinemäßig bzw. trotzdem durchgeführt hat. Denn in letzterem Falle hätte der Erwerber bei Nichtdurchführung einer Due Diligence nach dem Vorgesagten gutgläubig gehandelt. Dass er dann für sein gesteigertes Aufklärungsinteresse bestraft wird, ist nicht einleuchtend; bringt der Erwerber durch die Durchführung einer Due Diligence doch sicherlich nicht die Bereitschaft mit, seine Rechtsposition hierdurch zu verschlechtern.[769]

GmbHG, § 16 Rn. 169; *Verse,* in: Henssler/Strohn, Gesellschaftsrecht, GmbHG, § 16 Rn. 79; **a.A.**: *Jaques,* in: Ettinger/Jaques, Beck'sches Handbuch Unternehmenskauf im Mittelstand, D. Rn. 208.

764 Vgl. *Brandes,* in: Bork/Schäfer, GmbHG, § 16 Rn. 60; *Löbbe,* in: Ulmer/Habersack/Löbbe, GmbHG, § 16 Rn. 169; *Verse,* in: Henssler/Strohn, Gesellschaftsrecht, GmbHG, § 16 Rn. 79.

765 Vgl. *Beisel,* in: Beisel/Klumpp, Der Unternehmenskauf, § 2 Rn. 8–10; *Brandes,* in: Bork/Schäfer, GmbHG, § 16 Rn. 60; *Löbbe,* in: Ulmer/Habersack/Löbbe, GmbHG, § 16 Rn. 169.

766 Vgl. *Brandes,* in: Bork/Schäfer, GmbHG, § 16 Rn. 61.

767 Vgl. *Löbbe,* in: Ulmer/Habersack/Löbbe, GmbHG, § 16 Rn. 170; *Seibt,* in: Scholz, GmbHG, § 16 Rn. 86 m.w.N.

768 Vgl. *Löbbe,* in: Ulmer/Habersack/Löbbe, GmbHG, § 16 Rn. 171.

769 Ähnlich auch *Jaques,* in: Ettinger/Jaques, Beck'sches Handbuch Unternehmenskauf im Mittelstand, D. Rn. 208; *Löbbe,* in: Ulmer/Habersack/Löbbe, GmbHG, § 16 Rn. 171; *Seibt,* in: Scholz, GmbHG, § 16 Rn. 86.

Zu beachten ist weiter, dass grundsätzlich nur der gute Glaube an die materielle Berechtigung, d.h. die Inhaberschaft des Veräußerers, geschützt ist.[770] Nicht geschützt ist hingegen insbesondere der gute Glaube an die Existenz tatsächlich nicht existierender Geschäftsanteile, d.h. der gegenständliche Geschäftsanteil muss tatsächlich existieren; ein gutgläubiger Erwerb von nicht existenten, nichtigen oder eingezogenen Geschäftsanteilen ist deshalb nach allgemeiner Ansicht nicht möglich.[771] Diese Konstellation führte nämlich nicht zu einem Erwerb zum Nachteil des Berechtigten; vielmehr würden ansonsten die Geschäftsanteile an der GmbH vermehrt bzw. in ihrer Relation verändert. Ebenfalls nicht geschützt ist der gute Glaube an die freie Übertragbarkeit von Geschäftsanteilen, also etwa an das Fehlen oder Nichteingreifen von Vinkulierungsklauseln i.S.v. § 15 Abs. 5 GmbHG[772], an eine Lastenfreiheit des erworbenen Geschäftsanteils[773] oder an die Erfüllung der Einlagepflicht[774]. Gerade Vinkulierungsklauseln sind daher ein geeignetes Mittel zur Verhinderung eines ungewollten, gutgläubigen Anteilserwerbs, so dass diese in Zukunft erheblich an praktischer Bedeutung gewinnen dürften.[775] Im Falle des Bestehens einer solchen Vinkulierungsklausel im Gesellschaftsvertrag wäre nämlich die Zustimmung der Gesellschaft zum Erwerb des Geschäftsanteils auch im Rahmen eines gutgläubigen Erwerbs erforderlich und ein insofern lastenfreier gutgläubiger Erwerb gem. § 16 Abs. 3 GmbHG mithin nicht möglich.

cc) Möglichkeit eines gutgläubigen Zwischenerwerbs

Besondere Fragen stellen sich im Rahmen von – in der Praxis weit verbreiteten[776] – aufschiebend bedingten Übertragungen von Geschäftsanteilen.

Die Abtretung des Geschäftsanteils wird in diesen Konstellationen erst mit der Erfüllung der vereinbarten Bedingung(en) ohne weiteres Zutun wirksam, § 158 Abs. 1 BGB. Es handelt sich um einen sog. „ipso jure Erwerb".[777] Derartige Bedingungen dienen insbesondere der Absicherung des Anspruchs des Verkäufers auf Zahlung des Kaufpreises. Aber auch ggf. erforderliche, noch ausstehende kartellrechtliche

---

770 Vgl. *Fastrich,* in: Baumbach/Hueck, GmbHG, § 16 Rn. 26.

771 Vgl. nur BT-Drucks. 16/6140, 39; *Heidinger,* in: MünchKomm-GmbHG, § 16 Rn. 322; *Schäfer,* Gesellschaftsrecht, § 36 Rn. 27; im Einzelnen sehr umstritten ist dagegen, ob ein gutgläubiger Erwerb des Geschäftsanteils bezüglich der in der Gesellschafterliste ausgewiesenen Stückelung möglich ist, vgl. hierzu etwa (jeweils m.w.N.): *Altmeppen,* in: Roth/Altmeppen, GmbHG, § 16 Rn. 61 ff.; *Heidinger,* in: MünchKomm-GmbHG, § 16 Rn. 323 ff.

772 Vgl. nur *Altmeppen,* in: Roth/Altmeppen, GmbHG, § 16 Rn. 66; *Ebbing,* in: Michalski, GmbHG, § 16 Rn. 248–250; *Löbbe,* in: Ulmer/Habersack/Löbbe, GmbHG, § 16 Rn. 134; *Mayer,* in: DNotZ 2008, 403, 418.

773 Vgl. *Ebbing,* in: Michalski, GmbHG, § 16 Rn. 251.

774 Vgl. *Mayer/Weiler,* in: Beck'sches Notar-Handbuch, D.I. GmbH Rn. 470.

775 Vgl. *Grigoleit/Rieder,* GmbH-Recht nach dem MoMiG, C. Rn. 154.

776 Vgl. z.B. *Jeep,* in: NJW 2012, 658; *Oppermann,* in: ZIP 2009, 651.

777 Vgl. *Bayer,* in: GmbHR 2011, 1254, 1255; *Ellenberger,* in: Palandt, § 158 Rn. 2.

Freigaben oder der zwischenzeitliche Abschluss weiterer Verträge sind mögliche und verbreitete aufschiebende Bedingungen.[778] Bei treuhänderischen Anteilsübertragungen wird der Rückerwerb vom Treuhänder häufig durch eine aufschiebend bedingte Anteilsabtretung des Treuhänders an den Treugeber abgesichert.[779]

Da der Veräußerer bis zum Eintritt der aufschiebenden Bedingung(en) noch berechtigter Inhaber des Geschäftsanteils ist und der Ersterwerber bis zum Eintritt der Bedingung lediglich ein Anwartschaftsrecht erworben hat, besteht die Gefahr, dass der Veräußerer den Geschäftsanteil bis zum Eintritt der Bedingung(en) an einen Dritten veräußert.

Der Verdeutlichung dieser praxisrelevanten Konstellation soll das folgende ***Beispiel 15***[780] *dienen:*

A verkauft und tritt seinen Geschäftsanteil an B unter der aufschiebenden Bedingung der vollständigen Kaufpreiszahlung zu notarieller Urkunde ab. Bereits nach der Beurkundung, aber noch vor der Kaufpreiszahlung, tritt A zu notarieller Urkunde den Anteil an C ab. Da C sofort bezahlt, erfolgt die Abtretung unbedingt und C wird sogleich in die Gesellschafterliste eingetragen. Danach zahlt B den vereinbarten Kaufpreis an A. Es stellt sich die Frage, ob B oder C Inhaber des Geschäftsanteils geworden ist.

Nach allgemeiner Ansicht sind vorliegend § 161 Abs. 1 und Abs. 2 BGB anwendbar, d.h. die entsprechenden (weiteren) Verfügungen des Veräußerers über den Geschäftsanteil zwischen Einigung und Bedingungseintritt sind grundsätzlich unwirksam.[781] Gem. § 161 Abs. 3 BGB finden allerdings die Vorschriften zugunsten derjenigen, welche Rechte von einem Nichtberechtigten herleiten, entsprechende Anwendung.

Umstritten ist vor diesem Hintergrund, ob in der Schwebephase bis zum Eintritt der Bedingung gem. § 161 Abs. 3 BGB i.V.m. § 16 Abs. 3 GmbHG ein gutgläubiger Erwerb eines Zwischenerwerbers möglich ist. Problematisch ist nämlich, dass § 16 Abs. 3 GmbHG tatbestandlich an für sich nicht einschlägig ist, da die Gesellschafterliste durch die erste Verfügung nicht unrichtig geworden ist und der Veräußerer im Rahmen der zweiten Verfügung deshalb an sich als Berechtigter verfügt hat.[782]

Im ***Beispiel 15*** *hat A durch die Veräußerung noch nicht den Geschäftsanteil an B verloren, da die Übertragung erst bei Eintritt der Bedingung, d.h. bei vollständiger Kaufpreiszahlung erfolgen soll. Im Rahmen der Übertragung des Geschäftsanteils an C war er daher noch Berechtigter und die Gesellschafterliste mithin nicht unrichtig.*

---

778 Vgl. *Heidinger,* in: Heckschen/Heidinger, Die GmbH in der Gestaltungs- und Beratungspraxis, § 13 Rn. 141.

779 Vgl. *Bayer,* in: Lutter/Hommelhoff, GmbHG, § 16 Rn. 79; vgl. zu Treuhandverhältnissen auch nachfolgend § 4 B. I. 1. a) bb) und b) bb).

780 Vgl. *Schäfer,* Gesellschaftsrecht, § 36 Rn. 29; vgl. auch das nahezu identische Beispiel von *Drygala/Staake/Szalai,* Kapitalgesellschaftsrecht, § 12 Rn. 40.

781 Vgl. nur *Fastrich,* in: Baumbach/Hueck, GmbHG, § 16 Rn. 29a.

782 Vgl. *Drygala/Staake/Szalai,* Kapitalgesellschaftsrecht, § 12 Rn. 40.

(1) Ansicht der herrschenden Literatur

Nach der wohl h.L.[783] und Teilen der Rechtsprechung[784] soll auch bei aufschiebend bedingten Geschäftsanteilsabtretungen ein gutgläubiger Erwerb vom (noch berechtigten) Veräußerer möglich sein; es sollen also Verfügungsbeschränkungen gem. § 161 Abs. 1 BGB aufgrund von aufschiebend bedingten Vorverfügungen über den Geschäftsanteil einem gutgläubigen, auch dem Ersterwerber gegenüber wirksamen Erwerb nicht entgegenstehen, da § 161 Abs. 3 BGB dies explizit zulasse. § 161 Abs. 3 BGB spreche von einer nur *„entsprechenden“* Anwendung der *„Vorschriften zugunsten derjenigen, welche Rechte von einem Nichtberechtigten herleiten“*.[785] Von einer direkten Anwendung des § 16 Abs. 3 GmbHG sei also nach dem klaren Wortlaut gar nicht die Rede. Das Argument, dass der betreffende Geschäftsanteil in der streitigen Konstellation vom Berechtigten erworben würde, worauf § 16 Abs. 3 GmbHG nicht anwendbar sei, könne deshalb nicht überzeugen.[786] § 161 Abs. 3 BGB ergänze den Schutzzweck vielmehr dergestalt, dass der gute Glaube an die Verfügungsbefugnis des *„Noch-Berechtigten“* in Frage stehe.[787] Mit der bedingten Verfügung habe der Veräußerer zwar weiterhin die Rechtsmacht, über den Geschäftsanteil wirksam zu verfügen; diese Rechtsmacht sei aber – vom gutgläubigen Erwerb abgesehen – vom Ausfall der Bedingung abhängig und damit eingeschränkt.[788] Darin sei eine *„mangelnde Berechtigung"* des Veräußerers i.S.d. § 16 Abs. 3 GmbHG zu sehen. Die h.L. zieht daneben teilweise Vergleiche zum gutgläubigen Erwerb von Immobilien. Hier sieht § 892 Abs. 1 S. 2 BGB nämlich ausdrücklich vor, dass ein gutgläubiger Erwerb trotz Verfügungsbeschränkung möglich ist, wenn der Erwerber gutgläubig und die Verfügungsbeschränkung nicht im Grundbuch eingetragen ist. Es wird in

---

783 Vgl. *Altmeppen*, in: Roth/Altmeppen, GmbHG, § 16 Rn. 69; *Bayer*, in: Lutter/Hommelhoff, GmbHG, § 16 Rn. 79 ff.; *Bayer*, in: GmbHR 2011, 1254 ff.; *Brandes*, in: Bork/Schäfer, GmbHG, § 16 Rn. 73 ff.; *Drygala/Staake/Szalai*, Kapitalgesellschaftsrecht, § 12 Rn. 40; *Ebbing*, in: Michalski, GmbHG, § 16 Rn. 249; *Frenzel*, in: NotBZ 2010, 129 ff.; *Hasselmann*, in: NZG 2010, 207, 208; *Heidinger*, in: MünchKomm-GmbHG, § 16 Rn. 336 ff.; *ders.*, in: Heckschen/Heidinger, Die GmbH in der Gestaltungs- und Beratungspraxis, § 13 Rn. 141i; *Heilemann*, Der gutgläubige Erwerb von Geschäftsanteilen einer GmbH, S. 258 ff.; *Herrler*, in: BB 2009, 2272, 2273; *Klöckner*, in: NZG 2008, 841, 842; *Löbbe*, in: Ulmer/Habersack/Löbbe, GmbHG, § 16 Rn. 137 ff.; *Maier-Reimer*, in: FS Westphalen, 489, 491 ff.; *Omlor*, in: DNotZ 2012, 179 ff.; *Osterloh*, in: NZG 2011, 495, 496 ff.; *Reymann*, in: GmbHR 2009, 343; *Rieg*, Erwerb vom Nichtberechtigten und Liste der Gesellschafter, S. 342; *Schäfer*, Gesellschaftsrecht, § 36 Rn. 27, 29; *Seibt*, in: Scholz, GmbHG, § 16 Rn. 79 ff.; *Verse*, in: Henssler/Strohn, Gesellschaftsrecht, GmbHG, § 16 Rn. 65; *Vossius*, in: DB 2007, 2299, 2301; *Winter*, in: Gehrlein/Ekkenga/Simon, GmbHG, § 16 Rn. 38.

784 Vgl. LG Köln, Beschl. v. 16.06.2009 – 88 T 13/09, NZG 2009, 1195.

785 Vgl. etwa *Drygala/Staake/Szalai*, Kapitalgesellschaftsrecht, § 12 Rn. 40.

786 So *Heidinger*, in: MünchKomm-GmbHG, § 16 Rn. 336, 337.

787 Vgl. *Bayer*, in: Lutter/Hommelhoff, GmbHG, § 16 Rn. 81.

788 Vgl. LG Köln, Beschl. v. 16.06.2009 – 88 T 13/09, NZG 2009, 1195; *Reymann*, in: GmbHR 2009, 343, 345.

diesem Zusammenhang darauf verwiesen, dass im Grundbuchverfahren auch die Eintragung einer solchen Verfügungsbeschränkung anerkannt ist.[789] Bezüglich der fehlenden Transparenz durch den Umstand, dass weiterhin der Veräußerer in der Gesellschafterliste eingetragen ist, wird teilweise darauf verwiesen, dass beim gutgläubigen Erwerb einer beweglichen Sache nach §§ 929, 932, 936 BGB die Rechtsscheingrundlage für einen gutgläubigen Erwerb der bloße Besitz ist. Insofern könne eine eventuelle Verfügungsbeschränkung hier auch nicht transparent gemacht werden, obschon der gutgläubige Erwerb einer beweglichen Sache im Rahmen des § 161 Abs. 3 BGB in Frage komme.[790]

In Konsequenz der Möglichkeit eines gutgläubigen Zwischenerwerbs hat die Literatur verschiedene Möglichkeiten entwickelt, um den Ersterwerber zu schützen. Überwiegend wird vorgeschlagen, mit Bewilligung des Veräußerers einen Widerspruch zugunsten des bedingten (oder befristeten) Erwerbers eintragen zu lassen, um ihn in der Schwebezeit vor Bedingungseintritt vor den Folgen eines gutgläubigen Erwerbs nach § 161 Abs. 3 BGB i.V.m. § 16 Abs. 3 GmbHG zu bewahren.[791] Denn sei ein solcher Widerspruch eingetragen, so scheide ein gutgläubiger Erwerb gem. § 16 Abs. 3 S. 3 GmbHG aus. Der Widerspruch zerstöre somit den guten Glauben an die Richtigkeit des Rechtsscheinträgers Gesellschafterliste.[792] Im Umkehrschluss aus dieser Möglichkeit müsse sich der Ersterwerber dann aber die Nichteintragung eines Widerspruchs gem. § 16 Abs. 3 S. 2 GmbHG auch zurechnen lassen, obwohl die Gesellschafterliste bis zum Eintritt der Bedingung nicht unrichtig sei.[793] Ähnliche Ziele verfolgt das sog. *„Zwei-Listen-Modell“*.[794] Vorgeschlagen wird zudem, die Übertragung des Geschäftsanteils unter die aufschiebende Bedingung der Eintragung des Käufers in der Gesellschafterliste zu stellen.[795] Als weitere Vorschläge der Literatur zum Schutz des Ersterwerbers sind insbesondere noch die Vereinbarung einer vertraglichen Doppelbedingung[796], die Verpfändung des Geschäftsanteils an den Käufer[797], die zwischenzeitliche bedingungslose Übertragung des Geschäftsanteils

789 Vgl. *Heidinger,* in: MünchKomm-GmbHG, § 16 Rn. 337; siehe hierzu auch näher die Ausführungen zu den im Anschluss behandelten Schutzmöglichkeiten des Ersterwerbers.

790 Vgl. *Heidinger,* in: MünchKomm-GmbHG, § 16 Rn. 337.

791 So etwa *Brandes,* in: Bork/Schäfer, GmbHG, § 16 Rn. 76; *Ebbing,* in: Michalski, GmbHG, § 16 Rn. 236 ff.; *Schäfer,* Gesellschaftsrecht, § 36 Rn. 27.

792 *Bayer,* in: GmbHR 2011, 1254/1255.

793 Vgl. *Wilhelm,* in: FS Picker, 837, 851 ff.; *Frenzel,* in: NotBZ 2010, 129, 135.

794 Vgl. hierzu im Einzelnen etwa *Herrler,* in: DB 2009, 2272; *König/Bormann,* in: ZIP 2009, 1913; *Wicke,* in: DNotZ 2009, 871.

795 Vgl. *Jaques,* in: Ettinger/Jaques, Beck'sches Handbuch Unternehmenskauf im Mittelstand, D. Rn. 209.

796 Vgl. *Mayer,* in: ZIP 2009, 1037, 1049 ff.; *Rieg,* Erwerb vom Nichtberechtigten und Liste der Gesellschafter, S. 351 ff.

797 Vgl. *Jaques,* in: Ettinger/Jaques, Beck'sches Handbuch Unternehmenskauf im Mittelstand, D. Rn. 209.

auf eine zwischen den Kaufvertragsparteien gegründete GbR[798] sowie die Aufnahme einer Vinkulierungsklausel in den Gesellschaftsvertrag[799] zu nennen.

Eine differenzierende Ansicht in der Literatur will die Unrichtigkeit der Liste zwar demjenigen, der bis zum Bedingungseintritt ein Anwartschaftsrecht auf den Geschäftsanteil hat, nicht zurechnen. Allerdings soll der rechtmäßige Erwerb des Zwischenerwerbers jedenfalls nach Ablauf der Dreijahresfrist stattfinden, wobei die Frist mit der bedingten Verfügung des Geschäftsanteils beginne. Dies wird damit begründet, dass nach der Intention des Gesetzgebers ein gutgläubiger Erwerb dann möglich sein solle, wenn drei Jahre lang nicht über den Geschäftsanteil verfügt worden sei.[800]

Folgt man der h.L., hat dies für die Lösung des ***Beispiels 15*** *die folgenden Konsequenzen*[801]*:*

Da die Übertragung des Geschäftsanteils von A an B unter der aufschiebenden Bedingung der Kaufpreiszahlung stand, ist der Geschäftsanteil nicht bei Vertragsschluss auf B übergegangen. Zwar ist die Zwischenverfügung des A an C gegenüber B zunächst gem. § 161 Abs. 1 BGB relativ unwirksam, wodurch A gegenüber B nach wie vor als berechtigt gelten würde. Nach der h.L. steht aber die relative Unwirksamkeit unter dem Vorbehalt des gutgläubigen Zwischenerwerbs nach § 161 Abs. 3 BGB i.V.m. § 16 Abs. 3 GmbHG. Da C von dem aufschiebend bedingten Erwerb des B keine Kenntnis (und keine grob fahrlässige Unkenntnis) hatte, hätte er den Anteil folglich gutgläubig erwerben können. Eine Unwirksamkeit der Zwischenverfügung des A an C liegt mithin im Ergebnis auch nicht in Form einer relativen Unwirksamkeit nach § 161 Abs. 1 BGB im Verhältnis zu B vor.

Nach der differenzierenden Ansicht kommt ein gutgläubiger Erwerb des C hingegen nur dann in Betracht, wenn seit der Abtretung des Geschäftsanteils drei Jahre vergangen sind, ohne dass B in die Gesellschafterliste eingetragen worden ist.

(2) Ansicht des BGH und von Teilen der Literatur

Der BGH hat die Möglichkeit eines gutgläubigen Zwischenerwerbs in seiner Grundsatzentscheidung vom 20. September 2011 verneint[802] und sich die bis dahin bereits von Teilen der Rechtsprechung[803] und Literatur[804] vertretene Auffassung zu eigen

---

798 Vgl. a.a.O.

799 Vgl. *Reymann,* in: GmbHR 2009, 343, 348.

800 Vgl. *Oppermann,* in: ZIP 2009, 651, 653; *Begemann/Galla,* in: GmbHR 2009, 1065, 1068.

801 Vgl. *Schäfer,* Gesellschaftsrecht, § 36 Rn. 29.

802 Vgl. BGH, Beschl. v. 20.9.2011 – II ZB 17/10, BB 2011, 2832.

803 Vgl. OLG München, Beschl. v. 08.09.2009 – 31 Wx 82/09, ZIP 2009, 1911 und Beschl. v. 11.03.2011 – 31 Wx 162/10, ZIP 2011, 612; OLG Hamburg, Beschl. v. 12.07.2010 – 11 W 51/10, ZIP 2010, 2097.

804 Vgl. etwa *Bartl,* in: HK-GmbHR, § 16 Rn. 17 ff.; *Desch,* in: Bunnemann/Zirngibl, Die GmbH in der Praxis, § 7 Rn. 87/88; *Fastrich,* in: Baumbach/Hueck, GmbHG, § 16 Rn. 29a; *Jocher,* in: BWNotZ 2009, 191/192; *Link,* in: RNotZ 2009, 193, 220; *Mayer,*

gemacht, wonach ein derartiger gutgläubiger Zwischenerwerb abgelehnt wird. Der Entscheidung des BGH lag der Sachverhalt zugrunde, dass ein Notar, entsprechend dem von Teilen der Literatur entwickelten *„Zwei-Listen-Modell"* (s.o.), nach Beurkundung der aufschiebend bedingten Abtretung eines Geschäftsanteils noch vor Bedingungseintritt eine Gesellschafterliste zum Handelsregister einreichte, in der in einer Spalte *„Veränderungen"* bei dem Geschäftsanteil einer der beiden Gesellschafterinnen *„aufschiebend bedingt abgetreten"* vermerkt war. Die Aufnahme der Liste in das Handelsregister wurde vom Registergericht – bestätigt durch das OLG Hamburg – mit der Begründung abgelehnt, sie enthalte keine bereits eingetretene Veränderung. Nach dem BGH durfte das Registergericht die Aufnahme einer solchen geänderten Gesellschafterliste zu Recht zurückweisen. Der BGH begründete dies damit, dass hierfür bereits kein praktisches Bedürfnis bestehe, da ein aufschiebend bedingt abgetretener Geschäftsanteil nicht nach § 161 Abs. 3 BGB i.V.m. § 16 Abs. 3 GmbHG vor Bedingungseintritt von einem Zweiterwerber erworben werden könne. Das Prioritätsprinzip des § 161 Abs. 1 BGB werde nicht durch § 16 Abs. 3 GmbHG außer Kraft gesetzt. Zwar verweise § 161 Abs. 3 BGB auf *„Vorschriften zu Gunsten derjenigen, welche Rechte von einem Nichtberechtigten herleiten"*. Im GmbHG existiere aber keine derartige Vorschrift. Die Möglichkeit des gutgläubigen Erwerbs gem. § 16 Abs. 3 GmbHG beziehe sich auf die Rechtsinhaberschaft des Listeneingetragenen, nicht aber auf die Belastung des Geschäftsanteils mit einem Anwartschaftsrecht.[805] Der bedingte Erwerb habe keinen Einfluss auf die Gesellschafterliste. Die Gesellschafterliste enthalte nur Angaben zum Inhaber des Geschäftsanteils und könne deshalb auch nur den guten Glauben an die Inhaberschaft des Veräußerers schützen. Aus der abweichenden Rechtslage im Grundstücksrecht könnten keine Schlüsse gezogen werden, da § 16 Abs. 3 GmbHG eine mit § 892 Abs. 1 S. 2 BGB vergleichbare Regelung nicht enthalte, was zeige, dass ein vollständiger Gleichlauf von § 892 BGB und § 16 Abs. 3 GmbHG vom Gesetzgeber nicht gewollt gewesen sei. Es sei deshalb hinzunehmen, dass das Anwartschaftsrecht des Ersterwerbers damit letztlich stärker geschützt sei als das Vollrecht, da die Gesellschafterliste über § 161 Abs. 3 BGB den durch § 161 Abs. 1 BGB gegebenen Schutz bei aufschiebend bedingten Verfügungen nicht relativiere.

Die Rechtsprechung des BGH führt im ***Beispiel 15*** *zu dem folgenden, von dem Ergebnis der h.L. abweichenden Ergebnis:*

Nach dem BGH konnte C den Geschäftsanteil nicht gem. § 161 Abs. 3 BGB i.V.m. § 16 Abs. 3 GmbHG erwerben. Die Zwischenverfügung des A an C ist gegenüber B vielmehr gem. § 161 Abs. 1 BGB (relativ) unwirksam. Dies führt dazu, dass A gegenüber B nach wie vor als berechtigt gilt, so dass B wirksam den Geschäftsanteil von A erwerben kann.

---

in: ZIP 2009, 1037, 1050; *Noack*, in: LMK 2012, 326790; *Schüßler*, Der gutgläubige Erwerb von GmbH-Geschäftsanteilen, S. 282; *Weigl*, in: NZG 2009, 1173, 1175.

805 Vgl. BGH, Beschl. v. 20.9.2011 – II ZB 17/10, BB 2011, 2832.

(3) Stellungnahme

Die zuletzt genannte Auffassung, die insbesondere auch der BGH vertritt, kann nicht überzeugen.

Die Entscheidung des BGH erscheint zunächst klar unter dem Gesichtspunkt des praktischen Bedürfnisses nach Rechtssicherheit getroffen. Denn so hat der Ersterwerber insoweit keine Zwischenverfügungen zu befürchten. Der Zweiterwerber „erwirbt" vom Inhaber des Geschäftsanteils. Diese weitere Verfügung wäre nach § 161 Abs. 1 S. 1 BGB unwirksam. Die o.g., von der Literatur getätigten Überlegungen, wie sich der Ersterwerber gegen das Risiko eines gutgläubigen Erwerbs zwischen dinglicher Einigung und Bedingungseintritt schützen kann[806], erübrigen sich damit durch die Entscheidung des BGH. Dieser Aspekt erscheint auf den ersten Blick durchaus positiv, denn auf diese Weise wird Rechtssicherheit für den Ersterwerber geschaffen. Doch ist dies bei näherem Hinsehen zu kurz gedacht. Geschützt wird zwar die Rechtssicherheit des Ersterwerbers. Dies gilt aber nicht für den Zweiterwerber und den übrigen Rechtsverkehr. Folgt man der Entscheidung des BGH, darf der Zweiterwerber konsequenterweise nichts davon erfahren, dass sein (scheinbar) unbedingter Anteilserwerb gem. § 161 Abs. 1 BGB unwirksam ist und läuft Gefahr, den Kaufpreis zu bezahlen, ohne eine Gegenleistung hierfür zu erhalten.[807] Auch die weiteren Folgen für den Verkehrsschutz können gravierend sein, da von der absoluten Verfügungsbeschränkung des § 161 Abs. 1 BGB gerade nicht nur die unmittelbare Zwischenverfügung, sondern auch alle weiteren Verfügungen betroffen sind.[808] Insgesamt führt die Entscheidung des BGH dazu, dass wie vor dem MoMiG und der Einführung des § 16 Abs. 3 GmbHG im Rahmen von Geschäftsanteilskäufen minutiöse Prüfungen zu erfolgen haben und ggf. über Garantien abgesichert werden muss, dass über den betreffenden Geschäftsanteil nicht schon im Vorfeld aufschiebend bedingt verfügt worden ist. Denn der Inhalt der Gesellschafterliste ist nach der Entscheidung des BGH insofern keine belastbare Auskunftsquelle (mehr). Gerade diese Mühen, Kosten und Unsicherheiten der Rückverfolgung, insbesondere bei langen Abtretungsketten, sollten nach der Intention des Gesetzgebers durch die Schaffung des § 16 Abs. 3 GmbHG aber gerade verhindert werden.[809] Diese Intention des Gesetzgebers spricht gerade für die Anwendung des § 161 Abs. 3 BGB.[810] Da aufschiebend bedingte Veräußerungen in der Praxis dominieren, werden zudem durch diese Rechtsprechung des BGH der Anwendungsraum des § 16 Abs. 3 GmbHG sowie die Umlauffähigkeit von Geschäftsanteilen deutlich eingeschränkt.[811] Der BGH dreht mit seiner Entscheidung im Ergebnis *„das*

806 S.o. § 3 D. II. 3. b) bb) (1).

807 Vgl. auch *Jeep,* in: NJW 2012, 658, 660.

808 Vgl. *Seibt,* in: Scholz, GmbHG, § 16 Rn. 80a.

809 Vgl. BT-Drucks. 16/6140, 38; s.o. § 1 A.

810 So auch *Löbbe,* in: Ulmer/Habersack/Löbbe, GmbHG, § 16 Rn. 140; *Seibt,* in: Scholz, GmbHG, § 16 Rn. 80a.

811 Vgl. auch *Schäfer,* Gesellschaftsrecht, § 36 Rn. 27.

Rad wieder auf die Vor-MoMiG-Zeit zurück“[812], in der ebenfalls wegen § 161 Abs. 1 BGB lediglich die Rechtsposition des Ersterwerbers umfassend vor einer Zwischenverfügung geschützt war. Dies widerspricht aber klar den Intentionen des Gesetzgebers und den Interessen des Rechtsverkehrs.

Doch die Entscheidung und Begründung des BGH ist auch ansonsten nicht stimmig und führt zu Wertungswidersprüchen. Zunächst ist die Anwendung des § 16 Abs. 3 GmbHG sehr wohl vom Wortlaut des § 161 Abs. 3 BGB erfasst, wonach die Vorschriften des gutgläubigen Erwerbs lediglich *„entsprechende“* Anwendung finden. § 161 Abs. 3 BGB umfasst gerade die Konstellation, dass ein Anwartschaftsrecht durch redlichen Erwerb untergeht, wenn und weil der Zwischenerwerber kraft Rechtsscheins von der Verfügungsbefugnis des Veräußerers ausgehen und nicht erkennen muss, dass dieser bereits anderweitig, wenn auch aufschiebend bedingt, über den Gegenstand verfügt hat.[813] Der BGH versteht demgegenüber § 161 Abs. 3 BGB unzutreffenderweise als Rechtsgrundverweisung.[814] Für die Möglichkeit eines gutgläubigen Zwischenerwerbs spricht deshalb auch und insbesondere ein „argumentum a maiore ad minus“ bzw. ein „argumentum a fortiori“: Denn wenn ein gutgläubiger Erwerber auch von einem Nichtberechtigten gem. § 16 Abs. 3 GmbHG hätte erwerben können, dann muss er beim Erwerb vom „Noch-Berechtigten“ erst recht schutzwürdig sein, vorausgesetzt natürlich, dass er hinsichtlich der Beschränkungen der Verfügungsmacht gutgläubig war.[815] Ansonsten wäre die Rechtsposition des Anwartschaftsberechtigten stärker geschützt als diejenige des Vollberechtigten.[816]

Zur Verdeutlichung:

Hätte A den Geschäftsanteil im ***Beispiel 15*** *zunächst unbedingt an B abgetreten, so hätte C den Geschäftsanteil (bei Vorliegen der übrigen Voraussetzungen) unstreitig gem. § 16 Abs. 3 GmbHG wirksam vom Nichtberechtigten A gutgläubig erworben. Dass A im Falle einer aufschiebend bedingten Übertragung sogar noch Berechtigter war, kann aber nicht C zum Nachteil gereicht werden.*[817] *Genau diese Konsequenz hat aber die Rechtsprechung des BGH.*

Der Verweis des BGH und der übrigen Stimmen der Gegenansicht darauf, dass ein gutgläubiger Erwerb nach § 161 Abs. 3 BGB i.V.m. § 16 Abs. 3 GmbHG daran

812 So treffend *Bayer,* in: GmbHR 2011, 1254, 1257.

813 Vgl. *Altmeppen,* in: Roth/Altmeppen, GmbHG, § 16 Rn. 69.

814 Vgl. *Heidinger,* in: Heckschen/Heidinger, Die GmbH in der Gestaltungs- und Beratungspraxis, § 13 Rn. 141i.

815 Vgl. *Brandes,* in: GmbHR 2012, 545, 549.

816 Vgl. *Altmeppen,* in: Roth/Altmeppen, GmbHG, § 16 Rn. 69; *Bayer,* in: GmbHR 2011, 1254, 1257/1258; *Brandes,* in: Bork/Schäfer, GmbHG, § 16 Rn. 76; *Maier-Reimer,* in: FS Westphalen, 489, 497; *Verse,* in: Henssler/Strohn, Gesellschaftsrecht, GmbHG, § 16 Rn. 65; *Seibt,* in: Scholz, GmbHG, § 16 Rn. 80b; wohl auch *Löbbe,* in: Ulmer/Habersack/Löbbe, GmbHG, § 16 Rn. 138.

817 So auch *Drygala/Staake/Szalai,* Kapitalgesellschaftsrecht, § 12 Rn. 40.

scheitere, dass die Gesellschafterliste vor Eintritt der Bedingung gar nicht unrichtig sei, geht demnach fehl.

Letztlich herrscht hier aber Nachbesserungsbedarf auf Seiten des Gesetzgebers, eine klare Regelung bezüglich bedingter Abtretungen zu treffen.[818] Da in der Praxis die Rechtsprechung des BGH entscheidend sein wird, bleibt dem Erwerber bis dahin keine andere Wahl, als doch wieder sorgfältige Due Diligence Prüfungen durchzuführen, um einen halbwegs gesicherten Anteilserwerb zu gewährleisten.[819] Ob der Ersterwerber, der bis zum Bedingungseintritt lediglich ein Anwartschaftsrecht erworben hat, angesichts der o.g. BGH-Rechtsprechung nunmehr auf Absicherungsmaßnahmen verzichten kann[820], ist aber ebenfalls fraglich. Nach Ansicht des Verfassers kann und sollte sich dieser dennoch und zudem vor einem gutgläubigen Zwischenerwerb schützen. Hierfür bietet es sich insbesondere an, den Anteilserwerb unter die aufschiebende Bedingung der Eintragung des Käufers in der Gesellschafterliste zu stellen, wie dies auch bei Erwerb eines Kommanditanteils wegen der Haftungsgefahren gemäß § 176 HGB häufig gehandhabt wird.[821] Auch die Verpfändung des Geschäftsanteils an den Käufer stellt eine gute Sicherungsmöglichkeit dar, da ein gutgläubig lastenfreier Erwerb eines Geschäftsanteils nicht möglich ist[822].[823] Sollten derartige Vertragsgestaltungen allerdings nicht möglich sein, empfiehlt sich die Eintragung eines Widerspruchs, um den Rechtsschein des Fortbestands der uneingeschränkten Verfügungsbefugnis des Veräußerers und damit das potentielle Vertrauen des Zwischenerwerbers in diese Verfügungsbefugnis des Veräußerers auszuschließen. Nicht nur wegen der Gefahr eines gutgläubigen Zwischenerwerbs, sondern um generell unliebsame und / oder überraschende Gesellschafterwechsel zu vermeiden, erscheint es dem Verfasser zudem empfehlenswerter denn je, den Gesellschaftsvertrag mit einer Vinkulierungsklausel zu versehen. Denn auch ein gutgläubiger Erwerb kann in diesem Falle nicht ohne die Zustimmung der Gesellschaft / der Gesellschafter erfolgen.[824]

dd) Maßgeblicher Zeitpunkt

Nicht gesetzlich geregelt und teilweise umstritten ist der maßgebliche Zeitpunkt, in dem der gute Glaube des Erwerbers vorliegen muss. Im Falle eines vollständigen Rechtserwerbs herrscht Einigkeit, dass der maßgebliche Zeitpunkt des guten

---

818 So auch *Bayer,* in: GmbHR 2011, 1254, 1258; *Löbbe,* in: Ulmer/Habersack/Löbbe, GmbHG, § 16 Rn. 140; ähnlich auch *Jeep,* in: NJW 2012, 658 ff.

819 Vgl. *Löbbe,* in: Ulmer/Habersack/Löbbe, GmbHG, § 16 Rn. 140; *Stenzel,* in: BB 2012, 337, 343.

820 So etwa *Heidinger,* in: Heckschen/Heidinger, Die GmbH in der Gestaltungs- und Beratungspraxis, § 13 Rn. 141i.

821 So auch *Jaques,* in: Ettinger/Jaques, Beck'sches Handbuch Unternehmenskauf im Mittelstand, D. Rn. 209.

822 S.o. § 3 D. II. 3. b) bb).

823 Vgl. auch *Jaques,* in: Ettinger/Jaques, Beck'sches Handbuch Unternehmenskauf im Mittelstand, D. Rn. 209.

824 S.o. § 3 D. II. 3. b) aa).

Glaubens grundsätzlich der Zeitpunkt der dinglichen Einigung ist.[825] Problematisch und streitig ist allerdings der maßgebliche Zeitpunkt bei aufschiebend bedingten oder befristeten Verfügungen. Diese Frage ist zu trennen von der oben erörterten Problematik, ob ein aufschiebend bedingt abgetretener Geschäftsanteil nach § 161 Abs. 3 BGB i.V.m. § 16 Abs. 3 GmbHG vor Bedingungseintritt von einem Zweiterwerber gutgläubig (weg-) erworben werden kann. Vorliegend geht es um eine andere Konstellation, nämlich auf welchen Zeitpunkt hinsichtlich der Gutgläubigkeit bei einem aufschiebend bedingten Erwerb abzustellen ist. Es geht mithin nicht um einen Erwerb eines Dritten in der „Schwebephase" zwischen Einigung und Bedingungseintritt eines Geschäfts zwischen Veräußerer und Ersterwerber, sondern darum, ob ein Erwerber im Rahmen einer aufschiebend bedingten Abtretung eines Geschäftsanteils zeitlich zwischen dinglicher Einigung und Bedingungseintritt bösgläubig werden kann.

*Zur Veranschaulichung sei das folgende **Beispiel 16** genannt:*

Der in der Gesellschafterliste eingetragene V veräußert „seinen" Geschäftsanteil unter der aufschiebenden Bedingung der Kaufpreiszahlung an E. Nach Vertragsabschluss, aber noch vor vollständiger Kaufpreiszahlung, mithin vor Bedingungseintritt, erfährt E, dass V nicht der wahre Inhaber des Geschäftsanteils ist.

Nach einer Ansicht soll in Anlehnung an § 892 Abs. 2 BGB in diesen Fällen der Zeitpunkt des Bedingungseintritts maßgeblich sein, sofern dieser in den Händen der Parteien liegt.[826]

*Folgt man dieser Ansicht, so kann E im **Beispiel 16** den Geschäftsanteil nicht gutgläubig gem. § 16 Abs. 3 GmbHG erwerben, da er im Zeitpunkt des Bedingungseintritts der vollständigen Kaufpreiszahlung Kenntnis von der Nichtberechtigung des V hat und damit bösgläubig ist.*

Nach der Gegenansicht ist auch in dieser Konstellation der Zeitpunkt der dinglichen Einigung maßgeblich, d.h. der maßgebliche Zeitpunkt wird auf den Zeitpunkt der Vornahme des Verfügungsgeschäfts vorverlagert.[827] Zur Begründung wird darauf verwiesen, dass bei einem Vorbehaltskauf der Käufer stets dann redlich erwerbe, wenn die aufschiebende Bedingung in Gestalt der in der Hand des Käufers liegenden Zahlung des Kaufpreises eintrete; dies gelte auch dann, wenn er zwischenzeitlich bösgläubig geworden sei.[828] Im Rahmen eines bedingten Rechtserwerbs komme es

---

825 Vgl. nur *Altmeppen*, in: Roth/Altmeppen, GmbHG, § 16 Rn. 80.

826 So etwa *Ebbing*, in: Michalski, GmbHG, § 16 Rn. 224; *Fastrich*, in: Baumbach/Hueck, GmbHG, § 16 Rn. 38; *Götze/Bressler*, in: NZG 2007, 894, 898 f; *Heidinger*, in: MünchKomm-GmbHG; § 16 Rn. 278; *Wicke*, GmbHG, § 16 Rn. 23.

827 Vgl. *Altmeppen*, in: Roth/Altmeppen, GmbHG, § 16 Rn. 80; *Verse*, in: Henssler/Strohn, Gesellschaftsrecht, GmbHG, § 16 Rn. 82.

828 Vgl. *Altmeppen*, in: Roth/Altmeppen, GmbHG, § 16 Rn. 80.

stets auf die Bösgläubigkeit bei der Erfüllung des Erwerbstatbestandes an[829]; dies sei vorliegend der Zeitpunkt der förmlichen Übertragung, § 15 Abs. 3 GmbHG.[830]

*Nach dieser Ansicht kann E im **Beispiel 16** den Geschäftsanteil gutgläubig gem. § 16 Abs. 3 GmbHG erwerben, da er im Zeitpunkt der dinglichen Einigung von der Nichtberechtigung des V (noch) keine Kenntnis hatte und damit im maßgeblichen Zeitpunkt gutgläubig gewesen ist.*

Der letzteren Ansicht ist bereits aus rein praktischen Erwägungen zuzustimmen, da die Veräußerung von Geschäftsanteilen in der Praxis häufig von einer Bedingung, in der Regel der vollständigen Kaufpreiszahlung, abhängig gemacht wird.[831] Der gutgläubige Erwerb würde aber in seiner Bedeutung erheblich entwertet, wäre er ausgeschlossen, wenn der Erwerber zwischen dem Verfügungsgeschäft und der vollständigen Zahlung des Kaufpreises bösgläubig wird. Des Weiteren kann auch der Vergleich mit der Regelung des § 892 Abs. 2 BGB nicht überzeugen, da eine dingliche Einigung über die Übertragung eines Grundstücks, die unter einer Bedingung oder einer Zeitbestimmung erfolgt, gem. § 925 Abs. 2 BGB bereits per se unwirksam ist. Im Gegensatz dazu kann ein GmbH-Geschäftsanteil mangels einer entsprechenden Regelung im GmbH-Recht aber sehr wohl aufschiebend bedingt erworben werden; § 15 Abs. 3 GmbHG steht insofern nicht entgegen.[832]

c) Keine Zuordnung eines Widerspruchs

Ein gutgläubiger Erwerb ist darüber hinaus gem. § 16 Abs. 3 S. 3 Var. 2 GmbHG ausgeschlossen, wenn der Gesellschafterliste bezüglich des gegenständlichen Geschäftsanteils ein Widerspruch zugeordnet ist. Dies gilt nach allgemeiner Meinung – wie auch im Rahmen von § 892 BGB – selbstredend nur bei einem Widerspruch durch den wahren Berechtigten.[833] Dieser kann mithin den gutgläubigen Erwerb „seines" Geschäftsanteils verhindern, indem er (dem eingetragenen Nichtberechtigten) in der Gesellschafterliste einen Widerspruch zuordnen lässt.[834] Hierdurch wir gewährleistet, dass der wahre Berechtigte (nach Bemerken der Unrichtigkeit der Gesellschafterliste) in dem Zeitraum bis zur Änderung der Gesellschafterliste und der Aufnahme der geänderten Liste in das Handelsregister, was in der Regel mit einem größeren zeitlichen Vorlauf verbunden ist und nicht zuletzt auch von

829 Vgl. für den Erwerb einer beweglichen Sache bereits BGH, Urt. v. 21.05.1953 – IV ZR 192/52, BGHZ 10, 73 ff.
830 Vgl. *Altmeppen*, in: Roth/Altmeppen, GmbHG, § 16 Rn. 80.
831 Vgl. *Altmeppen,* in: Roth/Altmeppen, GmbHG, § 16 Rn. 80.
832 So auch *Altmeppen,* in: Roth/Altmeppen, GmbHG, § 16 Rn. 80.
833 Vgl. nur *Altmeppen,* in: Roth/Altmeppen, GmbHG, § 16 Rn. 81; *Verse,* in: Henssler/Strohn, Gesellschaftsrecht, GmbHG, § 16 Rn. 83.
834 BT-Drucks. 16/6140, 39; *Schäfer,* Gesellschaftsrecht, § 36 Rn. 27.

der Zuverlässigkeit des jeweiligen Registergerichts abhängt, nicht der Gefahr eines gutgläubigen Erwerbs gem. § 16 Abs. 3 GmbHG ausgesetzt ist.[835]

In der Literatur wird vielfach diskutiert, ob auch ein Widerspruch zugunsten eines bedingten oder befristeten Erwerbers eingetragen werden kann, um einen gutgläubigen Erwerb nach § 161 Abs. 3 BGB i.V.m. § 16 Abs. 3 GmbHG zu verhindern.[836] Nach der hier vertretenen Auffassung ist entgegen der Ansicht des BGH[837] ein gutgläubiger Zweit- / Zwischenerwerb gem. § 161 Abs. 3 BGB i.V.m. § 16 Abs. 3 GmbHG in diesem Zeitraum grundsätzlich möglich.[838] Um den Ersterwerber vor einem Verlust seiner Anwartschaft durch einen gutgläubigen Zweiterwerb zu schützen, sollte ein entsprechender Widerspruch folgerichtig zulässig sein, auch wenn die Gesellschafterliste vor Eintritt der Bedingung noch nicht unrichtig ist.[839] Bei § 16 Abs. 3 GmbHG fehlt im Übrigen gerade die in §§ 892, 899 Abs. 1 BGB vorhandene Eingrenzung der Widerspruchsrichtung *„gegen die Richtigkeit"* des Rechtsscheinträgers, so dass ein Widerspruch hier nicht zwingend begrifflich eine unrichtige Gesellschafterliste voraussetzt.[840]

III. Rechtsfolgen

Liegen die Voraussetzungen des § 16 Abs. 3 GmbH vor, geht der Geschäftsanteil – wie beim Erwerb vom Berechtigten – auf den Erwerber über. Nachdem die aktualisierte Gesellschafterliste im Handelsregister aufgenommen worden ist, ist der gutgläubige Erwerber nicht nur materiell-rechtlich, sondern auch formal Berechtigter an dem Geschäftsanteil und gilt gem. § 16 Abs. 1 GmbHG auch im Verhältnis zur Gesellschaft als Inhaber des Geschäftsanteils.[841] Der gutgläubige Erwerber tritt mithin im Moment der Aufnahme der neuen Gesellschafterliste im Handelsregister vollumfänglich und vollwertig in die Gesellschafterstellung des bisherigen Gesellschafters ein und erhält sämtliche mit dem Geschäftsanteil verbundene mitgliedschaftliche Rechte und Pflichten.[842]

Oder anders ausgedrückt: Der materiell Berechtigte und damit eigentliche Inhaber des Geschäftsanteils verliert unter den Voraussetzungen des § 16 Abs. 3 GmbHG seinen Geschäftsanteil an den gutgläubigen Erwerber aufgrund dessen Rechtsgeschäft mit dem lediglich formal berechtigten Veräußerer.

---

835 Vgl. *Brandes,* in: Bork/Schäfer, GmbHG, § 16 Rn. 7.

836 Vgl. zu dieser Problematik § 3 D. II. 3. b) cc).

837 S.o., BGH, Beschl. v. 20.9.2011 – II ZB 17/10, BB 2011, 2832.

838 S.o. § 3 D. II. 3. b) cc) (3).

839 S.o. § 3 D. II. 3. b) cc) (3).

840 Vgl. *Hellfeld,* in: NJW 2010, 411, 413; *Winter,* in: Gehrlein/Ekkenga/Simon, GmbHG, § 16 Rn. 38

841 Vgl. *Ebbing,* in: Michalski, GmbHG, § 16 Rn. 255; vgl. zu § 16 Abs. 1 GmbHG auch die obigen Ausführungen unter § 3 C. II. 1.

842 Vgl. *Dompke/Spiller,* in: BRJ 2009, 125, 129; *Verse,* in: Henssler/Strohn, Gesellschaftsrecht, GmbHG, § 16 Rn. 91.

§ 4 Anspruchsbegründung – Ansprüche des Altgesellschafters

A. Einführung

Hat der Altgesellschafter seinen Geschäftsanteil an einen Dritten aufgrund dessen gutgläubigen Erwerbs gem. § 16 Abs. 3 GmbHG verloren, stellt sich im Anschluss die Frage möglicher (Ersatz-) Ansprüche. Im Folgenden wird untersucht, gegen welche in Betracht kommenden Anspruchsgegner dem Altgesellschafter welche möglichen Ansprüche zustehen können und wie diese ggf. prozessual durchzusetzen sind. Nach dieser Darstellung der möglichen Anspruchsgegner und Anspruchsgrundlagen erfolgt eine Zusammenschau der Ergebnisse. Hieraus soll sodann bereits eine erste Zweckmäßigkeitsempfehlung für den Altgesellschafter bezüglich der Vorgehensweise bei Verlust eines Geschäftsanteils aufgrund gutgläubigen Erwerbs hergeleitet werden. Unter § 5 wird im Anschluss umfassend auf die Ausfüllung bzw. die Rechtsfolgen der unter § 4 dargestellten, in Betracht kommenden Ansprüche des Altgesellschafters eingegangen.

B. Ansprüche gegen den Veräußerer

I. Schadensersatzansprüche

Im Folgenden werden die in Betracht kommenden Schadensersatzansprüche des Altgesellschafters gegen den Veräußerer dargestellt. Wegen der großen Bedeutung werden unter der gesonderten Ziffer 3. die Besonderheiten und der Maßstab der Haftung bei Fahrlässigkeit im Rahmen von § 280 Abs. 1 BGB und § 823 BGB thematisiert.

1. Anspruch aus § 280 Abs. 1 BGB

In Einzelfällen könnten dem Altgesellschafter Schadensersatzansprüche aus § 280 Abs. 1 BGB zustehen. Daran sollte stets gedacht werden, wäre § 280 Abs. 1 BGB bei Einschlägigkeit doch die für den Altgesellschafter günstigste Schadensersatzanspruchsgrundlage. Denn § 280 Abs. 1 BGB hat gegenüber den ebenfalls in Betracht kommenden Ansprüchen aus §§ 687 Abs. 2, 678 BGB und §§ 823 ff. BGB den großen Vorteil, dass das erforderliche Vertretenmüssen des Veräußerers gem. § 280 Abs. 1 S. 2 BGB vermutet wird, die diesbezügliche Beweislast also beim Veräußerer und nicht beim geschädigten Altgesellschafter liegt.[843] § 280 Abs. 1 BGB erfordert die schuldhafte Verletzung einer Pflicht aus einem Schuldverhältnis.

843 Vgl. hierzu im Einzelnen die nachfolgenden Ausführungen unter § 4 B. I. 1. c) und e).

a) Schuldverhältnis

Zunächst ist im Einzelfall stets zu prüfen, ob zwischen Veräußerer und Altgesellschafter ein Schuldverhältnis i.S.v. § 280 Abs. 1 BGB besteht. Der Begriff des Schuldverhältnisses i.S.v. § 280 Abs. 1 BGB umfasst alle vertraglichen und gesetzlichen Schuldverhältnisse des Privatrechts[844] sowie öffentlich-rechtliche Verhältnisse, soweit hieraus schuldrechtsähnliche Pflichten erwachsen und die Eigenarten des öffentlichen Rechts nicht entgegenstehen[845]. An einem Schuldverhältnis in diesem Sinne zwischen Veräußerer und Altgesellschafter dürfte es in der Regel zwar fehlen, doch kommen durchaus Ausnahmekonstellationen in Betracht, in denen ein solches Schuldverhältnis bestehen und die Übertragung des Geschäftsanteils an einen gutgläubigen Dritten eine Verletzung der Pflichten aus diesem Schuldverhältnis begründen kann.

Zu denken ist dabei maßgeblich an die folgenden Konstellationen:

aa) Gesellschaftsvertragliches Verhältnis

Sind Veräußerer und Altgesellschafter beide Gesellschafter derselben GmbH, besteht zwischen beiden ein gesellschaftsvertragliches Verhältnis und damit ein Schuldverhältnis i.S.v. § 280 Abs. 1 BGB. Die Veräußerung des Geschäftsanteils eines Mitgesellschafters könnte im Weiteren als Verletzung der gesellschaftsrechtlichen Treuepflicht anzusehen sein.[846]

Zur Veranschaulichung sei das folgende ***Beispiel 17*** *genannt:*

V ist als Inhaber von drei Geschäftsanteilen an der X-GmbH, nämlich den Geschäftsanteilen a), b) und c) zu je EUR 20.000,00, in der Gesellschafterliste eingetragen. Jedoch ist V nur bezüglich der Geschäftsanteile b) und c) auch materiell berechtigt. Der Geschäftsanteil a) steht hingegen materiell eigentlich dem A zu, der daneben noch einen weiteren Anteil d) an der X-GmbH hält. V, der im Gegensatz zu A von diesen Umständen Kenntnis hat, möchte den Geschäftsanteil a) schnellstmöglich und vor Kenntniserlangung des A abstoßen und zu Geld machen, weshalb er dem E, der schon lange in die X-GmbH als Gesellschafter einsteigen möchte, den Geschäftsanteil a) veräußert. V freut sich, unbemerkt ein gutes Geschäft gemacht zu haben und zudem dem ungeliebten Mitgesellschafter A „eins ausgewischt zu haben". Erst nach Veräußerung und Übertragung des Geschäftsanteils a) zu notarieller Urkunde durch V an den gutgläubigen E erfährt A durch Zufall von den Geschehnissen und verlangt von V Schadensersatz für den Verlust seines Geschäftsanteils a).

In dieser Konstellation sind sowohl A als auch V auch nach Übertragung des Geschäftsanteils a) an den E noch Gesellschafter der X-GmbH. V hält weiterhin die Anteile b) und c), A den Anteil d) an der X-GmbH. Zwischen A und V besteht demnach ein gesellschaftsvertragliches Verhältnis.

---

844 Vgl. *Schulze,* in: HK-BGB, § 280 Rn. 3.
845 Vgl. *Grüneberg,* in: Palandt, § 280 Rn. 10.
846 vgl. hierzu nachfolgend § 4 B. I. 1. b) aa).

Fraglich ist aber, ob ein gesellschaftsvertragliches Verhältnis zwischen Veräußerer und Altgesellschafter auch dann anzunehmen ist, wenn der Veräußerer lediglich „formaler Gesellschafter" ist, er also allein bezüglich des streitgegenständlichen Geschäftsanteils in der Gesellschafterliste eingetragen ist, dessen wahrer Inhaber er nicht ist. In diesem Falle ist er zwar materiell-rechtlich nicht Gesellschafter. Dennoch gilt er gem. § 16 Abs. 1 GmbHG der Gesellschaft gegenüber als Gesellschafter.[847] Diese Legitimationswirkung nach § 16 Abs. 1 GmbHG erfasst nach einhelliger Ansicht alle mitgliedschaftlichen Rechte und Pflichten[848] und damit in Konsequenz wohl auch die ungeschriebene, allgemeine gesellschaftsrechtliche Treuepflicht[849]. Man könnte deshalb daran denken, dass diese bloß formale Gesellschafterstellung auch ein gesellschaftsvertragliches Verhältnis zu den Gesellschaftern begründen kann. Denn die gesellschaftsrechtliche Treuepflicht besteht grundsätzlich nicht nur gegenüber der Gesellschaft, sondern auch im Verhältnis der Gesellschafter untereinander, so dass die Gesellschafter auf die mitgliedschaftlichen, grundsätzlich aber nicht auf die sonstigen privaten Interessen ihrer Mitgesellschafter Rücksicht zu nehmen haben.[850] Die Annahme einer gesellschaftsrechtlichen Treuepflicht auch des bloß formalen Gesellschafters gegenüber dem materiell an dem betreffenden Geschäftsanteil Berechtigten, jedenfalls aber eine fingierte vertragliche Beziehung zwischen formalem und wahrem Gesellschafter, ist allerdings im Ergebnis zu verneinen. Denn § 16 Abs. 1 GmbHG betrifft ausweislich seines eindeutigen Wortlauts ausschließlich das formale Verhältnis zur Gesellschaft. Eine gesellschaftsrechtliche Treuepflicht bzw. eine fingierte gesellschaftsvertragliche Beziehung des formalen Gesellschafters gegenüber dem materiell Berechtigten aus ein und demselben Geschäftsanteil kann sich hieraus aber nicht ergeben. Ein vertragliches Verhältnis zwischen Veräußerer und Altgesellschafter besteht mithin gerade nicht. Hält also der Veräußerer nicht noch einen weiteren Geschäftsanteil an der betreffenden Gesellschaft, dessen wahrer Berechtigter er ist, besteht zwischen ihm und dem Altgesellschafter kein gesellschaftsvertragliches Verhältnis und damit kein Schuldverhältnis i.S.v. § 280 Abs. 1 BGB.

*Hält V in **Abwandlung zu Beispiel 17** nicht die Anteile b) und c), sondern ist lediglich bezüglich des ihm materiell nicht zustehenden Anteils a) in der Gesellschafterliste eingetragen, besteht zwischen V und A kein gesellschaftsvertragliches Verhältnis. Ein Anspruch gem. § 280 Abs. 1 BGB scheidet in dieser Konstellation demnach aus.*

bb) Treuhandverhältnisse

(1) Einführung

Zu denken ist auch an Treuhand- bzw. sog. „Strohmannverhältnisse". In diesen Fällen ist ein Treuhänder bzw. ein sog. „Strohmann" an einer GmbH als Gesellschafter

---

847 Vgl. hierzu bereits die Ausführungen unter § 3 C. II. 1.

848 Vgl. *Wilhelmi*, in: BeckOK-GmbHG, § 16 Rn. 19.

849 Vgl. zur Treuepflicht bereits die Ausführungen unter § 2 B. II. 6. b).

850 S.o. § 2 B. II. 6. b).

beteiligt. Der Treuhänder wird zwar im eigenen Namen aber auf Rechnung für einen anderen, nämlich für seinen Auftraggeber / Treugeber, tätig. Hierdurch soll in der Regel die Identität des „wahren“ Gesellschafters, des Auftraggebers / Treugebers, geheim gehalten werden, denn sowohl die Gründungssatzung (§ 3 Abs. 1 Nr. 4 GmbHG) als auch die Gesellschafterliste (§§ 8 Abs. 1 Nr. 3, 40 Abs. 1 GmbHG) geben Auskunft über die Identität der Gesellschafter. Die Geheimhaltung der Identität kann ganz unterschiedliche Gründe haben, die sowohl in der Person des Treugebers selbst aber auch in der Gesellschaft bzw. der Mitgesellschafter wurzeln können. Z.B. kann unerwünscht sein, dass bekannt wird, wer die Gesellschaft letztlich finanziert. Dies kann etwa mit dem Ruf des möglicherweise prominenten Treugebers zusammenhängen. Auch wettbewerbsrechtliche Gesichtspunkte können eine Rolle spielen. Die Bezeichnung „Strohmann“ verwendet man dabei in der Regel und nach dem üblichen Sprachgebrauch bei strikter Abhängigkeit des Treuhänders von seinem Auftraggeber / Treugeber, manchmal aber auch nur dann, wenn die Identität des Treugebers hierdurch vollständig verdeckt wird.[851] Durch dieses Konstrukt eines Treuhand- bzw. Strohmannverhältnisses fallen die rechtliche und die wirtschaftliche Zuordnung des Geschäftsanteils auseinander. Der Treuhänder ist zum einen ungeachtet seines Handelns für fremde Rechnung rechtlich Gesellschafter mit allen damit verbundenen Rechten und Pflichten und hat damit die Rechtsmacht zu handeln.[852] Der Treuhänder ist mit dem Auftraggeber / Treugeber mithin allein durch die Treuhandvereinbarung, i.d.R. ein Auftrags- oder Geschäftsbesorgungsverhältnis (§§ 662, 675 BGB), verbunden.[853] Aufgrund dieser schuldrechtlichen Treuhandvereinbarung ist der Treuhänder damit allerdings im Verhältnis zu seinem Auftraggeber / Treugeber faktisch in der Wahrnehmung der Mitgliedschaftsrechte beschränkt.[854]

In der Praxis ist in erster Linie die sog. „Verwaltungstreuhand / fremdnützige Treuhand“ von Relevanz.[855] Hierbei kann oder will der Treugeber sein Recht nicht ausüben und überträgt es deshalb auf einen Treuhänder, der es für ihn im Außenverhältnis verwalten und ausüben soll.[856] Dabei stehen die Interessen des Treugebers im Vordergrund.[857] Man unterscheidet im Allgemeinen drei Arten von Möglichkeiten, nach denen ein Geschäftsanteil zum Treugut gemacht und die Stellung eines Treuhänders erlangt werden kann: Die Übertragungstreuhand, die Erwerbstreuhand

851 Vgl. *Fastrich,* in: Baumbach/Hueck, GmbHG, § 1 Rn. 40.

852 Vgl. BGH, Beschl. v. 09.10.1956 – II ZB 11/56, BGHZ 21, 378, 382; BGH, Urt. v. 14.12.1959 – II ZR 187/57, BGHZ 31, 258, 263 ff.; BayObLG, Beschl. v. 18.03.1991 – BReg. 3 Z 69/90, BayObLGZ 1991, 127, 133 ff.; *Mayer,* in: MünchKomm-GmbHG, § 2 Rn. 122.

853 Vgl. *Schäfer,* in: Bork/Schäfer, GmbHG, § 2 Rn. 82.

854 Vgl. *Schäfer,* in: Bork/Schäfer, GmbHG, § 2 Rn. 79; *Ulmer/Löbbe,* in: Ulmer/Habersack/Löbbe, GmbHG, § 2 Rn. 78.

855 Vgl. *Schäfer,* in: Bork/Schäfer, § 2 Rn. 79.

856 Vgl. *Reichert/Weller,* in: MünchKomm-GmbHG, § 15 Rn. 197.

857 Vgl. a.a.O.

und die Vereinbarungstreuhand. Im Rahmen der Übertragungstreuhand (sog. „echte Treuhand“[858]) ist der Treugeber zunächst Inhaber des Geschäftsanteils und überträgt diesen rechtlich (nicht wirtschaftlich) auf den Treuhänder.[859] Bei der Erwerbstreuhand erwirbt der Treuhänder den Geschäftsanteil hingegen rechtlich in eigenem Namen – derivativ von einem Gesellschafter oder originär im Rahmen der Gründung oder einer Kapitalerhöhung – im Auftrag des Treugebers von einem Dritten.[860] Merkmal der Vereinbarungstreuhand ist es, dass der Treuhänder zunächst selbst Inhaber des Geschäftsanteils ist und mit dem Treugeber vereinbart, diesen Geschäftsanteil künftig treuhänderisch für den Treugeber zu halten.[861]

Derartige Treuhand- bzw. Strohmannverhältnisse sind nach allgemeiner Meinung (gesellschafts-) rechtlich grundsätzlich unbedenklich[862], sofern sich nicht aus gesellschaftsvertraglichen oder gesetzlichen Bestimmungen etwas anderes ergibt[863]. Insbesondere stellt eine Strohmanngründung kein Scheingeschäft i.S.d. § 117 BGB oder eine gesetzes- oder sittenwidrige Umgehung von Gründungs- und / oder Haftungsvorschriften (§§ 134, 138 BGB) dar.[864] Lediglich im Einzelfall kann u.U. ein Tatbestand der §§ 117, 134, 138, 826 BGB erfüllt sein, etwa bei Schädigungsabsicht, Knebelung oder wenn ohne echte Bindung nur die Handelsregistereintragung einer Scheingesellschaft erreicht werden soll.[865] Eine Pflicht zur Aufdeckung des Treuhandverhältnisses gegenüber den Mitgesellschaftern besteht grundsätzlich nur dann, sofern der Gesellschaftsvertrag eine Vinkulierungsklausel i.S.v. § 15 Abs. 5 GmbHG enthält, also eine Beschränkung der grundsätzlich freien Übertragbarkeit des Geschäftsanteils besteht.[866]

---

858 Vgl. *Reichert/Weller,* in: MünchKomm-GmbHG, § 15 Rn. 200.

859 Vgl. *Reichert/Weller,* in: MünchKomm-GmbHG, § 15 Rn. 200; *Verse,* in: Henssler/Strohn, Gesellschaftsrecht, GmbHG, § 15 Rn. 117.

860 Vgl. *Ebbing,* in: Michalski, GmbHG, § 15 Rn. 207; *Wicke,* GmbHG, § 15 Rn. 31.

861 Vgl. *Reichert/Weller,* in: MünchKomm-GmbHG, § 15 Rn. 202; *Verse,* in: Henssler/Strohn, Gesellschaftsrecht, GmbHG, § 15 Rn. 117.

862 Vgl. etwa *Fastrich,* in: Baumbach/Hueck, GmbHG, § 1 Rn. 40; *Jaeger,* in: BeckOK-GmbHG, § 2 Rn. 54; *Mayer,* in: MünchKomm-GmbHG, § 2 Rn. 122; *Roth,* in: Roth/Altmeppen, GmbHG, § 1 Rn. 35; *Schäfer,* in: Bork/Schäfer, GmbHG, § 2 Rn. 80.

863 So verbietet z.B. § 59e Abs. 4 BRAO die treuhänderische Beteiligung an einer Rechtsanwalts GmbH.

864 *Fastrich,* in: Baumbach/Hueck, GmbHG, § 1 Rn. 40; *Jaeger,* in: BeckOK-GmbHG, § 2 Rn. 54; *Roth,* in: Roth/Altmeppen, GmbHG, § 1 Rn. 35; *Schäfer,* in: Bork/Schäfer, GmbHG, § 2 Rn. 80.

865 Vgl. *Fastrich,* in: Baumbach/Hueck, GmbHG, § 1 Rn. 41 m.w.N.; *Roth,* in: Roth/Altmeppen, GmbHG, § 1 Rn. 35.

866 Vgl. OLG Hamburg, Beschl. v. 30.04.1993 – 11 W 13/93, BB 1993, 1030; *Schäfer,* in: Bork/Schäfer, GmbHG, § 2 Rn. 81. Zur steuerlichen Anerkennung ist die verdeckte Treuhand allerdings nach FG Köln DB 2005, 2496 gegenüber dem Finanzamt stets offenzulegen.

(2) Bestehende Treuhandverhältnissen

Rechtlich ist allein der Treuhänder Gesellschafter und auch als solcher in der Gesellschafterliste eingetragen. Dennoch ist fraglich, ob er auch das Recht hat, über den treuhänderisch gehaltenen Geschäftsanteil wirksam zu verfügen. Die Frage, ob tatsächlich allein der Treugeber das Risiko einer im Innenverhältnis pflichtwidrigen Verfügung des Treuhänders zu tragen hat, ist hochumstritten und soll im Rahmen dieser Untersuchung nicht umfassend dargestellt werden.[867] Vorliegend soll es vielmehr allein um die Frage gehen, ob der Treuhänder als Berechtigter über den treuhänderisch gehaltenen Geschäftsanteil wirksam gem. § 15 GmbHG verfügen kann oder ob er womöglich als Nichtberechtigter zu behandeln ist und die Vorschrift des § 16 Abs. 3 GmbHG (analog) zur Anwendung kommt. Auch dies ist umstritten.

Insbesondere *Bitter* stellt allein auf das „wirtschaftliche Eigentum" des Treugebers ab und stellt den treuwidrig verfügenden Treuhänder im Rahmen einer funktionell-teleologischen Interpretation der die Wirksamkeit von Verfügungen betreffenden Vorschriften einem Nichtberechtigten im Ergebnis gleich; ein Dritter könne vom treuwidrig verfügenden Treuhänder vor diesem Hintergrund nur entsprechend den Gutglaubensvorschriften erwerben.[868] *Bitter* leitet den Verfügungsschutz des Treugebers insbesondere aus einer Analogie zu § 392 Abs. 2 HGB ab und sieht diese Regelung als Ausdruck eines allgemeinen Rechtsgedankens für alle Fälle der Rechtsträgerschaft für fremde Rechnung.[869] Bei folgerichtiger Anwendung dieser Ansicht, kann ein Dritter einen treuhänderisch gehaltenen Geschäftsanteil vom Treuhänder mithin nur unter den Voraussetzungen des § 16 Abs. 3 GmbHG erwerben.

Die g.h.M. in Rechtsprechung und Literatur gesteht dem Treuhänder hingegen das alleinige Recht zu, wirksam über den treuhänderisch gehaltenen Geschäftsanteil zu verfügen.[870] Umstritten ist allerdings unter diesen Stimmen, ob den Treugeber im Außenverhältnis nur die §§ 138, 823 Abs. 2, 826 BGB schützen[871], ob die

867 Vgl. hierzu jeweils m.w.N. etwa *Bitter*, Rechtsträgerschaft für fremde Rechnung, S. 453 ff., *Karsten Schmidt*, in: MünchKomm-HGB, Vor § 230 Rn. 69; *Löhnig*, Treuhand, S. 686 ff.; *Roth*, in: Baumbach/Hopt, HGB, § 105 Rn. 33; *Schäfer*, in: MünchKomm-BGB, § 705 Rn. 90.

868 Vgl. *Bitter*, Rechtsträgerschaft für fremde Rechnung, S. 483 ff., S. 524/525.

869 Vgl. *Bitter*, Rechtsträgerschaft für fremde Rechnung, S. 487/488, S. 496/497.

870 Vgl. nur RGZ 159, 272, 281; BGH, Urt. v. 03.12.1998 – III ZR 288–96, NJW 1999, 1026; *Bub*, in: BeckOK-BGB, § 185 Rn. 6; *Ellenberger*, in: Palandt, § 185 Rn. 5a; *Gursky*, in: Staudinger, BGB, § 185 Rn. 14; *Karsten Schmidt*, Gesellschaftsrecht, § 61 III 3. a); *ders.*, in: MünchKomm-HGB, Vor § 230 Rn. 69; *Maier-Reimer*, in: Erman, BGB, § 185 Rn. 8; *Mayer*, in: MünchKomm-GmbHG, § 2 Rn. 138; *Löhnig*, Treuhand, S. 694 ff.; *Roth*, in: Baumbach/Hopt, HGB, § 105 Rn. 33; *Schulze*, in: HK-BGB, § 816 Rn. 3; *Schwab*, in: MünchKomm-BGB, § 816 Rn. 28; *Trautwein*, in: jurisPK-BGB, § 185 Rn. 15; *Wertenbruch*, in: Ebenroth/Boujong/Joost/Strohn, HGB, § 105 Rn. 166.

871 So die wohl h.M., vgl. BGH, Urt. v. 04.04.1968 – II ZR 26/67, NJW 1968, 1471; BGH, Urt. v. 4.11.1976 – II ZR 50/75, WM 1977, 525, 527; *Wertenbruch*, in: Ebenroth/Boujong/Joost/Strohn, HGB, § 105 Rn. 166.

Grundsätze über den Missbrauch der Vertretungsmacht auf treuwidrige Verfügungen entsprechend anzuwenden sind[872] oder ob ggf. eine Haftung des Erwerbers gem. §§ 311 Abs. 2, 241 Abs. 2, 280 Abs. 1, 249 Abs. 1 BGB besteht[873].

Der h.M. ist in ihrem übereinstimmenden Ergebnis, dass der Treuhänder grundsätzlich als berechtigter und verfügungsberechtigter Inhaber des Geschäftsanteils anzusehen ist, zuzustimmen. Denn da rechtlich allein der Treuhänder Gesellschafter ist und er auch als solcher in der Gesellschafterliste eingetragen ist, muss er folgerichtig grundsätzlich auch nach außen wirksam über den treuhänderisch gehaltenen Geschäftsanteil verfügen können. Etwaige Verfügungsbeschränkungen im Treuhandvertrag haben gem. § 137 BGB nur schuldrechtliche Wirkung im Innenverhältnis zwischen dem Treuhänder und dem Treugeber aber gerade keine Außenwirkung.[874] Der durch § 137 BGB zum Ausdruck gebrachte und ausdrücklich betonte Schutz der Verkehrsfähigkeit von Wirtschaftsgütern sowie damit einhergehend auch der Schutz der Rechtsklarheit und Rechtssicherheit ist im Ergebnis höher zu bewerten als der Schutz der wirtschaftlichen Interessen des Treugebers. Es entspricht gerade der Natur eines Treuhandverhältnisses, dass der Treuhänder als Vollrechtsinhaber im Außenverhältnis regelmäßig mehr kann, als er im Innenverhältnis darf.[875] Die Übertragung des Geschäftsanteils von dem (berechtigten) Treuhänder auf den Erwerber vollzieht sich damit im Regelfall nach § 15 GmbHG und nicht nach § 16 Abs. 3 GmbHG und stellt folgerichtig grundsätzlich auch keinen Fall eines Verlusts eines Geschäftsanteils aufgrund gutgläubigen Erwerbs dar. Eine (entsprechende) Anwendung des § 16 Abs. 3 GmbHG auf treuwidrige Verfügungen hat zwar im Ergebnis vieles für sich, würde jedoch im Ergebnis vor dem Hintergrund der obigen Überlegungen zu weit führen. Die das Kommissionsrecht betreffende Vorschrift des § 392 Abs. 2 HGB schützt seinem Wortlaut nach nicht einmal vor treuwidrigen Verfügungen durch den Kommissionär. Etwaige Ausnahmen, etwa im Falle einer Verpfändung oder der Abtretung zu Befriedigungszwecken, sind als solche zu behandeln und gestatten keine Verallgemeinerung im Sinne eines hieraus zu entnehmenden allgemeinen Rechtsprinzips.[876] Dem Treugeber verbleiben aber auch in diesem Falle einer berechtigten Übertragung des Geschäftsanteils Schadensersatzansprüche gegen den Treuhänder[877], insbesondere gem. § 280 BGB aufgrund Pflichtverletzungen aus der Treuhandvereinbarung. Die Erörterung der Frage, ob darüber hinaus auch die o.g. Modelle, etwa bezüglich einer entsprechenden Anwendung der Grundsätze über den Missbrauch der Vertretungsmacht auf treuwidrige

872 So etwa *Karsten Schmidt*, Gesellschaftsrecht, § 61 III 3. a); *ders.*, in: MünchKomm-HGB, Vor § 230 Rn. 69; *Schäfer*, in: Staub, HGB, § 105 Rn. 108.

873 So etwa *Löhnig*, Treuhand, S. 704 ff.

874 Vgl. auch *Jocher*, in: BWNotZ 2009, 190; *Karsten Schmidt*, Gesellschaftsrecht, § 61 III 3. a); *Mayer*, in: MünchKomm-GmbHG, § 2 Rn. 138; *Ulmer/Löbbe*, in: Ulmer/Habersack/Löbbe, GmbHG, § 2 Rn. 80.

875 Vgl. Gebke, in: GmbhR 2014, 1128, 1129 m.w.N.

876 Vgl. auch *Löhnig*, Treuhand, S. 693/694.

877 Vgl. *Mayer*, in: MünchKomm-GmbHG, § 2 Rn. 138.

Verfügungen oder einer Haftung des Erwerbers gem. §§ 311 Abs. 2, 241 Abs. 2, 280 Abs. 1, 249 Abs. 1 BGB, zur Anwendung kommen, würde an dieser Stelle zu weit führen.

Festzuhalten bleibt, dass die Übertragung des Geschäftsanteils von dem Treuhänder auf den Erwerber keinen Fall eines gutgläubigen Erwerbs gem. § 16 Abs. 3 GmbHG darstellen kann, da der Treuhänder stets als (verfügungs-) berechtigter Gesellschafter anzusehen ist.

(3) Beendete Treuhandverhältnisses

Dennoch sind auch ausnahmsweise Treuhandkonstellationen denkbar, in denen ein gutgläubiger Erwerb vom Treuhänder in Betracht kommt. Zu denken ist hierbei insbesondere an Konstellationen um die Beendigung des Treuhandvertrages, etwa durch Kündigung.

Der Treuhandvertrag enthält üblicherweise eine ausdrückliche Verpflichtung des Treuhänders, den Geschäftsanteil jederzeit auf den Auftraggeber / Treugeber zu übertragen. Fehlt eine solche Regelung, ergibt sich diese Verpflichtung aus der Vorschrift des § 667 BGB.[878] Die Übertragung des Geschäftsanteils vom Treuhänder auf den Treugeber geschieht aber grundsätzlich nicht automatisch, sondern bedarf (auch bei Beendigung des Treuhandvertrages) einer Übertragung des Anteils in der Form des § 15 Abs. 3 GmbHG.[879] Der Treuhänder bleibt im Falle einer Beendigung des Treuhandvertrages grundsätzlich also formell Gesellschafter, bis der Geschäftsanteil an den Auftraggeber / Treugeber übertragen und dieser gem. § 16 Abs. 1 GmbHG als Inhaber des Geschäftsanteils in der zum Handelsregister aufgenommenen Gesellschafterliste eingetragen ist.[880] In dieser Konstellation gilt mithin das oben Gesagte, d.h. eine etwaige Übertragung des Geschäftsanteils von dem (ehemaligen) Treuhänder an einen Dritten würde sich nach § 15 GmbHG, nicht aber nach § 16 Abs. 3 GmbH vollziehen.

In der Praxis ist aber etwas anderes der Regelfall. Denn gerade wegen der Risiken für den Treugeber durch eine treuwidrige Verfügung des Treuhänders sind Vereinbarungen zwischen Treuhänder und Treugeber üblich, wonach der Geschäftsanteil aufschiebend bedingt an den Treugeber abgetreten wird, wobei als aufschiebende Bedingungen insbesondere die Beendigung des Treuhandvertrages (etwa durch Kündigung) aber auch Veränderungen bezüglich der Person des Treuhänders und die treuwidrige Verfügung des Treuhänders vereinbart werden.[881] In dieser Konstellation sowie auch in der Konstellation, in der eine auflösende Bedingung bei einer früheren Übertragung des Geschäftsanteils vom Treugeber auf den Treuhänder

---

878 Vgl. *Fastrich,* in: Baumbach/Hueck, GmbHG, § 1 Rn. 42; *Jaeger,* in: BeckOK-GmbHG, § 2 Rn. 55.

879 Vgl. *Jaeger,* in: BeckOK-GmbHG, § 2 Rn. 55; *Mayer,* in: MünchKomm-GmbHG, § 2 Rn. 139.

880 Vgl. *Mayer,* in: MünchKomm-GmbHG, § 2 Rn. 139.

881 Vgl. etwa *Jocher,* in: BWNotZ 2009, 190.

bei einer Übertragungstreuhand vereinbart wurde[882], liegt der Fall mithin anders. Denn aufgrund der aufschiebenden Bedingung wird der Treugeber unmittelbar mit Beendigung des Treuhandvertrages materiell Inhaber des Geschäftsanteils. In der Gesellschafterliste als Inhaber des Geschäftsanteils eingetragen ist aber vorerst nach wie vor der Treuhänder. Und genau diese Konstellation eröffnet den Raum für einen gutgläubigen Erwerb vom (bisherigen) Treuhänder in dem Zeitraum zwischen Bedingungseintritt in Folge der Beendigung des Treuhandvertrages und der Aufnahme der geänderten Gesellschafterliste zum Handelsregister.

Beispiel 18:[883]

V gründet im Auftrag von A als alleiniger Gesellschafter und Geschäftsführer mit einem Geschäftsanteil im Nennwert von 25.000,00 EUR die X-GmbH. V als Treuhänder und A als Treugeber schließen einen Treuhandvertrag, in dem u.a. vereinbart ist, dass A das Treuhandverhältnis jederzeit kündigen kann und der Geschäftsanteil aufschiebend bedingt durch die Kündigung an V übertragen wird. Der Gesellschaftsvertrag enthält eine Vinkulierungsklausel, wonach Verfügungen über Geschäftsanteile der Zustimmung der Gesellschaft und sämtlicher Gesellschafter bedürfen. Im Rahmen der Gründung wird eine Gesellschafterliste zum Handelsregister aufgenommen, die – ohne weitere Zusätze – V als Gesellschafter ausweist.

A kündigt in der Folgezeit rechtswirksam das Treuhandverhältnis. Weiteres geschieht zunächst nicht. Insbesondere kümmert sich A nicht darum, dass die Gesellschafterliste aktualisiert wird. Nach Zugang der Kündigung verkauft und überträgt V zu notarieller Urkunde den Geschäftsanteil an den gutgläubigen E und stimmt namens der Gesellschaft und als alleiniger Gesellschafter der X-GmbH der Übertragung zu. Vom beurkundenden Notar wird eine neue Gesellschafterliste, die nun E als Alleingesellschafter ausweist, gefertigt und beim Handelsregister eingereicht. Erst jetzt erfährt A von der Übertragung des Geschäftsanteils auf E.

In der Regel dürfte zwischen der Beendigung des Treuhandvertrages und der Aktualisierung der Gesellschafterliste allerdings kein Zeitraum von über drei Jahren vergehen, d.h. die Gesellschafterliste, die noch den früheren Treuhänder als Gesellschafter ausweist, dürfte in der Regel noch keine drei Jahre unrichtig sein. Das bedeutet wiederum, dass die Unrichtigkeit der Gesellschafterliste für einen wirksamen gutgläubigen Erwerb vom ehemaligen Treuhänder vor Ablauf der Dreijahresfrist dem ehemaligen Treugeber zuzurechnen sein müsste. Denn in diesem Falle käme es gem. § 16 Abs. 3 S. 2 GmbHG auf die Dreijahresfrist nicht an.[884] Eine Zurechenbarkeit i.S.v. § 16 Abs. 3 S. 2 GmbHG[885] ist jedenfalls in den Konstellationen zu bejahen, in denen der Treugeber aufgrund vertraglicher Vereinbarungen mit dem Treuhänder

882 Vgl. *Mayer*, in: MünchKomm-GmbHG, § 2 Rn. 139.
883 Vgl. *Jocher*, in: BWNotZ 2009, 190.
884 S.o. § 3 D. II. 3. a).
885 Vgl. zu den Kriterien bereits oben § 3 D. II. 3. a) aa).

mit Beendigung des Treuhandvertrages automatisch (wieder) materieller Inhaber des Geschäftsanteils wird (s.o.). Denn hier hat der Treugeber selbst durch seine Kündigungserklärung die Treuhandvereinbarung beendet und gleichzeitig die automatische (Wieder-) Erlangung der materiellen Gesellschafterstellung und hiermit die Unrichtigkeit der Gesellschafterliste herbeigeführt. Er hat deshalb auch dafür Sorge zu tragen, dass der Rechtsschein der unrichtigen Gesellschafterliste durch Einreichung einer aktuellen Gesellschafterliste oder durch Eintragung eines Widerspruchs zerstört wird.[886] Kümmert sich der ehemalige Treugeber nicht darum, sind ihm auch die Rechtsfolgen eines gutgläubigen Erwerbs zuzurechnen.

*Im **Beispiel 18** konnte E damit den Geschäftsanteil gutgläubig gem. § 16 Abs. 3 GmbHG von V erwerben.*

Problematisch ist aber, dass der Treuhandvertrag in der vorgenannten Konstellation im Zeitpunkt der Übertragung des Geschäftsanteils auf den gutgläubigen Erwerber bereits beendet ist. Die Beendigung des Treuhandvertrages führt gerade erst zur Einschlägigkeit des § 16 Abs. 3 GmbHG, denn vorher ist der Treuhänder auch materiell Gesellschafter und damit (jedenfalls im Außenverhältnis) auch berechtigt, den Geschäftsanteil zu übertragen.[887] Fraglich ist mithin, ob der Treuhandvertrag den (vormaligen) Treuhänder auch nach Beendigung noch dazu verpflichtet, den Geschäftsanteil nicht an einen Dritten zu übertragen. Die Pflicht, den Geschäftsanteil des Treugebers während der Dauer des Treuhandvertrages nicht ohne Einwilligung des Treugebers zu veräußern, folgt jedenfalls auch aus § 241 Abs. 2 BGB, wonach der Treuhänder verpflichtet ist, sich so zu verhalten, dass Rechtsgüter des Treugebers, insbesondere also auch der Geschäftsanteil, nicht verletzt werden[888]. Die Schutzpflichten i.S.d. § 241 Abs. 2 BGB schützen primär die Rechtsgütersphäre des Vertragspartners und damit das Integritätsinteresse.[889] Diese Schutzpflichten nach § 241 Abs. 2 BGB können nach allgemeiner Ansicht grundsätzlich auch über den Zeitpunkt der Erfüllung der Hauptleistung nach Beendigung des Vertragsverhältnisses fortwirken.[890] Insbesondere bestehen noch Schutzpflichten gegenüber dem ehemaligen Vertragspartner, d.h. gegenüber dem Treugeber, solange die aus der Vertragsbeziehung resultierenden, erhöhten Einwirkungsmöglichkeiten und Gefährdungen fortbestehen.[891] Derartige Einwirkungsmöglichkeiten des Treuhänders und Gefährdungen in diesem Sinne sind vorliegend auch nach Beendigung des Treuhandvertrages zu sehen. Der Treugeber ist aufgrund der Nachwirkungen des inzwischen beendeten Treuhandvertrages einem erhöhten Risiko infolge der formellen Gesellschafterstellung des Treuhänders und der damit gegebenen Möglichkeit

886 So auch *Jocher,* in: BWNotZ 2009, 190, 193.
887 S.o. § 4 B. I. 1. a) bb) (2).
888 Vgl. *Sutschet,* in: BeckOK-BGB, § 241 Rn. 89.
889 Vgl. BGH, Urt. v. 10.03.1983 – III ZR 169/81, BGH NJW 1983, 2813.
890 Vgl. etwa *Bachmann,* in: MünchKomm-BGB, § 241 Rn. 107; *Grüneberg,* in: Palandt, § 241 Rn. 7, 280 Rn. 7; *Sutschet,* in: BeckOK-BGB, § 241 Rn. 99.
891 Vgl. *Bachmann,* in: MünchKomm-BGB, § 241 Rn. 107.

eines gutgläubigen Erwerbs ausgesetzt, das erst nach Aktualisierung der Gesellschafterliste beseitigt ist. Solange also der Treuhänder noch als Gesellschafter in der Gesellschafterliste eingetragen ist und so Gefährdungen für den Geschäftsanteil aus dem Treuhandvertrag fortbestehen, muss der Treuhänder auch (fortwirkenden) Schutzpflichten gem. § 241 Abs. 2 BGB gegenüber dem (ehemaligen) Treugeber aus dem (beendeten) Treuhandverhältnis unterliegen. Bei den nachwirkenden Schutzpflichten handelt es sich um Nebenleistungspflichten i.S.v. § 241 Abs. 2 BGB. Ein Verstoß begründet demnach (bei Vorliegen der weiteren Voraussetzungen) eine Haftung gem. § 280 BGB.[892]

*Im **Beispiel 18** unterlag V auch nach Beendigung des Treuhandvertrages noch den (fortwirkenden) Schutzpflichten gem. § 241 Abs. 2 BGB gegenüber A. Ein Schuldverhältnis i.S.d. § 280 Abs. 1 BGB ist folglich gegeben.*

cc) Sonstige vertragliche Beziehung

Denkbar sind im Einzelfall auch sonstige vertragliche Beziehungen zwischen Veräußerer und Altgesellschafter. Liegt auch eine solche nicht vor, scheidet ein Schadensersatzanspruch aus § 280 Abs. 1 BGB aus.

b) Pflichtverletzung

§ 280 Abs. 1 BGB erfordert eine Pflichtverletzung des Veräußerers. Diese orientiert sich an dem zugrunde liegenden Schuldverhältnis, weshalb die Untersuchung im Folgenden anhand der unter a) genannten, vornehmlich in Betracht kommenden Schuldverhältnisse erfolgt.

aa) Gesellschaftsvertragliches Verhältnis – Treuepflichtverletzung

Besteht zwischen Veräußerer und Altgesellschafter ein Schuldverhältnis in Gestalt einer gesellschaftsvertraglichen Beziehung, könnte die Veräußerung und Übertragung des betreffenden Geschäftsanteils eine Verletzung der ungeschriebenen, allgemeinen gesellschaftsrechtlichen Treuepflicht darstellen. Erfolgte diese Treuepflichtverletzung schuldhaft, könnte ein Anspruch gem. § 280 Abs. 1 BGB bestehen. Nach inzwischen wohl einhelliger Ansicht begründet die schuldhafte Verletzung der gesellschaftsrechtlichen Treuepflicht gegenüber einem Gesellschafter grundsätzlich Schadensersatzansprüche des betroffenen Gesellschafters nach § 280 Abs. 1 BGB, sofern bei ihm tatsächlich ein über den bei der Gesellschaft entstandenen Schaden hinausgehender, individueller und unmittelbarer Schaden entstanden ist.[893] Ohne

---

892 Vgl. *Sutschet,* in: BeckOK-BGB, § 241 Rn. 99.

893 Vgl. etwa BGH, Urt. v. 05.06.1975 – II ZR 23/74, BGH, Urt. v. 05.06.1975 – II ZR 23/74, BGHZ 65, 15, 18; 95, 330, 340; *Altmeppen,* in: Roth/Altmeppen, GmbHG, § 13 Rn. 42; *Fastrich,* in: Baumbach/Hueck, GmbHG, § 13 Rn. 30; *Merkt,* in: Münch-Komm-GmbHG, § 13 Rn. 200; *Michalski/Funke,* in: Michalski, GmbHG, § 13 Rn. 180, 181.

auf die genaue Ausgestaltung des Schadens, die nachfolgend unter § 5 eingängig behandelt wird, näher einzugehen, ist in der vorliegenden Konstellation stets von einem individuellen und unmittelbaren Schaden beim Altgesellschafter in diesem Sinne auszugehen. Denn er verliert durch die Übertragung an einen gutgläubigen Erwerber seinen Geschäftsanteil, d.h. seine Mitgliedschaft an der Gesellschaft und alle damit einhergehenden Rechte und Pflichten.

Erforderlich für einen Anspruch gegen den Veräußerer ist damit eine Treuepflichtverletzung, die dieser auch zu vertreten hat.[894] Inhalt der Treuepflicht eines Gesellschafters gegenüber seinen Mitgesellschaftern ist insbesondere, auf die mitgliedschaftlichen Interessen der Mitgesellschafter Rücksicht zu nehmen und sie nicht durch schädigendes Verhalten zu beeinträchtigen.[895] Inhalt und Ausmaß der Treuepflicht richten sich insbesondere nach der vorgefundenen Struktur der Gesellschaft; die Intensität der Treuepflicht ist dabei umso stärker, je personalistischer die Gesellschaft ausgestaltet ist.[896] Die Übertragung eines Geschäftsanteils eines Mitgesellschafters an einen gutgläubigen Dritten, die zum Verlust der Mitgliedschaft und damit zu der denkbar intensivsten Verletzung der mitgliedschaftlichen Interessen des betroffenen Mitgesellschafters führt, ist, unabhängig von der jeweiligen Struktur der Gesellschaft, stets als Verletzung der allgemeinen gesellschaftsrechtlichen Treuepflicht zu werten.

*Im **Beispiel 17** hat V daher durch die Veräußerung und Übertragung des Geschäftsanteils a) an den gutgläubigen E seine gesellschaftsrechtliche Treuepflicht gegenüber seinem Mitgesellschafter A verletzt.*

bb) Treuhandverhältnisse

Bestand zwischen Veräußerer und Altgesellschafter ein Schuldverhältnis in Form eines Treuhandvertrages, der nach seiner Beendigung fortwirkende / nachwirkende Schutzpflichten gem. § 241 Abs. 2 BGB des Treuhänders gegenüber dem (ehemaligen) Treugeber begründet[897], stellt die Veräußerung und Übertragung des betreffenden Geschäftsanteils eine Verletzung dieser Schutzpflichten dar.

*Im **Beispiel 18** hat V durch die Übertragung des Geschäftsanteils an E also die (fortwirkenden) Schutzpflichten gem. § 241 Abs. 2 aus dem (beendeten) Treuhandvertrag mit A verletzt.*

Da es sich bei den nachwirkenden Schutzpflichten um Nebenleistungspflichten i.S.v. § 241 Abs. 2 BGB handelt (s.o.), besteht bei schuldhafter Begehung der Pflichtverletzung ein Anspruch nach § 280 Abs. 1 BGB.

---

894 Vgl. zum Vertretenmüssen nachfolgend c).

895 Vgl. etwa *Fastrich,* in: Baumbach/Hueck, GmbHG, § 13 Rn. 21.

896 S.o. § 2 II. 2. e) bb).

897 Vgl. hierzu im Einzelnen die obigen Ausführungen unter § 4 B. I. 1. a) bb).

c) Vertretenmüssen

Das erforderliche Vertretenmüssen des Veräußerers wird nach der Beweislastregel des § 280 Abs. 1 S. 2 BGB vermutet, er muss sich also entlasten.[898] Was der Veräußerer zu vertreten hat, ergibt sich aus §§ 276 bis 278 BGB. Zudem muss der Veräußerer verschuldensfähig sein (§ 276 Abs. 1 S. 2 i.V.m. §§ 827, 828 BGB). Demnach hat der Veräußerer Vorsatz und Fahrlässigkeit zu vertreten.

*In dem **Beispiel 17** ist von einem Vertretenmüssen des V auszugehen, da dieser gerade in Kenntnis seiner Nichtberechtigung und der eigentlichen Berechtigung des A den Geschäftsanteil a) an den gutgläubigen E veräußerte. V handelte also vorsätzlich. Demnach besteht ein Anspruch des A gegen den V aus § 280 Abs. 1 BGB.*

*Im **Beispiel 18** hat V seine Stellung als formaler, d.h. in die Gesellschafterliste eingetragener Gesellschafter bewusst ausgenutzt, um sich selbst durch den Verkauf des ihm nicht zustehenden Geschäftsanteils zu bereichern. Daher ist von einem Vertretenmüssen des V auszugehen. Demnach besteht ein Anspruch des A gegen den V aus § 280 Abs. 1 BGB.*

Es reicht für das Vertretenmüssen der Pflichtverletzung i.S.v. § 280 Abs. 1 S. 2 BGB de lege lata aber bereits Fahrlässigkeit des Veräußerers aus. Fahrlässigkeit bedeutet nach der Legaldefinition des § 276 Abs. 2 BGB das Außerachtlassen der im Verkehr erforderlichen Sorgfalt. Fahrlässigkeit in diesem Sinne setzt nach einhelliger Ansicht die Vorhersehbarkeit und Vermeidbarkeit des Verletzungserfolges und die Beurteilung des Verhaltens nach einem Sorgfaltsmaßstab, der die Verkehrserfordernisse berücksichtigt, voraus.[899] Grundsätzlich hat der Veräußerer danach für jede noch so geringe Fahrlässigkeit einzustehen, § 276 Abs. 1 S. 1 1. Hs. BGB. Anders als im Strafrecht ist dabei nach allgemeiner Ansicht ein objektiver, ein abstrakter Sorgfaltsmaßstab anzulegen.[900] Maßstab ist diejenige Sorgfalt, die von einem durchschnittlichen Mitglied des Verkehrskreises des Schädigers, etwa der Berufs-, Bildungs- oder Altersgruppe, unter Berücksichtigung der Besonderheiten des Geschäftstyps und der typischerweise daran beteiligten Personengruppen erwartet werden kann.[901] Im Einzelfall wird es stets darauf ankommen, ob der Veräußerer im Zeitpunkt der Veräußerung, genauer gesagt im Zeitpunkt der dinglichen Einigung mit dem gutgläubigen Erwerber, Kenntnis oder fahrlässige Unkenntnis von seiner mangelnden materiellen Berechtigung an dem betreffenden Geschäftsanteil hatte.

Wann von einer fahrlässigen Unkenntnis des Veräußerers von seiner fehlenden Berechtigung auszugehen ist, ist bis dato allerdings nicht geklärt und wurde bislang auch – soweit ersichtlich – weder im einschlägigen Schrifttum noch in der Rechtsprechung thematisiert. Da diese Frage von grundlegender Bedeutung nicht nur im

---

898 Vgl. etwa *Lorenz,* in: BeckOK-BGB, § 280 Rn. 31.

899 Vgl. *Schulze,* in: HK-BGB, § 276 Rn. 10; *Stadler,* in: Jauernig, BGB, § 276 Rn. 23.

900 Ständige Rspr., vgl. z.B. BGH, Urt. v. 27.03.2003 – IX ZR 399/99, NJW 2003, 2022, BGH, Urt. v. 13.02.2001 – VI ZR 34/00, NJW 2001, 1786; *Grüneberg,* in: Palandt, § 276 Rn. 15.

901 Vgl. etwa *Schulze,* in: HK-BGB, § 276 Rn. 14.

Rahmen des § 280 BGB, sondern insbesondere auch im Rahmen des nachfolgend unter Ziffer 2. noch darzustellenden § 823 BGB ist, wird im Anschluss hieran unter der gesonderten Ziffer 3. allgemein der Verschuldensmaßstab in den vorliegend relevanten Konstellationen, insbesondere hinsichtlich der Qualifizierung der Fahrlässigkeit, untersucht und ein etwaiger Korrekturbedarf angesprochen. Diesbezüglich wird daher an dieser Stelle auf diese Ausführungen verwiesen. Im Rahmen des § 280 Abs. 1 BGB besteht allerdings darüber hinaus noch die Besonderheit, dass hier im Gegensatz zu § 823 BGB den Veräußerer die Beweislast bzgl. des Vertretenmüssens trifft, § 280 Abs. 1 S. 2 BGB.

d) Kausaler Schaden

Gem. § 280 Abs. 1 BGB hat der Veräußerer dem Altgesellschafter den durch die Pflichtverletzung entstandenen Schaden zu ersetzen. Vorliegend von Relevanz ist insbesondere der Schaden, der dem Altgesellschafter aufgrund seines Verlusts seines Geschäftsanteils entsteht.

Der entstandene Schaden muss unmittelbare oder mittelbare Folge der Pflichtverletzung des Veräußerers sein.[902] Eine pflichtverletzende Übertragung des Geschäftsanteils durch den Veräußerer ist stets unmittelbar kausal für den Verlust des Geschäftsanteils und dem Veräußerer nach allgemeinen Regeln zurechenbar.

Auf Art, Inhalt und Umfang des Schadens wird im Einzelnen unter § 5 einzugehen sein, weshalb an dieser Stelle auf die diesbezüglichen Ausführungen verwiesen wird.

e) Darlegungs- und Beweislast

Der Altgesellschafter hat die (Treue-) Pflichtverletzung, die Entstehung eines Schadens sowie den Ursachenzusammenhang zwischen (Treue-) Pflichtverletzung und Schaden darzulegen und zu beweisen.[903]

Der Veräußerer ist hingegen – wie bereits ausgeführt – nach der Beweislastregelung des § 280 Abs. 1 S. 2 BGB für das Nichtvertretenmüssen darlegungs- und beweispflichtig.[904]

f) Ergebnis

Ein Anspruch aus § 280 Abs. 1 BGB kommt nur in Ausnahmekonstellationen in Betracht, da in der Regel keine schuldrechtliche Beziehung zwischen Veräußerer und Altgesellschafter bestehen wird. Solche Ausnahmekonstellationen sind insbesondere die beiden hier näher untersuchten Konstellationen der gesellschaftsvertraglichen Beziehung sowie des beendeten Treuhandvertrages.

---

902 Vgl. *Grüneberg*, in: Palandt, § 280 Rn. 32.
903 Vgl. etwa *Grüneberg*, in: Palandt, § 280 Rn. 34 ff. m.w.N.
904 Vgl. a.a.O.

2. *Anspruch aus § 823 BGB*

In Betracht kommen auch Schadensersatzansprüche aus der zentralen Vorschrift des deliktischen Haftungsrechts, aus § 823 BGB.[905]

a) § 823 Abs. 1 BGB

§ 823 Abs. 1 BGB verlangt die Verletzung eines der in Abs. 1 aufgeführten Rechtsgüter oder Rechte durch den Anspruchsgegner. Diese Rechtsgutsverletzung muss dem Anspruchsgegner zurechenbar sein, zudem muss sie rechtswidrig und schuldhaft erfolgt sein.

aa) Der Geschäftsanteil als sonstiges Recht

Zu klären ist zunächst, ob der Geschäftsanteil an einer GmbH ein von § 823 Abs. 1 BGB geschütztes Rechtsgut darstellt. Da der Geschäftsanteil nicht den von § 823 Abs. 1 BGB explizit genannten Rechten *„Leben, Körper, Gesundheit, Freiheit und Eigentum"* zuordenbar ist, kann es sich bei dem Geschäftsanteil an einer GmbH allenfalls um ein *„sonstiges Recht"* i.S.d. § 823 Abs. 1 BGB handeln. Nach herrschender und richtiger Ansicht gelten Mitgliedschaftsrechte eines Anteilsinhabers in einer Körperschaft grundsätzlich zu den sonstigen Rechten gem. § 823 Abs. 1 BGB.[906] Der Geschäftsanteil stellt nichts anderes als die Umschreibung der Mitgliedschaft

905 Dafür, dass in der vorliegenden Konstellation Ansprüche aus §§ 823 ff. BGB in Betracht kommen (allerdings alle ohne nähere Ausführungen bzw. Begründung) auch *Bayer,* in: Lutter/Hommelhoff, GmbHG, § 16 Rn. 106; *Heidinger,* in: MünchKomm-GmbHG, § 16 Rn. 346; *Heilemann,* Der gutgläubige Erwerb von Geschäftsanteilen einer GmbH, S. 272; *Löbbe,* in: Ulmer/Habersack/Löbbe, GmbHG, § 16 Rn. 190; *Pentz,* in: Rowedder/Schmidt-Leithoff, GmbHG, § 16 Rn. 107; *Rieg,* Erwerb vom Nichtberechtigten und Liste der Gesellschafter, S. 391; *Seibt,* in: Scholz, GmbHG, § 16 Rn. 107; *Verse,* in: Henssler/Strohn, Gesellschaftsrecht, GmbHG, § 16 Rn. 91; *Wicke,* GmbHG, § 16 Rn. 26; *Wilhelmi,* in: BeckOK-GmbHG, § 16 Rn. 115.

906 Vgl. etwa BGH, Urt. v. 12.03.1990 – II ZR 179/89, BGHZ 110, 323, 327 ff., 334; *Deutsch/Ahrens,* Deliktsrecht, § 13 Rn. 256; *Drygala/Staake/Szalai,* Kapitalgesellschaftsrecht, § 11 Rn. 116; *Flume,* Die juristische Person, § 8 I; *Haas/Ziemons,* in: Michalski, GmbHG, § 43 Rn. 276; *Habersack,* Die Mitgliedschaft, S. 143 ff.; *Hager,* in: Staudinger, BGB, § 823 Rn. B 141; *Karsten Schmidt,* Gesellschaftsrecht, § 19 I; *ders.,* in: JZ 1991, 157, 158; *Lutter,* in: AcP 1980, 84, 130 ff.; *Mertens,* in: FS Fischer, 461, 468 ff.; *Reese,* in: DStR 1995, 532, 536; *Förster,* in: BeckOK-BGB, § 823 Rn. 171; *Sprau,* in: Palandt, § 823 Rn. 21; *Staudinger,* in: HK-BGB, § 823 Rn. 41; *Teichmann,* in: Jauernig, BGB, § 823 Rn. 18; *Wagner,* in: MünchKomm-BGB, § 823 Rn. 306; Wiedemann, in: FS Goette, 617, 618; **a.A.:** *Klink,* Die Mitgliedschaft als „sonstiges Recht" i.S.d. § 823 I BGB?, S. 135 ff.; *Hadding,* in: FS Kellermann, 91, 98 ff.; *Helms,* Schadensersatzansprüche wegen Beeinträchtigung der Vereinsmitgliedschaft, S. 76 ff., S. 120.

des Gesellschafters in der GmbH dar[907] und zählt folglich grundsätzlich zu den von § 823 Abs. 1 BGB geschützten, sonstigen Rechten.[908]

Problematisch und deshalb näher zu untersuchen ist im Weiteren aber zum einen der Umfang des Schutzes durch § 823 Abs. 1 BGB sowie zum anderen die Frage, ob dieser Schutz nur gegenüber Dritten oder auch im innergesellschaftlichen Verhältnis, d.h. gegenüber den Gesellschaftern, den Organen der Gesellschaft, insbesondere der Geschäftsführung, und der Gesellschaft selbst besteht (Schutzrichtung).

(1) Schutzumfang

Nach nahezu einhelliger Meinung ist für den Schutz des Geschäftsanteils bzw. der Mitgliedschaft durch § 823 Abs. 1 BGB zunächst jedenfalls ein mitgliedschaftsbezogener Eingriff erforderlich, der sich unmittelbar gegen den Bestand der Mitgliedschaft selbst oder die in ihr verkörperten Rechte richtet.[909] Der Verlust eines Geschäftsanteils erfüllt diese Voraussetzungen. Denn er bewirkt den vollständigen Entzug sämtlicher Mitgliedschaftsrechte und ist daher als gravierendster, unmittelbarer Eingriff in den Bestand der Mitgliedschaft vom Schutz des § 823 Abs. 1 BGB umfasst.[910]

(2) Schutzrichtung

Wie ausgeführt, besteht der Schutz des § 823 Abs. 1 BGB im Falle des Verlusts des Geschäftsanteils aufgrund gutgläubigen Erwerbs gegenüber dem Veräußerer jedenfalls dann, wenn es sich bei dem Veräußerer um einen Dritten handelt, der in keiner rechtlichen Beziehung zu der betreffenden Gesellschaft steht. Ob es sich bei dem Veräußerer des Geschäftsanteils um einen „Dritten" in diesem Sinne handelt, ist jedoch bereits deshalb fraglich, weil der Veräußerer im Zeitpunkt der Veräußerung stets als Gesellschafter in der Gesellschafterliste eingetragen gewesen ist. Er galt damit im Zeitpunkt der Veräußerung wegen § 16 Abs. 1 GmbHG auch gegenüber der Gesellschaft jedenfalls formal als Gesellschafter.[911] Denkbar ist auch, dass der Veräußerer zwar nur formal Gesellschafter aber gleichzeitig auch Geschäftsführer und damit ein Organ der betreffenden Gesellschaft ist. Es läge dann in jedem

---

907 S.o. § 2 B.

908 Vgl. auch *Staudinger,* in: HK-BGB, § 823 Rn. 41: *„Geschäftsanteile an einer Kapitalgesellschaft".*

909 Vgl. BGH, Urt. v. 12.03.1990 – II ZR 179/89, BGHZ 110, 323, 327 ff., 334; *Deutsch,* in: VersR 1991, 837, 840 ff.; *Drygala/Staake/Szalai,* Kapitalgesellschaftsrecht, § 11 Rn. 116; *Habersack,* Die Mitgliedschaft, S. 143 ff.; *Karsten Schmidt,* in: JZ 1991, 157, 158; *Lutter,* in: AcP 1980, 84, 130 ff.; *Mertens,* in: FS Fischer, 461, 468 ff.; *Spickhoff,* in: Soergel, BGB, § 823 Rn. 100; *Förster,* in: BeckOK-BGB, § 823 Rn. 171; *Sprau,* in: Palandt, § 823 Rn. 21; *Staudinger,* in: HK-BGB, § 823 Rn. 41.

910 Vgl. RGZ 100, 274, 278; RGZ 158, 248, 255; *Förster,* in: BeckOK-BGB, § 823 Rn. 171 m.w.N.

911 Vgl. zur Legitimationswirkung des § 16 Abs. 1 die Ausführungen unter § 3 C. II. 1.

Falle ein innergesellschaftliches Verhältnis vor. Es besteht zudem die Möglichkeit, dass der Veräußerer zwar bezüglich des streitgegenständlichen, übertragenen Geschäftsanteils materiell nicht berechtigt war, er jedoch weitere Geschäftsanteile an der betreffenden GmbH hält, deren berechtigter Inhaber er ist. Jedenfalls in der letztgenannten Konstellation würde sich der Anspruch des Altgesellschafters gegen einen Mitgesellschafter richten, es läge mithin ein innergesellschaftliches Verhältnis vor.

*Im **Beispiel 17**[912] sind sowohl A als auch V auch nach Übertragung des Geschäftsanteils a) an den E noch Gesellschafter der X-GmbH. V hält weiterhin die Anteile b) und c), A den Anteil d) an der X-GmbH. Der Schadensersatzanspruch des A würde sich also gegen einen Mitgesellschafter richten.*

Zu klären ist daher, ob § 823 Abs. 1 BGB auch in einem solchen innergesellschaftlichen Verhältnis Anwendung finden kann, d.h. ob der Geschäftsanteil nur gegen Eingriffe von außen oder auch gegen Eingriffe von innerhalb der Gesellschaft geschützt ist. Diese Frage ist in Literatur und Rechtsprechung umstritten.

(a) Ansicht 1: Keine Anwendung von § 823 Abs. 1 BGB im innergesellschaftlichen Verhältnis

Ein großer Teil der Literatur lehnt eine innergesellschaftliche Haftung nach § 823 Abs. 1 BGB ab.[913] Dies wird überwiegend damit begründet, dass allein die gesellschafts- und verbandsrechtlichen Ansprüche und Rechtsbehelfe vorrangig und maßgeblich seien, da das Mitgliedschaftsrecht nur in den vom Verband und den ihn konstituierenden Rechtsakten, insbesondere der Satzung, bestimmten Grenzen bestehe. Deshalb gebe es kein vom Verbandsrecht losgelöstes absolutes Recht; vielmehr sei für Ansprüche zwischen den Gesellschaftern, Gesellschaftern und Organen der Gesellschaft und der Gesellschaft selbst allein das jeweilige Verbandsrecht maßgeblich.[914] Die Anwendung von § 823 Abs. 1 BGB führe zu einem Systembruch.[915] Zum Teil wird vorgebracht, dass das Mitgliedschaftsrecht erst durch

912 S.o. § 4 B. I. 1. a) aa).

913 Vgl. *Grunewald,* Die Gesellschafterklage, S. 99 ff.; *Kleindiek,* in: Lutter/Hommelhoff, GmbHG, § 43 Rn. 49; *Lutter,* in: AcP 1980, 84, 141 ff.; *Paefgen,* in: Ulmer/Habersack/Löbbe, GmbHG, § 43 Rn. 316 ff.; *Arnold,* in: MünchKomm-BGB, § 38 Rn. 19, 20; *Schneider,* in: Scholz, GmbHG, § 43 Rn. 106; *Wagner,* in: MünchKomm-BGB, § 823 Rn. 308; vgl. bezüglich der Haftung des Geschäftsführers gegenüber den Gesellschaftern: *Zöllner/Noack,* in: Baumbach/Hueck, GmbHG, § 43 Rn. 65.

914 Vgl. *Kleindiek,* in: Lutter/Hommelhoff, GmbHG, § 43 Rn. 49; *Klink,* Die Mitgliedschaft als „sonstiges Recht" i.S.d. § 823 I BGB?, S. 175 ff.; *Arnold,* in: MünchKomm-BGB, § 38 Rn. 19, 20; *Schneider,* in: Scholz, GmbHG, § 43 Rn. 304 ff.; *Teichmann,* in: FS Mühl, 663, 677; *Wagner,* in: MünchKomm-BGB, § 823 Rn. 308; *Zöllner,* in: ZGR 1988, 392, 430.

915 *Paefgen,* in: Ulmer/Habersack/Löbbe, GmbHG, § 43 Rn. 317; *Schneider,* in: Scholz, GmbHG, § 43 Rn. 106.

die Verbandsordnung gekürt werde und deshalb im innergesellschaftlichen Verhältnis nicht verletzt werden könne.[916] Andere folgern dies aus der Struktur der Mitgliedschaft selbst, die dadurch gekennzeichnet sei, dass Gegenstand des Mitgliedschaftsrechts nicht ein Objekt, sondern ein Rechtssubjekt sei. Aus der Nichtbeherrschbarkeit dieses Rechtsubjekts folge, dass der Gesellschafter lediglich einen Anspruch auf Abwehr von Eingriffen im Außenverhältnis habe.[917]

(b) Ansicht 2: Anwendung des § 823 Abs. 1 BGB auch im innergesellschaftlichen Verhältnis

Nach anderen Stimmen in der Literatur soll die Mitgliedschaft als sonstiges Recht nach § 823 Abs. 1 BGB hingegen auch gegenüber Eingriffen anderer Gesellschafter, Gesellschaftsorgane oder der Gesellschaft selbst geschützt sein.[918] Der BGH hat dies in seiner „*Schärenkreuzer*"-Entscheidung vom 12. März 1990 jedenfalls für das Recht des Vereins ebenfalls bejaht.[919] Nach den genannten Literaturstimmen sei diese Entscheidung des BGH auf die GmbH, die wie der eingetragene Verein eine Körperschaft darstelle[920], im Ergebnis übertragbar.

(c) Stellungnahme

Der letztgenannten Ansicht ist im Ergebnis zuzustimmen. Die Mitgliedschaft stellt nicht nur ein Rechtsverhältnis dar, aus dem sich einzelne Rechte und Pflichten ergeben. Die Mitgliedschaft ist darüber hinaus selbst ein subjektives, absolutes Recht.[921] Ein absolutes Recht „light", das nur im Außenverhältnis vor Eingriffen geschützt sein soll, ist inkonsequent und abzulehnen. Die rechtliche Qualifikation der Mitgliedschaft als subjektives, absolutes Recht muss konsequenterweise in jedweder Hinsicht, d.h. sowohl im innergesellschaftlichen Verhältnis als auch im Außenverhältnis gelten.[922] Denn wer die Mitgliedschaft als sonstiges Recht gem. § 823 Abs. 1 BGB anerkennt, muss ihr auch den Schutz dieser Regelung gegen

---

916 *Grunewald,* Die Gesellschafterklage, S. 100; *Schneider,* in: Scholz, GmbHG, § 43 Rn. 306; *Zöllner,* in: ZGR 1988, 392, 430.

917 Vgl. die Ausführungen von *Haas/Ziemons,* in: Michalski, GmbHG, § 43 Rn. 276 b.

918 Vgl. *Bork,* in: ZIP 1990, 1037, 1041 ff.; *Drygala/Staake/Szalai,* Kapitalgesellschaftsrecht, Rn. 116; *Haas/Ziemons,* in: Michalski, GmbHG, § 43 Rn. 276 ff.; *Habersack,* Die Mitgliedschaft, S. 188 ff. (treffende Zusammenfassung: S. 223); *Hager,* in: Staudinger, BGB, § 823 Rn. B 148; *Karsten Schmidt,* Gesellschaftsrecht, § 21 V. 4; *ders.,* in: JZ 1991, 157, 158 ff.; *Mertens,* in: FS Fischer, 461, 468 ff.; *ders.,* in: Hachenburg, GmbHG, § 43 Rn. 105; *Sprau,* in: Palandt, § 823 Rn. 21; *Thümmel,* in: DB 2000, 461, 464; *Ziemons,* in: Oppenländer/Trölitzsch, GmbH-Geschäftsführung, § 23 Rn. 6 ff.

919 Vgl. BGH, Urt. v. 12.03.1990 – II ZR 179/89, BGHZ 110, 323, 334.

920 Vgl. hierzu auch die allgemeinen Ausführungen unter § 2 A. I. 1. b), 2.

921 S.o. § 2 B.

922 Vgl. auch *Haas/Ziemons,* in: Michalski, GmbHG, § 43 Rn. 277; *Habersack,* Die Mitgliedschaft, S. 183 ff.; *Hager,* in: Staudinger, BGB, § 823 B Rn. 148.

direkte Eingriffe in die Mitgliedschaft gewähren – und zwar unabhängig von welcher Seite sie kommen mögen.[923] Ein gesellschaftsinterner Schutz der Mitgliedschaft nach § 823 Abs. 1 BGB widerspricht auch nicht den allgemeinen gesellschaftsrechtlichen Grundsätzen.[924] Dies gilt insbesondere und jedenfalls für den gravierendsten Eingriff eines Gesellschafters oder eines Gesellschaftsorgans in das Mitgliedschaftsrecht eines anderen Gesellschafters, nämlich einer Handlung, die zum endgültigen Verlust des Geschäftsanteils, also der Mitgliedschaft führt – etwa durch die Veräußerung und Übertragung des Geschäftsanteils an einen gutgläubigen Dritten. Jedenfalls eine derart gravierende Verletzung des absoluten Rechts der Mitgliedschaft muss auch im innergesellschaftlichen Verhältnis vom Schutz des § 823 Abs. 1 BGB umfasst sein.[925] Es geht hier gerade nicht um den Schutz des Gesellschafters vor typischen Verletzungen der von Gesetzes und des Gesellschaftsvertrages wegen bestehenden Mitgliedschaftsrechte, etwa des Teilnahme- und Rederechts in der Gesellschafterversammlung, von Informationsrechten oder des Grundsatzes der Gleichbehandlung, sondern um den Schutz vor Eingriffen in den Kern, in die Substanz der Mitgliedschaft selbst. Die Konstellation des Verlusts eines Geschäftsanteils durch gutgläubigen Erwerb ist mithin von § 823 Abs. 1 BGB erfasst und zwar richtigerweise unabhängig davon, ob der Veräußerer Mitgesellschafter des Altgesellschafters war bzw. ist oder nicht.

Hiervon zu trennen ist die Frage, wie das Verhältnis zwischen dem Schutz der Mitgliedschaft und daraus möglicherweise folgenden Schadensersatzansprüche nach § 823 BGB und dem allgemeinen Treueverhältnis zwischen den Gesellschaftern (sofern der Veräußerer wie in *Beispiel 17* auch materiell Gesellschafter ist) oder des Geschäftsführers (sofern der Veräußerer zwar nur formal Gesellschafter aber auch Geschäftsführer der betreffenden Gesellschaft ist) zu dem Altgesellschafter zu bewerten ist. Dies ist aber eine Frage, die auf Konkurrenzebene zu beantworten ist.[926]

bb) Zurechenbare Verletzungshandlung

Die Übertragung des Geschäftsanteils an einen Dritten führt unter den Voraussetzungen des § 16 Abs. 3 GmbHG zum Verlust des Geschäftsanteils beim Altgesellschafter. Der Veräußerer verletzt durch die Übertragung des Geschäftsanteils aktiv und zurechenbar das Mitgliedschaftsrecht des Altgesellschafters (sog. haftungsbegründende Kausalität).

---

923 So auch *Haas/Ziemons*, in: Michalski, GmbHG, § 43 Rn. 277a; *Habersack*, Die Mitgliedschaft, S. 183 ff.

924 Vgl. hierzu im Einzelnen umfassend und zutreffend *Habersack*, Die Mitgliedschaft, S. 188 ff.

925 In diese Richtung auch *Hüffer*, AktG, § 93 Rn. 64.

926 Vgl. hierzu die entsprechenden Ausführungen unter § 4 B. III.

cc) Rechtswidrigkeit und Verschulden

Der Anspruch aus § 823 Abs. 1 BGB erfordert ein rechtswidriges und schuldhaftes Handeln des Veräußerers.

Nach herrschender und richtiger Ansicht indiziert die Verletzung des absoluten Rechts der Mitgliedschaft die Rechtswidrigkeit.[927] Fälle, in denen die Rechtswidrigkeit aufgrund eines Rechtfertigungsgrundes des Veräußerers entfallen könnte, sind schwer vorstellbar.

Der Schadensersatzanspruch nach § 823 Abs. 1 BGB setzt darüber hinaus ein Verschulden des Veräußerers i.S.v. § 276 BGB sowie dessen Verschuldensfähigkeit (§ 276 Abs. 1 S. 2 i.V.m. §§ 827, 828 BGB) voraus. Es reicht also – wie auch im Rahmen von § 280 BGB[928] – bereits jede Fahrlässigkeit des Veräußerers aus, um einen Anspruch des Altgesellschafters gem. § 823 Abs. 1 BGB zu begründen.

> *In den **Beispielen 17**[929] und **18**[930] ist jeweils von einem Verschulden des V auszugehen, da dieser jeweils gerade in Kenntnis seiner Nichtberechtigung und der eigentlichen Berechtigung des A den betreffenden Geschäftsanteil an den gutgläubigen E veräußerte. V handelte also vorsätzlich. Demnach besteht in beiden Beispielen auch ein Anspruch des A gegen den V aus § 823 Abs. 1 BGB.*

Im Einzelfall wird es stets darauf ankommen, ob der Veräußerer im Zeitpunkt der Veräußerung Kenntnis oder fahrlässige Unkenntnis von seiner mangelnden materiellen Berechtigung an dem betreffenden Geschäftsanteil hatte. Auch an dieser Stelle wird bezüglich der Qualifizierung der Fahrlässigkeit und eines etwaigen Korrekturbedarfes auf die nachfolgenden Ausführungen unter Ziffer 3. verwiesen.

dd) Kausaler Schaden

Nach § 823 Abs. 1 BGB hat der Veräußerer dem Altgesellschafter den aus der rechtswidrig und schuldhaft verursachten Rechtsgutverletzung entstandenen Schaden zu ersetzen. Vorliegend von Relevanz ist der Schaden, der dem Altgesellschafter aufgrund seines Verlusts seines Geschäftsanteils entsteht. Der Verlust eines Geschäftsanteils aufgrund gutgläubigen Erwerbs gem. § 16 Abs. 3 GmbHG stellt den denkbar weitreichendsten Schaden dar, der einem Gesellschafter entstehen kann und ist selbstredend als Schaden i.S.v. § 823 Abs. 1 BGB anzusehen.[931] Auf Art, Inhalt

---

927 Sog. *„Lehre vom Erfolgsunrecht"*, vgl. z.B. *Teichmann,* in: Jauernig, BGB, § 823 Rn. 47 ff. m.w.N.; **a.A.**: sog. *„Lehre vom Handlungsunrecht"*, vgl. z.B. *Nipperdey,* in: NJW 1957, 1777.

928 S.o. § 4 B. I. 1. c).

929 S.o. § 4 B. I. 1. a) aa).

930 S.o. § 4 B. I. 1. a) bb).

931 Vgl. allgemein *Heidinger,* in: MünchKomm-GmbHG, § 16 Rn. 346; *Löbbe,* in: Ulmer/Habersack/Löbbe, GmbHG, § 16 Rn. 190; *Pentz,* in: Rowedder/Schmidt-Leithoff, GmbHG, § 16 Rn. 107; *Rieg,* Erwerb vom Nichtberechtigten und Liste der Gesellschafter, S. 391; *Seibt,* in: Scholz, GmbHG, § 16 Rn. 107; *Verse,* in: Henssler/

und Umfang des Schadens wird im Einzelnen unter § 5 einzugehen sein, weshalb an dieser Stelle auf die diesbezüglichen Ausführungen verwiesen wird.

Zwischen Rechtsgutverletzung und Schaden muss zudem eine haftungsausfüllende Kausalität bestehen.[932] Dies ist indessen in der vorliegenden Konstellation stets der Fall, da die Übertragung des Geschäftsanteils unmittelbar zu dem Verlust des Geschäftsanteils und damit zum Schaden des Altgesellschafters führt.

ee) Darlegungs- und Beweislast

Der Altgesellschafter hat die Rechtsgutsverletzung, die zurechenbare Verletzungshandlung, das Verschulden des Veräußerers sowie den kausalen Schaden darzulegen und zu beweisen.[933]

Den Veräußerer trifft lediglich bezüglich des Vorliegens eines Rechtfertigungsgrundes die Darlegungs- und Beweislast.[934]

b) Anspruch aus § 823 Abs. 2 BGB

Neben § 823 Abs. 1 BGB ist auch an § 823 Abs. 2 BGB als mögliche Anspruchsgrundlage zu denken. Anknüpfungspunkt ist hier nicht wie bei § 823 Abs. 1 BGB die Verletzung eines absoluten Rechts, sondern die Verletzung eines Schutzgesetzes i.S.v. § 823 Abs. 2 BGB. § 823 Abs. 2 BGB erfasst dabei auch reine Vermögensschäden, sofern sie in den Schutzbereich des einschlägigen Schutzgesetzes fallen.[935]

aa) Verletzung eines Schutzgesetzes

Erforderlich ist demnach zunächst die Verletzung eines Schutzgesetzes. Es ist folglich zu prüfen, ob der in die Gesellschafterliste eingetragene Veräußerer eines fremden Geschäftsanteils an einen gutgläubigen Dritten ein Schutzgesetz i.S.d. § 823 Abs. 2 BGB verletzt.

(1) Allgemeines

Unter „*Gesetz*" ist nach § 2 EGBGB jede Rechtsnorm zu verstehen. Erfasst ist danach unabhängig vom Rechtsgebiet jede materielle Rechtsnorm, also auch Verordnungen oder Gemeindesatzungen.[936] Zudem muss dem Gesetz ein Ge- oder Verbotsnormcharakter zukommen.[937] Ein „*Schutzgesetz*" liegt vor, wenn das Gesetz nach dem

---

Strohn, Gesellschaftsrecht, GmbHG, § 16 Rn. 91; *Wicke*, GmbHG, § 16 Rn. 26; *Wilhelmi*, in: BeckOK-GmbHG, § 16 Rn. 115.

932 Vgl. etwa *Staudinger*, in: HK-BGB, § 823 Rn. 85.

933 Vgl. nur *Sprau*, in: Palandt, § 823 Rn. 80; *Teichmann*, in: Jauernig, BGB, § 823 Rn. 63 m.w.N.

934 Vgl. a.a.O.

935 Vgl. *Förster*, in: BeckOK-BGB, § 823 Rn. 264.

936 Vgl. nur *Sprau*, in: Palandt, § 823 Rn. 57; *Staudinger*, in: HK-BGB, § 823 Rn. 143.

937 Vgl. nur *Staudinger*, in: HK-BGB, § 823 Rn. 145.

Willen des Gesetzgebers zumindest auch den Schutz des Einzelnen bezweckt und nicht ausschließlich im Interesse der Allgemeinheit erlassen worden ist. Darüber hinaus muss das Schutzgesetz auch gerade den Schutz der verletzten Person bezwecken (persönlicher Schutzbereich).[938] Zudem erfasst die Haftung nur die Schäden, deren Rechtsgüter von dem Schutzbereich des Gesetzes erfasst sind (sachlicher Schutzbereich).[939] Außerdem muss sich gerade das vom Schutzzweck des Gesetzes erfasste Risiko verwirklicht haben.[940] Ein Schutzgesetz ist dann verletzt, wenn die jeweiligen tatbestandlichen Voraussetzungen erfüllt sind, wobei auf die jeweils für die betreffende Rechtsnorm geltenden Regeln abzustellen ist.[941]

Allgemein und auch vorliegend ist vornehmlich an eine Verletzung von Vorschriften des StGB zu denken.[942] Die Verletzung eines Schutzgesetzes ist im Falle eines Straftatbestandes dann gegeben, wenn sowohl der objektive und subjektive Tatbestand als auch Rechtswidrigkeit und Schuld vorliegen.[943]

(2) § 266 StGB – Untreue

Möglicherweise ist die Veräußerung und Übertragung eines fremden Geschäftsanteils als Untreue i.S.v. § 266 StGB zu werten.

(a) Schutzgesetz

Der Unrechtsgehalt der Untreue liegt in der Schädigung fremden Vermögens unter Ausnutzung einer besonderen Vertrauensstellung. § 266 StGB dient damit dem Schutz des Vermögens[944] und stellt nach einhelliger Ansicht ein Schutzgesetz i.S.d. § 823 Abs. 2 BGB dar.[945]

(b) Voraussetzungen

Der Untreuetatbestand des § 266 Abs. 1 StGB erfasst die beiden Varianten „Missbrauch" und „Treuebruch".[946] Das Verhältnis zwischen diesen Tatbestandsvarianten ist umstritten und resultiert aus der Frage, ob – wie beim Treuebruchstatbestand – auch beim

938 Vgl. BGH, Urt. v. 16.12.1958 – VI ZR 245/57, BGHZ 29, 100, 102; BGH, Urt. v. 29.06.1982 – VI ZR 33/81, BGHZ 84, 312, 314.

939 Vgl. BGH, Urt. v. 03.02.1954 – VI ZR 153/52, BGHZ 12, 213, 217; BGH, Urt. v. 25.10.1974 – V ZR 47/70, BGHZ 63, 176, 179; BGH, Urt. v. 05.04.1991 – V ZR 39/90, BGHZ 114, 161, 163.

940 Vgl. BGH, Urt. v. 16.12.1958 – VI ZR 245/57, BGHZ 29, 100, 104 f; BGH, Urt. v. 11.07.1988 – II ZR 243/87, BGHZ 105, 121, 129.

941 Vgl. *Staudinger,* in: HK-BGB, § 823 Rn. 151.

942 Vgl. *Sprau,* in: Palandt, § 823 Rn. 70.

943 Vgl. *Staudinger,* in: HK-BGB, § 823 Rn. 151.

944 Vgl. BGH, Urt. v. 04.11.1997 – 1 StR 273/97, BGHSt 43, 293, 297; *Lackner,* in: Lackner/Kühl, StGB, § 266 Rn. 1.

945 Vgl. etwa *Wagner,* in: MünchKomm-BGB, § 823 Rn. 525 m.w.N.

946 Vgl. etwa *Wittig,* in: BeckOK-StGB, § 266 Rn. 4.

Missbrauchstatbestand eine Vermögensbetreuungspflicht Tatbestandsvoraussetzung ist. Nach der aktuellen Rechtsprechung des BGH[947] und inzwischen ganz h.L.[948] setzen beide Tatbestandsvarianten des § 266 Abs. 1 StGB die Verletzung einer Vermögensbetreuungspflicht voraus.[949] Daraus resultiert nunmehr der Umstand, dass der Missbrauchstatbestand lediglich einen Unterfall des umfassenderen Treuebruchstatbestandes darstellt und als lex specialis auf Konkurrenzebene Vorrang hat. Beiden Varianten ist somit gemein, dass sie als Täter einen dem Vermögensträger gegenüber Treupflichtigen voraussetzen, dessen Bindung zur Zeit der Tathandlung bestehen muss und auf einem rechtlichen oder tatsächlichen Verhältnis beruhen kann.[950] Darüber hinaus verlangen danach beide Varianten, dass der Täter fremde Vermögensinteressen zu betreuen hat. Zusammenfassend obliegt dem Täter in beiden Varianten also eine Vermögensbetreuungspflicht.[951] Diese umschreibt das Innenverhältnis zwischen dem Täter und dem Vermögensinhaber. Das bedeutet, dass für die Untreue eine Schädigung fremden Vermögens aus diesem Innenverhältnis erforderlich ist; der Täter muss hierfür aufgrund der ihm eingeräumten Kompetenzen (partiell) anstatt des Vermögensinhabers selbstständig handeln können.[952] Der Täter muss demnach im Innenverhältnis gegenüber dem Vermögensinhaber zur Betreuung dessen Vermögens verpflichtet sein, wobei diese Pflicht typischer und wesentlicher Inhalt einer fremdnützig ausgerichteten Geschäftsbesorgung sein muss.[953]

An der Voraussetzung der Vermögensbetreuungspflicht dürfte die Untreue in den vorliegend relevanten Konstellationen in der Regel scheitern. Denn eine solche Vermögensbetreuungspflicht des Veräußerers gegenüber dem Altgesellschafter dürfte im Regelfall nicht gegeben sein. Dennoch sind im Einzelfall Ausnahmekonstellationen möglich, in denen zwischen Veräußerer und Altgesellschafter ein Treueverhältnis i.S.v. § 266 StGB bestehen kann. Zu denken ist hier insbesondere an Treuhandverhältnisse[954]. Ein Treuhandvertrag erfüllt die o.g. Voraussetzungen des

947 Vgl. BGH, Urt. v. 13.06.1985 – 4 StR 213/85, BGHSt 33, 244, 250; BGH, Urt. v. 06.12.2001 – 1 StR 215/01, BGHSt 47, 187, 192; BGH, Urt. v. 21.12.2005 – 3 StR 470/04, BGHSt 50, 331, 342.

948 Vgl. etwa *Fischer*, StGB, § 266 Rn. 6, 6a; *Kindhäuser*, in: Kindhäuser/Neumann/Paeffgen, StGB, § 266 Rn. 11 ff.; *Lackner*, in: Lackner/Kühl, StGB, § 266 Rn 4, 21; *Wessels/Hillenkamp*, Strafrecht BT II, Rn. 750.

949 Nach der inzwischen nur noch vereinzelt vertretenen Gegenansicht erfordere der Missbrauchstatbestand allein die Verletzung einer Verfügungsbefugnis, nicht aber eine Vermögensbetreuungspflicht, vgl. etwa *Labsch*, in: Jura 1987, 343, 345; *Miehe*, in: JuS 1980, 261, 262.

950 *Lackner*, in: Lackner/Kühl, StGB, § 266 Rn. 2.

951 Vgl. *Wittig*, in: BeckOK-StGB, § 266 Rn. 5.

952 Vgl. *Kindhäuser*, in: Kindhäuser/Neumann/Paeffgen, StGB, § 266 Rn. 31.

953 Vgl. BGH, Urt. v. 05.07.1968 – 5 StR 262/68, BGHSt 22, 190, 191 ff.; BGH, Urt. v. 13.06.1985 – 4 StR 213/85, BGHSt 33, 244, 250; BGH, Urt. v. 28.07.2011, NJW 2011, 2819; *Kindhäuser*, in: Kindhäuser/Neumann/Paeffgen, StGB, § 266 Rn. 31.

954 Vgl. hierzu die obigen Ausführungen unter § 4 B. I. 1. a) bb).

Treueverhältnisses nach § 266 StGB.[955] Bei einer Veräußerung des Geschäftsanteils durch den Treuhänder bei bestehendem Treuhandvertrag ist in der Regel auch im Übrigen von einer Untreue gegenüber des Treugebers auszugehen. Da der im Rahmen dieser Untersuchung relevante gutgläubige Erwerb aber nur im Rahmen eines bereits beendeten Treuhandvertrages in Kombination mit der – in der Praxis üblichen – vertraglichen Vereinbarung darüber, dass mit Beendigung des Treuhandvertrages der Treugeber automatisch materieller Inhaber des Geschäftsanteils wird, in Betracht kommt[956], ist zunächst zu klären, ob auch ein bereits beendeter Treuhandvertrag eine Vermögensbetreuungspflicht des (ehemaligen) Treuhänders gegenüber dem (ehemaligen) Treugeber i.S.v. § 266 StGB begründen kann. Zwar unterliegt der Treuhänder (fortwirkenden) Schutzpflichten gem. § 241 Abs. 2 BGB gegenüber dem (ehemaligen) Treugeber aus dem (beendeten) Treuhandverhältnis, solange er noch als Gesellschafter in der Gesellschafterliste eingetragen ist und so Gefährdungen für den Geschäftsanteil aus dem Treuhandvertrag fortbestehen.[957] Fraglich ist aber, ob dies auch eine weiterhin bestehende Vermögensbetreuungspflicht gem. § 266 StGB für diesen Zeitraum nach sich zieht. Denn die Vermögensbetreuungspflicht muss der typische und wesentliche Inhalt eines fremdnützig ausgerichteten typisierten Geschäftsbesorgungsverhältnisses sein, d.h. sie muss vertragliche Hauptpflicht und nicht bloße Nebenpflicht der fremdnützigen Geschäftsbesorgung sein.[958] Auch stellen die allgemeinen zivilrechtlichen Pflichten auf die Interessen des Vertragspartners Rücksicht zu nehmen und andere nicht am Vermögen zu schädigen grundsätzlich für sich noch keine Vermögensbetreuungspflichten gem. § 266 StGB dar.[959] Die Vermögensbetreuungspflicht endet also im Regelfall mit der Beendigung des zugrunde liegenden Rechtsverhältnisses und wirkt grundsätzlich nicht in Form eines faktischen Treueverhältnisses fort, weshalb den ehemaligen Treuepflichtigen nach der Beendigung des Rechtsverhältnisses grundsätzlich lediglich noch einfache schuldrechtliche Abwicklungspflichten, etwa gem. §§ 667, 675 BGB, treffen.[960] Allerdings können nach h.M. auch zivilrechtlich erloschene Treueverhältnisse ausnahmsweise noch eine Vermögensbetreuungspflicht begründen, sofern bei ihnen das Betreuungsverhältnis nach dem (mutmaßlichen) Willen der Parteien tatsächlich

---

955 Vgl. etwa BGH, Urt. v. 04.04.1968 – II ZR 26/67, NJW 1968, 1471; BGH, Beschl. v. 29.11.1996 – 2 StR 491/96, NStZ 1997, 124; *Dierlamm,* in: MünchKomm-StGB, § 266 Rn. 120; *Kindhäuser,* in: Kindhäuser/Neumann/Paeffgen, StGB, § 266 Rn 58; *Lackner,* in: Lackner/Kühl, StGB, § 266 Rn. 13.

956 Vgl. hierzu die Ausführungen unter § 4 B. I. 1. a) bb).

957 S.o. § 4 B. I. 1. a) bb) (3).

958 Vgl. nur BGH, Urt. v. 05.07.1968 – 5 StR 262/68, BGHSt 22, 190, 191; BGH, Urt. v. 13.06.1985 – 4 StR 213/85, BGHSt 33, 244, 250; BGH, Beschl. v. 23.08.1995 – 5 StR 371/95, BGHSt 41, 224, 228; *Wittig,* in: BeckOK-StGB, § 266 Rn. 31 m.w.N.

959 Vgl. *Lackner,* in: Lackner/Kühl, StGB, § 266 Rn. 11; *Wittig,* in: BeckOK-StGB, § 266 Rn. 31 m.w.N.

960 Vgl. *Kindhäuser,* in: Kindhäuser/Neumann/Paeffgen, StGB, § 266 Rn 39.

fortbesteht.[961] Hierfür bedarf es besonderer Anhaltspunkte, die – ähnlich wie auch bei der Fortwirkung der Schutzpflichten nach § 241 Abs. 2 BGB[962] – insbesondere darin zu sehen sind, *„wenn bei Beendigung eines treuepflichtigen Rechtsverhältnisses die fremdnützige Herrschaftsbeziehung des Treunehmers über das fremde Vermögen tatsächlich (noch) fortbesteht"*.[963] Hierfür spricht in der aufgezeigten Situation nach Beendigung des Treuhandvertrages vieles. Dies ergibt sich nicht zuletzt aus der Aufwertung der Gesellschafterliste durch das MoMiG. Denn nicht nur ist der Treugeber nach Beendigung des Treuhandvertrages einem erhöhten Risiko infolge der formellen Gesellschafterstellung des Treuhänders und der damit gegebenen Möglichkeit eines gutgläubigen Erwerbs ausgesetzt, § 16 Abs. 3 GmbHG.[964] Sondern es besteht auch gegenüber der Gesellschaft die Legitimationswirkung des § 16 Abs. 1 GmbHG, d.h. der Treuhänder gilt der Gesellschaft gegenüber weiterhin als Gesellschafter, solange er in der Gesellschafterliste eingetragen ist.[965] Nach den obigen Grundsätzen muss demnach auch nach Beendigung des Treuhandverhältnisses eine Vermögensbetreuungspflicht des ehemaligen Treuhänders gegenüber seinem ehemaligen Treugeber bestehen, solange der ehemalige Treuhänder noch formal Gesellschafter ist, d.h. in der Gesellschafterliste eingetragen ist. Die Übertragung des betreffenden Geschäftsanteils ohne Kenntnis und Zustimmung des Treugebers stellt damit eine Verletzung der Vermögensbetreuungspflicht i.S.v. § 266 Abs. 1 StGB dar.

*Im **Beispiel 18** unterlag V auch nach Beendigung des Treuhandvertrages noch einer Vermögensbetreuungspflicht i.S.v. § 266 StGB gegenüber A. Diese Vermögensbetreuungspflicht hat V durch die Veräußerung und Übertragung des Geschäftsanteils an den gutgläubigen C verletzt.*

Keine Vermögensbetreuungspflicht besteht hingegen zwischen Gesellschaftern einer GmbH[966], d.h. auch wenn der Veräußerer Mitgesellschafter des Altgesellschafters ist, macht sich der Veräußerer durch die Übertragung des fremden Geschäftsanteils nicht wegen Untreue gem. § 266 StGB strafbar.

---

961 Vgl. BGH, Urt. v. 14.07.1955 – 3 StR 158/55, BGHSt 8, 149; BGH, Beschl. v. 29.11.1996 – 2 StR 491/96, NStZ 1997, 124; OLG Stuttgart, Urt. v. 04.04.1973 – 1 Ss 724/71, JZ 1973, 739; *Fischer*, StGB, § 266 Rn. 43; *Mitsch*, Strafrecht BT II/1, § 8 Rn. 38; *Schünemann*, in: LK-StGB, § 266 Rn. 62.

962 S.o. § 4 B. I. 1. a) bb) (3).

963 *Fischer*, StGB, § 266 Rn. 43; vgl. auch OLG Stuttgart, Urt. v. 04.04.1973 – 1 Ss 724/71, JZ 1973, 739.

964 Vgl. hierzu § 3 D.

965 Vgl. hierzu im Einzelnen die Ausführungen unter § 3 C. II.1.

966 Vgl. *Dierlamm*, in: MünchKomm-StGB, § 266 Rn. 97; *Wittig*, in: BeckOK-StGB, § 266 Rn. 34.8; *Birkholz*, Untreuestrafbarkeit als strafrechtlicher „Preis" der beschränkten Haftung, S. 125 ff., 252 ff.; *Flum*, Der strafrechtliche Schutz der GmbH gegen Schädigungen mit Zustimmung der Gesellschafter, S. 129 ff.; *Tiedemann*, GmbH-Strafrecht, vor §§ 82 Rn. 17; **a.A.:** *Gribbohm*, in: ZGR 1990, 1, 22; *Wodicka*, Die Untreue zum Nachteil der GmbH bei vorheriger Zustimmung aller Gesellschafter, S. 297 ff.

*Im **Beispiel 17** unterlag V daher keiner Vermögensbetreuungspflicht i.S.v. § 266 StGB gegenüber A. Eine Strafbarkeit des V nach § 266 StGB und damit auch ein Schadensersatzanspruch des A gegen V gem. § 823 Abs. 2 BGB i.V.m. § 266 StGB scheiden folglich aus.*

Gleiches gilt, wenn der Veräußerer Geschäftsführer der betreffenden GmbH ist, denn die Vermögensbetreuungspflicht eines Geschäftsführers einer GmbH bezieht sich allein auf das Vermögen der GmbH, nicht auf das der Gesellschafter.[967] Auch mittelbare Auswirkungen auf das Vermögen der Gesellschafter werden nicht von § 266 StGB erfasst.[968]

Besteht eine Vermögensbetreuungspflicht und wurde diese durch die Veräußerung und Übertragung des Geschäftsanteils verletzt, muss für eine Strafbarkeit nach § 266 StGB objektiv noch dem zu betreuenden Vermögen ein Nachteil entstanden sein. Der Begriff des Nachteils entspricht dabei dem des Vermögensschadens i.S.d. § 263 StGB.[969] Der Verlust eines Geschäftsanteils stellt nach allen zum strafrechtlichen Vermögensbegriff vertretenen Ansichten einen Vermögensschaden / -nachteil i.S.v. §§ 263, 266 StGB dar, weshalb auf die Abgrenzung dieser Theorien hier nicht weiter einzugehen ist.[970]

Im subjektiven Tatbestand ist in beiden Tatbestandsvarianten Vorsatz erforderlich, der das Bestehen der Voraussetzungen einer Vermögensbetreuungspflicht sowie den aus deren Verletzung durch Missbrauch oder Treuebrauch erwachsenden Vermögensschaden / -nachteil umfassen muss.[971] Bezüglich der Pflichtverletzung muss dem Veräußerer bewusst sein, dass er nicht mehr im Rahmen des ihm übertragenen Handlungsspielraums agiert[972], was in aller Regel anzunehmen sein dürfte.

*Im **Beispiel 18** begründet der Verlust des Geschäftsanteils einen Vermögensnachteil i.S.v. § 266 StGB bei A. V handelte auch vorsätzlich, rechtswidrig und schuldhaft und hat sich damit gem. § 266 Abs. 1 StGB strafbar gemacht. Die Verletzung eines Schutzgesetzes i.S.d. § 823 Abs. 2 BGB ist gegeben.*

(c) Ergebnis

Lediglich in Einzelfällen kann eine Strafbarkeit des Veräußerers nach § 266 StGB und damit die Verletzung dieses Schutzgesetzes vorliegen. Zu denken ist insbesondere an Konstellationen um die Beendigung von Treuhandverhältnissen.

---

967 Vgl. BGH, Urt. v. 25.04.2006 – 1 StR 519/05, BGHSt 51, 29.

968 Vgl. a.a.O.

969 Vgl. BGH, Urt. v. 16.12.1960 – 4 StR 401/60, BGHSt 15, 342, 343 ff.; BGH, Urt. v. 21.10.1994 – 2 StR 328/94, BGHSt 40, 287, 294 ff.; BGH, Urt. v. 04.11.1997 – 1 StR 273/97, BGHSt 43, 293, 297 ff.; *Kindhäuser*, in: Kindhäuser/Neumann/Paeffgen, StGB, § 266 Rn. 94.

970 Vgl. hierzu etwa *Kindhäuser*, in: Kindhäuser/Neumann/Paeffgen, StGB, § 263 Rn. 226 ff. m.w.N.

971 Vgl. *Kindhäuser*, in: Kindhäuser/Neumann/Paeffgen, StGB, § 266 Rn. 122.

972 Vgl. a.a.O.

(3) § 246 StGB – Unterschlagung

§ 246 StGB ist in den hier relevanten Konstellationen bereits nicht einschlägig, da ein Geschäftsanteil kein taugliches Tatobjekt des § 246 StGB darstellt. § 246 StGB erfasst als Tatobjekt fremde, bewegliche Sachen. Sachen sind körperliche Gegenstände.[973] Ein Geschäftsanteil hat keine körperliche Qualität und ist – wie auch Forderungen und sonstige Rechte[974] – auch nicht als Sache i.S.d. §§ 242, 246 StGB zu qualifizieren.

(4) § 263 StGB – Betrug

Die Veräußerung und Übertragung eines fremden Geschäftsanteils könnte einen Betrug gem. § 263 StGB darstellen.

(a) Schutzgesetz

§ 263 StGB dient nach nahezu einhelliger Auffassung dem Schutz des Vermögens[975] und ist ein Schutzgesetz i.S.v. § 823 Abs. 2 BGB[976].

(b) Voraussetzungen

(aa) Allgemeines

Der objektive Tatbestand des § 263 StGB beinhaltet vier Tatbestandsmerkmale, die aufeinander aufbauen und jeweils kausal miteinander verbunden sein müssen: Die Tathandlung, d.h. die Täuschung über Tatsachen, muss als Ergebnis einen Irrtum beim Getäuschten verursachen, welcher wiederum eine Vermögensverfügung des Getäuschten auslösen muss, die ihrerseits zu einem Vermögensschaden führen muss.[977] Für einen Betrug kommen vorliegend verschiedene Konstellationen in Betracht:

(bb) Betrug gegenüber und zu Lasten des gutgläubigen Erwerbers

Möglich erscheint zunächst ein Betrug gegenüber und zu Lasten des gutgläubigen Erwerbers, da der Veräußerer diesem suggeriert, er sei materieller Inhaber des Geschäftsanteils. Täuschung ist ein Verhalten, durch das im Wege der Einwirkung auf das intellektuelle Vorstellungsbild eines anderen eine Fehlvorstellung über

---

973 Vgl. etwa *Wittig*, in: BeckOK-StGB, § 242 Rn. 4.

974 Vgl. etwa *Lackner, in: Lackner/Kühl*, StGB, § 242 Rn. 2; *Wittig*, in: BeckOK-StGB, § 242 Rn. 4.1.

975 Vgl. etwa BGH, Beschl. v. 18.07.1961 – 1 StR 606/60, BGHSt 16, 220, 221; BGH, Beschl. v. 16.08.1961 – 4 StR 166/61, BGHSt 321, 325; *Lackner*, in: Lackner/Kühl, StGB, § 263 Rn. 2.

976 Vgl. etwa BGH, Urt. v. 04.05.1993 – VI ZR 81/92, NJW 1993, 2992; BGH, Urt. v. 19.07.2011 – VI ZR 367/09, NJW-RR 2011, 1661; *Wagner*, in: MünchKomm-BGB, § 823 Rn. 525.

977 Vgl. z.B. *Lackner*, in: Lackner/Kühl, StGB, § 263 Rn. 3–56.

Tatsachen erzeugt wird.[978] Der Veräußerer täuscht den gutgläubigen Erwerber über die Inhaberschaft des Geschäftsanteils und ruft hierdurch beim gutgläubigen Erwerber einen entsprechenden Irrtum hervor. Aufgrund dieses Irrtums erfolgt, wenn – wie im Regelfall anzunehmen sein dürfte – ein Kaufvertrag der Übertragung zugrunde liegt, die Kaufpreiszahlung des gutgläubigen Erwerbers an den Veräußerer. Allerdings müsste dem gutgläubigen Erwerber auch ein Vermögensschaden entstanden sein. Vermögen i.S.d. § 263 StGB ist nach h.M. die Summe aller geldwerten Güter einer juristischen oder privaten Person abzüglich der Verbindlichkeiten (sog. wirtschaftlicher Vermögensbegriff).[979] Ein Vermögensschaden liegt vor, wenn das Vermögen nach der Verfügung des Getäuschten vermindert ist, d.h. weniger wert ist als vor der Verfügung.[980] Ob in den vorliegend relevanten Konstellationen ein Vermögensschaden vorliegt, ist fraglich – erhält der gutgläubige Erwerber als Gegenleistung bzw. Kompensation für den gezahlten Kaufpreis doch den gegenständlichen Geschäftsanteil. Es ist im Einzelfall evtl. zu untersuchen, ob der Kaufpreis auch angemessen war. Für die Berechnung der Kompensation sind jeweils die Werte der erbrachten Leistungen zu ermitteln. In der Regel ist also zu prüfen, ob der Geschäftsanteil dem gezahlten Kaufpreis wertmäßig entsprach. Hier spielt im Rahmen von § 263 StGB der tatsächliche Wert des Geschäftsanteils, dessen Ermittlung in der Regel kompliziert sein dürfte[981], letztlich aber ebenso eine Rolle wie diesbezügliche subjektive Elemente beim Veräußerer. Fraglich ist aber auch, ob der gutgläubige Erwerber möglicherweise gegenüber einem regulären Erwerber des Geschäftsanteils schlechter steht. Insofern ist jedenfalls an eine Vermögensgefährdung zu denken. Diese klassische Streitfrage wird in der strafrechtlichen Judikatur und Literatur aber inzwischen nahezu einhellig verneint. Zwar vertrat einst das Reichsgericht die Auffassung, ein gutgläubiger Erwerb sei wirtschaftlich minderwertig im Vergleich zu einem Erwerb vom Berechtigten, da der gutgläubige Erwerber evtl. Aufwendungen zur Verteidigung gegen den ursprünglich Berechtigten machen müsse und zudem in seiner Dispositionsbefugnis eingeschränkt sein könnte; des Weiteren sei ein gutgläubiger Erwerb mit einem *„sittlichen Makel"* behaftet (sog. „Makeltheorie"), was einen wertmindernden Faktor darstelle.[982] Die Makeltheorie wurde und wird von der h.L. allerdings zu Recht

978 Vgl. *Lackner,* in: Lackner/Kühl, StGB, § 263 Rn. 6 ff.; *Perron,* in: Schönke/Schröder, StGB, § 263 Rn. 6 ff.

979 Vgl. BGH, Beschl. v. 18.07.1961 – 1 StR 606/60, BGHSt 16, 220; *Lackner,* in: Lackner/Kühl, StGB, § 263 Rn. 33; str., vgl. zum Streitstand etwa *Kindhäuser,* in: Kindhäuser/Neumann/Paeffgen, StGB, § 263 Rn. 226 ff. m.w.N.

980 Vgl. BGH, Beschl. v. 18.07.1961 – 1 StR 606/60, BGHSt 16, 220; BGH, Beschl. v. 30.07.1996 – 5 StR 168/96, NStZ 1997, 32; BGH, Urt. v. 04.03.1999 – 5 StR 355–98, NStZ 1999, 353; *Lackner,* in: Lackner/Kühl, StGB, § 263 Rn. 36.

981 Vgl. hierzu die Ausführungen unter § 5 B. II. 2. c) cc).

982 Vgl. RG 73, 61.

stets abgelehnt.[983] Auch der BGH hat diese Rechtsprechung inzwischen aufgegeben und stellt nunmehr auf die Besonderheiten des Einzelfalls und rein wirtschaftliche Erwägungen ab.[984] So wie es kein „Zwei-Klassen-Eigentum" gibt, gibt es auch keine „Zwei-Klassen-Inhaberschaft" an Geschäftsanteilen. Auch ist das Prozessrisiko für den gutgläubigen Erwerber in der Regel nicht größer als das eines jeden anderen Inhabers von Geschäftsanteilen. Zum einen liegt die Beweislast für die Bösgläubigkeit des Erwerbers beim Kläger.[985] Daher dürfte das Prozessrisiko für den gutgläubigen Erwerber regelmäßig gering sein. Zum anderen besteht für jedermann gleichermaßen ein Risiko, unbegründet verklagt zu werden. Inwiefern hier eine generell erhöhte Gefahr des gutgläubigen Erwerbers bestehen soll, kann nicht nachvollziehbar begründet werden. Auch ist ein Geschäftsanteil keine Sache (s.o.), weshalb auch im Hinblick auf § 935 BGB, insbesondere im Zusammenhang mit einer Weiterveräußerung, kein Nachteil droht. Mithin steht der gutgläubige Erwerber eines Geschäftsanteils wirtschaftlich nicht schlechter im Vergleich zu einem Erwerber vom Berechtigten. Folglich besteht auch keine hinreichende Vermögensgefährdung und damit auch kein Vermögensschaden. Ein Betrug des Veräußerers gegenüber und zu Lasten des Erwerbers liegt im Regelfall also nicht vor.

(cc) Betrug gegenüber dem Erwerber und zu Lasten des Altgesellschafters

Möglicherweise liegt aber ein Betrug gegenüber dem gutgläubigen Erwerber und zulasten des Altgesellschafters vor. Denn der Altgesellschafter ist infolge des gutgläubigen Erwerbs durch den Verlust des Geschäftsanteils geschädigt. Strukturell läge in dieser Konstellation ein sog. „Dreiecksbetrug" vor, da der Verfügende und der Geschädigte nicht personenidentisch sind. Dies ist möglich, denn zwar müssen Getäuschter und Verfügender, nicht aber Getäuschter und Geschädigter identisch sein.[986] Ein Betrug ist also auch dann möglich, wenn der Getäuschte über fremdes Vermögen verfügt.[987] Die Übertragung des Geschäftsanteils durch den Veräußerer kann allerdings nicht die für § 263 StGB relevante Vermögensverfügung darstellen, da der Veräußerer nicht Getäuschter, sondern der Täuschende, also der potentielle Täter ist. Zwar könnte man in dem gutgläubigen Anteilserwerb eine Verfügung sehen. Für einen Dreiecksbetrug ist aber nach allgemeiner Ansicht erforderlich, dass die Verfügung dem Geschädigten zuzurechnen ist[988], d.h. es muss eine gewisse Verbindung zwischen Verfügendem und Geschädigten, hier also zwischen gutgläubigem

983 Vgl. etwa bereits *Cramer*, Vermögensbegriff und Vermögensschaden im Strafrecht, S. 127 ff.; *Lackner, in: Lackner/Kühl*, StGB, § 263 Rn. 43; *Perron,* in: Schönke/Schröder, StGB, § 263 Rn. 111.

984 Vgl. etwa BGH, Urt. v. 08.05.1990 – 1 StR 52/90, JR 1990, 518.

985 Vgl. *Ebbing,* in: Michalski, GmbhG, § 16 Rn. 220.

986 Vgl. BGH, Urt. v. 16.01.1963 – 2 StR 591/62, BGHSt 18, 221, 223; *Perron,* in: Schönke/Schröder, StGB, § 263 Rn. 65.

987 Vgl. *Perron,* in: Schönke/Schröder, StGB, § 263 Rn. 65.

988 Vgl. *Fischer,* StGB, § 263 Rn. 79.

Erwerber und Altgesellschafter bestehen. Wann dies im Allgemeinen der Fall sein soll, ist umstritten. Die Literatur hat zu dieser Frage vielfältige Vorschläge entwickelt, die sich teilweise aber nur geringfügig unterscheiden und deshalb nur schwer zu differenzieren sind. Die praktische Bedeutung der Unterschiede ist, sieht man von den Fällen des Prozessbetrugs und des Scheckbetrugs einmal ab, allerdings nur gering.[989] Nach der vorzugswürdigen Rechtsprechung und wohl h.L. muss zwischen Verfügendem und Geschädigtem ein Näheverhältnis solcher Art bestehen, dass der Verfügende „im Lager" des Geschädigten steht, nicht aber von außen eigenmächtig in die fremde Gewahrsamssphäre eindringt (sog. „Lagertheorie").[990] Dies setzt ein – faktisches oder rechtliches – besonderes Näheverhältnis zu dem geschädigten Drittvermögen voraus.[991] Ein solches Näheverhältnis zwischen dem Altgesellschafter und dem gutgläubigen Erwerber dürfte im Regelfall ausscheiden; vielmehr dürfte in der Regel keinerlei Verbindung zwischen gutgläubigem Erwerber und Altgesellschafter bestehen. Dies ist jedoch stets im konkreten Einzelfall zu prüfen.

(c) Ergebnis

Eine Strafbarkeit des Veräußerers nach § 263 StGB ist eher abwegig und kommt im Regelfall nicht in Betracht. Hinsichtlich eines Betrugs gegenüber und zulasten des gutgläubigen Erwerbers liegt in der Regel kein Vermögensschaden vor, bezüglich eines (Dreieck-) Betruges gegenüber dem gutgläubigen Erwerber und zulasten des Altgesellschafters dürfte es in der Regel am erforderlichen Näheverhältnis zwischen Erwerber und Altgesellschafter fehlen.

bb) Sonstige Voraussetzungen

Liegt die Verletzung eines Schutzgesetzes vor, so ist die Rechtswidrigkeit stets indiziert.[992]

Das von dem Schutzgesetz vorausgesetzte Verschulden ist in der Regel erforderlich und ausreichend.[993] Lediglich dann, wenn das betreffende Schutzgesetz selbst kein Verschulden voraussetzt, ist gem. § 823 Abs. 2 S. 2 BGB i.V.m. § 276

989 Vgl. *Fischer*, StGB, § 263 Rn. 80.

990 Vgl. z.B. BGH, Urt. v. 16.01.1963 – 2 StR 591/62, BGHSt 18, 221; OLG Düsseldorf, Urt. v. 01.02.1994 – 2 Ss 150/93 – 57/93 II, NJW 1994, 3366; *Beukelmann*, in: BeckOK-StGB, § 263 Rn. 35; *Perron*, in: Schönke/Schröder, StGB, § 263 Rn. 66; *Tiedemann*, in: LK-StGB, § 263 Rn. 116; *Wessels/Hillenkamp*, Strafrecht BT II, Rn. 647 ff.; vgl. zum Meinungsstand etwa *Kindhäuser*, in: Kindhäuser/Neumann/Paeffgen, StGB, § 263 Rn. 208 ff. oder *Lackner, in: Lackner/Kühl*, StGB, § 263 Rn. 29, 30, jeweils m.w.N.

991 Vgl. *Fischer*, StGB, § 263 Rn. 82.

992 Vgl. BGH, Urt. v. 26.02.1993 – V ZR 74/92, NJW 1993, 1580, 1581; *Sprau*, in: Palandt, § 823 Rn. 60.

993 Vgl. BGH, Urt. v. 29.04.1966 – V ZR 147/63, BGHZ 46, 17, 21; *Sprau*, in: Palandt, § 823 Rn. 61.

BGB zumindest Fahrlässigkeit erforderlich.[994] Dies ist in den hier relevanten Konstellationen aber von untergeordneter Bedeutung, da vorwiegend nur die Verletzung von Straftatbeständen in Betracht kommt, welche jeweils vorsätzliches Handeln voraussetzen (s.o.).

Des Weiteren ist ein durch die Schutzgesetzverletzung kausal entstandener Schaden des Altgesellschafters erforderlich, der vorliegend insbesondere in dem Verlust seines Geschäftsanteils zu sehen ist.[995] Auf Art, Inhalt und Umfang des Schadens wird im Einzelnen unter § 5 einzugehen sein, weshalb an dieser Stelle auf die diesbezüglichen Ausführungen verwiesen wird.

cc) Darlegungs- und Beweislast

Der Altgesellschafter hat die Schutzgesetzverletzung, die zurechenbare Verletzungshandlung, das Verschulden des Veräußerers sowie den kausalen Schaden darzulegen und zu beweisen.[996]

Den Veräußerer trifft lediglich bezüglich des Vorliegens eines Rechtfertigungsgrundes die Darlegungs- und Beweislast.[997]

c) Ergebnis

Ein Anspruch gegen den Veräußerer gem. § 823 Abs. 1 BGB ist bei Vorliegen der Tatbestandsvoraussetzungen gegeben. Insbesondere stellt die Veräußerung und Übertragung eines fremden Geschäftsanteils stets eine Rechtsgutsverletzung i.S.v. § 823 Abs. 1 BGB dar. Im Einzelfall ist maßgeblich zu prüfen, ob dem Veräußerer ein Verschulden zur Last gelegt werden kann.

Ein Anspruch aus § 823 Abs. 2 BGB kommt hingegen nur in besonderen Ausnahmekonstellationen in Betracht, da es in der Regel an einer Schutzgesetzverletzung fehlen wird. Zu denken ist hier insbesondere an die Verwirklichung der Untreue gem. § 266 StGB in (beendeten) Treuhandkonstellationen.

3. Fahrlässigkeitsmaßstab im Rahmen von §§ 280, 823 BGB

Wie bereits vorstehend im Rahmen der Ausführungen zu § 280 BGB unter dem Punkt „Vertretenmüssen“[998] sowie im Rahmen der Ausführungen zu § 823 BGB unter dem Punkt „Verschulden“[999] angedeutet, bestehen Unsicherheiten und Klärungsbedarf hinsichtlich der Haftung des Veräußerers bei Fahrlässigkeit. Nachfolgend

---

994 Vgl. BGH, Urt. v. 24.11.1981 – VI ZR 47/80, NJW 1982, 1037, 1038; *Förster,* in: Beck-OK-BGB, § 823 Rn. 281.

995 Vgl. bereits § 4 B. I. 2. a) dd).

996 Vgl. nur *Sprau,* in: Palandt, § 823 Rn. 81; *Teichmann,* in: Jauernig, BGB, § 823 Rn. 63 m.w.N.

997 Vgl. nur *Teichmann,* in: Jauernig, BGB, § 823 Rn. 63 m.w.N.

998 S.o. § 4 B. I. 1. c).

999 S.o. § 4 B. I. 2. a) cc).

werden zunächst noch einmal die Ausgangslage de lege lata und die sich hieraus ergebenden Probleme sowie das Erfordernis einer Korrektur dargestellt. Anschließend wird eine Lösung zu der aufgezeigten Problematik unter Heranziehung der in der vergleichbaren Konstellation im Grundstücksrecht geltenden Haftungsmaßstäbe entwickelt und vorgestellt.

a) Ausgangslage de lege lata

Was der Veräußerer zu vertreten hat, ergibt sich aus §§ 276 bis 278 BGB. Zudem muss der Veräußerer verschuldensfähig sein (§ 276 Abs. 1 S. 2 i.V.m. §§ 827, 828 BGB). Es reicht für das Vertretenmüssen der Pflichtverletzung i.S.v. § 280 Abs. 1 S. 2 BGB und für das Verschulden im Rahmen von § 823 BGB de lege lata also bereits Fahrlässigkeit des Veräußerers aus. Fahrlässigkeit bedeutet nach der Legaldefinition des § 276 Abs. 2 BGB das Außerachtlassen der im Verkehr erforderlichen Sorgfalt. Fahrlässigkeit in diesem Sinne setzt nach einhelliger Ansicht die Vorhersehbarkeit und Vermeidbarkeit des Verletzungserfolges und die Beurteilung des Verhaltens nach einem Sorgfaltsmaßstab, der die Verkehrserfordernisse berücksichtigt, voraus.[1000] Grundsätzlich hat der Veräußerer danach für jede noch so geringe Fahrlässigkeit einzustehen, § 276 Abs. 1 S. 1 1. Hs. BGB. Anders als im Strafrecht ist dabei nach allgemeiner Ansicht ein objektiver, ein abstrakter Sorgfaltsmaßstab anzulegen.[1001] Maßstab ist diejenige Sorgfalt, die von einem durchschnittlichen Mitglied des Verkehrskreises des Schädigers, etwa der Berufs-, Bildungs- oder Altersgruppe, unter Berücksichtigung der Besonderheiten des Geschäftstyps und der typischerweise daran beteiligten Personengruppen erwartet werden kann.[1002] Im Einzelfall wird es stets darauf ankommen, ob der Veräußerer im Zeitpunkt der Veräußerung und Übertragung, bzw. genauer gesagt im Zeitpunkt der dinglichen Einigung mit dem gutgläubigen Erwerber, Kenntnis oder fahrlässige Unkenntnis von seiner mangelnden materiellen Berechtigung an dem betreffenden Geschäftsanteil hatte. Da in der vorliegenden Konstellation keine weiteren gesetzlichen Einschränkungen bestehen, haftet der Veräußerer de lege lata für jede, d.h. auch für einfache Fahrlässigkeit.

b) Korrekturbedarf

Wann von einer fahrlässigen Unkenntnis des Veräußerers von seiner fehlenden Berechtigung auszugehen ist, ist bis dato allerdings nicht geklärt und wurde bislang auch – soweit ersichtlich – weder im einschlägigen Schrifttum noch in der Rechtsprechung thematisiert. Dies mag auch damit zusammenhängen, dass in der Praxis im Rahmen eines Unternehmenskaufvertrages die Haftung für Fahrlässigkeit

---

1000 Vgl. *Schulze,* in: HK-BGB, § 276 Rn. 10; *Stadler,* in: Jauernig, BGB, § 276 Rn. 23.

1001 Ständige Rspr., vgl. z.B. BGH, Urt. v. 27.03.2003 – IX ZR 399/99, NJW 2003, 2022; BGH, Urt. v. 13.02.2001 – VI ZR 34/00, NJW 2001, 1786; *Grüneberg,* in: Palandt, § 276 Rn. 15.

1002 Vgl. etwa *Schulze,* in: HK-BGB, § 276 Rn. 14.

meist ausgeschlossen wird, was im Allgemeinen auch zulässig ist[1003]. Dies betrifft aber Konstellationen, in denen der Erwerber eines Gesellschaftsanteils bzw. eines ganzen Unternehmens Schadensersatzansprüche gegen den Veräußerer, also seinen Vertragspartner geltend macht. In der vorliegenden Konstellation geht es hingegen darum, dass ein nicht an dem Anteilskaufvertrag beteiligter Dritter, nämlich der Altgesellschafter, gegen den Veräußerer vorgeht. Eine etwaige vertragliche Haftungsbeschränkung entfaltet in diesem Verhältnis mithin gar keine Wirkung, so dass grundsätzlich auch eine Haftung des Veräußerers für jede Fahrlässigkeit besteht.

An anderer Stelle wurde bereits erläutert, dass beim Erwerber das Unterlassen einer Due Diligence Prüfung grundsätzlich nicht ausreicht, um diesem eine grob fahrlässige Unkenntnis der wahren Rechtslage und damit Bösgläubigkeit i.S.v. § 16 Abs. 3 S. 3 GmbHG zu unterstellen.[1004] Fraglich ist aber, ob der Veräußerer eine Due Diligence Prüfung dergestalt durchzuführen hat, dass er seine Berechtigung überprüfen und etwa jedwede Inhaberwechsel bis zur Entstehung des betreffenden Geschäftsanteils zurückverfolgen muss, um ggf. nicht (leicht) fahrlässig i.S.d. § 276 BGB zu handeln. Problematisch ist, dass der Veräußerer – sofern er eben nicht Gründungsgesellschafter ist, sondern den Anteil seinerseits einmal erworben hat – ebenfalls vor dem Problem steht, nicht sicher zu wissen bzw. wissen zu können, ob er wirklich Inhaber des Geschäftsanteils ist. Insbesondere bei einem weit zurück datierenden Geschäftsanteil wird es für den Veräußerer schwierig, wenn nicht sogar unmöglich sein, die Abtretungskette lückenlos nachzuverfolgen und nachzuweisen.[1005] Hier besteht nach derzeitiger Rechtslage eine erhebliche Unsicherheit und damit einhergehend ein erhebliches, geradezu unbilliges Risiko für jeden Veräußerer von Geschäftsanteilen. Die Frage, wann von Fahrlässigkeit des Veräußerers auszugehen ist, ist somit in all den Fällen, in denen sich der Veräußerer (zu Unrecht) für den berechtigten Inhaber des der Veräußerung zugrunde liegenden Geschäftsanteils hält und als solcher auch in der Gesellschafterliste eingetragen ist, von großer Bedeutung. Insbesondere bedarf es der Klärung, was von dem Veräußerer eines Geschäftsanteils im Vorfeld an Nachforschungsaufwand verlangt werden kann und muss, damit dieser sich nicht einer Haftung gegenüber dem später auf den Plan tretenden, eigentlich berechtigten Altgesellschafter ausgesetzt sieht.

Zur Orientierung seien allgemein die folgenden ***Beispiele 19 und 20*** *genannt, in denen dem Veräußerer V jeweils möglicherweise einfache Fahrlässigkeit vorzuwerfen ist:*

Beispiel 19:

A möchte seinen seiner Ansicht nach allzu sorglosen und weltfremden Sohn V langsam an das seit Generationen bestehende Blumen- und Pflanzengeschäft ihrer Familie heranführen. In einem feierlichen Akt offenbart A dem V im Juli 2010, dass er ihm seine Geschäftsanteile an der A-Saatblüten GmbH, einer Gesellschaft des Familienkonzerns, für den

1003 Vgl. *Wächter*, M&A Litigation, Rn. 821.
1004 S.o. § 3 D. II. 3. b).
1005 Vgl. *Wegen*, in: FS Lüer, 321.

symbolischen Preis von einem Euro verkaufen möchte. V soll die Gesellschaft nunmehr als alleiniger Gesellschafter und Geschäftsführer führen. A überträgt dem V, der sich zögernd hiermit einverstanden erklärt, die Geschäftsanteile an der A-Saatblüten GmbH wenig später zu notarieller Urkunde in den Räumen des örtlichen Notars N, der unverzüglich eine neue Gesellschafterliste zum Handelsregister einreicht.

V merkt schon bald, dass ihm das Saatblütengeschäft nicht liegt und er stattdessen viel lieber als Lebenskünstler die Welt bereisen möchte. Um sich dieses Vorhaben zu finanzieren, verkauft er im August 2013 sämtliche Geschäftsanteile an der A-Saatblüten GmbH an E. Im September 2013 stellt sich heraus, dass V im Juli 2010 erstmals und letztmals mit Drogen experimentiert hatte und auch am Tage der Übertragung unter starkem Drogeneinfluss stand. Dies war aber niemandem aufgefallen, zumal sich V nicht anders verhalten hatte als sonst auch. Auch E wusste nichts davon. V selbst hatte zu keinem Zeitpunkt Zweifel daran, dass an den genannten Transaktionen rechtlich irgendetwas nicht in Ordnung sein könnte. Zudem geht V davon aus, dass insbesondere angesichts der notariellen Beurkundung und der Aktualisierung der Gesellschafterliste, die ihn als alleinigen Gesellschafter auswies, schon alles seine Richtigkeit haben werde und er materiell berechtigter Inhaber der Geschäftsanteile geworden war. Wie V ebenfalls erst im September 2013 erfahren musste, war die Übertragung jedoch nach § 105 Abs. 2 BGB unwirksam, da die Willenserklärung des V angesichts dessen starken Drogeneinflusses im Zustand der Bewusstlosigkeit oder vorübergehenden Störung der Geistestätigkeit abgegeben wurde. V war damit im Zeitpunkt der Übertragung geschäftsunfähig. Trotz der damit einhergehenden fehlenden Berechtigung des V hat E die Anteile aber im August 2013 gem. § 16 Abs. 3 GmbHG gutgläubig von V erworben.

A ist verärgert darüber, dass „seine" Geschäftsanteile zur Finanzierung des – wie er meint – „Lotterlebens" seines Sohnes beigetragen haben, statt diesen endlich Verantwortungsbewusstsein und Disziplin zu lehren. Er verlangt von V deshalb Schadensersatz.

Beispiel 20:[1006]

Der Gesellschafter X der XY-GmbH ist verstorben. Kurz darauf legt V, der älteste Sohn des X, der Geschäftsführung der XY-GmbH einen Erbschein vor, der ihn als Alleinerben des X ausweist. Obwohl V und X in der Vergangenheit ein äußerst angespanntes Verhältnis pflegten und X eher seinem momentan schwer kranken, jüngeren Sohn A zugetan zu sein schien, der X bis zu seinem Tode aufopferungsvoll pflegte, ist der narzisstische V nur mäßig überrascht über den letzten Willen des X. Die Geschäftsführung reicht nach Vorlage des Erbscheins unverzüglich eine neue Gesellschafterliste zum Handelsregister ein. V veräußert und überträgt den betreffenden Geschäftsanteil wenig später zu notarieller Urkunde an E. Einige Zeit nach Einreichung der neuen Gesellschafterliste meldet sich der inzwischen wieder vollständig genesene A unter Vorlage eines handschriftlichen Testaments, das A als Alleinerben ausweist. A lässt den Erbschein einziehen. V hatte bis dato keine Kenntnis

1006 Angelehnt an das Beispiel von *Vossius*, in: DB 2007, 2299, 2302.

von diesem Testament und ging trotz der Spannungen zu X in der Vergangenheit davon aus, tatsächlich Alleinerbe gewesen zu sein.

E hat den Geschäftsanteil gutgläubig von dem im Erbschein bezeichneten Erben V erworben, § 2366 BGB. A verlangt deshalb von V Schadensersatz wegen des Verlusts „seines" Geschäftsanteils.

Um eine uferlose Haftung eines Veräußerers für jede Fahrlässigkeit zu vermeiden, ist allgemein über einen korrigierenden, interessenausgleichenden Maßstab für das Vertretenmüssen / Verschulden im Rahmen von Schadensersatzansprüchen des Altgesellschafters gegen den Veräußerer nachzudenken.

aa) Lösungsvorschlag

Da sich die Regelung des § 16 Abs. 3 GmbHG nach der Intention des Gesetzgebers eng am gutgläubigen Erwerb von Immobiliarsachenrechten nach § 892 BGB orientiert[1007], liegt es nahe, die Rechtslage in der vergleichbaren Situation im Grundstücksrecht als Orientierungshilfe heranzuziehen.

(1) Rechtslage im Grundstücksrecht

Es ist daher zunächst näher zu beleuchten, welche Ansprüche dem wahren Berechtigten gegen den Nichtberechtigten bzw. bloß grundbuchberechtigten Veräußerer des von einem Dritten gutgläubig gem. §§ 892, 873 Abs. 1 BGB erworbenen Grundstücks zustehen. Diese Frage wird in der einschlägigen Literatur indessen nicht einheitlich beurteilt.

Einige Stimmen in der Literatur verweisen in dieser Konstellation auf Ansprüche des bisherigen Berechtigten aus §§ 687 Abs. 2 und 823 Abs. 1 BGB.[1008] Diese Stimmen verneinen im Ergebnis eine Haftung, sofern keine besonderen Anhaltspunkte für eine Nichtberechtigung vorlagen, die der Bucheigentümer hätte erkennen müssen. Sei der Veräußerer eines Grundstücks als Eigentümer im Grundbuch eingetragen und habe dieses Grundstück selbst unter notarieller Beurkundung erworben, so könne von diesem nicht ohne Weiteres erwartet werden, dass er eine ggf. nicht bestehende Berechtigung hätte erkennen müssen.[1009] Übertrage er demnach das Grundstück als Nichtberechtigter an einen gutgläubigen Erwerber nach §§ 873 Abs. 1, 892 Abs. 1 BGB, sei er dem Alteigentümer mangels Verschulden nicht zum Schadensersatz gem. § 823 Abs. 1 BGB verpflichtet.

Nach der h.M. sollen hingegen die §§ 987 ff. BGB auf diese Rechtsbeziehungen des wahren Berechtigten zum Nichtberechtigten entsprechende Anwendung

1007 Vgl. BT-Drucks. 16/6140, 38.

1008 Vgl. *Berger*, in: Jauernig, BGB, § 892 Rn. 14 (erwähnt allerdings nur § 823 BGB); *Schünemann/Bethge*, in: JuS 2009, 331, 334; *Staudinger*, in: HK-BGB, § 892 Rn. 30.

1009 Vgl. *Schünemann/Bethge*, in: JuS 2009, 331, 334.

finden.[1010] Dies überzeugt, ist doch die Stellung des sog. Bucheigentümers, d.h. des zu Unrecht im Grundbuch als Eigentümer eingetragenen Nichtberechtigten, zum wahren Eigentümer wesensverwandt mit der Stellung des Besitzers zum Eigentümer.[1011] Ansprüche aus §§ 823 ff. BGB scheiden – mit Ausnahme von § 826 BGB und § 992 BGB – bei Anwendbarkeit der §§ 989, 990 BGB nach h.M. grundsätzlich aus. Denn die §§ 987 ff. BGB enthalten bei ihrer Anwendbarkeit grundsätzlich abschließende Sonderregelungen für Ansprüche auf Schadensersatz des Eigentümers gegen den Besitzer (§ 993 Abs. 1 BGB a.E.).[1012] Nach dieser Ansicht haftet der Veräußerer dem bisherigen Berechtigten also nicht bereits bei leichter Fahrlässigkeit, sondern vielmehr nur unter den Voraussetzungen der §§ 989, 990 BGB.[1013] Das bedeutet hier, dass der Veräußerer bösgläubig hinsichtlich seiner fehlenden Berechtigung gewesen sein muss, § 990 Abs. 1 BGB. Bösgläubigkeit i.S.d. § 990 Abs. 1 BGB bedeutet die Unredlichkeit des Besitzers bzgl. seines eigenen Besitzrechts.[1014] § 990 Abs. 1 BGB differenziert dabei hinsichtlich der Bösgläubigkeit zwischen zwei Zeitpunkten: Im Zeitpunkt des Erwerbes des Besitzes ist nach h.M. unter Heranziehung von § 932 Abs. 2 BGB mindestens grobfahrlässige Unkenntnis vom Fehlen des eigenen Besitzrechts erforderlich (§ 990 Abs. 1 S. 1 BGB).[1015] Grob fahrlässige Unkenntnis in diesem Sinne ist dann gegeben, wenn eine Verletzung der im Verkehr erforderlichen Sorgfalt nach den gesamten Umständen des Einzelfalles in ungewöhnlich großem Maße erfolgt und dasjenige außer Acht gelassen wird, was im gegebenen Fall sich jedem hätte aufdrängen müssen.[1016] Erfolgte der Besitzerwerb nicht bösgläubig, schadet zu einem späteren Zeitpunkt lediglich noch positive Kenntnis vom Fehlen des Besitzrechts.[1017]

(2) Übertragung der Haftungsgrundsätze der §§ 989, 990 BGB auf die vorliegende Konstellation

Es sprechen gute Gründe dafür, diese Haftungsgrundsätze aus dem Grundstücksrecht auf die Konstellationen um den gutgläubigen Erwerb von Geschäftsanteilen zu übertragen.

1010 Vgl. etwa RGZ 121, 335, 336; 133, 283, 286 ff.; BGH, Urt. v. 05.10.1979 – V ZR 71/78, BGHZ 75, 288, 292, 293; BGH, Urt. v. 10.10.1984 – IV a ZR 75/83, NJW 1985, 382; OLG Saarbrücken, Beschl. v. 17.10.1986 – 1 W 35/86, OLGZ 1987, 221; *Artz,* in: Erman, BGB, § 892 Rn. 49; *Herrler,* in: Palandt, § 894 Rn. 10; *Fritzsche,* in: BeckOK-BGB, § 987 Rn. 23; *Gursky,* in: Staudinger, BGB, § 894 Rn. 173, Vorbemerkungen zu §§ 987 ff. Rn. 85, § 989 Rn. 6; *Kohler,* in: MünchKomm-BGB, § 892 Rn. 74.

1011 Vgl. RGZ 158, 40; *Medicus/Petersen,* Bürgerliches Recht, Rn. 454.

1012 Vgl. *Berger,* in: Jauernig, BGB, Vorbemerkungen zu §§ 987 – 993 Rn. 10 m.w.N.

1013 Vgl. *Gursky,* in: Staudinger, BGB, Vorbemerkungen zu §§ 987 ff. Rn. 85.

1014 Vgl. *Berger,* in: Jauernig, BGB, § 990 Rn. 2.

1015 Vgl. *Herrler,* in: Palandt, § 990 Rn.4; *Berger,* in: Jauernig, BGB, § 990 Rn. 2.

1016 Vgl. *Herrler,* in: Palandt, § 990 Rn.4, § 932 Rn. 10.

1017 Vgl. *Berger,* in: Jauernig, BGB, § 990 Rn. 2.

Bereits die entsprechende Anwendung von Rechtsnormen ist nach allgemeinen Grundsätzen dann angezeigt und zulässig, wenn eine Regelung einen ähnlichen Sachverhalt umfasst und sich die Quintessenz dieser Regelung auf den vergleichbaren, rechtsähnlichen aber ungeregelten Sachverhalt übertragen lässt.[1018] Die entsprechende Anwendung muss wegen der Ähnlichkeit der Interessenlage geboten sein.[1019] Für eine zulässige entsprechende Anwendung müssen mithin sowohl eine vergleichbare Interessenlage als auch eine planwidrige Regelungslücke bestehen.

Die Interessenlagen in den Konstellationen eines gutgläubigen (Weg-) Erwerbs im Grundstücksrecht und im GmbH-Recht sind vergleichbar. Die Regelung des § 16 Abs. 3 GmbHG orientiert sich bereits nach der Intention des Gesetzgebers eng am gutgläubigen Erwerb von Immobiliarsachenrechten nach § 892 BGB.[1020] Die Stellung des nichtberechtigten, formalen Gesellschafters – man könnte ihn in Anlehnung an den „Bucheigentümer" auch „Listengesellschafter" nennen – zum wahren, materiell berechtigten Gesellschafter ist derjenigen des Bucheigentümers zum wahren Eigentümer sehr ähnlich. Auch wenn es sich bei einem Geschäftsanteil nicht um eine Sache i.S.v. §§ 989, 990 BGB handelt, so können doch jedenfalls gem. § 242 BGB die Haftungsmaßstäbe dieser Regelungen ohne Weiteres auf die letztere Konstellation übertragen werden. Denn in beiden Fällen stellt eine Haftung für leichte Fahrlässigkeit eine ungebührliche Belastung für den jeweiligen Nichtberechtigten dar. Besteht keinerlei Anlass dafür, an der Berechtigung zu zweifeln, kann von ihm keine weitergehende Prüfung seiner Berechtigung, insbesondere nicht die Durchführung einer Due Diligence Prüfung verlangt werden. Die Haftung des einen Geschäftsanteil veräußernden Nichtberechtigten de lege lata, nämlich für jede Fahrlässigkeit, bedarf aus Gründen der Gerechtigkeit einer Korrektur; es liegt im Vergleich zur vergleichbaren Rechtslage im Grundstücksrecht ein Wertungsmangel vor. Eine Haftung für jede Fahrlässigkeit wird den Bedürfnissen und Gegebenheiten des Rechtsverkehrs nicht gerecht. In der vergleichbaren Konstellation im Grundstücksrecht besteht hingegen aufgrund der (entsprechenden) Anwendung von §§ 989, 990 BGB ein geeignetes Korrektiv dergestalt, dass eine Haftung des veräußernden Nichtberechtigten gegenüber dem (ehemals) wahren Berechtigten auf Fälle mindestens der grob fahrlässigen Unkenntnis von der Nichtberechtigung begrenzt wird.

Auch eine planwidrige Regelungslücke dürfte vorliegen. Es liegt geradezu auf der Hand, dass der Gesetzgeber die theoretisch ausufernde Haftung eines veräußernden Nichtberechtigten nicht bedacht hatte. Hierfür spricht nicht zuletzt die Intention des Gesetzgebers hinter der Schaffung des § 16 Abs. 3 GmbHG.[1021] Der nunmehr mögliche gutgläubige Erwerb von Geschäftsanteilen sollte danach den an der Abtretung beteiligten Personen die Mühen, Kosten und Unsicherheiten der Rückverfolgung, insbesondere bei langen Abtretungsketten ersparen. Der Erwerber soll

---

1018 Vgl. etwa *Grüneberg*, in: Palandt, Einleitung Rn. 48.

1019 Vgl. BVerfGE 82, 6, 12; *Zippelius*, Juristische Methodenlehre, S. 67.

1020 Vgl. BT-Drucks. 16/6140, 38.

1021 Vgl. hierzu bereits die Ausführungen unter § 1 A.

nicht mehr gezwungen sein, die Wirksamkeit der gesamten Gesellschafterkette vom Gründungsgesellschafter bis zum jeweiligen Veräußerer zu überprüfen und umfassende Garantien vom Veräußerer zu verlangen. Müsste der Veräußerer nun im Falle einer späteren Inanspruchnahme eine im Vorfeld erfolgte Due Diligence Prüfung vorweisen, um sich vom Vorwurf der Fahrlässigkeit zu entlasten, würde dies die Intention des Gesetzgebers konterkarieren, derartige Prüfungen durch die Einführung des § 16 Abs. 3 GmbHG überflüssig zu machen. Zwar hatte der Gesetzgeber hier vornehmlich die langwierigen Prüfungen des Erwerbers im Auge.[1022] Muss der einstige Erwerber diese Prüfungen bei einer späteren Weiterveräußerung dann allerdings als Veräußerer ohne jeden Anlass doch noch durchführen, würde das Ziel des Gesetzgebers letztlich dennoch im Sande verlaufen. Denn das Ziel des Gesetzgebers, die Verkehrsfähigkeit von Geschäftsanteilen durch die Reduzierung derartiger Prüfungen im Vorfeld von Übertragungen zu erhöhen, ist nicht dadurch zu erreichen, dass dem Erwerber auf der einen Seite nun derartige Nachprüfungen erleichtert bzw. erspart werden, dem Veräußerer von Geschäftsanteilen auf der anderen Seite aber gleichzeitig intensive Nachprüfungspflichten auferlegt werden, um sich nicht später dem Vorwurf der Fahrlässigkeit und einem etwaigen Schadensersatzanspruch des eigentlichen, aber bis dahin für den Veräußerer unerkannt und unbekannt berechtigten Altgesellschafters ausgesetzt zu sehen. Hinzu kommt, dass der Gesetzgeber bei Schaffung des § 16 Abs. 3 GmbHG auch beabsichtigte, das Risiko des Veräußerers zu reduzieren, sich bei Veräußerungen gegenüber dem Erwerber, der den Geschäftsanteil schlussendlich aufgrund der fehlenden Berechtigung des Veräußerers nicht erwerben konnte, ersatzpflichtig zu machen.[1023] Dass nun – statt wie bisher gegenüber dem Erwerber – ein erhöhtes Haftungsrisiko gegenüber dem Altgesellschafter besteht, kann nicht im Sinne des Gesetzgebers gewesen sein. Der Veräußerer eines Geschäftsanteils sähe sich stets erheblichen Haftungsrisiken ausgesetzt. Dies würde wiederum die Verkehrsfähigkeit von Geschäftsanteilen entgegen der gerade gegenläufigen Intention des Gesetzgebers (s.o.) einschränken. Hierdurch würde zudem der Zeitpunkt auch für einen Käufer, der den erworbenen Anteil später eventuell selbst weiterveräußern möchte, lediglich nach hinten verlagert, nämlich auf den Zeitpunkt einer Weiterveräußerung des erworbenen Geschäftsanteils, und eine Due Diligence Prüfung damit sogar noch im Zweifel erschwert, da zwischen Erwerb und Veräußerung ein erheblicher Zeitraum vergangen sein kann und womöglich nicht mehr alle relevanten Unterlagen zu beschaffen sind und / oder der damalige Veräußerer eventuell nicht mehr zur Verfügung steht. Was den Aufwand und die Erforderlichkeit von Due Diligence Prüfungen im Rahmen einer Geschäftsanteilsabtretung betrifft, wäre man somit wieder (mindestens) beim status quo vor der Einführung von § 16 Abs. 3 GmbHG angelangt. Dies war aber offensichtlich nicht die Absicht des Gesetzgebers, weshalb eine Haftung des Veräußerers bei Unterlassen einer Due Diligence Prüfung im Vorfeld der Veräußerung

1022 Vgl. BT-Drucks. 16/6140, 38.
1023 Vgl. *Wegen,* in: FS Lüer, 321.

jedenfalls dann ausgeschlossen sein muss, wenn keinerlei Anhaltspunkte für seine fehlende Berechtigung bestanden.

Demnach muss sich auch ein Veräußerer eines Geschäftsanteils, der als Inhaber in der Gesellschafterliste eingetragen ist (und sich auch hierfür hält) und den Geschäftsanteil seinerseits rechtmäßig unter Beachtung aller Formalia erworben hat, grundsätzlich kein fahrlässiges Verhalten im Falle einer späteren Inanspruchnahme vorwerfen lassen. Folglich bilden der notariell beurkundete eigene Erwerb des Geschäftsanteils sowie seine Eintragung in der Gesellschafterliste hinreichende Umstände, um ein Vertrauen des Veräußerers in seine Berechtigung zu begründen – stets unter der Voraussetzung, dass im Einzelfall keine Umstände vorliegen, die Anlass für Zweifel an der Berechtigung bieten. Eine allgemeine Pflicht des Verkäufers, im Vorfeld eines Unternehmens- oder Anteilskaufs eine Due Diligence Prüfung durchzuführen, besteht darüber hinaus anerkanntermaßen nicht. Ein interessengerechtes Haftungssystem kann insbesondere durch die hier vorgeschlagene, entsprechende Anwendung der Grundsätze der §§ 989, 990 BGB gewährleistet werden. Dieses ist freilich nicht 1:1 anzuwenden. Vielmehr ist die Haftung des Veräußerers gem. § 242 BGB entsprechend dieser Grundsätze einzuschränken. Als etwaiger Maßstab und als zeitliche Grenze einer Prüfpflicht des Veräußerers könnte jedenfalls die Dreijahresfrist des § 16 Abs. 3 S. 2 GmbHG herangezogen werden. Demnach dürfte der Veräußerer auf seine Berechtigung jedenfalls dann vertrauen, wenn er bereits drei Jahre als Inhaber des betreffenden Geschäftsanteils in der Gesellschafterliste eingetragen ist. Voraussetzung ist hier wiederum, dass keine weiteren Umstände vorliegen, die Anlass für Zweifel geben könnten.

bb) Ergebnis

Um eine ausufernde, nicht interessengerechte Haftung eines nichtberechtigten Veräußerers von Geschäftsanteilen gegenüber dem Altgesellschafter einzuschränken, sind die Grundsätze des Haftungssystems der §§ 989, 990 BGB entsprechend anzuwenden. D.h. der Veräußerer handelt nur dann schuldhaft bzw. hat die Veräußerung nur dann zu vertreten, sofern er im Zeitpunkt der Veräußerung seine Nichtberechtigung hätte erkennen müssen, er also grob fahrlässige Unkenntnis von seiner Nichtberechtigung hatte. Eine nicht durchgeführte Due Diligence Prüfung ist dem Veräußerer nur dann vorzuwerfen, wenn Anhaltspunkte für eine etwaige Nichtberechtigung bestanden.

*In den **Beispielen 19 und 20** ist V jeweils jedenfalls keine grob fahrlässige Unkenntnis von seiner Nichtberechtigung vorzuwerfen, weshalb kein Schadensersatzanspruch des A gegen den V besteht.*

*Im **Beispiel 19** hielt V sich selbst für den Inhaber der Geschäftsanteile. V ist jedenfalls keine grob fahrlässige Unkenntnis von seiner Nichtberechtigung vorzuwerfen. Die notarielle Beurkundung und seine Eintragung als Gesellschafter in die Gesellschafterliste rechtfertigen sein Vertrauen in eine wirksame Übertragung der Anteile an E.*

*Im **Beispiel 20** hatte V mangels weiterer Anhaltspunkte nicht die Pflicht, Nachforschungen hinsichtlich seiner Erbenstellung durchzuführen, indem er z.B. sämtliche Angehörige bzw. dem X nahestehende Personen, insbesondere A, oder Rechtsanwälte des X kontaktiert und sich nach etwaigen letztwilligen Verfügungen erkundigt. Das in der Vergangenheit bestandene gespannte Verhältnis zu X begründet jedenfalls noch keine grobe Fahrlässigkeit.*

Zu beachten ist im Übrigen, dass der Altgesellschafter hierdurch keineswegs schutzlos gestellt ist. Ihm verbleibt jedenfalls der Anspruch auf Erlösherausgabe gem. § 816 Abs. 1 S. 1 BGB.[1024] Die Differenzierung spielt mithin stets eine Rolle, wenn der wahre Wert des Geschäftsanteils über dem Veräußerungserlös liegt. Dieser Mehrwert ist nur von einem Schadensersatzanspruch umfasst.

4. *Anspruch aus §§ 687 Abs. 2, 678 BGB*

Zu denken ist auch an einen Schadensersatzanspruch des Altgesellschafters gegen den Veräußerer wegen angemaßter Eigengeschäftsführung nach §§ 687 Abs. 2, 678 BGB.[1025] Nach diesen Normen besteht ein Schadensersatzanspruch des Geschäftsherrn gegen denjenigen, der ein fremdes Geschäft als sein eigenes führt, obwohl er weiß, dass er dazu nicht berechtigt ist.

Objektiv fordert § 687 Abs. 2 BGB die Vornahme eines objektiv fremden Geschäfts.[1026] Objektiv fremde Geschäfte sind nach allgemeiner Ansicht solche, die die Rechtsordnung nach Inhalt, Natur und / oder äußerem Erscheinungsbild des Geschäfts einem anderen Rechts- und Interessenkreis als dem des Handelnden zuordnet, insbesondere deren Vornahme sie einem anderem als dem Geschäftsführer vorbehält.[1027] Die Veräußerung einer fremden Sache stellt nach allgemeiner Ansicht ein objektiv fremdes Geschäft in diesem Sinne dar.[1028] Auch die Veräußerung eines fremden Geschäftsanteils ist vor diesem Hintergrund stets als objektiv fremdes Geschäft zu beurteilen. Bedeutungslos ist hingegen, ob der Altgesellschafter das Geschäft evtl. selbst ebenso vorgenommen hätte.[1029]

1024 Vgl. hierzu nachfolgend § 4 B. II. 1.

1025 So auch (allerdings alle jeweils ohne nähere Ausführungen bzw. Begründung) *Heidinger,* in: MünchKomm-GmbHG, § 16 Rn. 346; *Heilemann,* Der gutgläubige Erwerb von Geschäftsanteilen einer GmbH, S. 271; *Löbbe,* in: Ulmer/Habersack/Löbbe, GmbHG, § 16 Rn. 190; *Rieg,* Erwerb vom Nichtberechtigten und Liste der Gesellschafter, S. 391; *Seibt,* in: Scholz, GmbHG, § 16 Rn. 107; *Verse,* in: Henssler/Strohn, Gesellschaftsrecht, GmbHG, § 16 Rn. 91; *Wicke,* GmbHG, § 16 Rn. 26; *Wilhelmi,* in: BeckOK-GmbHG, § 16 Rn. 115.

1026 Vgl. BGH, Urt. v. 12.06.1989 – II ZR 334/87, NJW-RR 1989, 1255, 1256 ff.; *Sprau,* in: Palandt, § 687 Rn. 2a.

1027 *Sprau,* in: Palandt, § 687 Rn. 2a, § 677 Rn. 4.

1028 Vgl. BGH, Urt. v. 11.10.1979 – VII ZR 285/78, BGHZ 75, 205; *Mansel,* in: Jauernig, BGB, § 687 Rn. 6.

1029 Vgl. *Sprau,* in: Palandt, § 687 Rn. 2a.

Subjektiv ist die Kenntnis von der Fremdheit des Geschäfts erforderlich[1030], d.h. der Veräußerer muss wissen, dass er nicht berechtigter Inhaber des Geschäftsanteils ist. Zudem muss er das Geschäft in diesem Bewusstsein nicht als fremdes Geschäft, sondern es eigennützig, zum eigenen Vorteil ausführen wollen.[1031] Fahrlässige Unkenntnis bezüglich der Fremdheit des Geschäfts reicht nicht aus.[1032]

Liegen diese Voraussetzungen vor, steht dem Altgesellschafter gegen den Veräußerer gem. §§ 687 Abs. 2, 678 BGB ein Anspruch auf Schadensersatz zu.[1033] Das nach § 678 BGB geforderte Übernahmeverschulden ist unter Vorliegen der subjektiven Voraussetzungen des § 687 Abs. 2 BGB regelmäßig zu bejahen.[1034] Es kann deshalb dahinstehen, ob es sich bei § 687 Abs. 2 BGB um eine Rechtsgrund- oder eine Rechtsfolgenverweisung handelt.

Die vorgenannten objektiven und subjektiven Voraussetzungen des § 687 Abs. 2 BGB sind in den ***Beispielen 17***[1035] *und* ***18***[1036] *gegeben. Insbesondere handelte V jeweils in Kenntnis der Fremdheit des Geschäftsanteils und aus bloßem Eigennutz. A hat demnach gegen V in den Beispielen 17 und 18 auch einen Anspruch auf Schadensersatz nach §§ 687 Abs. 2, 678 BGB.*

Der Altgesellschafter hat dabei den Eingriff des Veräußerers in seine Rechtsposition und die Kenntnis des Veräußerers von der Fremdheit des geführten Geschäfts darzulegen und zu beweisen; ihn trifft mithin die Beweislast für die Voraussetzungen der böswilligen Eigeschäftsführung.[1037]

5. *Anspruch aus § 826 BGB*

In Betracht kommt auch ein Anspruch aus § 826 BGB.[1038] Nach dieser Norm ist schadensersatzpflichtig, wer in einer gegen die guten Sitten verstoßenden Weise einem

---

1030 Vgl. BGH, Urt. v. 28.09.1992 – II ZR 299/91, BGHZ 119, 259; *Sprau,* in: Palandt, § 687 Rn. 2a.

1031 Vgl. BGH, Urt. v. 12.06.1989 – II ZR 334/87, NJW-RR 1989, 1255; *Sprau,* in: Palandt, § 687 Rn. 2a.

1032 Vgl. *Mansel,* in: Jauernig, BGB, § 687 Rn. 7.

1033 Vgl. zur Haftungsausfüllung nachfolgend § 5.

1034 Vgl. etwa *Medicus/Petersen*, Bürgerliches Recht, Rn. 417; *Seiler,* in: MünchKomm-BGB, § 687 Rn. 11.

1035 S.o. § 4 B. I. 1. a) aa).

1036 S.o. § 4 B. I. 1. a) bb).

1037 Vgl. *Bergmann,* in: Staudinger, BGB, § 687 Rn. 63; *Gehrlein,* in: BeckOK-BGB, § 687 Rn. 4; *Sprau,* in: Palandt, § 687 Rn. 3.

1038 So auch *Haas/Ziemons,* in: Michalski, GmbHG, § 16 Rn. 256; *Heilemann,* Der gutgläubige Erwerb von Geschäftsanteilen einer GmbH, S. 272; wohl auch *Bayer,* in: Lutter/Hommelhoff, GmbHG, § 16 Rn. 106; *Heidinger,* in: MünchKomm-GmbHG, § 16 Rn. 346; *Löbbe,* in: Ulmer/Habersack/Löbbe, GmbHG, § 16 Rn. 190; *Seibt,* in: Scholz, GmbHG, § 16 Rn. 107; *Verse,* in: Henssler/Strohn, Gesellschaftsrecht, GmbHG, § 16 Rn. 91; *Wicke,* GmbHG, § 16 Rn. 26; *Wilhelmi,* in: BeckOK-GmbHG,

anderen vorsätzlich Schaden zufügt. Im Gegensatz zu § 823 BGB stellt § 826 BGB also nicht auf eine Rechtsgutsverletzung oder Schutzgesetzverletzung ab, sondern baut auf einem spezifischen, nämlich sittenwidrigen und vorsätzlichen Angriffsverhalten auf. Geschützt ist dabei das Vermögen als Ganzes.[1039]

Voraussetzung des § 826 BGB ist demnach zunächst ein objektiv gegen die guten Sitten verstoßendes Verhalten des Veräußerers. Als sittenwidrig wird allgemein verstanden, was *„gegen das Anstandsgefühl aller billig und gerecht Denkenden"* verstößt.[1040] Der Begriff des Sittenverstoßes ist mithin ebenso wie in § 138 BGB zu verstehen.[1041] Eine bloße Pflichtverletzung und Schadensherbeiführung reicht nicht aus. Hinzutreten muss nach g.h.M. eine besondere Verwerflichkeit des Verhaltens, die sich aus dem verfolgten Ziel (Existenzvernichtung), den eingesetzten Mitteln (Täuschung, Drohung, Gewalt), der Mittel-Zweck-Relation, der zutage tretenden Gesinnung (krasser Eigennutz, Rach- bzw. Gewinnsucht) oder den eintretenden Folgen ergeben kann.[1042]

Subjektiv ist nach g.h.M. die Kenntnis der den Sittenverstoß begründenden Tatsachen erforderlich, nicht aber das Bewusstsein der Sittenwidrigkeit selbst.[1043] Daneben setzt § 826 BGB voraus, dass der Schädiger den Schaden vorsätzlich herbeiführt; selbst grobe Fahrlässigkeit reicht diesbezüglich nicht aus.[1044] Eine Haftung nach § 826 BGB ist insoweit vor allem dann ausgeschlossen, wenn der Veräußerer – irrtümlich – von seiner Berechtigung zur Veräußerung und Übertragung des Geschäftsanteils ausgeht. Bei Kenntnis des Veräußerers von seiner Nichtberechtigung missbraucht dieser bewusst seine formale Gesellschafterstellung, um sich selbst durch die Veräußerung zu bereichern und nimmt dabei jedenfalls billigend in Kauf, dass der wahre Berechtigte hierdurch seinen Geschäftsanteil und alle damit zusammenhängenden Rechte verliert. Dieses Verhalten erfüllt sowohl objektiv als auch subjektiv die Anforderungen des § 826 BGB, sodass im Falle der Kenntnis des Veräußerers von seiner Nichtberechtigung und den Folgen der Veräußerung und Übertragung des fremden Geschäftsanteils an einen gutgläubigen Erwerber in der Regel ein Anspruch des Altgesellschafters aus § 826 BGB zu bejahen sein dürfte.[1045]

---

§ 16 Rn. 115; die jeweils Ansprüche aus §§ 823 ff. BGB, also auch aus § 826 BGB, in der vorliegenden Konstellation für denkbar halten (allerdings alle ohne nähere Ausführungen bzw. Begründung).

1039 Vgl. etwa *Teichmann,* in: Jauernig, BGB, § 826 Rn. 6.

1040 Vgl. etwa *Teichmann,* in: Jauernig, BGB, § 826 Rn. 4.

1041 Vgl. etwa *Sprau,* in: Palandt, § 826 Rn. 4.

1042 Vgl. *Sprau,* in: Palandt, § 826 Rn. 4; *Staudinger,* in: HK-BGB, § 826 Rn. 7.

1043 Vgl. BGH, Urt. v. 26.03.1962 – II ZR 151/60, NJW 1962, 1099; *Sprau,* in: Palandt, § 826 Rn. 8.

1044 Vgl. BGH, Urt. v. 26.03.1962 – II ZR 151/60, NJW 1962, 1766; *Sprau,* in: Palandt, § 826 Rn. 10.

1045 So wohl auch *Haas/Ziemons,* in: Michalski, GmbHG, § 16 Rn. 256, der einen Anspruch aus § 826 BGB für möglich hält, dies allerdings nicht näher begründet.

*Im **Beispiel 17**[1046] hat V durch die Veräußerung und Übertragung des Geschäftsanteils a) seines Mitgesellschafters A an den gutgläubigen E demnach objektiv gegen die guten Sitten verstoßen. Auch sind die subjektiven Anforderungen des § 826 BGB gegeben. V hatte Kenntnis davon, dass er unberechtigterweise über den eigentlich seinem Mitgesellschafter A zustehenden Geschäftsanteil verfügt. Er wollte sich auf Kosten des A bereichern; die Schädigung des A nahm er jedenfalls billigend in Kauf.*

Allerdings sind in diesem Falle stets die Besonderheiten des Einzelfalles zu beachten. So kann ein Anspruch aus § 826 BGB trotz Vorliegen dieser objektiven und subjektiven Voraussetzungen etwa dann scheitern, wenn der Veräußerer aus einer Zwangslage heraus handelte und ein Rechtfertigungsgrund die Rechtswidrigkeit ausschließt oder keine Schuld vorliegt. Dies dürften aber eher Ausnahmekonstellationen sein.

Anders als im Rahmen des § 823 Abs. 1 BGB stellt sich bei § 826 BGB nicht das Problem der Anwendbarkeit im innergesellschaftlichen Verhältnis. Nach wohl einhelliger Ansicht ist § 826 BGB hier stets anwendbar.[1047]

Im Rahmen des § 826 BGB trifft den Altgesellschafter als Geschädigten die Darlegungs- und Beweislast für die schädigende Handlung, den Schaden einschließlich Zurechnungszusammenhang, die Sittenwidrigkeit begründenden Umstände sowie für den Schädigungsvorsatz, wobei sich aus der Art und Weise, in der sich das sittenwidrige Verhalten kundtut, häufig folgern lässt, dass der Veräußerer bezüglich der Schädigung auch vorsätzlich gehandelt hat.[1048] Der Veräußerer hat hingegen etwaige den Tatbestand ausschließende Ausnahmesituationen, z.B. einen Irrtum, darzulegen und zu beweisen.[1049]

6. *Sonderkonstellation: Rückerwerb des Geschäftsanteils durch den Veräußerer*

Gesondert zu behandeln ist die Konstellation, in der der Veräußerer den zuvor veräußerten Geschäftsanteil von dem gutgläubigen Erwerber zurück erwirbt.

Beispiel 21:

*In Abwandlung zu **Beispiel 17**[1050] überträgt E den Geschäftsanteil a) zu notarieller Urkunde zurück an V.*

Unter strikter Anwendung der Normen wäre der zunächst nichtberechtigte Veräußerer so rechtmäßiger Inhaber des Geschäftsanteils geworden: Durch den gutgläubigen Erwerb von dem Veräußerer wurde der gutgläubige Erwerber gem. § 16 Abs. 3 GmbHG Inhaber des Geschäftsanteils. Beim Rückerwerb erwirbt der

1046 S.o. § 4 B. I. 1. a) aa).

1047 Vgl. etwa BGH, Urt. v. 23.06.1969 – II ZR 272/67, NJW 1969, 1712; *Haas/Ziemons*, in: BeckOK-GmbHG, § 43 Rn. 409.

1048 Vgl. nur *Sprau*, in: Palandt, § 826 Rn. 18 und 11a, jeweils m.w.N.

1049 Vgl. nur *Sprau*, in: Palandt, § 826 Rn. 18 m.w.N.

1050 S.o. § 4 B. I. 1. a) aa).

ursprüngliche Veräußerer daher gem. § 15 GmbHG vom Berechtigten und würde Inhaber des Geschäftsanteils.

Nach einer Ansicht in der Literatur soll es vor diesem Hintergrund nicht darauf ankommen, an wen der gutgläubige Erwerber den Geschäftsanteil weiterüberträgt, da er in jedem Falle als Berechtigter handele und es somit auf eine Gut- oder Bösgläubigkeit des Erwerbers nicht ankomme. Auch bei einer Zurückübertragung an den zuvor nichtberechtigten Veräußerer könne nichts anderes gelten.[1051]

Nach der zustimmungswürdigen und herrschenden Ansicht soll der Rückerwerb des Nichtberechtigten vom gutgläubigen Erwerber zwar ebenfalls wirksam sein aber im Verhältnis zum Altgesellschafter zu einer schuldrechtlichen Übertragungspflicht führen.[1052] Wie auch in der vergleichbaren Rechtslage im Sachenrecht im Rahmen des § 932 BGB ist der Veräußerer in der Folge dem Altgesellschafter gegenüber aus einer Schadensersatzpflicht gem. § 280 BGB (bei Bestehen eines Schuldverhältnisses[1053]) bzw. aus § 823 BGB sowie gem. §§ 812 ff. BGB zur Rückübertragung des Geschäftsanteils verpflichtet.[1054]

*In **Beispiel 21** kann A von V folglich die Rückübertragung des Geschäftsanteils a) verlangen.*

II. Sonstige Ansprüche

1. *Anspruch aus § 816 Abs. 1 S. 1 BGB*

Dem Altgesellschafter steht im Falle des Verlusts eines Geschäftsanteils aufgrund der Übertragung an einen gutgläubigen Erwerber stets ein Anspruch aus § 816 Abs. 1 S. 1 BGB gegen den Veräußerer zu.[1055] Nach dieser Norm ist ein Nichtberechtigter, der über einen Gegenstand eine Verfügung trifft, die dem Berechtigten gegenüber wirksam ist, dem Berechtigten zur Herausgabe des durch die Verfügung Erlangten verpflichtet. Die Wirksamkeit der Verfügung gegenüber dem Altgesellschafter wird vorliegend durch § 16 Abs. 3 GmbHG ermöglicht.

1051 So offenbar *Verse*, in: Henssler/Strohn, Gesellschaftsrecht, GmbHG, § 16 Rn. 92.

1052 Vgl. *Fastrich*, in: Baumbach/Hueck, GmbHG, § 16 Rn. 40; *Heidinger*, in: MünchKomm-GmbHG, § 16 Rn. 347; *Wilhelmi*, in: BeckOK-GmbHG, § 16 Rn. 113.

1053 S.o. § 4 B. I. 1. a).

1054 Vgl. zu § 932 BGB: BGJ NJW-RR 2003, 170; *Herrler*, in: Palandt, § 932 Rn. 17.

1055 Vgl. *Bayer*, in: Lutter/Hommelhoff, GmbHG, § 16 Rn. 106; *Ebbing*, in: Michalski, GmbHG, § 16 Rn. 256; *Fastrich*, in: Baumbach/Hueck, GmbHG, § 16 Rn. 41; *Grunewald/Gehling/Rodewig*, in: ZIP 2006, 685, 688/689; *Heidinger*, in: MünchKomm-GmbHG, § 16 Rn. 346; *Heilemann*, Der gutgläubige Erwerb von Geschäftsanteilen einer GmbH, S. 271; *Löbbe*, in: Ulmer/Habersack/Löbbe, GmbHG, § 16 Rn. 190; *Rieg*, Erwerb vom Nichtberechtigten und Liste der Gesellschafter, S. 391; *Seibt*, in: Scholz, GmbHG, § 16 Rn. 107; *Verse*, in: Henssler/Strohn, Gesellschaftsrecht, GmbHG, § 16 Rn. 91; *Wicke*, GmbHG, § 16 Rn. 26; *Wilhelmi*, in: BeckOK-GmbHG, § 16 Rn. 115.

Rechtsfolge von § 816 Abs. 1 S. 1 BGB ist der Anspruch des Altgesellschafters gegen den Veräußerer auf *„Herausgabe des durch die Verfügung Erlangten“*. Was unter dem *„Erlangten“* i.S.v. § 816 Abs. 1 S. 1 BGB zu verstehen ist, ist umstritten.

Nach der h.M. beinhaltet das „Erlangte“ den Gegenwert, der dem Veräußerer aufgrund des Rechtsgeschäfts, das der Verfügung zugrunde lag, zugeflossen ist.[1056]

Die Gegenmeinung stellt hingegen auf den objektiven Wert des veräußerten Gegenstandes, hier also des Geschäftsanteils, ab.[1057]

Der Meinungsstreit ist demnach stets dann von Bedeutung, wenn der Veräußerungserlös vom objektiven Wert des Geschäftsanteils abweicht, etwa wenn der Veräußerer durch die Veräußerung einen höheren Wert als den objektiven Wert / Verkehrswert des Geschäftsanteils, mithin einen Gewinn erzielt hat[1058]. Der Verkehrswert entspricht dem Betrag, den ein Dritter am Markt für das in Rede stehende Rechtsgut, vorliegend also den Geschäftsanteil, zu zahlen bereit wäre.[1059] Die genaue Bestimmung des objektiven Werts eines Geschäftsanteils ist hochkomplex und wird nachfolgend unter § 5 behandelt, weshalb an dieser Stelle auf die diesbezüglichen Ausführungen verwiesen wird.[1060] Zuzustimmen ist im Ergebnis der h.M., d.h. es besteht ein Anspruch auf Herausgabe der tatsächlich erzielten Gegenleistung. Dies folgt bereits aus dem Wortlaut des § 816 Abs. 1 S. 1 BGB, der ausdrücklich auf das *„Erlangte“* insgesamt, d.h. ohne Einschränkungen (aber auch ohne Erweiterungen) abstellt.[1061] Zudem lässt sich ein Vergleich zu § 285 BGB anstellen.[1062] Außerdem steht das Recht der gewinnbringenden Verwertung grundsätzlich nur dem wahren Rechteinhaber zu.[1063] Etwaige Unbilligkeiten für den Verfügenden werden über § 818 Abs. 3 BGB und § 242 BGB ausgeglichen.[1064] Zu ersetzen ist folglich stets der erhaltene Kaufpreis für den unberechtigt veräußerten Geschäftsanteil. Mit herauszugeben ist mithin auch ein etwaiger Gewinn des Veräußerers, auch wenn der Wert der vom Veräußerer erhaltenen Gegenleistung über dem objektiven Verkehrswert

---

1056 Vgl. BGH, Urt. v. 08.01.1959 – VII ZR 26/58, BGHZ 29, 157, 159 ff.; BGH, Urt. v. 24.09.1996 – XI ZR 227/95, NJW 1997, 190; *Bayer,* in: Lutter/Hommelhoff, GmbHG, § 16 Rn. 106; *Löbbe,* in: Ulmer/Habersack/Löbbe, GmbHG, § 16 Rn. 190; *Ettinger/Reiff,* in: NZG 2004, 258, 260; *Martinek,* in: jurisPK-BGB, § 816 Rn. 24 ff.; *Schulze,* in: HK-BGB, § 816 Rn. 9; *Sprau,* in: Palandt, § 816 Rn. 10; *Wendehorst,* in: BeckOK-BGB, § 816 Rn. 16.

1057 Vgl. *Lorenz,* in: Staudinger, BGB, § 816 Rn. 23 ff.; *Medicus/Petersen,* Bürgerliches Recht, Rn. 723; *Schwab,* in: MünchKomm-BGB, § 816 Rn. 43.

1058 Vgl. etwa *Wendehorst,* in: BeckOK-BGB, § 816 Rn. 15.

1059 BGH NJW 2006, 2847, 2852.

1060 Vgl. § 5 B. II. 2. c) cc).

1061 Vgl. auch *Sprau,* in: Palandt, § 816 Rn. 10.

1062 So auch *Wendehorst,* in: BeckOK-BGB, § 816 Rn. 16.

1063 Vgl. *Sprau,* in: Palandt, § 816 Rn. 10.

1064 Vgl. *Sprau,* in: Palandt, § 816 Rn. 10; *Wendehorst,* in: BeckOK-BGB, § 816 Rn. 16.

des Geschäftsanteils liegt.[1065] § 818 Abs. 2 BGB ist insoweit durch die Sonderregelung des § 816 Abs. 1 S. 1 BGB ausgeschlossen.[1066] Auf der anderen Seite ist der Veräußerer im Falle einer Veräußerung unter dem Verkehrswert des Geschäftsanteils ebenfalls nur zur Herausgabe des tatsächlich Erlangten verpflichtet.[1067]

2. Anspruch aus §§ 687 Abs. 2, 681 S. 2, 667 BGB

Bei Vorliegen der Voraussetzungen einer angemaßten Eigengeschäftsführung[1068] steht dem Altgesellschafter auch ein Anspruch gem. §§ 687 Abs. 2, 681 S. 2, 667 BGB zu.[1069] Danach ist der Veräußerer dem Altgesellschafter zur Herausgabe des durch die angemaßte Eigengeschäftsführung Erlangten verpflichtet. Dazu gehört insbesondere der Veräußerungserlös, und zwar unabhängig davon, ob er dem Wert des Geschäftsanteils entspricht oder diesen übersteigt.[1070] Die Rechtsfolge gleicht mithin der des Anspruchs aus § 816 Abs. 1 S. 1 BGB, weshalb an dieser Stelle auf die diesbezüglichen Ausführungen verwiesen wird.

III. Ergebnis / Konkurrenzen

Dem Altgesellschafter kann gegen den Veräußerer ein Schadensersatzanspruch gem. § 280 Abs. 1 BGB zustehen, sofern zwischen beiden ein Schuldverhältnis besteht. Dies dürfte in der Regel zwar nicht der Fall sein, sollte aber im Vorfeld einer Inanspruchnahme wegen der Beweislasterleichterungen für den Altgesellschafter stets genau untersucht werden. Zu denken ist insbesondere an ein gesellschaftsvertragliches Verhältnis sowie an (beendete) Treuhandkonstellationen. Daneben kommen unter Vorliegen der jeweiligen Voraussetzungen Schadensersatzansprüche gem. §§ 823, 687 Abs. 2, 678 und 826 BGB in Betracht. Insbesondere stellt die Veräußerung eines fremden Geschäftsanteils stets eine Rechtsgutsverletzung i.S.v. § 823 Abs. 1 BGB dar. Ein Anspruch aus § 823 Abs. 2 BGB wird hingegen nur in besonderen Ausnahmekonstellationen in Betracht kommen, da es in der Regel an einer Schutzgesetzverletzung fehlen wird. Zu denken ist hier insbesondere an die

---

1065 Vgl. *Bayer,* in: Lutter/Hommelhoff, GmbHG, § 16 Rn. 106; *Heidinger,* in: MünchKomm-GmbHG, § 16 Rn. 346; *Löbbe,* in: Ulmer/Habersack/Löbbe, GmbHG, § 16 Rn. 190.

1066 Vgl. OLG Hamm, Urt. v. 02.02.1995 – 21 U 113/94, NJW-RR 1995, 1010; *Sprau,* in: Palandt, § 816 Rn. 10; *Schulze,* in: HK-BGB, § 816 Rn. 9.

1067 Vgl. *Sprau,* in: Palandt, § 816 Rn. 10; *Schulze,* in: HK-BGB, § 816 Rn. 9.

1068 Vgl. hierzu oben § 4 B. I. 4.

1069 So wohl auch *Bayer,* in: Lutter/Hommelhoff, GmbHG, § 16 Rn. 106; *Haas/Ziemons,* in: Michalski, GmbHG, § 16 Rn. 256; *Heidinger,* in: MünchKomm-GmbHG, § 16 Rn. 346; *Löbbe,* in: Ulmer/Habersack/Löbbe, GmbHG, § 16 Rn. 190; *Pentz,* in: Rowedder/Schmidt-Leithoff, GmbHG, § 16 Rn. 107; *Seibt,* in: Scholz, GmbHG, § 16 Rn. 107; *Verse,* in: Henssler/Strohn, Gesellschaftsrecht, GmbHG, § 16 Rn. 91; *Wicke,* GmbHG, § 16 Rn. 26; *Wilhelmi,* in: BeckOK-GmbHG, § 16 Rn. 115.

1070 Vgl. etwa *Sprau,* in: Palandt, § 687 Rn. 3.

Verwirklichung der Untreue gem. § 266 StGB in (beendeten) Treuhandkonstellationen. In der Sonderkonstellation eines Rückerwerbs des Geschäftsanteils durch den Veräußerer bestehen jeweils auf eine Rückübertragung des Geschäftsanteils gerichtete Ansprüche des Altgesellschafters gem. § 280 Abs. 1 BGB (bei Bestehen eines Schuldverhältnisses) bzw. aus § 823 BGB sowie gem. §§ 812 ff. BGB.

Neben den Schadensersatzansprüchen, die an weitere Voraussetzungen, insbesondere an ein Verschulden des Veräußerers geknüpft sind, hat der Altgesellschafter stets einen Anspruch auf Herausgabe des Veräußerungserlöses gem. § 816 Abs. 1 S. 1 BGB sowie unter den Voraussetzungen einer angemaßten Eigengeschäftsführung gem. §§ 687 Abs. 2, 681 S. 2, 667 BGB.

Sofern neben den deliktsrechtlichen Schadensersatzansprüchen auch ein Schadensersatzanspruch aus § 280 Abs. 1 BGB wegen Verletzung der gesellschaftsrechtlichen Treuepflicht besteht, so hat der Anspruch aus § 280 Abs. 1 BGB gegenüber diesen Vorrang.[1071] Dies resultiert aus dem Vorrang der organschaftlichen Treuepflicht.[1072] Im Übrigen bestehen keine Besonderheiten, d.h. es besteht Anspruchskonkurrenz.

IV. Prozessuale Durchsetzung der Ansprüche gegen den Veräußerer

Hinsichtlich der prozessualen Durchsetzung der Ansprüche bestehen keine Besonderheiten, d.h. der Altgesellschafter kann seine Ansprüche gegen den Veräußerer vor den Zivilgerichten im ordentlichen Rechtsweg durchsetzen. Die sachliche Zuständigkeit des Gerichts richtet sich gem. § 1 ZPO, §§ 23, Nr. 1, 71 GVG nach dem Wert des Streitgegenstandes, wonach bis zu einem Streitwert von EUR 5.000,00 das Amtsgericht, bei einem höheren Streitwert – der in der Praxis in diesen Konstellationen in der Regel vorliegen dürfte – das Landgericht zuständig ist. Empfehlenswert dürfte aufgrund der höheren Sachkompetenz ein Verweisungsantrag an die Kammer für Handelssachen (§§ 95, 96 GVG) sein.[1073] Die örtliche Zuständigkeit des Gerichts (Gerichtsstand) richtet sich gem. §§ 12, 13 ZPO grundsätzlich nach dem Wohnort des Veräußerers.

C. Ansprüche gegen den Erwerber

I. Grundsätzlich keine Ansprüche gegen den Erwerber

Ansprüche des Altgesellschafters gegen den Erwerber sind im Falle eines den Voraussetzungen des § 16 Abs. 3 GmbHG entsprechenden gutgläubigen Erwerbs nach

1071 Vgl. BGH, Urt. v. 05.06.1975 – II ZR 23/74, BGHZ 65, 15, 21 (betrifft nur Verhältnis zu § 826 BGB); *Haas/Ziemons*, in: Michalski, GmbHG, § 43 Rn. 277b; *Merkt*, in: MünchKomm-GmbHG, § 13 Rn. 200; *Ziemons*, in: Oppenländer/Trölitzsch, GmbH-Geschäftsführung, § 23 Rn. 8.

1072 Vgl. *Haas/Ziemons*, in: Michalski, GmbHG, § 43 Rn. 277b.

1073 So auch *Rieg*, Erwerb vom Nichtberechtigten und Liste der Gesellschafter, S. 269.

allgemeiner Ansicht grundsätzlich ausgeschlossen, da der gutgläubige Erwerb dazu führt, dass der Erwerber den Geschäftsanteil auch im Verhältnis zu dem eigentlich berechtigten Altgesellschafter mit Rechtsgrund erworben hat.[1074] Die Einschlägigkeit der Voraussetzungen des gutgläubigen Erwerbs indizieren jedenfalls die Rechtmäßigkeit des Handels des Erwerbers, sodass bereits mangels Rechtswidrigkeit kein Anspruch aus § 823 BGB bestehen kann. Zudem schließt der vorliegende gute Glaube des Erwerbers die für einen Schadensersatzanspruch notwendige Pflichtverletzung sowie ein Verschulden des Erwerbers denknotwendig aus. Schließlich bringt auch § 816 Abs. 1 S. 1 BGB zum Ausdruck, dass nicht der Erwerber, sondern der Veräußerer, der den gutgläubigen Erwerb ermöglicht hat, im Falle eines gutgläubigen Erwerbs ausgleichspflichtig ist.[1075]

II. Ausnahmen

Fraglich ist, ob eine Inanspruchnahme des Erwerbers ausnahmsweise im Falle unentgeltlicher Übertragungen in Betracht kommt. In diesen besonderen Fällen ist an die Kondiktionsansprüche aus § 816 Abs. 1 S. 2 BGB sowie aus § 822 BGB zu denken. Beide Vorschriften gehen auf die Erwägung zurück, dass der unentgeltliche Erwerb nicht ebenso schutzwürdig sein soll wie der entgeltliche Erwerb.[1076]

1. Anwendbarkeit der §§ 816 Abs. 1 S. 2, 822 BGB

Die Anwendung dieser Normen auf die hiesige Konstellation eines gutgläubigen Erwerbs eines Geschäftsanteils ist indessen in der Literatur umstritten. Rechtsprechung zu dieser Frage existiert bislang – soweit ersichtlich – nicht.

Nach einer Ansicht in der Literatur soll es bei dem unter I. dargestellten Grundsatz verbleiben und eine Ausgleichspflicht des Erwerbers gegenüber dem Altgesellschafter insgesamt ausscheiden.[1077] Dies wird damit begründet, dass die zivilrechtlich in § 816 Abs. 1 S. 2 BGB und § 822 BGB vorgesehene Schwächung des

1074 Vgl. nur *Ebbing*, in: Michalski, GmbHG, § 16 Rn. 255; *Grunewald/Gehling/Rodewig*, in: ZIP 2006, 685, 688/689; *Wilhelmi*, in: BeckOK-GmbHG, § 16 Rn. 114.

1075 Vgl. *Grunewald/Gebling/Rodewig*, in: ZIP 2006, 685, 688/689; vgl. zu den Ansprüchen gegen den Veräußerer bereits oben § 4 B.

1076 Vgl. *Brox/Walker*, Schuldrecht BT, § 42 Rn. 24.

1077 So *Rieg*, Erwerb vom Nichtberechtigten und Liste der Gesellschafter, S. 390/391 unter Verweis auf *Grunewald/Gehling/Rodewig*, in: ZIP 2006, 685, 688, die allerdings gar nicht auf § 816 Abs. 1 S. 2 BGB und § 822 BGB eingehen, sondern lediglich behaupten, dass der gutgläubige Erwerber dem wahren Berechtigten gegenüber nicht zum Ausgleich verpflichtet sei.; unklar auch *Terlau*, in: Michalski, GmbHG, § 16 Rn. 257, der Kondiktionsansprüche gegen den Erwerber zwar ohne die Erwähnung einer Ausnahme verneint, diesbezüglich aber auf *Bayer*, in: Lutter/Hommelhoff, GmbHG, § 16 Rn. 81 (Vorauflage, jetzt Rn. 106) verweist, der wiederum eine ausnahmsweise Inanspruchnahme gem. §§ 816 Abs. 1 S. 2, 822 BGB bejaht.

unentgeltlichen (Dritt-) Erwerbs nicht auf die gesellschaftsrechtliche Sonderkonstellation des § 16 Abs. 3 GmbHG übertragen werden könne, da § 16 Abs. 3 GmbHG insoweit abschließend dem gutgläubigen Erwerber rechtlich die Inhaberschaft am Geschäftsanteil zuweise, die nicht wirtschaftlich durch Bereicherungsansprüche des Berechtigten wieder entwertet werden dürfe.[1078]

Die herrschende Ansicht in der Literatur[1079] bejaht hingegen die ausnahmsweise Inanspruchnahme des Erwerbers gem. § 816 Abs. 1 S. 2 BGB und gem. § 822 BGB, ohne dies allerdings näher zu begründen.

Letzterer Ansicht ist zuzustimmen. Dass die Anwendung von §§ 816 Abs. 1 S. 2 BGB, 822 BGB von der h.M. nicht näher begründet bzw. allenfalls auf die allgemeinen Kommentierungen des BGB verwiesen wird[1080], ist dabei nicht verwunderlich. Denn es ist nicht ersichtlich, weshalb im Falle eines gutgläubigen Erwerbs von Geschäftsanteilen diesbezüglich etwas anderes gelten sollte als beim gutgläubigen Erwerb gem. § 932 BGB. Eine angebliche *„gesellschaftsrechtliche Sonderkonstellation"*, welche die *„Entwertung der Inhaberschaft"* nicht gestatten soll, ergibt sich weder aus dem Gesetz noch aus allgemeinen gesellschaftsrechtlichen Prinzipien. Vielmehr finden auf die GmbH die allgemeinen Regeln des BGB grundsätzlich Anwendung.[1081] Mit dem Argument der Gegenansicht könnte man ebenso gut eine Entwertung der Inhaberschaft einer beweglichen Sache ablehnen. Der gesetzgeberische Gedanke hinter §§ 816 Abs. 1 S. 2, 822 BGB, dass der unentgeltliche Erwerb nicht ebenso schutzwürdig sein soll wie der entgeltliche Erwerb[1082], gilt hier wie dort. Dass man dies eventuell rechtspolitisch für nicht richtig halten mag, steht auf einem anderen Blatt, kann aber nicht eine Nichtanwendbarkeit dieser Normen auf die hiesige Konstellation des gutgläubigen Erwerbs gem. § 16 Abs. 3 GmbHG begründen.

Da die Möglichkeit einer Inanspruchnahme des Erwerbers gem. § 816 Abs. 1 S. 2 BGB und § 822 BGB somit im Ergebnis zu bejahen ist, sind im Folgenden deren Voraussetzungen im Einzelnen darzustellen.

1078 Vgl. *Rieg*, Erwerb vom Nichtberechtigten und Liste der Gesellschafter, S. 391.

1079 Vgl. *Bayer*, in: Lutter/Hommelhoff, GmbHG, § 16 Rn. 106; *Fastrich*, in: Baumbach/Hueck, GmbHG, § 16 Rn. 41; *Heidinger*, in: MünchKomm-GmbHG, § 16 Rn. 346; *Löbbe*, in: Ulmer/Habersack/Löbbe, GmbHG, § 16 Rn. 190; *Pentz*, in: Rowedder/Schmidt-Leithoff, GmbHG, § 16 Rn. 108; *Seibt*, in: Scholz, GmbHG, § 16 Rn. 107; *Verse*, in: Henssler/Strohn, Gesellschaftsrecht, GmbHG, § 16 Rn. 91; *Wilhelmi*, in: Beck OK-GmbHG, § 16 Rn. 114.

1080 So etwa *Heidinger*, in: MünchKomm-GmbHG, § 16 Rn. 346, der hinsichtlich der Besonderheiten beim unentgeltlichen Erwerb auf *Bassenge*, in: Palandt, § 932 Rn. 16 verweist.

1081 Allgemeine Meinung, vgl. etwa *Fleischer*, in: MünchKomm-GmbHG, Einleitung Rn. 149 m.w.N.

1082 Vgl. *Brox/Walker*, Schuldrecht BT, § 42 Rn. 24.

2. *Anspruch aus § 816 Abs. 1 S. 2 BGB*

Nach § 816 Abs. 1. S. 2 BGB ist derjenige, welcher aufgrund einer unentgeltlichen Verfügung durch einen Nichtberechtigten unmittelbar einen rechtlichen Vorteil erlangt, dem vormals Berechtigten trotz der sachenrechtlichen Wirksamkeit seines Erwerbs zur Herausgabe des durch die unentgeltliche Verfügung Erlangten verpflichtet.[1083] Unentgeltlichkeit in diesem Sinne liegt nach allgemeiner Ansicht dann vor, wenn die Verfügung unabhängig von einer Gegenleistung (auch von oder an einen Dritten) geschieht.[1084] Unentgeltlich ist aber nicht gleichbedeutend mit kostenlos.[1085] Es kommt vielmehr darauf an, ob der gutgläubige Erwerber eine Leistung erbracht hat, die bei objektiver und verständiger Würdigung einen Ausgleich, der nicht zwingend einen Geld- oder Vermögenswert haben muss, für den Erwerb darstellt.[1086]

Zu denken ist etwa an die Konstellation, dass dem gutgläubigen Erwerb als Kausalgeschäft eine wirksame Schenkung gem. § 516 Abs. 1 BGB zugrunde liegt.

Beispiel 22:

Der seit fünf Jahren als Gesellschafter der X-GmbH in die Gesellschafterliste eingetragene Nichtberechtigte V will seinem Enkel E den betroffenen Geschäftsanteil anlässlich dessen 21. Geburtstags schenken. Er tritt den Geschäftsanteil daher zu notarieller Urkunde an den gutgläubigen E ab. E wird in die Gesellschafterliste eingetragen. Erst jetzt erfährt der in Wahrheit Berechtigte A von den Vorfällen.

In diesem Falle steht dem Altgesellschafter gegen den unentgeltlichen Erwerber ein Anspruch gem. § 816 Abs. 1 S. 2 BGB zu.

Umstritten ist, ob § 816 Abs. 1 S. 2 BGB entsprechend anzuwenden ist auf Konstellationen, in denen der zwar dinglich wirksame Erwerb rechtsgrundlos erfolgt ist, wenn also etwa der der Übertragung zugrunde liegende Kaufvertrag nichtig ist.

Die Anhänger der sog. „Einheitskondiktionslehre" bejahen dies.[1087] Begründet wird dies damit, dass der völlig rechtsgrundlose Erwerb noch weniger schützenswert sei als ein unentgeltlicher Erwerb, zumal der Empfänger der Leistung in beiden Fällen keine Gegenleistung zu erbringen habe. Rechtsfolge der analogen Anwendung von § 816 Abs. 1 S. 2 BGB auf den rechtsgrundlosen Erwerb wäre vorliegend, dass der gutgläubige Erwerber den Geschäftsanteil unmittelbar an den Altgesellschafter herauszugeben hätte; unabhängig davon, ob er tatsächlich bereits eine Gegenleistung, etwa die Kaufpreiszahlung, an den Veräußerer erbracht hat.

1083 Vgl. *Schwab,* in: MünchKomm-BGB, § 816 Rn. 61; *Sprau,* in: Palandt, § 816 Rn. 12 ff.

1084 BGH, Urt. v. 11.11.1981 – IV a ZR 182/80, NJW 1982, 436; BGH, Urt. v. 28.5.2009 – Xa ZR 9/08, NJW 2009, 2737; *Weidenkaff,* in: Palandt, § 516 Rn. 8.

1085 *Weidenkaff,* in: Palandt, § 516 Rn. 8.

1086 *Schwab,* in: MünchKomm-BGB, § 816 Rn. 63; *Weidenkaff,* in: Palandt, § 516 Rn. 8.

1087 Vgl. *Grunsky,* in: JZ 1962, 207 ff. m.w.N.

Die g.h.L. (sog. „Doppelkondiktionslehre") lehnt die allgemeine Gleichstellung von rechtsgrundlosem und unentgeltlichem Erwerb eben wegen dieses Umstandes mit Rücksicht auf die schutzwürdigen Interessen des entgeltlichen Erwerbers ab.[1088] Der ursprünglich Berechtigte müsse sich stattdessen an den nichtberechtigten Verfügenden halten und sich dessen (aufgrund des rechtsgrundlosen Verpflichtungsgeschäfts bestehenden) Bereicherungsanspruch gegen den (rechtsgrundlosen) Erwerber aus § 812 Abs. 1 S. 1 Var. 1 BGB abtreten lassen.[1089] Erst diesen Anspruch könne der ursprünglich Berechtigte gegen den Erwerber geltend machen, wobei er sich aber gem. § 404 BGB alle Einreden des Erwerbers gegen den Veräußerer entgegenhalten lassen müsse, insbesondere diejenige aus § 273 BGB wegen des bereits gezahlten Kaufpreises.[1090] Die Rechtsfolge nach dieser Ansicht wäre in der vorliegenden Konstellation, dass sich der Altgesellschafter im Falle eines rechtsgrundlosen gutgläubigen Erwerbs nicht an den gutgläubigen Erwerber, sondern an den Veräußerer wenden müsste und sich dessen Anspruch gegen den gutgläubigen Erwerber auf Rückübertragung des Geschäftsanteils gem. § 812 Abs. 1 S. 1 Var. 1 BGB abtreten lassen müsste.

Der BGH hat sich bislang noch nicht abschließend zu dieser Frage geäußert.[1091]

Zuzustimmen und zu folgen ist der Doppelkondiktionslehre. Dies folgt bereits daraus, dass aufgrund der bestehenden Anspruchsmöglichkeiten des ursprünglich Berechtigten bereits keine Notwendigkeit und auch kein Raum für eine Analogie bestehen. § 816 Abs. 1 S. 2 BGB ist eine Ausnahmevorschrift. Des Weiteren würde eine Analogie den Erwerber, der bereits ein Vermögensopfer, in der Regel die Kaufpreiszahlung, erbracht hat, unangemessen, nämlich doppelt belasten.

Gegenstand des Bereicherungsanspruchs aus § 816 Abs. 1 S. 2 BGB ist grundsätzlich der unentgeltlich weggegebene Gegenstand selbst[1092], vorliegend mithin der Geschäftsanteil. § 816 Abs. 1 S. 2 BGB ermöglicht dem Altgesellschafter damit ein „Verfolgungsrecht" hinsichtlich des von einem Nichtberechtigten unentgeltlich übertragenen Geschäftsanteils und durchbricht insofern ausnahmsweise das grundlegende Prinzip der *„Kondiktionsfestigkeit"* des gutgläubigen Erwerbs.[1093]

1088 Vgl. nur *Lorenz,* in: Staudinger, BGB, § 816 Rn. 16 ff., 21; *Medicus/Petersen,* Bürgerliches Recht, Rn. 390; *Schwab,* in: MünchKomm-BGB, § 816 Rn. 59; *Sprau,* in: Palandt, § 816 Rn. 15.

1089 Vgl. *Sprau,* in: Palandt, § 816 Rn. 15.

1090 Vgl. *Medicus/Petersen,* Bürgerliches Recht, Rn. 390.

1091 Eher in Richtung Einheitskondiktionslehre in einem Sonderfall (Verfügender unterschlug Geld des Berechtigten und verspielte es in der Spielbank des Erwerbers, der Spielvertrag zwischen Verfügendem und Erwerber war nach § 134 BGB nichtig) BGH, Urt. v. 12.07.1962 – VII ZR 28/61, BGHZ 37, 363, relativierend aber BGH, Urt. v. 25.04.1967 – VII ZR 1/65, BGHZ 47, 393.

1092 Vgl. *Buck-Heeb,* in: Erman, BGB, § 816 Rn. 18; *Sprau,* in: Palandt, § 816 Rn. 17; *Wendehorst,* in: BeckOK-BGB, § 816 Rn. 23.

1093 Vgl. allgemein zu dieser Wirkung des § 816 Abs. 1 S. 2 BGB etwa *Schulze,* in: HK-BGB, § 816 Rn. 12.

*Im obigen **Beispiel 22** steht dem Berechtigten A mithin ein Anspruch aus § 816 Abs. 1 S. 2 BGB auf Rückübertragung des Geschäftsanteils gegen den E zu, obwohl dieser den Geschäftsanteil wirksam gem. § 16 Abs. 3 GmbHG von V erworben hat.*

Ist dem unentgeltlichen Erwerber die Rückübertragung unmöglich, etwa weil der Gesellschaftsvertrag eine Vinkulierungsklausel gem. 15 Abs. 5 GmbHG enthält und die übrigen Gesellschafter der Rückübertragung (ohne Rechtsmissbrauch) nicht zustimmen, hat er Wertersatz nach § 818 Abs. 2 BGB zu leisten.[1094] Zu ersetzen ist im Rahmen des § 818 Abs. 2 BGB nach g.h.M. der objektive Verkehrswert.[1095] Bezüglich der Bestimmung des objektiven Wertes eines Geschäftsanteils wird an dieser Stelle auf die diesbezüglichen Ausführungen in § 5 verwiesen.[1096]

3. *Anspruch aus § 822 BGB*

Der zweite denkbare Anspruch ist derjenige aus § 822 BGB, der wie § 816 Abs. 1 S. 2 BGB ebenfalls eine unentgeltliche Verfügung zum Gegenstand hat. Während allerdings § 816 Abs. 1 S. 2 BGB die unentgeltliche Verfügung eines Nichtberechtigten betrifft, erfasst § 822 BGB die unentgeltliche Verfügung eines Berechtigten, gegen den selbst aber ein Bereicherungsanspruch wegen Entreicherung nach § 818 Abs. 3 BGB nicht durchgreift.[1097] Der Gläubiger des Anspruchs aus § 822 BGB muss also einen Bereicherungsanspruch gegen den ursprünglichen Empfänger des Geschäftsanteils gehabt haben, wobei Ansprüche aus §§ 812, 816 Abs. 1 S. 1 und S. 2 BGB und auch aus § 822 BGB selbst (d.h. bei Weitergabe des unentgeltlich Erlangten vom Dritten an eine weitere Person, wenn für diese die Voraussetzungen des § 822 BGB einschlägig sind) in Frage kommen[1098], und der ursprüngliche Empfänger muss in der Folge den Geschäftsanteil dem Dritten unentgeltlich[1099] zugewendet haben[1100]. In Folge der unentgeltlichen Zuwendungen des Geschäftsanteils an den Dritten muss der Bereicherungsanspruch des Altgesellschafters schließlich gegen den ursprünglichen Empfänger des Geschäftsanteils ausgeschlossen sein, was insbesondere in den Fällen des § 818 Abs. 3 BGB in Betracht kommt.[1101] Der Anspruch aus § 822 BGB richtet sich streng genommen also nicht gegen den gutgläubigen „Ersterwerber", sondern gegen einen Drittempfänger, d.h. einen weiteren Erwerber, der den Geschäftsanteil von dem ersten Erwerber unentgeltlich zugewendet bekommen hat.

1094 Vgl. *Koch,* in: MünchKomm-BGB, § 531 Rn. 6; allgemein *Sprau,* in: Palandt, § 816 Rn. 17.

1095 Vgl. etwa BGH, Urt. v. 21.03.1996 – III ZR 245/94, BGHZ 132, 198, 207; *Sprau,* in: Palandt, § 818 Rn. 19; *Wendehorst,* in: BeckOK-BGB, § 818 Rn. 27.

1096 Vgl. § 5 B. II. 2. c) cc).

1097 Vgl. *Sprau,* in: Palandt, § 822 Rn. 1; *Stadler,* in: Jauernig, BGB, § 822 Rn. 2.

1098 Vgl. *Schulze,* in: HK-BGB, § 822 Rn. 2; *Sprau,* in: Palandt, § 822 Rn. 3.

1099 Vgl. diesbezüglich die obigen Ausführungen im Rahmen von § 816 Abs. 1 S. 2 BGB unter § 4 II. 1. a).

1100 Vgl. *Schulze,* in: HK-BGB, § 822 Rn. 3; *Sprau,* in: Palandt, § 822 Rn. 4.

1101 Vgl. *Schulze,* in: HK-BGB, § 822 Rn. 4.

In Abwandlung von Beispiel 22[1102] *sei das folgende* ***Beispiel 23*** *genannt:*

Der noch immer gutgläubige Enkel E ist nach einigen Jahren nicht mehr bereit, die mit der Gesellschaftsbeteiligung verbundenen „Strapazen" auf sich zu nehmen und verschenkt den Geschäftsanteil daher an seine tatkräftige Schwester D und tritt den Geschäftsanteil zu notarieller Urkunde an D ab. D wird in die Gesellschafterliste eingetragen.

Liegen die Voraussetzungen des § 822 BGB vor, steht dem Altgesellschafter grundsätzlich ein Anspruch gegen den Dritten auf Herausgabe des durch die unentgeltliche Zuwendung Erlangten gem. §§ 818 – 820 BGB zu.[1103] Ist aber die Verpflichtung des ursprünglichen Empfängers zur Herausgabe deshalb ausgeschlossen, weil er den Geschäftsanteil gutgläubig erworben und ihn seinerseits unentgeltlich einem Dritten zugewendet hat, haftet der Dritte nach g.h.M. grundsätzlich nicht auf Herausgabe des ihm zugewendeten Geschäftsanteils, sondern auf Wertersatz gem. § 818 Abs. 2 BGB.[1104] Der Dritte kann sich jedoch auch wahlweise durch Rückübertragung des Geschäftsanteils von seiner Wertersatzschuld befreien.[1105]

Im ***Beispiel 23*** *ist E wegen der unentgeltlichen Verfügung an D nicht mehr bereichert, § 818 Abs. 3 BGB, da er durch die Übertragung an D den Geschäftsanteil verloren hat, ohne hierfür eine Gegenleistung erhalten zu haben. Der Anspruch des A gegen E aus § 816 Abs. 1 S. 2 BGB ist daher gem. § 818 Abs. 3 BGB ausgeschlossen.*

A hat damit zwar einen Anspruch aus § 822 BGB gegen D. Dieser ist jedoch grundsätzlich auf Wertersatz gem. § 818 Abs. 2 BGBG gerichtet. D kann nach ihrer Wahl aber auch stattdessen den Geschäftsanteil an A zurückübertragen.

Zu ersetzen ist im Rahmen des § 818 Abs. 2 BGB der objektive Verkehrswert des Geschäftsanteils.[1106] Hinsichtlich der Bestimmung des objektiven Wertes eines Geschäftsanteils wird an dieser Stelle auf die diesbezüglichen Ausführungen in § 5 verwiesen.[1107]

III. Ergebnis

Eine Inanspruchnahme des Erwerbers scheidet grundsätzlich aus. Nur in den Fällen einer unentgeltlichen Übertragung kommt ausnahmsweise eine Inanspruchnahme gem. § 816 Abs. 1 S. 2 BGB sowie gem. § 822 BGB in Betracht.

1102 S.o. § 4 C. II. 2.

1103 Vgl. *Schulze,* in: HK-BGB, § 822 Rn. 5; *Sprau,* in: Palandt, § 822 Rn. 10.

1104 Vgl. allgemein BGH, Urt. v. 10.02.2004 – X ZR 117/02, NJW 2004, 1314; *Schulze,* in: HK-BGB, § 822 Rn. 5; *Sprau,* in: Palandt, § 822 Rn. 10.

1105 Vgl. a.a.O.

1106 S.o. § 4 B. II. 1.

1107 Vgl. § 5 B. II. 2. c) cc).

IV. Prozessuale Durchsetzung der Ansprüche gegen den Erwerber

Hinsichtlich der prozessualen Durchsetzung der Ansprüche bestehen keine Besonderheiten, d.h. der Altgesellschafter kann seine Ansprüche gegen den Veräußerer vor den Zivilgerichten im ordentlichen Rechtsweg durchsetzen. Es gilt das bereits zur Inanspruchnahme des Veräußerers Gesagte entsprechend.[1108]

D. Ansprüche gegen die Geschäftsführer

I. Schadensersatzansprüche

1. Anspruch aus § 40 Abs. 3 GmbHG

Naheliegend ist zunächst ein Schadensersatzanspruch aus der durch das MoMiG erweiterten Norm des § 40 Abs. 3 GmbHG. Nach § 40 Abs. 3 GmbHG haften Geschäftsführer, welche die ihnen nach § 40 Abs. 1 GmbHG obliegende Pflicht zur Einreichung der Gesellschafterliste verletzen, denjenigen, deren Beteiligung sich geändert hat, und den Gläubigern der Gesellschaft für den daraus entstandenen Schaden als Gesamtschuldner.

Die Pflicht der Geschäftsführer zur Einreichung einer aktualisierten Gesellschafterliste nach jeder Veränderung in den Personen der Gesellschafter oder des Umfangs ihrer Beteiligung bestand zwar auch schon vor Inkrafttreten des MoMiG und eine Verletzung dieser Pflicht war auch schon vorher (jedenfalls gegenüber der Gesellschaft und den Gläubigern) haftungsbewährt. Allerdings gab es bis dahin angesichts der bis dato geringen Bedeutung der Gesellschafterliste in der Praxis faktisch auch regelmäßig nichts, wofür die Geschäftsführer bei derartigen Pflichtverletzungen hätten haften können.[1109] Dies hat sich durch die neue Bedeutung der Gesellschafterliste als allgemeine Legitimations- und Rechtsscheingrundlage[1110] nunmehr geändert. Insbesondere kann die nunmehr gegebene Möglichkeit eines gutgläubigen Erwerbs gem. § 16 Abs. 3 GmbHG zu einem Verlust des Geschäftsanteils führen, wenn die Geschäftsführer ihre Pflicht, die Gesellschafterliste zu aktualisieren, verletzen.[1111]

Im Folgenden wird zunächst herausgearbeitet, ob vorliegend der seinen Geschäftsanteil verlierende Altgesellschafter überhaupt Anspruchsberechtigter ist (a)). Bevor sodann auf die Pflichtverletzung und weitere Voraussetzungen der Haftungsnorm eingegangen werden kann (c)), ist zunächst noch einmal zusammenfassend darzustellen, welche Pflichten die Geschäftsführer konkret im Zusammenhang mit der Einreichung der Gesellschafterliste treffen (b)).

1108 S.o. § 4 B. IV.

1109 Vgl. *Bussian/Achenbach,* in: BB 2010, 778.

1110 Vgl. zur Gesellschafterliste bereits oben § 3 C.

1111 Vgl. auch *Bussian/Achenbach,* in: BB 2010, 778.

a) Anspruchsberechtigung des Altgesellschafters

Im Rahmen des MoMiG neu eingeführt wurde eine Haftung der Geschäftsführer auch gegenüber *„denjenigen, deren Beteiligung sich geändert hat“* (§ 40 Abs. 3 Var. 1 GmbHG). Fraglich ist, welcher Personenkreis hiervon erfasst ist und ob der Altgesellschafter in der hier untersuchten Konstellation zu diesem Personenkreis der Anspruchsberechtigten zu zählen ist. Bezogen auf den Gesellschafterkreis sollen nach der wohl h.M. anspruchsberechtigt nur materiell betroffene Alt- oder Neugesellschafter sein, deren Beteiligung sich in Folge der in Frage stehenden Aktualisierung der Gesellschafterliste geändert hat.[1112] Nach einer weiter gehenden Ansicht soll anspruchsberechtigt hingegen allgemein jeder Gesellschafter sein, „der *durch die Ausübung von Gesellschafterrechten auf der Grundlage einer unrichtigen Gesellschafterliste (§ 16 Abs. 1 Satz 1 GmbHG) geschädigt wurde.*“[1113]

Der engeren herrschenden Ansicht ist bereits deshalb zuzustimmen, weil der Wortlaut über den von ihr benannten Personenkreis hinaus keine weiteren Personen umfasst. Eine Entscheidung dieses Streits ist vorliegend aber überdies nicht von Relevanz, da der Altgesellschafter, der in Folge eines gutgläubigen Erwerbs auf Basis einer falschen Gesellschafterliste als Rechtsscheinträger seinen Geschäftsanteil verliert, auch nach der engeren h.M. stets zum Kreise der anspruchsberechtigten Personen zu zählen ist.

b) Pflichten der Geschäftsführer nach § 40 Abs. 1 GmbHG

Die Pflichten der Geschäftsführer im Zusammenhang mit der Aktualisierung und Einreichung der Gesellschafterliste wurden bereits unter § 3 umfassend im Zusammenhang mit den Erörterungen zur Gesellschafterliste dargestellt. Insoweit wird an dieser Stelle im Einzelnen auf die diesbezüglichen Ausführungen verwiesen.[1114]

Zusammenfassend gilt hinsichtlich der Pflichten der Geschäftsführer im Zusammenhang mit der Aktualisierung und Einreichung der Gesellschafterliste danach das Folgende:

aa) Zuständigkeit[1115]

(1) Allgemeines

Die Geschäftsführer sind gem. § 40 Abs. 1, 2 GmbHG für die Aktualisierung und Einreichung der Gesellschafterliste zum Handelsregister zuständig, sofern kein Notar

1112 Vgl. etwa *Heilmeier,* in: BeckOK-GmbHG, § 40 Rn. 213; *Noack,* in: Baumbach/Hueck, GmbHG, § 40 Rn. 47; *Paefgen,* in: Ulmer/Habersack/Löbbe, GmbHG, § 40 Rn. 181 ff.; *Seibt,* in: Scholz, GmbHG, § 40 Rn. 97.

1113 So insbesondere *Mayer,* in: DNotZ 2008, 403, 414.

1114 S.o. § 3 C. III. 4. b).

1115 Vgl. hierzu im Einzelnen auch die Ausführungen unter § 3 C. III. 4. a), b) aa) sowie die Ausführungen unter § 3 C. III. 4. d) hinsichtlich der problematischen Konstellationen, in denen unklar ist, ob Geschäftsführer oder Notar zuständig sind.

an den Veränderungen im Gesellschafterkreis mitgewirkt hat. Die Zuständigkeit begründet zugleich die weiteren, im Folgenden noch einmal zusammenfassend aufgeführten Pflichten der Geschäftsführer im Zusammenhang mit der Aktualisierung und Einreichung der Gesellschafterliste.

(2) Problematische Konstellationen

Zu beachten ist dies insbesondere in den Konstellationen, in denen die Abgrenzung zur Zuständigkeit des Notars Probleme bereitet, insbesondere wenn unklar ist, ob ein Notar i.S.d. § 40 Abs. 2 S. 1 GmbHG an einer Veränderung *„mitgewirkt"* hat, was in der Konsequenz zu einer ausschließlichen Zuständigkeit und Verpflichtung des mitwirkenden Notars führt.[1116] Hinsichtlich dieser problematischen Konstellationen wird an dieser Stelle im Einzelnen auf die diesbezüglichen Ausführungen im Zusammenhang mit den Erörterungen zur Gesellschafterliste verwiesen.[1117] Im Zweifel ist angesichts der Regel-Ausnahme-Systematik des § 40 Abs. 1 und Abs. 2 GmbHG von einer Zuständigkeit der Geschäftsführer auszugehen.[1118]

Zusammenfassend sind nach hier vertretener Ansicht ausschließlich die Geschäftsführer in den folgenden problematischen Konstellationen gem. § 40 Abs. 1 S. 1 GmbHG zuständig:

(a) „Mittelbare Mitwirkung" eines Notars[1119]

Nach hier vertretener Auffassung sind die Geschäftsführer in allen Konstellationen, in denen der Notar nicht unmittelbar an einer Veränderung i.S.d. § 40 Abs. 1 S. 1 GmbHG mitgewirkt hat (Fälle der sog. „mittelbaren Mitwirkung") stets allein gem. § 40 Abs. 1 S. 1 GmbHG für die Aktualisierung der Gesellschafterliste zuständig.

(b) Auflösend bedingte Anteilsabtretungen[1120]

Nach der hier vertretenen Auffassung sind für Aktualisierungen der Gesellschafterliste aufgrund der durch den späteren Eintritt einer auflösenden Bedingung eingetretenen Veränderung die Geschäftsführer gem. § 40 Abs. 1 S. 1 GmbHG und nicht der Notar gem. § 40 Abs. 2 S. 1 GmbHG zuständig, da diesen keine Überwachungspflicht hinsichtlich des Eintritts der auflösenden Bedingung trifft.

1116 Vgl. hierzu im Einzelnen § 3 C. III. 4. a).
1117 S.o. § 3 C. III. 4. d).
1118 Vgl. a.a.O.
1119 S.o. § 3 C. III. 4. d) aa).
1120 S.o. § 3 C. III. 4. d) bb).

(c) Korrektur einer vom Notar eingereichten, unrichtigen Gesellschafterliste[1121]

Nach der hier vertretenen Auffassung sind ausschließlich die Geschäftsführer gem. § 40 Abs. 1 S. 1 GmbHG für die Korrektur einer unrichtigen Gesellschafterliste zuständig und zwar auch dann, wenn diese von einem Notar eingereicht worden ist.

(d) Sich kreuzende Gesellschafterlisten[1122]

In den Konstellationen sich kreuzender Gesellschafterlisten ist es nach hier vertretener Auffassung gem. § 40 Abs. 1 S. 1 GmbHG an den Geschäftsführern, eine Berichtigung der Gesellschafterliste zu veranlassen.

(e) Auslandsbeurkundung[1123]

Nach der hier vertretenen Auffassung sind auch bei unterstellter wirksamer Auslandsbeurkundung einer Veränderung stets allein die Geschäftsführer gem. § 40 Abs. 1 S. 1 GmbHG für die Aktualisierung der Gesellschafterliste zuständig.

bb) Anforderungen an Mitteilung und Nachweis[1124]

Die Geschäftsführer werden grundsätzlich auf Mitteilung und Nachweis einer Veränderung i.S.d. § 40 GmbHG tätig. Dabei ist zumindest auch der bisher „formal Befugte" anzuhören. An die vorzulegenden Nachweise einer Veränderung sind angesichts der gestiegenen Bedeutung der Gesellschafterliste strenge Anforderungen zu stellen, d.h. die Nachweise müssen stets in Ur- oder beglaubigter Abschrift sowie in deutscher Sprache vorgelegt werden. Die Geschäftsführer haben bei verbleibenden Zweifeln die Möglichkeit aber auch die Verpflichtung, weitergehende Nachweise zu verlangen.

cc) Prüfpflicht[1125]

Die Geschäftsführer haben die Pflicht, die vorgelegten Nachweise auch inhaltlich zu überprüfen, d.h. sie sind dazu angehalten, die Wirksamkeit der Veränderungen im Gesellschafterbestand auf Basis der Mitteilungen und vorgelegten Nachweise der Gesellschafter zu prüfen. Die Prüfpflicht der Geschäftsführer beschränkt sich dabei nicht auf eine reine Plausibilitätskontrolle; vielmehr sind strenge Anforderungen an die Prüfpflichten der Geschäftsführer zu stellen. Im Zweifel nicht vorhandenes juristisches Wissen entbindet die Geschäftsführer gerade nicht von der Einschaltung von

---

1121 S.o. § 3 C. III. 4. d) dd).
1122 S.o. § 3 C. III. 4. d) ff).
1123 S.o. § 3 C. III. 4. d) gg).
1124 Vgl. hierzu im Einzelnen auch die Ausführungen unter § 3 C. III. 4. a), b) bb) (1) und (2).
1125 Vgl. hierzu im Einzelnen auch die Ausführungen unter § 3 C. III. 4. a), b) bb) (3).

Fachleuten. Vielmehr sind die Geschäftsführer dazu berechtigt aber auch verpflichtet, (auf Kosten der Gesellschaft) im Zweifelsfalle entsprechenden fachkundigen Rat, etwa durch Rechtsanwälte, Notare oder auch (soweit vorhanden) die eigene Rechtsabteilung, einzuholen, um die Wirksamkeit der Veränderungen im Gesellschafterbestand auf Basis der Mitteilungen und vorgelegten Nachweise der Gesellschafter verlässlich zu prüfen. Bei verbleibenden Zweifeln dürfen die Geschäftsführer die geänderte Gesellschafterliste nicht zum Handelsregister einreichen.

dd) Korrekturpflicht bei sonstiger Kenntniserlangung von der Unrichtigkeit der Gesellschafterliste[1126]

Erlangen die Geschäftsführer von sich aus, d.h. ohne Mitteilung und Nachweis, Kenntnis von der Unrichtigkeit der aktuellen, d.h. der zuletzt zum Handelsregister eingereichten Gesellschafterliste haben sie das Recht aber auch die Pflicht, die Unrichtigkeit der Gesellschafterliste zu beseitigen, d.h. die Gesellschafterliste zu korrigieren. Vor Einreichung einer aktualisierten Gesellschafterliste ist den von der Veränderung betroffenen Gesellschaftern innerhalb einer angemessen Frist von mindestens einem Monat die Gelegenheit zur Stellungnahme zu gewähren, wobei ein Widerspruch aber nichts an der Berechtigung (und der Pflicht) der Geschäftsführer zur Aktualisierung der Gesellschafterliste ändert, solange nicht der Betroffene im Wege des einstweiligen Rechtsschutzes erreicht, dass dem Geschäftsführer die Einreichung einer geänderten Gesellschafterliste untersagt wird.

ee) Einreichungspflicht[1127]

Nach Prüfung der Wirksamkeit der Veränderungen sind die Geschäftsführer verpflichtet, die aktualisierte Gesellschafterliste unverzüglich, d.h. ohne schuldhaftes Zögern, nach Wirksamwerden der Veränderung zu erstellen (bzw. durch einen Rechtsanwalt oder Notar erstellen zu lassen), in vertretungsberechtigter Anzahl zu unterschreiben und zum Handelsregister einzureichen.

c) Pflichtverletzung

Der Schadensersatzanspruch nach § 40 Abs. 3 GmbHG setzt die Verletzung der den Geschäftsführern gem. § 40 Abs. 1 S. 1 GmbHG obliegenden Einreichungspflicht voraus. Daraus folgt, dass eine Pflichtverletzung der Geschäftsführer i.S.d. § 40 Abs. 3 GmbHG durch Einreichen einer inhaltlich falschen Gesellschafterliste, durch eine verspätete Einreichung einer aktualisierten Gesellschafterliste oder aber durch Unterlassen der Einreichung einer aktualisierten Gesellschafterliste erfolgen kann.[1128]

1126 Vgl. hierzu im Einzelnen auch die Ausführungen unter § 3 C. III. 4. a), b) bb) (4).

1127 Vgl. hierzu im Einzelnen auch die Ausführungen unter § 3 C. III. 4. a), b) cc).

1128 Vgl. etwa *Bayer,* in: Lutter/Hommelhoff, GmbHG, § 40 Rn. 80; *Bussian/Achenbach,* in: BB 2010, 778 ff.; *Heidinger,* in: MünchKomm-GmbHG, § 40 Rn. 135; *Heilmeier,*

aa) Einreichung einer inhaltlich falschen Gesellschafterliste

Wurde eine inhaltlich falsche Gesellschafterliste zum Handelsregister durch die Geschäftsführer eingereicht, ist zunächst zu untersuchen, ob Mitteilung und Nachweis der entsprechenden Veränderung den objektiv zu stellenden Anforderungen entsprachen, insbesondere, ob hinreichende Nachweise in Ur- oder beglaubigter Abschrift sowie in deutscher Sprache für den Beleg der Veränderung vorgelegt worden sind[1129]. Eine Pflichtverletzung liegt zumindest dann vor, wenn die Geschäftsführer eine Gesellschafterliste einreichen, die von den zugrunde liegenden Nachweisen abweicht.[1130]

Vor allem ist aber im Einzelfall genau zu untersuchen, ob die Geschäftsführer ihre inhaltliche Prüfpflicht, wonach sie dazu angehalten sind, die Wirksamkeit der Veränderungen im Gesellschafterbestand auf der Basis der Mitteilungen und vorgelegten Nachweise zu prüfen[1131], verletzt haben.[1132] Zu beachten ist, dass die Geschäftsführer auch dann pflichtwidrig handeln, wenn sie trotz nicht gegebener Zuständigkeit eine inhaltlich falsche Gesellschafterliste zum Handelsregister einreichen. Alles andere würde zu der absurden Situation führen, dass den Geschäftsführern bei nicht gegebener Zuständigkeit eine Art Freifahrtschein für die Einreichung fehlerhafter Gesellschafterlisten zustünde. Dies ist insbesondere in den Fallgruppen relevant, in denen eine Zuständigkeitsabgrenzung zwischen Notar und Geschäftsführern Probleme bereitet.[1133] Nehmen die Geschäftsführer in diesen Konstellationen also z.B. eine eigene Zuständigkeit an, obwohl diese eigentlich beim Notar liegt, und reichen eine unrichtige Gesellschafterliste zum Handelsregister ein, so stellt dies mithin trotz an sich nicht gegebener Zuständigkeit eine Pflichtverletzung der Geschäftsführer dar.

bb) Verspätete Einreichung einer aktualisierten Gesellschafterliste

Auch die verspätete, d.h. nicht unverzügliche (§ 121 Abs. 1 S. 1 BGB) Einreichung der aktualisierten Gesellschafterliste kann im Einzelfall eine Pflichtverletzung darstellen. Dies kommt stets dann in Betracht, wenn zwischen Kenntniserlangung der Geschäftsführer, sei es durch Mitteilung und Nachweis oder sei es auf sonstige Weise, von einer Veränderung und der letztlichen Aktualisierung der Gesellschafterliste beim Handelsregister ein großer Zeitraum liegt.

---

in: BeckOK-GmbHG, § 40 Rn. 214; *Noack,* in: Baumbach/Hueck, GmbHG, § 40 Rn. 42; *Seibt,* in: Scholz, GmbHG, § 40 Rn. 96; *Terlau,* in: Michalski, GmbHG, § 40 Rn. 44; *Wicke,* GmbHG, § 40 Rn. 20.

1129 Vgl. hierzu im Einzelnen die Ausführungen unter § 3 C. III. 4. b) bb) (1) und (2).

1130 Vgl. *Schneider,* in: GmbHR 2009, 393, 396.

1131 S.o. § 4 D. I. 1. b) cc); vgl. zur Prüfpflicht im Einzelnen die Ausführungen unter § 3 C. III. 4. b) bb) (3).

1132 Vgl. *Heilmeier,* in: BeckOK-GmbHG, § 40 Rn. 215.

1133 Vgl. hierzu insbesondere die Fallgruppen unter § 3 C. III. 4. d).

Genau zu untersuchen ist in diesen Fällen zunächst, wo die Verzögerung herrührte. Hier ist etwa zu prüfen, ob sich die Geschäftsführer unberechtigt weigerten, die Gesellschafterliste zu unterzeichnen. Eine Verzögerung kann auch darin begründet sein, dass die Geschäftsführer die Prüfung der Veränderungen „auf die lange Bank geschoben“ haben oder aber die Gesellschafterliste nach Abschluss der Prüfung noch lange Zeit liegen blieb.[1134]

Zu klären ist auch, ab wann eine Verzögerung erheblich ist und eine Pflichtverletzung begründen kann. Dies hängt indessen stets vom konkreten Einzelfall ab. Maßstab kann hier etwa die Komplexität der Prüfung einer Veränderung sein. Denn schließlich sind die Geschäftsführer zur Einreichung der aktualisierten Gesellschafterliste nur dann befugt, wenn sie von der Wirksamkeit der Veränderung überzeugt sind. Ergibt sich die Veränderung etwa ohne weitere Probleme aus einer vorgelegten Urkunde und ist auch die zu Grunde liegende rechtliche Lage nicht weiter problematisch, dürfte ein nur kurzer Zeitraum von wenigen Tagen adäquat sein. Stellt sich die Lage hingegen problematisch dar und bedarf einer intensiven Prüfung mehrerer rechtlicher Probleme, so ist ein längerer Zeitraum zu gewähren. In der Literatur wird als Beispiel für eine Pflichtverletzung etwa ein Zeitraum von 6 Monaten bei Nachweis des Anteilsübergangs eines Alleinerben durch Erbschein genannt.[1135]

Zu beachten ist, dass sich im Falle der hier relevanten Konstellationen des Verlusts eines Geschäftsanteils aufgrund gutgläubigen Erwerbs die Pflichtverletzung durch eine verspätete Einreichung der Gesellschafterliste mit der Pflichtverletzung durch Unterlassen der Einreichung der Gesellschafterliste[1136] im Ergebnis deckt, da der gutgläubige Erwerb gerade eine unrichtige, d.h. noch nicht aktualisierte Gesellschafterliste voraussetzt. Eine Pflichtverletzung durch Verzögerung hat isoliert betrachtet also nur Bedeutung für sonstige, später entstandene Schäden, etwa aufgrund negativer Folgen der Legitimationswirkung gem. § 16 Abs. 1 GmbHG[1137]. Allerdings sind die o.g. Grundsätze im Rahmen der Pflichtverletzung durch Unterlassen aufgrund bloßer Verzögerung entsprechend anzuwenden.

cc) Unterlassen der Einreichung einer aktualisierten Gesellschafterliste

Von großer Bedeutung für die hier relevanten Konstellationen des Verlusts eines Geschäftsanteils aufgrund gutgläubigen Erwerbs gem. § 16 Abs. 3 GmbHG ist schließlich die Pflichtverletzung durch Unterlassen der Einreichung einer aktualisierten Gesellschafterliste zum Handelsregister trotz gegebener Zuständigkeit der Geschäftsführer gem. § 40 Abs. 1 S. 1 GmbHG.[1138]

1134 Vgl. *Heilmeier*, in: BeckOK-GmbHG, § 40 Rn. 216.
1135 Vgl. a.a.O.
1136 Vgl. hierzu nachfolgend cc).
1137 Vgl. hierzu § 3 C. II. 1.
1138 Vgl. *Heilmeier*, in: BeckOK-GmbHG, § 40 Rn. 217.

Ein solches Unterlassen kann verschiedene Ursachen haben. Zu denken ist insbesondere an eine Verletzung der Prüfpflicht, nämlich durch falsche rechtliche Beurteilung der Wirksamkeit einer mitgeteilten Veränderung.[1139] In diesem Falle haben die Geschäftsführer also zu Unrecht keine aktualisierte Gesellschafterliste zum Handelsregister eingereicht, weil sie die mitgeteilte Veränderung nach dem Ergebnis ihrer Prüfung unzutreffend für unwirksam erachtet haben. Des Weiteren kann eine Verletzung der Korrekturpflicht der Geschäftsführer bei Kenntniserlangung von der Unrichtigkeit der aktuellen Gesellschafterliste (auch ohne Mitteilung und Nachweis[1140]) eine Pflichtverletzung durch Unterlassen begründen. Denn wie aufgezeigt, haben die Geschäftsführer auch dann, wenn sie von sich aus, d.h. ohne Mitteilung und Nachweis, Kenntnis von der Unrichtigkeit der aktuellen, d.h. der zuletzt beim Handelsregister eingereichten Gesellschafterliste erlangen, die Pflicht, die Unrichtigkeit der Gesellschafterliste zu beseitigen, d.h. die Gesellschafterliste zu korrigieren.

Beispiel 24 *(Fortführung von Beispiel 4):*[1141]

V ist als Erbe des vermeintlich bei einem Flugzeugabsturz in Südamerika verstorbenen Gesellschafters A aufgrund gesetzlicher Erbfolge in dessen Gesellschafterstellung bei der Y-GmbH gerückt und auch als Inhaber des Geschäftsanteils in der Gesellschafterliste eingetragen. Die beiden Geschäftsführer der Y-GmbH G und F bekommen drei Jahre nach diesen Vorgängen überraschend Besuch von dem tot geglaubten A, der ihnen mitteilt, dass er im Koma gelegen und die letzten Monate in einem Krankenhaus in Brasilien verbracht hat und erst jetzt wieder genesen ist.

G und F sind sich der Unrichtigkeit der Gesellschafterliste bewusst und möchten diese korrigieren. Zuvor geben G und F dem V die Möglichkeit, sich innerhalb eines Monats zu der beabsichtigten Änderung der Gesellschafterliste zu äußern. V spielt auf Zeit und meldet sich bewusst nicht bei G und F. G und F sind der Ansicht, dass sie ohne eine Äußerung des V nichts tun könnten und bleiben erst einmal, ohne allerdings A hierüber zu informieren, untätig. V überträgt in der Zwischenzeit den Geschäftsanteil zu notarieller Urkunde an den gutgläubigen E. Der beurkundende Notar N reicht unverzüglich eine aktualisierte Gesellschafterliste zum Handelsregister ein.

G und F haben zwar pflichtgemäß V vor Änderung der Gesellschafterliste die Gelegenheit zur Stellungnahme gegeben. Nach Ablauf der gesetzten Monatsfrist hätten sie aber die Gesellschafterliste gem. § 40 Abs. 1 S. 1 GmbHG aktualisieren müssen.[1142] *Durch ihr Untätigbleiben haben sie ihre Korrekturpflicht verletzt.*

1139 Vgl. a.a.O.
1140 S.o. § 4 D. I. 1. b) dd); vgl. hierzu im Einzelnen § 3 C. III. 4. b) bb) (4).
1141 S.o. § 3 C. III. 4. b) bb) (4).
1142 Vgl. a.a.O.

Eine Korrekturpflicht der Geschäftsführer besteht im Übrigen auch dann, wenn die aktuelle aber unrichtige Gesellschafterliste zuletzt von einem Notar eingereicht worden ist.[1143]

Beispiel 25 *(Fortführung von Beispiel 7):*[1144]

A überträgt seinen Geschäftsanteil an der X-GmbH zu notarieller Urkunde an V. Der beurkundende Notar N reicht im Anschluss eine entsprechend aktualisierte Gesellschafterliste zum Handelsregister ein. Später stellt A fest, dass er von V bei Abschluss des Vertrages arglistig getäuscht wurde und erklärt erfolgreich bezüglich Kaufvertrag und Übertragung die Anfechtung wegen arglistiger Täuschung. Sodann fordert er die Geschäftsführer G und F zur Korrektur der Gesellschafterliste auf. G und F halten sich nicht für zuständig und bleiben untätig, ohne A hierüber in Kenntnis zu setzen. A geht hingegen davon aus, dass die Gesellschafterliste entsprechend seiner deutlichen Aufforderung an G und F geändert wurde.

Drei Jahre später überträgt V, der noch immer in der Gesellschafterliste als Gesellschafter eingetragen ist, die Geschäftsanteile zu notarieller Urkunde an den gutgläubigen E. Der beurkundende Notar N reicht unverzüglich eine aktualisierte Gesellschafterliste zum Handelsregister ein.

G und F hätten die Gesellschafterliste korrigieren müssen.[1145] *Ihr Untätigbleiben begründet eine Pflichtverletzung i.S.v. § 40 Abs. 3 GmbHG.*

Zu beachten ist in diesem Zusammenhang auch die Sonderkonstellation sich kreuzender Gesellschafterlisten, in denen ebenfalls die Geschäftsführer zuständig und verpflichtet sind, eine entsprechende Korrektur zu veranlassen.[1146] Von Relevanz sind zudem die weiteren problematischen Konstellationen, in denen eine Abgrenzung zur Notarzuständigkeit Probleme bereitet. Auch hier stellt ein Untätigbleiben der Geschäftsführer eine Pflichtverletzung dar. Zu denken ist in diesem Zusammenhang insbesondere an ein Untätigbleiben der Geschäftsführer nach Veränderungen in Fällen einer bloß „mittelbaren Mitwirkung“ eines Notars[1147], nach Eintritt einer auflösenden Bedingung[1148] und einer Auslandsbeurkundung[1149].

1143 S.o. § 4 D. I. 1. b) aa) (2) (c); vgl. hierzu im Einzelnen die Ausführungen unter § 3 C. III. 4. d) dd).
1144 S.o. § 3 C. III. 4. d) dd).
1145 Vgl. a.a.O.
1146 S.o. § 4 D. I. 1. b) aa) (2) (d); vgl. hierzu im Einzelnen die Ausführungen unter § 3 C. III. 4. d) ff).
1147 S.o. § 4 D. I. 1. b) aa) (2) (a); vgl. hierzu im Einzelnen die Ausführungen unter § 3 C. III. 4. d) aa).
1148 S.o. § 4 D. I. 1. b) aa) (2) (b); vgl. hierzu im Einzelnen die Ausführungen unter § 3 C. III. 4. d) bb).
1149 S.o. § 4 D. I. 1. b) aa) (2) (e); vgl. hierzu im Einzelnen die Ausführungen unter § 3 C. III. 4. d) gg).

Beispiel 26 *(Fortführung von Beispiel 5):*[1150]

Notar N beurkundet den Verschmelzungsvertrag und die Verschmelzungsbeschlüsse, durch die die X-GmbH auf die Y-GmbH verschmolzen wird. Zum Aktivvermögen der X-GmbH gehört eine Beteiligung an der A-GmbH. Nach Beurkundung der Verschmelzung unternimmt der Notar N nichts weiter und hält die Angelegenheit für beendet. Insbesondere reicht er keine aktualisierte Gesellschafterliste der A-GmbH zum Handelsregister ein. Auch die Geschäftsführer G und F der A-GmbH unternehmen nichts dergleichen.

Vier Jahre danach wird der ehemalige Geschäftsführer der X-GmbH und inzwischen als Prokurist für die Y-GmbH tätige V wegen des Verdachts der Untreue entlassen. V sieht dringenden Handlungsbedarf und möchte sich vor Beginn etwaiger Ermittlungen der Staatsanwaltschaft ins Ausland absetzen. Er überlegt daher, wie er an Geld kommen kann. Aufgrund einer vagen Ahnung sieht er die Gesellschafterliste der A-GmbH ein und bemerkt, dass noch immer die X-GmbH als deren alleinige Gesellschafterin in der Gesellschafterliste vermerkt ist. Schnell findet V aufgrund seiner Beziehungen einen interessierten Investor aus Katar, der die Anteile der A-GmbH übernehmen möchte. V gibt sich als Geschäftsführer der X-GmbH unter Vorlage eines alten Handelsregisterauszugs der X-GmbH aus und überträgt sämtliche Geschäftsanteile an der A-GmbH zu notarieller Urkunde an den gutgläubigen Investor. Der beurkundende, mit V lose befreundete Notar O vertraut auf den von V vorgelegten Handelsregisterauszug und reicht unverzüglich eine aktualisierte Gesellschafterliste zum Handelsregister ein.

G und F hätten mangels Mitwirkung des Notars N an der Veränderung im Gesellschafterbestand der A-GmbH gem. § 40 Abs. 1 S. 1 GmbHG eine aktualisierte Gesellschafterliste zum Handelsregister einreichen müssen.[1151] *Ihr Untätigbleiben begründet eine Pflichtverletzung durch Unterlassen.*

Beispiel 27 *(Fortführung von Beispiel 9):*[1152]

V und A sind sich einig über die Übertragung der Geschäftsanteile des V an der X-GmbH. Um Notarkosten zu sparen, reisen beide nach Basel, wo V dem A unter Beurkundung vor dem Baseler Notar CH seine Geschäftsanteile überträgt. Anschließend unterrichten V und A den alleinigen Geschäftsführer G der X-GmbH unter Vorlage sämtlicher relevanter Unterlagen über die stattgefundene Übertragung. In der Folge reicht weder CH noch G eine aktualisierte Gesellschafterliste zum Handelsregister ein.

Nach drei Jahren sieht V die Gesellschafterliste der X-GmbH ein, da ihn interessiert, ob sich etwas im Gesellschafterbestand „seiner" alten Gesellschaft geändert hat. Dabei stellt er erstaunt fest, dass er noch immer als Inhaber der an A übertragenen Geschäftsanteile in der Gesellschafterliste eingetragen ist. V nutzt „die Gunst der Stunde" und überträgt die

1150 S.o. § 3 C. III. 4. d) aa).
1151 S.o. § 3 C. III. 4. d) aa).
1152 S.o. § 3 C. III. 4. d) gg).

Geschäftsanteile zu notarieller Urkunde vor dem deutschen Notar N an den gutgläubigen E. N reicht unverzüglich eine aktualisierte Gesellschafterliste zum Handelsregister ein.

CH ist nicht zur Erstellung und Einreichung einer aktualisierten Gesellschafterliste zum Handelsregister verpflichtet. G hätte eine aktualisierte Gesellschafterliste zum Handelsregister einreichen müssen.[1153] *Sein Unterlassen stellt eine Pflichtverletzung i.S.d. § 40 Abs. 3 GmbHG dar.*

In Betracht kommt aber auch hier das schlichte Untätigsein bzw. -bleiben trotz ordnungsgemäßer Mitteilung und Nachweisung[1154] bzw. das Liegenlassen einer bereits unterschriebenen aktualisierten Gesellschafterliste[1155]. Diesbezüglich kann im Übrigen auf die obigen Ausführungen zur Pflichtverletzung durch verspätete Einreichung der Gesellschafterliste verwiesen werden.[1156]

d) Verschulden

aa) Verschuldenserfordernis

Da § 40 Abs. 3 GmbHG ein Verschulden der Geschäftsführer nicht explizit als Haftungsvoraussetzung erwähnt, ist auf den ersten Blick zunächst fraglich, ob die Geschäftsführer überhaupt ein Verschulden treffen muss oder ob § 40 Abs. 3 GmbHG eventuell als Gefährdungshaftung statuiert ist. Allerdings verlangt § 40 Abs. 1 S. 1 GmbHG die unverzügliche Einreichung der Gesellschafterliste nach Wirksamwerden der Veränderung, was bedeutet, dass die Einreichung nicht ohne schuldhaftes Zögern i.S.v. § 121 Abs. 1 S. 1 BGB erfolgen darf.[1157] Jedenfalls hinsichtlich der Verletzung der Einreichungspflicht setzt der Gesetzeswortlaut mithin indirekt ein Verschulden voraus.[1158]

In der Gesetzesbegründung heißt es zu der Frage eines Verschuldenserfordernisses im Rahmen von § 40 Abs. 3 GmbHG: *„Für die Schadensersatzpflicht nach dem geltenden § 40 Abs. 2 (künftig: Abs. 3) ist anerkannt, dass der Geschäftsführer schuldhaft gehandelt haben muss.“* [1159] Im Weiteren heißt es in der Gesetzesbegründung: *„Gemäß Absatz 3 haften die Geschäftsführer bei schuldhaft falscher Ausfertigung der Liste denjenigen gegenüber auf Schadensersatz, deren Beteiligung sich geändert hat.“*[1160]

Vor diesem Hintergrund ist zu Recht allgemein anerkannt, dass ein Verschulden der Geschäftsführer im Hinblick auf die Unrichtigkeit der Gesellschafterliste ausweislich des Willens des Gesetzgebers für eine Haftung nach § 40 Abs. 3 GmbHG

1153 S.o. § 3 C. III. 4. d) gg).
1154 Vgl. *Schneider,* in: GmbHR 2009, 393, 396.
1155 Vgl. *Heilmeier,* in: BeckOK-GmbHG, § 40 Rn. 217.
1156 S.o. § 4 D. I. 1. c) bb).
1157 S.o. § 3 C. III. 4. b) cc).
1158 Vgl. auch *Heilmeier,* in: BeckOK-GmbHG, § 40 Rn. 218; *Noack,* in: Baumbach/Hueck, GmbHG, § 40 Rn. 43.
1159 BT-Drucks. 16/6140, 39 (Hervorhebungen nur hier).
1160 BT-Drucks. 16/6140, 43 (Hervorhebungen nur hier).

erforderlich ist.[1161] Die Haftung nach § 40 Abs. 3 GmbHG setzt folglich – wie im Übrigen auch bereits § 40 Abs. 2 GmbHG a.F. – ein Verschulden der Geschäftsführer, d.h. Vorsatz oder Fahrlässigkeit voraus. Das Verschuldenserfordernis gilt zudem nicht nur für die Verletzung der Einreichungspflicht, sondern für alle o.g. Pflichtverletzungen[1162].[1163]

bb) Verschuldensmaßstäbe

§ 40 Abs. 3 GmbHG setzt allgemein ein Verschulden der Geschäftsführer voraus. In Betracht kommen mithin Vorsatz und Fahrlässigkeit, § 276 BGB.

Beispiel 28:

Der an diversen Gesellschaften beteiligte Großinvestor A ist alleiniger Gesellschafter der X-GmbH, alleiniger (Fremd-) Geschäftsführer ist G. G und seine Lebensgefährtin V möchten ein neues und luxuriöses Leben beginnen und beschließen deshalb, den aus ihrer Sicht ohnehin „viel zu reichen" A um seine Geschäftsanteile zu „erleichtern". Hierfür reicht G ohne Kenntnis des A eine neue Gesellschafterliste zum Handelsregister ein, die nunmehr V als alleinige Gesellschafterin ausweist. Die Suche nach einem Käufer für die Anteile an der X-GmbH gestaltet sich schwierig, doch nach drei Jahren haben V und G in dem gutgläubigen E einen geeigneten Käufer gefunden. V überträgt die Geschäftsanteile zu notarieller Urkunde an E und der beurkundende Notar N reicht eine aktualisierte Gesellschafterliste zum Handelsregister ein.

G hat mit Wissen und Wollen eine unrichtige Gesellschafterliste zum Handelsregister eingereicht und damit vorsätzlich eine Pflichtverletzung i.S.v. § 40 Abs. 3 GmbHG begangen.

Fraglich ist, welche Maßstäbe hinsichtlich des Verschuldens der Geschäftsführer, genauer gesagt hinsichtlich der Bestimmung der Fahrlässigkeit anzusetzen sind.

(1) Gesetz und Gesetzesbegründung

Das Gesetz bietet hinsichtlich des Verschuldensmaßstabes keine Anhaltspunkte. Auch die Gesetzesbegründung enthält diesbezüglich keine allgemeinen Ausführungen, sondern nennt lediglich einige Konstellationen, in denen der Gesetzgeber

---

1161 Vgl. etwa *Altmeppen,* in: Roth/Altmeppen, § 40 Rn. 27; *Bayer,* in: Lutter/Hommelhoff, GmbHG, § 40 Rn. 80; *Dompke/Spiller,* in: BRJ 2009, 125, 129; *Gehrlein,* in: DK 2007, 771, 794; *Hasselmann,* in: NZG 2009, 486, 490; *Heilmeier,* in: BeckOK-GmbHG, § 40 Rn. 218; *Kort,* in: GmbHR 2009, 169, 173; *Mayer,* in: DNotZ 2008, 403, 414; *Noack,* in: Baumbach/Hueck, GmbHG, § 40 Rn. 43; *Oetker,* in: Henssler/Strohn, Gesellschaftsrecht, GmbHG, § 40 Rn. 20; *Paefgen,* in: Ulmer/Habersack/Löbbe, GmbHG, § 40 Rn. 178; *Seibt,* in: Scholz, GmbHG, § 40 Rn. 96; *Schneider,* in: GmbHR 2009, 393, 394; *Terlau,* in: Michalski, GmbHG, § 40 Rn. 44; *Winter,* in: Gehrlein/Ekkenga/Simon, GmbHG, § 40 Rn. 45.

1162 S.o. § 4 D. I. 1. c).

1163 Vgl. auch *Heilmeier,* in: BeckOK-GmbHG, § 40 Rn. 218.

ein Verschulden regelmäßig für nicht gegeben bzw. gegeben erachtet. So soll ein Verschulden gem. der Gesetzesbegründung „*regelmäßig*“ dann ausscheiden, wenn der Geschäftsführer „*über einen Gesellschafterwechsel informiert wird, aber von dessen materieller Unwirksamkeit nichts erfährt*“.[1164] Des Weiteren soll sich der Geschäftsführer „*ohne weitere Anhaltspunkte darauf verlassen*“ können, „*dass der in der Gesellschafterliste eingetragene Gesellschafter zum Verkauf der Anteile legitimiert war*“.[1165] Dass der Geschäftsführer die Änderung der Gesellschafterliste auf Nachweis vornehme, bedeute, „*dass der Erwerber ihm z.B. den Erwerb im Wege der Gesamtrechtsnachfolge durch Erbschein nachweist*“.[1166] Der Gesetzgeber sieht eine Haftung zusammenfassend „*vor allem in Fällen [...], in denen der Geschäftsführer zu Lasten des wahren Berechtigten mit dem Veräußerer und / oder dem Erwerber kollusiv zusammenwirkt.*“[1167]

Ein solcher Fall des kollusiven Zusammenwirkens von Geschäftsführer und Veräußerer liegt im ***Beispiel 28*** *vor. G und V wirken dergestalt kollusiv zulasten des A zusammen, dass G eine unrichtige Gesellschafterliste zum Handelsregister einreicht und V als Nichtberechtigte die Geschäftsanteile an den gutgläubigen E veräußert und überträgt.*

Ein kollusives Zusammenwirken der Geschäftsführer mit dem Erwerber erscheint dabei im Gegensatz zu einem kollusiven Zusammenwirken mit dem Veräußerer wenig relevant, da es in diesem Falle an der Gutgläubigkeit des Erwerbers fehlen würde und ein gutgläubiger Erwerb gem. § 16 Abs. 3 GmbHG damit per se ausscheidet.

(2) Allgemeine Kriterien

Rechtsprechung zu der Frage des Verschuldensmaßstabs des § 40 Abs. 3 GmbHG existiert bislang – soweit ersichtlich – nicht. Die Literatur beschränkt sich bislang zumeist auf recht vage Bestimmungen und die Wiedergabe der o.g., bereits in der Gesetzesbegründung aufgeführten Konstellationen. Über die o.g. Beispiele in der Gesetzesbegründung hinausgehend werden zum Teil aber auch weitere Konstellationen genannt, in denen ein Verschulden bejaht bzw. verneint wird. Die auch in der Gesetzesbegründung zu beobachtende Vorgehensweise einer Benennung von Einzelfällen, in denen ein Verschulden jeweils verneint bzw. bejaht wird, erscheint jedoch unstrukturiert. Es ist zwar gut und richtig, dass eine Konkretisierung des Verschuldensmaßstabes im konkreten Einzelfall zu erfolgen hat. Vor der Betrachtung auf Einzelfallebene ist allerdings in einem vorherigen Schritt der allgemeine Sorgfaltsmaßstab der Geschäftsführer nach objektiven Kriterien zu bestimmen. Erst wenn dieser bestimmt ist, kann auf dieser Basis eine Beurteilung auf Einzelfallebene erfolgen. Nur wenige Stimmen in der Literatur äußern sich auf dieser Ebene. So soll nach *Heidinger* und *Paefgen* ein Verschulden allgemein

1164 Vgl. BT-Drucks. 16/6140, 39.
1165 Vgl. a.a.O.
1166 Vgl. a.a.O.
1167 Vgl. a.a.O.

dann vorliegen, wenn die Geschäftsführer von der materiellen Unrichtigkeit der eingereichten Gesellschafterliste Kenntnis haben oder bei Anwendung gebührender Sorgfalt haben müssten.[1168] Nach *Heidinger* müsse dabei aber zwischen der Einreichung einer falschen Gesellschafterliste und der Verzögerung oder dem Nichtstun unterschieden werden.[1169] Weitere Ausführungen erfolgen dann allerdings nicht. Konkretisiert wird dies aber von *Seibt,* der allgemein ein Verschulden annimmt, wenn die Geschäftsführer von der Veränderung in den Gesellschafterverhältnissen (in den Fällen der verspäteten und den Fällen der unterlassenen Einreichung der Gesellschafterliste) oder von der materiellen Unrichtigkeit der von ihnen eingereichten Gesellschafterliste (in den Fällen der Einreichung einer inhaltlich falschen Gesellschafterliste) Kenntnis haben oder bei Anwendung gebührender Sorgfalt haben mussten.[1170]

Diesen Ausführungen ist zwar grundsätzlich zuzustimmen. Die folgerichtige aber von der Literatur (soweit ersichtlich) bislang nicht aufgegriffene Frage ist allerdings, welcher Sorgfaltsmaßstab diesbezüglich anzusetzen ist. Richtigerweise ist der Haftungstatbestand des § 40 Abs. 3 GmbHG im Zusammenhang mit § 43 GmbHG, dem allgemeinen Haftungstatbestand der Geschäftsführer, zu sehen.[1171] Nach § 43 Abs. 1 GmbHG haben die Geschäftsführer *„in den Angelegenheiten der Gesellschaft die Sorgfalt eines ordentlichen Geschäftsmannes anzuwenden"*. Kennzeichnend für die von einem ordentlichen Geschäftsmann zu wahrende Sorgfalt ist die Wahrnehmung fremder Vermögensinteressen in leitender Position.[1172] Hinsichtlich der Pflichten der Geschäftsführer gem. § 40 Abs. 1 GmbHG kann grundsätzlich nichts anderes gelten. Dies ist von großer Bedeutung, da hiernach ein strenger, objektiver, typisierender Sorgfaltsmaßstab anzuwenden ist, wonach die Geschäftsführer für die Fähigkeiten und Kenntnisse einzustehen haben, welche die ihnen anvertraute Aufgabe objektiv erfordert.[1173] Dieser Sorgfaltsmaßstab spezialisiert folglich den allgemeinen Sorgfaltsmaßstab des § 276 Abs. 2 BGB hinsichtlich der Position des Geschäftsführers und die besonderen, mit dieser Stellung zusammenhängenden Anforderungen und geht mithin über den von jedermann zu

---

1168 Vgl. *Heidinger,* in: MünchKomm-GmbHG, § 40 Rn. 136; *Paefgen,* in: Ulmer/Habersack/Löbbe, GmbHG, § 40 Rn. 178.

1169 Vgl. *Heidinger,* in: MünchKomm-GmbHG, § 40 Rn. 136; *ders.,* in: Heckschen/Heidinger, Die GmbH in der Gestaltungs- und Beratungspraxis, § 13 Rn. 312.

1170 Vgl. *Seibt,* in: Scholz, GmbHG, § 40 Rn. 96.

1171 Vgl. allgemein auch *Schneider,* in: GmbHR 2009, 393, 394.

1172 Vgl. *Altmeppen,* in: Roth/Altmeppen, GmbHG, § 43 Rn. 3; *Kleindiek,* in: Lutter/Hommelhoff, GmbHG, § 43 Rn. 10; *Oetker,* in: Henssler/Strohn, Gesellschaftsrecht, GmbHG, § 43 Rn. 15.

1173 Vgl. *Drygala/Staake/Szalai,* Kapitalgesellschaftsrecht, § 11 Rn. 66 ff.; *Fleischer,* in: MünchKomm-GmbHG, § 43 Rn. 255; *Haas/Ziemons,* in: Michalski, GmbHG, § 43 Rn. 190; *Schäfer,* Gesellschaftsrecht, § 34 Rn. 13.

beachtenden Sorgfaltsmaßstab hinaus[1174], insbesondere aber findet auch § 708 BGB keine (entsprechende) Anwendung[1175]. Die betreffenden Geschäftsführer können sich also im Einzelfall nicht durch ihre ggf. bestehende persönliche Unfähigkeit, Unerfahrenheit oder fachliche Unkenntnis entlasten[1176], denn wer nicht ausreichend kompetent ist, darf nach dem o.g. allgemeinen Sorgfaltsmaßstab die Stellung eines Geschäftsführers erst gar nicht übernehmen[1177]. Ebenso wenig ist eine ggf. schlechte Auswahl des betreffenden Geschäftsführers durch die Gesellschaft[1178], eine etwaige Arbeitsüberlastung / Überforderung des betreffenden Geschäftsführers[1179] oder ein Vergleich mit der allgemein branchenüblichen Qualifikation von Geschäftsführern[1180] von Belang. In diesen Konstellationen müssen die Geschäftsführer qualifizierte Fachkräfte hinzuziehen, was insbesondere bei der Prüfung der Wirksamkeit der Veränderung i.S.d. § 40 Abs. 1 S. 1 GmbHG ohnehin regelmäßig angezeigt sein dürfte[1181], oder ihr Amt niederlegen.[1182]

Mangels anderweitiger Regelungen haften die Geschäftsführer bei jeder, d.h. auch bei leichter Fahrlässigkeit.[1183] Insbesondere findet die für Arbeitnehmer geltende Haftungseinschränkung nach den Rechtsprechungsrichtlinien über betrieblich

1174 Vgl. *Altmeppen,* in: Roth/Altmeppen, GmbHG, § 43 Rn. 4; *Haas/Ziemons,* in: Michalski, GmbHG, § 43 Rn. 190.

1175 Vgl. *Haas/Ziemons,* in: Michalski, GmbHG, § 43 Rn. 190; *Schäfer,* Gesellschaftsrecht, § 34 Rn. 13.

1176 Vgl. BGH, Urt. v. 14. 3. 1983 – II ZR 103/82, NJW 1983, 1856; BGH, Urt. v. 20. 2. 1995 – II ZR 143/95, BGHZ 129, 30; *Altmeppen,* in: Roth/Altmeppen, GmbHG, § 43 Rn. 4; *Fleischer,* in: MünchKomm-GmbHG, § 43 Rn. 255; *Haas/Ziemons,* in: Michalski, GmbHG, § 43 Rn. 190; *Zöllner/Noack,* in: Baumbach/Hueck, GmbHG, § 43 Rn. 11.

1177 Vgl. BGH, Urt. v. 16. 2. 1981 – II ZR 49/80, GmbHR 1981, 191; *Altmeppen,* in: Roth/Altmeppen, GmbHG, § 43 Rn. 4; *Fleischer,* in: MünchKomm-GmbHG, § 43 Rn. 255; *Haas/Ziemons,* in: Michalski, GmbHG, § 43 Rn. 190.

1178 Vgl. BGH, Urt. v. 14. 3. 1983 – II ZR 103/82, NJW 1983, 1856; *Fleischer,* in: MünchKomm-GmbHG, § 43 Rn. 255.

1179 Vgl. *Fleischer,* in: MünchKomm-GmbHG, § 43 Rn. 255; *Oetker,* in: Henssler/Strohn, Gesellschaftsrecht, GmbHG, § 43 Rn. 15.

1180 Vgl. *Fleischer,* in: MünchKomm-GmbHG, § 43 Rn. 255; *Haas/Ziemons,* in: Michalski, GmbHG, § 43 Rn. 190.

1181 Vgl. hierzu § 3 C. III. 4. b) bb) (3): Im Hinblick auf die nunmehrige Bedeutung der Gesellschafterliste sind die Geschäftsführer im Zweifel dazu verpflichtet, (auf Kosten der Gesellschaft) entsprechenden fachkundigen Rat, etwa durch Rechtsanwälte, Notare oder auch (soweit vorhanden) die eigene Rechtsabteilung, einzuholen, um die Wirksamkeit der Veränderungen im Gesellschafterbestand auf Basis der Mitteilungen und vorgelegten Nachweise der Gesellschafter verlässlich prüfen zu können.

1182 Vgl. *Terlau,* in: Michalski, GmbHG, § 40 Rn. 190; *Zöllner/Noack,* in: Baumbach/Hueck, GmbHG, § 43 Rn. 11.

1183 Vgl. *Fleischer,* in: MünchKomm-GmbHG, § 43 Rn. 256.

veranlasste Tätigkeiten keine Anwendung, da die Haftung der Geschäftsführer aus ihrer Organstellung folgt.[1184] Auch eine entsprechende Anwendung von § 31 a BGB, der eine Haftungsbeschränkung auf Vorsatz und grobe Fahrlässigkeit bei ehrenamtlichen Vorständen eines Vereins (bzw. einer Stiftung, § 86 S. 1 BGB) mit einem Jahresgehalt von bis zu EUR 720,00 vorsieht, kommt nicht in Betracht.[1185] Anders als beim Veräußerer[1186] besteht bei den Geschäftsführern vor dem Hintergrund der vorgenannten Maßstäbe des § 43 Abs. 1 GmbHG auch kein Raum für eine Einschränkung der Haftung im Falle von Fahrlässigkeit. Der Gesetzgeber hat die Geschäftsführer nach § 40 Abs. 1 GmbHG bewusst in die Pflicht genommen. Im Gegensatz zu § 43 GmbHG können im Rahmen von § 40 Abs. 3 GmbHG zudem die Haftungserleichterungen der sog. „business judgment rule" entsprechend § 93 Abs. 1 S. 2 AktG keine Anwendung finden.[1187] Denn Hintergrund der business judgement rule ist, dass unternehmerische Entscheidungen, die stets oder jedenfalls zumeist aufgrund von Prognosen getroffen werden und deren Erfolg auch mit gewissen Risiken verbunden ist, nicht schon zu einer Haftung der Geschäftsführer führen dürfen, wenn der Gesellschaft ein Schaden aufgrund einer anders als prognostiziert verlaufenen Entwicklung entstanden ist und sich Risiken verwirklicht haben.[1188] Bei den Tätigkeiten um die Aktualisierung der Gesellschafterliste handelt es sich jedoch gerade nicht um derartige unternehmerische Entscheidungen der Geschäftsführer.[1189]

Allgemein sind gerade bei den hier relevanten Fragen um die Aktualisierung der Gesellschafterliste angesichts deren großen Bedeutung hohe Anforderungen an den Sorgfaltsmaßstab der Geschäftsführer zu stellen, insbesondere was die Beurteilung der Wirksamkeit der Veränderung betrifft. Wie bereits an anderer Stelle erläutert, sind die Geschäftsführer im Rahmen ihrer Prüfpflicht in Zweifelsfällen dazu verpflichtet, (auf Kosten der Gesellschaft) entsprechenden fachkundigen Rat, etwa durch Rechtsanwälte, Notare oder auch (soweit vorhanden) die eigene Rechtsabteilung, einzuholen, um die Wirksamkeit der Veränderungen im Gesellschafterbestand auf Basis der Mitteilungen und vorgelegten Nachweise der Gesellschafter

---

1184 Vgl. BGH, Urt. v. 25. 6. 2001 – II ZR 38/99, BGHZ 148, 167,172; *Altmeppen,* in: Roth/Altmeppen, GmbHG, § 43 Rn. 5; *Fleischer,* in: MünchKomm-GmbHG, § 43 Rn. 256; *Kleindiek,* in: Lutter/Hommelhoff, GmbHG, § 43 Rn. 31; *Zöllner/Noack,* in: Baumbach/Hueck, GmbHG, § 43 Rn. 6.

1185 G.h.M., vgl. etwa *Altmeppen,* in: Roth/Altmeppen, GmbHG, § 43 Rn. 3; *Burgard,* in: ZIP 2010, 358, 362; *Fleischer,* in: MünchKomm-GmbHG, § 43 Rn. 256; *Haas/Ziemons,* in: Michalski, GmbHG, § 43 Rn. 197; *Kleindiek,* in: Lutter/Hommelhoff, GmbHG, § 43 Rn. 39; *Oetker,* in: Henssler/Strohn, Gesellschaftsrecht, GmbHG, § 43 Rn. 13; *Zöllner/Noack,* in: Baumbach/Hueck, GmbHG, § 43 Rn. 46a; **a.A.**: *Piper,* in: WM 2011, 2211, 2214.

1186 S.o. § 4 B. I. 3.

1187 Vgl. auch *Noack,* in: Baumbach/Hueck, GmbHG, § 40 Rn. 43.

1188 Vgl. etwa *Drygala/Staake/Szalai,* Kapitalgesellschaftsrecht, § 11 Rn. 68.

1189 So auch *Noack,* in: Baumbach/Hueck, GmbHG, § 40 Rn. 43.

verlässlich zu prüfen.[1190] Bei verbleibenden Zweifeln dürfen die Geschäftsführer die geänderte Gesellschafterliste nicht zum Handelsregister einreichen. Unterbleibt eine derartige Prüfung und führt eine auf dieser Basis falsche Einschätzung zu einer einen gutgläubigen Erwerb ermöglichenden Pflichtverletzung der Geschäftsführer, so begründet dies jedenfalls eine Fahrlässigkeit der Geschäftsführer.

Beispiel 29:

Der alleinstehende A ist mit 10 % an der X-GmbH beteiligt und hat sich stets aus den Geschäften der Gesellschaft herausgehalten und auch nur selten an Gesellschafterversammlungen teilgenommen. Nach einem Autounfall fällt er ins Koma. V, der mittellose und ungeliebte Stiefsohn des A, wittert seine Chance und teilt dem alleinigen Geschäftsführer G der X-GmbH unter Vorlage eines von ihm selbst erstellten Testaments den Tod des A mit. Das Testament weist V als Alleinerben des A aus. Wie von V beabsichtigt, aktualisiert G ohne weiter nachzufragen die Gesellschafterliste, die nunmehr V als Inhaber der Geschäftsanteile des A ausweist.

Nach vier Jahren erwacht A aus dem Koma. V, der hiermit nicht mehr gerechnet hatte, überträgt panisch die Geschäftsanteile an den gutgläubigen E zu notarieller Urkunde, um sich mit Hilfe des Erlöses ins Ausland abzusetzen. Der beurkundende Notar N reicht unverzüglich eine aktualisierte Gesellschafterliste zum Handelsregister ein.

G handelte jedenfalls fahrlässig, da er strengere Anforderungen an die vorgelegten Nachweise hätte stellen und insbesondere die Vorlage eines Erbscheins oder die notarielle Verfügung von Todes wegen mit Eröffnungsniederschrift verlangen müssen. Die unreflektierte Einreichung einer aktualisierten Gesellschafterliste aufgrund der bloßen Vorlage eines privatschriftlichen Testaments ohne weitere Überprüfungen stellt eine schuldhafte Pflichtverletzung i.S.v. § 40 Abs. 3 GmbHG dar.

*Im **Beispiel 28** handelt G vorsätzlich, wodurch sich weitere Fragen nach dem Sorgfältigkeitsmaßstab ohnehin erübrigen.*

Im Übrigen sind den Geschäftsführern Fehler des Notars nicht gem. § 278 S. 1 Var. 1 BGB zurechenbar, da dieser anstelle der Geschäftsführer in eigener Verantwortung und in amtlicher Funktion tätig wird[1191].

(3) Einzelfallebene

Der oben beschriebene, allgemeine Verschuldensmaßstab bedarf in einem zweiten Schritt der Konkretisierung im Einzelfall. Es muss auf der Basis der o.g. Kriterien stets ermittelt werden, was in der konkreten Konstellation objektiv von einem Geschäftsführer erwartet werden kann.[1192] Es ist folglich stets bezogen auf die konkrete Situation herauszuarbeiten, wie ein gewissenhafter, informierter, ordentlicher,

1190 Vgl. hierzu im Einzelnen § 3 C. III. 4. a), b) bb) (3).
1191 S.o. § 3 C. III. 4. a), c) bb) (1).
1192 Vgl. auch *Haas/Ziemons*, in: Michalski, GmbHG, § 43 Rn. 192.

redlicher und seiner Aufgabe gewachsener dritter Geschäftsführer an Stelle des betreffenden Geschäftsführers gehandelt hätte.[1193] Hinsichtlich der Konkretisierung helfen dabei zunächst die bereits oben unter (1) vom Gesetzgeber genannten Beispielkonstellationen[1194] weiter, deren Bewertung sich der Verfasser anschließt. Wie bereits unter (2) angesprochen, hat auch die Literatur weitere Einzelfallbeispiele hinsichtlich der Beurteilung des Verschuldens der Geschäftsführer herausgearbeitet.[1195] So wird zu Recht als ein weiteres Beispiel für ein gegebenes Verschulden der Gesellschafter-Geschäftsführer angeführt, der an einer Veränderung seiner Gesellschafterstellung selbst beteiligt ist und dennoch keine aktualisierte Gesellschafterliste zum Handelsregister einreicht.[1196] Ein Verschulden der Geschäftsführer ist zudem in der Konstellation zu bejahen, in der diese einen vermeintlichen Erben ohne Nachweis durch Erbschein oder notarielle Verfügung von Todes wegen mit Eröffnungsniederschrift in die Gesellschafterliste eintragen.[1197]

*Im **Beispiel 29** hätte G strengere Anforderungen an die vorgelegten Nachweise stellen und insbesondere die Vorlage eines Erbscheins oder die notarielle Verfügung von Todes wegen mit Eröffnungsniederschrift verlangen müssen.*[1198] *Die unreflektierte Einreichung einer aktualisierten Gesellschafterliste aufgrund der bloßen Vorlage eines privatschriftlichen Testaments ohne weitere Überprüfungen stellt eine Pflichtverletzung i.S.v. § 40 Abs. 3 GmbHG dar.*

Des Weiteren wird ein schuldhaftes Handeln zu Recht dann bejaht, wenn die Mitteilung und / oder der Nachweis der Veränderung durch einen Vertreter (ohne Vertretungsmacht) erfolgen, ohne dass sich die Geschäftsführer seiner Vertretungsbefugnis versichert haben.[1199] Als problematisch werden auch Fälle angesehen, in denen die Geschäftsführer die Unrichtigkeit der Gesellschafterliste kennen bzw. (etwa bei den existierenden alten Gesellschafterlisten) ggf. sogar zu verantworten haben oder von einer Veränderung in der Gesellschafterstellung anderweitig als durch Mitteilung erfahren und untätig bleiben.[1200] Die Beurteilung der weiteren Vorgehensweise in diesen Konstellationen hängt sodann davon ab, ob man wie nach der hier vertretenen Auffassung eine Korrekturpflicht der Geschäftsführer in diesen

---

1193 Vgl. a.a.O.

1194 S.o. § 4 D. I. 1. d) bb) (1).

1195 S.o. § 4 D. I. 1. d) bb) (2).

1196 Vgl. *Heidinger,* in: MünchKomm-GmbHG, § 40 Rn. 136.

1197 Vgl. *Gehrlein,* in: DK 2007, 771, 794; *Heidinger,* in: MünchKomm-GmbHG, § 40 Rn. 136; *Heilmeier,* in: BeckOK-GmbHG, § 40 Rn. 219; *Paefgen,* in: Ulmer/Habersack/Löbbe, GmbHG, § 40 Rn. 180; *Seibt,* in: Scholz, GmbHG, § 40 Rn. 96.

1198 S.o. § 4 D. I. 1. b) bb) und cc); vgl. im Einzelnen die Ausführungen unter § 3 C. III. 4. b) bb) (2) und (3).

1199 Vgl. *Heilmeier,* in: BeckOK-GmbHG, § 40 Rn. 219.

1200 Vgl. *Heidinger,* in: MünchKomm-GmbHG, § 40 Rn. 136.

Konstellationen bejaht oder nicht.[1201] Richtigerweise ist in den Fällen, in denen die Geschäftsführer trotz Kenntnis von der Unrichtigkeit der Gesellschafterliste untätig bleiben, von einem Verschulden auszugehen.

*Im **Beispiel 24** haben G und F durch ihr Untätigbleiben folglich jedenfalls fahrlässig ihre Korrekturpflicht verletzt.*

Nach einigen Stimmen in der Literatur soll ein Verschulden ausgeschlossen sein, wenn die Veränderung den Geschäftsführern so fehlerhaft mitgeteilt bzw. nachgewiesen wurde, dass sie sich ausschließlich eine unzutreffende Überzeugung von der Wirksamkeit der Veränderung bilden konnten und keine Anhaltspunkte für Fragen nach weiteren Unterlagen bestand.[1202] Da allerdings an die vorzulegenden Nachweise richtigerweise strenge Anforderungen zu stellen sind[1203] und die Nachweise insbesondere stets in Ur- oder beglaubigter Abschrift sowie in deutscher Sprache vorgelegt werden müssen, ist dies kritisch zu sehen. Eine solche Konstellation kommt allenfalls dann in Betracht, wenn den Geschäftsführern perfekte Fälschungen der Originale vorgelegt werden und diese annehmen durften, dass es sich hierbei tatsächlich um die originalen Dokumente handelte. Denn richtigerweise ist ein Verschulden der Geschäftsführer zu verneinen, wenn die Mitteilung bzw. der Nachweis der Veränderung eine objektiv nicht erkennbare Fälschung war oder durch einen unerkannt Geschäftsunfähigen erfolgte.[1204]

Wird den Geschäftsführern zwar eine Veränderung gem. § 40 Abs. 1 S. 1 GmbHG mitgeteilt, werden sie jedoch über einen nachträglich eintretenden Unwirksamkeitsgrund oder über einen von Vornherein vorliegenden Unwirksamkeitsgrund bzgl. der mitgeteilten Veränderung nicht informiert und konnten aus diesem Grunde die Gesellschafterliste nicht (erneut) aktualisieren, soll nach einer Ansicht in der Literatur ebenfalls kein Verschulden vorliegen[1205], nach einer andere Ansicht fehle es bereits an einer Pflichtverletzung[1206]. Auch im Falle einer verspäteten Bearbeitung einer von den Geschäftsführern unverzüglich zum Handelsregister eingereichten Gesellschafterliste soll es nach einer Ansicht an einem Verschulden[1207], nach einer anderen Ansicht bereits an einer Pflichtverletzung der Geschäftsführer[1208] fehlen. Dies kann in dieser Allgemeinheit allerdings jeweils nicht überzeugen. Wie bereits aufgezeigt, kann die verspätete, d.h. nicht unverzügliche (§ 121 Abs. 1 S. 1 BGB) Einreichung der

---

1201 S.o. § 4 D. I. 1. b) dd); vgl. hierzu im Einzelnen auch die Ausführungen unter § 3 C. III. 4. b) bb) (4).

1202 Vgl. *Heilmeier,* in: BeckOK-GmbHG, § 40 Rn. 219; *Terlau,* in: Michalski, GmbHG, § 40 Rn. 44.

1203 S.o. § 4 D. I. 1. b) bb); vgl. hierzu im Einzelnen auch die Ausführungen unter § 3 C. III. 4. a), b) bb) (1) und (2).

1204 Vgl. *Heilmeier,* in: BeckOK-GmbHG, § 40 Rn. 219.

1205 Vgl. *Terlau,* in: Michalski, GmbHG, § 40 Rn. 44.

1206 Vgl. *Heilmeier,* in: BeckOK-GmbHG, § 40 Rn. 219.

1207 Vgl. *Terlau,* in: Michalski, GmbHG, § 40 Rn. 44.

1208 Vgl. *Heilmeier,* in: BeckOK-GmbHG, § 40 Rn. 219.

aktualisierten Gesellschafterliste im Einzelfall eine Pflichtverletzung darstellen.[1209] Ebenfalls erläutert wurde, dass sich im Falle der hier relevanten Konstellationen des Verlusts eines Geschäftsanteils aufgrund gutgläubigen Erwerbs die Pflichtverletzung durch eine verspätete Einreichung der Gesellschafterliste mit der Pflichtverletzung durch Unterlassen der Einreichung der Gesellschafterliste[1210] deckt, da der gutgläubige Erwerb eine unrichtige, d.h. noch nicht aktualisierte Gesellschafterliste voraussetzt. Im Falle einer verspäteten Bearbeitung und daraus resultierenden, verzögerten Einreichung der Gesellschafterliste kann aber keineswegs pauschal ein Verschulden oder gar eine Pflichtverletzung der Geschäftsführer negiert werden. Zu untersuchen ist vielmehr im Einzelfall, wo diese Verzögerung herrührte.[1211] Haben die Geschäftsführer sich etwa unberechtigt geweigert, die Gesellschafterliste zu unterzeichnen und einzureichen, ist sowohl von einer Pflichtverletzung als auch von einem Verschulden auszugehen. Entsprechendes gilt, wenn die Geschäftsführer die Prüfung der Veränderungen „auf die lange Bank geschoben" haben oder aber die Gesellschafterliste nach Abschluss der Prüfung ohne Anlass noch lange Zeit liegen blieb. Differenziert zu beurteilen ist dies aber dann, wenn die Prüfung der Wirksamkeit einer Veränderung besonders komplex und dementsprechend zeitintensiv ist. Denn zwar haben die Geschäftsführer die Gesellschafterliste unverzüglich aber auch erst dann einzureichen, wenn sie von der Wirksamkeit der Veränderung überzeugt sind. Ob der letztlich aufgewendete Zeitrahmen noch als angemessen anzusehen ist, kann nicht pauschal, sondern muss vielmehr im konkreten Einzelfall beurteilt werden. Verzögerungen ab 6 Monaten dürften in der Regel aber nicht zu akzeptieren sein und eine schuldhafte Pflichtverletzung begründen.

cc) Beurteilung des Verschuldens in problematischen Konstellationen hinsichtlich der Zuständigkeitsabgrenzung

Problematisch ist die Beurteilung des Verschuldens, insbesondere die Annahme von Fahrlässigkeit, in den Konstellationen, in denen eine Zuständigkeitsabgrenzung von Geschäftsführern und Notar Schwierigkeiten bereitet. Im Folgenden soll im Rahmen einer (nicht abschließenden) Darstellung unter Anwendung der oben dargestellten abstrakten Maßstäbe untersucht werden, ob und wann den Geschäftsführern in den aus Sicht des Verfassers problematischen Konstellationen hinsichtlich der Zuständigkeitsabgrenzung[1212] ein Verschulden zur Last gelegt werden kann.

(1) Allgemeines

Zu Problemen kann es etwa dann kommen, wenn die Geschäftsführer unrichtigerweise eine Zuständigkeit gem. § 40 Abs. 1 S. 1 GmbHG annehmen oder auch nicht

1209 S.o. § 4 D. I. 1. c) bb).
1210 Vgl. hierzu § 4 D. I. 1. c) cc).
1211 Vgl. hierzu bereits die Ausführungen unter § 4 D. I. 1. c) bb).
1212 Vgl. hierzu die Ausführungen unter § 3 C. III. 4. d).

annehmen und infolgedessen handeln oder auch nicht handeln. Bei Einreichen einer falschen Gesellschafterliste haben die Geschäftsführer hierfür auch dann einzustehen, wenn sie nicht gem. § 40 Abs. 2 S. 1 GmbHG für die Aktualisierung zuständig gewesen sind.[1213] Alles andere würde zu der nicht akzeptablen Situation führen, dass die Geschäftsführer bei nicht gegebener Zuständigkeit eine Art Freifahrtschein für die Einreichung fehlerhafter Gesellschafterlisten erhalten würden. Nehmen also die Geschäftsführer etwa eine eigene Zuständigkeit gem. § 40 Abs. 1 S. 1 GmbHG an, obwohl diese objektiv nicht besteht, so haben sie auf Basis dieser Annahme auch die ihnen in diesem Falle obliegenden Pflichten gem. § 40 Abs. 1 GmbHG ordnungsgemäß zu erfüllen. Dies ist insbesondere und gerade in den Fallgruppen zu beachten, in denen eine Zuständigkeitsabgrenzung zwischen Notar und Geschäftsführern Probleme bereitet. Anders als beim Notar[1214] dürfte dies aber bei den Geschäftsführern weniger relevant sein. Denn eine Zuständigkeit der Geschäftsführer besteht dann nicht, wenn ein Notar an einer Veränderung i.S.d. § 40 Abs. 2 S. 1 GmbHG mitgewirkt hat. In diesem Falle wird er die Geschäftsführer in der Regel darüber in Kenntnis setzen, dass er eine aktualisierte Gesellschafterliste zum Handelsregister einreichen wird. Zudem hat er der Gesellschaft eine Abschrift der geänderten Gesellschafterliste zu übermitteln, § 40 Abs. 2 S. 1 GmbHG. Eine dennoch erfolgende Einreichung einer auch noch falschen Gesellschafterliste durch die unzuständigen Geschäftsführer kommt wohl nur in Betracht, wenn es die Geschäftsführer gerade hierauf anlegen. In diesem Falle handeln sie ohnehin vorsätzlich.

Relevanter sind die Fälle, in denen die Geschäftsführer untätig bleiben, es also trotz gegebener Zuständigkeit unterlassen, eine aktualisierte Gesellschafterliste zum Handelsregister einzureichen. Zu beachten ist dabei, dass es sich bei § 40 GmbHG n.F. noch um eine relativ neue Vorschrift handelt. Im Rahmen der Notarhaftung ist anerkannt, dass dem Notar die unrichtige Auslegung einer neuen Vorschrift, deren Inhalt durch die Rechtsprechung noch nicht ausreichend klargestellt ist, nicht als Verschulden angelastet werden darf, sofern er nach sorgfältiger Prüfung zu einem objektiv vertretbaren Ergebnis gelangt ist.[1215] Dies könnte unter Anwendung der unter bb) dargestellten Grundsätze[1216] dafür sprechen, ein Verschulden der Geschäftsführer zu verneinen, wenn sie nach sorgfältiger Prüfung zu einem falschen aber objektiv dennoch vertretbaren Ergebnis gelangen und fälschlicherweise ihre Zuständigkeit annehmen oder auch nicht annehmen. Allerdings wird in Rechtsprechung und Fachliteratur inzwischen zu Recht empfohlen, bei Zweifeln hinsichtlich der Zuständigkeit gem. § 40 Abs. 1 und Abs. 2 GmbHG

1213 Vgl. bereits zur Pflichtverletzung in dieser Situation § 4 D. I. 1. c) aa).

1214 Vgl. zur Haftung des Notars § 4 E.

1215 Vgl. BGH, Urt. v. 28.09.2000 – IX ZR 279/99, DNotZ 2001, 49, 54; *Kapsa,* in: Geigel, Haftpflichtprozess, Kapitel 20 Rn. 271; vgl. hierzu auch die Ausführungen zur Haftung des Notars gem. § 19 BNotO unter § 4 E. I. 4.

1216 S.o. § 4 D. I. 1. d) bb).

die Gesellschafterliste sowohl durch den Notar als auch durch die Geschäftsführer unterzeichnen zu lassen.[1217] So kann nicht nur sichergestellt werden, dass zumindest auch die zuständige Person tätig geworden ist, sondern auch, dass die Gesellschafterliste auch in jedem Falle aktualisiert wird, selbst wenn sich die zuständige Person fälschlicherweise nicht für zuständig hält. Vor diesem Hintergrund dürfte in der Regel jedenfalls von Fahrlässigkeit der Geschäftsführer auszugehen sein, wenn sie in problematischen Konstellationen nicht so verfahren und die Gesellschafterliste nicht auch von einem Notar mit unterschreiben lassen. Problematisch ist dies dann, wenn die Geschäftsführer trotz bzw. gerade aufgrund eingeholtem fachlichen Rat untätig bleiben. Unter welchen Voraussetzungen sich Geschäftsführer auf eingeholten rechtlichen Rat verlassen dürfen, ist in der jüngeren Vergangenheit intensiv von Schrifttum und Rechtsprechung diskutiert worden.[1218] Nach der vielbeachteten ISION-Entscheidung des BGH kann ein nicht über die erforderlichen Rechtskenntnisse verfügende Geschäftsführer den Anforderungen an eine ihm obliegende Prüfung der Rechtslage und an die Beachtung von Gesetz und Rechtsprechung nur genügen, wenn er sich unter umfassender Darstellung der Verhältnisse der Gesellschaft und Offenlegung der erforderlichen Unterlagen von einem unabhängigen, für die zu klärende Frage fachlich qualifizierten Berufsträger beraten lässt und den erteilten Rechtsrat einer sorgfältigen Plausibilitätskontrolle unterzieht.[1219] Auf diesbezüglich aufkommende Kritik stellte der BGH später klar, dass mit „Unabhängigkeit" nicht die persönliche, sondern die sachliche Unabhängigkeit gemeint sei, d.h. dass keine Vorgaben hinsichtlich des Ergebnisses bestehen dürften.[1220] Erfasst ist damit richtigerweise grundsätzlich nicht nur der externe Rechtsberater, sondern auch die Rechtsabteilung des betreffenden Unternehmens, sofern die weiteren Kriterien erfüllt sind.[1221] Bei Erfüllung der vorgenannten Voraussetzungen darf sich der Geschäftsführer auf den eingeholten Rechtsrat verlassen.[1222] Diese Kriterien sind auch in der vorliegenden Konstellation zur Anwendung zu bringen. Zu beachten ist allerdings, dass eine Haftung der Geschäftsführer auf dieser Basis ohnehin nur dann in Betracht kommt, wenn die diese tatsächlich gem. § 40 Abs. 1 S. 1 GmbHG für die Aktualisierung der Gesellschafterliste zuständig sind und damit den weiteren Pflichten des § 40 Abs. 1 GmbHG unterliegen. Besteht bereits keine Zuständigkeit der Geschäftsführer ist die Nichtunterzeichnung der Gesellschafterliste jedenfalls nicht kausal für einen späteren gutgläubigen Erwerb.

1217 S.o. § 3 C. III. 4. e).

1218 Vgl. nur Fleischer, in: MünchKomm-GmbHG, § 43 Rn. 42 m.w.N.

1219 Vgl. BGH, Urt. v. 20.09.2011 – II ZR 234/09, NZG 2011, 1271.

1220 Vgl. BGH, Urt. v. 28.04.2015 – II ZR 63/14, NZG 2015, 792.

1221 Vgl. nur Fleischer, in: MünchKomm-GmbHG, § 43 Rn. 42c m.w.N.

1222 Vgl. nur Fleischer, in: MünchKomm-GmbHG, § 43 Rn. 42f.; Zöllner/Noack, in: Baumbach/Hueck, GmbHG, § 43 Rn. 23c.

Bezogen auf die bereits im Rahmen der Ausführungen zur Gesellschafterliste dargestellten problematischen Konstellationen hinsichtlich der Zuständigkeitsabgrenzung ergibt sich vor diesem Hintergrund das Nachfolgende:

(2) Konstellationen, in denen eine Zuständigkeit der Geschäftsführer besteht

(a) Mittelbare Mitwirkung eines Notars

In den besonders problematischen Konstellationen einer sog. „mittelbaren Mitwirkung“ des Notars, d.h. Konstellationen, in denen die mitzuteilende Beteiligungsveränderung nur eine mittelbare Folge der notariellen Urkunde darstellt, sind nach der hier vertretenen Auffassung allein die Geschäftsführer gem. § 40 Abs. 1 S. 1 GmbHG für die Aktualisierung der Gesellschafterliste zuständig.[1223] Ein Untätigbleiben der Geschäftsführer stellt folglich eine Verletzung ihrer Einreichungspflicht gem. § 40 Abs. 1 S. 1 GmbHG dar. Die Geschäftsführer handeln fahrlässig, wenn sie von der Veränderung Kenntnis hatten oder hätten haben müssen. Fahrlässigkeit ist grundsätzlich auch dann zu bejahen, wenn die Geschäftsführer nach einer Prüfung zu dem Ergebnis gekommen sind, dass sie für eine Aktualisierung der Gesellschafterliste nicht zuständig sind. Denn wie in allen umstrittenen Konstellationen wird empfohlen, die Gesellschafterliste sowohl durch den Notar als auch durch die Geschäftsführer unterzeichnen zu lassen.[1224]

*Im **Beispiel 26** liegt in dem Unterlassen der Geschäftsführer, eine aktualisierte Gesellschafterliste zum Handelsregister einzureichen, folglich eine fahrlässige Verletzung ihrer Einreichungspflicht.*

(b) Auflösend bedingte Anteilsabtretungen; Korrektur einer vom Notar eingereichten, unrichtigen Gesellschafterliste; sich kreuzende Gesellschafterlisten; Auslandsbeurkundung

In den weiteren Konstellationen, in denen nach hier vertretener Auffassung eine Zuständigkeit der Geschäftsführer besteht, d.h. in den Konstellationen auflösend bedingter Anteilsabtretungen[1225], der Korrektur einer vom Notar eingereichten, unrichtigen Gesellschafterliste[1226], sich kreuzender Gesellschafterlisten[1227] und einer Auslandsbeurkundung[1228], gilt das bereits zur Konstellation der mittelbaren Mitwirkung Gesagte entsprechend.[1229] D.h. das Untätigbleiben der Geschäftsführer trotz Kenntnis bzw. Kennenmüssens der Veränderung begründet auch dann ein Verschulden in Form von Fahrlässigkeit, wenn sich die Geschäftsführer

---

1223 Str., s.o. § 3 C. III. 4. d) aa).
1224 S.o. § 3 C. III. 4. e).
1225 Str., s.o. § 3 C. III. 4. d) bb).
1226 Str., s.o. § 3 C. III. 4. d) dd).
1227 Weitgehend unstr., s.o. § 3 C. III. 4. d) ff).
1228 Str., s.o. § 3 C. III. 4. d) gg).
1229 S.o. § 4 D. I. 1. d) cc) (2) (a).

irrtümlich für nicht zuständig halten, die Gesellschafterliste zu aktualisieren. Hätten sie die allgemeine Empfehlung befolgt, die Gesellschafterliste sowohl vom Notar als auch von den Geschäftsführern unterzeichnen zu lassen, hätte eine Unrichtigkeit der Gesellschafterliste und damit ein gutgläubiger Erwerb vermieden werden können.

*In den **Beispielen 26 und 27** begründet das Untätigbleiben der Geschäftsführer bzw. das Unterlassen der Einreichung einer aktualisierten Gesellschafterliste zum Handelsregister mithin jeweils eine schuldhafte Pflichtverletzung der jeweiligen Geschäftsführer.*

(3) Konstellationen, in denen eine Zuständigkeit des Notars besteht

Fraglich ist, ob die Geschäftsführer auch in den problematischen Konstellationen, in denen eine Zuständigkeit des Notars gem. § 40 Abs. 2 S. 1 GmbHG besteht (d.h. im Falle einer aufschiebend bedingten Anteilsabtretung[1230] und der Beteiligung mehrerer Notare[1231]), ein Verschulden im Falle des Untätigbleibens treffen kann. Dies dürfte grundsätzlich zu verneinen sein, da sie bereits keine Einreichungspflicht gem. § 40 Abs. 1 S. 1 GmbHG trifft. Eine dahingehende Verpflichtung der Geschäftsführer, auf den Notar einzuwirken, die Gesellschafterliste zumindest mitzuunterschreiben, ginge zu weit.

e) Schaden

Die Haftung nach § 40 Abs. 3 GmbHG setzt einen tatsächlich entstandenen Schaden voraus.[1232] Ein nach § 40 Abs. 3 GmbHG zu ersetzender Schaden kann Gesellschaftsgläubigern und denjenigen, deren Beteiligung sich geändert hat, auf vielfältige Weise entstehen. Vorliegend von Relevanz ist allein der Schaden, der dem Altgesellschafter aufgrund des Verlusts seines Geschäftsanteils entsteht. Der Verlust eines Geschäftsanteils aufgrund gutgläubigen Erwerbs gem. § 16 Abs. 3 GmbHG stellt den denkbar weitreichendsten Schaden dar, der einem Gesellschafter entstehen kann und ist als Schaden i.S.v. § 40 Abs. 3 GmbHG anzusehen.[1233] Auf Art, Inhalt und Umfang des Schadens wird im Einzelnen unter § 5 einzugehen sein, weshalb an dieser Stelle auf die diesbezüglichen Ausführungen verwiesen wird.

1230 Str., s.o. § 3 C. III. 4. d) cc).

1231 Str., s.o. § 3 C. III. 4. d) ee).

1232 Vgl. etwa *Hasselmann,* in: NZG 2009, 486, 490.

1233 Vgl. *Bayer,* in: Lutter/Hommelhoff, GmbHG, § 40 Rn. 80; *Heilmeier,* in: BeckOK-GmbHG, § 40 Rn. 220; *Paefgen,* in: Ulmer/Habersack/Löbbe, GmbHG, § 40 Rn. 188; *Seibt,* in: Scholz, GmbHG, § 40 Rn. 99; *Terlau,* in: Michalski, GmbHG, § 40 Rn. 44; *Wicke,* GmbHG, § 40 Rn. 18; *Winter,* in: Gehrlein/Ekkenga/Simon,GmbHG, § 40 Rn. 45.

f) Kausalität

Nach einhelliger Ansicht muss die Pflichtverletzung des betreffenden Geschäftsführers kausal für den entstandenen Schaden, d.h. vorliegend insbesondere für den Verlust des Geschäftsanteils des Altgesellschafters, gewesen sein.[1234]

Umstritten ist, ob es für das Bejahen der Kausalität erforderlich ist, dass der Dritte, d.h. im Falle eines gutgläubigen Erwerbs der Erwerber, Einsicht in die fehlerhafte Gesellschafterliste genommen haben muss und damit von einer unzutreffenden Information ausgegangen ist.

Nach einer Ansicht in der Literatur sollen die Geschäftsführer nicht haften, wenn der Dritte, d.h. vorliegend der Erwerber, die Gesellschafterliste nicht eingesehen und insofern auch keine unzutreffenden Informationen erhalten hat.[1235]

Die Gegenansicht hält hingegen eine Einsichtnahme der Gesellschafterliste für das Bejahen der Kausalität nicht für erforderlich.[1236] Maßgeblich sei vielmehr allein, ob es sich bei der von dem in Anspruch genommenen Geschäftsführer eingereichten Gesellschafterliste zum Zeitpunkt des gutgläubigen Erwerbs um die letzte zum Handelsregister eingereichte Gesellschafterliste handelte, da nur diese für einen gutgläubigen Erwerb als Rechtsscheinträger in Betracht komme.[1237]

Letzterer Ansicht ist zuzustimmen. Denn der gutgläubige Erwerber erwirbt den Geschäftsanteil aufgrund der Rechtsscheinwirkung der Gesellschafterliste unabhängig davon, ob er diese vorher eingesehen hat oder nicht.[1238] Von alleiniger Relevanz für die Kausalität muss die Frage sein, welchen Verlauf die Dinge bei pflichtgemäßem Verhalten der Geschäftsführer genommen hätten. Entscheidend ist daher, ob die Pflichtverletzung kausal für die Rechtsscheinwirkung der Gesellschafterliste ist, d.h. ob die Unrichtigkeit der Gesellschafterliste auf der Pflichtverletzung der Geschäftsführer beruht. Ist dies der Fall und verliert der Altgesellschafter seinen Geschäftsanteil infolge eines auf der Rechtsscheinwirkung der unrichtigen Gesellschafterliste beruhenden, gutgläubigen Erwerbs, so ist die Pflichtverletzung zugleich auch kausal für den erlittenen Schaden des Altgesellschafters.

1234 Vgl. etwa *Altmeppen,* in: Roth/Altmeppen, GmbHG, § 40 Rn. 27; *Bayer,* in: Lutter/Hommelhoff, GmbHG, § 40 Rn. 80; *Heilmeier,* in: BeckOK-GmbHG, § 40 Rn. 220; *Noack,* in: Baumbach/Hueck, GmbHG, § 40 Rn. 42; *Paefgen,* in: Ulmer/Habersack/Löbbe, GmbHG, § 40 Rn. 189; *Seibt,* in: Scholz, GmbHG, § 40 Rn. 101; *Terlau,* in: Michalski, GmbHG, § 40 Rn. 44; *Wicke,* GmbHG, § 40 Rn. 20; *Winter,* in: Gehrlein/Ekkenga/Simon,GmbHG, § 40 Rn. 45.

1235 Vgl. *Altmeppen,* in: Roth/Altmeppen, GmbHG, § 40 Rn. 27; *Rieg,* Erwerb vom Nichtberechtigten und Liste der Gesellschafter, S. 267.

1236 Vgl. *Paefgen,* in: Ulmer/Habersack/Löbbe, GmbHG, § 40 Rn. 189; *Seibt,* in: Scholz, GmbHG, § 40 Rn. 101.

1237 Vgl. *Paefgen,* in: Ulmer/Habersack/Löbbe, GmbHG, § 40 Rn. 189.

1238 Vgl. *Bohrer,* in: DStR 2007, 995, 999; *Leeser,* Gutgläubiger Erwerb von GmbH-Geschäftsanteilen nach dem MoMiG, S. 374.

*In den **Beispielen 24 bis 29** waren die Pflichtverletzungen der Geschäftsführer jeweils kausal für die Unrichtigkeit der Gesellschafterliste und damit für den Verlust des Geschäftsanteils des A aufgrund gutgläubigen Erwerbs gem. § 16 Abs. 3 GmbHG. Hätten die jeweiligen Geschäftsführer pflichtgemäß gehandelt, wäre die jeweilige Gesellschafterliste nicht unrichtig und damit kein tauglicher Rechtsscheinträger für einen gutgläubigen Erwerb gewesen.*

g) Darlegungs- und Beweislast

Wie bei allen Schadensersatzansprüchen ist die Verteilung der Darlegungs- und Beweislast von erheblicher Bedeutung. Zwar enthält § 40 Abs. 3 GmbHG keine der Regelung des § 93 Abs. 2 S. 2 AktG entsprechende Vorschrift, die eine Umkehr der Beweislast vorsieht. Wie auch im Rahmen von § 43 Abs. 2 GmbHG anerkannt ist[1239], findet § 93 Abs. 2 S. 2 AktG aber auf § 40 Abs. 3 GmbHG nach richtiger und wohl allgemeiner Ansicht entsprechende Anwendung.[1240] Demnach erfolgt eine Beweislastumkehr, wonach die Geschäftsführer im Zweifel die Beweislast trifft. Die Beweislastumkehr gilt dabei entsprechend den Grundsätzen zur Geschäftsführerhaftung nach § 43 Abs. 2 GmbHG[1241] nicht nur hinsichtlich des Verschuldens[1242], sondern auch für die Pflichtwidrigkeit[1243]. Die betreffenden Geschäftsführer haben folglich darzulegen und zu beweisen, dass ihnen keine Pflichtwidrigkeit und kein Verschulden zur Last gelegt werden kann.[1244]

Der Altgesellschafter hat hingegen das möglicherweise pflichtwidrige Verhalten der Geschäftsführer, den Eintritt und die Höhe des entstandenen Schadens sowie die Kausalität darzulegen[1245], wobei es bezüglich des Schadens genügt, dass er die

---

1239 Vgl. nur BGH, Beschl. v. 18.02.2008 – II ZR 62/07, NZG 2008, 314; *Altmeppen,* in: Roth/Altmeppen, GmbHG, § 43 Rn. 111; *Fleischer,* in: MünchKomm-GmbHG, § 43 Rn. 270; *Haas/Ziemons,* in: Michalski, GmbHG, § 43 Rn. 253.

1240 Vgl. *Altmeppen,* in: Roth/Altmeppen, GmbHG, § 40 Rn. 27; *Bayer,* in: Lutter/Hommelhoff, GmbHG, § 40 Rn. 80; *Heilmeier,* in: BeckOK-GmbHG, § 40 Rn. 222; *Noack,* in: Baumbach/Hueck, GmbHG, § 40 Rn. 43; *Oetker,* in: Henssler/Strohn, Gesellschaftsrecht, GmbHG, § 40 Rn. 20; *Paefgen,* in: Ulmer/Habersack/Löbbe, GmbHG, § 40 Rn. 190; *Tiedchen,* in: Rowedder/Schmidt-Leithoff, GmbHG, § 40 Rn. 12; *Wicke,* GmbHG, § 40 Rn. 20; unklar *Heidinger,* in: MünchKomm-GmbHG, § 40 Rn. 137.

1241 Vgl. hierzu etwa *Fleischer,* in: MünchKomm-GmbHG, § 43 Rn. 272 m.w.N.

1242 So aber wohl *Altmeppen,* in: Roth/Altmeppen, GmbHG, § 40 Rn. 24.

1243 Vgl. *Heilmeier,* in: BeckOK-GmbHG, § 40 Rn. 222; *Paefgen,* in: Ulmer/Habersack/Löbbe, GmbHG, § 40 Rn. 190; *Seibt,* in: Scholz, GmbHG, § 40 Rn. 100.

1244 Vgl. zu § 43 GmbHG etwa BGH, Urt. v. 04.11.2002 – II ZR 224/00, BGHZ 152, 280, 284; *Fleischer,* in: MünchKomm-GmbHG, § 43 Rn. 271; *Haas/Ziemons,* in: Michalski, GmbHG, § 43 Rn. 251b.

1245 Vgl. zu § 43 GmbHG etwa BGH, Urt. v. 04.11.2002 – II ZR 224/00, BGHZ 152, 280, 284; BGH, Urt. v. 01.12.2008 – II ZR 102/07, Tz. 20, BGHZ 179, 71; BGH, Urt. v. 22.02.2011 – II ZR 146/09, NZG 2011, 549, 550; *Fleischer,* in: MünchKomm-GmbHG, § 43 Rn. 271; *Zöllner/Noack,* in: Baumbach/Hueck, GmbHG, § 43 Rn. 36 ff.

Tatsachen vorträgt und unter Beweis stellt, die für eine Schadensschätzung des Gerichts gem. § 287 ZPO hinreichende Anhaltspunkte bieten[1246].

h) Gesamtschuldnerische Haftung

Nach dem insoweit klaren Wortlaut des § 40 Abs. 3 GmbHG haften die verantwortlichen Geschäftsführer dem Altgesellschafter persönlich und unmittelbar als Gesamtschuldner gem. §§ 421 ff. BGB.[1247]

i) Verjährung

Kurz einzugehen ist auch auf die Frage der Verjährung des Anspruchs aus § 40 Abs. 3 GmbHG. Denn § 40 GmbHG enthält hierzu im Gegensatz zu der zentralen Schadensersatznorm gegen die Geschäftsführer, § 43 GmbHG[1248], keine Angaben. Hieraus ist zu schließen, dass der Gesetzgeber hinsichtlich der Schadensersatzansprüche gem. § 40 Abs. 3 GmbHG die Regelverjährung zur Anwendung kommen lassen wollte.[1249] Folglich richtet sich die Verjährung des Anspruchs aus § 40 Abs. 3 GmbHG nach den allgemeinen Verjährungsvorschriften der §§ 195, 199 BGB.

2. Anspruch aus § 280 Abs. 1 BGB

Fraglich ist, ob eine vertragliche Haftung der Geschäftsführer gegenüber dem Altgesellschafter wegen Verletzung seiner Pflichten aus dem Geschäftsführeranstellungsvertrag gem. § 280 Abs. 1 BGB in Betracht kommt. Dies ist jedenfalls grundsätzlich dann zu bejahen, sofern der Anstellungsvertrag mit dem Altgesellschafter selbst besteht. In diesem Falle schuldet der betreffende Geschäftsführer die Pflichten aus dem Anstellungsverhältnis gerade dem Altgesellschafter gegenüber und haftet diesem auch für etwaige schuldhaft begangene Pflichtverletzungen.[1250]

In der Regel wird der Anstellungsvertrag aber mit der Gesellschaft geschlossen sein. Hier kann eine vertragliche Haftung gegenüber dem Altgesellschafter nur dann bestehen, wenn der Geschäftsführeranstellungsvertrag Schutzwirkungen zugunsten des Altgesellschafters entfaltet. Derartige Schutzpflichten auch zu Gunsten Dritter und der Gesellschafter können von den Parteien im Geschäftsführeranstellungsvertrag

---

1246 Vgl. zu § 43 GmbHG etwa BGH, Urt. v. 04.11.2002 – II ZR 224/00, BGHZ 152, 280, 287; BGH, Beschl. v. 18.02.2008 – II ZR 62/07, GmbHR 2008, 488, 489; *Fleischer,* in: MünchKomm-GmbHG, § 43 Rn. 271.

1247 Vgl. *Heilmeier,* in: BeckOK-GmbHG, § 40 Rn. 213; *Noack,* in: Baumbach/Hueck, GmbHG, § 40 Rn. 44; *Seibt,* in: Scholz, GmbHG, § 40 Rn. 96; *Wachter,* in: Bork/Schäfer, GmbHG, § 40 Rn. 64; *Winter,* in: Gehrlein/Ekkenga/Simon, GmbHG, § 40 Rn. 45.

1248 § 43 Abs. 4 GmbHG enthält eine spezielle Verjährungsvorschrift für Ansprüche gem. § 43 Abs. 1 bis Abs. 3 GmbHG.

1249 So auch *Rieg,* Erwerb vom Nichtberechtigten und Liste der Gesellschafter, S. 268.

1250 Vgl. etwa *Heilmeier,* in: BeckOK-GmbHG, § 43 Rn. 394.

ausdrücklich vereinbart werden.[1251] In diesem Falle besteht demnach auch unter Vorliegen der weiteren Voraussetzungen des § 280 Abs. 1 BGB grundsätzlich eine vertragliche Haftung des betreffenden Geschäftsführers gegenüber dem Altgesellschafter. Besteht keine derartige Regelung im Geschäftsführeranstellungsvertrag (was in der Praxis die Regel sein dürfte), wird eine Schutzwirkung des Geschäftsführeranstellungsvertrages nach nahezu einhelliger Ansicht aber grundsätzlich abgelehnt.[1252] Die Rechtsprechung hat lediglich in engen Ausnahmefällen eine Haftung zugunsten eines atypisch stillen Gesellschafters einer GmbH[1253] sowie bei einer GmbH & Co. KG im Verhältnis der Komplementär-GmbH zur KG[1254] anerkannt. In der Tendenz ist die Schutzwirkung des Geschäftsführeranstellungsvertrages zugunsten Dritter also nur bei einem Auseinanderfallen von wirtschaftlichem Risiko und unternehmerischen Einfluss zu bejahen, d.h. nur dann, wenn jemand wegen seiner Beteiligung an einer GmbH zwar deren wirtschaftliche Risiken trägt, aber dabei keine oder lediglich geringe rechtliche unmittelbare oder mittelbare Einwirkungsmöglichkeiten auf die Geschäftsführung der GmbH hat.[1255]

Vor diesem Hintergrund dürfte ein Schadensersatzanspruch gem. § 280 Abs. 1 BGB wegen Verletzung seiner Pflichten aus dem Geschäftsführeranstellungsvertrag in der Regel ausscheiden.

3. *Anspruch aus § 823 BGB*

In Betracht kommt auch eine Haftung der Geschäftsführer gem. § 823 BGB.

a) § 823 Abs. 1 BGB

Denkbar ist zunächst eine Haftung aus § 823 Abs. 1 BGB. § 823 Abs. 1 BGB verlangt die Verletzung eines der in Abs. 1 aufgeführten Rechtsgüter oder Rechte durch den Anspruchsgegner. Diese Rechtsgutsverletzung muss dem Anspruchsgegner zurechenbar sein, zudem muss sie rechtswidrig und schuldhaft erfolgt sein.

Wie bereits an anderer Stelle ausgeführt, handelt es sich bei der Mitgliedschaft um ein absolutes Recht i.S.v. § 823 Abs. 1 BGB.[1256] Eine Handlung, die zum Verlust

---

1251 Vgl. etwa *Haas/Ziemons*, in: Michalski, GmbHG, § 43 Rn. 269; *Heilmeier*, in: Beck-OK-GmbHG, § 43 Rn. 395; *Zöllner/Noack*, in: Baumbach/Hueck, GmbHG, § 43 Rn. 64.

1252 Vgl. *Altmeppen*, in: Roth/Altmeppen, GmbHG, § 43 Rn. 50; *Fleischer*, in: Münch-Komm-GmbHG, § 43 Rn. 335; *Haas/Ziemons*, in: Michalski, GmbHG, § 43 Rn. 269; *Zöllner/Noack*, in: Baumbach/Hueck, GmbHG, § 43 Rn. 64.

1253 Vgl. BGH, Urt. v. 14.11.1994 – II ZR 160/93, NJW 1995, 1353, 1357.

1254 Vgl. BGH, Urt. v. 12.11.1979 – II ZR 174/77, BGHZ 75, 321, 322 ff.; BGH, Urt. v. 17.03.1980 – II ZR 11/79, BGHZ 76, 326, 327 ff.; BGH, Urt. v. 17.03.1987 – VI ZR 282/85, BGHZ 100, 190, 193; BGH, Urt. v. 25.02.2002– II ZR 236/00, NJW-RR 2002, 965, 966; BGH, Urt. v. 18.06.2013 – II ZR 86/11, NJW 2013, 3636.

1255 Vgl. *Haas/Ziemons*, in: Michalski, GmbHG, § 43 Rn. 269.

1256 S.o. § 4 B. I. 2. a) aa).

eines Geschäftsanteils und damit der Mitgliedschaft führt, stellt stets einen vom Schutz des § 823 Abs. 1 BGB umfassten, mitgliedschaftsbezogenen Eingriff dar, der sich unmittelbar gegen den Bestand der Mitgliedschaft selbst und die in ihr verkörperten Rechte richtet.[1257] Nach hier vertretener Auffassung besteht der Schutz des § 823 Abs. 1 BGB auch im innergesellschaftlichen Verhältnis, d.h. hier gegenüber den Geschäftsführern der GmbH.[1258]

Die bereits im Rahmen der Erörterung von § 40 Abs. 3 GmbHG genannten, denkbaren Pflichtverletzungen der Geschäftsführer[1259] führen zur Unrichtigkeit der Gesellschafterliste, ermöglichen hierdurch einen gutgläubigen Erwerb gem. § 16 Abs. 3 GmbHG und führen somit zum Verlust des betreffenden Geschäftsanteils des Altgesellschafters. Die betreffenden Geschäftsführer verletzen durch die genannten Pflichtverletzungen folglich aktiv und zurechenbar das Mitgliedschaftsrecht des Altgesellschafters (haftungsbegründende Kausalität).

Die Pflichtverletzung der betreffenden Geschäftsführer muss im Weiteren rechtswidrig und schuldhaft erfolgt sein.

Der Altgesellschafter hat die Rechtsgutsverletzung, die zurechenbare Verletzungshandlung sowie das Verschulden der in Anspruch genommenen Geschäftsführer darzulegen und zu beweisen.[1260] Die Geschäftsführer trifft bezüglich des (in der vorliegenden Konstellation ohnehin kaum denkbaren) Vorliegens eines Rechtfertigungsgrundes die Darlegungs- und Beweislast.[1261] Aus diesem Grunde dürfte eine Inanspruchnahme aus § 823 Abs. 1 BGB angesichts der für den Altgesellschafter deutlich günstigeren Beweisregeln bei einer Inanspruchnahme aus § 40 Abs. 3 GmbHG (Beweislastumkehr hinsichtlich der Pflichtwidrigkeit und des Verschuldens)[1262] in der Praxis nur von geringer Relevanz sein.

b) § 823 Abs. 2 BGB

Zu denken ist auch an eine Inanspruchnahme der Geschäftsführer gem. § 823 Abs. 2 BGB. Die entscheidende Frage hierbei ist, ob die Geschäftsführer durch die in Betracht kommenden Pflichtverletzungen im Rahmen der Aktualisierung der Gesellschafterliste, die zur Unrichtigkeit der Gesellschafterliste und in der Folge zu einem Verlust des Geschäftsanteils des Altgesellschafters durch gutgläubigen Erwerb gem. § 16 Abs. 3 GmbHG führen, ein Schutzgesetz i.S.v. § 823 Abs. 2 BGB verletzen.[1263] Hierfür müssen die verletzten Normen zumindest auch auf den Schutz des (Alt-)

1257 S.o. § 4 B. I. 2. a) aa).

1258 Vgl. hierzu im Einzelnen die übertragbaren Ausführungen unter § 4 B. I. 2. a) aa).

1259 S.o. § 4 D. I. 1. b) und c).

1260 Vgl. nur *Teichmann,* in: Jauernig, BGB, § 823 Rn. 63 m.w.N.

1261 Vgl. a.a.O.

1262 S.o. § 4 D. I. 1. g).

1263 Vgl. allgemein zur Schutzgesetzverletzung bereits die Ausführungen unter § 4 B. I. 2. b) aa).

Gesellschafters ausgerichtet sein.[1264] Im Gegensatz zu § 43 GmbHG[1265] dürfte dies bei der Vorschrift des § 40 Abs. 1 GmbHG für die auch in § 40 Abs. 3 GmbHG genannten Anspruchsberechtigten zu bejahen sein.[1266] Allerdings ist bei Vorliegen einer Verletzung der Pflichten aus § 40 Abs. 1 GmbHG auch stets der Anwendungsbereich von § 40 Abs. 3 GmbHG eröffnet[1267]. Vor diesem Hintergrund ist die Frage, ob § 40 Abs. 1 GmbHG ein Schutzgesetz i.S.d. § 823 Abs. 2 BGB darstellt oder nicht, vorliegend ohnehin nur von untergeordneter Bedeutung. Denn da § 40 Abs. 3 GmbHG bereits aufgrund der Beweislastumkehr[1268] die für den Altgesellschafter deutlich vorteilhaftere Anspruchsgrundlage ist, ist eine auf die ansonsten gleichen Voraussetzungen gestützte Inanspruchnahme aus § 823 BGB praktisch bedeutungslos.[1269]

c) Ergebnis

Eine Inanspruchnahme aus § 823 Abs. 1 BGB sowie aus § 823 Abs. 2 BGB i.V.m. § 40 Abs. 1 GmbHG ist zwar denkbar, praktisch aber bedeutungslos, da bei gegebener Verletzung von § 40 Abs. 1 GmbHG der Anwendungsbereich des für den Altgesellschafter bereits aufgrund der Beweislastumkehr vorteilhafteren § 40 Abs. 3 GmbHG eröffnet ist.

4. Anspruch aus § 826 BGB

Auch eine Inanspruchnahme der Geschäftsführer aus § 826 BGB kommt zwar grundsätzlich in Betracht. Dessen Hürden sind aber noch höher als die des § 823 BGB, weshalb das bereits zu § 823 BGB Gesagte hier erst recht gilt: Angesichts der Vorschrift des § 40 Abs. 3 GmbHG sind die Vorschriften des Deliktsrechts, also auch die des § 826 BGB, jedenfalls in der vorliegenden Konstellation der Inanspruchnahme der Geschäftsführer durch den seinen Geschäftsanteil verlierenden Altgesellschafter praktisch bedeutungslos.

II. Ergebnis / Konkurrenzen

Dem Altgesellschafter steht gegen die Geschäftsführer ein Schadensersatzanspruch gem. § 40 Abs. 3 GmbHG zu, wenn diese schuldhaft ihre Pflichten gem. § 40 Abs. 1 GmbHG im Zusammenhang mit der Aktualisierung der Gesellschafterliste verletzen. Aus demselben Grunde können auch Schadensersatzansprüche gem. §§ 823,

---

1264 Vgl. *Paefgen,* in: Ulmer/Habersack/Löbbe, GmbHG, § 43 Rn. 318.

1265 § 43 GmbHG ist nach g.h.M. kein Schutzgesetz i.S.v. § 823 Abs. 2 BGB, vgl. hierzu statt aller *Zöllner/Noack,* in: Baumbach/Hueck, GmbHG, § 43 Rn. 64 m.w.N.

1266 Vgl. zu § 40 GmbHG a.F. bejahend *Haase,* in: BB 1996, 2309; bejahend auch für die aktuelle Fassung *Omlor,* Verkehrsschutz im Kapitalgesellschaftsrecht, S. 368 ff.; vgl. hierzu auch *Zöllner/Noack,* in: Baumbach/Hueck, GmbHG, § 40 Rn. 47.

1267 Vgl. hierzu § 4 D. I. 1.

1268 S.o. § 4 D. I. 1. g).

1269 Vgl. bereits die obigen Ausführungen zu § 823 Abs. 1 BGB unter § 4 D. I. 3. a).

826 BGB bestehen, die angesichts der für den Altgesellschafter deutlich günstigeren Beweisregeln des § 40 Abs. 3 GmbHG (Beweislastumkehr hinsichtlich der Pflichtwidrigkeit und des Verschuldens) allerdings praktisch wenig von Bedeutung sind. Ein Schadensersatzanspruch gem. § 280 Abs. 1 BGB wegen Verletzung der Pflichten aus dem Geschäftsführeranstellungsvertrag kommt hingegen nur in besonderen Ausnahmekonstellationen in Betracht; nämlich dann, wenn der Anstellungsvertrag mit dem Altgesellschafter selbst besteht oder wenn der Geschäftsführeranstellungsvertrag Schutzwirkungen zugunsten des Altgesellschafters entfaltet. Letzteres kommt bei Nichtvorliegen einer entsprechenden vertraglichen Regelung nur in engen Ausnahmefällen in Betracht.

Zwischen den o.g. in Betracht kommenden Schadensersatzansprüchen besteht Anspruchskonkurrenz.

*Dem A steht in den **Beispielen 24 bis 29** jeweils ein Schadensersatzanspruch gem. § 40 Abs. 3 GmbHG gegen die Geschäftsführer wegen des Verlusts seiner Geschäftsanteile aufgrund gutgläubigen Erwerbs gem. § 16 Abs. 3 GmbHG zu. Daneben besteht jeweils auch ein Anspruch aus § 823 Abs. 1 BGB und aus § 823 Abs. 2 BGB i.V.m. § 40 Abs. 1 GmbHG. Im **Beispiel 28** ist darüber hinaus auch ein Anspruch aus § 826 BGB gegeben. Diese Ansprüche sind aber nur von untergeordneter Bedeutung, da A seine Ansprüche jeweils bereits aufgrund der für ihn deutlich günstigeren Beweisregeln ohnehin vorrangig auf § 40 Abs. 3 GmbHG stützen wird.*

III. Prozessuale Durchsetzung der Ansprüche

Hinsichtlich der prozessualen Durchsetzung der Ansprüche bestehen keine Besonderheiten, d.h. der Altgesellschafter kann seine Ansprüche gegen die Geschäftsführer vor den Zivilgerichten im ordentlichen Rechtsweg durchsetzen. Es gilt das bereits zur Inanspruchnahme des Veräußerers Gesagte entsprechend.[1270]

E. Ansprüche gegen den mitwirkenden Notar

I. Schadensersatzansprüche

Im Gegensatz zu den Geschäftsführern (§ 40 Abs. 3 GmbHG) ist eine Haftung des Notars im Rahmen der Aktualisierung der Gesellschafterliste nicht gesondert angeordnet. Zu prüfen ist gleichwohl die Möglichkeit einer Inanspruchnahme des Notars aus den nachfolgenden Haftungsvorschriften.

1. Anspruch aus § 40 Abs. 3 GmbHG (analog)

§ 40 Abs. 3 GmbHG sieht seinem Wortlaut nach ausdrücklich nur eine Haftung der Geschäftsführer, nicht aber des Notars vor. Nach zutreffender und wohl einhelliger

---

1270 S.o. § 4 B. IV.

Auffassung ist § 40 Abs. 3 GmbHG auch nicht entsprechend auf den Notar anwendbar, weshalb dieser im Gegensatz zu den Geschäftsführern nicht gem. § 40 Abs. 3 GmbHG (analog) für eine falsche Gesellschafterliste haftet.[1271] Eine planwidrige Regelungslücke ist nicht anzunehmen, denn es erscheint wenig plausibel, dass der Gesetzgeber bei Schaffung des § 40 Abs. 3 GmbHG an eine Haftung der Geschäftsführer, nicht aber an eine Haftung des Notars gedacht haben soll, zumal er gem. § 40 Abs. 1 und Abs. 2 GmbH ausdrücklich sowohl die Geschäftsführer als auch den mitwirkenden Notar in die Pflicht genommen hat.

2. Anspruch aus § 280 Abs. 1 BGB

Eine Haftung des Notars gem. § 280 Abs. 1 BGB scheidet aus, da der Notar ausschließlich von Amts wegen tätig wird. Demgemäß besteht auch keine vertragliche Haftung, auch nicht aus einem etwaigen Garantieversprechen.[1272]

3. Ansprüche aus §§ 823 ff. BGB

Eine Haftung des Notars im Zusammenhang mit der Aktualisierung der Gesellschafterliste nach Deliktsrecht kommt lediglich gem. § 823 Abs. 2 BGB durch Verletzung der in § 40 Abs. 2 GmbHG normierten Pflichten in Betracht.[1273] Klärungsbedürftig ist dabei in erster Linie, ob es sich bei § 40 Abs. 2 GmbHG um ein Schutzgesetz i.S.v. § 823 Abs. 2 BGB[1274] handelt. Dies ist indessen mit der h.M. abzulehnen.[1275] Da eine Schadensersatzhaftung nach § 40 Abs. 3 GmbHG ebenfalls nur die Geschäftsführer und gerade nicht den Notar trifft[1276], kann dieses argumentum e contrario nicht durch eine Qualifizierung des § 40 Abs. 2 GmbHG als Schutzgesetz i.S.v. § 823 Abs. 2 BGB *„ausgehebelt"* werden.[1277] Ansprüche gegen den Notar können vielmehr gem.

1271 Vgl. etwa *Begemann/Galla*, in: GmbHR 2009 1065, 1070 ff.; *Heidinger*, in: Heckschen/Heidinger, Die GmbH in der Gestaltungs- und Beratungspraxis, § 13 Rn. 360; *Heilmeier*, in: BeckOK-GmbHG, § 40 Rn. 223; *Oetker*, in: Henssler/Strohn, Gesellschaftsrecht, GmbHG, § 40 Rn. 31; *Seibt*, in: Scholz, GmbHG, § 40 Rn. 102; *Terlau*, in: Michalski, GmbHG, § 40 Rn. 45.

1272 Vgl. *Schramm*, in: Schippel/Bracker, BNotO, § 19 Rn. 4.

1273 Vgl. *Omlor*, Verkehrsschutz im Kapitalgesellschaftsrecht, S. 323.

1274 Vgl. zum Begriff des Schutzgesetzes bereits § 4 B. I. 2. b) aa) (1).

1275 Vgl. *Altmeppen*, in: Roth/Altmeppen, GmbHG, § 40 Rn. 28; *Bayer*, in: Lutter/Hommelhoff, GmbHG, § 40 Rn. 81; *Heidinger*, in: MünchKomm-GmbHG, § 40 Rn. 241; *Heilemann*, Der gutgläubige Erwerb von Geschäftsanteilen einer GmbH, S. 280; *Mayer*, in: DNotZ 2008, 403, 415; *Noack*, in: Baumbach/Hueck, GmbHG, § 40 Rn. 72; *Rieg*, Erwerb vom Nichtberechtigten und Liste der Gesellschafter, S. 269/270; *Wicke*, GmbHG, § 40 Rn. 21; **a.A.**: *Omlor*, Verkehrsschutz im Kapitalgesellschaftsrecht, S. 323 ff.; *Schüßler*, Der gutgläubige Erwerb von GmbH-Geschäftsanteilen, S. 84.

1276 S.o. § 4 E. I. 1.

1277 So treffend *Mayer*, in: DNotZ 2008, 403, 415.

§ 19 BNotO[1278] durchgesetzt werden. Eine weitergehende Haftung des Notars hat der Gesetzgeber offensichtlich nicht vorgesehen, denn ansonsten hätte er sich hierzu – wie nicht – geäußert.[1279] Es erscheint wenig plausibel, dass der Gesetzgeber bei Schaffung des § 40 Abs. 3 GmbHG an eine Haftung der Geschäftsführer, nicht aber an eine Haftung des Notars gedacht haben soll.

4. Anspruch aus § 19 BNotO i.V.m. § 40 Abs. 2 GmbHG

Daraus, dass eine Haftung des Notars im Rahmen der Aktualisierung der Gesellschafterliste gem. § 40 GmbH zwar nicht vorgesehen ist und auch eine Haftung nach Deliktsrecht ausscheidet, folgt nicht, dass der Notar haftungsfrei bleibt.[1280] In Betracht kommt nämlich die allgemeine Notarhaftung gem. § 19 BNotO.[1281] § 19 BNotO, der weitgehend § 839 BGB entspricht, regelt als ausschließliche Anspruchsgrundlage die persönliche Amtshaftung des Notars[1282] und umfasst die volle deliktische Verantwortung des Notars ohne die Einschränkungen des § 823 BGB[1283]. Nach § 19 Abs. 1 S. 1 BNotO hat ein Notar, der vorsätzlich oder fahrlässig die ihm einem anderen gegenüber obliegende Amtspflicht verletzt, diesem den daraus entstehenden Schaden zu ersetzen. § 19 Abs. 1 S. 1 BNotO setzt mithin die schuldhafte Verletzung einer Amtspflicht voraus.

a) Amtspflichten

Bis zum MoMiG war eine Haftung des Notars gem. § 19 Abs. 1 S. 1 BNotO im Zusammenhang mit fehlerhaften Gesellschafterlisten von geringer Bedeutung, da es sich bei der Anzeigepflicht des Notars (§ 40 Abs. 1 S. 2 GmbHG a.F.) nicht um eine Amtspflicht handelte.[1284] Dies hat sich mit dem Inkrafttreten des MoMiG und der damit einhergehenden gestiegenen Bedeutung der Gesellschafterliste[1285] geändert.

1278 Vgl. hierzu nachfolgend § 4 E. I. 3.

1279 Vgl. *Rieg*, Erwerb vom Nichtberechtigten und Liste der Gesellschafter, S. 270.

1280 Vgl. auch *Noack*, in: Baumbach/Hueck, GmbHG, § 40 Rn. 72.

1281 Vgl. *Altmeppen*, in: Roth/Altmeppen, GmbHG, § 40 Rn. 28; *Bayer*, in: Lutter/Hommelhoff, GmbHG, § 40 Rn. 81; *Begemann/Galla*, in: GmbHR 2009, 1065, 1070; *Dompke/Spiller*, in: BRJ 2009, 125, 129; *Gottschalk*, in: DZWiR 2009, 45, 47; *Hasselmann*, in: NZG 2009, 486, 493; *Heidinger*, in: MünchKomm-GmbHG, § 40 Rn. 241; *Heilmeier*, in: BeckOK-GmbHG, § 40 Rn. 223; *Kort*, in: GmbHR 2009, 169, 173; *Liebscher/Goette*, in: DStR 2010, 2038; *Mayer*, in: DNotZ 2008, 403, 415; *Noack*, in: Baumbach/Hueck, GmbHG, § 40 Rn. 72; *Seibt*, in: Scholz, GmbHG, § 40 Rn. 102; *Sikora*, in: NWB 2010, 992, 1000; *Terlau*, in: Michalski, GmbHG, § 40 Rn. 45; *Vossius*, in: DB 2007, 2299, 2304; *Wicke*, GmbHG, § 40 Rn. 21; *Winter/Marx*, in: Gehrlein/Ekkenga/Simon, GmbHG, § 40 Rn. 46.

1282 Vgl. *Schramm*, in: Schippel/Bracker, BNotO, § 19 Rn. 1.

1283 Vgl. *Schramm*, in: Schippel/Bracker, BNotO, § 19 Rn. 4.

1284 Vgl. *Altmeppen*, in: Roth/Altmeppen, GmbHG, § 40 Rn. 28.

1285 Vgl. hierzu im Einzelnen § 3 C.

aa) Pflichten des Notars nach § 40 Abs. 2 S. 1 GmbHG und § 40 Abs. 2 S. 2 GmbHG

Wie bereits an anderer Stelle ausgeführt, begründet die Vorschrift des § 40 Abs. 2 S. 1 GmbHG nach allgemeiner Ansicht eine Amtspflicht des mitwirkenden Notars, die aktualisierte Gesellschafterliste zu erstellen, zu unterschreiben und zum Handelsregister einzureichen.[1286] Mit von dieser Amtspflicht umfasst ist folglich auch die der Einreichung zwingend vorauszugehende Prüfung der Wirksamkeit der Veränderung, d.h. die Prüfpflicht des Notars[1287]. Die Erstellung der Listenbescheinigung gem. § 40 Abs. 2 S. 2 GmbHG[1288] begründet zwar ebenfalls eine Amtspflicht, die mit Zwangsgeld durchgesetzt werden kann.[1289] Allerdings ist die Listenbescheinigung weder für die Ausübung der Gesellschafterliste gem. § 16 Abs. 1 GmbHG bedeutsam noch – und das ist vorliegend von Bedeutung – begründet sie einen Redlichkeitsschutz für einen gutgläubigen Erwerb gem. § 16 Abs. 3 GmbHG.[1290] Maßgeblich für den gutgläubigen Erwerb gem. § 16 Abs. 3 GmbHG ist vielmehr allein der Inhalt der Gesellschafterliste, nicht aber die diesbezügliche Listenbescheinigung des Notars.[1291] Eine etwaige Verletzung der Pflicht aus § 40 Abs. 2 S. 2 GmbHG kann folglich für den Verlust eines Geschäftsanteils aufgrund gutgläubigen Erwerbs bereits nicht kausal sein, weshalb sich die praktische Bedeutung dieser Amtspflicht (jedenfalls in den vorliegend relevanten Konstellationen) in Grenzen hält.[1292]

Die Pflichten des Notars im Zusammenhang mit der Aktualisierung und Einreichung der Gesellschafterliste wurden bereits umfassend im Zusammenhang mit den Erörterungen zur Gesellschafterliste dargestellt. Insoweit wird an dieser Stelle im Einzelnen auf die diesbezüglichen Ausführungen verwiesen.[1293]

Zusammenfassend gilt hinsichtlich der Pflichten des Notars im Zusammenhang mit der Aktualisierung und Einreichung der Gesellschafterliste danach das Folgende:

1286 S.o. § 3 C. III. 4. c) bb) (1).

1287 Vgl. zur Prüfpflicht des Notars bereits die Ausführungen unter § 3 C. III. 4. c) bb) (2).

1288 Vgl. zur Listenbescheinigung allgemein die Ausführungen unter § 3 C. III. 4. c) bb) (3).

1289 Vgl. OLG Köln, Beschl. v. 19.07.2013 – 2 Wx 170/13, RNotZ 2013, 556; *Heilmeier,* in: BeckOK-GmbHG, § 40 Rn. 223, 163; *Noack,* in: Baumbach/Hueck, GmbHG, § 40 Rn. 74; zweifelnd: Heidinger, in: Heckschen/Heidinger, Die GmbH in der Gestaltungs- und Beratungspraxis, § 13 Rn. 361; *Mayer,* in: DNotZ 2008, 403, 415.

1290 Vgl. *Heidinger*, in: Heckschen/Heidinger, Die GmbH in der Gestaltungs- und Beratungspraxis, § 13 Rn. 361; *Noack,* in: Baumbach/Hueck, GmbHG, § 40 Rn. 74.

1291 Vgl. *Mayer,* in: DNotZ 2008, 403, 415; *Noack,* in: Baumbach/Hueck, GmbHG, § 40 Rn. 74.

1292 Vgl. auch *Heidinger*, in: Heckschen/Heidinger, Die GmbH in der Gestaltungs- und Beratungspraxis, § 13 Rn. 361; *Heilmeier,* in: BeckOK-GmbHG, § 40 Rn. 223; *Mayer,* in: DNotZ 2008, 403, 415; *Wicke,* GmbHG, § 40 Rn. 21; *Noack,* in: Baumbach/Hueck, GmbHG, § 40 Rn. 74.

1293 S.o. § 3 C. III. 4. c) bb).

bb) Zuständigkeit[1294]

(1) Allgemeines

Eine Zuständigkeit des Notars für die Einreichung der Gesellschafterliste gem. § 40 Abs. 2 S. 1 GmbHG liegt stets dann vor, wenn er an einer Veränderung i.S.d. § 40 Abs. 1 S. 1 GmbHG *„mitgewirkt"* hat.[1295] Die Zuständigkeit gem. § 40 Abs. 2 S. 1 GmbHG begründet gleichzeitig die weiteren, im Folgenden noch einmal zusammenfassend aufgeführten Pflichten des Notars im Zusammenhang mit der Aktualisierung und Einreichung der Gesellschafterliste.

(2) Problematische Konstellationen

Zu beachten ist dies insbesondere in den Konstellationen, in denen die Abgrenzung zur Zuständigkeit der Geschäftsführer Probleme bereitet, insbesondere wenn unklar ist, ob ein Notar i.S.d. § 40 Abs. 2 S. 1 GmbHG an einer Veränderung *„mitgewirkt"* hat, was in der Konsequenz zu einer ausschließlichen Zuständigkeit und Verpflichtung des mitwirkenden Notars führt.[1296] Hinsichtlich dieser problematischen Konstellationen wird an dieser Stelle im Einzelnen auf die diesbezüglichen Ausführungen im Zusammenhang mit den Erörterungen zur Gesellschafterliste verwiesen.[1297]

Zusammenfassend ist nach hier vertretener Ansicht ausschließlich der Notar in den folgenden problematischen Konstellationen gem. § 40 Abs. 2 S. 1 GmbHG zuständig:

(a) Aufschiebend bedingte Anteilsabtretungen[1298]

In den Konstellationen aufschiebend bedingter Übertragungen von Geschäftsanteilen besteht (im Gegensatz zu den Konstellationen auflösend bedingter Anteilsübertragungen) eine ausschließliche Zuständigkeit des an der Übertragung mitwirkenden Notars gem. § 40 Abs. 2 S. 1 GmbHG. Allerdings trifft den Notar in diesen Konstellationen mangels bestehender Auskunftsrechte keine Pflicht zur Überwachung hinsichtlich des Eintritts der Bedingung. Da der Notar seine Einreichungspflicht erst dann erfüllen kann, wenn ihn die Parteien über die entsprechende Veränderung hinreichend durch die Vorlage der jeweiligen Nachweise informieren, ist er aber dazu verpflichtet, die Parteien darauf hinzuweisen, dass er eine aktualisierte Gesellschafterliste erst dann zum Handelsregister einreichen kann, wenn ihm der Eintritt der Bedingungen bzw. ein Verzicht hierauf mitgeteilt wird.

1294 Vgl. hierzu im Einzelnen die Ausführungen unter § 3 C. III. 4. a), c) aa) sowie die Ausführungen unter § 3 C. III. 4. d) hinsichtlich der problematischen Konstellationen, in denen unklar ist, ob Geschäftsführer oder Notar zuständig sind.

1295 Vgl. hinsichtlich der unproblematisch in die Zuständigkeit des Notars fallenden Konstellationen § 3 C. III. 4. c) aa).

1296 Vgl. hierzu im Einzelnen § 3 C. III. 4. a) und c) bb) (1).

1297 S.o. § 3 C. III. 4. d).

1298 S.o. § 3 C. III. 4. d) cc).

Dies sollte mit einem Hinweis auf die nunmehrige Bedeutung und Wirkungen der Gesellschafterliste verbunden werden. Die Parteien sollten durch eine entsprechend verpflichtende Klausel im Abtretungsvertrag dafür Sorge tragen, den Notar über das Wirksamwerden der Veränderung im Gesellschafterbestand zu informieren. Dabei kann sich der Notar grundsätzlich auf die ihm für den Nachweis des Bedingungseintritts vorgelegten Informationen verlassen, weshalb das Risiko einer Falschinformation bei den Parteien liegt.

(b) Beteiligung mehrerer Notare[1299]

Haben mehrere Notare an einem Vorgang mitgewirkt (z.B. bei Beurkundung von Angebot und Annahme einer Anteilsübertragung durch verschiedene Notare), ist der Notar gem. § 40 Abs. 2 S. 1 GmbHG zuständig, der aufgrund seiner Mitwirkung bestmöglich sowie uno actu schnell und unbürokratisch die Aktualisierung der Gesellschafterliste bewerkstelligen kann. Dies ist in der Regel der Notar, der den letzten für die Wirksamkeit der Veränderung entscheidenden Vorgang beurkundet hat. Im Rahmen einer Anteilsübertragung ist dies regelmäßig der die Annahme beurkundende Notar, da erst durch die Annahme die Abtretung eines Geschäftsanteils wirksam wird.

cc) Prüfpflicht[1300]

Vor Unterzeichnung und Einreichung der aktualisierten Gesellschafterliste ist der mitwirkende Notar dazu verpflichtet, die Wirksamkeit der Veränderung i.S.d. § 40 Abs. 1 S. 1 GmbHG innerhalb einer nach den Umständen des jeweiligen Einzelfalles zu bemessenden Frist auch inhaltlich zu prüfen. Der Notar darf die aktualisierte Gesellschafterliste erst dann zum Handelsregister einreichen, wenn er von der Wirksamkeit der Veränderungen, an denen er mitgewirkt hat, sicher überzeugt ist. Hierbei ist auf die persönliche Überzeugung des Notars, d.h. die Ausübung pflichtgemäßen Ermessens abzustellen, wobei an den Grad der Überzeugungsbildung des Notars angesichts der nunmehrigen Bedeutung der Gesellschafterliste strenge Anforderungen zu stellen sind. Bei bestehenden Zweifeln hat der Notar die Beteiligten darauf hinzuweisen, dass er die aktualisierte Gesellschafterliste erst dann zum Handelsregister einreichen kann und darf, wenn ihm die von ihm noch benötigten Informationen und Nachweise vorgelegt werden. Der Notar kann grundsätzlich von der Richtigkeit der aktuell im Handelsregister aufgenommenen, bisherigen Gesellschafterliste ausgehen und hat diese vorgefundene Gesellschafterliste nicht inhaltlich auf ihre rechtliche Wirksamkeit zu überprüfen. Er muss die Geschäftsführer aber auf evidente Unrichtigkeiten der Gesellschafterliste hinweisen und diese vor Einreichung der aktualisierten Gesellschafterliste korrigieren lassen.

1299 S.o. § 3 C. III. 4. d) ee).

1300 S.o. § 3 C. III. 4. c) bb) (2); vgl. zum problematischen Verhältnis der Prüfpflicht zur Einreichungspflicht die Ausführungen unter § 3 C. III. 4. c) bb) (6).

dd) Einreichungspflicht[1301]

Die Pflicht des mitwirkenden Notars, die aktualisierte Gesellschafterliste zu erstellen, zu unterschreiben und unverzüglich, d.h. ohne schuldhaftes Zögern i.S.v. § 121 Abs. 1 S. 1 BGB, nach Wirksamwerden der Veränderung zum Handelsregister einzureichen (§ 40 Abs. 2 S. 1 GmbHG) ist zwingend und steht insbesondere nicht zur Disposition der Gesellschafter. Dabei ist es unerheblich, ob anschließend Unwirksamkeitsgründe eintreten können. Die Geschäftsführer oder der Notar müssen vielmehr ggf. eine neue Gesellschafterliste einreichen, wenn erneut eine Veränderung gem. § 40 Abs. 1 S. 1 GmbHG eintritt. Zur formellen Umsetzung der Einreichungspflicht hat der Notar die selbst erstellte und im Rahmen seiner oben dargestellten Pflichten geprüfte und hiernach aktualisierte Gesellschafterliste zu unterschreiben und zusammen mit der Listenbescheinigung elektronisch an das Handelsregister zu übermitteln.

ee) Listenbescheinigung[1302]

Gem. § 40 Abs. 2 S. 2 GmbHG ist die vom Notar eingereichte Gesellschafterliste zusätzlich mit der Bescheinigung des Notars zu versehen, *„dass die geänderten Eintragungen den Veränderungen entsprechen, an denen er mitgewirkt hat, und die übrigen Eintragungen mit dem Inhalt der zuletzt im Handelsregister aufgenommenen Liste übereinstimmen"*. Die Basis für die Bescheinigung ist die zuletzt in das Handelsregister aufgenommene Gesellschafterliste. Der Notar darf sich auch hier grundsätzlich auf die Richtigkeit der bisherigen Gesellschafterliste verlassen, muss die Geschäftsführer aber auf evidente Unrichtigkeiten hinweisen und diese vor Einreichung der aktualisierten Gesellschafterliste korrigieren lassen.

ff) Übermittlung an die Gesellschaft[1303]

Der Notar ist neben der Einreichung der aktualisierten Gesellschafterliste zum Handelsregister gem. § 40 Abs. 2 S. 1 GmbHG auch dazu verpflichtet, eine Abschrift der geänderten Liste an die Gesellschaft zu übermitteln. Nicht gesetzlich vorgesehen ist die Unterrichtung der von der Veränderung betroffenen Gesellschafter oder anderer Beteiligter selbst. Diese kann aber mit dem Notar vereinbart werden und erscheint auch äußerst empfehlenswert.

b) Amtspflichtverletzung

Der Notar muss eine der unter a) genannten Amtspflichten[1304] verletzt haben. Von Bedeutung sind hier, wie bereits angesprochen, insbesondere die Prüfpflicht und die Einreichungspflicht des Notars. Wie eine Pflichtverletzung der Geschäftsführer

---

1301 S.o. § 3 C. III. 4. c) bb) (2), (5).
1302 S.o. § 3 C. III. 4. c) bb) (3).
1303 S.o. § 3 C. III. 4. c) bb) (5).
1304 S.o. § 4 E. I. 4. a).

kann auch eine Amtspflichtverletzung des Notars durch Einreichen einer inhaltlich falschen Gesellschafterliste, durch eine verspätete Einreichung einer aktualisierten Gesellschafterliste oder aber durch Unterlassen der Einreichung einer aktualisierten Gesellschafterliste erfolgen.[1305] Die in Betracht kommenden Konstellationen gleichen im Großen und Ganzen folglich denen im Rahmen einer in Betracht kommenden Pflichtverletzung der Geschäftsführer.[1306] Darüber hinaus kommt eine Pflichtverletzung zwar theoretisch auch dann in Betracht, wenn der Notar die Abschrift der Gesellschafterliste nicht oder verspätet an die Gesellschaft übermittelt.[1307] Eine solche Pflichtverletzung ist aber jedenfalls für einen späteren Verlust des Geschäftsanteils aufgrund gutgläubigen Erwerbs nicht weiter relevant bzw. kausal, da dies keine unmittelbaren Auswirkungen auf die Richtigkeit oder Unrichtigkeit der Gesellschafterliste hat.

Im Einzelnen gilt das Folgende:

aa) Einreichung einer inhaltlich falschen Gesellschafterliste

Hat der Notar eine inhaltlich falsche Gesellschafterliste zum Handelsregister eingereicht, ist zunächst zu untersuchen, ob die dem Notar vorgelegenen Nachweise der entsprechenden Veränderung den objektiv zu stellenden Anforderungen entsprachen, insbesondere, ob hinreichende Nachweise in Ur- oder beglaubigter Abschrift sowie in deutscher Sprache für den Beleg der Veränderung vorgelegt worden sind. Eine Amtspflichtverletzung liegt vor, wenn der Notar eine Gesellschafterliste einreicht, die von den zugrunde liegenden Nachweisen abweicht.

Zu untersuchen ist aber insbesondere, ob der Notar seine Pflicht, die Wirksamkeit der Veränderungen im Gesellschafterbestand inhaltlich zu prüfen[1308], verletzt hat. Zu beachten ist, dass der Notar auch dann pflichtwidrig handelt, wenn er trotz nicht gegebener Zuständigkeit eine inhaltlich falsche Gesellschafterliste zum Handelsregister in dem Glauben einreicht, gem. § 40 Abs. 2 S. 1 GmbHG zuständig zu sein. Denn ansonsten erhielte der Notar bei nicht gegebener Zuständigkeit eine Art Freifahrtschein für die Einreichung fehlerhafter Gesellschafterlisten. Dies ist insbesondere in den Fallgruppen zu beachten, in denen eine Zuständigkeitsabgrenzung zwischen Notar und Geschäftsführern Probleme bereitet.[1309] Nimmt der Notar in diesen Konstellationen eine eigene Zuständigkeit an, obwohl diese eigentlich bei den Geschäftsführern liegt, und reicht eine unrichtige Gesellschafterliste zum Handelsregister ein, so stellt dies mithin trotz an sich nicht gegebener Zuständigkeit eine Amtspflichtverletzung des Notars dar.

1305 Vgl. auch *Seibt*, in: Scholz, GmbHG, § 40 Rn. 102.

1306 Vgl. hierzu § 4 D. I. 1. c).

1307 Vgl. *Seibt*, in: Scholz, GmbHG, § 40 Rn. 102.

1308 Vgl. zur Prüfpflicht des Notars die Ausführungen unter § 4 E. I. 4. a) cc) und § 3 C. III. 4. c) bb) (2).

1309 Vgl. hierzu insbesondere die Fallgruppen unter § 3 C. III. 4. d).

bb) Verspätete Einreichung einer aktualisierten Gesellschafterliste

Auch die verspätete, d.h. nicht unverzügliche (§ 121 Abs. 1 S. 1 BGB) Einreichung der aktualisierten Gesellschafterliste zum Handelsregister kann im Einzelfall eine Pflichtverletzung darstellen. Dies kommt stets dann in Betracht, wenn zwischen der Beurkundung, etwa einer Anteilsabtretung, und der letztlichen Aktualisierung der Gesellschafterliste beim Handelsregister ein großer Zeitraum liegt. Dabei ist wie auch in der vergleichbaren Situation im Rahmen der Geschäftsführerhaftung[1310] zu prüfen, wo diese Verzögerung herrührte. Es ist etwa zu untersuchen, ob sich der Notar unberechtigt weigerte, seiner Einreichungspflicht nachzukommen. Möglich ist auch, dass sich der Notar mit der Prüfung der Veränderungen unverhältnismäßig viel Zeit ließ und etwa die Prüfung der Veränderungen aufgeschoben hat. In diesen Konstellationen ist im Einzelfall zu klären, ab wann eine Verzögerung erheblich ist und eine Pflichtverletzung begründen kann. Maßstab kann hier etwa die Komplexität der Prüfung einer Veränderung sein, da der Notar zur Einreichung der aktualisierten Gesellschafterliste nur dann befugt ist, wenn er von der Wirksamkeit der Veränderung überzeugt ist. Ergibt sich die Veränderung etwa ohne weitere Probleme aus einer vorgelegten Urkunde und ist auch die zu Grunde liegende rechtliche Lage nicht weiter problematisch, dürfte ein nur kurzer Zeitraum von wenigen Tagen adäquat sein. Stellt sich die Lage hingegen problematisch dar und bedarf einer intensiven Prüfung mehrerer rechtlicher Probleme, so ist ein längerer Zeitraum zu gewähren. Für die Geschäftsführer wird in der vergleichbaren Lage als Beispiel für eine Pflichtverletzung etwa ein Zeitraum von 6 Monaten bei Nachweis des Anteilsübergangs eines Alleinerben durch Erbschein genannt.[1311] Dies dürfte für den in rechtlichen Angelegenheiten in der Regel deutlich qualifizierteren Notar erst recht gelten.

Zu beachten ist auch hier, dass sich im Falle der hier relevanten Konstellationen des Verlusts eines Geschäftsanteils aufgrund gutgläubigen Erwerbs die Pflichtverletzung durch eine verspätete Einreichung der Gesellschafterliste mit der Pflichtverletzung durch Unterlassen der Einreichung der Gesellschafterliste[1312] deckt, da der gutgläubige Erwerb eine unrichtige, d.h. noch nicht aktualisierte Gesellschafterliste voraussetzt. Die o.g. Grundsätze sind im Rahmen der Pflichtverletzung durch Unterlassen aufgrund bloßer Verzögerung entsprechend zu berücksichtigen.

cc) Unterlassen der Einreichung einer aktualisierten Gesellschafterliste

Insbesondere kann auch das Unterlassen der Einreichung einer aktualisierten Gesellschafterliste zum Handelsregister trotz bestehender Zuständigkeit gem. § 40 Abs. 2 S. 1 GmbHG eine Amtspflichtverletzung des Notars begründen. Ein solches Unterlassen kann verschiedene Ursachen haben. Möglich ist etwa, dass der Notar seine Prüfpflicht dahingehend verletzt hat, dass er die Wirksamkeit einer

---

1310 S.o. § 4 D. I. 1. c) bb).

1311 Vgl. *Heilmeier,* in: BeckOK-GmbHG, § 40 Rn. 216.

1312 Vgl. hierzu nachfolgend cc).

Veränderung falsch beurteilt und in der Folge zu Unrecht keine aktualisierte Gesellschafterliste zum Handelsregister eingereicht hat, weil er die mitgeteilte Veränderung nach dem Ergebnis seiner Prüfung unzutreffend für unwirksam erachtet hat.

Beispiel 30:

A, B und V sind Gesellschafter und Geschäftsführer der X-GmbH. Im Frühjahr 2010 bemerken A und B aufgrund einer durch Externe durchgeführten Compliance Untersuchung, dass V massive Straftaten zu Lasten der X-GmbH und ihrer Kunden begangen und sich auf Kosten der Gesellschaft und seiner Mitgesellschafter bereichert hat. Die Taten des V reichen von leichten Compliance Verstößen bis hin zu Betrug und Untreue in mehreren Fällen. Aufgrund dessen beschließt die Gesellschafterversammlung satzungsgemäß die Zwangsabtretung der Geschäftsanteile des V an A aus wichtigem Grund in der Person des betroffenen Gesellschafter V. Da der Gesellschaftsvertrag eine Ermächtigung der übrigen Gesellschafter enthält, dass diese den Vollzug des Zwangsabtretungsbeschlusses unmittelbar selbst erklären und damit bewirken können[1313]*, erfolgt kurz darauf auch die Abtretung der Anteile des V, der hierbei entsprechend der gesellschaftsvertraglichen Regelung von B vertreten wird, an A zu notarieller Urkunde vor dem Notar N. V enthält ein satzungs- und ordnungsgemäß ermitteltes Abfindungsentgelt von A. V erhebt umgehend Anfechtungs- und Nichtigkeitsklage gegen den Gesellschafterbeschluss. Daneben ist eine Schadensersatzklage der Gesellschafter sowie der Gesellschaft gegen V anhängig. Zudem hat die zuständige Staatsanwaltschaft Ermittlungen gegen V aufgenommen. N ist der Auffassung, bis zu einer rechtskräftigen Entscheidung des Anfechtungsverfahrens über die Wirksamkeit des Zwangsabtretungsbeschlusses keine aktualisierte Gesellschafterliste zum Handelsregister einreichen zu dürfen und bleibt daher untätig. Auch A kümmert sich nicht weiter darum, ist er doch umfassend mit den Klageverfahren und den laufenden Geschäften der X-GmbH beschäftigt.*

Drei Jahre später befinden sich die zivilrechtlichen Verfahren aufgrund zahlreicher Verzögerungen und zwischenzeitlichem Ruhen aufgrund erfolglos verlaufender Vergleichsgespräche noch immer in der ersten Instanz vor dem Landgericht. Allerdings gerät V zunehmend unter Druck; ihm drohen Schadensersatzzahlungen in Millionenhöhe aus den Zivilverfahren und die Staatsanwaltschaft hat nach langwierigen Ermittlungen doch noch Anklage wegen des Verdachts zahlreicher Fälle des Betruges und der Untreue erhoben. V plant daher, sich ins Ausland abzusetzen und verkauft und überträgt „seine" Geschäftsanteile zu notarieller Urkunde vor dem Notar U an den chinesischen Investor E. Dieser ahnt nichts von den Vorfällen; V ist noch immer in der Gesellschafterliste eingetragen, die Presse wurde von den Prozessen nicht informiert und hat entsprechend nicht über die Vorfälle berichtet, da A und B Imageschäden für die X-GmbH befürchten. Erst nachdem U nach der Übertragung der Anteile an E ordnungsgemäß eine aktualisierte Gesellschafterliste zum Handelsregister einreicht, erlangt A Kenntnis von der Übertragung.

Aufgrund der wirksamen Ermächtigung im Gesellschaftsvertrag konnte B den V bei der Beurkundung vertreten, wodurch der notarielle Abtretungsvertrag über die Geschäftsanteile

---

1313 Vgl. hierzu BGH, Urt. v. 20.06.1983 – II ZR 237/82, NJW 1986, 2880.

wirksam geschlossen wurde und A infolge der Abtretung Inhaber der Geschäftsanteile geworden ist. Dies hätte N nach einer ordnungsgemäßen Prüfung erkennen müssen. Sein Untätigbleiben begründet mithin eine Amtspflichtverletzung durch Unterlassen.

Von Relevanz sind zudem die genannten problematischen Konstellationen, in denen eine Abgrenzung zur Geschäftsführerzuständigkeit Probleme bereitet.[1314] Auch hier stellt ein Untätigbleiben des Notars eine Amtspflichtverletzung dar. Zu denken ist in diesem Zusammenhang an ein Untätigbleiben des mitwirkenden Notars nach Eintritt einer aufschiebenden Bedingung, sofern ihn die Parteien über die entsprechende Veränderung hinreichend durch die Vorlage der jeweiligen Nachweise informiert haben oder er die Parteien nicht darauf hingewiesen hat, dass er eine aktualisierte Gesellschafterliste erst dann zum Handelsregister einreichen kann, wenn ihm der Eintritt der Bedingungen bzw. ein Verzicht hierauf mitgeteilt wird.[1315]

Beispiel 31:

V überträgt Anfang 2013 seinen Geschäftsanteil an der X-GmbH zu notarieller Urkunde unter der aufschiebenden Bedingung der vollständigen Kaufpreiszahlung an A. Der beurkundende Notar N weist die Parteien darauf hin, dass sie ihn über den Eintritt der Bedingung unter Vorlage entsprechender Nachweise zu informieren haben, da er erst dann eine aktualisierte Gesellschafterliste zum Handelsregister einreichen könne. Ende 2013 tritt die Bedingung ein, da A die letzte Kaufpreisrate an V überwiesen hat. A wird aber nicht als neuer Gesellschafter in die Gesellschafterliste eingetragen.

Ende 2014 überträgt V denselben Geschäftsanteil zu notarieller Urkunde an den gutgläubigen E. Der beurkundende Notar O reicht unverzüglich eine aktualisierte Gesellschafterliste zum Handelsregister ein.

Variante 1:

Der Eintritt der Bedingung wird dem Notar N nicht mitgeteilt.

Variante 2:

Der Eintritt der Bedingung wird dem Notar N mitgeteilt. N teilt A mit, dass er keinen Anlass dazu sehe, die Gesellschafterliste zu aktualisieren, da seiner Ansicht nach die Geschäftsführer hierfür zuständig seien. Auch A kümmert sich nicht weiter darum, dass er in die Gesellschafterliste eingetragen wird.

Variante 3:

Der Eintritt der Bedingung wird dem Notar N mitgeteilt. N sieht aber keinen Anlass zur Eile und schiebt die Aktualisierung der Gesellschafterliste erst einmal hinter aus seiner Sicht dringlichere Aufgaben. A bemerkt dies zwar, bleibt aber ebenfalls untätig.

1314 Vgl. hierzu § 3 C. III. 4. d).
1315 Vgl. hierzu im Einzelnen die Ausführungen unter § 3 C. III. 4. d) cc).

*N wurde in **Variante 1** der Eintritt der Bedingung nicht mitgeteilt. In diesem Falle besteht damit auch keine Pflichtverletzung, da er keine Pflicht zur Nachforschung über den Eintritt der Bedingung hat und er die Parteien ausreichend hierüber informiert hat. In den **Varianten 2 und 3** begründet das Untätigbleiben des N trotz Mitteilung vom Eintritt der Bedingung hingegen eine Amtspflichtverletzung i.S.d. § 19 Abs. 1 S. 1 BNotO.*

Ebenso kann im Falle der Beteiligung mehrerer Notare ein Untätigbleiben des zuständigen, im Rahmen einer Anteilsabtretung in der Regel also des die Annahme beurkundenden Notars[1316], eine Amtspflichtverletzung begründen.

Beispiel 32 *(Fortführung von Beispiel 8):*[1317]

Der in München lebende V möchte seinen Geschäftsanteil auf den im Hamburg lebenden A übertragen. Da beide zeitlich stark eingebunden sind, beschließen sie, von einem gemeinsamen Notartermin abzusehen und das entsprechende Angebot des V von einem Notar in München und die Annahme des A von einem Notar in Hamburg beurkunden zu lassen. Nach Beurkundung in Hamburg wird die Gesellschafterliste weder durch die beteiligten Notare noch durch die Geschäftsführer aktualisiert. A bemerkt dies zwar, unternimmt aber ebenfalls nichts.

Ein Jahr später bemerkt auch V, dass er noch immer als Gesellschafter in der Gesellschafterliste eingetragen ist. Er nutzt „die Gunst der Stunde“ und überträgt den Geschäftsanteil zu notarieller Urkunde vor einem Kölner Notar an den gutgläubigen E. Der Kölner Notar reicht unverzüglich eine aktualisierte Gesellschafterliste zum Handelsregister ein.

Das Untätigbleiben des die Annahme beurkundenden und damit für die Aktualisierung der Gesellschafterliste gem. § 40 Abs. 2 S. 1 GmbHG zuständigen Hamburger Notars begründet eine Amtspflichtverletzung gem. § 19 Abs. 1 S. 1 BNotO.

In Betracht kommt aber auch hier das schlichte Untätigsein bzw. -bleiben des Notars bzw. das Liegenlassen einer bereits unterschriebenen aktualisierten Gesellschafterliste. Diesbezüglich kann im Übrigen auf die obigen Ausführungen zur Pflichtverletzung durch verspätete Einreichung der Gesellschafterliste verwiesen werden.[1318]

Beispiel 33:

V überträgt seinen Geschäftsanteil an der X-GmbH zu notarieller Urkunde an den A. Der beurkundende Notar N versäumt es in der Folge, eine entsprechend aktualisierte und notariell bescheinigte Gesellschafterliste zum Handelsregister einzureichen. A nimmt dies zwar zur Kenntnis als er nach fünf Monaten routinemäßig die Gesellschafterliste einsieht. Da er aber bislang von der X-GmbH und auch von dem Notar N keine Hinweise erhalten hat, geht A davon aus, dass dies alles schon seine Richtigkeit haben werde und unternimmt nichts weiter.

1316 Vgl. hierzu im Einzelnen die Ausführungen unter § 3 C. III. 4. d) ee).

1317 S.o. § 3 C. III. 4. d) ee).

1318 S.o. § 4 E. I. 4. b) bb).

Nach weiteren zwei Monaten bemerkt auch V, dass er noch immer als Gesellschafter in der Gesellschafterliste eingetragen ist. Da er seinen Ruhestand ohnehin in Südamerika verbringen möchte und hierfür noch etwas Kapital benötigt, veräußert und überträgt V den Geschäftsanteil erneut zu notarieller Urkunde, dieses Mal allerdings bei einem anderen Notar, an den gutgläubigen E. Der beurkundende Notar O reicht unverzüglich eine aktualisierte und notariell bescheinigte Gesellschafterliste zum Handelsregister ein.

Obwohl N gem. § 40 Abs. 2 S. 1 GmbHG unverzüglich nach Wirksamwerden der Abtretung eine aktualisierte Gesellschafterliste zum Handelsregister hätte einreichen müssen, versäumte er dies. Dieses Unterlassen des N begründet eine Amtspflichtverletzung i.S.v. § 19 Abs. 1 S. 1 BNotO.

c) Anspruchsberechtigung des Altgesellschafters

Die Amtspflichten des Notars bestehen gegenüber denjenigen, deren Beteiligung sich unter seiner Mitwirkung geändert hat.[1319] Der Altgesellschafter, der seine Beteiligung unter der Mitwirkung des Notars verliert, ist mithin anspruchsberechtigt.

d) Verschulden

aa) Allgemeines

§ 19 Abs. 1 S. 1 BNotO setzt neben einer Amtspflichtverletzung ein Verschulden des Notars, d.h. Vorsatz oder Fahrlässigkeit voraus.[1320] Anknüpfungspunkt für das Verschulden des Notars ist die Nichteinhaltung der konkreten Amtspflicht; ein Voraussehen oder Inkaufnehmen des Schadens ist hingegen nicht erforderlich.[1321] Allgemein fehlt es angesichts der hohen Anforderungen an eine Amtspflichtverletzung nur selten an einem Schuldvorwurf[1322], d.h. bei Vorliegen einer Amtspflichtverletzung dürfte in der Regel jedenfalls ein fahrlässiges Verhalten des Notars zu bejahen sein.

bb) Verschuldensmaßstäbe

Der Notar handelt nach einhelliger Ansicht vorsätzlich, wenn er sich bewusst über gesetzliche Bestimmungen oder sonstige von ihm erkannte Amtspflichten hinwegsetzt.[1323] Ausreichend ist aber auch dolus eventualis, d.h. wenn der Notar

---

1319 Vgl. etwa *Noack,* in: Baumbach/Hueck, GmbHG, § 40 Rn. 72.
1320 Vgl. *Schramm,* in: Schippel/Bracker, BNotO, § 19 Rn. 50.
1321 Vgl. BGH, Urt. v. 12.07.1968, DNotZ 1969, 173, 178; *Schramm,* in: Schippel/Bracker, BNotO, § 19 Rn. 50.
1322 Vgl. *Schramm,* in: Schippel/Bracker, BNotO, § 19 Rn. 50.
1323 Vgl. *Kapsa,* in: Geigel, Haftpflichtprozess, Kapitel 20 Rn. 271; *Schramm,* in: Schippel/Bracker, BNotO, § 19 Rn. 69; *Wörstmann,* in: Staudinger, BGB, § 839 Rn. 195.

mit der Möglichkeit einer Amtspflichtverletzung rechnet und diese billigend in Kauf nimmt.[1324]

Der Notar handelt fahrlässig, wenn er bei gehöriger Aufmerksamkeit hätte erkennen müssen, dass eine Pflicht zu einem bestimmten Handeln oder Unterlassen bestand.[1325] Übertragen auf die vorliegend relevanten Konstellationen handelt der Notar demgemäß fahrlässig, wenn er hätte erkennen müssen, dass er die Gesellschafterliste hätte aktualisieren oder auch nicht (etwa im Falle einer unwirksamen Veränderung oder seiner Unzuständigkeit) aktualisieren müssen bzw. dürfen. Nach einhelliger Ansicht ist das Vorliegen von Fahrlässigkeit nach dem objektiven Maßstab eines erfahrenen, pflichtbewussten und gewissenhaften Durchschnittsnotars zu beurteilen.[1326] Aufgrund des objektiven Maßstabes kommt es – ähnlich wie auch bei den Geschäftsführern[1327] – grundsätzlich auf persönliche Umstände wie Unerfahrenheit, Überarbeitung, Ermüdungserscheinungen, Erkrankungen etc. nicht an.[1328] Der Notar hat nach diesem objektiven Maßstab allgemein über die für die Ausübung seines Berufs erforderlichen Rechtskenntnisse zu verfügen und sich mindestens über die Rechtsprechung der obersten Gerichte, die in den amtlichen Sammlungen und den für seine Amtstätigkeit wesentlichen Zeitschriften veröffentlicht ist, unverzüglich zu unterrichten sowie die üblichen Erläuterungs- und Handbücher auszuwerten.[1329] Dabei darf der Notar grundsätzlich auf eine gefestigte höchstrichterliche Rechtsprechung vertrauen.[1330] Bei den vorliegend relevanten Konstellationen um die Aktualisierung der Gesellschafterliste darf – insbesondere angesichts der noch kurzen Gültigkeit der §§ 16 und 40 GmbHG n.F. seit dem Inkrafttreten des MoMiG – aber bezweifelt werden, ob bereits von einer gefestigten Rechtsprechung zu den einzelnen Streitfragen gesprochen werden kann, auch wenn zu einzelnen Fragen inzwischen Entscheidungen des BGH vorliegen.[1331] Dem Notar darf allerdings auch die objektiv unrichtige Auslegung neuer Vorschriften, deren Inhalt durch die Rechtsprechung noch nicht ausreichend klargestellt ist, nicht als Verschulden angelastet werden, sofern er nach sorgfältiger Prüfung zu einem objektiv vertretbaren Ergebnis

1324 Vgl. BGH, Urt. v. 19.03.1992 – III ZR 117/90, NVwZ 1992, 911 (betrifft Haftung einer Bauaufsichtsbehörde); *Schramm,* in: Schippel/Bracker, BNotO, § 19 Rn. 69; *Wörstmann,* in: Staudinger, BGB, § 839 Rn. 195.

1325 Vgl. *Schramm,* in: Schippel/Bracker, BNotO, § 19 Rn. 51.

1326 Vgl. BGH, Urt. v. 28.09.2000 – IX ZR 279/99, DNotZ 2001, 49; BGH, Urt. v. 10.07.2008 – III ZR 292/07, DNotZ 2009, 45; *Kapsa,* in: Geigel, Haftpflichtprozess, Kapitel 20 Rn. 271; *Schramm,* in: Schippel/Bracker, BNotO, § 19 Rn. 51.

1327 S.o. § 4 B. I. 1. d) bb).

1328 Vgl. *Schramm,* in: Schippel/Bracker, BNotO, § 19 Rn. 52 m.w.N.

1329 Vgl. BGH, Urt. v. 28.09.2000 – IX ZR 279/99, NJW 2001, 70, 72; *Kapsa,* in: Geigel, Haftpflichtprozess, Kapitel 20 Rn. 271.

1330 Vgl. BGH, Urt. v. 25.03.1983 – V ZR 268/81, DNotZ 1983, 618; *Schramm,* in: Schippel/Bracker, BNotO, § 19 Rn. 56.

1331 Vgl. zu den Problemen um die Aktualisierung der Gesellschafterliste die Ausführungen unter § 3 C. III.

gelangt ist.[1332] Bei den §§ 16, 40 GmbHG n.F. handelt es sich zweifellos noch um neuere Vorschriften, die noch einige Fragezeichen aufwerfen. Allerdings hat der Notar bei nicht gefestigter höchstrichterlicher Rechtsprechung jedenfalls Tendenzen in der einschlägigen Rechtsprechung und Literatur zu beachten. Der Notar hat deshalb insbesondere bei gerichtlichen Entscheidungen nicht nur die Leitsätze, sondern auch die Entscheidungsgründe hinsichtlich eines etwaigen obiter dictums hin zu prüfen.[1333] Bei fehlender Rechtsprechung hat der Notar sich intensiv mit der einschlägigen Fachliteratur zu befassen. Folgt der Notar in einer solchen Konstellation der zu diesem Zeitpunkt h.L., handelt er auch im Falle einer späteren, divergierenden Gerichtsentscheidung nicht schuldhaft.[1334] Der Notar handelt hingegen schuldhaft, wenn er im Falle mehrerer möglicher Maßnahmen (selbst bei Mehrkosten) nicht den sicheren und gefahrlosesten Weg wählt oder vorschlägt.[1335] Allgemein sind gerade bei den hier relevanten Fragen um die Aktualisierung der Gesellschafterliste angesichts deren großen Bedeutung hohe Anforderungen an die „Sicherheit" zu stellen, insbesondere was die Beurteilung der Wirksamkeit der Veränderung betrifft. Hat der Notar den Beteiligten durch einen Vorbescheid angekündigt, dass er die Einreichung einer aktualisierten Gesellschafterliste beabsichtigt und legen die Beteiligten hiergegen nicht gem. § 15 Abs. 2 BNotO Beschwerde ein, ist eine Amtshaftung des Notars für die Unrichtigkeit der aktualisierten Gesellschafterliste ausgeschlossen.[1336]

Im ***Beispiel 33*** *und in der* ***Variante 3 des Beispiels 31*** *handelt N jedenfalls jeweils fahrlässig. Denn jeder Durchschnittsnotar hätte erkennen müssen, dass er unverzüglich nach Wirksamwerden der Abtretung aufgrund seiner Mitwirkung an dieser Veränderung im Gesellschafterbestand gem. § 40 Abs. 2 S. 1 GmbHG eine aktualisierte Gesellschafterliste zum Handelsregister hätte einreichen müssen.*

cc) Beurteilung des Verschuldens in problematischen Konstellationen hinsichtlich der Zuständigkeitsabgrenzung

Wie auch bei den Geschäftsführern[1337], führt die Annahme von Fahrlässigkeit insbesondere in den Konstellationen zu Problemen, in denen bereits eine Zuständigkeitsabgrenzung von Geschäftsführern und Notar Schwierigkeiten bereitet.

1332 Vgl. BGH, Urt. v. 28.09.2000 – IX ZR 279/99, DNotZ 2001, 49, 54; *Kapsa,* in: Geigel, Haftpflichtprozess, Kapitel 20 Rn. 271.

1333 Vgl. *Schramm,* in: Schippel/Bracker, BNotO, § 19 Rn. 59 m.w.N.

1334 Vgl. BGH, Urt. v. 14.07.1970, VersR 1970, 932; *Schramm,* in: Schippel/Bracker, BNotO, § 19 Rn. 60.

1335 Vgl. etwa BGH, Urt. 16.10.2008 – III ZR 15/08, NJW 2009, 71; *Schramm,* in: Schippel/Bracker, BNotO, § 19 Rn. 62 m.w.N.

1336 Vgl. *Link,* in: RNotZ 2009, 193, 201; *Paefgen,* in: Ulmer/Habersack/Löbbe, GmbHG, § 40 Rn. 192; *Tebben,* in: RNotZ 2008, 441, 453; *Seibt,* in: Scholz, GmbHG, § 40 Rn. 103.

1337 Vgl. hierzu bereits § 4 D. I. 1. d) (cc).

(1) Allgemeines

Zu Problemen kann es etwa dann kommen, wenn der Notar unzutreffend seine Zuständigkeit gem. § 40 Abs. 2 S. 1 GmbHG annimmt oder nicht annimmt und infolgedessen handelt oder auch nicht handelt. Unter Anwendung der unter bb) dargestellten Grundsätze[1338] dürfte dem Notar kein Verschulden zur Last gelegt werden, wenn er nach sorgfältiger Prüfung zu einem falschen aber objektiv dennoch vertretbaren Ergebnis gelangt und fälschlicherweise seine Zuständigkeit annimmt oder auch nicht annimmt. Unabhängig davon hat der Notar aber bei Einreichen einer falschen Gesellschafterliste auch dann hierfür einzustehen, wenn er nicht gem. § 40 Abs. 2 S. 1 GmbHG für die Aktualisierung zuständig gewesen ist.[1339] Nimmt also der Notar etwa eine eigene Zuständigkeit gem. § 40 Abs. 2 S. 1 GmbHG an, obwohl diese objektiv nicht besteht, so hat er auf Basis dieser Annahme auch die ihm in diesem Falle obliegenden Pflichten gem. § 40 Abs. 2 GmbHG ordnungsgemäß zu erfüllen. Dies ist insbesondere und gerade in den Fallgruppen zu beachten, in denen eine Zuständigkeitsabgrenzung zwischen Notar und Geschäftsführern Probleme bereitet. Abgesehen davon hat der Notar bei nicht gefestigter höchstrichterlicher Rechtsprechung jedenfalls Tendenzen in der einschlägigen Rechtsprechung und Literatur zu berücksichtigen. In diesem Zusammenhang ist zu beachten, dass in Rechtsprechung und Fachliteratur inzwischen zu Recht empfohlen wird, bei Zweifeln hinsichtlich der Zuständigkeit gem. § 40 Abs. 1 und Abs. 2 GmbHG die Gesellschafterliste sowohl durch den Notar als auch durch die Geschäftsführer unterzeichnen zu lassen.[1340] So kann sichergestellt werden, dass zumindest auch die zuständige Person tätig geworden ist. Vor diesem Hintergrund könnte man zunächst an Fahrlässigkeit des Notars denken, wenn er hinsichtlich der Zuständigkeitsabgrenzung problematischer Konstellationen[1341] nicht so verfährt. Dies ist allerdings in den Konstellationen problematisch, in denen der Notar überhaupt keine Kenntnis von einer Veränderung hat oder haben kann, die eine Aktualisierung der Gesellschafterliste erfordert. Es sind daher stets die konkreten Umstände des Einzelfalls zu untersuchen.

Bezogen auf die bereits im Rahmen der Ausführungen zur Gesellschafterliste dargestellten problematischen Konstellationen hinsichtlich der Zuständigkeitsabgrenzung ergibt sich das Folgende:

(2) Konstellationen, in denen keine Zuständigkeit des Notars besteht

Fraglich ist, ob den Notar in den problematischen Konstellationen, in denen die Zuständigkeitsabgrenzung zwar schwierig ist, richtigerweise aber eine Zuständigkeit der Geschäftsführer gem. § 40 Abs. 1 S. 1 GmbHG besteht, ein Verschulden im Falle des Untätigbleibens treffen kann. Im Einzelnen sind dies die Konstellationen einer

1338 S.o. § 4 E. I. 4. d) bb).
1339 Vgl. bereits zur Amtspflichtverletzung in dieser Situation § 4 E. I. 4. b) aa).
1340 S.o. § 3 C. III. 4. e).
1341 S.o. § 3 C. III. 4. d).

sog. mittelbaren Mitwirkung des Notars[1342], Konstellationen auflösend bedingter Anteilsabtretungen[1343], der Korrektur einer vom Notar eingereichten, unrichtigen Gesellschafterliste[1344], sich kreuzender Gesellschafterlisten[1345] und einer Auslandsbeurkundung[1346].

Diese Frage muss zunächst einmal davon abhängen, ob der Notar im konkreten Einzelfall überhaupt die theoretische Möglichkeit hat, seine eigene Zuständigkeit zu prüfen. Im Gegensatz zur Beurteilung der Zuständigkeit gem. § 40 Abs. 2 S. 1 GmbHG muss es hier auf den konkreten Einzelfall und damit auf die Kenntnis des Notars von der Veränderung ankommen. Auch eine Kenntnis des Notars von der Veränderung begründet zwar nicht dessen Zuständigkeit gem. § 40 Abs. 2 S. 1 GmbHG. Im Falle einer Kenntnis hat der Notar aber die Empfehlungen der Rechtsprechung und Literatur zu beachten, wonach in problematischen Konstellationen hinsichtlich der Zuständigkeit gem. § 40 Abs. 1 und Abs. 2 GmbHG, zu denen die Vorliegenden zweifellos zählen, die Gesellschafterliste sowohl durch den Notar als auch durch die Geschäftsführer unterzeichnet werden sollte. Der Notar hat die Parteien deshalb jedenfalls darauf hinzuweisen und die Empfehlung auszusprechen, aufgrund der unklaren Rechtslage die Gesellschafterliste sowohl durch ihn selbst als auch durch die Geschäftsführer unterzeichnen zu lassen. Verzichten die Geschäftsführer hierauf und reichen in der Folge trotz des Hinweises des Notars auch ihrerseits keine aktualisierte Gesellschafterliste zum Handelsregister ein, trifft den Notar aber kein Verschulden an einem späteren, auf Basis der infolge der Nichtaktualisierung unrichtigen Gesellschafterliste erfolgten Verlusts des Geschäftsanteils aufgrund eines gutgläubigen Erwerbs gem. § 16 Abs. 3 GmbHG.

Entsprechendes gilt im Ergebnis allerdings auch dann, wenn der Notar es unterlässt, auf die Empfehlung der Rechtsprechung und Literatur hinzuweisen. Denn die Unterschrift sowohl durch den Notar als auch durch die Geschäftsführer soll lediglich sicherstellen, dass zumindest auch die zuständige Person tätig geworden ist. Dies verhindert insbesondere Verzögerungen bei der Aufnahme der Gesellschafterliste zum Handelsregister und Folgeprobleme im Zusammenhang mit der Legitimationswirkung des § 16 Abs. 1 GmbHG. Der unterlassene Hinweis ist aber nicht kausal für die Unrichtigkeit der Gesellschafterliste und damit für den späteren gutgläubigen Erwerb. Den Notar treffen bei nicht gegebener Zuständigkeit grundsätzlich auch nicht die weiteren Pflichten gem. § 40 Abs. 2 GmbHG. Der Notar unterliegt mithin insbesondere keiner Prüfpflicht und auch keiner Einreichungspflicht. Unterschreibt der Notar aber die Gesellschafterliste, übernimmt er unabhängig von der tatsächlichen Zuständigkeit hierdurch Mitverantwortung für deren Richtigkeit und muss in der Folge auch unter den weiteren Voraussetzungen des § 19 Abs. 1

1342 Str., s.o. § 3 C. III. 4. d) aa).
1343 Str., s.o. § 3 C. III. 4. d) bb).
1344 Str., s.o. § 3 C. III. 4. d) dd).
1345 Weitgehend unstr., s.o. § 3 C. III. 4. d) ff).
1346 Str., s.o. § 3 C. III. 4. d) gg).

BNotO im Falle eines Verlusts des Geschäftsanteils aufgrund gutgläubigen Erwerbs haftbar sein.

Dies führt zunächst zu der wenig befriedigenden Situation, dass es – jedenfalls hinsichtlich einer Haftung des Notars im Falle des Verlusts des Geschäftsanteils aufgrund gutgläubigen Erwerbs – für den Notar vorteilhafter sein könnte, nicht auf die Empfehlung der Doppelunterzeichnung der aktualisierten Gesellschafterliste hinzuweisen. Allerdings dürfte in diesen Fällen ohnehin das Subsidiaritätsprivileg des Notars gem. § 19 Abs. 1 S. 2 BNotO eingreifen.[1347]

Reicht der Notar trotz nicht gegebener Zuständigkeit gem. § 40 Abs. 2 S. 1 GmbHG eine unrichtige Gesellschafterliste ein, die als Rechtsscheingrundlage für einen gutgläubigen Erwerb gem. § 16 Abs. 3 GmbHG fungiert, haftet der Notar dennoch unter den weiteren Voraussetzungen des § 19 Abs. 1 S. 1 BNotO.[1348] Denn nimmt der Notar eine eigene Zuständigkeit gem. § 40 Abs. 2 S. 1 GmbHG an, hat er auch auf Basis dieser Annahme pflichtgemäß zu handeln.

Beispiel 34 *(Ergänzung von Beispiel 26):*[1349]

Im Beispiel 26 hat N in

Variante 1 *nach Durchsicht der Unterlagen bzw. entsprechender Hinweise der Beteiligten Kenntnis von der Beteiligung der X-GmbH an der A-GmbH*

und in

Variante 2 *keine Kenntnis von der Beteiligung der X-GmbH an der A-GmbH.*

N haftet grundsätzlich nicht gem. § 19 Abs. 1 S. 1 BNotO. In beiden Varianten ist N nach der hier vertretenen Auffassung nicht zuständig für die Aktualisierung der Gesellschafterliste. Ihn treffen deshalb auch bereits grundsätzlich keine weiteren Pflichten gem. § 40 Abs. 2 GmbHG. In ***Variante 1*** *hätte N zwar auf die Empfehlung von Rechtsprechung und Literatur hinweisen müssen, aufgrund der unklaren Rechtslage die Gesellschafterliste sowohl durch ihn selbst als auch durch die Geschäftsführer unterzeichnen zu lassen. Verzichten die Geschäftsführer aber hierauf und reichen in der Folge trotz des Hinweises des Notars auch ihrerseits keine aktualisierte Gesellschafterliste zum Handelsregister ein, trifft den Notar kein Verschulden an einem späteren Verlust des Geschäftsanteils aufgrund gutgläubigen Erwerbs aufgrund der Nichtaktualisierung der Gesellschafterliste. Auch ein unterlassener Hinweis des Notars führt jedenfalls mangels Kausalität nicht zu einer Haftung des Notars gem. § 19 Abs. 1 S. 1 BNotO.*

Im ***Beispiel 27***[1350] *besteht die Besonderheit, dass eine Haftung des ausländischen Notars gem. § 19 Abs. 1 S. 1 BNotO auch bei Annahme dessen Zuständigkeit nicht besteht, da auf diesen die BNotO bereits keine Anwendung findet und ihn nach insoweit nahezu einhelliger*

1347 Vgl. hierzu die nachfolgenden Ausführungen unter § 4 E. I. 4. g).

1348 Vgl. zur Amtspflichtverletzung bereits § 4 E. I. 4. b) aa).

1349 S.o. § 4 D.

1350 S.o. § 4 D.

Ansicht jedenfalls keine Einreichungspflicht trifft.[1351] *Aufgrund der Nichtanwendbarkeit der BNotO besteht eine Haftung des ausländischen Notars gem. § 19 Abs. 1 S. 1 BNotO folglich auch dann nicht, wenn er eine unrichtige Gesellschafterliste zum Handelsregister einreicht, welche die Basis für einen späteren gutgläubigen Erwerb bildet. Eine Haftung des Baseler Notars gem. § 19 Abs. 1 S. 1 BNotO kommt mithin unter keinen Umständen in Betracht.*

(2) Konstellationen, in denen eine Zuständigkeit des Notars besteht

(a) Allgemeines

In den weiteren Konstellationen, in denen zwar eine Zuständigkeitsabgrenzung Schwierigkeiten bereitet, richtigerweise aber eine Zuständigkeit des Notars gem. § 40 Abs. 2 S. 1 GmbHG besteht, treffen den Notar grundsätzlich auch die weiteren Pflichten des § 40 Abs. 2 GmbHG. Unterlässt es der Notar in diesen Konstellationen also, eine aktualisierte Gesellschafterliste zum Handelsregister einzureichen, verletzt er grundsätzlich seine Einreichungspflicht. Von einem Verschulden ist in der Regel auszugehen. Im Einzelnen betrifft dies die Konstellationen aufschiebend bedingter Anteilsabtretungen[1352] und der Beteiligung mehrerer Notare[1353].

(b) Aufschiebend bedingte Anteilsabtretungen

In den Konstellationen aufschiebend bedingter Übertragungen von Geschäftsanteilen besteht (im Gegensatz zu den Konstellationen auflösend bedingter Anteilsübertragungen) eine ausschließliche Zuständigkeit des an der Übertragung mitwirkenden Notars gem. § 40 Abs. 2 S. 1 GmbHG.[1354] Da den Notar keine Pflicht zur Überwachung hinsichtlich des Eintritts der Bedingung trifft, kann er seine Einreichungspflicht allerdings erst dann erfüllen, wenn ihn die Parteien über die entsprechende Veränderung hinreichend durch die Vorlage der jeweiligen Nachweise informieren. Auf diesen Umstand hat der Notar die Parteien zwingend hinzuweisen. Unterlässt es der Notar, trotz Mitteilung über den Eintritt der aufschiebenden Bedingung eine aktualisierte Gesellschafterliste zum Handelsregister einzureichen, verletzt er seine Einreichungspflicht. Von einem Verschulden ist in der Regel auszugehen. Zwar sollte der Notar nach Kenntniserlangung des Eintritts der aufschiebenden Bedingung die Parteien darauf hinweisen und die Empfehlung aussprechen, aufgrund der unklaren Rechtslage die Gesellschafterliste sowohl durch ihn selbst als auch durch die Geschäftsführer unterzeichnen zu lassen. Aufgrund seiner Zuständigkeit gem. § 40 Abs. 2 S. 1 GmbHG haftet er aber unabhängig davon, ob die Geschäftsführer dieser Empfehlung gefolgt sind, zumal im Falle eines

---

1351 S.o. § 3 C. III. 4. d) gg) – Die fehlende Haftung ist eines der Argumente gegen die Annahme eines Einreichungsrechts des ausländischen Notars.

1352 Str., s.o. § 3 C. III. 4. d) cc).

1353 Str., s.o. § 3 C. III. 4. d) ee).

1354 Str., s.o. § 3 C. III. 4. d) cc).

Unterlassens der Einreichung ohnehin auch nie ein entsprechender Hinweis des Notars erfolgt sein wird.

*Im **Beispiel 31** hat A seinen Geschäftsanteil gem. § 16 Abs. 3 GmbHG an E verloren. Insbesondere ist ihm die Unrichtigkeit der Gesellschafterliste zuzurechnen, da er nicht weiter auf die Aktualisierung der Gesellschafterliste gedrängt hat und auch keinen Widerspruch eintragen ließ.*[1355] *In **Variante 1** von **Beispiel 31** liegt bereits keine Pflichtverletzung*[1356]*, jedenfalls aber auch kein Verschulden des N am Verlust des Geschäftsanteils vor, da ihm der Eintritt der Bedingung trotz entsprechenden Hinweises nicht mitgeteilt worden ist. Eine Haftung gem. § 19 Abs. 1 S. 1 BNotO scheidet folglich aus. Anders wäre dies aber dann zu beurteilen, wenn N nicht auf das Erfordernis der Mitteilung des Eintritts der Bedingung hingewiesen hätte. In den **Varianten 2 und 3** von **Beispiel 31** unterließ es N trotz Kenntniserlangung vom Eintritt der Bedingung die Gesellschafterliste unverzüglich zu aktualisieren. Sowohl die Falschbeurteilung der Zuständigkeit in **Variante 2** als auch das bloße Nichtstun bzw. „Aufschieben auf die lange Bank" in **Variante 3** stellen eine schuldhafte Verletzung der Einreichungspflicht dar, weshalb eine Haftung gem. § 19 Abs. 1 S. 1 BNotO zu bejahen ist. Allerdings muss sich A wegen seiner eigenen Untätigkeit ggf. ein Mitverschulden gem. § 254 BGB anrechnen lassen.*[1357]

(c) Beteiligung mehrerer Notare

Haben mehrere Notare an einem Vorgang mitgewirkt (z.B. bei Beurkundung von Angebot und Annahme einer Anteilsübertragung durch verschiedene Notare), ist der Notar gem. § 40 Abs. 2 S. 1 GmbHG zuständig, der aufgrund seiner Mitwirkung bestmöglich sowie uno actu schnell und unbürokratisch die Aktualisierung der Gesellschafterliste bewerkstelligen kann.[1358] Dies ist in der Regel der Notar, der den letzten für die Wirksamkeit der Veränderung entscheidenden Vorgang beurkundet hat. Im Rahmen einer Anteilsübertragung ist dies regelmäßig der die Annahme beurkundende Notar, da erst durch die Annahme die Abtretung eines Geschäftsanteils wirksam wird. Nach der hier vertretenen Ansicht haftet folglich vorliegend grundsätzlich der die Annahme beurkundende Notar bei unterlassener Aktualisierung der Gesellschafterliste. Von einem Verschulden ist in der Regel auszugehen.

*Im **Beispiel 32** konnte E den Geschäftsanteil des A auch vor Ablauf der Dreijahresfrist wirksam gem. § 16 Abs. 3 GmbHG erwerben. A hatte Kenntnis von der Unrichtigkeit der Gesellschafterliste und hätte sich durch Eintragung eines Widerspruchs schützen und um die Korrektur der Gesellschafterliste bemühen müssen. Aufgrund seines bloßen Nichtstuns ist A die Unrichtigkeit der Gesellschafterliste zuzurechnen, § 16 Abs. 3 S. 2 GmbHG.*[1359] *Aufgrund des Unterlassens der Einreichung einer aktualisierten Gesellschafterliste steht A*

1355 Vgl. zur Zurechenbarkeit § 3 D. II. 3. a) aa).
1356 S.o. § 4 E. I. 4. b) cc).
1357 Vgl. zur Frage des Mitverschuldens die Ausführungen unter § 5 B. III.
1358 Str., s.o. § 3 C. III. 4. d) ee).
1359 Vgl. hierzu die Ausführungen unter § 3 D. II. 3. a) aa).

ein Schadensersatzanspruch gegen den Hamburger Notar wegen Verlusts seines Geschäftsanteils gem. § 19 Abs. 1 BNotO zu. Allerdings muss sich A wegen seiner eigenen Untätigkeit ggf. ein Mitverschulden gem. § 254 BGB anrechnen lassen.[1360]

e) Schaden

Die Haftung nach § 19 Abs. 1 S. 1 BNotO setzt einen tatsächlich entstandenen Vermögensschaden voraus. Der Verlust eines Geschäftsanteils aufgrund gutgläubigen Erwerbs gem. § 16 Abs. 3 GmbHG stellt einen Schaden i.S.d. § 19 Abs. 1 S. 1 BNotO dar.[1361] Auf Art, Inhalt und Umfang des Schadens wird im Einzelnen unter § 5 einzugehen sein, weshalb an dieser Stelle auf die diesbezüglichen Ausführungen verwiesen wird.

f) Kausalität

Des Weiteren muss die Amtspflichtverletzung des Notars kausal für den entstandenen Schaden[1362], d.h. vorliegend insbesondere für den Verlust des Geschäftsanteils des Altgesellschafters, gewesen sein.

Die Kausalität der Amtspflichtverletzung für einen Schaden bestimmt sich nach wohl einhelliger Ansicht danach, welchen Verlauf die Dinge bei pflichtgemäßem Verhalten des Notars genommen hätten und wie sich die Vermögenslage dann darstellen würde.[1363] Es ist also stets zu fragen, ob der Altgesellschafter seinen Geschäftsanteil auch dann aufgrund eines gutgläubigen Erwerbs gem. § 16 Abs. 3 GmbHG verloren hätte, wenn der Notar pflichtgemäß gehandelt hätte. Eine Kausalität dürfte vor diesem Hintergrund in der Regel zu bejahen sein, da die Gesellschafterliste bei pflichtgemäßem Handeln des Notars nicht unrichtig und damit bereits kein tauglicher Rechtsscheinträger für einen gutgläubigen Erwerb gem. § 16 Abs. 3 GmbHG gewesen wäre. Besteht die Amtspflichtverletzung in einem Unterlassen, ist dieses für den Schaden nur dann kausal, wenn ein pflichtgemäßes Handeln den Eintritt des schädigenden Erfolges mit an Sicherheit grenzender Wahrscheinlichkeit verhindert hätte.[1364] Dies dürfte indessen im Falle einer Amtspflichtverletzung des Notars durch Unterlassen der Einreichung einer aktualisierten Gesellschafterliste[1365] in der Regel der Fall sein, da durch ein pflichtgemäßes Handeln, d.h. durch die Einreichung einer aktualisierten Gesellschafterliste zum Handelsregister, die Gesellschafterliste

---

1360 Vgl. zur Frage des Mitverschuldens die Ausführungen unter § 5 B. III.

1361 Vgl. etwa *Heidinger,* in: MünchKomm-GmbHG, § 40 Rn. 241; *Heilmeier,* in: BeckOK-GmbHG, § 40 Rn. 223; *Noack,* in: Baumbach/Hueck, GmbHG, § 40 Rn. 72; *Terlau,* in: Michalski, GmbHG, § 40 Rn. 45.

1362 Vgl. etwa *Schramm,* in: Schippel/Bracker, BNotO, § 19 Rn. 75 ff.

1363 Vgl. BGH, Urt. v. 24.10.1985 – IX ZR 91/84, NJW 1986, 576; BGH, Urt. v. 14.03.1985 – IX ZR 26/84, NJW 1986, 1329; BGH, Urt. v. 29.10.1987 – IX ZR 181/86, NJW 1988, 1143, 1144.

1364 Vgl. BGH, Urt. v. 27.01.1994 – III ZR 109/92, NVwZ 1994, 823, 825.

1365 S.o. § 4 E. 4. b) bb) und cc).

nicht unrichtig und demgemäß kein gutgläubiger Erwerb gem. § 16 Abs. 3 GmbHG möglich gewesen wäre.

Wie im Rahmen von § 40 Abs. 3 GmbHG kommt es nicht darauf an, ob der gutgläubige Erwerber vor der Übertragung des betreffenden Geschäftsanteils Einsicht in die fehlerhafte Gesellschafterliste genommen hat oder nicht. Entscheidend ist vielmehr, ob die Pflichtverletzung des Notars kausal für die Rechtsscheinwirkung der Gesellschafterliste ist, d.h. ob die Unrichtigkeit der Gesellschafterliste auf der Pflichtverletzung des Notars beruht. Ist dies der Fall und verliert der Altgesellschafter seinen Geschäftsanteil infolge eines auf der Rechtsscheinwirkung der unrichtigen Gesellschafterliste beruhenden, gutgläubigen Erwerbs, so ist die Pflichtverletzung zugleich auch kausal für den erlittenen Schaden des Altgesellschafters.[1366]

g) *Subsidiarität*

Fraglich ist, ob vorliegend die Subsidiaritätsklausel des § 19 Abs. 1 S. 2 BNotO zur Anwendung kommt. Danach kann ein Notar, dem nur Fahrlässigkeit zur Last fällt, *„nur dann in Anspruch genommen werden, wenn der Verletzte nicht auf andere Weise Ersatz zu erlangen vermag; das gilt jedoch nicht bei Amtsgeschäften der in §§ 23, 24 BNotO bezeichneten Art im Verhältnis zwischen dem Notar und dem Auftraggeber"*.

Der Begriff der anderweitigen Ersatzmöglichkeit wird allgemein weit ausgelegt. Jede Möglichkeit der Schadloshaltung tatsächlicher und rechtlicher Art schließt die Notarhaftung aus.[1367] Erforderlich ist lediglich, dass die Ersatzmöglichkeit aus demselben Sachverhalt entsprungen ist, aus dem sich die Schadenshaftung des Notars ergibt.[1368]

Die Subsidiaritätsklausel greift allerdings dann nicht, wenn sich die Ersatzmöglichkeit gegen Personen richtet, die in den Schutzbereich der verletzten Notarpflicht einbezogen sind.[1369] Grund dafür ist, dass der Notar ansonsten, würde er den Geschädigten auf den Ersatzanspruch gegen den Dritten verweisen dürfen, sofort von diesem in Anspruch genommen würde.[1370] In den Schutzbereich der Notarpflichten können u.a. die Organe einer durch den Notar geschädigten juristischen Person fallen.[1371] Die Subsidiaritätsklausel findet des Weiteren keine Anwendung, wenn die Ersatzmöglichkeit dem Altgesellschafter nicht zumutbar ist und rechtlich und wirtschaftlich keine begründete Aussicht auf Erfolg bietet.[1372]

Vorliegend kommt als Ersatzmöglichkeit nach dem Vorgesagten lediglich eine Inanspruchnahme der Geschäftsführer in Betracht. Zwar hat der Altgesellschafter,

---

1366 Vgl. hierzu bereits § 4 D. I. 1. f).
1367 Vgl. BGH, Urt. v. 03.07.2008 – III ZR 189/07, NJW-RR 2008, 1506, 1507.
1368 Vgl. BGH, Urt. v. 03.07.2008 – III ZR 189/07, NJW-RR 2008, 1506, 1507; *Schramm*, in: Schippel/Bracker, BNotO, § 19 Rn. 111 ff.
1369 Vgl. BGH, Urt. v. 15.07.2004 – IX ZR 262/00, NJW-RR 2004, 1704.
1370 Vgl. a.a.O.
1371 Vgl. a.a.O.
1372 Vgl. *Schramm*, in: Schippel/Bracker, BNotO, § 19 Rn. 111 ff.

wie bereits teilweise aufgezeigt, noch weitere Anspruchsmöglichkeiten, insbesondere die stets gegebene Möglichkeit einer Inanspruchnahme des Veräußerers gem. § 816 Abs. 1 S. 1 BGB. Allerdings sind diese Ersatzmöglichkeiten nicht aus demselben Sachverhalt entsprungen, aus dem sich die Schadenshaftung des Notars ergibt. Denn die Schadenshaftung des Notars ergibt sich aus seiner Amtspflichtverletzung im Zusammenhang mit der Aktualisierung der Gesellschafterliste, d.h. aus der Einreichung einer inhaltlich falschen Gesellschafterliste, der verspäteten Einreichung einer aktualisierten Gesellschafterliste oder dem Unterlassen der Einreichung einer aktualisierten Gesellschafterliste.[1373] Die Inanspruchnahme des Veräußerers und auch die des Erwerbers, sofern gegen diesen ausnahmsweise Ansprüche bestehen, entspringen aber einem anderen Sachverhalt, nämlich der Übertragung des Geschäftsanteils gem. § 16 Abs. 3 GmbHG. Das pflichtwidrige Verhalten des Veräußerers ist etwa die Übertragung des Geschäftsanteils trotz seiner Nichtberechtigung – mit den pflichtwidrigen Vorgängen im Zusammenhang mit der Aktualisierung bzw. der Nichtaktualisierung der Gesellschafterliste hat er hingegen nichts zu tun. Pflichten im Zusammenhang mit der Aktualisierung der Gesellschafterliste haben vielmehr ausschließlich die Geschäftsführer und der Notar, nämlich jeweils im Falle ihrer Zuständigkeit gem. § 40 Abs. 1 S. 1 GmbHG (Geschäftsführer) bzw. § 40 Abs. 2 S. 1 GmbHG (Notar).

Die Anwendbarkeit der Subsidiaritätsklausel gem. § 19 Abs. 1 S. 2 BNotO ist vor diesem Hintergrund in der Literatur umstritten. Rechtsprechung zu dieser Frage existiert bislang – soweit ersichtlich – nicht.

Nach einer Ansicht in der Literatur soll die Subsidiaritätsklausel keine Anwendung finden, da die Geschäftsführer ihrerseits in den Schutzbereich der durch den Notar verletzten Amtspflicht einbezogen seien.[1374]

Die Gegenansicht hält dem entgegen, dass die Nichtanwendung der Subsidiaritätsklausel vor dem Hintergrund der häufigen Unklarheit darüber, wer zur Listeneinreichung zuständig sei, nicht sinnvoll sei, da bei Einbeziehung der Geschäftsführer in den Schutzbereich der verletzten Amtspflicht im Ergebnis ausschließlich der unterzeichnende Notar haften würde, was der doppelten Unterschrift zur Schaffung zweier Haftungssubjekte direkt zuwiderlaufe.[1375]

Wie bereits aufgezeigt, sind nach der hier vertretenen Auffassung alternativ ausschließlich die Geschäftsführer oder Notar für die Aktualisierung der Gesellschafterliste zuständig. Den Notar trifft in exklusiver Verdrängung der Geschäftsführer die ausschließliche Aktualisierungszuständigkeit, sofern er an den Veränderungen i.S.d. § 40 Abs. 2 S. 1 GmbHG mitgewirkt hat. Eine gleichzeitige bzw. kumulative Zuständigkeit und Verpflichtung von Geschäftsführern und Notar ist durch die

---

1373 S.o. § 4 E. I. 4. b).

1374 Vgl. *Altgen*, Gutgläubiger Erwerb von GmbH-Geschäftsanteilen, S. 110; *Noack*, in: Baumbach/Hueck, GmbHG, § 40 Rn. 73; *Preuß*, in: FS Spiegelberger, 876, 886.

1375 Vgl. *Heilmeier*, in: BeckOK-GmBHG, § 40 Rn. 223.

klare Formulierung des § 40 Abs. 2 S. 1 GmbHG ausgeschlossen.[1376] Grundsätzlich kann vor diesem Hintergrund nur eine Haftung der zuständigen und verpflichteten Person bestehen. Eine Inanspruchnahme der Geschäftsführer scheidet mithin nur dann aus, sofern diese nicht gem. § 40 Abs. 1 S. 1 GmbHG zuständig sind. Auf der anderen Seite kommt eine Inanspruchnahme des Notars grundsätzlich nur dann in Betracht, sofern dieser auch tatsächlich gem. § 40 Abs. 2 S. 1 GmbHG für die Aktualisierung der Gesellschafterliste zuständig ist. Hier ist eine klare Trennung der Zuständigkeiten vorzunehmen. Vor dem Hintergrund der Regelungssystematik des § 40 GmbHG kann sich die Frage der Anwendbarkeit der Subsidiaritätsklausel folgerichtig vornehmlich in einer Konstellation auftun, nämlich dann, wenn die Gesellschafterliste sowohl vom Notar als auch von den Geschäftsführern unterschrieben wird, wie dies häufig – auch vom Verfasser – empfohlen wird, um sicherzustellen, dass zumindest auch die zuständige Person die Gesellschafterliste unterschrieben hat.[1377] Der Notar hat die Parteien, sofern ihm die betreffende Veränderung bekannt ist, in problematischen Konstellationen hinsichtlich der Zuständigkeitsabgrenzung grundsätzlich darauf hinzuweisen und die Empfehlung auszusprechen, aufgrund der unklaren Rechtslage die Gesellschafterliste sowohl durch ihn selbst als auch durch die Geschäftsführer unterzeichnen zu lassen.[1378] Unterlässt der Notar diesen Hinweis, haftet der Notar jedenfalls mangels Kausalität dennoch nicht für den späteren Verlust des Geschäftsanteils, sofern sich herausstellt, dass er nicht gem. § 40 Abs. 2 S. 1 GmbHG für die Aktualisierung der Gesellschafterliste zuständig war.[1379] Unterschreibt der Notar aber die Gesellschafterliste, übernimmt er unabhängig von der tatsächlichen Zuständigkeit hierdurch Mitverantwortung für deren Richtigkeit und ist in der Folge auch unter den weiteren Voraussetzungen des § 19 Abs. 1 S. 1 BNotO im Falle eines Verlusts des Geschäftsanteils aufgrund gutgläubigen Erwerbs haftbar. Verneint man nun die Anwendung des Subsidiaritätsprivilegs in diesen Konstellationen, stellt dies einen klaren Anreiz für den Notar dar, die Parteien nicht auf die Möglichkeit der Doppelunterzeichnung der Gesellschafterliste hinzuweisen, da ihn so jedenfalls keine Haftung im Falle des Verlusts des Geschäftsanteils aufgrund gutgläubigen Erwerbs treffen kann, sofern die Geschäftsführer gem. § 40 Abs. 1 S. 1 GmbHG zuständig sind. Bei Nichtanwendung der Subsidiaritätsklausel aufgrund einer Einbeziehung der Geschäftsführer in den Schutzbereich würde im Falle einer Doppelunterzeichnung stets der Notar haften. Dies liefe in der Tat dem Zweck der doppelten Unterschrift zur Schaffung zweier Haftungssubjekte zuwider.[1380] Die Anwendung der Subsidiaritätsklausel führt hingegen zu dem gerechteren Ergebnis, dass stets die gem. § 40 Abs. 1, Abs. 2 GmbHG zuständige und verpflichtete Person haftet und der Anreiz für eine Einreichung der Gesellschafterliste durch die in jedem

1376 Vgl. zu dieser Thematik die Ausführungen unter § 3 C. III. 4. a) und c) bb) (1).
1377 S.o. § 3 C. III. 4. e).
1378 S.o. § 4 E. I. 4. d) (cc) (1).
1379 S.o. § 4 E. I. 4. d) (cc) (1).
1380 Vgl. zutreffend *Heilmeier,* in: BeckOK-GmBHG, § 40 Rn. 223.

Falle zuständige Person aufgrund der Doppelunterzeichnung nicht aufgrund einer ungleichen Verteilung des Haftungsrisikos zulasten des Notars gemindert wird. Zusammenfassend ist die Anwendbarkeit der Subsidiaritätsklausel gem. § 19 Abs. 1 S. 2 BNotO folglich zu bejahen.

h) Darlegungs- und Beweislast

Der Altgesellschafter hat grundsätzlich alle behaupteten Anspruchsvoraussetzungen darzulegen und zu beweisen.[1381] Ihm obliegt mithin die Beweislast hinsichtlich der Amtspflichtverletzung, des Vorliegens eines Schadens sowie der Kausalität. Hinsichtlich der Kausalität reicht es aus, die Amtspflichtverletzung und den Schaden zu beweisen, soweit nach der Lebenserfahrung eine tatsächliche Vermutung oder Wahrscheinlichkeit für den Kausalzusammenhang besteht.[1382] Dies dürfte in den vorliegend relevanten Konstellationen in der Regel der Fall sein. Dem Altgesellschafter obliegt zwar grundsätzlich auch die Beweislast bezüglich des Verschuldens des Notars. Bei Feststehen einer Amtspflichtverletzung hat der Notar allerdings nachzuweisen, dass Umstände vorliegen, unter denen die Amtspflichtverletzung nicht schuldhaft wäre.[1383] Hält man die Subsidiaritätsklausel nach § 19 Abs. 1 S. 2 BNotO für anwendbar, was nach der Auffassung des Verfassers der Fall ist[1384], so obliegt dem Altgesellschafter auch die Beweislast hinsichtlich des Fehlens einer anderweitigen Ersatzmöglichkeit (sofern dem Notar nur Fahrlässigkeit vorzuwerfen ist). Hinsichtlich des Schadens kommen dem Altgesellschafter die Beweiserleichterungen des § 287 ZPO zugute.[1385] Es genügt mithin, dass der Altgesellschafter die Tatsachen darlegt und unter Beweis stellt, die für eine Schadensschätzung des Gerichts gem. § 287 ZPO hinreichende Anhaltspunkte bieten.

II. Ergebnis

Eine Haftung des Notars wegen Verletzung seiner Pflichten gem. § 40 Abs. 2 GmbHG im Zusammenhang mit der Aktualisierung der Gesellschafterliste kommt nach dem Vorgesagten ausschließlich gem. § 19 Abs. 1 S. 1 BNotO in Betracht.

III. Prozessuale Durchsetzung der Ansprüche gegen den Notar

Der Altgesellschafter kann seinen Anspruch gegen den Notar aus § 19 Abs. 1 S. 1 BNotO vor den Zivilgerichten im ordentlichen Rechtsweg durchsetzen.[1386] Gem. § 19 Abs. 3 BNotO sind für Schadensersatzansprüche nach § 19 Abs. 1 und

---

1381 Vgl. etwa *Schramm,* in: Schippel/Bracker, BNotO, § 19 Rn. 170 m.w.N.

1382 Vgl. a.a.O.

1383 Vgl. BGH, Urt. v. 28.09.2000 – IX ZR 279/99, DNotZ 2001, 49, 54; *Kapsa,* in: Geigel, Haftpflichtprozess, Kapitel 20 Rn. 278.

1384 S.o. § 4 E. I. 4. g).

1385 Vgl. BGH, Urt. v. 06.04.1995 – III ZR 183/94, NJW 1995, 2344.

1386 Vgl. etwa *Schramm,* in: Schippel/Bracker, BNotO, § 19 Rn. 165.

Abs. 2 BNotO *„die Landgerichte ohne Rücksicht auf den Wert des Streitgegenstandes ausschließlich zuständig"*.

F. Ansprüche gegen die Gesellschafter

Zu denken ist auch an Ansprüche des Altgesellschafters gegen seine (ehemaligen) Mitgesellschafter. Ist der Mitgesellschafter auch der Veräußerer des betreffenden Geschäftsanteils, gelten die Ausführungen zu den Ansprüchen gegen den Veräußerer.[1387] Daneben kommen insbesondere Konstellationen in Betracht, in denen ein oder mehrere Gesellschafter Einfluss auf die Geschäftsführer oder den Notar genommen und diese zur Einreichung einer unrichtigen Gesellschafterliste veranlasst hat bzw. haben.

Beispiel 35:

Die Gesellschafter der X-GmbH sind die drei Brüder U, V und W. Alleiniger Geschäftsführer ist W. V überträgt seine Geschäftsanteile an der X-GmbH im Frühjahr 2010 an A. Die Beurkundung erfolgt vor einem Schweizer Notar. U und V überreden W dazu, vorerst keine aktualisierte Gesellschafterliste zum Handelsregister einzureichen. Sie möchten ihren Lebenstraum verwirklichen und ein neues Leben in Australien beginnen. Hierfür benötigen sie noch Kapital. U hat V daher dazu ermutigt, seine Geschäftsanteile erneut zu veräußern. U und V versprechen W ebenfalls einen Anteil am Erlös. W ist einverstanden und verzichtet auf die Aktualisierung der Gesellschafterliste. Auch A kümmert sich nicht weiter um die Aktualisierung der Gesellschafterliste.

Anfang 2014 hat V endlich einen neuen Käufer für die Geschäftsanteile gefunden und überträgt diese wie geplant erneut vor einem deutschen Notar an den gutgläubigen E. Der beurkundende Notar reicht unverzüglich eine aktualisierte Gesellschafterliste zum Handelsregister ein. Fraglich ist die Haftung des U.

I. Schadensersatzansprüche

1. Anspruch aus § 830 Abs. 2 BGB i.V.m. § 40 Abs. 3 GmbHG

Vornehmlich relevant sein dürften in erster Linie Konstellationen, in denen ein Gesellschafter die Geschäftsführer zur Verletzung ihrer Pflichten gem. § 40 Abs. 1 GmbHG anstiftet.[1388] Der Begriff der Anstiftung in § 830 Abs. 2 BGB ist im strafrechtlichen

1387 S.o. § 4 B.; insbesondere besteht in diesem Falle ein gesellschaftsvertragliches Verhältnis und damit (unter Vorliegen der weiteren Voraussetzungen) auch ein Anspruch gem. § 280 Abs. 1 BGB.

1388 Vgl. *Altgen,* Gutgläubiger Erwerb von GmbH-Geschäftsanteilen, S. 110; *Hasselmann,* in: NZG 2009, 449, 456; *Noack,* in: Baumbach/Hueck, GmbHG, § 40 Rn. 44; *Rieg,* Erwerb vom Nichtberechtigten und Liste der Gesellschafter, S. 271; *Wicke,* GmbHG, § 40 Rn. 20.

Sinne zu verstehen.[1389] Erforderlich hierfür ist folglich das Wecken des Tatentschlusses bei den Geschäftsführern durch den betreffenden Gesellschafter, also die vorsätzliche Bestimmung des oder der betreffenden Geschäftsführer durch den Gesellschafter zur vorsätzlichen Verletzung derer Pflichten gem. § 40 Abs. 1 GmbHG.[1390] In diesem Falle haften die betreffenden Geschäftsführer gem. § 40 Abs. 3 GmbHG und der betreffende Gesellschafter gem. §§ 40 Abs. 3 GmbHG, 830 Abs. 2 BGB dem Altgesellschafter gem. § 840 BGB (analog) als Gesamtschuldner für den gesamten entstandenen Schaden.

*Im **Beispiel 35** hat A seinen Geschäftsanteil gem. § 16 Abs. 3 GmbHG an E verloren. Die Frage, ob A die Unrichtigkeit der Gesellschafterliste zuzurechnen ist, spielt keine Rolle, da bereits die Dreijahresfrist des § 16 Abs. 3 S. 2 GmbHG abgelaufen ist. W hat vorsätzlich seine Einreichungspflicht aus § 40 Abs. 3 GmbHG verletzt. Da U den W zur Verletzung seiner Einreichungspflicht angestiftet hat, haftet er A gem. §§ 830 Abs. 2 BGB, 40 Abs. 3 GmbHG.*

2. *Anspruch aus § 830 Abs. 2 BGB i.V.m. § 19 Abs. 1 S. 1 BNotO*

Ebenso kann eine Haftung des Gesellschafters bestehen, wenn er einen Notar zur Verletzung dessen Amtspflichten gem. § 40 Abs. 2 GmbHG angestiftet hat.[1391] Es gilt das bereits zur Anstiftung der Geschäftsführer Gesagte entsprechend.[1392] Die nur im Falle von Fahrlässigkeit greifende Subsidiaritätsklausel findet in dieser Konstellation keine Anwendung, da ohnehin eine vorsätzliche Haupttat des Notars erforderlich ist. Die praktische Relevanz dieser Konstellation dürfte sich vor diesem Hintergrund in Grenzen halten.

3. *Anspruch aus § 280 Abs. 1 BGB*

In den Konstellationen, in denen ein Gesellschafter in irgendeiner Weise auf den Verlust des Geschäftsanteils eines Mitgesellschafters hinwirkt, besteht zudem stets ein Anspruch aus § 280 Abs. 1 BGB wegen Verletzung der gesellschaftsrechtlichen Treuepflicht[1393]. Ist der betreffende Gesellschafter zugleich Veräußerer des Geschäftsanteils, kann an dieser Stelle auf die entsprechenden Ausführungen unter B. verwiesen werden.[1394] Aber auch dann, wenn der Gesellschafter die Geschäftsführer bzw. den Notar „lediglich“ zur Verletzung deren Pflicht aus § 40 Abs. 1 GmbHG bzw.

1389 Vgl. *Sprau,* in: Palandt, § 830 Rn. 4 m.w.N.

1390 Vgl. *Spindler,* in: BeckOK-BGB, § 830 Rn. 10; *Sprau,* in: Palandt, § 830 Rn. 4; jeweils m.wN.

1391 Vgl. *Altgen,* Gutgläubiger Erwerb von GmbH-Geschäftsanteilen, S. 110; *Hasselmann,* in: NZG 2009, 449, 456.

1392 S.o. § 4 F. I. 1.

1393 Vgl. hierzu bereits die Ausführungen unter § 4 B. I. 1. a) aa) und b) aa); vgl. allgemein zur Teuepflicht § 2 B. II. 6. b).

1394 S.o. § 4 B. I. 1. und *Beispiel 17.*

§ 40 Abs. 2 GmbHG anstiftet[1395], ohne den Geschäftsanteil selbst zu veräußern, stellt dies aufgrund der Hinwirkung auf den Verlust der Mitgliedschaft eines Mitgesellschafters eine schuldhafte Verletzung seiner gesellschaftsrechtlichen Treuepflicht dar und begründet folglich eine Haftung aus § 280 Abs. 1 BGB.

4. Anspruch aus §§ 687 Abs. 2, 678 BGB

Ist der betreffende Gesellschafter zugleich Veräußerer des Geschäftsanteils, besteht unter Vorliegen der Voraussetzungen ein Schadensersatzanspruch gem. §§ 687 Abs. 2, 678 BGB.[1396]

5. Ansprüche aus §§ 823 ff. BGB

Daneben bestehen in den oben genannten Konstellationen auch Ansprüche gegen den betreffenden Gesellschafter aus § 823 Abs. 1 BGB und § 826 BGB.[1397] Insbesondere handelt es sich bei der Mitgliedschaft um ein (vorliegend auch im innergesellschaftlichen Verhältnis) absolut geschütztes Recht i.S.v. § 823 Abs. 1 BGB.[1398]

II. Sonstige Ansprüche

Ist der betreffende Gesellschafter zugleich Veräußerer des Geschäftsanteils, besteht auch stets ein Anspruch aus § 816 Abs. 1 S. 1 BGB sowie unter den Voraussetzungen einer angemaßten Eigengeschäftsführung aus §§ 687 Abs. 2, 681 S. 2, 667 BGB, jeweils gerichtet auf Herausgabe des Veräußerungserlöses.[1399]

III. Ergebnis / Konkurrenzen

Im Falle einer Anstiftung der einreichungspflichtigen Person(en) zu einer Pflichtverletzung im Zusammenhang mit der Aktualisierung der Gesellschafterliste können dem Altgesellschafter gegen den betreffenden Gesellschafter Schadensersatzansprüche aus § 830 Abs. 2 BGB i.V.m. § 40 Abs. 3 GmbHG (bei Anstiftung eines Geschäftsführers) bzw. aus § 830 Abs. 2 BGB i.V.m. § 19 Abs. 1 S. 1 BNotO (bei Anstiftung des Notars) zustehen. Eine derartige Anstiftung begründet aber auch stets einen Anspruch gem. § 280 Abs. 1 BGB sowie gem. § 823 Abs. 1 BGB wegen Verletzung der gesellschaftsrechtlichen Treuepflicht.

Ist der in Anspruch genommene Gesellschafter zugleich Veräußerer des Geschäftsanteils, bestehen zudem die bereits unter B. genannten Ansprüche gegen den Veräußerer.[1400] Insbesondere besteht in dieser Konstellation ein gesellschaftsvertragliches

---

1395 Vgl. hierzu bereits § 4 F. I. 1. und § 4 F. I. 2.
1396 S.o. § 4 B. I. 4.
1397 Vgl. hierzu im Einzelnen § 4 B. I. 2. und 5.
1398 S.o. § 4 B. I. 2. a) aa).
1399 Vgl. hierzu im Einzelnen § 4 B. II. 1. und 2.
1400 S.o. § 4 B., vgl. § 4 B. III. hinsichtlich des zusammenfassenden Ergebnisses.

Verhältnis und damit die Möglichkeit einer Inanspruchnahme gem. § 280 Abs. 1 BGB wegen Verletzung der gesellschaftsrechtlichen Treuepflicht.

Der Schadensersatzanspruch aus § 280 Abs. 1 BGB wegen Verletzung der gesellschaftsrechtlichen Treuepflicht hat gegenüber den deliktsrechtlichen Schadensersatzansprüchen Vorrang.[1401] Im Übrigen besteht Anspruchskonkurrenz.

IV. Prozessuale Durchsetzung der Ansprüche gegen die Gesellschafter

Hinsichtlich der prozessualen Durchsetzung der Ansprüche bestehen keine Besonderheiten, d.h. der Altgesellschafter kann seine Ansprüche gegen den oder die betreffenden Gesellschafter vor den Zivilgerichten im ordentlichen Rechtsweg durchsetzen.[1402]

G. Ansprüche gegen die Gesellschaft

I. Schadensersatzansprüche

1. Anspruch aus § 40 Abs. 3 GmbHG (analog)

Fraglich ist, ob § 40 Abs. 3 GmbHG auch einen Schadensersatzanspruch gegen die Gesellschaft begründen kann. Denn wie bereits angesprochen, besteht ein gerichtlich durchsetzbarer (primärer Erfüllungs-) Anspruch des Gesellschafters, dessen Beteiligung sich verändert hat, gegen die Gesellschaft auf Einreichung der aktualisierten Gesellschafterliste zum Handelsregister.[1403] Dieser Einreichungsanspruch des Gesellschafters ergibt sich ausweislich der Gesetzesbegründung jedenfalls auch aus einem mit dem Anteilserwerb entstehenden gesetzlichen Schuldverhältnis mit der Gesellschaft.[1404] In der Gesetzesbegründung heißt es unmittelbar darauf folgend weiter: *„Bereits nach allgemeinem bürgerlichem Leistungsstörungsrecht folgt aus der Verletzung dieser Pflicht ein Schadensersatzanspruch. Um etwaige Zweifel zu vermeiden, soll dieser Schadensersatzanspruch des Alt- und des Neugesellschafters in § 40 Abs. 3 ausdrücklich fixiert werden"*[1405]. Damit ist klargestellt, dass eine Pflichtverletzung im Rahmen des zwischen Gesellschafter und Gesellschaft bestehenden Schuldverhältnisses einen Schadensersatzanspruch gem. § 40 Abs. 3 GmbHG nach sich ziehen kann.

Nicht weiter erwähnt wird in der Gesetzesbegründung aber, gegen wen sich dieser Schadensersatzanspruch richtet.[1406] In der Literatur hat diese Frage – soweit

1401 S.o. § 4 B. III.
1402 Vgl. auch die Ausführungen unter § 4 B. IV.
1403 S.o. § 3 C. III. 4. b) cc).
1404 S.o. § 3 C. III. 4. b) cc).
1405 BT-Drucks. 16/6140, 38.
1406 Vgl. auch *Rieg*, Erwerb vom Nichtberechtigten und Liste der Gesellschafter, S. 264.

ersichtlich – bislang nur wenig Beachtung gefunden und wird von den wenigen Stimmen, die sich hiermit befassen, zudem uneinheitlich beurteilt.

Nach einer Ansicht haftet die Gesellschaft Alt- und Neugesellschaftern aufgrund des bestehenden Einreichungsanspruches gegen die Gesellschaft ebenso wie die Geschäftsführer gem. § 40 Abs. 3 GmbHG.[1407]

Eine andere Ansicht lehnt eine Haftung der Gesellschaft gem. § 40 Abs. 3 GmbHG hingegen ab, da der eindeutige Wortlaut des § 40 Abs. 3 GmbHG keinen Raum für eine (entsprechende) Anwendung auf die Gesellschaft lasse.[1408]

Letzterer Ansicht ist zuzustimmen. § 40 Abs. 3 GmbHG sieht ausdrücklich nur eine Haftung der Geschäftsführer vor. Auch der Gesetzesbegründung lässt sich nicht entnehmen, dass es sich hierbei um ein Versehen des Gesetzgebers, d.h. um eine planwidrige Regelungslücke handelt. Eine Haftung der Gesellschaft kommt deshalb lediglich nach dem allgemeinen Leistungsstörungsrecht (aufgrund des bestehenden gesetzlichen Schuldverhältnisses)[1409] sowie dem Deliktsrecht, nicht aber gem. § 40 Abs. 3 GmbHG in Betracht.

2. *Anspruch aus § 280 Abs. 1 BGB*

Wie bereits unter 1. angedeutet, könnte ein Anspruch des Altgesellschafters gegen die Gesellschaft aus § 280 Abs. 1 BGB i.V.m. dem zwischen ihm und der Gesellschaft bestehenden gesetzlichen Schuldverhältnis[1410] bestehen. Auch die Gesetzesbegründung geht trotz etwas unglücklicher Formulierung davon aus, dass *„bereits nach allgemeinem bürgerlichem Leistungsstörungsrecht [...] aus der Verletzung dieser Pflicht ein Schadensersatzanspruch"* folgt.[1411] Letztlich ist daher richtigerweise von einer neben der Inanspruchnahme der Geschäftsführer gem. § 40 Abs. 3 GmbHG bestehenden Möglichkeit einer Inanspruchnahme der Gesellschaft selbst gem. § 280 Abs. 1 BGB auszugehen.[1412] Der Begriff des Schuldverhältnisses i.S.v. § 280 Abs. 1 BGB umfasst neben vertraglichen auch gesetzliche Schuldverhältnisse des Privatrechts.[1413]

Problematisch ist, ob überhaupt eine Pflichtverletzung der Gesellschaft vorliegen kann.[1414] Denn ausweislich § 40 Abs. 1 und Abs. 2 GmbHG liegt die Verantwortung

1407 So *Heilmeier,* in: BeckOK-GmbHG, § 40 Rn. 225.

1408 So *Rieg,* Erwerb vom Nichtberechtigten und Liste der Gesellschafter, S. 264.

1409 Vgl. auch *Rieg,* Erwerb vom Nichtberechtigten und Liste der Gesellschafter, S. 264.

1410 S.o. § 3 C. III. 4. b) cc) und § 4 G. I. 1.

1411 BT-Drucks. 16/6140, 38.

1412 So auch *Altgen,* Gutgläubiger Erwerb von GmbH-Geschäftsanteilen, S. 111; *Gehrlein,* in: DK 2007, 771, 791; *Westphal,* in: Ring/Grziwotz, GmbHG, § 40 Rn. 22.

1413 Vgl. *Schulze,* in: HK-BGB, § 280 Rn. 3; s.o. § 4 B. I. 1. a).

1414 Nicht ganz klar hierzu *Rieg,* Erwerb vom Nichtberechtigten und Liste der Gesellschafter, der auf S. 264 noch mangels vorliegender Pflichtverletzung der Gesellschaft eine Haftung der Gesellschaft nach allgemeinen Leistungsstörungsrecht offenbar ausschließt, auf S. 270/271 aber eine Haftung der *„Gesellschaft aufgrund*

für die Gesellschafterliste nicht bei der Gesellschaft, sondern bei den Geschäftsführern (im Falle von § 40 Abs. 1 GmbHG) bzw. dem mitwirkenden Notar (im Falle von § 40 Abs. 2 GmbHG).[1415] Folgerichtig kann deshalb mangels entsprechender Verpflichtung auch keine Pflichtverletzung der Gesellschaft selbst vorliegen. Auch scheidet eine Haftung der Gesellschaft gem. § 40 Abs. 3 GmbHG, der bereits ausweislich seines klaren Wortlauts ausschließlich Schadensersatzansprüche gegen die Geschäftsführer begründen kann, aus.[1416]

Fraglich ist, ob der Gesellschaft im Einzelfall eine vorliegende Pflichtverletzung der gem. § 40 Abs. 1, Abs. 2 GmbHG zuständigen Person zurechenbar ist. Im Falle einer Zuständigkeit des Notars gem. § 40 Abs. 2 S. 1 GmbHG dürfte dies wohl ausscheiden, da dieser anstelle der Geschäftsführer in eigener Verantwortung und in amtlicher Funktion tätig wird[1417]. Sind aber die Geschäftsführer gem. § 40 Abs. 1 S. 1 GmbHG für die Aktualisierung der Gesellschafterliste zuständig und haben in diesem Rahmen eine Pflichtverletzung begangen[1418], könnte eine Zurechnung gem. § 31 BGB (analog) in Betracht kommen. Diese Zurechnungsnorm aus dem Vereinsrecht, wonach der Verein für einen Schaden verantwortlich ist, den der Vorstand durch eine in Ausführung der ihm zustehenden Verrichtungen begangene, zum Schadensersatz verpflichtende Handlung einem Dritten zufügt, gilt nach allgemeiner Ansicht u.a. auch für alle juristischen Personen des Privatrechts[1419], d.h. auch für die GmbH. Bezogen auf die GmbH rechnet § 31 BGB (analog) der Gesellschaft das Handeln seiner organschaftlichen Vertreter, also der Geschäftsführer, als eigenes Handeln zu.[1420] § 31 BGB (analog) setzt also voraus, dass ein Geschäftsführer eine zum Schadensersatz verpflichtende Handlung begangen hat und zwar unabhängig davon, worauf die Ersatzpflicht im Einzelnen beruht.[1421] Des Weiteren erfordert eine entsprechende Anwendung des § 31 BGB, dass das schadensbegründende Handeln oder Unterlassen in Ausführung und nicht nur bei Gelegenheit der den Geschäftsführern zustehenden Verrichtungen begangen worden sein muss.[1422] Erforderlich hierfür ist ein enger objektiver, nicht nur zufälliger zeitlicher und örtlicher Zusammenhang zwischen der den Geschäftsführern übertragenen Verrichtung und dem schädigenden Verhalten, welcher auch bei Kompetenzüberschreitung und / oder

---

eines gesetzlichen Schuldverhältnisses i.V.m. § 280 Abs. 1 BGB nach allgemeinem Leistungsstörungsrecht dem Veräußerer wie dem Erwerber eines Geschäftsanteils für schuldhaftes Handeln ihrer Organe" annimmt.

1415 S.o. § 3 C. III.

1416 S.o. § 4 G. I. 1.

1417 S.o. § 3 C. III. 4.a), c) bb) (1).

1418 Vgl. hinsichtlich Pflichten und möglicher Pflichtverletzungen der Geschäftsführer die Ausführungen unter § 4 D. I. 1. b) und c).

1419 Vgl. etwa *Mansel,* in: Jauernig, BGB, § 31 Rn. 2; *Arnold,* in: MünchKomm-BGB, § 31 Rn. 11.

1420 Vgl. allgemein *Ellenberger,* in: Palandt, § 31 Rn. 1.

1421 Vgl. *Ellenberger,* in: Palandt, § 31 Rn. 2; *Mansel,* in: Jauernig, BGB, § 31 Rn. 1.

1422 Vgl. *Dörner,* in: HK-BGB, § 31 Rn. 8; *Ellenberger,* in: Palandt, § 31 Rn. 10.

vorsätzlicher unerlaubter Handlung vorliegen kann, sofern sich das Verhalten der Geschäftsführer aus Sicht eines Außenstehenden nicht so weit von dem Aufgabenkreis des Handelnden entfernt, dass der generelle Rahmen der ihnen übertragenen Aufgaben überschritten ist[1423]. Dies ist indessen bei Pflichtverletzungen der Geschäftsführer im Zusammenhang mit der Einreichung (oder auch Nichteinreichung) der Gesellschafterliste stets gegeben, da es sich hierbei um originäre Verpflichtungen der Geschäftsführer handelt, § 40 Abs. 1 S. 1 GmbHG. Besteht also eine Haftung der Geschäftsführer gem. § 40 Abs. 3 BGB, so ist dies stets auch der Gesellschaft selbst gem. § 31 BGB (analog) zuzurechnen.[1424] In diesen Konstellationen besteht folglich neben dem Anspruch gegen die Geschäftsführer auch ein Anspruch gegen die Gesellschaft gem. § 280 Abs. 1 BGB i.V.m. § 31 BGB (analog). Geschäftsführer und Gesellschaft haften dem Altgesellschafter in diesem Falle als Gesamtschuldner (wobei im Innenverhältnis in der Regel ein 100 %-iger Regressanspruch der Gesellschaft gegen die Geschäftsführer wegen Verletzung ihrer allgemeinen Sorgfaltspflicht gem. § 43 GmbHG bestehen dürfte[1425]).[1426] Eine Exkulpationsmöglichkeit der Gesellschaft gegenüber dem Altgesellschafter besteht (anders als bei § 831 BGB) aber nicht.[1427]

3. Ansprüche aus § 823 ff. BGB

Daneben hat der Altgesellschafter bei gegebener Haftung der Geschäftsführer gem. § 40 Abs. 3 GmbHG auch einen Anspruch gegen die Gesellschaft aus § 823 Abs. 1 BGB i.V.m. § 31 BGB (analog). Insbesondere handelt es sich bei der Mitgliedschaft um ein (vorliegend auch im innergesellschaftlichen Verhältnis) absolut geschütztes Recht i.S.v. § 823 Abs. 1 BGB.[1428]

II. Ergebnis/ Konkurrenzen

Dem Altgesellschafter stehen im Falle einer Haftung der Geschäftsführer gem. § 40 Abs. 3 GmbHG auch Ansprüche gegen die Gesellschaft gem. § 280 Abs. 1 BGB i.V.m. § 31 BGB (analog) sowie gem. § 823 Abs. 1 BGB i.V.m. § 31 BGB (analog) zu. Zwischen den Schadensersatzansprüchen besteht Anspruchskonkurrenz.

1423 Vgl. BGH, Urt. v. 30.10.1967 – VII ZR 82/65BGH, NJW 1968, 391; BGH, Urt. v. 08.07.1986 – VI ZR 47/85, NJW 1986, 2941; BGH, Urt. v. 20.02.1979 – VI ZR 256/77, NJW 1980, 115; *Dörner,* in: HK-BGB, § 31 Rn. 8; *Ellenberger,* in: Palandt, § 31 Rn. 10.

1424 So im Ergebnis auch *Altgen*, Gutgläubiger Erwerb von GmbH-Geschäftsanteilen, S. 111/112; wohl auch *Gehrlein*, in: DK 2007, 771, 791; *Westphal*, in: Ring/Grziwotz, GmbHG, § 40 Rn. 22.

1425 Vgl. BT-Drucks. 16/6140, 37, 44; *Heilmeier,* in: BeckOK-GmbHG, § 40 Rn. 226.

1426 Vgl. *Dörner,* in: HK-BGB, § 31 Rn. 3; *Ellenberger,* in: Palandt, § 31 Rn. 13; *Arnold,* in: MünchKomm-BGB, § 31 Rn. 45.

1427 Vgl. etwa *Mansel,* in: Jauernig, BGB, § 31 Rn. 1.

1428 S.o. § 4 B. I. 2. a) aa).

III. Prozessuale Durchsetzung der Ansprüche gegen die Gesellschaft

Hinsichtlich der prozessualen Durchsetzung der Ansprüche bestehen keine Besonderheiten; d.h. der Altgesellschafter kann seine Ansprüche gegen die Gesellschaft vor den Zivilgerichten im ordentlichen Rechtsweg durchsetzen.[1429]

H. Ansprüche gegen das Registergericht

Da das Registergericht lediglich einer formalen Prüfpflicht unterliegt und die eingereichte Gesellschafterliste nur darauf zu prüfen hat, ob sie den Anforderungen des § 40 GmbHG entspricht, d.h. ob die Gesellschafterliste von einer gänzlich unbefugten Person eingereicht worden ist[1430], kommt eine Haftung des Registergerichts gem. § 839 BGB i.V.m. Art. 34 GG nur in Betracht, sofern ihm die Unrichtigkeit der Gesellschafterliste bekannt oder in Folge grober Fahrlässigkeit – bei offensichtlichen, äußerlichen und bereits bei oberflächlicher Betrachtung auffälligen Mängel – unbekannt ist[1431]. Im Falle einer ungerechtfertigten Beanstandung oder einer verzögerten Aufnahme einer Gesellschafterliste zum Handelsregister kommt im Falle eines durch die hierdurch weiterhin unrichtige Gesellschafterliste ermöglichten gutgläubigen Erwerbs eines Geschäftsanteils gem. § 16 Abs. 3 GmbHG eine Haftung des zuständigen Handelsregisterrichters gem. § 839 BGB i.V.m. Art. 34 GG allerdings grundsätzlich in Frage.[1432] Das sog. Spruchrichterprivileg gem. § 839 Abs. 2 S. 1 BGB findet bei verzögerter Aufnahme der Gesellschafterliste zum Handelsregister gem. § 839 Abs. 2 S. 2 BGB keine Anwendung.[1433]

I. Zusammenfassung § 4

Zusammenfassend können dem Altgesellschafter nach dem Vorgesagten abhängig von der Konstellation des Einzelfalles die folgenden möglichen Ansprüche zustehen:

Gegen den Veräußerer können bei einem zwischen beiden bestehenden Schuldverhältnis (zu denken ist insbesondere an eine gesellschaftsrechtliche sowie an eine beendete treuhänderische Verbindung) ein Schadensersatzanspruch gem. § 280 Abs. 1 BGB sowie ansonsten Schadensersatzansprüche gem. §§ 823, 687 Abs. 2, 678 und 826 BGB bestehen. Zu beachten ist hinsichtlich der Ansprüche aus § 280 Abs. 1 BGB und § 823 BGB, dass dem Veräußerer gem. § 242 BGB unter entsprechender Heranziehung der Haftungsgrundsätze der §§ 989,

---

1429 Vgl. auch die Ausführungen unter § 4 B. IV.

1430 S.o. § 3 C. III. 5.

1431 So auch *Kanzleiter*, in: FS Roth, 355, 363.

1432 Vgl. *Noack*, in: Baumbach/Hueck, GmbHG, § 40 Rn. 75; *Rieg*, Erwerb vom Nichtberechtigten und Liste der Gesellschafter, S. 271; ähnlich auch *Kanzleiter*, in: FS Roth, 355, 363.

1433 Vgl. *Noack*, in: Baumbach/Hueck, GmbHG, § 40 Rn. 75.

990 BGB nur dann ein Verschulden vorzuwerfen ist, sofern er im Zeitpunkt der Veräußerung seine Nichtberechtigung hätte erkennen müssen, er also grob fahrlässige Unkenntnis von seiner Nichtberechtigung hatte. Daneben steht dem Altgesellschafter unabhängig von weiteren Voraussetzungen – wie einem bei den obigen Schadensersatzansprüchen erforderlichen Verschulden – stets ein Anspruch auf Erlösherausgabe gem. § 816 Abs. 1 S. 1 BGB zu. Daneben kommt unter den Voraussetzungen einer angemaßten Eigengeschäftsführung ein ebenfalls auf Erlösherausgabe gerichteter Anspruch aus §§ 687 Abs. 2, 681 S. 2, 667 BGB in Betracht. In der Sonderkonstellation eines Rückerwerbs des Geschäftsanteils durch den Veräußerer bestehen jeweils auf eine Rückübertragung des Geschäftsanteils gerichtete Ansprüche des Altgesellschafters gem. § 280 Abs. 1 BGB (bei Bestehen eines Schuldverhältnisses) bzw. gem. § 823 BGB i.V.m. § 249 BGB sowie gem. §§ 812 ff. BGB.

Eine Inanspruchnahme des Erwerbers kommt ausschließlich in den Fällen einer unentgeltlichen Übertragung des Geschäftsanteils in Betracht. In diesen Fällen können bereicherungsrechtliche Ansprüche gem. § 816 Abs. 1 S. 2 BGB sowie gem. § 822 BGB bestehen.

Gegen die Geschäftsführer kommt im Falle einer schuldhaften Verletzung ihrer Pflichten aus § 40 Abs. 1 GmbHG insbesondere ein Schadensersatzanspruch gem. § 40 Abs. 3 GmbHG in Betracht. Daneben können aus denselben Gründen Schadensersatzansprüche gem. §§ 823, 826 BGB bestehen, denen angesichts der für den Altgesellschafter deutlich günstigeren Beweisregeln des § 40 Abs. 3 GmbHG allerdings vorliegend wenig Bedeutung zukommt. Nur ausnahmsweise kommt zudem ein Schadensersatzanspruch gem. § 280 Abs. 1 BGB wegen Verletzung der Pflichten aus dem Geschäftsführeranstellungsvertrag in Betracht.

Gegen den an einer Veränderung i.S.d. § 40 Abs. 1 S. 1 GmbHG mitwirkenden Notar kann ein Schadensersatzanspruch gem. § 19 Abs. 1 S. 1 BNotO wegen Verletzung seiner Pflichten aus § 40 Abs. 2 GmbHG bestehen.

Auch gegen seine (ehemaligen) Mitgesellschafter können dem Altgesellschafter ggf. Schadensersatzansprüche gem. §§ 280 Abs. 1, 823 Abs. 1 BGB wegen Verletzung der gesellschaftsrechtlichen Treuepflicht sowie gem. § 830 Abs. 2 BGB i.V.m. § 40 Abs. 3 GmbHG (bei Anstiftung eines Geschäftsführers) bzw. aus § 830 Abs. 2 BGB i.V.m. § 19 Abs. 1 S. 1 BNotO (bei Anstiftung des Notars) zustehen.

Des Weiteren kann der Altgesellschafter im Falle einer Haftung der Geschäftsführer gem. § 40 Abs. 3 GmbHG auch die Gesellschaft selbst gem. § 280 Abs. 1 BGB i.V.m. § 31 BGB (analog) sowie gem. § 823 Abs. 1 BGB i.V.m. § 31 BGB (analog) in Anspruch nehmen.

Schließlich kommt in Ausnahmefällen auch eine Haftung des zuständigen Handelsregisterrichters gem. § 839 BGB i.V.m. Art. 34 GG in Betracht.

Zusammenfassend handelt es sich bei den grundsätzlich in Betracht kommenden Ansprüchen des Altgesellschafters damit zumeist um Schadensersatzansprüche, die an weitere Voraussetzungen, insbesondere an ein Verschulden der in Anspruch genommenen Personen geknüpft sind. Nur ein Anspruch steht dem Altgesellschafter unabhängig von weiteren Voraussetzungen in allen denkbaren Konstellationen zu:

Der Anspruch auf Herausgabe des Veräußerungserlöses gegen den Veräußerer gem. § 816 Abs. 1 S. 1 BGB. Dieser Umstand und die hierdurch erzielbare „Entschädigung" des Altgesellschafters für den Verlust seines Geschäftsanteils sollten daher stets den Ausgangspunkt weiterer Überlegungen hinsichtlich einer darüber hinaus gehenden (klageweisen) Geltendmachung weiterer Ansprüche gegen möglicherweise weitere Anspruchsgegner bilden.

§ 5 Anspruchsausfüllung / Rechtsfolgen

A. Einführung

Nachdem unter § 4 im Rahmen der Darstellung der Anspruchsbegründung die in Betracht kommenden Ansprüche des Altgesellschafters bei Verlust seines Geschäftsanteils erörtert worden sind, soll im Folgenden das Augenmerk auf die Rechtsfolgen der dort genannten Ansprüche gelegt werden. Schwerpunktmäßig wird dabei auf die Rechtsfolgen der in Betracht kommenden Schadensersatzansprüche eingegangen (B.). Im Anschluss werden noch einmal die Rechtsfolgen der sonstigen in Betracht kommenden Ansprüche dargelegt (C.).

B. Rechtsfolgen Schadensersatz (Haftungsausfüllung)

Angesichts der vielfältigen in Betracht kommenden Schadensersatzansprüche gegen unterschiedliche Anspruchsgegner ist zunächst der jeweils anzuwendende Schadensbegriff zu klären, insbesondere ob von einem einheitlichen Schadensbegriff ausgegangen werden kann (I.). Danach ist auf die Art, den Inhalt und den Umfang des durch den Verlust des Geschäftsanteils beim Altgesellschafter entstandenen Schadens einzugehen (II.). Im Anschluss daran ist schließlich zu untersuchen, ob und ggf. in welchen Fällen dem Altgesellschafter ein Mitverschulden zur Last gelegt werden kann, welches zu einer Kürzung seines Schadensersatzanspruches führen könnte (III.).

I. Anzuwendender Schadensbegriff

1. Einheitlicher Schadensbegriff

a) Schadensbegriff bei den Schadenersatzansprüchen aus dem BGB

Unabhängig vom Anspruchsgegner kommen bürgerlichrechtliche Schadensersatzansprüche des Altgesellschafters aus § 280 Abs. 1 BGB, § 823 BGB, § 826 BGB und §§ 687 Abs. 2, 678 BGB in Betracht.[1434] Die Schadensberechnung dieser Schadensersatzansprüche richtet sich nach allgemeiner Ansicht jeweils nach den allgemeinen Regeln der Schadensberechnung, den §§ 249 ff. BGB.[1435]

1434 S.o. § 4.

1435 Vgl. für § 280 Abs. 1 BGB etwa *Lorenz,* in: BeckOK-BGB, § 280 Rn. 41; für §§ 687 Abs. 2, 678 BGB etwa *Seiler,* in: MünchKomm-BGB, § 678 Rn. 7; für §§ 823, 826 BGB etwa *Staudinger,* in: HK-BGB, Vorbemerkung zu §§ 823–853 Rn. 9; vgl. zur Systematik der §§ 249 ff. BGB als einheitliche schadensrechtliche Regelungen auch *Brand,* Schadensersatzrecht, § 2 Rn. 29.

b) Schadensbegriff bei § 40 Abs. 3 GmbHG

Weder aus dem Gesetz noch aus der Gesetzesbegründung ergibt sich eine gesonderte Regelung hinsichtlich des Schadensbegriffs im Rahmen des § 40 Abs. 3 GmbHG. § 40 Abs. 3 GmbHG ist aber stets im Zusammenhang mit dem allgemeinen Haftungstatbestand der Geschäftsführer, § 43 GmbHG, zu betrachten.[1436] Maßgebend im Rahmen von § 43 GmbHG ist nach g.h.M. der allgemeine Schadensbegriff der §§ 249 ff. BGB.[1437] Nichts anderes kann auch im Rahmen von § 40 Abs. 3 GmbHG gelten, weshalb sich auch hier die Schadensberechnung nach den §§ 249 ff. BGB richtet.

c) Schadensbegriff bei § 19 Abs. 1 S. 1 BNotO

Auch im Rahmen von § 19 Abs. 1 S. 1 BNotO ist der allgemeine Schadensbegriff gem. §§ 249 ff. BGB zugrunde zu legen.[1438]

d) Ergebnis

Nach dem Vorgesagten richten sich alle in Betracht kommenden Schadensersatzansprüche des Altgesellschafters bei Verlust seines Geschäftsanteils aufgrund eines gutgläubigen Erwerbs gem. § 16 Abs. 3 GmbHG unabhängig von der jeweiligen Anspruchsgrundlage sowie vom jeweiligen Anspruchsgegner nach den allgemeinen schadensrechtlichen Regelungen der §§ 249 ff. BGB. Zu beachten ist in diesem Zusammenhang, dass etwaige (in der Praxis übliche) vertragliche Sonderregelungen betreffend die Schadensberechnung und eine etwaige Begrenzung der Haftung im Verhältnis zwischen Veräußerer und Erwerber[1439] des betreffenden Geschäftsanteils den nicht an einer solchen Vereinbarung beteiligten Altgesellschafter nicht binden können und somit in den vorliegend relevanten Konstellationen keine Rolle spielen. Im weiteren Verlauf der Untersuchung kann mithin von einem einheitlichen Schadensbegriff sowie einer einheitlichen Berechnung des Schadens ausgegangen werden und daher auch eine einheitliche Darstellung der Haftungsausfüllung erfolgen.

1436 Vgl. auch *Schneider,* in: GmbHR 2009, 393, 394.

1437 Vgl. nur *Altmeppen,* in: Roth/Altmeppen, GmbHG, § 43 Rn. 104; *Fleischer,* in: MünchKomm-GmbHG, § 43 Rn. 261 ff.; *Haas/Ziemons,* in: BeckOK-GmbHG, § 43 Rn. 306 ff.; *Zöllner/Noack,* in: Baumbach/Hueck, GmbHG, § 43 Rn. 15; vgl. zu dem im Rahmen von § 40 Abs. 3 GmbHG nicht relevanten Streitstand und der Mindermeinung, die einen eigenständigen gesellschaftsrechtlichen Schadensbegriff zugrunde legen möchte, etwa *Fleischer,* in: MünchKomm-GmbHG, § 43 Rn. 261 ff.; *Haas/Ziemons,* in: BeckOK-GmbHG, § 43 Rn. 306 ff.; jeweils m.w.N.

1438 Vgl. etwa BGH, Urt. v. 18.04.2002 – IX ZR 72/99, NJW 2002, 2787.

1439 Vgl. hierzu etwa *Jaques,* in: Ettinger/Jaques, Beck'sches Handbuch Unternehmenskauf im Mittelstand, D. Rn. 351 ff. m.w.N.

2. Schadensbegriff gem. §§ 249 ff. BGB

Nach dem Vorgesagten ist sämtlichen in Betracht kommenden Schadensersatzansprüchen der Schadensbegriff der §§ 249 ff. BGB zugrunde zu legen. Diese Regelungen bestimmen die Art und Weise sowie den Umfang des zu ersetzenden Schadens.[1440] Der Schaden an sich wird zumeist als jede unfreiwillige Vermögenseinbuße an materiellen und immateriellen Gütern in Folge eines bestimmten Ereignisses[1441] definiert (sog. natürlicher Schadensbegriff) oder – im Ergebnis gleichbedeutend – als jede Beeinträchtigung eines Interesses[1442] beschrieben.[1443] Hiervon erfasst sind grundsätzlich sowohl materielle (Vermögens-) Schäden als auch immaterielle (Nichtvermögens-) Schäden.[1444] Vermögensschäden sind anhand der von *Mommsen* bereits im 19. Jahrhundert entwickelten „Differenzhypothese" zu ermitteln.[1445] Danach liegt ein Schaden vor, sofern der Wert des Vermögens einer Person in Folge des schadensbegründenden Ereignisses geringer ist als der Wert, den das Vermögen ohne dieses Ereignis hätte.[1446] Es ist also ein Vergleich des hypothetischen Zustands ohne das schädigende Ereignis mit dem tatsächlichen Zustand nach dem schädigenden Ereignis vorzunehmen.[1447] Das im Rahmen der Schadensermittlung wegzudenkende Ereignis bestimmt sich dabei nach dem schadensbegründenden Ereignis der jeweiligen Anspruchsgrundlage (z.B. die Pflichtverletzung im Rahmen von § 280 Abs. 1 BGB und § 40 Abs. 3 GmbHG oder die Rechtsgutsverletzung im Rahmen von § 823 Abs. 1 BGB).[1448] Unbillige bzw. als allgemein ungerecht empfundene Ergebnisse der Differenzhypothese sind ggf. im Einzelfall im Wege einer wertenden Gesamtbetrachtungsweise durch die sog. „Lehre vom normativen Schaden" zu korrigieren (sog. „dualistischer Schadensbegriff").[1449]

II. Art, Inhalt und Umfang des Schadens

Gem. §§ 249 ff. BGB ist streng zwischen den beiden in Betracht kommenden Schadensarten, nämlich der Naturalrestitution und der Schadenskompensation,

---

1440 Vgl. *Brand,* Schadensersatzrecht, § 2 Rn. 1; vgl. zu Art, Inhalt und Umfang des Schadens nachfolgend § 5 B. II.

1441 Vgl. *Grüneberg,* in: Palandt, Vorb. v. § 249 Rn. 9; *Larenz,* Schuldrecht I, § 27 II a.

1442 Vgl. *Oetker,* in: MünchKomm-BGB, § 249 Rn. 16 m.w.N.

1443 Vgl. *Brand,* Schadensersatzrecht, § 2 Rn. 1.

1444 Vgl. *Brand,* Schadensersatzrecht, § 2 Rn. 14.

1445 Vgl. etwa *Brand,* Schadensersatzrecht, § 2 Rn. 8; *Oetker,* in: MünchKomm-BGB, § 249 Rn. 18.

1446 Vgl. a.a.O.

1447 Vgl. *Spancken/Schneidenbach,* in: JuS 2012, 298.

1448 Vgl. *Brand,* Schadensersatzrecht, § 2 Rn. 8.

1449 Vgl. hierzu im Einzelnen etwa *Brand,* Schadensersatzrecht, § 2 Rn. 1, 10; *Grüneberg,* in: Palandt, Vorb. v. § 249 Rn. 14; *Oetker,* in: MünchKomm-BGB, § 249 Rn. 23; jeweils m.w.N.

zu differenzieren.[1450] Nach der Systematik der §§ 249 ff. BGB ist die in den §§ 249, 250, 252 BGB normierte Naturalrestitution der in den §§ 251, 253 BGB geregelten Schadenskompensation vorrangig.[1451]

1. *Naturalrestitution*

a) Allgemeines

Gem. § 249 Abs. 1 BGB hat der Schädiger den Zustand wiederherzustellen, der bestehen würde, wenn der zum Ersatz verpflichtende Umstand, d.h. das schädigende Ereignis, nicht eingetreten wäre.[1452] Das bedeutet, dass ein wirtschaftlich gleichwertiger Zustand durch den Schädiger (wieder-) herzustellen ist.[1453] Dies gilt unabhängig davon, ob der Geschädigte in seinen materiellen oder immateriellen Gütern verletzt ist.[1454] Die Naturalrestitution schützt damit das Integritäts- / Erhaltungsinteresse des Geschädigten.[1455] Bezogen auf den Verlust eines Geschäftsanteils bedeutet dies die (Rück-) Übertragung des betreffenden Geschäftsanteils auf den Altgesellschafter[1456], welchen dieser aufgrund eines gutgläubigen Erwerbs gem. § 16 Abs. 3 GmbHG an den gutgläubigen Erwerber verloren hat. Eine Ersatzbeschaffung ist bei Unternehmen und folglich auch bei Beteiligungen hieran nicht möglich.[1457] Grundsätzlich muss der Schädiger gem. § 249 Abs. 1 BGB selbst und auf eigene Kosten für die Schadensbehebung Sorge tragen.[1458] Die daneben bestehende Möglichkeit einer Ersetzungsbefugnis gem. § 249 Abs. 2 BGB spielt vorliegend keine Rolle, da es sich bei dem Verlust eines Geschäftsanteils weder um einen Personen- noch um einen Sachschaden handelt. Auch eine analoge Anwendung des § 249 Abs. 2 BGB auf die vorliegende Konstellation kommt angesichts des eindeutigen und eingrenzenden Wortlauts nicht in Betracht.

Gem. §§ 249 Abs. 1, 252 S. 1 BGB ist im Rahmen der Naturalrestitution des Weiteren der entgangene Gewinn als mittelbarer Schaden zu ersetzen.[1459]

1450 Vgl. *Brand,* Schadensersatzrecht, § 2 Rn. 29.

1451 Vgl. *Brand,* Schadensersatzrecht, § 2 Rn. 30; *Larenz,* Schuldrecht I, § 28 I; *Oetker,* in: MünchKomm-BGB, § 249 Rn. 320.

1452 Vgl. *Brand,* Schadensersatzrecht, § 2 Rn. 30; vgl. zur Differenzhypothese bereits § 5 B. I. 2.

1453 Vgl. *Brand,* Schadensersatzrecht, § 5 Rn. 2; *Brox/Walker,* Schuldrecht AT, § 31 Rn. 2.

1454 Vgl. *Brand,* Schadensersatzrecht, § 2 Rn. 30.

1455 Vgl. *Brand,* Schadensersatzrecht, § 2 Rn. 30, § 5 Rn. 1.

1456 Vgl. *Reichert/Weller,* in: MünchKomm-GmbHG, § 15 Rn. 54; vgl. auch BGH, Urt. v. 18.04.2002 – IX ZR 72/99, DNotZ 2002, 2787, 2790 (bzgl. des Verlusts von Kommanditanteilen); BGH, Urt. v. 29.02.1984 – Iva ZR 188/82, NJW 1984, 2570 (bzgl. des Verlusts von OHG-Gesellschaftsanteilen); *Pfeifer,* in: MünchKomm-AktG, § 186 Rn. 60 (bzgl. AG bei Vereitelung des Bezugsrechts); *Oetker,* in: MünchKomm-BGB, § 249 Rn. 355 (Aufnahme in einen Verein).

1457 Vgl. *Wollny,* in: DStR 2013, 2132, 2133 m.w.N.

1458 Vgl. *Brand,* Schadensersatzrecht, § 2 Rn. 30, § 5 Rn. 7.

1459 Vgl. *Brand,* Schadensersatzrecht, § 2 Rn. 30.

Die grundsätzlich gegebene Vorrangigkeit der Naturalrestitution ist durch die Norm des § 250 BGB faktisch auch unabhängig vom Vorliegen der Voraussetzungen des § 249 Abs. 2 BGB für den Geschädigten disponibel. Danach kann der Geschädigte dem Schädiger eine angemessene Frist für die Naturalrestitution setzen und nach erfolglosem Ablauf der Frist Geldersatz verlangen.[1460] Im Allgemeinen soll dem Geschädigten hierdurch schnell und unkompliziert die Möglichkeit der Selbstbehebung des Schadens gewährt werden.[1461]

b) Möglichkeit der Naturalrestitution

Problematisch im Zusammenhang mit der Naturalrestitution ist in den vorliegend relevanten Konstellationen insbesondere, ob diese im Einzelfall überhaupt möglich ist. Denn § 249 Abs. 1 BGB setzt voraus, dass die Naturalrestitution objektiv möglich ist.[1462] Ist sie es nicht, wird § 249 Abs. 1 BGB durch die Schadenskompensation gem. § 251 BGB verdrängt, § 251 Abs. 1 Var. 1 BGB.[1463] Der Begriff der Unmöglichkeit entspricht dabei dem des § 275 Abs. 1 BGB.[1464] Erfasst sind nach wohl allgemeiner Ansicht alle Fälle der anfänglichen, nachträglichen, rechtlichen, tatsächlichen, objektiven Unmöglichkeit.[1465]

Umstritten ist hingegen, ob auch die subjektive Unmöglichkeit i.S.d. § 275 Abs. 1 Var. 1 BGB den Anspruch auf Naturalrestitution untergehen lässt.

Ein großer Teil der Stimmen in der Literatur bejaht dies[1466], wohingegen die vorzugswürdige Gegenansicht[1467] dies mit dem zutreffenden Argument verneint, dass ein Unvermögen des Schädigers zwar den Herstellungsanspruch gem. § 249 Abs. 1 BGB, nicht aber denjenigen nach § 249 Abs. 2 S. 1 BGB ausschließe, da eine Naturalrestitution in Form der Ersatzbeschaffung möglich bleibe[1468]. In den vorliegend relevanten Fällen kommt § 249 Abs. 2 BGB zwar nicht unmittelbar zur Anwendung, da es sich bei dem Verlust eines Geschäftsanteils weder um einen Personen- noch um einen Sachschaden handelt. Von Bedeutung ist dieser Aspekt aber im Rahmen des § 250 BGB,

---

1460 Vgl. hierzu auch nachfolgend § 5 B. II. 1. c).

1461 Vgl. *Brand,* Schadensersatzrecht, § 2 Rn. 30.

1462 Vgl. *Brand,* Schadensersatzrecht, § 6 Rn. 5; *Grüneberg,* in: Palandt, § 249 Rn. 3.

1463 Vgl. *Grüneberg,* in: Palandt, § 249 Rn. 3.

1464 Vgl. etwa *Brand,* Schadensersatzrecht, § 6 Rn. 6; *Grüneberg,* in: Palandt, § 251 Rn. 3; *Teichmann,* in: Jauernig, BGB, § 251 Rn. 3.

1465 Vgl. etwa *Brand,* Schadensersatzrecht, § 6 Rn. 6; *Grüneberg,* in: Palandt, § 251 Rn. 3; *Oetker,* in: MünchKomm-BGB, § 251 Rn. 6; *Teichmann,* in: Jauernig, BGB, § 251 Rn. 3.

1466 Vgl. *Grüneberg,* in: Palandt, § 251 Rn. 3; *Oetker,* in: MünchKomm-BGB, § 251 Rn. 6; *Wandt,* Gesetzliche Schuldverhältnisse, § 23 Rn. 28.

1467 Vgl. BGH, Urt. v. 06.11.1986 – VII ZR 97/85, NJW 1987, 645; *Brand,* Schadensersatzrecht, § 6 Rn. 6; vgl. auch *Schiemann,* in: Staudinger, BGB, § 251 Rn. 9, der allerdings aus Gerechtigkeitsgründen dennoch für eine analoge Anwendung des § 251 Abs. 1 BGB plädiert.

1468 Vgl. *Brand,* Schadensersatzrecht, § 6 Rn. 6.

da sich der *„Ersatz in Geld“* gem. § 250 S. 2 BGB auf das Integritätsinteresse wie in § 249 Abs. 2 S. 1 BGB und nicht auf das Wertinteresse wie in § 251 BGB bezieht.[1469]

Fälle der sog. wirtschaftlichen Unmöglichkeit führen nicht zu einer Unmöglichkeit der Naturalrestitution i.S.d. §§ 249 Abs. 1, 251 Abs. 1 BGB.[1470] Ist die (Wieder-) Herstellung nur mit unverhältnismäßigen Aufwendungen möglich, werden die Interessen des Schädigers ausreichend durch § 251 Abs. 2 BGB geschützt.[1471]

Nicht von Belang ist die Ursache der Unmöglichkeit, insbesondere kommt es diesbezüglich nicht auf ein Verschulden des Schädigers an.[1472] Hat der Geschädigte die Unmöglichkeit schuldhaft (mit) herbeigeführt, kann sein Anspruch aus § 251 Abs. 1 Var. 1 BGB[1473] aber unter Umständen gem. § 254 Abs. 2 S. 1 BGB gekürzt werden.[1474]

Vorliegend sind insbesondere die Fälle rechtlicher Unmöglichkeit von Bedeutung. Eine rechtliche Unmöglichkeit ist unter anderem gegeben, wenn die Zustimmung Dritter für die Naturalrestitution erforderlich ist und nicht erteilt wird[1475] und / oder nur durch einen unzulässigen Eingriff in Rechte Dritter erfolgen könnte[1476]. Zu beachten ist in diesem Zusammenhang, dass dem Altgesellschafter im Regelfall keine Ansprüche gegen den gutgläubigen Erwerber des Geschäftsanteils zustehen werden, es sei denn, es liegt der Ausnahmefall eines unentgeltlichen Erwerbs vor.[1477] Das bedeutet, dass ein nicht gegen den Erwerber gerichteter Schadensersatzanspruch den Anspruchsgegner im Wege der Naturalrestitution zunächst dazu verpflichtet, auf seine Kosten eine (Rück-) Übertragung des betreffenden Geschäftsanteils vom Erwerber auf den Altgesellschafter zu erwirken. Den Anspruchsgegner trifft mithin eine Wiederbeschaffungspflicht hinsichtlich des an den gutgläubigen Erwerber veräußerten und übertragenen Geschäftsanteils.[1478] Verweigert der Erwerber aber eine Rückübertragung des Geschäftsanteils auf den Altgesellschafter, ist die

1469 Str., vgl. hierzu die nachfolgenden Ausführungen unter § 5 B. II. 1. c).

1470 Vgl. *Oetker,* in: MünchKomm-BGB, § 251 Rn. 6.

1471 Vgl. a.a.O.; vgl. zu § 252 Abs. 2 BGB auch nachfolgend § 5 B. II. 2. b) bb).

1472 Vgl. *Oetker,* in: MünchKomm-BGB, § 251 Rn. 8; *Schiemann,* in: Staudinger, BGB, § 251 Rn. 11.

1473 Vgl. hierzu nachfolgend § 5 B. II. 2.

1474 Vgl. *Brand,* Schadensersatzrecht, § 6 Rn. 8; *Oetker,* in: MünchKomm-BGB, § 251 Rn. 8.

1475 Vgl. BGH, Urt. v. 15.02.2008 – V ZR 17/07, NJW-RR 2008, 969; *Oetker,* in: MünchKomm-BGB, § 251 Rn. 6.

1476 Vgl. OLG Jena, Urt. v. 04.12.1996 – 2 U 902/96, OLG-NL 1997, 115, 117; OLG Koblenz, Urt. v. 07.02.1991 – U 1725/90, NJW-RR 1991, 944, 946; *Brand,* Schadensersatzrecht, § 6 Rn. 6; *Grüneberg,* in: Palandt, § 251 Rn. 3; *Oetker,* in: MünchKomm-BGB, § 251 Rn. 6.

1477 Und auch dann handelt es sich um Ansprüche aus Bereicherungsrecht, nicht aber um Schadensersatzansprüche, s.o. § 4 C.

1478 Vgl. zur vergleichbaren Situation nach Veräußerung einer Sache im Rahmen eines EBV etwa *Fritzsche,* in: BeckOK-BGB, § 989 Rn. 14 und *Gursky,* in: Staudinger, BGB, § 989 Rn. 32.

Naturalrestitution (rechtlich) unmöglich.[1479] Des Weiteren kann der Gesellschaftsvertrag eine Vinkulierungsklausel i.S.d. § 15 Abs. 5 GmbHG enthalten und z.B. für die Übertragung von Geschäftsanteilen die Zustimmung der Gesellschaft(er) voraussetzen.[1480] Wird die Zustimmung versagt, kann damit selbst bei einer Übertragungsbereitschaft des Erwerbers ein Fall der (rechtlichen) Unmöglichkeit der Naturalrestitution vorliegen.[1481] Vor diesem Hintergrund dürfte eine Naturalrestitution in der Praxis regelmäßig wegen Unmöglichkeit ausscheiden.

c) Schadensersatz in Geld nach Fristsetzung, § 250 BGB

Wie bereits unter a) angesprochen, kann der Altgesellschafter unabhängig von der Nichteinschlägigkeit des § 249 Abs. 2 BGB und auch bei Möglichkeit der Naturalrestitution gem. § 250 BGB nach erfolgloser Fristsetzung mit Ablehnungsandrohung eine Entschädigung in Geld erwirken.[1482] Da § 249 Abs. 2 BGB vorliegend von vornherein nicht anwendbar ist, kommt § 250 BGB im Rahmen von Unternehmenstransaktionen bzw. in Post-M&A-Streitigkeiten durchaus eine Bedeutung zu, die der Vorschrift ansonsten weithin – im Hinblick auf diese Konstellationen zu Unrecht – abgesprochen wird[1483].

Verweigert der Schädiger die Herstellung bzw. den Schadensersatz insgesamt ernsthaft und endgültig, ist eine Fristsetzung entbehrlich.[1484]

Zu beachten ist, dass § 250 BGB das Bestehen, d.h. auch die Möglichkeit eines Anspruchs auf Naturalrestitution gem. § 249 Abs. 1 BGB voraussetzt.[1485] Ist also die Naturalrestitution bereits unmöglich, was in den vorliegend relevanten Konstellationen wohl der Regelfall sein dürfte[1486], bedarf es keiner solchen Fristsetzung, vielmehr besteht in diesem Falle ohnehin „nur" ein Anspruch auf Schadenskompensation gem. § 251 Abs. 1 BGB.

In den vorliegend relevanten Konstellationen gibt § 250 BGB dem Altgesellschafter so insbesondere die Möglichkeit einer Geldkompensation, wenn trotz deren Möglichkeit sowohl auf Seiten des Schädigers als auch auf Seiten des Geschädigten kein Interesse (mehr) an einer Naturalrestitution besteht. Von Relevanz dürfte dies vornehmlich in den Konstellationen eines Rückerwerbs der Geschäftsanteile durch den Veräußerer sein.[1487]

1479 Vgl. auch *Ebert,* in: Erman, BGB, § 251 Rn. 2.
1480 Vgl. hierzu § 3 B. II. 3.
1481 Vgl. BGH, Urt. v. 18.04.2002 – IX ZR 72/99, NJW 2002, 2787, 2790; *Ebert,* in: Erman, BGB, § 251 Rn. 2.
1482 S.o. § 5 B. II. 1. a).
1483 Vgl. exemplarisch etwa *Schiemann,* in: Staudinger, BGB, § 250 Rn. 1: *„Insgesamt hat § 250 daher nur sehr geringe Bedeutung".*
1484 Vgl. etwa *Brand,* Schadensersatzrecht, § 5 Rn. 35; *Oetker,* in: MünchKomm-BGB, § 250 Rn. 7; jeweils m.w.N.
1485 Vgl. *Spancken/Schneidenbach,* in: JuS 2012, 298, 300.
1486 S.o. § 5 B. II. 1. b).
1487 Vgl. hierzu § 4 B. I. 6.

Zur Verdeutlichung sei das nachfolgende ***Beispiel 36*** *(Fortführung von Beispiel 21*[1488]*) genannt:*

Im ***Beispiel 21*** *kann A von V zwar die Rückübertragung des Geschäftsanteils a) verlangen. A hat aber inzwischen gar kein Interesse mehr an dem Geschäftsanteil, wohingegen V gerne Gesellschafter bleiben möchte. In diesem Falle haben beide ein Interesse daran, dass A nicht im Wege der Naturalrestitution, sondern in Geld entschädigt wird.*

Umstritten ist, ob sich der *„Ersatz in Geld"* gem. § 250 S. 2 BGB auf das Integritätsinteresse wie in § 249 Abs. 2 S. 1 BGB oder aber auf das Wertinteresse wie in § 251 BGB bezieht.

Eine Ansicht in der Literatur verweist diesbezüglich auf den Wertersatz gem. § 251 Abs. 1 BGB.[1489]

Nach der zutreffenden und herrschenden Ansicht richtet sich der Geldersatz gem. § 250 BGB S. 2 BGB jedoch auf das Integritätsinteresse, d.h. auf den Ausgleich der erforderlichen Herstellungskosten i.S.d. § 249 Abs. 2 S. 1 BGB.[1490] Hierfür spricht bereits die systematische Stellung des § 250 BGB hinter § 249 BGB und gerade vor § 251 BGB.[1491] Das ist zudem auch sachgerecht, wird dem Geschädigten doch so auch über die von § 249 Abs. 2 BGB erfassten Sachverhalte hinaus – insbesondere in M&A- bzw. in Post-M&A-Streitigkeiten – die Möglichkeit gewährt, die für die Rückerlangung seiner Position, im vorliegenden Falle für die Rückerlangung des verlorenen Geschäftsanteils, entstehenden Kosten in Gänze ersetzt zu bekommen.[1492] Dies entspricht dem Grundsatz des Vorrangs der Naturalrestitution und auch dem im Schadensrecht geltenden „Grundsatz der Totalreparation", wonach unabhängig von Ausmaß und Vertretenmüssen grundsätzlich ein vollständiger Ausgleich aller entstandenen Schäden zu leisten ist („Alles-oder-nichts-Prinzip")[1493].[1494] Von Bedeutung ist diese Differenzierung etwa, wenn der Erwerber zwar zur Rückübertragung des Geschäftsanteils bereit ist, die Naturalrestitution also nicht rechtlich unmöglich

---

1488 S.o. § 4 B. I. 6.

1489 *Lange/Schiemann*, Schadensersatz, § 5 V 1; *Larenz*, Schuldrecht I, § 28 II; *Teichmann*, in: Jauernig, BGB, § 250 Rn. 1.

1490 BGH, Beschl. v. 16.11.1954 – GSZ 5/53, NJW 1954, 345; *Brand*, Schadensersatzrecht, § 5 Rn. 34; *Fuchs/Pauker*, Delikts- und Schadensersatzrecht, S. 392; *Grüneberg*, in: Palandt, § 250 Rn. 3; *Medicus/Lorenz*, Schuldrecht I, Rn 633; *Mertens*, in: Soergel, BGB, § 250 Rn. 6; *Oetker*, in: MünchKomm-BGB, § 250 Rn. 12; *Rüßmann*, in: jurisPK-BGB, § 250 Rn. 10; *Schiemann*, in: Staudinger, BGB, § 250 Rn. 2 ff.; *Flume*, in: BeckOK-BGB, § 250 Rn. 10; *Teichmann*, in: Jauernig, BGB, § 251 Rn. 3.

1491 Vgl. *Brand*, Schadensersatzrecht, § 5 Rn. 34.

1492 Vgl. a.a.O.

1493 Vgl. näher zum Grundsatz der Totalreparation etwa *Brand*, Schadensersatzrecht, § 2 Rn. 32 ff.; *Medicus/Lorenz*, Schuldrecht I, Rn. 624.

1494 Vgl. *Spancken/Schneidenbach*, in: JuS 2012, 298, 300.

ist, der aufgerufene Kaufpreis hierfür jedoch über dem objektiven Verkehrswert des Geschäftsanteils liegt (wobei § 251 Abs. 2 BGB zu beachten ist[1495]).

d) Entgangener Gewinn

Zu ersetzen ist gem. § 252 BGB neben der (Rück-) Übertragung des Geschäftsanteils nach § 249 Abs. 1 BGB auch der entgangene Gewinn, d.h. alle Vermögensvorteile, die zum Zeitpunkt des schädigenden Ereignisses noch nicht zum Vermögen des Altgesellschafters gehörten, ihm aber zugeflossen wären, hätte das schädigende Ereignis, in diesem Falle der gutgläubige Erwerb, nicht stattgefunden.[1496] Dies ist in den vorliegend relevanten Fallkonstellationen nur sehr schwer zu beurteilen. Eine pauschale Bewertung verbietet sich an dieser Stelle, vielmehr ist jeder Einzelfall genau zu untersuchen. Der Altgesellschafter hat im Einzelfall darzulegen und zu beweisen, welcher Gewinn nach dem gewöhnlichen Lauf der Dinge wahrscheinlich gewesen wäre.[1497] Diese Beweiserleichterung ist dem Umstand geschuldet, dass der exakte Nachweis eines entgangenen Gewinns meist Schwierigkeiten bereitet.[1498] Von § 252 BGB (allerdings wohl auch bereits von § 249 Abs. 1 BGB bzw. §§ 250, 249 Abs. 2 BGB) erfasst sein dürften jedenfalls die auf den Geschäftsanteil erfolgten Gewinnausschüttungen durch die Gesellschaft, welche der Altgesellschafter erhalten hätte, hätte er seinen Geschäftsanteil nicht durch gutgläubigen Erwerb verloren.

2. Schadenskompensation

a) Allgemeines

Die Schadenskompensation gem. § 251 BGB kommt anstelle der grundsätzlich vorrangigen Naturalrestitution zur Anwendung, wenn diese unmöglich oder ungenügend (§ 251 Abs. 1 BGB) oder zwar möglich aber nur mit unverhältnismäßigen Aufwendungen zu bewerkstelligen ist (§ 251 Abs. 2 BGB).[1499] Die Schadenskompensation ist im Gegensatz zur Naturalrestitution nicht auf eine Behebung des entstandenen Schadens (Integritätsinteresse), sondern auf einen Schadensausgleich in Geld (Wert- / Summeninteresse) ausgerichtet.[1500] Anders als bei der Naturalrestitution gem. § 249 Abs. 2 S. 1 BGB (bzw. vorliegend relevanter: nach erfolgloser Fristsetzung gem. § 250 BGB[1501]) schuldet der Schädiger folglich nicht die Summe, die zur Wiederherstellung erforderlich ist, sondern die Summe, um die das Vermögen

---

1495 Vgl. hierzu nachfolgend § 5 B. II. 2. b) bb).

1496 Vgl. *Brand,* Schadensersatzrecht, § 5 Rn. 36, 37.

1497 Vgl. etwa BGH, Urt. v. 26.07.2005 – X ZR 134/04, NJW 2005, 3348; *Grüneberg,* in: Palandt, § 252 Rn. 4; *Flume,* in: BeckOK-BGB, § 252 Rn. 27.

1498 Vgl. *Brox/Walker,* Schuldrecht AT, § 31 Rn. 16.

1499 Vgl. *Brand,* in: Schadensersatzrecht, § 6 Rn. 3; *Spancken/Schneidenbach,* in: JuS 2012, 298, 301.

1500 Vgl. *Brand,* Schadensersatzrecht, § 6 Rn. 1.

1501 S.o. § 5 B. II. 1. c).

des Geschädigten infolge des schädigenden Ereignisses verringert ist.[1502] Es geht mithin um den Erhalt des Vermögens dem Werte nach.[1503] Diese Summe ist auf der Grundlage der Differenzhypothese[1504] zu ermitteln und zwar durch die Differenz zwischen dem Wert, den das Vermögen des Geschädigten (hypothetisch) ohne das schädigende Ereignis (vorliegend der Verlust des Geschäftsanteils infolge eines gutgläubigen Erwerbs) gehabt hätte, und dem Wert, den es infolge des schädigenden Ereignisses tatsächlich hat.[1505]

Da die Naturalrestitution im Regelfall unmöglich sein wird[1506] bzw. gegen den Erwerber keine Schadensersatzansprüche bestehen, kommt der Schadenskompensation vorliegend eine zentrale Bedeutung zu. Problematisch ist dabei insbesondere die Bestimmung des Wertes des Geschäftsanteils, d.h. die Bemessung der Höhe der Geldentschädigung.

b) Fallgruppen

Im Folgenden werden zusammenfassend die vorliegend relevanten Fallgruppen dargestellt, die zu einer zwingenden Anwendung des § 251 BGB und damit zu einer Schadenskompensation führen.[1507]

aa) Unmöglichkeit der Herstellung, § 251 Abs. 1 Var. 1 BGB

In den vorliegend relevanten Konstellationen von erheblicher Bedeutung ist der Ausschluss der Naturalrestitution und daraus folgend der ausschließlich bestehende Anspruch auf Schadenskompensation gem. § 251 BGB aufgrund der Unmöglichkeit der Naturalrestitution. Diesbezüglich wird auf die obigen Ausführungen hinsichtlich der Möglichkeit der Naturalrestitution verwiesen.[1508]

bb) Unverhältnismäßigkeit der Herstellung, § 251 Abs. 2 BGB

§ 251 Abs. 2 BGB gewährt dem Schädiger im Wege einer Ersetzungsbefugnis ausnahmsweise die Möglichkeit, die an für sich geschuldete Naturalrestitution zu verweigern und stattdessen eine Entschädigung in Geld zu leisten, sofern die

---

1502 Vgl. a.a.O.

1503 Vgl. *Spancken/Schneidenbach,* in: JuS 2012, 298, 301.

1504 S.o. § 5 B. I. 2.

1505 Vgl. BGH, Urt. v. 09.04.1984 – II ZR 234/83, NJW 1984, 2569, 2570; BGH, Urt. v. 31.05.1994 – VI ZR 12/94, NJW 1994, 2357; *Brand,* Schadensersatzrecht, § 6 Rn. 1; *Homann,* in: JuS 2002, 554, 556 ff.

1506 S.o. § 5 B. II. 1. b).

1507 Nicht von Relevanz und deshalb nicht weiter erörterungsbedürftig ist dabei vorliegend die Fallgruppe der ungenügenden Herstellung i.S.d. § 251 Abs. 1 Var. 2 BGB, die insbesondere bei unechten Totalschäden sowie in Fällen, in denen ein merkantiler Minderwert an einer reparierten Sache verbleibt, eine Rolle spielt (vgl. hierzu näher *Brand,* Schadensersatzrecht, § 6 Rn. 9 ff.).

1508 S.o. § 5 B. II. 1. b).

Naturalrestitution nur mit unverhältnismäßigen Aufwendungen zu bewerkstelligen ist.[1509] Diese Regelung ist als lex specialis zu § 275 Abs. 2 BGB[1510] bzw. als eine besondere Ausprägung des Grundsatzes von Treu und Glauben (§ 242 BGB)[1511] zu verstehen. Im Rahmen der Unverhältnismäßigkeitsprüfung ist ein Wertvergleich zwischen den Aufwendungen, die zur Herstellung erforderlich sind, und dem objektiven Wert des beschädigten Rechtsguts (Wiederbeschaffungswert) vorzunehmen.[1512] Da der Erwerber nie Anspruchsgegner eines Schadensersatzanspruches des Altgesellschafters sein kann, ist die Naturalrestitution sämtlicher in Betracht kommender Schadensersatzansprüche (unabhängig vom Anspruchsgegner) stets auf eine von einem Dritten zu erwirkende Rückübertragung des betreffenden Geschäftsanteils vom gutgläubigen Erwerber auf den Altgesellschafter gerichtet.[1513]

Vorliegend sind demnach die für einen Rückerwerb des betreffenden Geschäftsanteils vom gutgläubigen Erwerber erforderlichen Kosten mit dem objektiven Wert des Geschäftsanteils[1514] zu vergleichen. Fraglich ist dabei, ab wann von einer Unverhältnismäßigkeit der für einen Rückerwerb erforderlichen Kosten ausgegangen werden kann. Das Gesetz enthält nur wenige Anhaltspunkte für eine Konkretisierung der Verhältnismäßigkeitsprüfung.[1515] Es ist aber weitgehend anerkannt, dass die Grenze der Verhältnismäßigkeit nicht einheitlich bestimmbar ist.[1516] Richtigerweise hat im Rahmen einer umfassenden Betrachtung sämtlicher Umstände des Einzelfalles eine sorgfältige Abwägung der beiderseitigen Interessen zu erfolgen[1517], wobei nach herrschender und zutreffender Ansicht auch der Grad des Verschuldens des Schädigers[1518] sowie immaterielle Interessen des Geschädigten[1519] respektive des

---

1509 Vgl. *Brand,* Schadensersatzrecht, § 6 Rn. 12.

1510 Vgl. *Brand,* Schadensersatzrecht, § 6 Rn. 12; *Oetker,* in: MünchKomm-BGB, § 251 Rn. 35.

1511 Vgl. *Oetker,* in: MünchKomm-BGB, § 251 Rn. 35; *Spancken/Schneidenbach,* in: JuS 2012, 298, 301.

1512 Vgl. *Brand,* Schadensersatzrecht, § 6 Rn. 13; *Spancken/Schneidenbach,* in: JuS 2012, 298, 301.

1513 S.o. § 5 B. II. 1. a), b).

1514 Vgl. zur Bestimmung des Wertes des Geschäftsanteils nachfolgend § 5 B. II. 2. c).

1515 Vgl. auch *Oetker,* in: MünchKomm-BGB, § 251 Rn. 38.

1516 Vgl. *Grüneberg,* in: Palandt, § 251 Rn. 6; *Oetker,* in: MünchKomm-BGB, § 251 Rn. 38.

1517 Vgl. *Grüneberg,* in: Palandt, § 251 Rn. 6; *Schiemann,* in: Staudinger, BGB, § 251 Rn. 17; *Spancken/Schneidenbach,* in: JuS 2012, 298, 301.

1518 H.M., vgl. BGH, Urt. v. 24.04.1970 – V ZR 97/67, NJW 1970, 1180; BGH, Urt. v. 02.10.1987 – V ZR 140/86, 1988, 699; OLG Celle, Urt. v. 08.07.2004 – 11 U 46/04, NJW-RR 2004, 1681; *Grüneberg,* in: Palandt, § 251 Rn. 6; *Rüßmann,* in: jurisPK-BGB, § 251 Rn. 55; *Schulze,* in: HK-BGB, § 251 Rn. 4; **a.A.**: *Flume,* in: BeckOK-BGB, § 251 Rn. 25; *Mertens,* in: Soergel, BGB, § 251 Rn. 10; *Oetker,* in: MünchKomm-BGB, § 251 Rn. 38.

1519 Vgl. *Grüneberg,* in: Palandt, § 251 Rn. 6; *Rüßmann,* in: jurisPK-BGB, § 251 Rn. 55; *Oetker,* in: NJW 1985, 345, 347 ff.; *Schiemann,* in: Staudinger, BGB, § 251 Rn. 16; *Schulze,* in: HK-BGB, § 251 Rn. 4.

Altgesellschafters zu berücksichtigen sind. Dabei ist zu beachten, dass die Naturalrestitution allgemein nicht strikt auf den Wert des betreffenden Gegenstandes zu beschränken ist, vielmehr ist dem Geschädigten stets ein gewisser *„Integritätszuschlag"* zuzugestehen.[1520] In den praktisch wichtigen Fällen von Beschädigungen an Kraftfahrzeugen ist etwa anerkannt, dass eine Unverhältnismäßigkeit stets und erst dann vorliegt, wenn die Reparaturkosten (einschließlich des etwaigen Minderwerts) mindestens 130 % des Wiederbeschaffungswerts (ohne Berücksichtigung des Restwerts) betragen (sog. wirtschaftlicher Totalschaden).[1521] Diese 130%-Schwelle kann zumindest als Richtwert hier ebenfalls entsprechend berücksichtigt werden.

c) Bestimmung der Wertentschädigung

aa) Allgemeines

Wie bereits erläutert, ist im Rahmen des § 251 BGB die Summe zu ersetzen, um die das Vermögen des Geschädigten, d.h. des Altgesellschafters infolge des schädigenden Ereignisses, verringert ist.[1522] Diese Summe ist durch die Differenz zwischen dem Wert, den das Vermögen des Altgesellschafters (hypothetisch) ohne den Verlust des Geschäftsanteils infolge eines gutgläubigen Erwerbs gehabt hätte, und dem Wert, den es infolge des Verlusts des Geschäftsanteils tatsächlich hat, zu bestimmen. Es ist also allgemein nicht auf den Betrag abzustellen, der zur Beseitigung des Schadens in Natur erforderlich wäre, sondern auf den Betrag, der für die Anschaffung eines gleichwertigen Ersatzgegenstandes bzw. Geschäftsanteils erforderlich ist.[1523]

bb) Maßstab für die Wertbestimmung

Fraglich ist, welcher Maßstab für die Bestimmung der Geldentschädigung anzusetzen ist.

(1) Rechtsprechung

Der BGH hatte sich bisher (soweit ersichtlich) erst in zwei Fällen mit dem Schadensersatz nach dem Verlust von Gesellschaftsanteilen auseinanderzusetzen. In beiden Fällen war eine Schadenskompensation gem. § 251 BGB zu leisten, da die Naturalrestitution jeweils unmöglich war. Dies bestätigt die bereits geäußerte Vermutung des Verfassers, dass eine Unmöglichkeit der Naturalrestitution in den vorliegend relevanten Fällen den Regelfall darstellen dürfte.[1524]

1520 Vgl. *Brand*, Schadensersatzrecht, § 6 Rn. 14.

1521 Vgl. etwa BGH, Urt. v. 15.10.1991 – VI ZR 67/91, BGHZ 115, 375; *Brand*, Schadensersatzrecht, § 6 Rn. 14; *Westermann/Bydlinski/Weber*, Schuldrecht AT, § 14 Rn. 14/8.

1522 S.o. § 5 B. II. 2. a).

1523 Vgl. BGH, Urt. v. 18.04.2002 – IX ZR 72/99, NJW 2002, 2787, 2790.

1524 S.o. § 5 B. II. 1. b).

In der ersten Entscheidung aus dem Jahre 1984[1525] ging es im weiteren Sinne um den Verlust eines OHG-Gesellschaftsanteils, genauer um die Vereitelung des OHG-Eintritts eines Vermächtnisnehmers. Die zweite Entscheidung[1526] hatte den Verlust von Kommanditanteilen zum Gegenstand, nachdem eine fehlerhafte Testamentserrichtung zur Aufgabe dieser Anteile geführt hatte.

In der ersten Entscheidung aus dem Jahre 1984 ging der BGH davon aus, dass im Rahmen des § 251 BGB *„in erster Linie und mindestens der (objektive) Wert der dem Kläger vorenthaltenen Mitgliedschaft“* auszugleichen sei.[1527] Darüber hinaus sei das subjektive Erfüllungsinteresse zu entschädigen, soweit es nicht bereits im objektiven Unternehmenswert berücksichtigt sei.[1528] Als Beispiel hierfür nennt der BGH die höhere Vergütung als Gesellschafter einer *„alteingesessenen, erfolgreichen Sozietät“* im Vergleich zu einem Beginn am *„Nullpunkt“*.[1529] Ein etwaiger Einfluss des Betroffenen auf die zu erwartenden Gewinne der Gesellschaft für den Fall, dass er Gesellschafter geworden wäre, wird vom BGH aber nicht berücksichtigt, da er gem. § 251 BGB gerade nicht so gestellt werde, als wenn er Mitglied der Gesellschaft geworden wäre und an deren Entwicklung teilgenommen hätte. Er sei vielmehr dafür zu entschädigen, dass ihm der *„Weg in die Gesellschaft verbaut“* sei.[1530] Bei der Bestimmung der Geldentschädigung als Ausgleich für die vorenthaltene Rechtsposition als Gesellschafter gehe es um die *„Feststellung des angemessenen Äquivalents, um die Feststellung des idealen (gedachten) Kaufpreises unter Fachkundigen“*.[1531] In die Bewertung müssten alle mit der Gesellschafterstellung verbundenen Vorteile mit einfließen.[1532]

In der zweiten Entscheidung aus dem Jahre 2002 verweist der BGH hinsichtlich der Wertbestimmung im Wesentlichen auf die vorgenannte Entscheidung aus dem Jahre 1984.[1533] Maßgeblich für die Bestimmung eines angemessenen Gegenwerts für die Mitgliedschaft sei der Wiederbeschaffungswert in Gestalt eines gedachten Kaufpreises für Kommanditanteile unter Fachkundigen.[1534]

Zusammenfassend ist nach dem BGH mithin der ggf. nach § 287 ZPO zu schätzende objektive Verkehrswert des Geschäftsanteils der Maßstab für die Wertbestimmung. Für die Bestimmung des objektiven Verkehrswerts legt der BGH trotz § 287 ZPO die Zuziehung eines branchenkundigen Bewertungssachverständigen nahe.[1535]

1525 Vgl. BGH, Urt. v. 29.02.1984 – IVa ZR 188/82, NJW 1984, 2570.
1526 Vgl. BGH, Urt. v. 18.04.2002 – IX ZR 72/99, NJW 2002, 2787, 2790.
1527 Vgl. BGH, Urt. v. 29.02.1984 – IVa ZR 188/82, NJW 1984, 2570, 2571.
1528 Vgl. BGH, Urt. v. 29.02.1984 – IVa ZR 188/82, NJW 1984, 2570, 2572.
1529 Vgl. a.a.O.
1530 Vgl. a.a.O.
1531 BGH, Urt. v. 29.02.1984 – IVa ZR 188/82, NJW 1984, 2570, 2573.
1532 Vgl. a.a.O.
1533 Vgl. BGH, Urt. v. 18.04.2002 – IX ZR 72/99, NJW 2002, 2787, 2790.
1534 Vgl. a.a.O.
1535 Vgl. BGH, Urt. v. 29.02.1984 – IVa ZR 188/82, NJW 1984, 2570, 2573.

(2) Literatur

Die Fragestellung nach der Bestimmung der Schadenskompensation nach Verlust eines Geschäftsanteils wird in der Literatur (soweit ersichtlich) nicht unmittelbar behandelt.

In der Literatur existieren nur wenige Stimmen, die sich überhaupt mit der Frage der Geldentschädigung im Zusammenhang mit Unternehmenswertbeeinträchtigungen im Allgemeinen beschäftigen. *Wächter* bestimmt als Maßstab für die Geldentschädigung gem. § 251 BGB im Rahmen von Unternehmenswertbeeinträchtigungen den Betrag, den der Geschädigte durch eine Veräußerung des Unternehmens bzw. hier des Geschäftsanteils auf dem ihm zugänglichen Markt hätte erzielen können.[1536] Maßgeblich sei im Ergebnis die Verwendung des subjektiven Unternehmenswerts.[1537] *Wollny* hält das Abstellen auf den objektiven Verkehrswert generell für *„nicht zeitgemäß"*, da die aktuellen Methoden zur Bestimmung des Unternehmenswerts stets auch subjektive Elemente enthielten.[1538]

Übertragbar auf die vorliegende Konstellation könnte zudem grundsätzlich die Konstellation sein, in der ein Gesellschafter seinen Geschäftsanteil in Folge einer Einziehung (§ 34 GmbHG) verliert. Denn auch in diesem Falle verliert der Betroffene seinen Geschäftsanteil (der in Folge der Einziehung allerdings vernichtet wird).[1539] Es ist allgemein anerkannt, dass dem durch Einziehung aus der Gesellschaft ausscheidenden Gesellschafter (vorbehaltlich anderslautender Regelungen im Gesellschaftsvertrag) grundsätzlich ein Anspruch auf Abfindung zum vollen wirtschaftlichen Wert des eingezogenen Geschäftsanteils gegen die Gesellschaft zusteht.[1540] Maßgeblich für die Berechnung ist dabei nach einhelliger Ansicht grundsätzlich der objektive Verkehrswert des eingezogenen Geschäftsanteils, d.h. der bei Veräußerung des Geschäftsanteils an einen Dritten erzielbare Preis.[1541] Diese Grundsätze entsprechen der dargestellten Leitlinie des BGH für die Berechnung des Wertersatzes nach Verlust eines Gesellschaftsanteils und sind auch grundsätzlich auf die vorliegende Konstellation übertragbar.

1536 Vgl. *Wächter,* M&A Litigation, Rn. 1270, 1271.

1537 Vgl. *Wächter,* M&A Litigation, Rn. 1413 ff.

1538 Vgl. *Wollny,* in: DStR 2013, 2132 ff.; vgl. bzgl. der Bestimmung einer Abfindung auch *Ruthardt/Hachmeister,* in: NZG 2014, 885 ff.

1539 S.o. § 3 A.

1540 Vgl. etwa *Fastrich,* in: Baumbach/Hueck, GmbHG, § 34 Rn. 22; *Schindler,* in: BeckOK-GmbHG, § 34 Rn. 73; *Sosnitza,* in: Michalski, GmbHG, § 34 Rn. 45; *Thiessen,* in: Bork/Schäfer, GmbHG, § 34 Rn. 78; jeweils m.w.N. zur Entwicklung und dogmatischen Herleitung.

1541 Vgl. BGH, Urt. v. 16.12.1991 – II ZR 58/91, BGHZ 116, 359; BGH, Urt. v. 30.04.2001 – II ZR 328/00, NJW 2001, 2638, 2639; *Altmeppen,* in: Roth/Altmeppen, GmbHG, § 34 Rn. 47 ff.; *Fastrich,* in: Baumbach/Hueck, GmbHG, § 34 Rn. 22; *Lutter/Kleindiek,* in: Lutter/Hommelhoff, GmbHG, § 34 Rn. 78; *Schindler,* in: BeckOK-GmbHG, § 34 Rn. 81 ff.; *Sosnitza,* in: Michalski, GmbHG, § 34 Rn. 47; *Thiessen,* in: Bork/Schäfer, GmbHG, § 34 Rn. 79; *Westermann,* in: Scholz, GmbHG, § 34 Rn. 25.

(3) Stellungnahme / Ergebnis

Als Maßstab für die Geldentschädigung gem. § 251 BGB nach Verlust eines Geschäftsanteils aufgrund eines gutgläubigen Erwerbs ist zunächst der objektive Verkehrswert des Geschäftsanteils anzusetzen. Bei Anwendbarkeit des § 251 BGB ist der Verlust des Geschäftsanteils im Ergebnis mit der „Zerstörung" oder Vernichtung desselben gleichzustellen. Das Abstellen auf den objektiven Verkehrswert des Geschäftsanteils als Maßstab für die Wertbestimmung ist in der vorliegenden Konstellation daher nur konsequent und folgerichtig, entspricht dies doch der allgemein anerkannten Rechtsfolge des § 251 Abs. 1 BGB.[1542] Maßgeblich für die Bestimmung des objektiven Verkehrswerts muss vorliegend ein gedachter Kaufpreis für den betreffenden Geschäftsanteil unter Fachkundigen sein.

Hiervon zu unterscheiden ist der Schritt der Ermittlung dieses Wertes. Zur Bestimmung des Wertes des Geschäftsanteils ist zunächst eine objektivierte Bestimmung des Wertes des gesamten Unternehmens erforderlich, um im Anschluss aus diesem Wert den anteiligen Wert des Geschäftsanteils ermitteln zu können (sog. indirekte Methode).[1543] Der Wert des Geschäftsanteils entspricht folglich grundsätzlich seinem Anteil im Unternehmenswert (sog. quotaler Unternehmenswert).[1544] Diese Ermittlung des objektiven Verkehrswertes von Unternehmen und Geschäftsanteil ist im Regelfall von einem Wirtschaftsprüfer als Gutachter nach betriebswirtschaftlichen Grundsätzen durchzuführen.[1545] Es ist in diesem Zusammenhang zwar in der Tat etwas missverständlich, dass bei der Bestimmung des objektiven Verkehrswertes eines Unternehmens bzw. eines Unternehmensanteils nach den führenden Bewertungsmethoden auch subjektive Gesichtspunkte eine Rolle spielen.[1546] Dies führt aber nicht dazu, dass im Rahmen von § 251 BGB nicht der objektive Wert des Geschäftsanteils anzusetzen ist, sondern betrifft die Frage, auf welche Art und Weise dieser zu bestimmen ist. Dass dies bei einem Unternehmen ungleich schwieriger und differenzierter ist als etwa bei einer verlorenen oder zerstörten Sache (z.B.

1542 Vgl. nur *Oetker,* in: MünchKomm-BGB, § 251 Rn. 14 m.w.N.

1543 Vgl. BGH, Urt. v. 18.04.2002 – IX ZR 72/99, NJW 2002, 2787, 2790; OLG Köln, Urt. v. 26.03.1999 – 19 U 108/96, NZG 1999, 1222, 1224; IDW Standard S 1, Ziff. 2.4.; *Fastrich,* in: Baumbach/Hueck, GmbHG, § 34 Rn. 23; *Großfeld/Egger/Tönnes,* Recht der Unternehmensbewertung, Rn. 278 ff., 1355 ff.; *Lutter,* in: Lutter/Kleindiek, GmbHG, § 34 Rn. 78; *Piltz,* Die Unternehmensbewertung in der Rechtsprechung, S. 61; *Schindler,* in: BeckOK-GmbHG, § 34 Rn. 82; *Westermann,* in: Scholz, GmbHG, § 34 Rn. 25.

1544 Vgl. *Drygala/Staake/Szalai,* Kapitalgesellschaftsrecht, § 12 Rn. 81; *Großfeld/Egger/Tönnes,* Recht der Unternehmensbewertung, Rn. 278, 1355; *Piltz,* Die Unternehmensbewertung in der Rechtsprechung, S. 61.

1545 Vgl. BGH, Urt. v. 24.09.1984 – II ZR 256/83, NJW 1985, 192, 193; *Fastrich,* in: Baumbach/Hueck, GmbHG, § 34 Rn. 23; *Lutter/Kleindiek,* in: Lutter/Hommelhoff, GmbHG, § 34 Rn. 79; *Schindler,* in: BeckOK-GmbHG, § 34 Rn. 82; *Westermann,* in: Scholz, GmbHG, § 34 Rn. 25.

1546 Vgl. zu den Bewertungsmethoden nachfolgend § 5 B. II. 2. c).

eines PKWs) steht außer Frage. Vielmehr kann der Betrag, der für die Anschaffung eines gleichwertigen Geschäftsanteils erforderlich ist, wie es § 251 BGB verlangt, sogar kaum mit Sicherheit bestimmt werden. Denn bei Unternehmen handelt es sich um komplexe, höchst individuelle Güter.[1547] Die Frage der Bestimmung dieses Wertes betrifft die Frage der Auswahl eines angemessenen Bewertungsverfahrens, der nachfolgend nachgegangen werden soll.

cc) Berechnung der Wertentschädigung

Nachdem als Maßstab für die Geldentschädigung der objektive Wert des verlorenen Geschäftsanteils feststeht, ist im nächsten Schritt auf die Bestimmung und Berechnung dieses Wertes selbst, d.h. insbesondere auf die anzuwendende Bewertungsmethode, einzugehen.

(1) Allgemeines

Die Berechnung des objektiven Verkehrswertes eines Geschäftsanteils nach Verlust desselben aufgrund eines gutgläubigen Erwerbs gestaltet sich in der Praxis äußerst komplex. Es soll der bei Veräußerung des Geschäftsanteils an einen Dritten erzielbare Preis ermittelt werden. Es ist also zu untersuchen, welchen Kaufpreis – in einer *„fiktiven Realität“* – sachkundige, vertragswillige und voneinander unabhängige Parteien unter marktüblichen Bedingungen am Stichtag vereinbart hätten.[1548] Es wird eine Verhandlungslösung simuliert, an deren Ende ein *„Als ob-Wert“* stehen soll.[1549] Wie bereits ausgeführt, ist zur Bestimmung des Wertes des Geschäftsanteils zunächst eine objektivierte Bestimmung des Wertes des gesamten Unternehmens erforderlich, um im Anschluss aus diesem Wert den anteiligen Wert des Geschäftsanteils ermitteln zu können. Fraglich ist aber, wie der Wert des Unternehmens – und damit auch des Geschäftsanteils – zu berechnen ist.

(2) Bewertungsmethoden

Für die Bestimmung von Unternehmens- und Anteilswerten hat die Betriebswirtschaftslehre verschiedene Berechnungsmethoden entwickelt. Die wichtigsten und gebräuchlichsten dieser Bewertungsmethoden sollen im Folgenden zusammenfassend dargestellt werden.[1550] Die unterschiedlichen Bewertungsverfahren werden dabei üblicherweise unterteilt in Einzelbewertungsverfahren und Gesamtbewertungsverfahren. Nicht weiter eingegangen wird auf steuerliche Bewertungsverfahren, die allenfalls für steuerliche Zwecke relevant sind.

1547 Vgl. *Ruthardt/Hachmeister*, in: NZG 2014, 885, 886.

1548 Vgl. *Großfeld/Egger/Tönnes,* Recht der Unternehmensbewertung, Rn. 172.

1549 Vgl. *Großfeld/Egger/Tönnes,* Recht der Unternehmensbewertung, Rn. 174.

1550 Da die Unternehmensbewertung zu den komplexesten Materien der Betriebswirtschaftslehre zählt, kann die Darstellung dieser Thematik hier nur überblickartig und bezogen auf die wesentlichsten Punkte erfolgen.

Anzumerken ist noch vorab, dass die Existenz dieser verschiedenen Methoden gerade aus dem Umstand resultiert, dass für Unternehmen bzw. für Anteile hieran in der Regel keine „Marktpreise“ im eigentlichen Sinne existieren.[1551] Dies gilt für GmbHs umso mehr, da deren Anteile (anders als bei der AG) nicht an einer Börse gehandelt werden und keine Orientierung an einem etwaigen Börsenkurs erfolgen kann.[1552] Eine marktorientierte Bewertung des Geschäftsanteils ist vor diesem Hintergrund bereits nicht zielführend und bedarf hier keiner näheren Erörterung.[1553]

Der Versuch, den einen „richtigen“ oder „objektiven“ Unternehmenswert zu ermitteln, kann als allgemein gescheitert angesehen werden. *„Man kann nicht finden, was es nicht gibt“*.[1554] Sowohl in der Rechtswissenschaft[1555] als auch in der Betriebswirtschaftslehre[1556] ist vielmehr weitgehend anerkannt, dass es den einen und richtigen bzw. objektiven Unternehmenswert nicht gibt. So existieren auch keine allgemein anerkannten, objektiven Bewertungskriterien; Bewertungen von Unternehmen basieren vielmehr stets auf subjektiven Werten von Entscheidungssubjekten.[1557] Dies ist bei der Bestimmung der geeignetsten Bewertungsmethode stets zu beachten. Das bedeutet letztlich auch, dass der objektive Verkehrswert eines Geschäftsanteils anhand von Methoden zu ermitteln ist, die auch subjektive Werte mitberücksichtigen.[1558] Wie bereits erläutert, kann dies mitunter zu Missverständnissen bei den Begrifflichkeiten führen[1559], da letztlich eine objektive Bestimmung subjektiver Unternehmenswerte erfolgt. *Wächter* spricht vor diesem Hintergrund treffend von einem *„objektiven subjektiven Unternehmenswert“*.[1560]

(a) Einzelbewertungsverfahren

Der Grundgedanke der Einzelbewertungsverfahren ist, dass der Unternehmenswert der Summe der Vermögenswerte abzüglich der Schulden entspreche.[1561] Den

---

1551 Vgl. *Ebbing,* in: Michalski, GmbHG, § 14 Rn. 19; *Wollny,* in: DStR 2013, 2132, 2134.

1552 Vgl. OLG Köln, Urt. v. 26.03.1999 – 19 U 108/96, NZG 1999, 1222, 1224; *Schindler,* in: BeckOK-GmbHG, § 34 Rn. 82; *Westermann,* in: Scholz, GmbHG, § 34 Rn. 25.

1553 Vgl. zur marktorientierten Unternehmensbewertung etwa *Thommen/Achleitner,* Allgemeine Betriebswirtschaftslehre, S. 707 ff.

1554 So treffend *Stilz,* in: FS Goette, 529, 534 ff.

1555 Vgl. etwa *Großfeld/Egger/Tönnes,* Recht der Unternehmensbewertung, Rn. 180; *Stilz,* in: FS Goette, 529, 534 ff.

1556 Vgl. etwa *Thommen/Achleitner,* Allgemeine Betriebswirtschaftslehre, S. 693.

1557 Vgl. *Hölters,* in: Hölters, Handbuch Unternehmenskauf, Teil 1 Rn. 1.171; *Thommen/Achleitner,* Allgemeine Betriebswirtschaftslehre, S. 693.

1558 S.o. § 5 B. II. 2. c) bb).

1559 S.o. § 5 II. 2. c) bb).

1560 *Wächter,* M&A Litigation, Rn. 1184, 1185.

1561 Vgl. *Ballwieser/Hachmeister,* Unternehmensbewertung, S. 10; *Theysohn-Wadle,* in: Beisel/Klumpp, Der Unternehmenskauf, § 3 Rn. 10; *Thommen/Achleitner,* Allgemeine Betriebswirtschaftslehre, S. 694.

Ausgangspunkt der Bewertung bildet das tatsächliche Vermögen oder das bilanzielle Vermögen.[1562] Zu unterscheiden sind der von der Fortführung des Unternehmens ausgehende Substanzwert und der Liquidationswert, der auf die Zerschlagung des Unternehmens abstellt.[1563]

(aa) Substanzwertmethode

Im Rahmen der Substanzwertmethode wird das betriebsnotwendige Vermögen aus dem Inventar abgeleitet und zu geltenden Wiederbeschaffungspreisen bewertet. Hierzu wird das zu Liquidationswerten bewertete, nicht betriebsnotwendige Vermögen addiert und von diesem Wert schließlich der Wert sämtlicher Schulden abgezogen.[1564] Der so ermittelte Betrag soll den Gebrauchswert der betrieblichen Substanz abbilden, d.h. er soll den Betrag darstellen, der für eine identische Reproduktion des zu bewertenden Unternehmens aufzuwenden ist.[1565] Diese noch bis in die 1960er Jahre anerkannte Bewertungsmethode wird in der Betriebswirtschaftslehre[1566] und auch in der Rechtswissenschaft[1567] inzwischen – zu Recht – weitgehend als ungeeignet abgelehnt. Denn die Substanzwertmethode verkennt, dass der Wert eines Unternehmens nicht gleichbedeutend mit dem addierten Wiederbeschaffungswert der darin enthaltenen Gegenstände ist, sondern diesen in der Regel übersteigt.[1568] So bleiben der operative Erfolg der Gesellschaft sowie immaterielle Faktoren wie der Wert der Marke, Standortvorteile, Mitarbeiterqualifikationen, das Ansehen des Unternehmens, die bestehenden Geschäftsverbindungen, der Kundenstamm etc. gänzlich außen vor.[1569] Vor diesem Hintergrund kann an dieser Stelle bereits festgehalten werden, dass die Substanzwertmethode grundsätzlich nicht zur Ermittlung der Geldentschädigung gem. § 251 BGB geeignet ist.

(bb) Liquidationswertermittlung

Der Liquidationswert wird oftmals als *„untere Risikogrenze"* im Rahmen von Unternehmensbewertungen betrachtet[1570] und hat auf dieser Basis auch als eventuelle Untergrenze für eine Geldentschädigung gem. § 251 BGB vorliegend durchaus eine Bedeutung. Der Liquidationswert bildet den Wert des Unternehmens im Falle einer

---

1562 Vgl. *Ballwieser/Hachmeister,* Unternehmensbewertung, S. 10; *Thommen/Achleitner,* Allgemeine Betriebswirtschaftslehre, S. 694.
1563 Vgl. *Ballwieser/Hachmeister,* Unternehmensbewertung, S. 10.
1564 Vgl. *Thommen/Achleitner,* Allgemeine Betriebswirtschaftslehre, S. 696.
1565 Vgl. *Reichert/Weller,* in: MünchKomm-GmbHG, § 14 Rn. 35; *Thommen/Achleitner,* Allgemeine Betriebswirtschaftslehre, S. 696.
1566 Vgl. *Thommen/Achleitner,* Allgemeine Betriebswirtschaftslehre, S. 696.
1567 Vgl. *Reichert/Weller,* in: MünchKomm-GmbHG, § 14 Rn. 35.
1568 Vgl. *Reichert/Weller,* in: MünchKomm-GmbHG, § 14 Rn. 35.
1569 Vgl. *Reichert/Weller,* in: MünchKomm-GmbHG, § 14 Rn. 35; *Thommen/Achleitner,* Allgemeine Betriebswirtschaftslehre, S. 696.
1570 Vgl. *Thommen/Achleitner,* Allgemeine Betriebswirtschaftslehre, S. 695.

sofortigen Liquidation der Gesellschaft nach Verkauf ihrer Vermögensgegenstände und Begleichung aller Verbindlichkeiten ab.[1571] Anders als bei der Substanzwertmethode wird das Sachvermögen nicht mit dem Wiederbeschaffungswert, sondern mit dem zu erzielenden Veräußerungserlös bewertet (Liquidations- bzw. Zerschlagungswerte).[1572] Insbesondere bei schlechter Ertragslage kann der Liquidationswert durchaus höher sein als der bei Fortführung des Unternehmens anzusetzende Wert.[1573]

(b) Gesamtbewertungsverfahren

Anders als die Einzelbewertungsverfahren sind die Gesamtbewertungsverfahren investitionstheoretisch ausgerichtet, d.h. es wird der Barwert der aus dem Unternehmen (zukünftig) zu erwartenden finanziellen Netto-Beiträge an die Gesellschafter ermittelt.[1574] Zu nennen sind insbesondere das Ertragswertverfahren (aa) sowie das bzw. die Discounted Cashflow-Verfahren (bb).

(aa) Ertragswertverfahren / modifiziertes Ertragswertverfahren

Das Ertragswertverfahren bestimmt den Wert eines Unternehmens nicht nach der vorhandenen Substanz, sondern aus den zukünftigen Erträgen. Dabei wird die Annahme vorausgesetzt, dass jede wirtschaftliche Unternehmung die Maximierung finanzieller Ergebnisse anstrebt, d.h. auf Gewinnerzielung ausgerichtet ist.[1575] Ermittelt wird der Unternehmenswert vor diesem Hintergrund durch eine Diskontierung der den Gesellschaftern künftig zufließenden Erträge, d.h. finanziellen Überschüsse, wobei diese üblicherweise aus den für die Zukunft geplanten Jahresergebnissen abgeleitet werden.[1576] Der Ertragswert stellt die *„Summe aller abgezinsten prognostizierten zukünftigen Ertragsüberschüsse"* dar, *„die dem Unternehmen entnommen werden können, ohne den Bestand der erfolgsbildenden Substanz zu gefährden"*.[1577] Anders als die Substanzwertmethode geht das Ertragswertverfahren also nicht von vergangenheits- oder gegenwartsorientierten Bewertungsgrößen aus, sondern legt den Berechnungen zukünftige Plandaten bzw. Prognosen zugrunde, um so einen

1571 Vgl. BGH, Urt. v. 17.01.1973 – IV ZR 142/70, NJW 1973, 509; *Reichert/Weller*, in: MünchKomm-GmbHG, § 14 Rn. 36; *Thommen/Achleitner*, Allgemeine Betriebswirtschaftslehre, S. 695.

1572 Vgl. *Reichert/Weller*, in: MünchKomm-GmbHG, § 14 Rn. 36; *Thommen/Achleitner*, Allgemeine Betriebswirtschaftslehre, S. 695.

1573 Vgl. *Thommen/Achleitner*, Allgemeine Betriebswirtschaftslehre, S. 695.

1574 Vgl. *Ballwieser/Hachmeister*, Unternehmensbewertung, S. 8 ff.; *Thommen/Achleitner*, Allgemeine Betriebswirtschaftslehre, S. 694.

1575 Vgl. *Reichert/Weller*, in: MünchKomm-GmbHG, § 14 Rn. 29; *Thommen/Achleitner*, Allgemeine Betriebswirtschaftslehre, S. 697.

1576 Vgl. IDW Standard S 1, Ziff. 7.2.1.; *Ebbing*, in: Michalski, GmbHG, § 14 Rn. 21.

1577 *Thommen/Achleitner*, Allgemeine Betriebswirtschaftslehre, S. 697.

„Zukunftserfolgswert" zu ermitteln.[1578] Die Beurteilung der zukünftigen Entwicklungen und damit die zu erwartenden, zukünftigen Erträge erfolgt aus der Sicht eines objektiven Dritten.[1579]

Das modifizierte Ertragswertverfahren korrigiert den nach dem Vorgesagten ermittelten Ertragswert noch insoweit, als dass zu dem Ertragswert noch das nicht betriebsnotwendige, „neutrale" Vermögen (d.h. Gegenstände, die frei veräußerbar sind, ohne dass hierdurch der Unternehmensgegenstand berührt würde) mit seinem Substanzwert addiert und die nicht betriebsbedingten Verbindlichkeiten abgezogen werden.[1580]

(bb) Discounted Cashflow-Verfahren

Ähnlich wie das Ertragswertverfahren wird der Unternehmenswert auch bei den Discounted Cashflow-Verfahren (oder kurz: „DCF-Verfahren") zukunftsorientiert ermittelt, nur dass hier der Unternehmenswert nicht aus den zukünftigen Ausschüttungen bzw. Erträgen, sondern durch die Abzinsung von Cashflows (auf Deutsch: Geldströme bzw. Zahlungsüberschüsse), mithin von liquiden Mitteln, die in das Unternehmen hinein und aus ihm herausfließen, ermittelt wird.[1581] Berücksichtigung finden dabei nur diejenigen Zahlungsüberschüsse, die unter Berücksichtigung gesellschaftsrechtlicher Gesichtspunkte (vorliegend sind hier insbesondere die §§ 29, 30 GmbHG von Relevanz) an die Kapitalgeber ausgeschüttet werden dürfen (sog. „Free Cashflows").[1582]

Innerhalb dieser Bewertungsmethodik wird gemeinhin zwischen drei gängigen Verfahren differenziert, nämlich dem Konzept der gewogenen Kapitalkosten (sog. „Weighted Average Cost of Capital-Ansatz" oder kurz: „WACC-Ansatz")[1583], dem Konzept des angepassten Barwerts (sog. „Adjusted Present Value-Ansatz" oder kurz: „APV-Ansatz")[1584] sowie dem Konzept der direkten Ermittlung des Werts des Eigenkapitals (sog. „Equity-Ansatz")[1585].[1586] Sowohl nach dem WACC-Ansatz als auch

---

1578 Vgl. *Behringer,* in: Ettinger/Jaques, Beck'sches Handbuch Unternehmenskauf im Mittelstand, B. Rn. 46; *Reichert/Weller,* in: MünchKomm-GmbHG, § 14 Rn. 29; *Thommen/Achleitner,* Allgemeine Betriebswirtschaftslehre, S. 697.

1579 Vgl. *Reichert/Weller,* in: MünchKomm-GmbHG, § 14 Rn. 30.

1580 Vgl. *Ebbing,* in: Michalski, GmbHG, § 14 Rn. 21, 31; *Reichert/Weller,* in: MünchKomm-GmbHG, § 14 Rn. 31.

1581 Vgl. *Großfeld/Egger/Tönnes,* Recht der Unternehmensbewertung, Rn. 303; *Theysohn-Wadle,* in: Beisel/Klumpp, Der Unternehmenskauf, § 3 Rn. 79.

1582 Vgl. *Reichert/Weller,* in: MünchKomm-GmbHG, § 14 Rn. 32.

1583 Vgl. hierzu im Einzelnen etwa IDW Standard S 1, Ziff. 7.3.2.; *Großfeld/Egger/Tönnes,* Recht der Unternehmensbewertung, Rn. 304.

1584 Vgl. hierzu im Einzelnen etwa IDW Standard S 1, Ziff. 7.3.3.; *Großfeld/Egger/Tönnes,* Recht der Unternehmensbewertung, Rn. 304.

1585 Vgl. hierzu im Einzelnen etwa IDW Standard S 1, Ziff. 7.3.4.; *Großfeld/Egger/Tönnes,* Recht der Unternehmensbewertung, Rn. 304.

1586 Vgl. IDW Standard S 1, Ziff. 7.3.1.; *Behringer,* in: Ettinger/Jaques, Beck'sches Handbuch Unternehmenskauf im Mittelstand, B. Rn. 47 ff.; *Großfeld/Egger/Tönnes,* Recht der Unternehmensbewertung, Rn. 304.

nach dem APV-Ansatz wird der Marktwert des Eigenkapitals indirekt als Differenz aus einem Gesamtkapitalwert sowie dem Marktwert des Fremdkapitals ermittelt (sog. „Entity-Ansätze").[1587] Es wird von einer Bruttokapitalisierung ausgegangen.[1588] Nach dem Equity-Ansatz wird der Marktwert des Eigenkapitals hingegen durch Abzinsung der um die Fremdkapitalkosten verminderten Cashflows mit der Rendite des Eigenkapitals („Eigenkapitalkosten") ermittelt.[1589] Es wird von einer Nettokapitalisierung ausgegangen.[1590] Damit entspricht die Methodik des Equity-Ansatzes im Übrigen faktisch der des Ertragswertverfahrens.[1591]

Trotz dieser unterschiedlichen Rechentechniken sollen die drei vorgenannten DCF-Verfahren laut dem Hauptfachausschuss des Instituts der Wirtschaftsprüfer (IDW)[1592] sowie dem Großteil der Stimmen in der Literatur[1593] bei konsistenten Annahmen grundsätzlich zu übereinstimmenden Ergebnissen führen. In der Praxis kommt zumeist der WACC-Ansatz zur Anwendung.[1594]

(c) Auswahl der Bewertungsmethode

Fraglich ist, welche der vorgenannten Bewertungsmethoden vorliegend für die Berechnung des Wertersatzes gem. § 251 BGB heranzuziehen ist. Die Anwendung einer spezifischen Bewertungsmethode ist (verfassungs-) rechtlich nicht vorgeschrieben.[1595]

Wie bereits angedeutet, kommen die Einzelbewertungsverfahren, insbesondere die Substanzwertmethode, in der Regel als Bewertungsmethode zur Ermittlung der Höhe der Geldentschädigung gem. § 251 BGB nicht in Betracht. Diese Verfahren sind veraltet und methodisch fragwürdig. Weder in der Betriebswirtschaftslehre noch in der juristischen Literatur oder der Rechtsprechung werden diese Verfahren heute als taugliche Bewertungsmethoden für die Bestimmung von Unternehmens- und Anteilswerten herangezogen. Allenfalls der Liquidationswert kann zur Bestimmung eines Mindestbetrages bedeutsam sein.

Anders sieht dies bei den vorgestellten Gesamtbewertungsverfahren bzw. den investitionstheoretischen Verfahren aus, welche den Unternehmenswert aus geplanten Ausschüttungen (Ertragswertverfahren) bzw. aus Free Cashflows (DCF-Verfahren) ableiten. Der Wert eines Unternehmens wird heute gemeinhin nach seinem

1587 Vgl. IDW Standard S 1, Ziff. 7.3.1.
1588 Vgl. a.a.O.
1589 Vgl. a.a.O.
1590 Vgl. a.a.O.
1591 Vgl. *Wollny*, Der objektivierte Unternehmenswert, S. 77.
1592 Vgl. IDW Standard S 1, Ziff. 7.3.1.
1593 Vgl. etwa *Drukarczyk/Schüler*, Unternehmensbewertung, S. 99.
1594 Vgl. *Behringer*, in: Ettinger/Jaques, Beck'sches Handbuch Unternehmenskauf im Mittelstand, B. Rn. 49.
1595 Vgl. BVerfG, Beschl. v. 26.04.2011 – 1 BvR 2658/10, NJW 2011, 2497; *Seibt*, in: Scholz, GmbHG, § 14 Rn. 12a.

finanziellen Zukunftsertrag ermittelt. In der betriebswirtschaftlichen Praxis erfreuen sich mithin sowohl das (modifizierte) Ertragswertverfahren als auch die DCF-Verfahren großer Beliebtheit und sind weit verbreitet: Während das Ertragswertverfahren in der betriebswirtschaftlichen Praxis in Deutschland (noch) als vorherrschend gilt, stellen die DCF-Verfahren insbesondere im angloamerikanischen Raum die gängige Bewertungsmethode dar.[1596] Insbesondere Unternehmensberater und Investmentbanken bedienen sich in der Regel der DCF-Verfahren, wohingegen das Ertragswertverfahren meist von auf nationaler Ebene tätigen Wirtschaftsprüfern und M&A-Beratern eingesetzt wird.[1597] Der internationale Trend in der betriebswirtschaftlichen Praxis geht mithin klar hin zu den DCF-Verfahren.[1598] An Bedeutung gewinnen die DCF-Verfahren auch wegen der Umstellung der Rechnungslegung auf IAS/IFRS.[1599] Die Praxis bedient sich allerdings häufig ohnehin gleich mehrerer Bewertungsmethoden nebeneinander bzw. in Kombination.[1600] Dies dient insbesondere der Ermittlung einer Verhandlungs- bzw. Konsensbasis für die Bewertung des Unternehmens sowie der Plausibilitätsprüfung der gewonnenen Ergebnisse.[1601]

Eine gute Orientierung bei der Wahl der Bewertungsmethode bieten die *„Grundsätze zur Durchführung von Unternehmensbewertungen"* des IDW in ihrer aktuellen Form (IDW Standard S 1, 2008). Danach kann die Bestimmung des Unternehmenswertes durch das Ertragswertverfahren und das DCF-Verfahren erfolgen.[1602] Beide Methoden sollen nach dem IDW *„bei gleichen Bewertungsannahmen bzw. - vereinfachungen, insbesondere hinsichtlich der Finanzierung, [...] zu gleichen Unternehmenswerten"* führen.[1603] Abweichende Ergebnisse zwischen den Verfahren seien *„regelmäßig auf unterschiedliche Annahmen – insbesondere hinsichtlich Zielkapitalstruktur, Risikozuschlag und sonstiger Plandaten – zurückzuführen"*.[1604]

Auch in der Rechtsprechung und der juristischen Literatur gelten diese beiden Verfahren – jedenfalls in der Theorie – als die am besten geeigneten Bewertungsmethoden. Denn ein Erwerber von Geschäftsanteilen wird sich hinsichtlich des Kaufpreises vornehmlich am zu erwartenden Nutzen aus der betreffenden

1596 Vgl. *Thommen/Achleitner,* Allgemeine Betriebswirtschaftslehre, S. 699/700.
1597 Vgl. a.a.O.
1598 Vgl. auch *Behringer,* in: Ettinger/Jaques, Beck'sches Handbuch Unternehmenskauf im Mittelstand, B. Rn. 53; *Großfeld/Egger/Tönnes,* Recht der Unternehmensbewertung, Rn. 308.
1599 Vgl. *Großfeld/Stöver,* in: BB 2004, 2799.
1600 Vgl. *Drukarczyk/Schüler,* Unternehmensbewertung, S. 3 ff.; *Ebbing,* in: Michalski, GmbHG, § 14 Rn. 20; *Thommen/Achleitner,* Allgemeine Betriebswirtschaftslehre, S. 709.
1601 Vgl. *Thommen/Achleitner,* Allgemeine Betriebswirtschaftslehre, S. 709.
1602 Vgl. IDW Standard S 1, Ziff. 7; *Wollny,* Der objektivierte Unternehmenswert, S. 21.
1603 IDW Standard S 1, Ziff. 7.1.; vgl. auch *Reichert/Weller,* in: MünchKomm-GmbHG, § 14 Rn. 27.
1604 IDW Standard S 1, Ziff. 7.1.

Unternehmensbeteiligung orientieren.[1605] Die Rechtsprechung wendet allerdings seit mehr als 30 Jahren, genauer seit der Entscheidung des BGH vom 12.02.1979[1606], praktisch ausschließlich das Ertragswertverfahren an.[1607] Zum Teil erwähnen die Gerichte dabei zwar (eher beiläufig), dass das Ertragswertverfahren nicht die einzig gebotene Methode sei.[1608] Andere Entscheidungen verdeutlichen allerdings, dass insbesondere der BGH offensichtlich das Ertragswertverfahren als einzig taugliches Verfahren zur Ermittlung von Unternehmenswerten erachtet. So führt der BGH in einer Entscheidung aus dem Jahre 1998 etwa aus, der durch das Ertragswertverfahren ermittelte Unternehmenswert stelle den *„theoretisch [...] richtigen Wert eines Unternehmens"* dar.[1609] In der bereits erwähnten Entscheidung des BGH bezüglich des Verlusts eines Kommanditanteils heißt es: *„Aber sogar wenn man andere Berechnungsmethoden* [als das Ertragswertverfahren] *für die Bewertung eines lebenden und lebensfähigen wirtschaftlichen Unternehmens im Ansatz für zulässig hält, [...]."*[1610] Hierdurch bringt der BGH nebenbei recht deutlich zum Ausdruck, dass er die Anwendung anderer Bewertungsmethoden offenbar für abwegig hält. Unabhängig davon, dass es einen „richtigen Wert eines Unternehmens" wie bereits erläutert gar nicht gibt und geben kann, spricht zwar an für sich nichts gegen die Anwendung des Ertragswertverfahrens. Wie bereits dargestellt ist es im Gegenteil gemeinsam mit den DCF-Verfahren zweifellos noch am besten geeignet, den Wert eines Unternehmens zu bestimmen. Jedoch führen die deutlichen Bekenntnisse des BGH allein zum Ertragswertverfahren dazu, dass in der Rechtsprechung insbesondere die DCF-Verfahren bisher gänzlich unberücksichtigt bleiben, was ihrer großen Bedeutung in der betriebswirtschaftlichen Praxis nicht gerecht wird und im klaren Widerspruch zu den aktuellen Entwicklungen in der Unternehmensbewertung steht. *Habersack* und *Lüssow* warnten zu Recht bereits im Jahre 1999 vor einer *„Zementierung"* des Ertragswertverfahrens in der juristischen Praxis im Sinne einer faktisch einzig anerkannten Bewertungsmethode, die gänzlich der betriebswirtschaftlichen Praxis der Unternehmensbewertung zuwiderlaufe.[1611]

Angesichts der aktuellen Entwicklungen und der sogar noch weiter gestiegenen Bedeutung der DCF-Verfahren müssen das (modifizierte) Ertragswertverfahren und die dargestellten DCF-Verfahren folgerichtig gleichwertig nebeneinanderstehen.

1605 Vgl. *Reichert/Weller*, in: MünchKomm-GmbHG, § 14 Rn. 28.

1606 Vgl. BGH, Urt. v. 12.02.1979 – II ZR 106/78, WM 1979, 432.

1607 Vgl. etwa BGH, Urt. v. 24.05.1993 – II ZR 36/92, WM 1993, 1412, 1413; BGH, Urt. v. 19.06.1995 – II ZR 58/94, NJW 1995, 3115; BGH, Beschl. v. 21.07.2003 – II ZB 17/01, DNotZ 2004, 71; OLG München, Beschl. v. 17.07.2007 – 31 Wx 060/06, BB 2007, 2395.

1608 Vgl. etwa BGH, Urt. v. 16.12.1991 – II ZR 58/91, NJW 1992, 892; BGH, Beschl. v. 08.05.1998 – BLw 18/97, NZG 1998, 644; OLG München, Beschl. v. 17.07.2007 – 31 Wx 060/06, BB 2007, 2395; *Ebbing*, in: Michalski, GmbHG, § 14 Rn. 20 m.w.N.

1609 BGH, Urt. v. 09.11.1998 – II ZR 190/97, DNotZ 1999, 437, 438.

1610 BGH, Urt. v. 18.04.2002 – IX ZR 72/99, NJW 2002, 2787, 2791.

1611 Vgl. *Habersack/Lüssow*, in: NZG 1999, 629, 633.

Eine vorrangige Stellung des Ertragswertverfahrens ist weder unter betriebswirtschaftlichen noch unter rechtlichen Gesichtspunkten angebracht.[1612] Vielmehr ist es gerade in streitigen Fällen durchaus sinnvoll, beide Bewertungsmethoden kombiniert anzuwenden, wie es in der betriebswirtschaftlichen Praxis im Übrigen bereits durchaus üblich ist.

(3) Typisierungsvorgaben zur Ermittlung des objektiven Wertes

Die Ermittlung des objektiven Verkehrswertes des Unternehmens in Gestalt eines gedachten Kaufpreises unter Fachkundigen durch das Ertragswertverfahren und / oder die DCF-Verfahren lässt allerdings viele Fragen offen und führt zu weitreichenden Spielräumen bei der Bewertung, die je nach Ausfüllung dieser Spielräume zu unterschiedlich hohen Werten des Unternehmens führen können.[1613] Dies ist indessen ein typisches Problem der Unternehmensbewertung, das gerade aus dem Umstand resultiert, dass die Bestimmung eines einzigen und richtigen Unternehmenswertes nicht möglich ist. Die Methodik beider Verfahrensarten liegt darin, zunächst künftige Überschüsse zu ermitteln und anschließend den Zeitfaktor durch eine Abzinsung auszugleichen. Diese Arbeitsschritte können je nach Aufwand nahezu unendlich komplex und unüberschaubar werden. Denn ob im ersten Schritt nun künftige Erträge oder Cashflows ermittelt werden: in die Bestimmung dieser Werte fließen stets vielfältige positive und negative Summanden ein, wobei nahezu jeder dieser Werte angesichts z.B. schwankender Absatzmärkte, Rohstoffpreise oder steuerlicher Rahmenbedingungen für Unternehmen unsicher ist.[1614] Dennoch ist für jeden einzelnen Faktor am Ende des Tages eine konkrete Zahl zu beziffern und in die Berechnung einzufügen. Je weiter in die Zukunft diese Werte zu bestimmen sind, desto größer sind die Unsicherheiten. Im zweiten Schritt der Abzinsung sind verschiedene Punkte wie etwa der Basiszinssatz, ein Risikozuschlag, der persönliche Steuersatz sowie ein Wachstumsabschlag zu beachten.[1615] Soweit dies im konkreten Fall möglich ist, sollten zur Eingrenzung dieser Bewertungsspielräume deshalb zumindest einige weitere konkretisierende Vorgaben an die fiktive Veräußerung des Unternehmens bzw. des Geschäftsanteils und den typisierten Käufer aufgestellt werden. Grundsätzlich ist stets von einem optimalen Unternehmenskonzept bzw. von einer optimalen Nutzung der vorhandenen Ressourcen des Unternehmens im Rahmen der Bewertung auszugehen.[1616] Des Weiteren ist richtigerweise auf eine möglichst marktnahe Typisierung des fiktiven Käufers unter Berücksichtigung der jeweiligen Situation

---

1612 So auch zutreffend bereits *Habersack/Lüssow*, in: NZG 1999, 629, 633.

1613 Vgl. *Ruthardt/Hachmeister*, in: NZG 2014, 885, 886.

1614 Vgl. *Stilz*, in: FS Goette, 529, 532.

1615 Vgl. *Stilz*, in: FS Goette, 529, 533.

1616 Vgl. *Adolff*, Unternehmensbewertung im Recht der börsennotierten AG, S. 371 ff.

und der Branche des betreffenden Unternehmens abzustellen.[1617] Das bedeutet, dass auch etwaige Synergieeffekte in der Bewertung zu berücksichtigen sind, sofern der typische Käufer sie realisieren könnte[1618], wobei diese aber zumeist nur sehr schwer zu bestimmen sein dürften[1619]. In die Bewertung müssen generell alle mit der Gesellschafterstellung verbundenen Vorteile mit einfließen. So ist auch zu berücksichtigen, welche Anteilsquote der verlorene Geschäftsanteil an der Gesellschaft ausmachte, d.h. welche Herrschaftsrechte der Altgesellschafter aufgrund des bzw. der betreffenden Geschäftsanteile innehatte.[1620] Relevant sind hier insbesondere die 50 v.H.- sowie die 75 v.H.-Grenze. Solche Herrschaftsrechte vermögen den Wert der Geschäftsanteile zu beeinflussen und können je nach Ausgestaltung der Herrschaftsrechte zu einem Zu- oder Abschlag vom quotalen Anteilswert führen.[1621] Auch hiernach verbleiben zwar Unsicherheiten bei der Bestimmung eines objektiven Wertes des Unternehmens.[1622] Allerdings stellt sich die Frage, welche Alternative ansonsten für die Bestimmung und Bezifferung einer möglichst gerechten Entschädigung für den Verlust des Geschäftsanteils besteht. Die möglichst genaue Bestimmung eines objektiven Wertes des Geschäftsanteils stellt trotz der aufgrund der simulierten, fiktiven Veräußerungssituation ohne Zweifel verbleibenden Ungenauigkeiten und offenen Variablen noch die tauglichste Möglichkeit dar, einen gerechten und interessennahen Geldbetrag für die Kompensation des Altgesellschafters im Rahmen des § 251 BGB festzulegen.

(4) Ergebnis

Die Bestimmung des Wertes des (lebensfähigen) Unternehmens und damit mittelbar auch die Bestimmung des Wertes des Geschäftsanteils hat nach der hier vertretenen Ansicht entsprechend den Leitlinien des IDW[1623] im Regelfall durch das Ertragswertverfahren und / oder das DCF-Verfahren zu erfolgen. Beide Verfahren stehen sich gleichwertig gegenüber, d.h. keinem dieser Verfahren ist ein Vorrang vor dem anderen einzuräumen. Im Gegenteil sind idealerweise beide Verfahren zur Anwendung zu bringen, bei unterschiedlichen Ergebnissens bietet sich die Bildung eines Mittelwerts an.

1617 Vgl. *Hüttemann*, in: FS Hoffmann-Becking, 603, 611 ff.; *Ruthardt/Hachmeister*, in: NZG 2014, 885, 889.

1618 Vgl. *Hüttemann*, in: FS Hoffmann-Becking, 603, 611 ff.; *Ruthardt/Hachmeister*, in: NZG 2014, 885, 889; **a.A.**: *Adolff*, Unternehmensbewertung im Recht der börsennotierten AG, S. 373.

1619 Vgl. *Ruthardt/Hachmeister*, in: NZG 2014, 885, 889 ff.

1620 Vgl. *Piltz*, Die Unternehmensbewertung in der Rechtsprechung, S. 61/62.

1621 Vgl. *Piltz*, Die Unternehmensbewertung in der Rechtsprechung, S. 62 ff.

1622 Vgl. die grundsätzliche Kritik von *Ruthardt/Hachmeister*, in: NZG 2014, 885, 890 ff. bzgl. der Bestimmung eines Abfindungswertes.

1623 Vgl. IDW Standard S 1, Ziff. 7.

Nachdem mit Hilfe dieser Verfahren der objektive Wert des Unternehmens ermittelt wurde, ist im Anschluss aus diesem Wert der anteilige objektive Wert des betreffenden Geschäftsanteils zu ermitteln. Bei der Bestimmung des Wertes ist grundsätzlich von einem optimalen Unternehmenskonzept sowie von einer marktnahen Typisierung des fiktiven Käufers unter Berücksichtigung der jeweiligen Situation und der Branche des betreffenden Unternehmens auszugehen. Zu berücksichtigen sind u.a. auch die durch den Geschäftsanteil bzw. die Geschäftsanteile begründeten Herrschaftsverhältnisse.

Lediglich in Ausnahmekonstellationen kommt eine Liquidationswertermittlung in Betracht. Zum einen kann der Liquidationswert als Mindestbetrag für den Wertersatz gem. § 251 BGB herangezogen werden, zum anderen aber auch dann, wenn zum Bewertungsstichtag[1624] ohnehin bereits die Zerschlagung des Unternehmens feststand.

dd) Entgangener Gewinn

Fraglich ist, ob neben dem mit Hilfe des Ertragswertverfahrens bzw. des DCF-Verfahrens ermittelten objektiven Anteilswert zusätzlich ein Anspruch auf entgangenen Gewinn bzw. sonstige Folgeschäden besteht (§ 252 BGB).

Der BGH verneinte dies in den beiden o.g. einschlägigen Entscheidungen aus den Jahren 1984 und 2002.[1625] Die Erstattung einer Art *„Gewinnersatzrente"* würde den Geschädigten erheblich zu gut stellen – im Falle des OHG-Gesellschafters schon deshalb, weil er als Gesellschafter nicht nur Rechte, sondern auch das Haftungsrisiko, Arbeitspflichten und Wettbewerbsbeschränkungen gehabt habe.[1626] Aber auch bei Verlust eines Kommanditanteils verneinte der BGH einen entsprechenden Anspruch, obwohl es hier „nur" um den Verlust von Gesellschaftsanteilen gehe, die gerade nicht mit einem darüber hinausgehenden Haftungsrisiko oder persönlichen Arbeitspflichten verbunden seien.[1627] Der Inhaber eines Kommanditanteils könne als solcher daraus nach Ansicht des BGH aber regelmäßig auch keine höheren persönlichen Gewinne erzielen.[1628]

Auch die einschlägige Literatur – soweit vorhanden – verneint einen zusätzlichen Anspruch auf entgangenen Gewinn oder die Erstattung von Folgeschäden. Anders als bei einer Geldentschädigung für einen beschädigten oder zerstörten Gegenstand, der kein Unternehmen sei, bestehe ein derartiger Anspruch bei einer Geldentschädigung für eine Unternehmenswertminderung gerade nicht, da der entgangene Gewinn bereits im Wertersatz gem. § 251 BGB enthalten sei.[1629]

1624 Vgl. hierzu nachfolgend § 5 B. II. 2. ee).

1625 Vgl. BGH, Urt. v. 29.02.1984 – IVa ZR 188/82, NJW 1984, 2570; BGH, Urt. v. 18.04.2002 – IX ZR 72/99, NJW 2002, 2787, 2790 ff.

1626 Vgl. BGH, Urt. v. 29.02.1984 – IVa ZR 188/82, NJW 1984, 2570.

1627 Vgl. BGH, Urt. v. 18.04.2002 – IX ZR 72/99, NJW 2002, 2787, 2790 ff.

1628 Vgl. a.a.O.

1629 Vgl. *Wächter,* M&A Litigation, Rn. 1468.

Dem ist zuzustimmen. Und auch im Falle des Verlusts eines Geschäftsanteils kann nichts anderes gelten. Denn sowohl beim Ertragswertverfahren als auch bei den DCF-Verfahren wird der Unternehmenswert gerade zukunftsorientiert ermittelt. Beim Ertragswertverfahren werden die zukünftig zu erwartenden Erträge, bei den DCF-Verfahren die Cashflows entscheidend bei der Berechnung des Unternehmens- bzw. Anteilswerts berücksichtigt. Das bedeutet, dass der als entgangen zu schätzende Gewinn i.S.v. § 252 BGB schadensrechtlich im Voraus kapitalisiert wird und folglich in der Geldentschädigung gem. § 251 BGB bereits enthalten ist.[1630] Der Ausfall dieser Erträge bzw. Cashflows kann deshalb denklogisch nicht zusätzlich als Schaden in Form eines etwaigen entgangenen Gewinns geltend gemacht werden.[1631] Eine Art fortlaufende Rente nach einem Vermögensschaden in Folge des Verlusts eines Geschäftsanteils ist im Übrigen vom Normzweck des § 251 BGB grundsätzlich nicht umfasst, eine solche sehen vielmehr etwa die §§ 843 ff. BGB nur für Personenschäden vor.[1632] Entscheidend ist zusammenfassend mithin allein der durch das Ertragswertverfahren und / oder das DCF-Verfahrens ermittelte objektive Wert des Geschäftsanteils. Da der auf dieser Grundlage ermittelte Anteilswert bereits die zukünftigen Gewinnerwartungen in kapitalisierter Form enthält, kann ein laufend entgehender Gewinn aus diesem Geschäftsanteil nicht zusätzlich zum Anteilswert geltend gemacht werden.

ee) Maßgeblicher Zeitpunkt

Fraglich und von großer Bedeutung ist des Weiteren, auf welchen Zeitpunkt bei der Bestimmung der Geldentschädigung abzustellen ist.

(1) Bewertungsstichtag und Wurzeltheorie

Die anzuwendenden Bewertungsmethoden, das Ertragswertverfahren und die DCF-Verfahren, bestimmen den Unternehmenswert von einem bestimmten Zeitpunkt an zukunftsorientiert aus den zukünftigen Erträgen (Ertragswertverfahren) bzw. Cashflows (DCF-Verfahren). Bei der Unternehmens- bzw. Anteilsbewertung wird also der Wert ermittelt, den das Unternehmen bzw. der Geschäftsanteil zu einem bestimmten Zeitpunkt innehat.[1633] Das bedeutet, die Unternehmensbewertung bezieht sich auf ein konkretes Datum.[1634] Dieser Zeitpunkt bzw. dieses Datum ist der sog. „Bewertungsstichtag".[1635] Nach diesem Datum eingetretene Veränderungen

---

1630 Vgl. BGH, Urt. v. 18.04.2002 – IX ZR 72/99, NJW 2002, 2787, 2791.

1631 Vgl. für das Ertragswertverfahren auch BGH, Urt. v. 18.04.2002 – IX ZR 72/99, NJW 2002, 2787, 2791; *Piltz,* Die Unternehmensbewertung in der Rechtsprechung, S. 16 ff.

1632 Vgl. auch BGH, Urt. v. 18.04.2002 – IX ZR 72/99, NJW 2002, 2787, 2791.

1633 Vgl. *Piltz,* Die Unternehmensbewertung in der Rechtsprechung, S. 110.

1634 Vgl. *Großfeld/Egger/Tönnes,* Recht der Unternehmensbewertung, Rn. 357.

1635 Vgl. *Großfeld/Egger/Tönnes,* Recht der Unternehmensbewertung, Rn. 357; *Piltz,* Die Unternehmensbewertung in der Rechtsprechung, S. 110; *Reichert/Weller,* in: MünchKomm-GmbHG, § 14 Rn. 30.

und gewonnene Erkenntnisse sind grundsätzlich im Rahmen der Unternehmens- bzw. Anteilsbewertung nicht zu berücksichtigen.[1636] Es dürfen in die Prognose der zu erwartenden positiven oder auch negativen Entwicklung des Unternehmens allerdings auch solche Ereignisse mit einfließen, die zu dem Bewertungsstichtag zumindest in ihrem Kern, ihrer „Wurzel" bereits angelegt und erkennbar sind (sog. „Wurzeltheorie").[1637] Berücksichtigung im Rahmen der Unternehmens- und Anteilsbewertung finden mithin nur solche bewertungsrelevanten Informationen, *„die sich zum Bewertungsstichtag aus bereits eingeleiteten Maßnahmen oder aus hinreichend konkretisierten Maßnahmen im Rahmen des bisherigen Unternehmenskonzepts und der Marktgegebenheiten ergeben"*[1638], d.h. der Informationsstand, *„der bei angemessener Sorgfalt zum Bewertungsstichtag hätte erlangt werden können"*[1639]. Dabei ist der Informationsstand anzusetzen, der bei unterstellter bestmöglicher Kooperation im Rahmen einer umfassenden Due Diligence Prüfung erzielbar gewesen wäre.[1640]

Fallen der Zeitpunkt der Bewertung und der Bewertungsstichtag auseinander, führt dies zu der Schwierigkeit, dass heute bereits bekannte Ereignisse gerade nicht berücksichtigt werden dürfen, sofern sie zum Bewertungsstichtag noch nicht im Kern bzw. in der Wurzel angelegt und erkennbar gewesen sind. Allerdings können heutige Tatsachen und Ereignisse bei normalem Verlauf als Indiz für das in der Wurzel bereits Angelegte gesehen werden.[1641] Die tatsächlich eingetretenen Ereignisse können jedenfalls zu einer Prüfung der Plausibilität der auf den Bewertungsstichtag abgestellten Prognosen herangezogen werden.[1642] Das bedeutet aber nicht, dass spätere Ereignisse auf der Grundlage dieses sog. „Werterhellungsprinzips" ohne jegliche Reflexion auf den Bewertungsstichtag zurückzubeziehen sind oder gar eine Gleichsetzung der Prognose zum Bewertungsstichtag mit den späteren Entwicklungen der den Wert bestimmenden Verhältnisse erfolgen darf.[1643]

(2) Bestimmung des Bewertungsstichtages

Fraglich ist allerdings, welcher Zeitpunkt den maßgeblichen Bewertungsstichtag bildet. Wie dargestellt, ist diese Frage von entscheidender Bedeutung für die

---

1636 Vgl. etwa BGH, Urt. v. 09.11.1998 – II ZR 190/97, DNotZ 1999, 437; OLG München, Beschl. v. 17.07.2007 – 31 Wx 060/06, BB 2007, 2395, 2398; *Großfeld/Egger/Tönnes,* Recht der Unternehmensbewertung, Rn. 357.

1637 Vgl. etwa BGH, Beschl. v. 04.03.1998 – II ZB 5/97, NJW 1998, 1866; OLG Stuttgart, Beschl. v. 01.10.2003 – 4 W 34/94, ZIP 2004, 712, 714; *Großfeld/Egger/Tönnes,* Recht der Unternehmensbewertung, Rn. 364; *Piltz,* Die Unternehmensbewertung in der Rechtsprechung, S. 115; *Reichert/Weller,* in: MünchKomm-GmbHG, § 14 Rn. 30.

1638 IDW Standard S 1, Ziff. 4.4.2.1.

1639 LG Frankfurt, Urt. v. 04.08.2010 – 3–5 O 73/04, juris Rn. 31; vgl. auch *Riegger/Wasmann,* in: FS Goette, 433, 441.

1640 Vgl. *Adolff,* Unternehmensbewertung im Recht der börsennotierten AG, S. 371 ff.

1641 Vgl. *Großfeld/Egger/Tönnes,* Recht der Unternehmensbewertung, Rn. 364 ff.

1642 Vgl. a.a.O.

1643 Vgl. *Moxter,* Grundsätze der ordnungsgemäßen Unternehmensbewertung, S. 169.

spätere Bewertung des Geschäftsanteils und damit auch für die Höhe der Geldentschädigung gem. § 251 BGB. Vorliegend kann es dabei um große Zeiträume einer möglichen Betrachtung des Unternehmenswertes gehen, denn zwischen der Veräußerung und Übertragung des Geschäftsanteils an einen gutgläubigen Erwerber und einem möglichen späteren Schadensersatzprozess, geschweige denn der letzten mündlichen Verhandlung innerhalb eines solchen Schadensersatzprozesses, können Jahre, wenn nicht sogar Jahrzehnte liegen. Innerhalb dieses Zeitraums kann sich der Wert des Unternehmens und damit des gegenständlichen Geschäftsanteils gravierend in die eine oder die andere Richtung verändert haben. Treten etwa nach dem Bewertungsstichtag erhebliche Schäden ein, die in der Folge aufgrund einer starken Rufschädigung zur Schließung etlicher Niederlassungen der Gesellschaft und erheblichen Verlusten, möglicherweise bis hin zu einer Insolvenz, führen, so ist dies nicht in der Bewertung zu berücksichtigen, sofern diese Schäden zum Bewertungsstichtag auch für Firmeninsider nicht absehbar gewesen sind.[1644] In diesem Zusammenhang sind aber auch zum Bewertungsstichtag unvorhergesehene Ereignisse und Katastrophen in der Weltgeschichte anzuführen, welche den Wert des Unternehmens entscheidend beeinflussen oder gar von existentieller Bedeutung für ein Unternehmenskonzept sein können. Zu nennen sind hier etwa die deutsche Wiedervereinigung am 09.11.1989, der Zusammenbruch des sog. „Neuen Marktes" um die Jahrhundertwende, der Anschlag auf das World Trade Center in New York City am 11.09.2001 und der anschließende Zusammenbruch der Börsennotierungen, zukünftige Steuerreformen[1645] oder die Wirtschafts- / Finanzkrise im Jahre 2008.

(a) Bewertungsstichtag in vergleichbaren Konstellationen

In anderen Konstellationen bestimmt sich der Bewertungsstichtag ohne größere Probleme aus dem Gesetz. So ist etwa für die Abfindung bei einem Ausscheiden eines Gesellschafters aus einer GbR die *„Zeit seines Ausscheidens"* maßgeblich (§ 738 Abs. 1 BGB), für die Abfindung des ausgeschlossenen Minderheitsaktionärs („Squeeze-Out") (§ 327b Abs. 1 S. 1 AktG) und des außenstehenden Aktionärs bei Abschluss eines Beherrschungs- und Gewinnabführungsvertrages (§ 305 Abs. 3 S. 2 AktG) der *„Zeitpunkt der Beschlussfassung ihrer Hauptversammlung"*. Bei der Einziehung eines Geschäftsanteils gem. § 34 GmbHG wird ebenfalls auf den Zeitpunkt des Wirksamwerdens der Einziehung abgestellt.[1646]

(b) Bewertungsstichtag in der vorliegenden Konstellation

Schwieriger stellt sich die Bestimmung des Bewertungsstichtages aber in der vorliegenden Situation des Verlusts eines Geschäftsanteils aufgrund gutgläubigen Erwerbs

---

1644 Vgl. das entsprechende Beispiel bei *Wollny,* Der objektivierte Unternehmenswert, S. 113/114.

1645 Vgl. *Wollny,* Der objektivierte Unternehmenswert, S. 114.

1646 Vgl. etwa *Fastrich,* in: Baumbach/Hueck, GmbHG, § 34 Rn. 24; *Schindler,* in: Beck-OK-GmbHG, § 34 Rn. 80.

dar. Denn anders als in den vorgenannten Konstellationen ist der Anspruch auf eine Entschädigung keine ausgleichende Folge eines legalen und gesetzlich geregelten Aktes, sondern eines Anspruchs auf Schadensersatz nach pflichtwidrigem Verhalten des Anspruchsgegners.

In den vorgenannten, gesetzlich geregelten Konstellationen wird hinsichtlich des Bewertungsstichtages auf den Umstand abgestellt, der zu einer Wertminderung bzw. zum Verlust des Gesellschaftsanteils führt. Dies könnte dafür sprechen, auch vorliegend auf den Zeitpunkt abzustellen, in dem der Altgesellschafter seinen Geschäftsanteil verliert, also auf den Zeitpunkt der Wirksamkeit der Übertragung des Geschäftsanteils an den gutgläubigen Erwerber gem. § 16 Abs. 3 GmbHG.

Eine solche Lösung würde allerdings den schadensrechtlichen Grundsätzen bezüglich des Zeitpunktes der Schadensberechnung zuwiderlaufen, die in den vorgenannten gesetzlich normierten Konstellationen gerade nicht zu beachten sind, da es sich bei der Entschädigung dort jeweils nicht um eine Schadensersatzzahlung nach pflichtwidrigem Verhalten handelt. Der maßgebliche Zeitpunkt für die Bemessung der Höhe des Schadens ist beim Wertersatz nach § 251 BGB anders als beim Anspruch auf Naturalrestitution nach §§ 249, 250 BGB problematisch. Bei letzterer ist es allein die Sache des Schädigers, wie er den Anspruch erfüllt, d.h. er trägt insbesondere das Risiko dafür, dass sich der zur Behebung des Schadens erforderliche Betrag bis zur effektiven Schadensersatzleistung erhöht, profitiert auf der anderen Seite aber davon, wenn er die Ersatzleistung inzwischen kostengünstiger beschaffen kann.[1647] Maßgeblich für den zu ersetzenden Schaden ist dort der Zeitpunkt der Wiederherstellung. Beim Anspruch auf Wertersatz gem. § 251 BGB ist hingegen streng zwischen dem materiellrechtlich und dem prozessrechtlich maßgeblichen Zeitpunkt zu differenzieren.[1648] Materiellrechtlich entscheidend für die Berechnung des Wertersatzes ist nach g.h.M. der Zeitpunkt der Erfüllung der Schadensersatzpflicht.[1649] Da der geleistete Ersatzbetrag den Schaden nach dem Grundsatz der Totalreparation zwar vollständig kompensieren muss aber auf der anderen Seite nicht zu einer Bereicherung des Geschädigten führen darf, sind grundsätzlich alle Entwicklungen bis zu diesem Zeitpunkt zu berücksichtigen.[1650] Ab dem Zeitpunkt der Erfüllung liegt die Verwendung des erhaltenen Betrages in den Händen des Geschädigten und spätere Wertveränderungen sind weder zu Gunsten noch zu Lasten des Schädigers zu berücksichtigen.[1651]

1647 Vgl. etwa *Oetker,* in: MünchKomm-BGB, § 249 Rn. 309.

1648 Vgl. a.a.O.

1649 Vgl. BGH, Urt. v. 23.01.1981 – V ZR 200/79, BGHZ 79, 249, 258; BGH, Urt. v. 24.09.1999 – V ZR 71–99, NJW 1999, 3625, 3626; *Brand,* Schadensersatzrecht, § 2 Rn. 9; *Ebert,* in: Erman, BGB, § 249 Rn. 28; *Grüneberg,* in: Palandt, Vorb. v. § 249 Rn. 127; *Oetker,* in: MünchKomm-BGB, § 249 Rn. 314; *Rüßmann,* in: jurisPK-BGB, § 249 Rn. 59; *Schiemann,* in: Staudinger, BGB, Vorb. zu §§ 249 – 254 Rn. 81; *Schulze,* in: HK-BGB, Vorbemerkung zu §§ 249 – 253 Rn. 36.

1650 Vgl. *Oetker,* in: MünchKomm-BGB, § 249 Rn. 314.

1651 Vgl. a.a.O.

Ausgerechnet in den beiden Entscheidungen des BGH, die sich mit dem Schadensersatz nach Verlust von Gesellschaftsanteilen befassen, wird dies vom BGH allerdings offenbar anders beurteilt. So stellte der BGH in seiner Entscheidung aus dem Jahre 1984 hinsichtlich eines Schadensersatzanspruchs aufgrund der Vereitelung des OHG-Eintritts eines Vermächtnisnehmers auf den Zeitpunkt des Eintritts der Unmöglichkeit bzw. auf den Zeitpunkt ab, in dem die Aufnahme des Vermächtnisnehmers in die Gesellschaft ordnungsgemäß hätte stattfinden sollen.[1652] Spätere Wertsteigerungen der Beteiligung seien ebenso unbeachtlich wie ein späterer Wertverfall.[1653] Auch in der zweiten Entscheidung betreffend den Verlust eines Kommanditanteils nach einer fehlerhaften Testamentserrichtung bestimmte der BGH in einem obiter dictum den Zeitpunkt des Ausscheidens aus der Gesellschaft als den maßgeblichen Zeitpunkt.[1654]

Es erschließt sich allerdings nicht, warum der BGH gerade in der Konstellation des Schadensersatzes nach Verlust eines Gesellschaftsanteils abweichend von den oben dargestellten Grundsätzen auf den Schädigungszeitpunkt abstellt.[1655] Es sind weder Gründe dafür ersichtlich, den Geschädigten im Falle einer späteren Wertsteigerung nur so zu entschädigen, dass er mit dem erhaltenen Betrag den verlorenen Geschäftsanteil nicht adäquat ersetzen kann, noch gibt es Gründe dafür, ihm im Falle eines späteren Wertverlustes mehr zu erstatten als er für eine Ersatzbeschaffung benötigt.[1656] Vielmehr sind sowohl die positiven als auch die negativen Wertschwankungen nach Verlust des Anteils zu berücksichtigen, dies gebietet der Ausgleichszweck des § 251 BGB.[1657] Zwar führt der BGH in der zweiten genannten Entscheidung noch weiter aus, das Abstellen auf den Zeitpunkt des Verlusts des Anteils als den maßgeblichen Bewertungsstichtag bedeute nicht, dass nur die damaligen Umstände bei der Wertbemessung zu berücksichtigen wären.[1658] Vielmehr seien spätere Erkenntnisse jedenfalls zum normalen Geschäftsverlauf der Kommanditgesellschaften bei der Frage zu berücksichtigen, welcher Schaden durch das Ausscheiden tatsächlich entstanden seien.[1659] Der Stichtag lege nur die maßgebliche Rechtslage fest, wohingegen die Bewertung des Ertragswerts zeitnah bis zur letzten mündlichen Verhandlung vorzunehmen sei.[1660] Hier vermengt der BGH aber offenbar die Grundsätze der Wurzeltheorie, wonach in die Bewertungsprognose der zu erwartenden positiven oder auch negativen Entwicklung des Unternehmens

1652 Vgl. BGH, Urt. v. 29.02.1984 – IVa ZR 188/82, NJW 1984, 2570, 2572.
1653 Vgl. a.a.O.
1654 Vgl. BGH, Urt. v. 18.04.2002 – IX ZR 72/99, NJW 2002, 2787, 2791.
1655 So auch *Lange/Schiemann*, Schadensersatz, S. 49; *Oetker*, in: MünchKomm-BGB, § 249 Rn. 313 Fn. 1191; *Schiemann*, in: Staudinger, BGB, Vorb. zu §§ 249 – 254 Rn. 84.
1656 Vgl. allgemein *Rüßmann*, in: jurisPK-BGB, § 249 Rn. 59.
1657 Vgl. a.a.O.
1658 Vgl. BGH, Urt. v. 18.04.2002 – IX ZR 72/99, NJW 2002, 2787, 2791.
1659 Vgl. a.a.O.
1660 Vgl. a.a.O.

diejenigen Ereignisse mit einfließen, die zu dem Bewertungsstichtag zumindest in ihrem Kern (bzw. ihrer „Wurzel") bereits angelegt und erkennbar sind[1661], mit dem prozessrechtlich maßgeblichen Zeitpunkt. Denn prozessual ist in der Tat der Zeitpunkt der letzten mündlichen Verhandlung in der Tatsacheninstanz für die Berechnung des Wertersatzes maßgeblich.[1662] Dieser prozessual maßgebliche Zeitpunkt hat jedoch keine materiellrechtliche Bedeutung, vielmehr besagt er nur, dass danach folgende Entwicklungen der Schadenshöhe in der Regel in dem gegenständlichen Gerichtsverfahren nicht berücksichtigt werden.[1663] Denn wie auch bei sonstigen materiellrechtlich relevanten Tatsachen verliert auch die Veränderung der Schadenshöhe nach der letzten mündlichen Verhandlung nicht ihre materiellrechtliche Bedeutung.[1664] Wertveränderungen nach der letzten mündlichen Verhandlung aber noch vor Erfüllung der Schadensersatzpflicht können, je nachdem in welche Richtung sich die Veränderungen ergeben, vom Schädiger (ggf. über die Vollstreckungsgegenklage gem. § 767 ZPO) oder vom Geschädigten (ggf. im Wege einer neuen Klage) entsprechend (gerichtlich) geltend gemacht werden.[1665] Daher ist dem BGH zwar insofern zuzustimmen, dass die im Rahmen eines Prozesses vorgenommene Bewertung des Anteils alle Umstände bis zum Zeitpunkt der letzten mündlichen Verhandlung zu berücksichtigen hat.[1666] Hinsichtlich des Bewertungsstichtages muss aber allgemein unter Anwendung der dargestellten schadensrechtlichen Grundsätze der materiellrechtliche Zeitpunkt der Erfüllung und nicht etwa der Zeitpunkt des Verlusts des Geschäftsanteils maßgeblich sein. Wertentwicklungen zwischen dem Zeitpunkt der mündlichen Verhandlung und der Erfüllung des Schadensersatzanspruches sind ebenfalls materiellrechtlich zu berücksichtigen und können – abhängig von der Richtung der Wertentwicklung – von der jeweils betroffenen Partei später ggf. gerichtlich geltend gemacht werden.

(3) Ergebnis

Maßgeblicher Zeitpunkt und Bewertungsstichtag ist der materiellrechtliche Zeitpunkt der Erfüllung des Schadensersatzanspruches. Prozessual ist auf den Zeitpunkt der letzten mündlichen Verhandlung in der Tatsacheninstanz abzustellen,

---

1661 Vgl. zur Wurzeltheorie die obigen Ausführungen unter § 5 B. II. 2. c) ee) (1).

1662 Vgl. BGH, Urt. v. 12.07.1996 – V ZR 117/95, BGHZ 133, 246, 252 f.; BGH, Urt. v. 11.11.1997 – VI ZR 376/96, BGHZ 137, 142, 152; BGH, Urt. v. 02.04.2001 – II ZR 331/99, NJW-RR 2001, 1450; *Brand,* Schadensersatzrecht, § 2 Rn. 9; *Ebert,* in: Erman, BGB, § 249 Rn. 29; *Grüneberg,* in: Palandt, Vorb. v. § 249 Rn. 127; *Oetker,* in: MünchKomm-BGB, § 249 Rn. 317; *Rüßmann,* in: jurisPK-BGB, § 249 Rn. 59; *Schiemann,* in: Staudinger, BGB, Vorb. zu §§ 249 – 254 Rn. 79; *Schulze,* in: HK-BGB, Vorbemerkung zu §§ 249 – 253 Rn. 36.

1663 Vgl. etwa *Brand,* Schadensersatzrecht, § 2 Rn. 9; *Oetker,* in: MünchKomm-BGB, § 249 Rn. 317; *Rüßmann,* in: jurisPK-BGB, § 249 Rn. 59.

1664 Vgl. a.a.O.

1665 Vgl. a.a.O.

1666 Vgl. auch *Piltz,* Die Unternehmensbewertung in der Rechtsprechung, S. 112.

wobei Wertentwicklungen zwischen dem Zeitpunkt der mündlichen Verhandlung und der Erfüllung des Schadensersatzanspruches abhängig von der Richtung der Wertentwicklung von der jeweils betroffenen Partei später ggf. (gerichtlich) geltend gemacht werden können.

III. Mitverschulden

Stets zu prüfen ist, ob der Schadensersatzanspruch des Altgesellschafters im Einzelfall ggf. wegen eines etwaigen Mitverschuldens gem. § 254 BGB zu kürzen ist oder gar entfällt. Ein Mitverschulden gem. § 254 BGB kommt dann in Betracht, wenn der Altgesellschafter in zurechenbarer Weise an der Entstehung des Schadens mitgewirkt hat (§ 254 Abs. 1 BGB) oder er es unterlassen hat, einen drohenden Schaden abzuwenden bzw. einen bereits eingetretenen Schaden zu mindern (§ 254 Abs. 2 BGB).[1667] Vorliegend von Relevanz ist vornehmlich § 254 Abs. 1 BGB, d.h. eine mögliche Mitverursachung des Schadens durch den Altgesellschafter.

1. Mitverursachung des Schadens bei Zurechenbarkeit der Unrichtigkeit der Gesellschafterliste gem. § 16 Abs. 3 S. 2 GmbHG

An eine Mitverursachung des Schadens i.S.d. § 254 Abs. 1 BGB ist insbesondere in den Konstellationen zu denken, in denen ein gutgläubiger Erwerb gem. § 16 Abs. 3 GmbHG und damit der schadensbegründende Verlust des Geschäftsanteils bereits vor Ablauf der Dreijahresfrist aufgrund einer dem Altgesellschafter zurechenbaren Unrichtigkeit der Gesellschafterliste[1668] erfolgt ist.

*Zur Verdeutlichung seien die entsprechenden Konstellationen in den **Beispielen 31**[1669] **und 32**[1670] noch einmal vor Augen geführt:*

*In den **Varianten 2 und 3** von **Beispiel 31** sowie in **Beispiel 32** besteht jeweils ein Anspruch des A auf Schadensersatz gem. § 19 Abs. 1 BNotO wegen des Verlusts seines Geschäftsanteils an E aufgrund gutgläubigen Erwerbs gem. § 16 Abs. 3 GmbHG, da der jeweilige Notar schuldhaft seine Einreichungspflicht verletzt und die Gesellschafterliste nicht aktualisiert hat.[1671] Allerdings hat auch A trotz Kenntnis jeweils nicht weiter auf die Aktualisierung der Gesellschafterliste gedrängt und auch keinen Widerspruch eintragen lassen, weshalb ihm die Unrichtigkeit der Gesellschafterliste zuzurechnen ist und ein gutgläubiger Erwerb bereits vor Ablauf der Dreijahresfrist möglich war (§ 16 Abs. 3 S. 2 GmbHG).*[1672]

1667 Vgl. *Brand*, Schadensersatzrecht, § 9 Rn. 2.

1668 Vgl. zur Zurechenbarkeit der Unrichtigkeit der Gesellschafterliste die obigen Ausführungen unter § 3 D. II. 3. a) aa).

1669 S.o. § 4 E. I. 4. b) cc).

1670 S.o. § 4 E. I. 4. b) cc).

1671 S.o. § 4 E. I. 4. d) cc) (2) (b).

1672 S.o. § 4 E. I. 4. d) cc) (2) (b).

§ 254 Abs. 1 BGB setzt zum einen ein Verschulden voraus, d.h. eine bloße Mitverursachung allein ist nicht ausreichend für eine Minderung oder gar einen Ausschluss des Schadensersatzanspruchs.[1673] Der Maßstab des „Verschuldens“ des Geschädigten richtet sich aber denklogisch nicht nach dem Vertretenmüssen i.S.d. § 276 BGB, da dieses an eine rechtswidrige Verletzung der Rechtsordnung anknüpft, was bei einer hier vorliegenden und grundsätzlich nicht strafbewährten Selbstschädigung nicht gegeben ist.[1674] § 254 BGB ahndet vielmehr ein Verschulden gegen sich selbst und zwar dergestalt, dass der Geschädigte seinen Schaden nicht voll vom Schädiger ersetzt bekommt, wenn er die im Verkehr erforderliche Sorgfalt, die ein ordentlicher und verständiger Mensch im eigenen Interesse aufwendet, zur Vermeidung eines Schadens außer Acht lässt.[1675] Damit wird im Ergebnis zur Bestimmung der Fahrlässigkeit des Geschädigten der objektive Maßstab des § 276 Abs. 1 S. 2 BGB entsprechend herangezogen.[1676] Fällt die Vermeidung des Schadens in den Verantwortungsbereich des Geschädigten, so ist eine Mitverantwortung gegeben.[1677]

Des Weiteren verlangt § 254 Abs. 1 BGB, dass das Verhalten des Geschädigten zumindest mitursächlich i.S.d. Adäquanztheorie für die Entstehung des Schadens ist.[1678] Diese Voraussetzung ist im Falle einer Zurechenbarkeit der Unrichtigkeit der Gesellschafterliste indessen stets gegeben, da ohne diese Zurechnung ein gutgläubiger Erwerb angesichts der noch nicht abgelaufenen Dreijahresfrist gem. § 16 Abs. 3 S. 2 GmbHG ausgeschlossen ist.

Fraglich ist aber, ob hierin auch ein Verschulden i.S.d. § 254 BGB gesehen werden kann. Denn die Zurechenbarkeit der Unrichtigkeit der Gesellschafterliste gem. § 16 Abs. 3 S. 2 GmbHG setzt gerade kein Verschulden voraus. Sie ist dann zu bejahen, wenn der materiell Berechtigte die Unrichtigkeit (mit-) veranlasst oder sonst (mit-) zu verantworten hat und sie im Risikobereich des Berechtigten lag. Der Berechtigte muss die Unrichtigkeit der Gesellschafterliste gekannt haben und hat sich ab Kenntniserlangung vor einem Verlust des Geschäftsanteils durch Eintragung eines Widerspruchs zu schützen und sich um die Korrektur der Gesellschafterliste zu bemühen, sofern ihm dies möglich ist.[1679] Wie § 254 BGB stellt die Zurechenbarkeit

---

1673 G.h.M., vgl. etwa BGH, Urt. v. 14.03.2006 – X ZR 46/04, NJW-RR 2006, 965; *Brand,* Schadensersatzrecht, § 9 Rn. 2, 14.; *Brox/Walker,* Schuldrecht AT, § 31 Rn. 37 ff.; *Grüneberg,* in: Palandt, § 254 Rn. 9; *Oetker,* in: MünchKomm-BGB, § 254 Rn. 29 ff.; *Schulze,* in: HK-BGB, § 254 Rn. 4.

1674 Vgl. *Brand,* Schadensersatzrecht, § 9 Rn. 6.

1675 Vgl. BGH, Urt. v. 17.10.2000 – VI ZR 313/99, NJW 2001, 149; *Brand,* Schadensersatzrecht, § 9 Rn. 6; *Brox/Walker,* Schuldrecht AT, § 31 Rn. 37; *Oetker,* in: MünchKomm-BGB, § 254 Rn. 30.

1676 Vgl. *Brand,* Schadensersatzrecht, § 9 Rn. 13, 14.

1677 Vgl. *Brand,* Schadensersatzrecht, § 9 Rn. 6.

1678 Vgl. BGH, Urt. v. 14.03.2006 – X ZR 46/04, NJW-RR 2006, 965; *Brand,* Schadensersatzrecht, § 9 Rn. 13; *Grüneberg,* in: Palandt, § 254 Rn. 12; *Oetker,* in: MünchKomm-BGB, § 254 Rn. 32 ff.

1679 S.o. § 3 D. II. 3. a) aa).

der Unrichtigkeit der Gesellschafterliste damit auf die Verantwortlichkeit des Betroffenen für die Folgen seines Verhaltens ab, d.h. es geht angesichts einer nicht gegebenen rechtswidrigen Verletzung der Rechtsordnung nicht um ein Verschulden „im engeren Sinne“, d.h. i.S.v. § 276 BGB, sondern vielmehr um eine Zurechnungsfrage. Es ist vor diesem Hintergrund nicht überraschend, dass eine gewisse Parallele zwischen den jeweils zur Anwendung gebrachten Maßstäben bei § 254 BGB und der Zurechenbarkeit der Unrichtigkeit der Gesellschafterliste nach § 16 Abs. 3 S. 2 GmbHG zu erkennen ist. In beiden Fällen muss sich der Geschädigte seine eigene Nachlässigkeit zurechnen lassen, im Rahmen des § 254 BGB durch eine Kürzung seines Schadensersatzanspruchs, im Falle des § 16 Abs. 3 S. 2 GmbHG durch einen auch noch vor Ablauf der Dreijahresfrist möglichen gutgläubigen Erwerb seines Geschäftsanteils.

Vor diesem Hintergrund ist im Falle einer Zurechenbarkeit der Unrichtigkeit der Gesellschafterliste gem. § 16 Abs. 3 S. 2 GmbHG zugleich von einer Mitverursachung i.S.d. § 254 Abs. 1 BGB auszugehen. Grundsätzlich muss sich der Altgesellschafter mithin im Falle einer ihm zurechenbaren Unrichtigkeit der Gesellschafterliste einen Mitverursachungsbeitrag gem. § 254 Abs. 1 BGB anrechnen lassen.[1680]

*In den **Varianten 2 und 3** von **Beispiel 31** sowie in **Beispiel 32** muss sich A jeweils wegen seiner eigenen Untätigkeit deshalb einen Mitverursachungsbeitrag gem. § 254 Abs. 1 BGB auf seinen Schadensersatzanspruch gem. § 19 Abs. 1 BNotO anrechnen lassen.*

2. *Mitverursachung des Schadens nach Ablauf der Dreijahresfrist gem. § 16 Abs. 3 S. 2 GmbHG*

Fraglich ist des Weiteren, ob auch eine Mitverursachung des Altgesellschafters nach Ablauf der Dreijahresfrist angenommen werden kann, weil er die Gesellschafterliste nicht regelmäßig auf ihre Richtigkeit überprüft hat.

Soweit ersichtlich, hat sich bislang nur *Heilmeier* zu dieser Frage geäußert, der allein aufgrund des Zeitablaufs offenbar von *„einem nicht unerheblichen Mitverschulden des nachteilig betroffenen Gesellschafters“* auszugehen scheint.[1681]

Dies ist aber abzulehnen. Den Gesellschafter trifft gerade keine gesetzlich normierte Pflicht oder Obliegenheit, die Gesellschafterliste zu aktualisieren oder gar regelmäßig zu kontrollieren. Andernfalls wäre auch die Dreijahresfrist des § 16 Abs. 3 S. 2 GmbHG überflüssig, da ansonsten stets eine Zurechnung bejaht werden müsste. Es muss mithin jedenfalls irgendein Anlass zur Kontrolle der Gesellschafterliste bestehen.[1682] Zudem ist bereits umstritten, ob die Gesellschafter überhaupt eine Pflicht zur Mitteilung von Veränderungen i.S.d. § 40 Abs. 1 S. 1 GmbHG im Falle

1680 So im Ergebnis auch *Rieg*, Erwerb vom Nichtberechtigten und Liste der Gesellschafter, S. 392.
1681 Vgl. *Heilmeier*, in: BeckOK-GmbHG, § 40 Rn. 220.
1682 Vgl. diesbezüglich bereits die Ausführungen unter § 3 D. II. 3. a) aa).

der positiven Kenntnis von der Unrichtigkeit der Gesellschafterliste trifft.[1683] Zwar ist dies richtigerweise unter Berücksichtigung der allgemeinen gesellschaftsrechtlichen Treuepflicht zu bejahen, da ansonsten u.a. bereits die Eintragungs- und Einreichungspflichten nach § 40 Abs. 1 und Abs. 2 GmbHG oftmals ins Leere laufen würden.[1684] Die Annahme einer allgemeinen Kontrollpflicht der Gesellschafter bezüglich der Richtigkeit der Gesellschafterliste würde aber zu weit gehen. Vielmehr hat der Gesetzgeber die Pflicht zur Kontrolle und Korrektur grundsätzlich den Geschäftsführern auferlegt.[1685] Eine Mitverursachung nach Ablauf der Dreijahresfrist kommt deshalb nur dann in Betracht, sofern ihm die Unrichtigkeit der Gesellschafterliste auch zurechenbar ist.

3. Rechtsfolgen einer Mitverursachung

Liegt ein Mitverursachungsbeitrag des Altgesellschafters vor, ist auf Rechtsfolgenseite im Rahmen einer umfassenden Abwägung und Bewertung aller Umstände des Einzelfalles zu beurteilen, wie der Schaden quotenmäßig zwischen den Beteiligten zu verteilen ist (sog. „Quotenteilungsprinzip").[1686] Dabei kommt es maßgeblich darauf an, ob einer der Beteiligten den Schaden vorwiegend verursacht hat[1687], d.h. ob ein Beteiligter den Schadenseintritt *„nicht nur objektiv ermöglicht, sondern darüber hinaus in einem höheren Maße wahrscheinlich gemacht hat als der andere Beteiligte"*[1688]. Unerheblich ist die zeitliche Reihenfolge der jeweiligen Verursachungsbeiträge.[1689] Maßgeblich ist mithin der Grad der Wahrscheinlichkeit der Schadensverursachung. Dieser ist wiederum im Rahmen einer Abwägung insbesondere nach den jeweiligen Verursachungsbeiträgen, dem Grad des jeweiligen Verschuldens sowie der (hier nicht relevanten) anrechenbaren Betriebsgefahr der Beteiligten zu bestimmen.[1690] In der Regel kommt es auf dieser Basis zu einer gequotelten Minderung des Schadensersatzanspruches.[1691]

Unabhängig von der Wahrscheinlichkeit des Ursachenbeitrages des Schädigers kommt eine Haftungsquote allerdings dann nicht in Betracht, wenn der Schädiger den Schaden bzw. den Verlust des Geschäftsanteils vorsätzlich herbeigeführt hat und dem Altgesellschafter allenfalls ein fahrlässiges Mitverschulden zur Last gelegt

1683 S.o. § 3 C. III. 4. b) bb) (1) (c).
1684 S.o. § 3 C. III. 4. b) bb) (1) (c).
1685 Vgl. BT-Drucks. 16/6140, 44; vgl. auch *Goette/Goette*, in: FS Goette, 97, 106 ff.
1686 Vgl. allgemein *Brand*, Schadensersatzrecht, § 9 Rn. 38 ff.; *Lorenz*, in: BeckOK-BGB, § 254 Rn. 51.
1687 Vgl. *Brand*, Schadensersatzrecht, § 9 Rn. 38.
1688 BGH, Urt. v. 30.09.1982 – III ZR 110/81, NJW 1983, 622, 623; vgl. auch *Brand*, Schadensersatzrecht, § 9 Rn. 38.
1689 Vgl. BGH, Urt. v. 30.09.1982 – III ZR 110/81, NJW 1983, 622, 623; *Lorenz*, in: Beck-OK-BGB, § 254 Rn. 52.
1690 Vgl. *Brand*, Schadensersatzrecht, § 9 Rn. 38.
1691 Vgl. a.a.O.

werden kann.[1692] Hat also z.B. der Veräußerer eines fremden Geschäftsanteils von seiner Nichtberechtigung Kenntnis, haftet er dem Altgesellschafter stets in vollem Umfang, auch wenn die Dreijahresfrist noch nicht abgelaufen und dem Altgesellschafter die Unrichtigkeit der Gesellschafterliste gem. § 16 Abs. 3 S. 2 GmbHG zuzurechnen ist.

So liegt der Fall etwa in den ***Beispielen 17***[1693] *und* ***18***[1694]*, in denen V jeweils seine Stellung als formaler, d.h. in die Gesellschafterliste eingetragener Gesellschafter, bewusst ausgenutzt hat, um sich selbst durch den Verkauf des ihm nicht zustehenden Geschäftsanteils zu bereichern. Der Anspruch des A gegen den V aus § 280 Abs. 1 BGB ist daher trotz der Zurechenbarkeit der Unrichtigkeit der Gesellschafterliste jeweils nicht gem. § 254 BGB zu kürzen.*

Im Falle einer Haftung der Geschäftsführer nach § 40 Abs. 3 GmbHG und des mitwirkenden Notars gem. § 19 Abs. 1 BNotO dürfte der Mitverursachungsbeitrag dieser Anspruchsgegner den Mitverursachungsbeitrag des Altgesellschafters infolge einer Zurechenbarkeit der Unrichtigkeit der Gesellschafterliste aber auch dann überwiegen, wenn diesen jeweils nur Fahrlässigkeit vorzuwerfen ist. Denn sowohl den Geschäftsführern im Rahmen ihrer Zuständigkeit gem. § 40 Abs. 1 S. 1 GmbHG als auch dem mitwirkenden Notar im Rahmen seiner Zuständigkeit gem. § 40 Abs. 2 S. 1 GmbHG wurde vom Gesetzgeber eine besondere Verantwortung für die Gewähr der Richtigkeit der Gesellschafterliste auferlegt.[1695] Diese Verantwortung – und die damit einhergehenden Pflichten der gem. § 40 Abs. 1, Abs. 2 GmbHG zuständigen Person(en) – sollte gerade durch die Haftung im Falle einer Verletzung dieser Pflichten unterstrichen werden. Deshalb ist im Falle einer Inanspruchnahme der Geschäftsführer und auch des mitwirkenden Notars auch bei nur fahrlässigem Verhalten im Regelfall mindestens von einer Haftungsquote von 75 % zugunsten des Altgesellschafters auszugehen.

4. Darlegungs- und Beweislast

Die Darlegungs- und Beweislast für ein Mitverschulden des Altgesellschafters und dessen Ursächlichkeit trägt der jeweilige Anspruchsgegner.[1696]

IV. Ergebnis

Die grundsätzlich vorrangige Naturalrestitution hat vorliegend die (Rück-) Übertragung des betreffenden Geschäftsanteils auf den Altgesellschafter, den dieser

1692 Vgl. etwa BGH, Urt. v. 08.07.1986 – VI ZR 47/85, NJW 1986, 2941; *Brand,* Schadensersatzrecht, § 9 Rn. 38; *Grüneberg,* in: Palandt, § 254 Rn. 65; *Lorenz,* in: BeckOK-BGB, § 254 Rn. 56 ff.
1693 S.o. § 4 B. I. 1. a) aa).
1694 S.o. § 4 B. I. 1. a) bb).
1695 S.o. § 3 C.
1696 Vgl. *Grüneberg,* in: Palandt, § 254 Rn. 72.

aufgrund eines gutgläubigen Erwerbs an den gutgläubigen Erwerber verloren hat, zum Inhalt. Hierfür hat der jeweilige Anspruchsgegner selbst und auf eigene Kosten Sorge zu tragen. Daneben ist im Rahmen der Naturalrestitution der entgangene Gewinn als mittelbarer Schaden zu ersetzen.

Allerdings ist der Anspruchsgegner eines Schadensersatzanspruchs – bis auf die Ausnahmekonstellationen eines Rückerwerbs der Geschäftsanteile durch den Veräußerer – im Regelfall nicht (mehr) Inhaber des Geschäftsanteils, da dem Altgesellschafter keine Schadensersatzansprüche gegen den gutgläubigen Erwerber des Geschäftsanteils zustehen. Deshalb dürfte im Regelfall von einer rechtlichen Unmöglichkeit der Naturalrestitution auszugehen sein, da der Anspruchsgegner im Falle einer Verweigerung der Rückübertragung durch den Erwerber oder auch der diesbezüglichen Versagung der Zustimmung der Gesellschaft bei Bestehen einer Vinkulierungsklausel im Gesellschaftsvertrag seiner grundsätzlich bestehenden Wiederbeschaffungspflicht hinsichtlich des Geschäftsanteils nicht nachkommen können wird.

Die Rechtsfolge der Schadensersatzansprüche des Altgesellschafters wird vor diesem Hintergrund in der Regel in einer Schadenskompensation in Geld gem. § 251 BGB bestehen, der hier folglich eine zentrale Bedeutung zukommt. Der Maßstab für die Geldentschädigung gem. § 251 BGB ist der objektive Verkehrswert des Geschäftsanteils, d.h. ein gedachter Kaufpreis für den betreffenden Geschäftsanteil unter Fachkundigen. Dabei ist zunächst der objektive Verkehrswert des betroffenen Unternehmens zu bestimmen, um hieran anschließend aus diesem Wert den anteiligen Wert des Geschäftsanteils ermitteln zu können. Die Ermittlung des objektiven Verkehrswertes ist von einem Wirtschaftsprüfer als Gutachter mit Hilfe des Ertragswertverfahrens und / oder des DCF-Verfahrens durchzuführen, wobei im Idealfall beide Verfahren zur Anwendung zu bringen sind, um ggf. bei (wider Erwarten auftretenden) unterschiedlichen Ergebnissen einen Mittelwert bilden zu können. Bei der Bestimmung des Wertes ist grundsätzlich von einem optimalen Unternehmenskonzept sowie von einer marktnahen Typisierung des fiktiven Käufers unter Berücksichtigung der jeweiligen Situation und der Branche des betreffenden Unternehmens auszugehen. Zu berücksichtigen sind u.a. auch die durch den Geschäftsanteil bzw. die Geschäftsanteile begründeten Herrschaftsverhältnisse. Ein laufend entgehender Gewinn aus dem Geschäftsanteil kann nicht zusätzlich zu dem auf dieser Basis ermittelten Anteilswert geltend gemacht werden. Lediglich in Ausnahmekonstellationen oder zur Bestimmung eines Mindestbetrages ist an eine Liquidationswertermittlung zu denken.

Maßgeblicher Zeitpunkt der Wertbestimmung und Bewertungsstichtag ist der materiellrechtliche Zeitpunkt der Erfüllung des Schadensersatzanspruches. Prozessual ist auf den Zeitpunkt der letzten mündlichen Verhandlung in der Tatsacheninstanz abzustellen, wobei Wertentwicklungen zwischen dem Zeitpunkt der mündlichen Verhandlung und der Erfüllung des Schadensersatzanspruches abhängig von der Richtung der Wertentwicklung von der jeweils betroffenen Partei später ggf. (gerichtlich) geltend gemacht werden können.

Ggf. ist der Anspruch des Altgesellschafters gem. § 254 BGB quotal zu kürzen. Dies kommt dann in Betracht, wenn sich der Altgesellschafter die Unrichtigkeit der Gesellschafterliste zuzurechnen hat.

C. Rechtsfolgen sonstiger Ansprüche

Neben Schadensersatzansprüchen kommen sonstige Ansprüche des Altgesellschafters aus § 816 Abs. 1 S. 1 BGB und §§ 687 Abs. 2, 681 S. 2, 667 BGB gegen den Veräußerer[1697] und im Ausnahmefall einer unentgeltlichen Übertragung auch aus § 816 Abs. 1 S. 2 BGB und § 822 BGB gegen den Erwerber[1698] in Betracht. Hinsichtlich der Voraussetzungen der Anspruchsbegründung wird an dieser Stelle auf die entsprechenden Ausführungen unter § 4 verwiesen.[1699] Die Rechtsfolgen, d.h. die Inhalte dieser Ansprüche, wurden teilweise ebenfalls bereits im Rahmen der Anspruchsbegründung unter § 4 dargestellt. Im Folgenden ist auf diese dennoch noch einmal – soweit bereits dargestellt in der gebotenen Kürze – zuammenführend einzugehen.

I. Anspruch aus § 816 Abs. 1 S. 1 BGB

Wie bereits im Rahmen der Darstellung der Anspruchsbegründung ausgeführt, folgt aus § 816 Abs. 1 S. 1 BGB ein Anspruch gegen den Veräußerer auf Herausgabe des für den unberechtigt veräußerten Geschäftsanteils erhaltenen Kaufpreises, und zwar unabhängig davon, ob dieser höher oder geringer als der objektive Wert des Geschäftsanteils[1700] ist.[1701] Mehr, aber auch nicht weniger als das, was er tatsächlich für den Geschäftsanteil erlangt hat, braucht der Veräußerer also nach § 816 Abs. 1 S. 1 BGB nicht herauszugeben. Problematisch für den Altgesellschafter ist dies vor diesem Hintergrund immer dann, wenn der Übertragung eine Schenkung zugrunde lag oder der Kaufpreis eher symbolisch, d.h. äußerst gering, war.

II. Anspruch aus §§ 687 Abs. 2, 681 S. 2, 667 BGB

Die Rechtsfolge des Anspruchs aus §§ 687 Abs. 2, 681 S. 2, 667 BGB entspricht, wie ebenfalls bereits im Rahmen der Anspruchsbegründung dargelegt, im Ergebnis der Rechtsfolge des § 816 Abs. 1 S. 1 BGB.[1702] Aus §§ 687 Abs. 2, 681 S. 2, 667 BGB folgt mithin ebenfalls ein Anspruch gegen den Veräußerer auf Herausgabe des für den

1697 S.o. § 4 B. II.
1698 S.o. § 4 C. II.
1699 S.o. § 4 B. II. und § 4 C. II.
1700 Vgl. hierzu die Ausführungen unter § 5 B. II. 2. c).
1701 S.o. § 4 B. II. 1.
1702 S.o. § 4 B. II. 2.

Geschäftsanteil erhaltenen Veräußerungserlös – ebenso unabhängig davon, ob er dem Wert des Geschäftsanteils entspricht oder diesen übersteigt.[1703]

III. Anspruch aus § 816 Abs. 1 S. 2 BGB

Die (das grundlegende Prinzip der „Kondiktionsfestigkeit“ ausnahmsweise durchbrechende) Rechtsfolge des § 816 Abs. 1 S. 2 BGB ist grundsätzlich ein Anspruch des Altgesellschafters gegen den Erwerber auf Rückübertragung des unentgeltlich übertragenen Geschäftsanteils.[1704] Bei Unmöglichkeit der Rückübertragung (z.B. im Falle der Versagung der Zustimmung der Gesellschaft bei Bestehen einer Vinkulierungsklausel, § 15 Abs. 5 BGB) besteht ein Anspruch auf Wertersatz gem. § 818 Abs. 2 BGB, wonach der objektive Verkehrswert des betreffenden Geschäftsanteils zu ersetzen ist.[1705] Der Streit über die Anwendung von § 818 Abs. 2 BGB im Rahmen des § 816 Abs. 1 S. 1 BGB[1706] spielt bei § 816 Abs. 1 S. 2 BGB keine Rolle. Denn im Gegensatz zu § 816 Abs. 1 S. 1 BGB, in dessen Rahmen der nichtberechtigte Verfügende auf die erlangte Gegenleistung haftet, haftet der unentgeltliche Erwerber im Rahmen des § 816 Abs. 1 S. 2 BGB auf das unmittelbar durch die Verfügung Erlangte selbst. Der Verkehrswert i.S.d. § 818 Abs. 2 BGB entspricht dem Betrag, den ein Dritter am Markt für das in Rede stehende Rechtsgut, vorliegend also den Geschäftsanteil, zu zahlen bereit wäre.[1707]

Diese Rechtsfolgen des § 816 Abs. 1 S. 2 BGB i.V.m. § 818 Abs. 2 BGB sind interessant, entsprechen sie doch, bezogen auf den Geschäftsanteil selbst, nahezu der Rechtsfolge eines Schadensersatzanspruches gem. §§ 249 ff. BGB: Auch dort ist grundsätzlich im Wege der Naturalrestitution die Rückübertragung des Geschäftsanteils und nachrangig, insbesondere im Falle von Unmöglichkeit, Wertersatz in Höhe des objektiven Verkehrswertes des Geschäftsanteils geschuldet.[1708]

Wie auch im Rahmen des § 251 BGB ist auch hier von entscheidender Bedeutung, auf welchen Zeitpunkt hinsichtlich der Bestimmung des objektiven Verkehrswertes des Geschäftsanteils gem. §§ 816 Abs. 1 S. 2, 818 Abs. 2 BGB abzustellen ist, d.h. welcher Zeitpunkt den Bewertungsstichtag bildet.[1709] Nach richtiger und inzwischen g.h.M. ist für die Wertberechnung nach § 818 Abs. 2 BGB anders als im Rahmen von § 251 BGB aber nicht auf den Zeitpunkt der Erfüllung, sondern auf den Zeitpunkt abzustellen, in dem der Anspruch als Wertersatzanspruch entsteht bzw. sich in einen solchen wegen Unmöglichkeit der Herausgabe umwandelt.[1710]

1703 S.o. § 4 B. II. 2.
1704 S.o. § 4 C. II. 2.
1705 S.o. § 4 C. II. 2.
1706 S.o. § 4 B. II. 1.
1707 Vgl. BGH, Urt. v. 05.07.2006 – VIII ZR 172/05, NJW 2006, 2847, 2852.
1708 S.o. § 5 B. II.
1709 Vgl. bzgl. § 251 BGB die obigen Ausführungen unter § 5 B. II. 2. c) ee).
1710 Vgl. BGH, Urt. v. 05.07.2006 – VIII ZR 172/05, NJW 2006, 2847; *Buck-Heeb,* in: Erman, BGB, § 818 Rn. 21; *Koppensteiner,* in: NJW 1971, 588, 591; *Lorenz,* in:

*Im **Beispiel 22**[1711] steht A grundsätzlich ein Anspruch aus § 816 Abs. 1 S. 2 BGB auf Rückübertragung des Geschäftsanteils gegen E zu, obwohl dieser den Geschäftsanteil wirksam gem. § 16 Abs. 3 GmbHG von V erworben hat. Verweigert aber die Gesellschaft aufgrund einer Vinkulierungsklausel im Gesellschaftsvertrag die Zustimmung zur Rückübertragung, liegt ein Fall der Unmöglichkeit vor und der Anspruch des A wandelt sich in diesem Zeitpunkt zu einem Wertersatzanspruch um. Dieser Zeitpunkt ist auch der maßgebliche Bewertungszeitpunkt.*

IV. Anspruch aus § 822 BGB

Die Rechtsfolge des § 822 BGB ist grundsätzlich ein Anspruch des A gegen den Dritten zur Herausgabe des durch die unentgeltliche Zuwendung Erlangten gem. §§ 818 – 820 BGB.[1712] Allerdings besteht gegen den Dritten „nur" ein Anspruch auf Ersatz des objektiven Verkehrswerts des Geschäftsanteils gem. § 818 Abs. 2 BGB[1713], sofern die Verpflichtung des ursprünglichen Empfängers zur Herausgabe deshalb ausgeschlossen ist, weil er den Geschäftsanteil gutgläubig erworben und ihn seinerseits unentgeltlich dem Dritten zugewendet hat. In diesen Fällen steht dem Dritten allerdings ein dahingehendes Wahlrecht zu, ob er sich von seiner Wertersatzschuld alternativ durch Rückübertragung des Geschäftsanteils oder eben durch die Leistung von Geldersatz befreien möchte.[1714]

Maßgeblicher Zeitpunkt für die Berechnung des Wertersatzes ist auch hier der Zeitpunkt, in dem der Anspruch als Wertersatzanspruch entsteht bzw. sich in einen solchen wegen Unmöglichkeit der Herausgabe umwandelt.[1715]

Staudinger, BGB, § 818 Rn. 31; *Sprau,* in: Palandt, § 818 Rn. 20; *Wendehorst,* in: BeckOK-BGB, § 818 Rn. 33; **a.A.:** *Koppensteiner/Kramer,* Ungerechtfertigte Bereicherung, S. 178 ff. (Zeitpunkt der letzten mündlichen Verhandlung).

1711 S.o. § 4 C. II. 2.

1712 S.o. § 4 C. II. 3.

1713 Vgl. hierzu § 5 C. III., § 4 C. II. 2.

1714 S.o. § 4 C. II. 3.

1715 S.o. § 5 C. III.

§ 6 Schlussbetrachtung

A. Zusammenfassung der wesentlichen Kritikpunkte

Die vorliegende Untersuchung hat zunächst gezeigt, dass im Zusammenhang mit der Thematik rund um den gutgläubigen Erwerb von Geschäftsanteilen gem. § 16 Abs. 3 GmbHG im Allgemeinen und mit der sich anschließenden Frage nach Handlungs- und Entschädigungsmöglichkeiten des Altgesellschafters im Besonderen noch einige offene Fragen und Rechtsunsicherheiten bestehen.

Insbesondere die folgenden Gesichtspunkte sind kritisch zu beurteilen und bedürfen aus der Sicht des Verfassers einer Nachbesserung durch den Gesetzgeber:

- Hinsichtlich der (nach hier vertretener Auffassung gegebenen) Möglichkeit eines gutgläubigen Zwischenerwerbs gem. § 161 Abs. 3 BGB i.V.m. § 161 Abs. 3 GmbHG bestehen – insbesondere angesichts der aktuellen, die Möglichkeit eines gutgläubigen Zwischenerwerbs verneinenden BHG-Rechtsprechung, die letztlich zu einer Entwertung der Gesellschafterliste als belastbare Auskunftsquelle führt – erhebliche Rechtsunsicherheiten für den Zweiterwerber von Geschäftsanteilen sowie den übrigen Rechtsverkehr. Es droht ein Zurückfallen in die Zeit vor dem MoMiG, welches durch die Einführung des § 16 Abs. 3 GmbHG gerade die Mühen, Kosten und Unsicherheiten der Rückverfolgung, insbesondere bei langen Abtretungsketten, ersparen bzw. verhindern wollte. Hier ist es am Gesetzgeber, für klare Verhältnisse und Regelungen entsprechend seiner Intentionen für die Einführung der Möglichkeit eines gutgläubigen Erwerbs von Geschäftsanteilen, nämlich der Schaffung einer größeren Transparenz und Rechtssicherheit über längere Zeiträume, Sorge zu tragen.[1716]
- Es bestehen nach wie vor erhebliche Unsicherheiten im Zusammenhang mit der Einreichung der aktualisierten Gesellschafterliste zum Handelsregister. Insbesondere die Aufspaltung der Zuständigkeit zwischen Geschäftsführern und Notar nach § 40 Abs. 1 und Abs. 2 GmbHG führt durch die aufgrund des vagen Begriffs der „Mitwirkung" in § 40 Abs. 2 S. 1 GmbHG im Einzelfall oftmals unklare und schwierige Zuständigkeitsabgrenzung zu erheblichen Problemen. Nach der derzeitigen Gesetzeslage und unter Berücksichtigung der Gesetzesbegründung ist nach hier vertretener Auffassung im Zweifel von einer Zuständigkeit der Geschäftsführer auszugehen und die Zuständigkeit des Notars auf die Konstellationen zu beschränken, in denen der Notar unmittelbar und final an einer Veränderung i.S.d. § 40 Abs. 1 S. 1 GmbHG in amtlicher Eigenschaft mitgewirkt hat. Eine gleichzeitige bzw. kumulative Zuständigkeit von Geschäftsführern und Notar ist nach hier vertretener Ansicht als systemwidrig abzulehnen, d.h. bei jeder Veränderung in den Beteiligungsverhältnissen

1716 Vgl. hierzu im Einzelnen die Ausführungen unter § 3 D. 3. b) cc).

besteht entweder eine ausschließliche Zuständigkeit der Geschäftsführer gem. § 40 Abs. 1 GmbHG oder eine ausschließliche Zuständigkeit des mitwirkenden Notars gem. § 40 Abs. 2 GmbHG.[1717]

- Des Weiteren bestehen Unsicherheiten hinsichtlich des Umfangs der Prüfpflichten von Geschäftsführern und Notar sowie der zu stellenden Anforderungen an die vorzulegenden Nachweise einer Veränderung i.S.d. § 40 Abs. 1 S. 1 GmbHG. Insbesondere besteht sowohl bei den Geschäftsführern als auch beim Notar die Gefahr einer vorschnellen und damit einhergehend fehlerbehafteten Prüfung und Einreichung der aktualisierten Gesellschafterliste zum Handelsregister. Beide unterliegen zwar nach hier vertretener Ansicht strengen Prüfpflichten, welche die Wirksamkeit der Veränderung gewährleisten sollen, und beide dürfen eine aktualisierte Gesellschafterliste erst bei Überzeugung von der Wirksamkeit der Veränderung zum Handelsregister einreichen. Auf der anderen Seite haben die Geschäftsführer und der Notar bei gegebener Zuständigkeit aber auch die Pflicht, die aktualisierte Gesellschafterliste unverzüglich nach Wirksamwerden jeder Veränderung zu aktualisieren. In beiden Fällen, d.h. sowohl bei unrichtiger oder unterlassener als auch bei verspäteter Aktualisierung der Gesellschafterliste droht eine Haftung. In der Tat drängt sich hier der Vergleich einer *„Wahl zwischen Scylla und Charybdis"* auf.[1718] Gerade den Geschäftsführern droht bei schwacher Stellung in der Gesellschaft die Gefahr, sprichwörtlich „zwischen den Stühlen zu sitzen". Sowohl den Geschäftsführern als auch dem Notar ist bis zu der wünschenswerten Klärung dieser Konfliktlage durch den Gesetzgeber wegen der weitaus gravierenderen Folgen nur zu raten, die sorgfältige Prüfung der Wirksamkeit der Veränderung einer möglichst raschen Aktualisierung der Gesellschafterliste vorzuziehen.[1719]
- Insgesamt hat der Gesetzgeber die Geschäftsführer durch die Neuregelungen der §§ 16, 40 GmbHG stark in die Pflicht genommen; ihnen drohen aufgrund ihrer großen Verantwortung für die Richtigkeit, Kontrolle und Aktualisierung der Gesellschafterliste erhebliche Haftungsrisiken.[1720] Gerade in unklaren und rechtlich schwierig zu bewertenden Konstellationen werden die Geschäftsführer aber häufig überfordert sein und die Tragweite ihrer Prüfpflicht und die Folgen einer Verletzung dieser Prüfpflicht nicht ersehen können. Die derzeitige Zuständigkeits- und Pflichtenaufteilung zwischen Geschäftsführern und Notar, welche gerade die Geschäftsführer erheblich in die Pflicht nimmt, sollte deshalb

---

1717 Vgl. zu dem vorgenannten Themenkomplex im Einzelnen die Ausführunten unter § 3 C. III. 4. a), b) aa), c) aa), d) und e).

1718 So für die entsprechende Situation des Notars treffend *Hauschild,* in: ZIP 2012, 660, 661.

1719 Vgl. zu diesem Themenkomplex im Einzelnen bzgl. der Geschäftsführer die Ausführungen unter § 3 C. III. 4. b) bb), dd), § 4 D. I. 1. b), bzgl. des Notars die Ausführungen unter § 3 C. III. 4. c) bb) (2), (6), § 4 E. 4. a) sowie insgesamt auch die Ausführungen unter § 3 C. III. 4. d) und e).

1720 Vgl. zur Haftung der Geschäftsführer die Ausführungen unter § 4 D.

noch einmal gründlich überdacht werden. Als Alternative bietet sich ein Modell an, in dem die Rechtskompetenz und die damit einhergehende Sicherheit eines Notars mit der Informationshoheit der Geschäftsführer dergestalt verknüpft wird, dass stets allein der Notar für die Prüfung einer Veränderung und die Aktualisierung der Gesellschafterliste zuständig ist und die Geschäftsführer aufgrund ihrer Informationshoheit im Falle einer Aktualisierungsnotwendigkeit zur Einschaltung des Notars verpflichtet sind und diesem sämtliche erforderliche Informationen und Nachweise zur Verfügung zu stellen haben.[1721] In der Praxis ist den Geschäftsführern und Notaren bis dahin zu raten, sich – soweit möglich – durch die im Rahmen der Untersuchung aufgezeigten Möglichkeiten abzusichern. Insbesondere sollten die Geschäftsführer vor Aktualisierung der Gesellschafterliste die von den Änderungen in der Gesellschafterliste betroffenen Personen stets über die Veränderungen in Kenntnis setzen, um diesen die Möglichkeit eines Widerspruchs i.S.v. § 16 Abs. 3 S. 3 GmbHG zu gewähren. Im Falle eines selbstständigen Tätigwerdens aufgrund Kenntniserlangung von der Unrichtigkeit der Gesellschafterliste ist den Betroffenen zudem eine ausreichende Frist von mindestens einem Monat zur Stellungnahme zu gewähren. Der Notar sollte die Beteiligten stets darauf hinweisen, dass er die aktualisierte Gesellschafterliste erst dann zum Handelsregister einreichen kann und darf, wenn etwaige noch benötigte Informationen und Nachweise vorgelegt werden. Zudem sollte die aktualisierte Gesellschafterliste bei bestehenden Zweifeln hinsichtlich der Zuständigkeit stets sowohl durch den Notar als auch durch die Geschäftsführer unterzeichnet werden.[1722]

- Es besteht die Gefahr einer ausufernden Haftung des unerkannt nichtberechtigten Veräußerers von Geschäftsanteilen, da dieser dem Altgesellschafter de lege lata auch bei bloß einfacher Fahrlässigkeit haften würde. Die Haftung des Veräußerers ist daher bis zu einer wünschenswerten Klärung dieses Problems durch den Gesetzgeber nach der Ansicht des Verfassers gem. § 242 BGB unter entsprechender Heranziehung der Grundsätze des Haftungssystems der §§ 989, 990 BGB einzuschränken und ein Verschulden des Veräußerers nur dann anzunehmen, wenn er im Zeitpunkt der Veräußerung des Geschäftsanteils seine Nichtberechtigung hätte erkennen müssen, er also grob fahrlässige Unkenntnis von seiner Nichtberechtigung hatte. Eine nicht durchgeführte Due Diligence Prüfung ist dem Veräußerer nur dann vorzuwerfen, wenn Anhaltspunkte für eine etwaige Nichtberechtigung bestanden.[1723]

1721 S.o. § 3 C. III. 4. e).
1722 S.o. § 3 C. III. 4. b) dd), c) bb) (6), e).
1723 S.o. § 4 B. I. 3.

B. Ergebnisse und Handlungsempfehlungen

Die vorliegende Untersuchung hat ergeben, dass der Altgesellschafter in der Situation eines Verlusts eines Geschäftsanteils nach einem gutgläubigen Erwerb gem. § 16 Abs. 3 GmbHG trotz vieler im Detail bestehender Unklarheiten summa summarum durchaus nicht schutzlos gestellt ist.

I. Ansprüche[1724]

Dem Altgesellschafter können nach derzeitiger Rechtslage je nach Konstellation im Einzelfall Ansprüche gegen den Veräußerer, den Erwerber, die Geschäftsführer, den mitwirkenden Notar, die Gesellschafter, die Gesellschaft und sogar gegen das Registergericht wegen des Verlusts seines Geschäftsanteils aufgrund gutgläubigen Erwerbs gem. § 16 Abs. 3 GmbH zustehen, wobei es sich zumeist um in Betracht kommende Schadensersatzansprüche handelt, deren Bestehen von weiteren Voraussetzungen, insbesondere einer schuldhaften Pflichtverletzung des Anspruchsgegners, abhängig ist:

- Gegen den Veräußerer[1725] kann dem Altgesellschafter, sofern ausnahmsweise ein Schuldverhältnis zwischen beiden besteht (zu denken ist insbesondere an eine gesellschaftsrechtliche sowie an eine beendete treuhänderische Verbindung), ein Schadensersatzanspruch gem. § 280 Abs. 1 BGB zustehen.[1726]
  Ansonsten können Schadensersatzansprüche gem. §§ 823[1727], 687 Abs. 2, 678[1728] und 826[1729] BGB bestehen. Insbesondere begründet die Veräußerung eines fremden Geschäftsanteils stets eine Rechtsgutsverletzung i.S.v. § 823 Abs. 1 BGB, da es sich bei der Mitgliedschaft um ein gegenüber jedermann geschütztes absolutes (sonstiges) Recht handelt.[1730]
  Zu beachten ist, dass generell eine Haftung des Veräußerers gem. § 242 BGB unter entsprechender Heranziehung der Haftungsgrundsätze der §§ 989, 990 BGB nur dann in Betracht kommt, sofern er im Zeitpunkt der Veräußerung seine Nichtberechtigung hätte erkennen müssen, er also grob fahrlässige Unkenntnis von seiner Nichtberechtigung hatte.[1731]
  Zudem hat der Altgesellschafter unabhängig von weiteren Voraussetzungen – wie einem bei den Schadensersatzansprüchen notwendigen Verschulden des Veräußerers – stets einen Anspruch auf Herausgabe des Veräußerungserlöses

1724 Vgl. hierzu im Einzelnen die Ausführungen unter § 4.
1725 Vgl. bzgl. der Ansprüche gegen den Veräußerer im Einzelnen die Ausführungen unter § 4 B.
1726 S.o. § 4 B. I. 1.
1727 S.o. § 4 B. I. 2.
1728 S.o. § 4 B. I. 4.
1729 S.o. § 4 B. I. 5.
1730 S.o. § 4 B. I. 2. a) aa).
1731 S.o. § 4 B. I. 3.

gem. § 816 Abs. 1 S. 1 BGB.[1732] Des Weiteren kann unter den Voraussetzungen einer angemaßten Eigengeschäftsführung ein ebenfalls auf Erlösherausgabe gerichteter Anspruch aus §§ 687 Abs. 2, 681 S. 2, 667 BGB bestehen.[1733]
In der Sonderkonstellation eines Rückerwerbs des zuvor an einen gutgläubigen Erwerber veräußerten Geschäftsanteils durch den Veräußerer bestehen jeweils auf eine Rückübertragung des Geschäftsanteils gerichtete Ansprüche gem. § 280 Abs. 1 BGB (bei Bestehen eines Schuldverhältnisses) bzw. aus § 823 BGB sowie gem. §§ 812 ff. BGB.[1734]

- Gegen den gutgläubigen Erwerber des Geschäftsanteils[1735] stehen dem Altgesellschafter im Regelfall keine Ansprüche zu.[1736] Nur in den Ausnahmekonstellationen einer unentgeltlichen Übertragung des Geschäftsanteils kommt eine Inanspruchnahme aus § 816 Abs. 1 S. 2 BGB[1737] sowie gem. § 822 BGB[1738] in Betracht.[1739]
- Der Altgesellschafter kann die Geschäftsführer[1740] im Falle einer schuldhaften Verletzung ihrer Pflichten gem. § 40 Abs. 1 GmbHG insbesondere auf Schadensersatzleistung gem. § 40 Abs. 3 GmbHG[1741] sowie aus §§ 823, 826 BGB[1742] in Anspruch nehmen, wobei letzteren angesichts der für den Altgesellschafter deutlich günstigeren Beweisregeln des § 40 Abs. 3 GmbHG keine große Bedeutung zukommt[1743].
Generell besteht stets dann eine Zuständigkeit und damit eine Verpflichtung der Geschäftsführer gem. § 40 Abs. 1 GmbHG, wenn ein deutscher Notar nicht unmittelbar an einer Veränderung i.S.d. § 40 Abs. 1 S. 1 GmbHG mitgewirkt hat.[1744] Die Geschäftsführer unterliegen weitreichenden Prüfpflichten und haben insbesondere an die vorzulegenden Nachweise für eine Veränderung in Anbetracht der gestiegenen Bedeutung der Gesellschafterliste strenge Anforderungen zu stellen und diese bzw. die Wirksamkeit der Veränderung inhaltlich umfassend zu prüfen, wobei im Zweifel nicht vorhandenes juristisches Wissen

---

1732 S.o. § 4 B. II. 1.
1733 S.o. § 4 B. II. 2.
1734 S.o. § 4 B. II. 6.
1735 Vgl. bzgl. der Ansprüche gegen den Erwerber im Einzelnen die Ausführungen unter § 4 C.
1736 S.o. § 4 C. I.
1737 S.o. § 4 C. II. 2.
1738 S.o. § 4 C. II. 3.
1739 Vgl. zur Anwendbarkeit der §§ 816 Abs. 1 S. 2, 822 BGB die Ausführungen unter § 4 C. II. 1.
1740 Vgl. bzgl. der Ansprüche gegen die Geschäftsführer im Einzelnen die Ausführungen unter § 4 D.
1741 S.o. § 4 D. I. 1.
1742 S.o. § 4 D. I. 3. und 4.
1743 S.o. § 4 D. I. 1. g), 3. c), 4, II.
1744 S.o. § 3 C. III. 4. und § 4 D. I. 1. b), E. I. 4. a).

die Geschäftsführer gerade nicht von der Einschaltung von rechtskundigen Fachleuten entbindet.[1745] Eine Verletzung der Pflichten aus § 40 Abs. 1 GmbHG kann durch Einreichen einer inhaltlich falschen Gesellschafterliste, durch eine verspätete Einreichung einer aktualisierten Gesellschafterliste sowie durch Unterlassen der Einreichung einer aktualisierten Gesellschafterliste erfolgen, wobei die Geschäftsführer entsprechend § 43 Abs. 1 GmbHG stets die Sorgfalt eines ordentlichen Geschäftsmannes anzuwenden haben.[1746]
Ausnahmsweise kann zudem ein Schadensersatzanspruch gem. § 280 Abs. 1 BGB wegen Verletzung der Pflichten aus dem Geschäftsführeranstellungsvertrag in Betracht kommen.[1747]

- Verletzt der an einer Veränderung i.S.d. § 40 Abs. 1 S. 1 GmbHG unmittelbar mitwirkende (deutsche) Notar[1748] schuldhaft seine Amtspflichten aus § 40 Abs. 2 GmbHG steht dem Altgesellschafter gegen diesen ein Schadensersatzanspruch gem. § 19 Abs. 1 S. 1 BNotO zu, wobei im Falle einer Doppelunterzeichnung von Geschäftsführern und Notar wegen § 19 Abs. 1 S. 2 BNotO genau zu prüfen ist, wer letztlich für die Aktualisierung der Gesellschafterliste gem. § 40 Abs. 1, Abs. 2 GmbHG zuständig und verpflichtet war und damit vorrangig haftet.[1749] Zu den Amtspflichten des Notars gem. § 40 Abs. 2 S. 1 GmbHG zählt insbesondere die Prüfung der Wirksamkeit der Veränderung i.S.d. § 40 Abs. 1 S. 1 BGB sowie die sich bei Wirksamkeit der Veränderung anschließende Pflicht, die aktualisierte Gesellschafterliste zu erstellen, zu unterschreiben und zum Handelsregister einzureichen.[1750] Der Notar kann – wie auch die Geschäftsführer – seine Pflichten insbesondere durch Einreichen einer inhaltlich falschen Gesellschafterliste, durch eine verspätete Einreichung einer aktualisierten Gesellschafterliste sowie durch Unterlassen der Einreichung einer aktualisierten Gesellschafterliste verletzen.[1751]
- Dem Altgesellschafter können auch Schadensersatzansprüche gegen seine (ehemaligen) Mitgesellschafter[1752] gem. §§ 280 Abs. 1, 823 Abs. 1 BGB wegen Verletzung der gesellschaftsrechtlichen Treuepflicht[1753] sowie aus § 830 Abs. 2 BGB i.V.m. § 40 Abs. 3 GmbHG (bei Anstiftung eines Geschäftsführers)[1754] bzw.

1745 S.o. § 3 C. III. 4. b), e) und § 4 D. I. 1. b).
1746 S.o. § 4 D. I. 1. c), d).
1747 S.o. § 4 D. I. 2.
1748 Vgl. bzgl. der Ansprüche gegen den Notar im Einzelnen die Ausführungen unter § 4 E.
1749 S.o. § 4 E. I. 4.
1750 S.o. § 3 C. III. 4. c) bb) und § 4 E. I. 4. a).
1751 S.o. § 4 E. I. 4. b).
1752 Vgl. bzgl. der Ansprüche gegen die Gesellschafter im Einzelnen die Ausführungen unter § 4 F.
1753 S.o. § 4 F. I. 3.
1754 S.o. § 4 F. I. 1.

aus § 830 Abs. 2 BGB i.V.m. § 19 Abs. 1 S. 1 BNotO (bei Anstiftung des Notars)[1755] zustehen. Sofern der in Anspruch genommene Gesellschafter zugleich Veräußerer des Geschäftsanteils war, bestehen zudem die bereits genannten Ansprüche gegen den Veräußerer.[1756] Insbesondere besteht in dieser Konstellation ein gesellschaftsvertragliches Verhältnis, wodurch der Gesellschafter gem. § 280 Abs. 1 BGB wegen Verletzung der gesellschaftsrechtlichen Treuepflicht in Anspruch genommen werden kann.[1757]

- Der Altgesellschafter hat zudem stets gem. § 280 Abs. 1 BGB i.V.m. § 31 BGB (analog)[1758] sowie gem. § 823 Abs. 1 BGB i.V.m. § 31 BGB (analog)[1759] einen Anspruch gegen die Gesellschaft[1760] selbst, sofern ein Anspruch gegen die Geschäftsführer gem. § 40 Abs. 3 GmbHG besteht.
- Eine Haftung des zuständigen Handelsregisterrichters gem. § 839 BGB i.V.m. Art. 34 GG kommt angesichts der nur eingeschränkten Prüfpflicht des Registergerichts nur in Ausnahmefällen einer offensichtlichen Unrichtigkeit der eingereichten und aufgenommenen Gesellschafterliste sowie im Falle einer ungerechtfertigten Beanstandung oder einer verzögerten Aufnahme der Gesellschafterliste zum Handelsregister in Betracht.[1761]

II. Rechtsfolgen[1762]

Die o.g. Ansprüche ziehen die nachfolgenden Rechtsfolgen nach sich:

1. Schadensersatzansprüche[1763]

Die Rechtsfolgen sämtlicher oben genannter Schadensersatzansprüche sind identisch und richten sich nach den §§ 249 ff. BGB[1764]:

- Dabei dürfte die grundsätzlich vorrangige, auf die Rückübertragung des gutgläubig (weg-) erworbenen Geschäftsanteils nebst Ersetzung des entgangenen Gewinns gerichtete Naturalrestitution im Regelfall rechtlich unmöglich sein, da dem Altgesellschafter keine Schadensersatzansprüche gegen den gutgläubigen

1755 S.o. § 4 F. I. 2.
1756 S.o. § 4 F.; vgl. zu den Ansprüchen gegen den Veräußerer die Ausführungen unter § 4 B.
1757 S.o. § 4 B. I. 1.
1758 S.o. § 4 G. I. 2.
1759 S.o. § 4 G. I. 3.
1760 Vgl. bzgl. der Ansprüche gegen die Gesellschaft im Einzelnen die Ausführungen unter § 4 G.
1761 Vgl. bzgl. der Ansprüche gegen das Registergericht im Einzelnen die Ausführungen unter § 4 H.
1762 Vgl. hierzu im Einzelnen die Ausführungen unter § 5.
1763 Vgl. hierzu im Einzelnen die Ausführungen unter § 5 B.
1764 S.o. § 5 B.

Erwerber des Geschäftsanteils zustehen und der Anspruchsgegner eines Schadensersatzanspruchs – bis auf die Ausnahmekonstellationen eines Rückerwerbs der Geschäftsanteile durch den Veräußerer – damit im Regelfall nicht (mehr) Inhaber des Geschäftsanteils ist. Im Falle einer Verweigerung der Rückübertragung durch den Erwerber oder auch der diesbezüglichen Versagung der Zustimmung der Gesellschaft bei Bestehen einer Vinkulierungsklausel im Gesellschaftervertrag wird der Anspruchsgegner daher seiner grundsätzlich bestehenden Wiederbeschaffungspflicht hinsichtlich des Geschäftsanteils wegen rechtlicher Unmöglichkeit nicht nachkommen können.[1765]

- Die Rechtsfolge wird vor diesem Hintergrund in der Regel in einer Schadenskompensation in Geld gem. § 251 BGB bestehen, deren Maßstab der objektive Verkehrswert des Geschäftsanteils, d.h. ein gedachter Kaufpreis für den betreffenden Geschäftsanteil unter Fachkundigen, ist.[1766] Zur Bestimmung des Anteilswertes ist zunächst der objektive Verkehrswert des betroffenen Unternehmens zu bestimmen, aus dessen Wert anteilig der Anteilswert zu bestimmen ist.[1767] Der objektive Verkehrswert ist von einem Wirtschaftsprüfer auf Basis des Ertragswertverfahrens und / oder des DCF-Verfahrens zu ermitteln, wobei grundsätzlich von einem optimalen Unternehmenskonzept sowie von einer marktnahen Typisierung des fiktiven Käufers unter Berücksichtigung der jeweiligen Situation und der Branche des betreffenden Unternehmens auszugehen und u.a. die durch den Geschäftsanteil bzw. die Geschäftsanteile begründeten Herrschaftsverhältnisse zu berücksichtigen sind.[1768] Ein laufend entgehender Gewinn ist hingegen nicht zusätzlich zu berücksichtigen.[1769] Der materiellrechtliche Zeitpunkt der Erfüllung des Schadensersatzanspruches bildet den maßgeblichen Zeitpunkt der Wertbestimmung bzw. den Bewertungsstichtag.[1770]
- Eine quotale Kürzung der Schadensersatzansprüche gem. § 254 Abs. 1 BGB kommt im Falle einer dem Altgesellschafter zurechenbaren Unrichtigkeit der Gesellschafterliste in Betracht.[1771]

2. *Sonstige Ansprüche*[1772]

Hinsichtlich der Rechtsfolgen der sonstigen in Betracht kommenden Ansprüche gilt zusammenfassend das Folgende:

1765 S.o. § 5 B. II. 1.
1766 S.o. § 5 B. II. 2. c) aa), bb).
1767 S.o. § 5 B. II. 2. c) bb), cc).
1768 S.o. § 5 B. II. 2. c) cc).
1769 S.o. § 5 B. II. 2. c) dd).
1770 S.o. § 5 B. II. 2. c) ee).
1771 S.o. § 5 B. III.
1772 Vgl. hierzu im Einzelnen die Ausführungen unter § 5 C.

- Die Ansprüche gegen den Veräußerer aus § 816 Abs. 1 S. 1 BGB[1773] sowie ggf. aus §§ 687 Abs. 2, 681 S. 2, 667 BGB[1774] sind jeweils auf die Herausgabe des vom Veräußerer beim Verkauf des betreffenden Geschäftsanteils erzielten Erlöses gerichtet.
- Der ausnahmsweise gegen den Erwerber bestehende Anspruch aus § 816 Abs. 1 S. 2 BGB hat grundsätzlich die Rückübertragung des Geschäftsanteils, bei Unmöglichkeit der Rückübertragung die Leistung von Wertersatz gem. § 818 Abs. 2 BGB in Höhe des objektiven Verkehrswertes des Geschäftsanteils zum Gegenstand, wobei bei der Wertberechnung auf den Zeitpunkt der Entstehung des Wertersatzanspruches bzw. den Zeitpunkt der Umwandlung in einen solchen nach Unmöglichkeit der Herausgabe abzustellen ist.[1775]
- Auch der ausnahmsweise bestehende Anspruch aus § 822 BGB hat grundsätzlich die Rückübertragung des Geschäftsanteils zum Gegenstand; es sei denn, die Verpflichtung des ursprünglichen Empfängers zur Herausgabe ist deshalb ausgeschlossen, weil er den Geschäftsanteil gutgläubig erworben und ihn seinerseits unentgeltlich dem Dritten zugewendet hat.[1776] In diesem Falle besteht „nur" ein Anspruch auf Ersatz des objektiven Verkehrswertes gem. § 818 Abs. 2 BGB, wobei der Anspruchsgegner nach seiner Wahl stattdessen auch den Geschäftsanteil zurück übertragen kann.[1777]

III. Empfohlene Vorgehensweise

Nach den Ergebnissen der vorliegenden Untersuchung hat sich für den Altgesellschafter, der einen Geschäftsanteil aufgrund eines gutgläubigen Erwerb gem. § 16 Abs. 3 GmbHG verloren hat, die folgende, empfehlenswerte Vorgehensweise herauskristallisiert:

Immer in Anspruch genommen werden kann und sollte der Veräußerer des Geschäftsanteils. Denn jedenfalls der gegen diesen gerichtete Anspruch auf Herausgabe des Veräußerungserlöses gem. § 816 Abs. 1 S. 1 BGB ist stets gegeben und bildet eine gute Basis weiterer Überlegungen.

Ob darüber hinaus auch eine Inanspruchnahme des Veräußerers auf Schadensersatz erfolgen sollte, hängt von verschiedenen Faktoren ab.

Entspricht der erzielte Erlös dem (aktuellen) objektiven Verkehrswert des Geschäftsanteils oder übersteigt diesen sogar und ist der Veräußerer solvent und zahlungsfähig, könnte es im Einzelfall durchaus sinnvoll sein, es bei der Inanspruchnahme aus § 816 Abs. 1 S. 1 BGB zu belassen.

1773 S.o. § 5 C. I.
1774 S.o. § 5 C. II.
1775 S.o. § 5 C. III.
1776 S.o. § 5 C. IV.
1777 S.o. § 5 C. IV.

Liegt aber der aktuelle objektive Verkehrswert über dem durch den Veräußerer erzielten Erlös oder lag der Übertragung gar eine Schenkung zugrunde, sind die folgenden Überlegungen anzustellen:

Hinsichtlich der Möglichkeit einer weiteren Inanspruchnahme des Veräußerers ist zunächst von entscheidender Bedeutung, ob diesem überhaupt ein Verschulden zur Last gelegt werden kann und ob hierfür Anhaltspunkte bestehen. In diesem Zusammenhang kommt es aus Sicht des Altgesellschafters auch darauf an, ob zwischen beiden ein Schuldverhältnis, etwa in Gestalt eines gesellschaftsvertraglichen oder (beendeten) treuhänderischen Verhältnisses, besteht bzw. bestand. Denn in diesem Falle kommt eine Inanspruchnahme aus § 280 Abs. 1 BGB in Betracht, wonach ein Verschulden des Veräußerers vermutet wird. Eine Inanspruchnahme aus deliktischen Schadensersatzansprüchen oder aus §§ 687 Abs. 2, 678 BGB sollte hingegen genau überlegt werden, da hier die Darlegungs- und Beweislast für das Verschulden beim Altgesellschafter liegt. Zu beachten ist zudem, dass hinsichtlich der Ansprüche aus § 280 Abs. 1 BGB und § 823 BGB dem Veräußerer gem. § 242 BGB unter entsprechender Heranziehung der Haftungsgrundsätze der §§ 989, 990 BGB nach hier vertretener Ansicht nur dann ein Verschulden vorzuwerfen ist, sofern er im Zeitpunkt der Veräußerung seine Nichtberechtigung zumindest hätte erkennen müssen, er also mindestens grob fahrlässige Unkenntnis von seiner Nichtberechtigung hatte.

Je nachdem, ob und ggf. von wem die Unrichtigkeit der Gesellschafterliste im Einzelfall zu verantworten ist, kommt auch eine Inanspruchnahme der Geschäftsführer, insbesondere gem. § 40 Abs. 3 GmbHG, sowie des mitwirkenden Notars gem. § 19 Abs. 1 S. 1 BNotO in Betracht. Dabei sind insbesondere die aktuellen Entwicklungen hinsichtlich der Zuständigkeits- und Pflichtenabgrenzung zwischen Geschäftsführern und Notar im Zusammenhang mit der Aktualisierung der Gesellschafterliste im Auge zu behalten, denn hier bestehen nach wie vor große Unklarheiten und hieraus resultierende Rechtsunsicherheiten. Grundsätzlich stellt gerade die Inanspruchnahme der Geschäftsführer gem. § 40 Abs. 3 GmbHG wegen der erleichterten Beweislastregelungen für den Altgesellschafter eine gute Option dar, sofern tragfähige Anhaltspunkte für eine Pflichtverletzung vorliegen.

Im Falle einer Haftung der Geschäftsführer gem. § 40 Abs. 3 GmbHG sollte stets auch zugleich die Gesellschaft gem. § 280 Abs. 1 BGB mit in Anspruch genommen werden, da ihr das pflichtwidrige Handeln bzw. das pflichtwidrige Unterlassen der Geschäftsführer gem. § 31 BGB zuzurechnen ist und sie mit den Geschäftsführern gesamtschuldnerisch haftet.

Zu denken ist auch immer an eine Inanspruchnahme von Mitgesellschaftern, sofern Anhaltspunkte für eine Beteiligung an der Unrichtigkeit der Gesellschafterliste vorliegen. Da dies eine Verletzung der gesellschaftsrechtlichen Treuepflicht darstellt, kommt in solchen Konstellationen insbesondere eine Inanspruchnahme aus § 280 Abs. 1 BGB sowie aus § 830 Abs. 2 BGB i.V.m. § 40 Abs. 3 GmbHG (im Falle einer Anstiftung der Geschäftsführer) bzw. aus § 830 Abs. 2 BGB i.V.m. § 19 Abs. 1 S. 1 BNotO (im Falle einer Anstiftung des Notars) in Betracht.

Von einer Inanspruchnahme des Erwerbers sollte hingegen grundsätzlich mangels Erfolgsaussichten Abstand genommen werden, sofern nicht die Übertragung des Geschäftsanteils unentgeltlich erfolgt ist. In diesem Falle ist ausnahmsweise an Ansprüche aus § 816 Abs. 1 S. 2 BGB und § 822 BGB zu denken.

Auch eine Inanspruchnahme des Registergerichts bzw. des zuständigen Registerrichters gem. § 839 BGB i.V.m. Art. 34 GG dürfte wohl nur in Ausnahmefällen eine ernsthafte Option sein.

Im Zusammenhang mit der zumeist maßgeblichen Schadenskompensation in Geld gem. § 251 BGB ist zu beachten, dass insbesondere hinsichtlich der Bestimmung der Höhe der Geldentschädigung etliche Unsicherheiten und Unklarheiten bestehen. Neben den Schwierigkeiten bei der Auswahl einer geeigneten Bewertungsmethode, des anzusetzenden Maßstabes sowie der bei der Bewertung zu berücksichtigenden Kriterien und Umstände trägt hierzu insbesondere die BGH-Rechtsprechung bezüglich des maßgeblichen Zeitpunktes für die Bestimmung des Wertersatzes bei, in der der BGH bislang entgegen der schadensrechtlichen Grundsätze und der Ansicht des Verfassers nicht auf den materiellrechtlichen Zeitpunkt der Erfüllung des Schadensersatzanspruches, sondern auf den Schädigungszeitpunkt abstellt.

www.ingramcontent.com/pod-product-compliance
Ingram Content Group UK Ltd.
Pitfield, Milton Keynes, MK11 3LW, UK
UKHW021819051026
15588UKWH00010B/123

9 783631 732137